To a Special grampa
love from Raphael
XXX

SPRACHENALMANACH

Harald Haarmann

SPRACHEN-
ALMANACH
Zahlen und Fakten zu alle Sprachen der Welt

Campus Verlag
Frankfurt/New York

Die Deutsche Bibliothek – CIP-Einheitsaufnahme

Ein Titeldatensatz für diese Publikation ist bei Der Deutschen Bibliothek erhältlich.
ISBN 3-593-36572-3

Das Werk einschließlich aller seiner Teile ist urheberrechtlich geschützt. Jede Verwertung ist ohne Zustimmung des Verlags unzulässig. Das gilt insbesondere für Vervielfältigungen, Übersetzungen, Mikroverfilmungen und die Einspeicherung und Verarbeitung in elektronischen Systemen.
Copyright © 2002 Campus Verlag GmbH, Frankfurt/Main
Umschlaggestaltung: Guido Klütsch, Köln
Umschlagmotiv: Zefa
Satz: Fotosatz L. Huhn, Maintal
Karten 8a-c, 11 und 12: Peter Palm, Berlin
Druck und Bindung: Druckhaus »Thomas Münzer«, Bad Langensalza
Gedruckt auf säurefreiem und chlorfrei gebleichtem Papier.
Printed in Germany

Besuchen Sie uns im Internet: www.campus.de

Inhalt

Vorwort 9

Einleitung 13

Vorarbeiten zu einem Sprachalmanach 16
Weltbevölkerung und Sprachen im soziographischen Wandel 21

I. Europa 31
Multikulturalität und Ausgleichsprozesse in Geschichte und
Gegenwart 33
Exkurs: Ethnische Säuberungen zwischen 1937 und 1959 in der
        Sowjetunion 34
Exkurs: Die Basken und ihre Sprache 37
Vorindoeuropäisches Kulturerbe in Südosteuropa 39
Kolonisation und Kulturkontakte im Mittelmeerraum 42
Sprache und Kultur im Zeitalter des Hellenismus und im
Imperium Romanum 44
Ethnisch-kultureller und sprachlicher Partikularismus im
Mittelalter 47
Trends der Neuzeit: kulturpolitische Uniformität und
sprachpolitischer Zentralismus 53
Exkurs: Das Kymrische und das Schottisch-Gälische im
        Kontakt mit dem Englischen 54
Exkurs: Die russische Sprachgemeinschaft in Finnland und
        ihre soziohistorische Infrastruktur 62
Exkurs: Die traditionelle Idee vom Deutschtum und ihre
        Dekonstruktion 64
Länderbeschreibungen 66

II. Afrika 117

Prähistorische Migrationen und Kulturkontakte 118
Handelsbeziehungen der vorislamischen und islamischen Periode . 122
Immigration aus Asien und Europa – Kolonisation in Afrika 124
Europäische Importsprachen im Kontakt mit afrikanischen
Sprachen 127
Länderbeschreibungen 133

III. Amerika 189

Die drei Migrationen, die Besiedlung Amerikas und die Entstehung
der altamerikanischen Hochkulturen 189
Exkurs: die prähistorische Ausgliederung der Indianersprachen
   Mesoamerikas 192
Frühe Kontakte der Amerikaner mit Europäern und ihren
Sprachen 193
Exkurs: Entstehung und Entwicklung der frankophonen
   Siedlungen in Nordamerika 197
Sprachkontakte der Moderne 200
Länderbeschreibungen 207
Exkurs: Kontaktverhalten ethnischer Gruppen in Brasilien 214
   Exkurs: Die ethnische und sprachliche Vielfalt der USA
      im Spiegel der Immigration 251

IV. Asien 253

Alte Zivilisationen, Schriftkulturen und Kultursprachen 255
Indoeuropäische, türkische und arabische Migrations-
bewegungen 260
Kultur- und Sprachkontakte in Ostasien 261
Exkurs: Französischer Kolonialismus und französische
   Kulturpolitik in Indochina 266
Sibirien und Mittelasien als Kontaktzone 270
Zur Vitalität europäischer Importsprachen 271
Länderbeschreibungen 273

V. Australien und Ozeanien 333

Prähistorische Migrationen nach Neuguinea, Australien
und Ozeanien 333
Zusammenprall der Welten: Europäer in Ozeanien 338
Der politische und kulturelle Einfluss der Kolonialmächte 341
Die Sprachenwelt Australiens 344
Nachwirkungen des Kolonialismus 347
Länderbescheibungen 348

Bibliographie 371

Länderregister 383

Sprachenregister 386

Vorwort

Was findet man in diesem Sprachenalmanach, wonach man woanders vergeblich sucht? Der Almanach gibt Antwort auf die Frage: welche Sprachen werden von wie vielen Menschen in welchen Ländern gesprochen? Geboten wird also eine Länderschau der Sprachen und ihrer Sprechergruppen. Für jeden Staat werden die Proportionen von sprachlicher Mehrheit und Minderheiten aufgezeigt. Sprechergruppen werden entsprechend ihrer Größenordnung kategorisiert. Die Dokumentation ist auf größtmögliche Vollständigkeit bedacht.

Das wichtigste Orientierungskriterium ist die Staatenordnung der Welt. Die einzelnen Staaten sind Großregionen zugeordnet: Europa, Afrika, Amerika, Asien, Australien und Ozeanien. Die sprachökologischen Verhältnisse einer jeden Großregion werden in einem eigenen Vorspann erläutert. Zahlreiche Tabellen und Übersichten stellen Sonderinformationen über bestimmte Sprachen und Sprechergruppen bereit, unter anderem über die Verteilung der Sprecher des Romani (Zigeunerischen) in Europa, über die Verbreitung der jüdischen Sprachen in der Welt, der Quechua-Sprachen in Amerika und vieles mehr.

Dieses Handbuch bietet kompakte Informationen für einzelne Staaten an, wie sie in dieser Form und in dieser Dichte in keinem anderen Buch über Sprachen verfügbar sind. Zusätzlich zu den statistischen Daten beinhaltet jede Länderskizze Informationen über die Zuordnung der Sprachen zu Sprachfamilien und über die ökologischen Bedingungen der landesinternen Sprachkontakte, das heißt, über den politischen Status einzelner Sprachen, über Varianten von Zwei- und Mehrsprachigkeit in regionalen Bevölkerungsgruppen und über Integrationsprobleme von Immigrantensprachen. Für die Staaten der so genannten Dritten Welt wird zusätzlich darauf hingewiesen, welche Sprachen in der Schulausbildung und in den Massenmedien verwendet werden.

In einem umfassenden Register am Ende des Bandes findet man so gut wie jede Sprache der Welt. Aufgrund der Eintragungen in diesem Register können Einzelsprachen identifiziert und im Hinblick auf ihre regionale Verbreitung lokalisiert werden. Ein zweites Register ermöglicht darüber hinaus ein schnelles Auffinden einzelner Länder.

In diesem Sprachenalmanach sind nicht nur sprachwissenschaftliche Daten und Fakten gesammelt, sondern auch zahlreiche Informationen aus verschiedenen anderen Disziplinen, deren Vertreter sich an der Diskussion über Sprache und Sprachen beteiligen, das heißt, außer der Sprachwissenschaft auch Anthropologie und Ethnologie, Soziologie, Politologie und Humangenetik.

Wer Sprache als soziales Phänomen menschlicher Gemeinschaft versteht, der wird sich auf rein sprachwissenschaftliche Aspekte der Betrachtung nicht beschränken. Die ökologischen Existenzbedingungen von Sprachen sind immer und überall an deren Sprecher und an deren kulturelle Institutionen gebunden. Sprache fungiert in keiner Gesellschaft isoliert von anderen sozialen Institutionen, sondern ist mit diesen eng verwoben. In diesem Sprachenalmanach liegt daher das Hauptaugenmerk nicht auf einer einseitigen Dokumentation sprachlicher Verhältnisse in der Welt, sondern auf der Wechselbeziehung von lokalen Sprachen und den damit assoziierten Kulturen. Die Perspektive, die für dieses Sprachenprojekt charakteristisch ist, ist die einer kulturwissenschaftlichen Orientierung.

Es gibt vielleicht zu viele Kulturwissenschaftler, die sich mit den Phänomenen ›Kultur‹ und ›Sprache‹ ausschließlich am Schreibtisch beschäftigen. In der Tat ist eine Fülle von Sekundärliteratur über Kultur und Sprache produziert worden, die es zu bewältigen und sinnvoll auszuwerten gilt. Für eine pragmatische Einschätzung sprachlicher Prozesse – sei es das Verhältnis von Spracherhaltung und Sprachwechsel bei Minderheiten, die Kontaktproblematik in einer mehrsprachigen Umgebung, das kommunikative Potenzial des Weltsprachenstatus oder der Sprachgebrauch in Massenmedien – ist andererseits der Kontakt mit lebenden Kulturen unerlässlich, und es ist dabei auch von Vorteil, in verschiedenen Kulturmilieus gelebt zu haben.

In dieses Buch sind viele Elemente eingeflossen, die sich auf meine persönliche Erfahrung im Kontakt mit historisch gewachsenen Kulturen und natürlichen Sprachen der Welt stützen. Die Welt sieht für einen Europäer anders aus, wenn er etwa mehrere Jahre in Japan gelebt hat. Auch das Selbstverständnis, dem Mitteleuropäer verhaftet sind – nämlich das, anscheinend im Mittelpunkt der Welt zu leben – wird hinterfragt, wenn man als Deutscher lernt, sich z. B. in einer zivilisatorisch so vertrauten und sprachlich dennoch so exotischen Kulturlandschaft wie der Finnlands zu orientieren.

Alles relativiert sich, wenn man mit Menschen in Dutzenden von Staaten aller Kontinente kommuniziert hat, in den multikulturellen Metropolen, in den großen Kulturlandschaften der Alten und Neuen Welt, ebenso wie in versteckten Winkeln der Erde, in einem Maasai-Dorf am Fuße des Kilimanjaro, bei Maya-Indianern in Yucatán, bei Aborigines am Ayers Rock in Australien, auf der Osterinsel, mit Uiguren in Westchina oder mit Saamen in einer Landgemeinde Lapplands.

Dieser Sprachenalmanach ist ein Ergänzungsband zu dem Werk »Babylonische Welt« (2001). Wie jenes Buch ist auch dieser Band in besonderer Weise gefördert worden, nämlich mit einem Druckkostenzuschuss. Für die Verwirklichung des Sprachenalmanachs in gedruckter Form sei an dieser Stelle meinem Mäzen, Herrn Dipl.-Ing. Otfried Pfestorf, herzlich gedankt.

Casa Blanca, im Herbst 2001
Harald Haarmann

Einleitung

Das biblische Thema der babylonischen Sprachenverwirrung hat die Menschen seit vielen Jahrhunderten beschäftigt, als kirchliches Dogma ebenso wie als Mythos zur Erklärung der sprachlichen Vielfalt unserer Welt. Die Vielzahl der Sprachen zu dokumentieren, ist ein traditionsreiches Projekt, an dem sich Literaten und Gelehrte seit dem 13. Jahrhundert immer wieder versucht haben (s. Borst 1957-63 zur Geschichte dieser Dokumentation). Im Verlauf des 19. und 20. Jahrhunderts sind zahlreiche Dokumentationen entstanden, in denen Sprachen katalogisiert und nach den verschiedensten Kriterien kategorisiert worden sind. Die meisten Sprachen sind heutzutage klassifiziert, sei es im Hinblick auf ihre historische Verwandtschaft, sei es mit Bezug auf ihre strukturelle Typik.

Die ersten Versuche, die Sprachen der Welt zu zählen und nach ihrer Verwandtschaft zu gruppieren, wurden im Mittelalter unternommen (Bonfante 1954). Damals waren in Europa nur die Sprachen der Alten Welt bekannt. Die frühesten Informationen finden wir bei Rodrigo Jiménez de Rada, der im ersten Kapitel seines Werkes *De rebus Hispaniae* (1243) die Sprachen Europas klassifiziert. Jiménez de Rada unterscheidet drei Hauptgruppen, die romanischen, slawischen und germanischen Sprachen, außerdem zahlreiche weitere Sprachen, darunter auch das Irische, Ungarische und Baskische.

Ein anderer Spanier, Andrés de Poza, war es auch, dem wir die erste Klassifikation der romanischen Sprachen unter Einschluss des Rumänischen verdanken (Coseriu 1975). In seinem Werk *De la antigua lengua, poblaciones, y comarcas de las Españas* (1587) stellt der Autor eine Übersicht der Sprachen Europas vor, die wesentlich umfänglicher ist als die von Jiménez de Rada. Es sollte immerhin bis ins 18. Jahrhundert dauern, bevor eine exakte Klassifizierung erarbeitet wurde.

Die ersten Sprachenlisten, in denen auch außereuropäische Sprachen in größerer Zahl berücksichtigt wurden, entstanden nur wenige Jahrzehnte, nachdem die Europäer im Jahre 1492 durch Kolumbus – zum zweiten Mal in ihrer Geschichte – auf Amerika und seine Bewohner aufmerksam gemacht wurden.

Die Erkundung des amerikanischen Festlandes durch Spanier und Portugiesen, später auch durch Holländer, Engländer und Franzosen, und die Öffnung der Seewege nach Asien erweiterten den Wissenshorizont der Europäer und ihre Kenntnis über außereuropäische Sprachen (s. Fodor 1975 zu Sammlungen über afrikanische Sprachen vor dem 19. Jahrhundert, außerdem Haarmann 2001a zum Wissenszuwachs im 17. und 18. Jahrhundert). In den Aufzeichnungen europäischer Reisender und der Missionare, die in den Kolonialgebieten tätig waren, ist viel Material über die Kulturen und Sprachen in Übersee zusammengetragen worden, allerdings wenig systematisch.

Von den frühen Projekten, die Sprachen der Welt zu katalogisieren und zu klassifizieren, sind hier die Werke Theodor Biblianders (*De ratione communi omnium linguarum*, 1548) und Conrad Gesners (*Mithridates*, 1555) zu erwähnen. Gesner stützt seine Sammlungen von Sprachmaterial auf Übersetzungen des Vaterunsers. Diese Methode, Material für eine größere Zahl von Sprachen zu sammeln, war in der Geschichte der Sprachforschung sehr erfolgreich. Gottfried Wilhelm von Leibniz (1646 – 1716), der sich sehr für die Sprachen des östlichen Europa und Sibiriens interessierte, schrieb im Jahre 1713 einen Brief an Zar Peter I., in dem er dem Herrscher eine umfängliche Sprachensammlung Russlands vorschlägt, ein Projekt, das Hand in Hand gehen sollte mit der Christianisierung der Völker dieses Landes, und daher wäre das Vaterunser besonders geeignet, Textproben der verschiedensten Sprachen zu sammeln (Adelung 1815: v f.).

Erst im 18. Jahrhundert entstehen systematisch angelegte Sprachensammlungen, deren Materialien für die moderne Sprachforschung keinen geringen historischen Wert besitzen. Hierzu gehören die umfangreiche Sprachenenzyklopädie (*Catalogo delle lingue conosciute*, 1784, *Trattato dell'origine ... dell'idiomi*, 1785, *Aritmetica di quasi tutte le nazioni conosciute*, 1785, *Divisione del tempo fra le nazioni Orientali*, 1786, *Vocabolario poligloto*, 1787, *Saggio pratico delle lingue*, 1787) von Lorenzo Hervás y Panduro und das von der Zarin Katharina II. (reg.: 1762-1796) initiierte und von Peter Simon Pallas herausgegebene monumentale vergleichende Wörterbuch (*Linguarum totius orbis vocabularia comparativa*, 2 Bde, 1786-89).

In jenen Werken sind unter anderem Textproben und Wörterlisten von Sprachen gesammelt, die damals noch gesprochen wurden, aber im Verlauf der vergangenen zwei Jahrhunderte ausgestorben sind. Den Höhepunkt erreichte diese Tradition des Sprachensammelns in dem vierbändigen Monumentalwerk *Mithridates oder allgemeine Sprachenkunde* (1806-17), das von Johann Christoph Adelung begonnen und von Johann Severin Vater fortgesetzt und beendet wurde.

Unter dem Eindruck der Erkenntnisse, die die historisch-vergleichende Sprachwissenschaft im Verlauf des 19. Jahrhunderts erarbeitete, wurden Dokumentationen über die Sprachen der Welt unter dem Gesichtspunkt einer Katalogisierung nach ihren verwandtschaftlichen Verhältnissen zusammengestellt. Das Hauptprinzip war, die Sprachen der Welt nach Sprachkreisen oder Sprachfamilien zu gliedern. Diese Tradition, dem Kriterium der Sprachverwandtschaft Priorität einzuräumen, ist bis heute lebendig geblieben. Vergleicht man ältere mit neueren Dokumentationen, kann man die Fortschritte ermessen, die die vergleichende Sprachwissenschaft bei der Klassifizierung weniger bekannter Sprachen gemacht hat (Meillet/Cohen 1924 oder Schmidt 1926 im Vergleich mit Voegelin/Voegelin 1977, Ruhlen 1987 oder Katzner 1995).

Mit dem Vergleich grammatischer und lexikalischer Strukturen haben sich auch Generationen von Sprachtypologen befasst. Die Anfänge dieser Tradition liegen im 16. Jahrhundert, aber erst im 18. Jahrhundert – mit den grammatischen Traktaten des Abbé Gabriel Girard aus dem Jahre 1747 und von Nicolas Beauzée aus dem Jahre 1767 – setzt die systematische Forschung ein (Monreal-Wickert 1977). Anliegen einer sprachtypologischen Betrachtung ist nicht die historische Verwandtschaft von Sprachen. Vielmehr liegt das Hauptaugenmerk der Sprachtypologie auf der Untersuchung von Sprachtechniken.

Werden Sprachen nach ihrer Strukturtypik miteinander verglichen, so stellt sich heraus, dass genealogisch verwandte Sprachen unter Umständen verschiedene Sprachtypen vertreten können, dass andererseits nicht verwandte Sprachen ähnliche Techniken besitzen. Beispielsweise ist das Neuenglische, eine germanische Sprache, eine isolierende Sprache wie das Chinesische, obwohl es mit diesem nicht verwandt ist. Im Unterschied zum Deutschen mit seinen zahlreichen Flexionsendungen gibt es im Englischen wiederum nur ganz wenige grammatische Formantien (z. B. das Plural -s).

Die Zahl der vollständigen strukturtypischen Beschreibungen einzelner Sprachen ist aufgrund des enormen Arbeitsaufwandes, der zu treiben wäre, um Grammatiken für mehr als 6 000 Sprachen zu erarbeiten, begrenzt. Abgesehen von der verfügbaren grammatischen Literatur zu Hunderten von Sprachen gibt es auch Kompendien zu den Sprachen der Welt, in denen strukturelle Eigenschaften für eine bestimmte Auswahl von Einzelsprachen beschrieben werden. Alle Gesamtdarstellungen sind also von vornherein als eine Auswahl zu verstehen, wie etwa das von Comrie (1987) herausgegebene Werk, das eine Beschreibung der »major languages« in der Welt liefert. In dem zweibändigen Werk von Campbell (1991) werden 291 Einzelsprachen beschrieben, vor allem moderne, daneben aber auch einige historische wie Sumerisch, Akkadisch oder Phönizisch. Auch in dem Sprachenlexikon von Haarmann (2001a) werden lebende wie ausgestorbene Sprachen berücksichtigt.

Vorarbeiten zu einem Sprachenalmanach

Eine Darstellung der Sprachen, in der deren ökologische Existenzbedingungen weltweit beschrieben würden, ist bis heute ein Desiderat. Zu einem solchen Projekt gibt es bislang nur Vorarbeiten, d. h. Darstellungen zur Sprachökologie einzelner Großregionen der Erde. Die längste Tradition haben solche Teildokumentationen mit Bezug auf die Verhältnisse in Europa. In diesem Teil der Alten Welt wurde die Dringlichkeit sprachökologischer Betrachtungsweisen schon früh erkannt, bedingt durch die Verschiebung der politischen Grenzen als Folge zweier Weltkriege, der damit verbundenen Veränderungen des Status von Mehrheits- und Minoritätssprachen, der Aktualität von Migrationsproblemen (Vertriebenen- und Flüchtlingsproblematik, Arbeitsimmigration, u. ä.).

Mit der Dokumentation dieser Verhältnisse setzen sich klassische Studien wie die von Meillet (1928) und Dauzat (1953) und spätere wie Décsy (1973) und Haarmann (1975) auseinander. Die politischen Veränderungen in Osteuropa nach der Wende von 1989, insbesondere die Entstehung neuer souveräner Staaten aus dem Verbund der ehemaligen Sowjetrepubliken und die Neuordnung sprachpolitischer Verhältnisse, fordern zu Analysen der aktuellen Entwicklung heraus.

Dokumentationen der sprachökologischen Verhältnisse, wie sie für die Großregion Europa existieren, sind allerdings für andere Kontinente nur teilweise vorhanden. Bislang ist man auf Materialsammlungen angewiesen, die noch aufgearbeitet werden müssen. Hierzu gehört unter anderem der von Grimes (2000 in 14. Aufl.) herausgegebene Sprachenkatalog der Welt, der umfangreichste seiner Art. Was die Benutzung dieses Werkes erschwert, ist die bloße alphabetische Auflistung von Sprachen für einzelne Staaten. Analysen zu den Proportionen von Mehrheits- und Minoritätssprachen, eine der elementaren Variablen sprachökologischer Betrachtung, werden von Grimes nicht angeboten.

Trotz vielfältiger Bemühungen, die Sprachenverteilung zu dokumentieren, trotz eines beachtlichen forscherischen Einsatzes zur Abklärung verwandtschaftlicher Beziehungen und trotz eines weitreichenden Konsensus über sprachhistorische Affiliationen ist die Sprachenvielfalt weiterhin vom Mysterium ihrer scheinbar chaotischen Entwicklung umgeben. Ein Faktor, der die Sprachenvielfalt zu einem eigentlichen Dschungel macht, ist die unterschiedliche Benennung von Sprachen. Sprachen können verschiedene Namen haben, und es ist mitunter schwer, einzelne Sprachgemeinschaften mit abweichenden Selbst- und Fremdbenennungen zu individualisieren.

Indien ist ein Paradebeispiel für die Schwierigkeiten, verlässliche Sprachenstatistiken zu erstellen. Die Zahl der Sprachen schwankt erheblich, wenn man ältere mit neueren Zählungen vergleicht und dabei außerdem die unterschiedliche Namengebung berücksichtigt. Nach dem Zensus des Jahres 1971 wurden in Indien 1 652 Sprachen gezählt. Lässt man eine Reihe unsicherer Zuordnungen beiseite, werden in der Zählung von 1981 insgesamt 1 302 Sprachen aufgeführt. Nach dem Stand des Zensus von 1991 werden nurmehr 418 gezählt. Gründe für diese Diskrepanz gibt es verschiedene:

a) Sprachen, die früher separat gezählt wurden, werden in modernen Übersichten als regionale Varianten bestimmten Einzelsprachen zugeordnet. Beispielsweise wurden im Zensus von 1961 folgende Sprachen (mit individualisierendem Namen) aufgeführt, die in der Zählung von 1981 unter dem Oberbegriff »Hindi« zusammengefasst werden: Bihari, Bhojpuri, Maithili, Rajasthani, Harauti, Malvi, Marwari, Mewari, Kumauni, Garhwali, Hindustani;

b) Sprachen, die früher mitgezählt wurden, sind inzwischen ausgestorben, so dass sie in neueren Statistiken nicht mehr erscheinen. Dies gilt etwa für 47 Sprachen, die nach dem Stand von 1961 nur noch von je einem

Sprecher gesprochen wurden. In der Zählung von 1971 finden sich 292 Sprachen, deren Existenz zweifelhaft ist.

c) Sprachen sind häufig unter verschiedenen Namen bekannt, so dass es früher zu Mehrfachzählungen oder fehlerhaften Zuordnungen kam. Die folgenden Beispiele mögen die Namenvielfalt illustrieren:

Manipuri	=	Meithei, Meiteiron, Mitei, Kathe, Ponna
Kurukh	=	Oraon, Uraon, Kunrukh, Kadukali, Kurka
Nissi	=	Nyising, Dafla, Bangni, Lel
Coorgi	=	Kodagu, Kadagi, Kurja, Kodava Thak
Jingpho	=	Chingpaw, Kachin, Marip
Parenga	=	Parja, Poroja, Gorum, Gorum Sama
Rawang	=	Ganung-Rawang, Hkanung, Nung, Krangku, Taron, Kiutze, Ch'opa

Sprachen entstehen, gliedern sich aus, verändern sich und können aussterben. Der dynamische Prozess des Entstehens und Ablebens von Sprachen ist bis heute zu beobachten. Das Sprachendiagramm unserer Welt ist in ständiger Veränderung begriffen. Dies ist vielleicht der faszinierendste Aspekt der babylonischen Sprachenverwirrung, nämlich der Umstand einer sich beständig wandelnden, funktionalen Verflechtung sprachlicher Medien in den von Menschen geschaffenen Kulturlandschaften.

Diese Kulturlandschaften sind ebenso kontrastreich wie die geographischen Formen der Siedlungsräume. Wo welche Sprache verbreitet ist, mit welcher anderen Sprache sie im Kontakt steht und von wie vielen Menschen sie gesprochen wird, ist nicht nur eine Fragestellung der Ethnostatistik, sondern auch eine Problematik der Kontaktlinguistik. In diesem Buch werden hierzu vielerlei Materialien angeboten, die geeignet sind, den Kontrastreichtum zu verdeutlichen, hinsichtlich der Größenordnung von Sprachen, den Proportionen von Mehrheits- und Minoritätssprachen und bezüglich der Verteilung von Einzelsprachen in den Großregionen der Welt. In einer Gesamtschau wird auch schnell deutlich, dass monolinguale Staaten mit homogener Bevölkerung Ausnahmefälle sind.

Vor einigen Jahrzehnten waren Immigrantensprachen aus nichteuropäischen Ländern in der Staatenwelt Europas eine exotische Besonderheit (z. B. Türkisch in der Bundesrepublik, Hindi in Großbritannien, Arabisch in Frankreich). Damals war der Transfer von Sprachen durch Migranten im Wesentlichen eine Sache europäischer Binnenmigration. Dies gilt für die Situation, wie sie von mir vor einiger Zeit dokumentiert worden ist (Haarmann 1975: 42 ff.). Heutzutage sind Sprachen aus aller Welt in den Staaten Europas heimisch geworden, als Muttersprachen von Asylbewerbern und Wirtschaftsflüchtlingen, von Vertriebenen aus den zahlreichen Krisengebieten und von eingeheirateten Ausländern (Extra/Verhoeven 1993, 1999). Die Bevölkerung Westeuropas war nie so multilingual wie heute.

In traditionell als Immigrationsländer bekannten Staaten wie den USA oder Kanada ist eine Verschiebung der Trends zu beobachten. Seit dem 19. Jahrhundert migrierten Europäer in mehreren Wellen nach Nordamerika. Besonders rege war die Migration in der Zeit vor dem Ersten Weltkrieg sowie in den 1940er und 1950er Jahren. Immigranten aus Asien kamen seit Mitte des 19. Jahrhunderts nach Amerika, zunächst aus China, später auch aus Japan (insbesondere nach Hawaii) und Korea. Nach dem Zweiten Weltkrieg verstärkte sich die Migration aus Asien. Die USA erlebten in den 1970er Jahren einen Umschwung. Der Zustrom von Immigranten aus lateinamerikanischen Ländern, insbesondere aus Mexiko, überflügelte die Migration aus Europa und Asien. Der Migrationsschub von Latinos, die legal oder illegal in die USA kommen, hat sich in den 1990er Jahren geradezu explosionsartig verstärkt. Seit Jahren schon ist das Spanische in den USA nach dem Englischen die zweitstärkste Muttersprache.

Wer sich darum bemüht, die Sprachenvielfalt der Welt zu dokumentieren, wird vor das Problem gestellt, den Begriff ›Sprache‹ zu definieren. Über das Verhältnis von Sprache und Dialekt sind bereits ganze Bibliotheken geschrieben worden (siehe die Diskussion bei Auburger 1993). Stellt man den Charakter von Sprache als soziales Phänomen in Rechnung, kann es nicht sinnvoll erscheinen, eine strikte Trennung der beiden Kategorien (Sprache als Makrosystem, Dialekt als diesem untergeordnetes Subsystem) nach rein strukturellen Gesichtspunkten anzustreben, selbst wenn sie in Einzelfällen methodisch exakt begründet werden kann. Unter Berücksichtigung sprachökologischer Variablen wie schriftsprachliche Überdachung von Dialekten, Verständnisbarrieren in der Kommunikation oder Separation aufgrund von Identitätskollisionen gelangt man zu einer Kategorisierung, in der intralinguistische und extralinguistische Kriterien eine komplementäre Rolle spielen.

Vor zehn Jahren war es gang und gäbe, die beiden regionalen Varianten des Kroatischen und Serbischen einer gemeinsamen sprachlichen Basis zuzuordnen, dem Serbokroatischen (Auburger 1997). Das, was die Sprecher dieser Sprache zusammenhielt, war ihre gemeinsame Standardsprache, die in kyrillischer Schrift in Serbien, in Lateinschrift in Kroatien geschrieben wurde. Als Folge des Krieges im ehemaligen Jugoslawien hat sich eine Spaltung vollzogen, die sich auch in der kulturell-sprachlichen Identität artikuliert.

Die gemeinsame, die regionalen Dialekte überdachende serbokroatische Schriftsprache ist keine 150 Jahre alt geworden. Sie wurde aufgegeben, und seit einigen Jahren – gleichsam als sprachliche Grenzziehung – treten lexikalische und grammatische Regionalismen in immer größerer Zahl in Erscheinung. Der kulturelle Regionalismus (mit der katholischen Tradition in Kroatien und der orthodoxen Tradition in Serbien) hat auch sprachliche Züge angenommen, und ein Rückgriff auf die frühere, um 1850 entstandene gemeinsame Schriftsprache ist wenig wahrscheinlich.

Verständnisbarrieren, die sich nicht nur zwischen verschiedenen Sprachen sondern auch zwischen den Dialekten ein und derselben Sprache aufbauen können (z. B. Bairisch im Verhältnis zum Sächsischen), sind allein nicht ausschlaggebend für die Differenzierung von Einzelsprachen. Hier kommt ein Kriterium ins Spiel, das gleichsam Priorität vor dem Gesichtspunkt der Interkommunikation besitzt, und zwar die überdachende Kapazität einer schriftsprachlichen Variante. Für beide erwähnten Dialekte, das Bairische wie das Sächsische, existiert eine gemeinsame Standardsprache.

Aus dem gleichen Grund werden Schwyzertütsch oder das österreichische Deutsch nicht als unabhängige Sprachen vom Deutschen getrennt, denn auch für diese regionalen Varianten gilt, dass sie vom gemeinsamen Schriftdeutsch überdacht werden (Ammon 1995). In einer anderen Kulturlandschaft – in Lappland – ist allerdings das Fehlen einer gemeinsamen Standardsprache dafür verantwortlich, dass mehrere regionale Sprachen des Saamischen (Lappischen), aufgrund von Kommunikationsbarrieren, die mit dem Gebrauch regionaler Schriftsprachen korrelieren, unterschieden werden (Lehtiranta/Seurujärvi-Kari 1992).

Im Rahmen einer globalen Dokumentation hat man es mit zahlreichen Fällen uneinheitlicher Klassifizierung zu tun. Nicht selten trifft man auf Widersprüche beim Vergleich verschiedener Quellen der Sekundärliteratur, oder es ergeben sich Diskrepanzen zwischen Standorten der älteren und neueren Forschung. Auch in den Ethnostatistiken, die inzwischen für eine Vielzahl von Staaten zur Verfügung stehen, ist die Klassifizierung von Völkern und Sprachen nicht immer einheitlich. Beispielsweise ist die Behandlung jüdischer Sprachen in den sowjetischen Nachkriegserhebungen sehr unterschiedlich. Im Zensus von 1959 wird zwischen Jiddisch als

Sprache der aschkenasischen Juden, Tatisch als Sprache der »Bergjuden« (dagestanischen Juden) und Jüdisch-Tadschikisch als Sprache der Juden Mittelasiens unterschieden. In den amtlichen Statistiken der Jahre 1970 und 1979 wird nur das Jiddische aufgeführt. Erst die Ethnostatistik für das Jahr 1989, die letzte sowjetische Zählung, differenziert die jüdischen Sprachen wieder – wie bis 1959 geschehen – aus.

Es ist nicht immer mit Sicherheit möglich, im Fall widerstreitender Klassifizierungen die richtige Entscheidung zu treffen. Insofern bleiben auch in der vorliegenden Dokumentation eine Reihe von Statusproblemen umstritten oder ungeklärt. Es kommt noch ein weiterer Faktor ins Spiel, wodurch sich jede absolute Aussage über die Sprachenverteilung relativiert, und dies ist der Sachverhalt, dass die absolute Zahl der in der Welt gesprochenen Sprachen noch nicht bekannt ist.

In den 1960er Jahren hat man noch »neue« Sprachen gefunden. Manda, eine dravidische Sprache im indischen Bundesstaat Orissa, wurde erst 1964 von Forschern »entdeckt« (Burrow/Bhattacharya 1970). Zu den Neuentdeckungen gehört auch das Suruí im brasilianischen Amazonasgebiet. Mit den Sprechern dieser Indianersprache (ca. 300 Sprecher) haben Weiße erst im Jahre 1969 Kontakt aufgenommen (Derbyshire/Pullum 1986a: 14). Erst Anfang der 1980er Jahre wurde das von rund 9000 Menschen gesprochene Jowulu im Süden Malis entdeckt.

In den 1970er Jahren gab es Abenteurer, die mit Kleinflugzeugen die zerklüfteten Bergregionen Papua-Neuguineas überflogen, um in den verkehrstechnisch abgelegenen Tälern nach bis dahin unbekannten Völkern und deren Kulturen und Sprachen zu suchen. Es ist nicht auszuschließen, dass es noch Sprachen zu entdecken gibt. Andererseits sind potenzielle Neuentdeckungen vereinzelte exotische Steine in einem weitgehend vollständigen Gesamtmosaik der Sprachenwelt.

Weltbevölkerung und Sprachen im soziodemographischen Wandel

Sprache ist ursächlich mit dem Lebenszyklus der Menschen und mit den Entwicklungsbedingungen sozialer Gemeinschaften verknüpft. Demographische Trends in der Bevölkerungsdynamik lassen letztlich Aussagen über die Stabilität oder Instabilität von Sprachgemeinschaften sowie über

Bestand und Verbreitungschancen von Sprachen zu. Ein Blick auf allgemeine Trends in der Entwicklung der Weltbevölkerung vermittelt einen Eindruck von den demographischen Proportionen, die das Mosaik der historischen Einzelsprachen in ihren staatsbegrenzten Kontaktregionen aufweist.

In diesem Jahrhundert hat das Wachstum der Weltbevölkerung eine enorme Dynamik entfaltet (Witthauer 1969: 56 ff., Lutz 1994b: 3 ff.). Die Zahl der Menschen auf der Erde wächst seit langem stetig. Allerdings war das Wachstum in früheren Jahrhunderten vergleichsweise mäßig. Im Zeitraum zwischen 1650 und 1900 hat sich die Weltbevölkerung kaum mehr als verdreifacht (siehe Tab. 1). Ihre Zahl wird für die Wende vom 19. zum 20. Jahrhundert mit 1,55 Milliarden berechnet. Noch im Jahre 1950 gab es lediglich 2,5 Milliarden Menschen. Bis 1990 war die Weltbevölkerung auf 5,3 Milliarden angewachsen. Sie hat am Ende des 20. Jahrhunderts die 6-Milliarden-Grenze erreicht und wird schon bald etwa 6,5 Milliarden ausmachen. Im Verlauf des 20. Jahrhunderts hat sich die Weltbevölkerung also zweimal verdoppelt. Die Zahl der Menschen auf der Erde ist heute viermal so groß wie vor hundert Jahren.

Hinsichtlich der weiteren Entwicklung wird ein rasantes Wachstum auch für die kommenden Jahrzehnte angenommen (Lutz et al. 1994a:

Tab. 1: Die Entwicklung der Weltbevölkerung im Zeitraum 1650 – 1900 (Witthauer 1969: 49)

Erdteil	1650	1750	1800	1850	1900
1	2	3	4	5	6
a) Bevölkerung in Millionen					
Europa	100	140	187	266	401
Asien	250	406	522	671	859
Afrika	100	100	100	100	141
Amerika	13	12,4	24,6	59	144
Ozeanien	2	2	2	2	6
Erde insgesamt	465	660	836	1 098	1 551
b) Anteil der Erdbevölkerung in %					
Europa	21,5	21,2	22,4	24,2	25,9
Asien	53,8	61,5	62,5	61,1	55,4
Afrika	21,5	15,1	12,0	9,1	9,1
Amerika	2,8	1,9	2,9	5,4	9,2
Ozeanien	0,4	0,3	0,2	0,2	0,4

391 ff.). Bis 2050 rechnet man mit einem Anwachsen auf 10 Milliarden, bis 2075 auf 11 Milliarden. Danach verlangsamt sich das Wachstum voraussichtlich. Ob aber die heutigen Prognosen für den Zeitraum zwischen 2075 und 2125, wonach der Zuwachs der Weltbevölkerung sich auf eine halbe Milliarde beschränken würde, irgendeinen Realitätswert besitzen, kann nur die Zukunft zeigen.

Die Weltbevölkerung ist extrem ungleichmäßig auf die Kontinente und deren Regionen verteilt. Allein in der Großregion, die China, die Länder Südost-Asiens (Thailand, Vietnam, u. a.) und des südlichen Asien (Indien, Pakistan, u. a.) umfasst, leben heutzutage rund 2,8 Milliarden Menschen. Dies sind knapp 47 % der Weltbevölkerung (2000: 6 Milliarden). Dieser prozentuale Anteil wird nach Schätzungen wohl auch bis 2030 erhalten bleiben, wenn nach Hochrechnungen die Weltbevölkerung auf etwa 9,5 Milliarden angewachsen sein wird.

Größten Anteil an dem zu erwartenden Bevölkerungswachstum wird nicht China haben, das Land mit der heute größten Bevölkerungszahl, sondern Indien und Pakistan, deren Bevölkerung sich voraussichtlich mehr als verdoppeln wird. Für China rechnet man lediglich mit einem Zuwachs um 10,6 % bis zum Jahre 2030. Indiens Bevölkerung wird die Milliardengrenze zu Beginn des 21. Jahrhunderts überschreiten. In wenigen Jahrzehnten wird Indien auch das Land mit der größten Bevölkerungszahl sein und China überholt haben (siehe Grafik 1).

Das subsaharische Afrika ist nach Minimal- wie Maximalschätzungen die Region der Erde, in der in den nächsten Jahrzehnten ein explosionsartiges Bevölkerungswachstum stattfinden wird. Die Bevölkerung wird sich dort zumindest mehr als verdoppeln, sehr wahrscheinlich verdreifachen. Auch in Nordafrika wird damit gerechnet, dass sich die Bevölkerung mehr als verdoppelt. Derzeit macht die Gesamtbevölkerung Afrikas mit 642 Millionen 12,1 % der Weltbevölkerung aus. Für das Jahr 2030 gehen die Mittelwerte der Schätzungen von 1,826 Milliarden Menschen (entsprechend 19,3 %) in Afrika aus, der Kontinent mit den mit Abstand höchsten Zuwachsraten.

Für die asiatischen Regionen mit starkem Zuwachs ist nur in Südasien sowie im westlichen und mittleren Asien mit einer knappen Verdoppelung der Bevölkerung zu rechnen. So hohe Zuwachsraten wie für Schwarzafrika im Durchschnitt sind nur für Indien, Pakistan oder Iran zu erwarten. Die Hochrechnungen für China gehen allgemein davon aus, dass die bisherige restriktive Familienplanung, die die 1-Kind-Familie als

Norm propagiert, aufrecht erhalten werden kann. Für den Fall, dass das politische Regime in Beijing seine Autorität verliert und bisherige Sozialkontrollen aufgegeben werden, ist mit einem immensen Bevölkerungswachstum auch in China zu rechnen. Angesichts eines Szenariums freier Bevölkerungsentwicklung in China würden sich die demographischen Trends verschieben. Danach wäre für das Jahr 2030 zu erwarten, dass sich mehr als die Hälfte der Weltbevölkerung im südlichen und östlichen Asiens konzentrieren würde.

In all den Regionen, wo das Bevölkerungswachstum im Zeitraum zwischen 1990 und 2030 unter dem Durchschnitt von 80 % bleibt, wird zwar die absolute Zahl der Bevölkerung ansteigen, deren Anteil an der Weltbevölkerung aber zurückgehen. Für Westeuropa ist ein mittlerer Rückgang von 7,1 % auf 4,3 % zu erwarten, in Osteuropa von 6,5 % auf 4,0 %, in Japan, Australien und Neuseeland von 2,7 % auf 1,7 %, in Nordamerika von 5,2 % auf 4,0 %. Auch in Südamerika bleibt das Wachstum voraussichtlich unter dem Weltdurchschnitt, so dass der Anteil der Bevölkerung dieser Großregion von 5,6 % auf 5,4 % sinkt.

Der Nord-Süd-Kontrast, der im Gefälle wirtschaftlicher Entwicklung und insbesondere industrieller Produktion, im Ungleichgewicht der Verteilung technologischen Know-hows und der Verfügbarkeit von Rohstoffen, des Lebensstandards, der medizinischen Versorgung, des politischen Einflusses und in anderer Hinsicht spürbar wird, profiliert sich immer stärker auch in den demographischen Disproportionen. Eine Übervölke-

Grafik 1: Anteile der Bevölkerung in den Kontinenten an der Weltbevölkerung (Lutz et al. 1994b: 428)

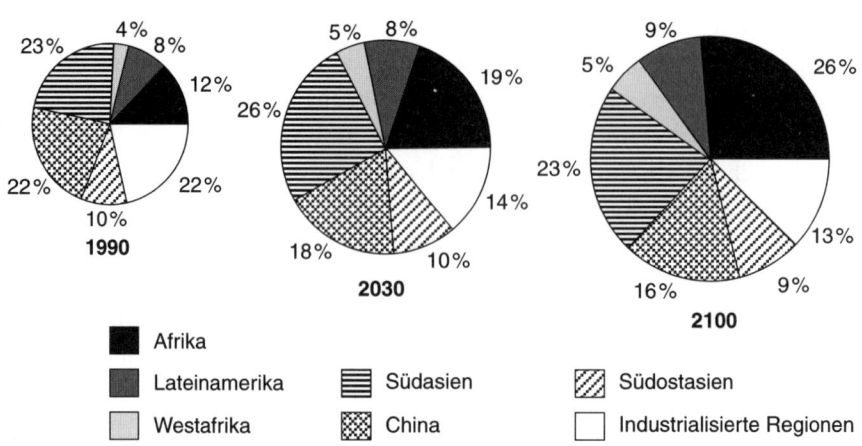

rung der südlichen Hemisphäre kontrastiert mit einem mäßigen Wachstum in den nördlichen Ländern. Die rasant anwachsende Bevölkerung in der südlichen Hemisphäre hat immer stärker mit Problemen der Nahrungsversorgung und der Lebensqualität zu kämpfen. Zwar sind theoretisch genügend Ländereien für die Nahrungsproduktion vorhanden, für deren Erschließung und die Intensivierung ihrer Erträge fehlen aber die notwendigen Investitionen. Selbst wenn die Erschließung von Neuland voranschreitet, kann sie auf absehbare Zeit nicht mit den Notwendigkeiten des realen Bevölkerungszuwachses Schritt halten.

Die mittelfristige Prognose ist düster. Die bereits arme Masse der Bevölkerung in den wenig entwickelten Ländern wird noch mehr verarmen, die Zahl derjenigen, die an der Existenzgrenze leben, wird sich drastisch erhöhen. Der Nord-Süd-Kontrast verschärft sich wegen des Ungleichgewichts in der Verteilung der Nahrungsmittelproduktion und natürlicher Ressourcen (Trinkwasser). Als zwangsläufige Folge dieses Ungleichgewichts ist eine Zunahme der Migration aus dem Süden in den Norden zu erwarten. Angesichts einer Verschärfung des Problems der Nahrungsversorgung und verstärkten Migrationsdrucks entwickelt sich der Nord-Süd-Kontrast zum offenen Konflikt, wenn man bedenkt, dass die Staaten Westeuropas und die USA, wohin der Hauptstrom der Flüchtlinge aus Ländern der Dritten Welt zielt, in den letzten Jahren ihre Asylpolitik immer stärker restriktiven Maßnahmen unterworfen haben. Der Norden schottet sich immer ostentativer gegen den Süden ab.

In Westeuropa stagniert das Wachstum der meisten größeren nationalen Populationen wie das der Deutschen, Franzosen, Engländer oder Italiener; d.h. die Fertilitätsraten werden von denen der Mortalität überflügelt. Die Fertilitätsraten in den westeuropäischen Staaten sind seit Jahrzehnten im Absinken begriffen. »Heutzutage jedoch haben alle Länder in Westeuropa Fertilitätsraten, die entweder in eine Richtung tendieren oder bereits auf einem Niveau angelangt sind, die kein natürliches Bevölkerungswachstum mehr erlauben.« (Sporton 1993: 49)

Der Zuwachs in Ländern wie Deutschland, Frankreich, Großbritannien oder Italien ist überwiegend dem Kinderreichtum von Immigranten zu verdanken. In den ehemaligen Kolonialstaaten (z.B. Frankreich, Großbritannien) ist der natürliche Bevölkerungszuwachs seit den 1960er Jahren durch die Zuwanderung aus ehemaligen Übersseegebieten aufrecht erhalten worden. In Deutschland entspricht diesem Faktor der Zustrom von Aussiedlern aus den Ländern Osteuropas mit historischer deutschstämmiger Bevölkerung (s. hierzu Vergleichsdaten im Fischer Weltalmanach 1994: 354). In den 1950er bis 1970er Jahren kam der Hauptstrom aus Polen, in den 1980er Jahren und insbesondere seit Anfang der 1990er Jahre vorwiegend aus der (ehemaligen) Sowjetunion.

Die Weltbevölkerung wächst gerade dort langsam oder stagniert sogar, wo die gesellschaftliche und wirtschaftliche Infrastruktur nicht nur einen Zuwachs problemlos verkraften könnte, sondern wo ein solcher Zuwachs auch für die wirtschaftliche Stabilität, nämlich für die Altersversorgung der überalternden Bevölkerung, willkommen wäre. Das geringe Wachstum bei gleichzeitiger Überalterung der Bevölkerung macht diese Faktoren denn auch für die Fortentwicklung des Wirtschaftspotenzials in den entwickelten Ländern zum Problem.

Die Überalterung in den entwickelten Ländern der nördlichen Halbkugel wird überflügelt vom demographischen Trend der Immigration, der bislang ein Gesamtwachstum auch in diesen Regionen garantiert. Es gibt zwei Hauptzonen mit großem Immigrationsschub: Westeuropa und die USA.

Obwohl die Bevölkerungsentwicklung in Europa seit Jahrzehnten deutlich hinter dem Durchschnittswachstum der globalen Bevölkerung zurückbleibt, ist auch in diesem Kontinent der historische Zuwachs enorm. Europa ist insofern eine wichtige Vergleichsregion, als hier Schätzungen und Zählungen auch für frühere Perioden verfügbar sind (Dupâquier 1997: 33). Bedenkt man, dass um 400 v. Chr. nur etwa 20 Millionen Menschen ganz Europa bevölkerten, Mitte der 1990er Jahre dagegen knapp 680 Millionen, dann ist der Zuwachs seit den Zeiten der Antike gleichsam astronomisch. Es dauerte immerhin rund 1800 Jahre, bevor sich die Bevölkerung Europas von 20 Millionen (um 400 v. Chr.) verdreifacht hatte (auf 60 Millionen um 1400 n. Chr.). Um sich erneut zu verdreifachen, reichte ein Zeitraum von 400 Jahren aus (Anstieg auf 180 Millionen um 1800). Eine weitere Verdreifachung erfolgte in nicht einmal 200 Jahren.

In Europa selbst ist das Bevölkerungswachstum regional sehr unterschiedlich. Wenn man einmal die demographische Entwicklung in den Staaten Westeuropas seit Beginn des 20. Jahrhunderts vergleichend betrachtet, stellt sich heraus, dass es mindestens drei Kategorien von Wachstum gibt (siehe Tab. 2). Die Bevölkerung Griechenlands ist im Zeitraum 1900-91 um nicht weniger als 321 % angewachsen, ein europäischer Rekord. Ebenfalls überdurchschnittlich groß ist der Zuwachs in den Niederlanden (194 %). Ein mittleres Wachstum ist in Staaten wie Dänemark

Tab. 2: Das Wachstum der Bevölkerung in Westeuropa im 20. Jahrhundert (Ogden 1993: 8)*

Land	1900	1938	1960	1991	1900-91 (% Veränderung)	1960-91 (% Veränderung)
Belgien	6,7	8,4	9,2	9,9	47,8	7,6
Dänemark	2,5	3,8	4,6	5,1	104,0	10,9
Irland	3,2	2,9	2,8	3,5	9,4	25,0
Frankreich	38,5	42,0	45,7	56,7	47,3	24,1
Deutschland	56,3	68,6	72,7	79,5	41,2	9,4
Griechenland	2,4	7,1	8,3	10,1	320,8	21,7
Italien	33,6	43,6	49,6	57,7	71,7	16,3
Luxemburg	0,23	0,30	0,31	0,38	65,2	22,6
Niederlande	5,1	8,7	11,5	15,0	194,1	30,4
Portugal	5,4	7,7	8,9	10,4	92,6	16,9
Spanien	19,1	25,3	30,3	39,0	104,2	28,7
Großbritannien	38,7	47,5	52,5	57,5	48,6	9,5
EG der 12	211,7	265,9	296,4	344,8	62,9	16,3

* Bevölkerungsangaben in Millionen

(104 %), Spanien (104 %) und Portugal (92,6 %) zu verzeichnen. Italien liegt mit 72 % Bevölkerungszuwachs an der Untergrenze eines mittleren Wachstums (Ogden 1993: 8f.).

In allen anderen Staaten war das Wachstum überdurchschnittlich langsam, und die Zuwachsraten sind gering. In den Statistiken scheinen auch die Lücken auf, die der Zweite Weltkrieg mit seinen unseligen Folgen in den natürlichen Bevölkerungszuwachs Deutschlands und seiner Anrainerstaaten gerissen hat. Die Entwicklung der Bevölkerung in Deutschland zeigt einen Rückgang im Zeitraum zwischen den Zählungen von 1936 und 1951. Zwischen 1951 und 1971 allerdings ist ein Zuwachs von 15,2 % zu verzeichnen. Bis 1991 nahm die Bevölkerungszahl erneut ab, um 1,1 %, dies aufgrund des drastischen Rückgangs der Geburtenzahlen in den 1970er und 1980er Jahren (Haarmann 1993: 44). Die geringe Wachstumsrate im Fall Irlands (9,4 %) erklärt sich in erster Linie durch die starke Migration nach Übersee (in die USA sowie nach Kanada) und nach England.

Vor hundert Jahren noch hatten die Europäer Vorstellungen von der Weltbevölkerung, die uns heute in Staunen versetzen. Damals hielten es viele für den natürlichen Gang der Entwicklung, dass Europäer in die übrigen dünn besiedelten Teile der Welt auswanderten, diese wirtschaftlich aufbauten und die Menschen dort an den Segnungen europäischer Zivilisiertheit teilhaben ließen. In den Worten von Zeitgenossen las sich das wie folgt: »Die Europäisierung der Erde ist das Endziel, dem die neuzeitliche Geschichte mächtig zusteuert. Die Erreichung dieses hohen Zieles wird aber nur möglich sein, wenn in Europa noch auf lange Zeit hinaus die große Volksdichte im stande ist, den dünn bevölkerten Nachbarerdteilen immer neue Kulturpioniere zuzuschicken. Die große Volksdichte Europas ist der Grundtitel unserer Macht, sie allein bietet uns die Befähigung, unsere Weltmission zu erfüllen.« (Philippson/Neumann 1894: 344)

Die Migration der Europäer in die Welt erlebte in den 1940er und 1950er Jahren ihren letzten Höhepunkt. Die Auflösung der ehemaligen Überseekolonien und die Demontage der politischen Macht europäischer Staaten in der Welt leiteten einen Umbruch auch für die Migrationstrends ein. Seit den 1960er Jahren hat Westeuropa den Zustrom von Millionen von Nicht-Europäern aus den ehemaligen Kolonialgebieten, von Arbeitsimmigranten, insbesondere aus den afrikanischen und asiatischen Mittelmeerländern, und in den letzten Jahrzehnten von Flüchtlingen erlebt (Bähr 1992: 322 ff.).

Migration ist zu einem stabilen Trend globaler Bevölkerungsentwicklung geworden, und dieser Faktor wird mit Sicherheit auch in Zukunft seine Wirkung als eine wesentliche demographische Variable beibehalten (s. die Karte globaler Migrationsbewegungen bei Chaliand/Rageau 1998: 57). Mit dem Bevölkerungstransfer aus Abwanderungsgebieten verstärkt sich in den Einwanderungsländern der multiethnische und multilinguale Charakter der regionalen Bevölkerung. Wir werden uns langsam bewusst, dass heutzutage Multikulturalität und Multilingualismus zu den Charakteristika auch westeuropäischer Staaten gehören. Allerdings haben wir heute noch keine realistischen Vorstellungen davon, wie sehr diese Eigenschaften unser Leben in der Zukunft bestimmen werden.

Um den dynamischen Wandlungsprozess verfolgen zu können, dem wir alle ausgesetzt sind, ist es besonders wichtig, sich um eine Bilanz der gegenwärtigen Situation zu bemühen. Diesem Zweck dient die folgende Dokumentation. Da wir im Zeitalter eines Umbruchs der Sprachkontaktverhältnisse leben, ist es nicht möglich, die Zahl aller Immigrantensprachen und ihrer Sprecher für alle Staaten zu dokumentieren, da hierzu bisher nur lückenhaftes Datenmaterial zur Verfügung steht. Hinsichtlich der Dokumentation einheimischer Sprachen und ihrer lokaler Sprechergruppen für einzelne Staaten ist allerdings in diesem Sprachenalmanach Vollständigkeit angestrebt. Auch wo keine näheren Angaben zu Sprecherzahlen verfügbar sind, werden die betreffenden Sprachen namentlich aufgeführt.

Das Datenmaterial in den Übersichten zu den einzelnen Ländern ist zahlreichen Quellen entnommen. Zu den Hauptquellen für die Verbreitung einzelner Sprachen, ihre verwandtschaftliche Zugehörigkeit zu Sprachfamilien sowie für die sprachökologischen Verhältnisse in den Staaten der Welt gehören die folgenden: Asher/Simpson (1994), Bright (1992), Bromlej (1988), Bruk/Apenčenko (1964), Grimes (1996a, 1996b, 2000), Grimes/Grimes (1996), Ruhlen (1987), Moseley/Asher (1994), Price (1998), Haarmann (2001b, c), Extra/Gorter (2001). Zusätzlich wurde eine Fülle von Spezialliteratur sowie das Datenmaterial in amtlichen Statistiken ausgewertet.

I. Europa

Die demographischen und sprachlichen Verhältnisse Europas bieten so manche Besonderheit. Nach seiner geographischen Ausdehnung ist Europa der kleinste der Kontinente, allerdings bevölkerungsreicher als Australien oder Afrika. Der Anteil der Bewohner Europas an der Weltbevölkerung macht nur knapp 12 % aus. Nach Hochrechnungen wird der Anteil bis zum Jahr 2030 auf 8,3 % schrumpfen (Lutz et al. 1994a: 407).

In Europa finden wir die vergleichsweise geringste Anzahl an einheimischen Sprachen (143). Dies sind lediglich 2,2 % aller Sprachen der Welt (6 417) (siehe Tab. 3). Es gibt zahlreiche Staaten außerhalb Europas, deren Sprachenzahl weitaus größer ist als die Zahl aller Sprachen Europas zusammen genommen. Beispiele hierfür sind Brasilien (236), die USA (224) oder China (Kontinentalchina) mit 206 Sprachen, von noch sprachenreicheren Ländern wie Indien, Indonesien oder Papua-Neuguinea ganz zu schweigen.

Andererseits bietet die Sprachenwelt Europas Superlative, die wir nirgendwo sonst auf der Welt finden. Der Anteil der Millionen-Sprachen, d. h. der Sprachen mit einer Million oder mehr Sprechern, an der Gesamtzahl der Sprachen ist in Europa bedeutend höher als in anderen Kontinenten; er liegt bei 30,7 %. Das heißt, dass fast ein Drittel der einheimischen Sprachen zur Gruppe der Millionen-Sprachen gehören. In anderen Kontinenten ist deren Anteil weit geringer (z. B. 6,6 % in Asien oder 5,1 % in Afrika). Der hohe Anteil an Millionen-Sprachen erklärt sich aus sprachlichen Ausgleichs- und Integrationsprozessen in den europäischen Großregionen, die langfristig wirksam waren.

Ein anderer Superlativ ist das Phänomen des Sprachenexports aus Europa in die Welt. Von keinem anderen Kontinent der Erde haben sich so viele Sprachen verbreitet, die in allen Teilen der Welt heimisch geworden sind. Die meisten Weltsprachen, d. h. Sprachen mit globalen kommunikativen Funktionen, sind europäischer Herkunft. Das Ergebnis des Spra-

Tab. 3: Die Sprachen der Welt in ihrer Verteilung auf die Großregionen

Geographische Großregion	Gesamtzahl der Sprachen	Anzahl der Mio-Sprachen	Anzahl der kleineren Sprachen	Anzahl der Zwerg-Sprachen
Welt insgesamt	6 417 (100 %)	273 (4,2 %)	4 162 (64,8 %)	1 982 (30,8 %)
Asien	1 906 (100 %)	126 (6,6 %)	1 549 (81,3 %)	231 (12,1 %)
Afrika	1 821 (100 %)	92 (5,1 %)	1 607 (88,2 %)	122 (6,7 %)
Pazifik	1 268 (100 %)	1 (0,1 %)	507 (40,0 %)	775 (61,1 %)
Amerika	1 013 (100 %)	10 (0,9 %)	428 (42,2 %)	575 (56,7 %)
Australien*	273 (100 %)	–	18 (6,6 %)	255 (93,4 %)
Europa	143 (100 %)	44 (30,7 %)	69 (48,3 %)	15 (10,5 %)

*) Englisch ist eine Millionensprache in Australien, hat aber in dieser Übersicht keinen Eintrag in der betreffenden Rubrik. Jede Sprache wird nur einmal gezählt, unabhängig von ihrer Verbreitung in der Welt. Englisch wird hier als Sprache Europas gezählt.

chenexports seit dem 15. Jahrhundert ist eine erhebliche Zunahme der Sprecherzahlen. Heutzutage lebt die Mehrheit der Sprecher von Sprachen wie dem Englischen, Spanischen, Portugiesischen und Französischen in außereuropäischen Regionen. Dabei sind die Anteile der Sprechergruppen in Europa im Verhältnis zu denen in anderen Kontinenten von Sprache zu Sprache sehr unterschiedlich (siehe Tab. 4).

Die größte Disproportion gilt für das Portugiesische. Lediglich 5,4 % aller Sprecher dieser Sprache (Primär- und Zweitsprachler) leben in Europa, der größte Teil in Amerika (Brasilien). Die europäischen Sprecheranteile liegen im Fall des Englischen bei 10,7 %, des Spanischen bei 11,2 % und des Französischen bei 47,6 %. Die Disproportionen zeigen beim Russischen und Deutschen umgekehrte Verhältnisse. Der größte Teil der Sprecher ist in Europa beheimatet. Für das Russische ergibt sich eine Verteilung von 71,4 % (Europa) : 28,6 % (Mittelasien, Sibirien), für das Deutsche 96 % (Europa) : 4 % (außereuropäische Regionen).

Tab. 4: Europäische Weltsprachen: Sprecherzahlen in Europa und außerhalb Europas

Sprache	Sprecherzahl	Sprecher in Europa (Anteil in %)	Sprecher außerhalb Europas (Anteil in %)
Portugiesisch	182 Mio.	9,8 Mio. (5,4 %)	172,2 Mio. (94,6 %)
Englisch	573 Mio.	61,3 Mio. (10,7 %)	511,7 Mio. (89,3 %)
Spanisch	352 Mio.	39,4 Mio. (11,2 %)	312,6 Mio. (88,8 %)
Französisch	131 Mio.	62,4 Mio. (47,6 %)	68,6 Mio. (52,4 %)
Russisch	242 Mio.	172,8 Mio. (71,4 %)	69,2 Mio. (28,6 %)
Deutsch	101 Mio.	96,9 Mio. (96,0 %)	4,1 Mio. (4,0 %)

Multikulturalität und Ausgleichsprozesse in Geschichte und Gegenwart

Die Sprachen und Kulturen Europas haben seit jeher in Kontakt miteinander gestanden. Dies gilt bereits für die vorgeschichtliche Zeit, als sich in einem Jahrtausende andauernden Prozess die indoeuropäischen und uralischen Siedlungszonen gegeneinander verschoben haben (Zvelebil 1996). Die vielfältigen Interferenzen dieser prähistorischen Kontakte sind noch heute im humangenetischen Profil der Völker Europas zu erkennen (Cavalli-Sforza et al. 1994: 290 f.). Außerdem haben sich die Kontakte als wechselseitige Beeinflussung der Sprachen beider Areale artikuliert. Sozialkontakte und Kulturaustausch waren verantwortlich dafür, dass sich die Regionalkulturen nicht isoliert voneinander entwickelt haben. Das Ergebnis solcher Kontakte waren weitreichende kulturell-sprachliche Ausgleichstendenzen (Suhonen 1995), das heißt, Sprachen und Kulturen haben sich durch Anpassungs- und Assimilationsprozesse einander angeglichen. Trotz augenfälliger Unterschiede zwischen den Sprachen und Kulturen in

Europa sind deren Kontraste nicht mit denen im südlichen Afrika, in Südostasien oder in Nordamerika vergleichbar.

Die Verteilung der Sprachen und Ethnien in den modernen Staaten Europas ist das Ergebnis vielfältiger historischer Prozesse. Einige dieser Prozesse reichen bis in die Antike, ja weiter bis ins vorgeschichtliche Altertum zurück. Andere Prozesse reflektieren jüngere Entwicklungen und weisen auf Perioden der vergangenen einenhalb tausend Jahre. Bis in die jüngste Zeit war das Profil der Sprachenverteilung in diesem Kontinent im Wandel begriffen. Die ständigen Fluktuationen resultieren nicht nur aus unterschiedlichem Wachstum der Sprachgemeinschaften, aus Assimilationstendenzen oder aus Migrationsbewegungen, sondern auch aus der Verschiebung von politischen Grenzen. Die Staatenwelt Europas hat ihr Grenzprofil seit dem Mittelalter kontinuierlich verändert.

Der komplexe Wandlungsprozess von Sprach- und Staatsgrenzen setzt sich bis in unsere Zeit fort. Die größten Veränderungen im Sprache-Staat-Verhältnis brachten die Bevölkerungsverschiebungen und »ethnischen Säuberungen« der Kriegs- und unmittelbaren Nachkriegszeit mit sich. Hierzu gehören die buchstäbliche »Entmenschlichung« der jiddischen Sprachgemeinschaft, deren Angehörige überwiegend Opfer des Holocaust wurden, die Deportation der Wolgadeutschen aus der Wolgaregion nach Kasachstan im Spätsommer 1941, die Entdeutschung der Anrainerstaaten Deutschlands in den vierziger und fünfziger Jahren (Kloss 1969: 195 ff.).

Exkurs: Ethnische Säuberungen zwischen 1937 und 1959 in der Sowjetunion

Die natürliche Bevölkerungsentwicklung und das ethnische Profil der Siedlungszonen in der ehemaligen Sowjetunion sind durch eine Reihe von äußeren Faktoren beeinträchtigt worden. Hierzu gehören die Bevölkerungsverluste des Zweiten Weltkriegs, die Dezimierungen durch die stalinistischen Verfolgungen (in der Ukraine hat die Zwangskollektivierung in den 1930er Jahren mehr als 8 Mio. Hungertote gekostet) und die Deportationen. Die meisten Deportierten wurden zwangsweise von Europa nach Mittelasien umgesiedelt. Die einzige ethnische Gruppe, die aus dem Fernen Osten nach Mittelasien deportiert wurde, war die koreanische Minderheit.

Die ersten Deportationen (u.zw. von Koreanern und Kurden) wurden 1937 durchgeführt. Die Gruppe, die Opfer der letzten Deportation wurde, waren die Polen in der westlichen Ukraine, in Weißrussland und Litauen, die man noch 1959 nach Polen zwangsrepatriiert hat. Nach der Zahl der

> Deportierten stehen die Polen mit 1,8 Mio. an der Spitze der Statistik, es
> folgen die Deutschen mit 1,1 Mio. und die Tschetschenen mit 0,41 Mio. (Tarhov/Jordan 1993, Tabelle 7).
> Die deutschen Siedlungen, die bis 1941 an der Wolga bestanden, sind die ältesten in Russland. Nachdem Katharina die Große (reg.: 1762-1796) im Juli 1763 ihr berühmtes »Manifesto« erlassen hatte, mit dem sie ausländische Bauern, Fachleute der verschiedensten Handwerkssparten und Kaufleute aufforderte, sich in ihrem Reich niederzulassen, fand dieser Aufruf vor allem in Katharinas deutscher Heimat besonderen Widerhall. Zwischen 1763 und 1768 kam eine erste Welle deutscher Siedler aus Hessen, dem Rheinland, aus Rheinland-Pfalz, Sachsen, Württemberg und aus der deutschen Schweiz an die Wolga. 1766 ließen sich deutsche Einwanderer (aus Hessen, Württemberg und Brandenburg) in der Nähe von St. Petersburg nieder. Die letzte Welle von Einwanderern kam in den Jahren 1859 bis 1862.
> Die Bevölkerungsdynamik in den deutschen Siedlungen zeigt recht unterschiedliche Trends. Vergleichsweise am stabilsten war die Entwicklung in einigen sibirischen Siedlungen. Dies gilt für deutsche Siedlungen im Gebiet Omsk (1926: 34 600 – 1989: 0,134 Mio.) und in der Altai-Region (1926: 33 600 – 1989: 0,127 Mio.). In anderen Regionen, vor allem in Europa, hat die Zahl der Deutschen in diesem Jahrhundert durch Emigration und/oder Deportation drastisch abgenommen. Im Gebiet der ehemaligen Republik der Wolgadeutschen (russ. ASSR Nemcev Povolž'ja) lebten vor der Deportation 0,366 Mio. (1939) Deutsche, die sämtlich nach Kasachstan zwangsumgesiedelt wurden. Drastisch war der Rückgang auch in der Ukraine, wo 0,392 Mio. (1939) Deutsche lebten, und deren Zahl sich bis 1989 auf 37 800 reduziert hatte.

Nach der Festschreibung der politischen Grenzen und der Anerkennung des Status quo der Staatenwelt Europas im KSZE-Abkommen von 1975 sah es einige Jahre so aus, als ob in Zukunft kein größerer Wandel mehr stattfinden würde, weder im Hinblick auf Sprachgrenzen noch bezüglich staatlich-politischer Grenzziehungen. Die Nachwirkungen der Revolution von 1989 in Osteuropa und die Langzeitfolgen des Krieges im ehemaligen Jugoslawien zeigen uns aber, dass die Zeit der Veränderungen im Sprache-Staat-Profil noch nicht vorbei ist. Nach der Auflösung der ehemaligen Sowjetunion hat die russische Sprachgemeinschaft einen historischen Wandel erlebt: zum ersten Mal in der Geschichte leben Millionen von Russen außerhalb der Grenzen ihres Heimatstaates Russland (Kolstoe 1995).

Die Auflösung des ehemaligen jugoslawischen Staatsverbandes hat ebenfalls eine neue historische Situation geschaffen: zum ersten Mal in ihrer Geschichte erleben alle südslawischen Völker politische Souveränität im eigenen Staat. Die ethnischen Konflikte, die während des Krieges im ehemaligen Jugoslawien aufgebrochen waren, sind auch in der neuen jugoslawischen Republik erneut aufgeflammt. Die militärische Eskalation des Kosovokonflikts im Frühsommer 1999 und die anschließende Verwaltung der Region als UN-Protektorat sind ein Zeichen dafür, dass der Prozess politischer Neuordnung auf dem Balkan noch nicht abgeschlossen ist.

Wer das Szenarium der regionalen Sprachgemeinschaften in ihrer Verteilung auf die Staatenvielfalt Europas in seiner historischen Entwicklung betrachten will, der muss in der Zeit weit zurückgehen. Das was in der historischen Rückblende vielleicht am meisten beeindruckt, ist die Realität der Multikulturalität, ein Tatbestand, der sich wie ein roter Faden durch die gesamte Geschichte zieht, von den Anfängen der Besiedlung Europas durch den modernen Menschen (moderner Homo sapiens bzw. Homo sapiens sapiens) bis in die Neuzeit. Dort, wo sich in bestimmten historischen Perioden und in bestimmten Regionen die Multikulturalität aufzulösen scheint (z. B. im Zeitalter des Nationalismus in Westeuropa), ist die proklamierte kulturelle und sprachliche Uniformität ein ideologisches Konstrukt, das die reale multikulturelle Situation lediglich verdeckt.

Der Mensch der heutigen Zeit trägt viele Vorurteile über die »Primitivität« der Eiszeitmenschen in sich, Wertungen, die im vergangenen Jahrhundert entstanden und über die Erziehung bis in unsere Tage tradiert werden. Primitivität wird allgemein mit einer geringen Kulturentwicklung assoziiert. Die Vorstellung, dass der Eiszeitmensch in einem multikulturellen Milieu gelebt haben könnte, erscheint denkbar abwegig. Neuere archäologische Funde bestätigen aber den Sachverhalt, dass der moderne Mensch (Vertreter des Homo sapiens sapiens) in den von ihm besiedelten Gebieten mit dem archaischen Menschen (archaischer Homo sapiens bzw. Homo neandertalensis) zusammentraf, und dass die Konfrontation dieser beiden Menschenarten Langzeitfolgen für die Kulturentwicklung hatte. Vor etwa 43 000 Jahren wanderten Vertreter der modernen Menschenart während der so genannten »zweiten Besiedlung« Europas von Südosten her nach West- und Mitteleuropa ein (Biraben 1997: 52 f.). Damals lebten noch Neandertaler in jenen Regionen, wo sich der Cro-Magnon-Mensch niederließ (Gamble 1992: 305 f.).

Die materielle Hinterlassenschaft an den alten Siedlungsplätzen weist auf einen anthropologisch außergewöhnlichen Sachverhalt, nämlich darauf, dass Vertreter beider Menschenarten, d. h. der archaische und der moderne Mensch, an vielen Orten eine längere Periode, und zwar länger als zehntausend Jahre, zusammen gelebt haben, bevor der Neandertaler ausstarb. Die letzten Spuren des archaischen Homo sapiens verlieren sich vor etwa 28 000 Jahren in Andalusien. Eine Folge der symbiotischen Interaktion beider Menschenarten war, dass der Neandertaler in der Spätphase seiner Existenz eine verfeinerte Kultur entwickelte, während der Homo sapiens sapiens unter dem kulturellen Konkurrenzdruck des archaischen Menschen die Entwicklung seiner eigenen Technologien dynamisch vorantrieb. Aus der Begegnung der beiden Welten, des »alten« und des »neuen« Europäers, wurde die kulturelle Evolution beschleunigt. Man spricht von einer paläolithischen Renaissance, die sich besonders dynamisch in Südwestfrankreich und Nordspanien entfaltet hat (Carbonell/Vaquero 1996). Von diesem multikulturellen Milieu gehen auch die Impulse für die Höhlenmalereien aus, deren Ästhetik und technische Ausführung in der Alten Welt ihresgleichen sucht.

Die Siedlungskontinuität in Westeuropa ist nie unterbrochen worden. Nach humangenetischen Erkenntnissen sind die Basken entfernte Nachfahren jener eiszeitlichen Bevölkerung. Die Ethnogenese der Basken ist ein vielschichtiger Prozess, der im Wesentlichen in vorrömischer Zeit abgeschlossen war. Die Basken sind die letzten Vertreter der früher in Westeuropa weit verbreiteten vorindoeuropäischen Bevölkerung. Insofern hat das Element des Stolzes auf besonders alte Wurzeln und Traditionen, das bis heute in der nationalen Selbstidentifizierung der Basken lebendig geblieben ist, einen historischen Kern.

Exkurs: Die Basken und ihre Sprache

Das Baskische ist die älteste noch lebende Sprache Westeuropas. In dem Sprachmaterial (Namen, Appellativa) aus dem Norden Hispaniens, das aus römischer Zeit überliefert ist, finden sich bereits die typischen phonetischen und morphologischen Eigenheiten des Baskischen. Die Erkenntnisse der modernen humangenetischen Forschung verdichten sich zu dem Bild, dass die heutigen Basken in ethnischer Hinsicht entfernte Nachfahren der Eiszeitbevölkerung sind. Anders ausgedrückt, diejenigen Menschen, die die Höhlen von Altamira, Lascaux, Pech-Merle usw. ausgemalt haben, waren entfernte Vorfahren der heutigen baskischen Bevölkerung (Haarmann 1998b). Ungeklärt ist, ob das Baskische und das ebenfalls in der Antike dokumentierte Aquitanische nah verwandte Sprachen waren, ob das Aquitanische ein später ausgestorbener Dialekt des Baskischen war, oder ob das Aquitanische als eine entwicklungsmäßig ältere Vorstufe des jüngeren Baskischen zu kategorisieren ist. Einiges spricht für die letztere Annahme.

Seit dem Ende der Antike ist die baskische Population in einem Prozess stetiger Schrumpfung begriffen, was soviel bedeutet, als dass sich einerseits das Verbreitungsgebiet des Baskischen beständig verkleinert und dass andererseits die Zahl der Baskisch-Sprachigen ständig zurückgeht (siehe Karte 1). In der zweiten Hälfte des 19. Jahrhunderts haben sich die sprachlichen Proportionen im Baskenland in einer Weise verschoben, dass die Baskisch-Sprachigen bereits seit mehr als hundert Jahren bevölkerungsmäßig in der Minderheit sind. Noch 1868 sprachen 54 % der Bevölkerung in den baskischen Provinzen Baskisch. Ihr Anteil ist bis zum Jahre 1991 auf 23,7 % zurückgegangen. Von den insgesamt 2,873 Mio. Bewohnern der sieben baskischen Provinzen (Labourd, Basse Navarre und Soule auf französischer Seite, Vizcaya, Guipúzcoa, Alava und Navarra auf spanischer Seite) sprechen 0,681 Mio. Baskisch (Núñez Astrain 1997: 12 f.).

Die meisten Sprecher des Baskischen leben heutzutage in der Provinz Guipúzcoa (0,31 Mio.), wo ihr Anteil an der Provinzbevölkerung 45,8 % beträgt. In der Nachbarprovinz Vizcaya sind 0,212 Mio. baskische Muttersprachler beheimatet, entsprechend 18,4 % der lokalen Bevölkerung. In den

Karte 1: Der Schrumpfungsprozess der baskischen Sprachzone
(Echenique Elizondo 1987: 109

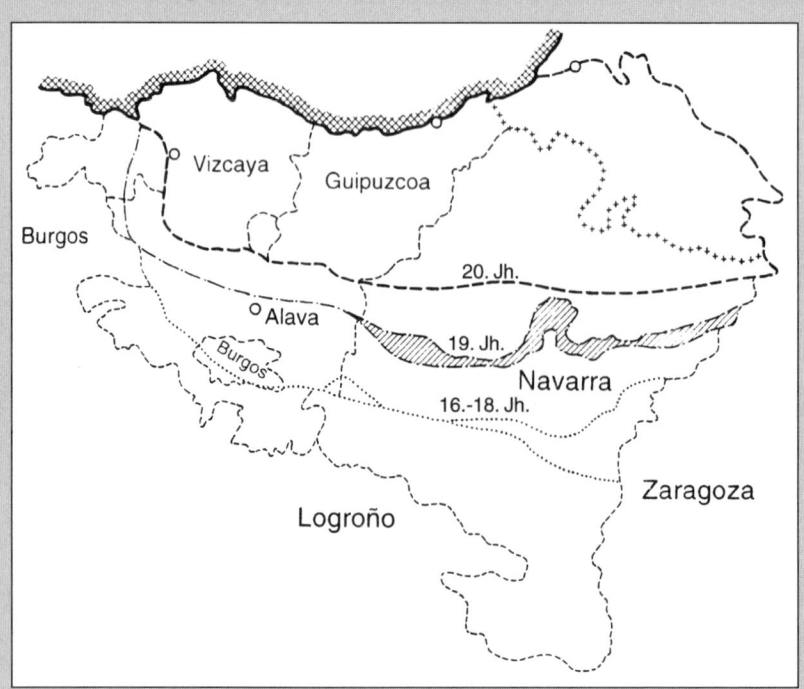

beiden nördlichen Provinzen des Baskenlandes auf spanischer Seite konzentriert sich also die überwiegende Mehrheit der Baskisch-Sprachigen (0,522 Mio. = 76,6 % der baskischen Sprachgemeinschaft). Auf französischer Seite ist zwar die absolute Zahl der Baskisch-Sprachigen deutlich kleiner als im Nachbarland (insgesamt 81 000), in Frankreich liegt aber ihr Anteil an der Lokalbevölkerung höher als in Spanien. Dies trifft auf die Départements Basse Navarre (64,5 %) und Soule (54,7 %) zu.

Das baskische Sprachgebiet ist weder nach seiner Provinz- oder Gemeindegliederung noch nach seinem Status innerhalb des spanischen Staates einheitlich. Lediglich die drei westlichen Provinzen Vizcaya, Guipúzcoa und Alava genießen seit Juli 1979 politische Autonomie. Diese Provinzen sind zur Comunidad Autónoma Vasca (›Autonome Baskische Gemeinschaft‹) zusammengeschlossen. Die 52 000 baskischen Muttersprachler in der Nachbarprovinz Navarra gehören zu einer separaten Region mit politischer Autonomie, der Comunidad Foral de Navarra, die im Juni 1982 eingerichtet wurde. Die drei Départements mit baskischer Bevölkerung in Frankreich besitzen weder kulturell noch politisch irgendeinen Sonderstatus.

Die verkehrstechnische Erschließung der baskischen Provinzen, der wachsende Einfluss des Tourismus und der situationelle Druck des Spanischen (auf französischer Seite entsprechend des Französischen) haben bewirkt, dass die Zahl derjenigen, die ausschließlich Baskisch sprechen, stark reduziert ist. Die allermeisten Baskisch-Sprachigen sind zweisprachig (baskisch-spanisch in Spanien, baskisch-französisch in Frankreich). Im Auftrag der Comunidad Autónoma Vasca wurde im Jahre 1993 eine Umfrage veranstaltet, wonach etwa die Hälfte der befragten baskischen Muttersprachler sich geläufiger in Baskisch als in einer anderen Sprache ausdrücken können. Nach seiner Gebrauchshäufigkeit rangiert das Baskische vor dem Spanischen als Heimsprache (in 53 % der Familien wird es regelmäßig verwendet), in der Öffentlichkeit wird es jedoch nur von 44 %, am Arbeitsplatz nur von 37 % der Befragten benutzt.

Vorindoeuropäisches Kulturerbe in Südosteuropa

Von der übrigen vorindoeuropäischen Bevölkerung Westeuropas weiss man nur wenig. Es gibt allerdings keine Anzeichen dafür, dass sie ethnisch homogen gewesen wäre. Viel wahrscheinlicher ist die Annahme, dass im alten Europa ethnisch heterogene Populationen mit verschiedenen Sprachen gelebt haben (Morvan 1996). Rückschlüsse auf ihre Existenz lassen sich noch deutlich anhand des Genprofils der Völker in den Ländern Südosteuropas ziehen, im sogenannten »mediterranen« Genotyp. Andere konkrete Hinweise auf jene alteuropäische Bevölkerung sind Überreste ihrer Sprachen, die sich in vorindoeuropäischen Flur-, Orts- und Gewässernamen nachweisen lassen, außerdem in Gestalt von Substratelementen (d. h. sehr alten, wie Fossilien erhaltenen Lehnwörtern) im Wortschatz und in der Wortbildung des Griechischen (Katičič 1976). Von den modernen Völkern auf dem Balkan ist nur eines genetisch und kulturell direkt mit der vorindoeuropäischen Population der Region affiliiert: die Griechen.

Das Griechentum ist in Südosteuropa die älteste ethnische Gruppierung mit Kontinuität. Kulturell verdankt die griechische Zivilisation viel den vorgriechischen Kulturen der Region, deren Einflüsse während der helladischen Periode (seit ca. 3200 v. Chr.) adaptiert und weiter in die mykenische (seit dem 17. Jahrhundert v. Chr.) sowie in die archaisch-griechische Periode (seit dem 10. Jahrhundert v. Chr.) tradiert wurden. Auch in der Kultur der klassisch-griechischen Epoche finden wir viel Vorgriechisches, u. a. in den alten Göttinnenkulten sowie in der Ornamentik und in den figuralen Motiven der Kunst (Kruta 1993). In vielfach transformierter Gestalt wirkt das alteuropäische Kulturerbe bis in die Moderne nach. Von den ältesten Stadien ihrer Entfaltung an stand die Entwicklung der griechischen Kultur im Zeichen der Multikulturalität. Aus der Konfrontation der alten Zivilisation Europas, der Gesellschaft der sesshaften Ackerbauern im Süden, mit der Kultur der aus der Region nördlich des Schwarzen Meeres vordringenden Viehnomaden erwuchsen die Impulse, die in eine genetische Fusion ethnisch unterschiedlicher Populationen und in die symbiotische Verschmelzung ihrer kulturellen Eigenarten einmündeten (Gimbutas 1991: 351 f.).

Soweit bekannt, sind die offiziellen Funktionen von Sprache und Schrift in Alteuropa deutlich sakral. Inschriften finden sich auf Kultgegenständen und weiblichen Idolfiguren. Eine praktische Verwendung der Schrift ist nur in Ansätzen erkennbar (z. B. in der Beschriftung von Gewichten). In Altkreta fächert sich das Panorama der offiziellen Funktionen aus. In den Zentren des minoischen Kulturkreises finden wir die Schrift in sowohl religiös-zeremoniellen als auch in praktischen Funktionen. Eine praktische Funktion der Hieroglyphenschrift wie der Linearschrift A war die Markierung von Siegeln, mit denen die Weinamphoren und Kornbehälter verschlossen wurden, die für die Vorratskammern der Paläste bestimmt waren. Auch wurden Gewichte mit Maßangaben beschriftet.

Die mykenisch-griechische Zivilisation nimmt ihr typisches Gepräge unter kretisch-minoischem Einfluss an. Dies bedeutet nicht, dass die mykenische Kultur in Abhängigkeit zur minoischen steht, wohl aber in dynamischer Interaktion. Die Selbstständigkeit der mykenischen Kultur ist unter anderem daran zu erkennen, dass minoische Kulturmuster nicht einfach übernommen wurden, sondern dass diese im mykenischen Kulturmilieu transformiert und dessen Gegebenheiten angepasst wurden. Diese Form kultureller Eigendynamik zeigt sich in den unterschiedlichen Funktionen religiöser Symbolik und im Schriftgebrauch. Das altkretische System Linear A wurde nicht unverändert für die Schreibung des Griechischen adaptiert, sondern umgeformt. Nur die Hälfte des alten Zeichenbestandes wurde übernommen, die übrigen Zeichen von Linear B sind mykenische Innovationen (Hooker 1979).

Trotz zahlreicher Unterschiede im Detail ist hervorzuheben, dass die minoisch-mykenischen Kulturkontakte deutliche Züge einer Kultursymbiose tragen. Die Herrschaftsstrukturen der mykenischen Stadtstaaten, Vorläufer der griechischen Polis-Ordnung, waren denen des minoischen Kreta ähnlich. Hier wie dort standen Sprache und Schrift im Dienst weltlicher Autorität (Königtum) und eines weltanschaulichen Monopols (Priesterelite). Die erhaltenen Schriftfunde (überwiegend auf Tontafeln der Palastarchive) sind nach ihrem Inhalt kulturhistorisch ohne Belang. Es handelt sich zumeist um Auflistungen von Waren, die von mykenischen Palastbürokraten zusammengestellt worden sind. Nur wenige Texte sind thematisch dem religiösen Bereich zuzuordnen. Dazu gehört auch der älteste bekannte Text in Linear B, eine Weihinschrift aus dem heiligen Bezirk von Olympia, die ins 17. Jahrhundert v. Chr. datiert wird (Godart 1995).

In welchem Umfang Dichtung und literarische Prosa im minoischen und mykenischen Kulturkreis entstanden sind, darüber kann nur spekuliert werden. Bedenkt man, dass der größte Teil der Schriftträger aus vergänglichem organischem Material bestand (Palmblätter, Leder, Holz), so ist die Wahrscheinlichkeit groß, dass die meisten Texte verloren gegangen sind. Es ist aber damit zu rechnen, dass es für die Thematik wie auch für die Textgestalt der ältesten griechischen Literatur Vorbilder gab, die aus der minoisch-mykenischen Periode tradiert wurden. Es wird vermutet, dass für die Epik der homerischen Epoche mykenische Vorlagen existierten, und dass auch der so typische Hexameter, ein recht kompliziertes Versmaß, ursprünglich gar nicht auf das Griechische, sondern auf das Minoische angewandt worden ist und später auf das Griechische übertragen wurde (Blok 1995: 187f.).

Kolonisation und Kulturkontakte im Mittelmeerraum

Die Griechen der archaischen und klassischen Epoche (d.h. der Zeit vom 10. bis 5. Jahrhundert v. Chr.) haben vieles von den Mykenern übernommen, unter anderem auch die Tradition, Handelsstützpunkte zu gründen und diese bei günstiger Entwicklung zu Kolonien auszubauen. Bereits in mykenischer Zeit existierten zahlreiche griechische Handelsplätze in Süditalien (Ridgway 1992). Auch an der kleinasiatischen Küste lassen sich mykenische Siedlungen nachweisen. Bereits damals wurden nicht nur mykenische Kulturgüter (Keramik, Schmuck) an den Küsten des Mittelmeeres gehandelt, auch das Griechische wurde zur Exportware. In den Handelsstützpunkten war das Mykenisch-Griechische Kontaktsprache der Kaufleute.

Der Zusammenbruch der mykenischen Handelsmacht bedeutete zwar die Auflösung der alten Feudalherrschaft, nicht aber auch automatisch den Abbruch früherer Kontakte. Das so genannte »dunkle Zeitalter«, die Übergangszeit vom 11. bis 9. Jahrhundert v. Chr. ist inzwischen von Archäologen, Mythologie- und Schriftforschern sowie von Kunsthistorikern soweit ausgeleuchtet worden, dass man eines mit Sicherheit sagen kann: die mykenische Kultur hörte nicht einfach auf, sondern sie wurde transformiert und erhielt neue Akzente, deren neues Profil wir in der archaisch-griechischen Kultur der homerischen Epoche erkennen können (Osborne 1996). Fortgesetzt wurden auch die Handelskontakte und die Gründung neuer Stützpunkte, innerhalb der damals von Griechen bewohnten Regionen und darüber hinaus in nichtgriechischen Gebieten.

In der älteren Tradition der Geschichtsbetrachtung, die geprägt ist vom nationalstaatlichen Denken des 19. Jahrhunderts, wurde die Kolonisation im Mittelmeerraum ethnisch kategorisiert. Ältere phönizische Siedlungen und Handelsrouten wurden von den jüngeren karthagischen unterschieden, und beide trennte man deutlich von den griechischen Unternehmungen. Tatsächlich gab es in der Antike keine derartige Trennung nach ethnischen Gesichtspunkten. Das nationalistische Denken der Historiker hat im vergangenen Jahrhundert den Sachverhalt einer multikulturellen Verflechtung der Handelsinteressen im antiken Mittelmeerraum verfälscht.

Heute wissen wir von vielen Kooperationsprojekten griechischer Kaufleute mit Phöniziern, Karthagern und anderen seefahrenden Völkern der Antike (Morris 1992: 124 f.). In Pithekoussai (Ischia), der ältesten euböischen Kolonie im westlichen Mittelmeer, lebten und arbeiteten Karthager. Wahrscheinlich geht die Gründung Karthagos nicht allein auf phönizische Initiative zurück. Die Namen einiger der Küste vorgelagerten Inseln deuten auf griechischen Ursprung. Auf Kreta (am Berg Ida) haben während des so genannten »dunklen Zeitalters« nachweislich dorische Griechen, Syrer und Phönizier gemeinsam Bergwerke betrieben, um die Metallvorkommen (in erster Linie Eisen) auszubeuten.

Selbst wenn man für die »griechische« Kolonisation die Kooperationsprojekte mit anderen Ethnien außer Betracht lässt, bleibt das Element der Multikulturalität relevant, vor allem im Hinblick auf die Vielfalt der Regionalkulturen, deren griechisches Fundament teilweise so unterschiedlich ist, dass beispielsweise die ionischen Griechen Kleinasiens auf die Griechen des europäischen Festlandes fremdartig wirkten. Welche Unterschiede die regionalen Kulturen auch aufweisen, es gibt allgemeine Traditionen, die für alle von Griechen bewohnten Kolonien galten (Malkin 1987).

Der griechische Ausdruck für eine Siedlung außerhalb Griechenlands ist apoikia, was wörtlich ›Heimstätte entfernt von der Heimat‹ bedeutet. Während einer langen Periode, vom 12. bis zum 4. Jahrhundert v. Chr., gründeten Griechen aus den verschiedensten Regionen Kolonien rings um das Mittelmeer und das Schwarze Meer (s. Karte bei Osborne 1996: 120). Die ältesten Siedlungen waren Sestos und Elaious an der kleinasiatischen Küste des Marmara-Meeres, die jüngsten Tauromenion (in Nordostsizilien) und Nikaia (das moderne Nizza an der Côte d'Azur). Jede Neugründung war durch intensive personelle, wirtschaftliche und politische Beziehungen mit ihrer jeweiligen griechischen Mutterstadt verbunden, und diese Beziehungen wurden anlässlich religiöser Feste rituell gefeiert.

Phönizische, syrische, karthagische und etruskische Seefahrer und Kaufleute verkehrten in den griechischen Hafenstädten. Viele siedelten sich auch dort an. Es gab Regionen, in denen zahlreiche »Ausländer« mit den Griechen zusammen lebten, wie etwa in Kolchis an der Ostküste des Schwarzen Meeres. In den griechischen Städten an der Nordküste des

Schwarzen Meeres ließen sich im 4. Jahrhundert v. Chr. Skythen nieder, nahmen eine griechische urbane Lebensweise an und hielten die Handelskontakte zwischen ihren nichturbanisierten Stammesgenossen in der russischen Steppe und den griechischen Städtern aufrecht (Pogrebova/Raevskij 1992). Später, während der römischen Periode, gewöhnten sich auch die Geten an das städtische Leben und siedelten zusammen mit Griechen und Römern in den alten griechischen Kolonien. In Alexandria an der ägyptischen Mittelmeerküste lebten von Anbeginn Griechen, Ägypter, Nubier, Juden, Libyer und Vertreter anderer Ethnien (Haas 1997).

Sprache und Kultur im Zeitalter des Hellenismus und im Imperium Romanum

In seinen offiziellen und bildungssprachlichen Funktionen erlebte das Griechische eine Hochblüte in der hellenistischen Epoche, an deren Beginn die militärischen Expeditionen Alexanders des Großen (356-323 v. Chr.) nach Nordafrika, Süd- und Mittelasien stehen. Die griechischen Städtegründungen in Kleinasien, Mesopotamien, Mittelasien und Ägypten bedeuten die Fortsetzung einer traditionsreichen Kolonisation und deren Ausdehnung in bis dahin nicht von Griechen besiedelte Regionen. Die vorherrschende Ideologie des Hellenismus war Kosmopolitismus, was gleichbedeutend war mit einer Befürwortung griechischer Lebensweise und Sprache bei den zahlreichen nichtgriechischen Völkern des Orients.

Gleichzeitig war die hellenistische Epoche geprägt von einem multikulturellen Trend, denn die Ausstrahlung des Griechischen in den Orient und nach Ägypten verstärkte den Kontakt mit den dortigen Lokalkulturen. In jener Zeit übernahm das Griechentum viel orientalisches Ideengut (Alcock 1994). Nach traditioneller Auffassung werden die Griechen dafür gepriesen, dass sie uns die Grundlagen der modernen Mathematik und Geometrie vermittelt haben. Heutzutage wird immer häufiger die Frage gestellt, ob nicht zum Beispiel Pythagoras sein mathematisches Wissen während seines Aufenthaltes in Ägypten erworben hat, und ob nicht Platos Philosophie von der Weltanschauung des pharaonischen Ägypten profitiert hat.

Als Bildungssprache erschloss sich das Griechische in jener Zeit auch den Westen des Mittelmeeres. Dort lebten während der Antike die meisten Griechen. Deshalb wird das griechische Siedlungsgebiet in Süditalien und Sizilien auch Magna Graecia ›Großgriechenland‹ genannt (Greco 1993). In dem Transferprozess griechischer Kultur nach Mittel- und Norditalien fungierte die etruskische Zivilisation als wichtiger Mittler. Die Grundelemente griechischer Kulturmuster (Schrift, Sprache, Literatur, Kunststile und Ästhetik) wurden den Römern von den Etruskern vermittelt (Haarmann 1995: 172 f.). Von den Etruskern übernahmen die Römer auch den Namen für die Griechen. Abweichend von der griechischen Eigenbezeichnung hellenos ›Hellene‹ nannten die Etrusker ihre Nachbarn creice, wovon sich das römische Ethnonym Graecus ableitet.

Die Verbreitung des Griechentums und des Griechischen in den Ländern am Schwarzen Meer und am Mittelmeer war keine flächendeckende Siedlungsbewegung wie später die römische. Die Griechen zogen nicht als Ackerbauern auf der Suche nach Ackerland in die Ferne, sondern sie ließen sich als Kaufleute und Handwerker in den städtischen Zentren nieder. Und diese Städte besaßen alle – selbst wenn sie wie Thera auf Santorini oder Emporion an der katalanischen Küste auf Bergkuppen angelegt waren – Häfen mit Seeverbindungen. Das Griechische war und blieb außerhalb des griechischen Mutterlandes eine Stadtsprache, während in der ländlichen Umgebung der Kolonien weiterhin die Sprachen der einheimischen Bevölkerung in Gebrauch blieben. Immerhin war die Dichte der städtischen Siedlungen und deren Bevölkerung so bedeutend, dass sich das Griechentum durch die Jahrhunderte bis heute in Süditalien erhalten hat. Auch in den kleinasiatischen Küstenstädten lebten Griechen kontinuierlich bis zu ihrer Vertreibung im Jahre 1923.

Es gab nur eine Region, in der das Griechische einen assimilatorischen Einfluss mit Breitenwirkung entfaltete, und zwar in Mazedonien. Bereits Philipp II. (reg.: 359-336 v. Chr.), der Vater Alexanders des Großen, hatte sein Land der griechischen Kultur geöffnet, und zu Zeiten Alexanders war der Akkulturationsprozess rasch fortgeschritten. Die Mazedonen nahmen griechische Lebensweise an; auch die Weltanschauung und die Bildungsideale waren griechisch geprägt. Alexander hatte einen berühmten Privatlehrer: den gräzisierten Mazedonen Aristoteles (384 – 322 v. Chr.).

Die Organisation der römischen Welt, des Imperium Romanum, beruhte auf ganz anderen Prinzipien als die dezentralisierte Polis-Ordnung der Griechen. Die römischen Reichsteile standen als Provinzen unter direkter Kontrolle Roms. Die straffe zentralistische Verwaltung förderte das Monopol des Lateinischen als Staatssprache. Wie im Fall der griechischen Kolonien war auch im römischen Staat das urbane Milieu ausschlaggebend für die Vitalität der konkurrenzlosen Hochkultursprache, allerdings strahlte die Wirkung des Lateinischen – anders als im Fall des Griechischen – auch in die ländlichen Gebiete aus und übte auf die bodenständige Bevölkerung einen assimilatorischen Druck aus. Ein Faktor, der die Assimilation vielerorts förderte, war die Präsenz italischer Kolonisten, die sich in allen Teilen des Reiches niederließen. Die Kolonisten, die aus Italien auswanderten, waren überwiegend Bauern und besiedelten die Provinzen des römischen Reiches flächendeckend. Es wurden Siedlungen gegründet, von denen sich viele mit der Zeit zu größeren Ortschaften entwickelten.

Die flächendeckende Kolonisierung der römischen Provinzen hatte den Import staatlicher und kultureller Institutionen römischer Prägung zur Folge. Die nichtrömische Bevölkerung gewöhnte sich zunehmend an römische Lebensweisen, und im Sozialkontakt mit römischen Kolonisten, Kaufleuten und Beamten verlor auch die römische Staatssprache, das Lateinische, allmählich seine Fremdheit (Budinszky 1881). Während zunächst offizielle Funktionen der Kolonialsprache vorherrschten (Medium des offiziellen Amtsverkehrs, Kommandosprache der Armee, Verkehrssprache im Kontakt von Römern mit Nichtrömern, Bildungssprache), übernahm die nichtrömische Bevölkerung das Lateinische in seiner gesprochenen Form allmählich als Zweitsprache.

Der Zustand der Zweisprachigkeit mit einer autochthonen Sprache als Primärsprache (Erwerb als Muttersprache) und mit dem Lateinischen im Zweitsprachenstatus blieb in manchen Regionen bis zum Ende der römischen Zeit bewahrt. Solche Zustände lassen sich für den Südosten Britanniens, für die germanischen Provinzen, für das Baskenland, für Illyrien und für die Provinzen in Nordafrika bestätigen. Im nordafrikanischen Kontaktmilieu wirkte einer der Architekten des westeuropäischen Christentums: Augustinus (354-430), ein geborener Berber, der römisch erzogen wurde und dessen Bildungssprache das Lateinische war.

Überwiegend setzte sich aber ein Sprachwechsel durch. Dieser Jahrhunderte andauernde Prozess der Akkulturation und des Sprachwechsels zum Lateinischen, die Romanisierung, war für die Entstehung neuer Sprachen, der romanischen, verantwortlich, deren ältere Bezeichnung »neulateinische Sprachen« die Beziehung zur Basissprache erkennen lässt

(Tagliavini 1973: 274f.). Das von den Nichtrömern gesprochene Latein war aber von Anbeginn nicht einheitlich, denn es nahm durch die Interferenz mit den Sprachen der verschiedenen Ethnien Lokalkolorit an. Zum ›Lokalkolorit‹ gehörte auch die selektive Auswahl einheimischer Ausdrücke, die als Substratelemente der vorrömischen Sprachen im Sprechlatein weiterlebten. Besonders breit ist die Schicht von autochthonen Elementen, die im Französischen als gallisches Substrat und im Rumänischen als dakische Relikte erhalten sind.

Im Verlauf des Frühmittelalters hatte sich die gesprochene Sprache in den ehemaligen römischen Provinzen entwicklungsmäßig so weit vom klassischen Schriftlatein der römischen Zeit entfernt, dass die Verbindung mit der Basissprache als historische Realität verblasste und keine Relevanz mehr für die Alltagskommunikation besaß. In den Namen der romanischen Sprachen spiegeln sich zwei gegensätzliche Trends, einerseits das Bewusstsein der kulturhistorischen Verwurzelung, andererseits die sprachliche Identifikation mit einer Regionalkultur.

Eine bewusste Bezugnahme auf das römische Kulturerbe und das Lateinische finden wir in Namen wie român ›rumänisch‹, aromân ›aromunisch‹, rumansh ›rätoromanisch‹, ladin ›ladinisch‹, ladino ›judenspanisch‹. Die Tendenz zur Hervorhebung der regionalen Bindung tritt in Namen wie italiano ›italienisch‹, español ›spanisch‹ (Bezugnahme auf das antike Hispania), castellano ›kastilisch‹ (Bezugnahme auf die historische Landschaft Kastilien), français ›französisch‹ (Bezugnahme auf das Reich der Franken in Gallien).

Ethnisch-kultureller und sprachlicher Partikularismus im Mittelalter

Zur gleichen Zeit, als sich in Westeuropa die romanischen Sprachgemeinschaften konsolidieren, verändern die Migrationen der Südslawen die Sprachenlandschaft Südosteuropas. Die typisch »balkanischen« Verhältnisse mit Prozessen ethnischer Fusion und multilateralen Sprachkontakten entwickelten sich im Übergang von der Spätantike zum Mittelalter. Die Ethnogenese der Albaner und ihrer Sprache bietet ein illustratives Beispiel (Desnickaja 1987: 251f.). Die Albaner sind nach neuesten Erkenntnissen aus einer ethnischen Fusion verschiedener balkanischer Völker, überwiegend von Illyrern, hervorgegangen. Die Populationen, die Anteil an der albanischen Ethnogenese haben, waren in verschiedenem Ausmaß romanisiert, was den Grad der Komplexität der kulturellen und sprachlichen Fusion zusätzlich erhöht.

Slawische Stämme migrierten nicht nur nach Süden (nach Südosteuropa), sondern auch nach Westen, in Regionen, die vor den Zeiten der sogenannten »Völkerwanderung« von germanischen Populationen bewohnt waren. Im Mittelalter verlief die germanisch-slawische Kulturgrenze wesentlich weiter im Westen. Mecklenburg, Thüringen und Teile Bayerns waren damals von Slawen bewohnt. Der letzte Rest der elbslawischen Bevölkerung, die Drawäno-Polaben, hatte sich bis Mitte des 18. Jahrhunderts vollständig an die kulturell wie sprachlich deutsch-geprägte Umgebung assimiliert. Die Slawen in Böhmen und Mähren waren die östlichen Nachbarn des Frankenreiches unter Karl dem Großen.

In Osteuropa setzten sich im Mittelalter die Kontakte von Balten, Ostslawen und ostseefinnischen Völkern fort. In die früher von iranischen Ethnien (Skythen, Sarmaten) bevölkerten Gebiete Südrusslands wanderten türkische Volksgruppen ein, die über die Ebene südlich des Uralgebirges, die so genannte Völkerpforte, nach Europa vordrangen (Herrmann 1986: 215 ff.). Neuankömmlinge gelangten auch über die Balkanregion nach Europa, u.zw. die Zigeuner (siehe Tab. 5). Das Mittelalter bedeutete nicht nur für Osteuropa eine Ausweitung des ethnischen und sprachlichen Spektrums, auch im nördlichen Europa kam es in dieser Zeit zur Fragmentarisierung der nordischen und keltischen Sprachgemeinschaften in regionale kollektive Gruppierungen mit kulturell-sprachlichem Eigenprofil. In diesen Regionalkulturen spielt das Lateinische als Bildungssprache und als Vermittler christlichen Ideengutes eine Schlüsselrolle.

Die politische Landschaft des frühmittelalterlichen Europas ist gekennzeichnet durch einen hochgradigen Partikularismus. Das einzige Großreich, das nach der Auflösung des weströmischen Imperiums noch bestand, war Ostrom, dessen Grenzen sich in Kriegen mit den Völkern auf dem Balkan und in Kleinasien fortwährend änderten. Die Bevölkerungszusammensetzung des byzantinischen Reiches war multiethnisch. Das griechische Element dominierte zwar im öffentlichen Leben, sein hartnäckiger Konkurrent war aber das Lateinische, der Kolonialimport aus Italien (Zilliacus 1935). In einem langwierigen Ablösungsprozess verlor das Lateinische nach und nach seine ehemaligen amtlichen Funktionen und wurde im 7. Jahrhundert schließlich in allen Bereichen vom

Tab. 5: Die Verbreitung der Zigeunersprachen (Varianten des Romani) und deren Sprecher in den Staaten Europas

Staat	Anzahl	Ethnische Gruppierung
Rumänien	2,2 Mio.	Walachische Zigeuner* Karpatische Zigeuner Balkanische Zigeuner
Bulgarien	0,8 Mio.	Balkanische Zigeuner Walachische Zigeuner
Spanien	0,65 Mio.	Iberische Zigeuner Walachische Zigeuner
Ungarn	0,55 Mio.	Balkanische Zigeuner Karpatische Zigeuner Walachische Zigeuner
Slowakei	0,5 Mio.	Karpatische Zigeuner Walachische Zigeuner
Jugoslawien	0,4 Mio.	Balkanische Zigeuner Sinti
Tschechien	0,35 Mio.	Karpatische Zigeuner Sinti
Frankreich	0,28 Mio.	Balkanische Zigeuner Iberische Zigeuner Walachische Zigeuner Sinti (Manouche)
Russland	0,15 Mio.	Russische Zigeuner
Makedonien	0,15 Mio.	Balkanische Zigeuner
Griechenland	0,15 Mio.	Balkanische Zigeuner Walachische Zigeuner
Deutschland	0,12 Mio.	Balkanische Zigeuner Sinti Walachische Zigeuner
Albanien	0,1 Mio.	Walachische Zigeuner
Großbritannien	0,1 Mio.	Englische Zigeuner (Romanichal) Walachische Zigeuner Walisische Zigeuner
Italien	0,1 Mio.	Sinti Balkanische Zigeuner Walachische Zigeuner
Polen	60 000	Baltische Zigeuner Karpatische Zigeuner

		Sinti
		Walachische Zigeuner
Ukraine	50 000	Walachische Zigeuner
		Karpatische Zigeuner
		Ukrainische Zigeuner
Portugal	40 000	Iberische Zigeuner
		Walachische Zigeuner
Bosnien-Herzegowina	35 000	Walachische Zigeuner
Niederlande	35 000	Walachische Zigeuner
		Sinti
Schweiz	30 000	Sinti
Moldova	25 000	Walachische Zigeuner
Irland	22 000	Walachische Zigeuner
		Englische Zigeuner
Kroatien	20 000	Walachische Zigeuner
Schweden	17 000	Finnische Zigeuner
		Walachische Zigeuner
Österreich	15 000	Sinti
Belarus	12 000	Russische Zigeuner
Belgien	10 000	Walachische Zigeuner
Finnland	5 500	Finnische Zigeuner
		(Fintika Romma)
Litauen	3 000	Baltische Zigeuner
Lettland	2 500	Baltische Zigeuner
Dänemark	1 500	Walachische Zigeuner
		Sinti
Estland	800	Baltische Zigeuner
Norwegen	600	Walachische Zigeuner

* Walachische Zigeuner = Kalderaš-Zigeuner

Griechischen verdrängt. In den Regionen außerhalb des griechischen Kernlandes dagegen herrschten Multikulturalismus und Mehrsprachigkeit auch im Alltagsleben vor.

Multikulturelle Prägung besaßen ebenfalls die von Germanen gegründeten Reiche in Westeuropa. Mit Ausnahme der nordischen Länder finden wir alle germanischen Staatsgründungen in ehemals römischen Kolonien. Dies sind im Norden die Reiche der Angeln und Sachsen in

Britannien, im Osten das Gotenreich, später das Reich der Gepiden in Transsylvanien, im Westen das Frankenreich und das Reich der Burgunder in Gallien, die Reiche der Sueben und Westgoten in Spanien, im Süden die Reiche der Ostgoten, später der Langobarden in Italien und das der Vandalen in Nordafrika. Von diesen staatlichen Organisationen hatten nur die Reiche der Angelsachsen, der Franken und Westgoten längeren Bestand. Der Schwerpunkt des westgotischen Reiches lag zunächst im Südwesten Frankreichs (mit Toulouse als Hauptstadt; Tolosanisches Reich von 419 bis 507), nach dem Verlust des Reichsgebiets an die Franken organisierten sich die Westgoten in Spanien (mit Toledo als Hauptstadt; Toledanisches Reich von 507 bis 711).

Um in den Genuss zeitgenössischer Hochkultur zu gelangen, hatten sich die Germanen an zwei Institutionen der Spätantike zu gewöhnen, das Lateinische als Medium mit zivilisatorischem Prestige und das Christentum. Wie in der römischen Spätantike fungierten beide Institutionen auch in den Reichen der Germanen als Kristallisationspunkte staatlicher und gesellschaftlicher Ordnung. Durch die Integration des germanischen Kulturerbes in die neue Ordnung etablierten sich Bikulturalismus und Zweisprachigkeit (germanisch-lateinische Zweisprachigkeit der Elite, Tradierung germanischer und römischer Rechtsprinzipien, Fusion römischer Ästhetik und germanischer Ornamentik in der Kunst). Auch dort, wo anfänglich das germanische Element im öffentlichen Leben dominierte, erfolgte bald der Übergang zu den Institutionen der römischen Tradition, wie im Reich der Franken im nördlichen Gallien.

Im slawischen Kulturkreis herrschte ebenfalls politischer Partikularismus vor. Die slawischen Reichsgründungen erfolgten zeitlich nach den frühgermanischen und keltischen und fallen in die gleiche Periode wie die Reichsgründungen der Normannen. Im Unterschied zu den Germanenreichen mit ihrer romanisierten Bevölkerung und germanischen Herrscherelite waren die Slawenreiche vorwiegend slawisch. Dies gilt für das großmährische, bulgarische, kroatische, serbische, polnische Reich ebenso wie für das Reich der Kiewer Rus' (Vernadskij 1996). An der letzteren Reichsgründung waren auch Wikinger beteiligt. Das Großfürstentum Nowgorod, das sich aus dem Verband Kiews löste, war anfänglich ein multiethnischer Bund unter Beteiligung slawischer, baltischer und finnischer Bevölkerungsgruppen.

Obwohl in den Slawenreichen keine fremde Sprache als Staatssprache verwendet wurde, spielten die antiken Bildungssprachen Lateinisch und

Griechisch auch hier wichtige Rollen. Europa war kulturell in eine lateinische und in eine griechische Hemisphäre geteilt (Haarmann 1993: 144f., 179f.). Lateinisch war in Polen das Medium der römisch-katholischen Kirche und des gebildeten Klerus, ebenso wie im christlichen Kroatien, mit dem Unterschied allerdings, dass in Kroatien das Altslawische auch als Sprache der Liturgie und des religiösen Schrifttums verwendet wurde. Im christlichen Bulgarien war die Kirchensprache slawisch, das Griechische spielte als Quelle des Übersetzungsschrifttums eine wichtige Rolle. Wie in Bulgarien so war auch im Kulturzentrum der Ostslawen, in Kiew, der gebildete Klerus zweisprachig (Lichatschew 1996).

Die wesentlichen Grundzüge der europäischen Großlandschaft mit ihrem heutigen ethnisch-sprachlichen Profil sind im Verlauf des Mittelalters ausgebildet worden. In der Periode vom 5. bis 14. Jahrhundert fanden die wesentlichen Bevölkerungsverschiebungen statt, die das ethnische Mosaik des modernen Europas prägen. Allerdings erhielten wichtige Details wie etwa die Existenz türkischer Bevölkerungsgruppen in den Balkanländern und die Ausbreitung des aschkenasischen Judentums nach Osteuropa ihr Profil in späteren Perioden. Die sprachlichen Verhältnisse der Populationen Europas im Mittelalter waren aber nicht stabil, sondern in einem dynamischen Wandel begriffen (Bartlett 1993).

Viele der noch in der Antike lebendigen Sprachen starben aus, weil sich ihre Sprecher an dominante Sprachen der Region assimilierten. Dies gilt ebenfalls für diejenigen germanischen Sprachen, die in den frühen Germanenreichen verwendet wurden. Das Gotische hielt sich noch lange auf der Halbinsel Krim, wo sich die letzten Spuren im 17. Jahrhundert verlieren. Das Englische ist die einzige Sprache jener Zeit, die sich erhalten hat. Die Sprecher des Fränkischen im Frankenreich dagegen assimilierten sich mit der Zeit. Von dieser Sprache sind Nachwirkungen in der Phonetik und im Wortschatz des Französischen zu finden. Ein Beispiel dafür ist das h aspiré wie in le héro ›der Held‹, wo das »behauchte« h die liaison des Artikels verhindert. Die Zahl der in Europa verbreiteten Sprachen verringerte sich nicht einfach, sondern deren Spektrum verjüngte sich beständig durch die Ausgliederung von immer neuen historischen Einzelsprachen, der romanischen, germanischen, slawischen, finnisch-ugrischen und türkischen.

Multiethnizität, Multikulturalismus und Multilingualismus prägen auch über das Mittelalter hinaus die Staatenwelt Europas. In der sprachlichen Großlandschaft des Mittelalters, in der sich seit Beginn der Neuzeit zahlreiche weitere Details ausbilden, zeichnen sich allmählich die Konturen der Moderne ab. Die Ausgliederung der Sprachgemeinschaften in größere oder kleinere Areale, mit stärkerer oder schwächerer demographischer Konzentration, ist das Ergebnis politischer Grenzziehungen vergangener Jahrhunderte und einzelstaatlicher Ethnopolitik. Die Neuzeit bringt gegenüber dem Mittelalter einen neuen politischen Trend mit sich, das Streben nach ethnisch-kultureller Uniformität unter Einsatz staatlicher Autorität.

Trends der Neuzeit: kulturpolitische Uniformität und sprachpolitischer Zentralismus

Modelle kultureller Uniformität gab es bereits seit der Antike, nur hatte keines davon einen längeren praktischen Bestand. Der griechisch-lateinische Kulturkreis mit seinem zivilisatorischen Absolutheitsanspruch zerfällt, nicht nur in eine griechische Hemisphäre des Ostens und in eine lateinische des Westens, sondern in weitere kulturelle Sektionen. Die Fragmentarisierung der romanischen, germanischen und keltischen Sprachenlandschaft im Westen findet auch im Osten mit der Ausgliederung der südslawischen und ostslawischen Kulturareale ihr Pendant. Im Osten erfolgt, ebenso wie im Westen, eine Fragmentarisierung der religiösen Kulturlandschaft. Die Ausgliederung der orthodoxen Welt in eine griechisch-orthodoxe, serbisch-orthodoxe und russisch-orthodoxe Regionalkultur ist eine Konsequenz regionaler Kultursegregation, gestützt durch politische Autorität.

Die Uniformität der römisch-katholischen Kirche als religiöse Leitform im Westen und Norden Europas entspricht bereits im Mittelalter eher einer ideologischen Standortbestimmung als der Realität. Realität ist, dass die regionalen religiösen Bewegungen wie die irische, die angelsächsische, die fränkische, die süddeutsche und später die spanische Missionsbewegung soviel Eigenprofil gewinnen, dass wir es hier mit eigenständigen Entwicklungen zu tun haben, für die das Papsttum in Rom eher ideellen Wert, und weniger konkret-organisatorische Bedeutung besitzt. Der Absolutheitsanspruch der römisch-katholischen Kirche zerbricht augenfällig und unwiederbringlich mit dem Schisma des Protestantismus (Münch 1998).

Das Image der Uniformität kirchlicher Institutionen, als deren sprachliches Symbol das Lateinische fungierte, war ein wichtiger Impulsgeber für die Idee von staatlicher Organisation in einem kulturell uniformen Kulturareal. Die Geschichte der Staatsbildungen seit Beginn der Neuzeit ist tatsächlich die Geschichte von Projekten, ethnische und sprachliche Vielfalt auszuschließen. »Die ethnisch gemischten Gesellschaften an den europäischen Peripherien existierten in einem größeren europäischen Kulturkomplex, der sich – im Verlauf der mittelalterlichen Periode – in Richtung auf eine immer höhere Wertschätzung der Uniformität hinbewegte« (Bartlett 1993: 239).

Dieses Streben nach Uniformität war im Wesentlichen machtpolitisch gesteuert und zielte primär darauf ab, Multikulturalismus und Mehrsprachigkeit von Staatsgeschäften fernzuhalten. Je stärker sich die Zentralgewalt in den Staaten Europas etablierte, desto intensiver wirkte sich der Druck dominanter Sprachen auf indominante aus. Eine Folge der Institutionalisierung und Funktion von Staatssprachen hatte auf längere Sicht über Assimilationsprozesse auch Auswirkungen auf Mehrsprachigkeit in ihrer natürlichen Umgebung.

Der Existenzkampf indominanter Sprachen und der Widerstand ihrer Sprecher gegen staatssprachliche Willkür war in einigen Regionen erfolgreich, in anderen lösten sich Sprachgemeinschaften zunehmend auf. Im Ganzen betrachtet blieb aber der machtpolitisch motivierte Uniformierungsprozess in den meisten Staaten mit natürlicher Mehrsprachigkeit eine Idealvorstellung, den die Machthaber anstrebten, die sie aber niemals erreichten.

Die Dynamik der Spracherhaltung konnte aber vielerorts dem staatssprachlichen Druck nicht Paroli bieten. Die historische Entwicklung des Sprachwechsels von Irisch zu Englisch in Irland, von Schottisch-Gälisch zu Englisch in Schottland und von Occitanisch zu Französisch in Südfrankreich zeigt, welche Einbußen lokale Sprachen erlitten haben.

Exkurs: Das Kymrische und das Schottisch-Gälische im Kontakt mit dem Englischen

Das Englische übt überall in Wales seit langem einen situationellen Druck auf das Kymrische aus. Seit 1891, dem Jahr des ersten Zensus des Kymrischen (Census of the Welsh language), ist in allen Regionen (counties) ein Rückgang der Sprecherzahlen zu beobachten. Um die Wende vom 19. zum

20. Jahrhundert konnte noch jeder Zweite in Wales Kymrisch sprechen. Das heißt, das Niveau für Spracherhaltung lag im Durchschnitt bei 50 % (1901: 49,9 %). Bis 1921 sank die Durchschnittsquote für Spracherhaltung um 12,8 % auf 37,1 %.

In den 1920er Jahren stabilisierte sich die Lage, um sich ab 1931 aber erneut abzuschwächen. Allerdings ist der Rückgang seither nicht so rapide. In den zwanzig Jahren bis 1951 ist insgesamt eine Abnahme von 7,9 % zu verzeichnen. Der letzte große Einbruch erfolgte im Zeitraum zwischen 1961 und 1971 (Rückgang um 5,2 %). Bis 1981 verlangsamten sich die Sprachwechselprozesse mit Abnahmequoten für die kymrisch-sprachige Bevölkerung um lediglich 1,9 %. Auch in den 1980er und 1990er Jahren hat sich ein verlangsamter Rhythmus erhalten (Aitchison/Carter 1994: 88 f., 111 f.). Nach dem Zensus von 1991 sprechen 0,508 Mio. Bewohner von Wales Kymrisch. Dies sind 18,6 % der Gesamtbevölkerung der Region.

Die Counties mit den höchsten Anteilen für Kymrisch-Sprachige sind seit jeher Merioneth, Cardiganshire, Carmarthenshire und Anglesey, die im nördlichen Teil von Wales gelegen sind. Im Jahre 1901 lag das Niveau der Spracherhaltung in diesen Counties jeweils über 90 %, im Jahre 1981 immerhin noch über 60 %. In den Counties, in denen das Kymrische bereits zu Beginn des 20. Jahrhunderts eine Minderheitensprache war, ist der Rückgang bis 1981 teilweise dramatisch; z. B. Flintshire (1901: 49,1 % – 1981: 13,5 %), Glamorgan (1901: 43,5 % – 1981: 10,0 %), Montgomeryshire (1901: 47,5 % – 1981: 24,0 %).

Noch zu Beginn des 20. Jahrhunderts gab es ein eigentliches Kernland des Kymrischen, das sich von Norden nach Süden erstreckte, und wo über 90 % der Bevölkerung Kymrisch sprechen konnten. Bis zum Jahre 1931 hatte sich zwar geographisch wenig verändert, der Anteil der Kymrisch-Sprecher war aber auf etwa 80 % zurückgegangen. Nach dem Zweiten Weltkrieg zeichneten sich mehr und mehr interne Bruchlinien ab, und der Prozentsatz im Kernland ging bis auf 65 % zurück. In den 1970er Jahren hatte sich das Kernland aufgespalten in eine nördliche Zone mit höheren Prozentsätzen von Sprechern und in eine südliche Zone mit geringerem Niveau der Spracherhaltung.

Die Situation im Jahre 1981 zeigte nun auch eine interne Auflösung der beiden Hauptzonen. Überall sind seither die Prozentanteile der Kymrisch-Sprecher gesunken (siehe Karte 2). Zwar lässt die Entwicklung in Wales Einbrüche in den Sprecherzahlen sowie in ihren Anteilen an der Bevölkerung der Region erkennen, von einem dramatischen Trend zur Auflösung der kymrischen Sprachgemeinschaft kann aber deshalb noch keine Rede sein.

Ganz andere Verhältnisse finden wir dagegen in Schottland vor, wo die Sprecherzahlen des Schottisch-Gälischen seit Jahrzehnten sinken (1951: 95 000, 1981: 79 300, 1991: 69 440). Von der Gesamtbevölkerung Schottlands (1991: 4,96 Mio.) sprechen nurmehr 1,4 % Schottisch-Gälisch. Der Rückgang der Sprecherzahlen ist begleitet von einem Prozess der Überalterung.

> Der höchste Prozentsatz (2,2 %) ist in der Altersgruppe der über 65jährigen ermittelt worden, während vergleichsweise von den 3-15jährigen nur noch 0,9 % Gälisch sprechen können. »Gälisch ist die Sprache der Älteren und Alten« (Viereck 1997: 1091).
> Das eigentliche Rückzugsgebiet des Schottisch-Gälischen sind die Inseln der Äußeren Hebriden (Western Isles), wo die Sprache noch bei rund zwei Dritteln der Inselbevölkerung verbreitet ist (siehe Karte 3). In den Highlands ist der Anteil der Gälisch-Sprachigen auf 7,5 % gesunken. Auf den Hebrideninseln ist Gälisch neben dem Englischen Unterrichtssprache in der Grundschulausbildung. Als Zweitsprache wird es an einigen anderen Schulen (z. B. in Glasgow) unterrichtet. Es gibt Radiosendungen in gälischer Sprache und seit Ende 1992 auch ein regionales Fernsehprogramm.

In der historischen Rückblende ist für die neuzeitliche Geschichte Europas festzustellen, dass die Strategien des historischen Uniformitätsprinzips in Abhängigkeit zu den machtpolitischen Verhältnissen der jeweiligen Region stehen, in der sie zur Anwendung kommen. In Spanien etwa hat der erfolgreiche Abschluss der Reconquista schwerwiegende Folgen für alle nichtkastilischen Kultur- und Sprachgemeinschaften gehabt (MacKay 1977). In der Arroganz ihrer vermeintlichen weltanschaulichen Überlegenheit richteten die christlichen Sieger ihre Aggressivität gegen die jüdischen Gemeinden. Die Juden wurden Opfer der ersten systematischen ethnischen Säuberung, die das neuzeitliche Europa erlebt hat: sie wurden in Massen vertrieben (Bel Bravo 1997). Das gleiche Schicksal erlitten wenig später die zum Christentum übergetretenen und in Spanien verbliebenen Mauren (span. *moriscos*). Auch sie, die »unreinen Blutes« sind, wurden zu Beginn des 17. Jahrhunderts nach Nordafrika ausgewiesen.

Frankreich hat seine eigene Geschichte der Zwangsintegration regionaler Sprachgemeinschaften. Die Sprachverordnungen des 15. und 16. Jahrhunderts hatten die Verdrängung aller regionalen Varianten des Nordfranzösischen zur Folge, die noch im Mittelalter als Kanzleisprachen der Regionen fungierten. Außerdem wurden das Lateinische und die Hauptkultursprache Südfrankreichs, das Occitanische, vom Amtsgebrauch ausgeschlossen. Absolut dominant war die Sprachform der Ile de France, die Sprache des Königs. Der Existenzkampf der Regionalsprachen zog sich Jahrhunderte hin.

Vorstellungen von ethnischer und sprachlicher Uniformität als Garant staatlicher Integrität nahmen zunehmend Züge einer weltanschaulichen

Karte 2: Karte des kymrischen Sprachgebiets in Wales (Entwicklungsstand: 1991) (Aitchison/Carter 1994: 94)

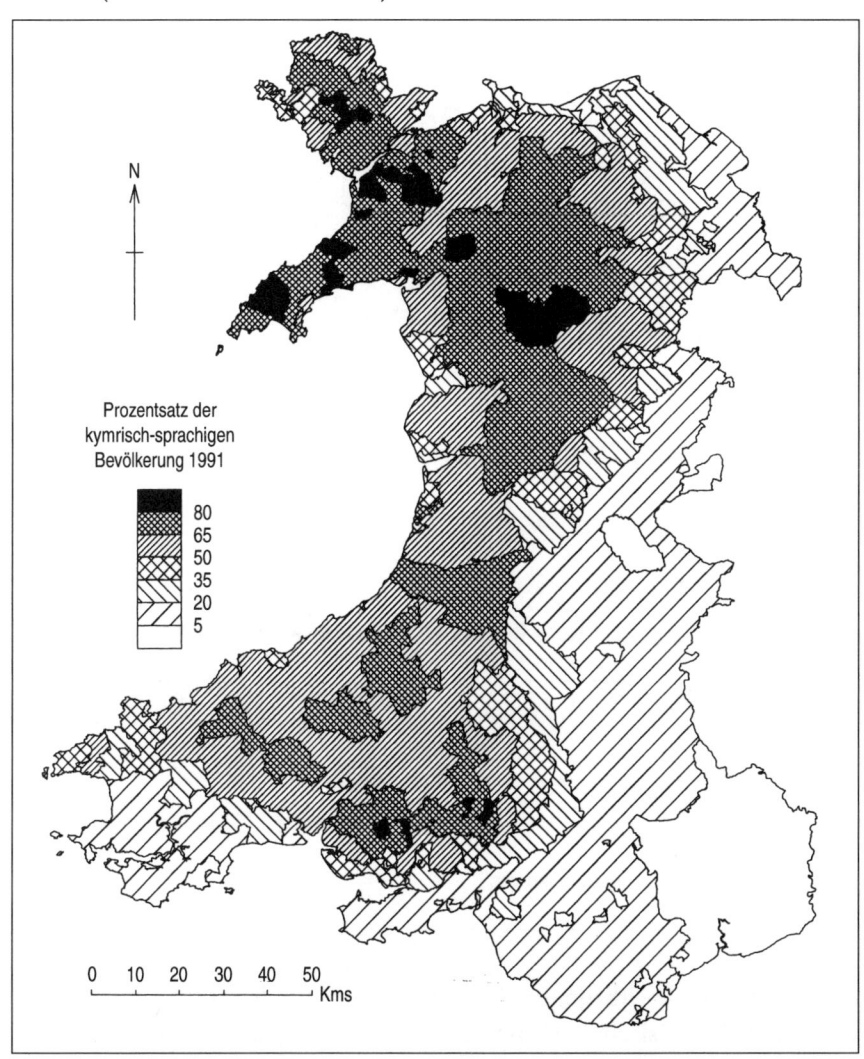

Maxime an, die ihre philosophische Untermauerung durch das Gedankengut der Aufklärer erhielt. Frankreich und seine seit der Revolution von 1789 praktizierte Politik wurden zum Vorreiter für Strategien, aufklärerisches Ideengut zum Primat der Nationenbildung mit staatlicher Souveränität in politische Institutionen umzusetzen. Die Maximen von liberté, égalité und fraternité waren für die Nichtfranzosen des Staates, d. h. für Occitanen, Basken, Katalanen, Bretonen, Flamen und deutsch-spra-

Karte 3: Verbreitungskarte des Schottisch-Gälischen auf der Basis des Census von 1991 (Viereck 1997: 1093

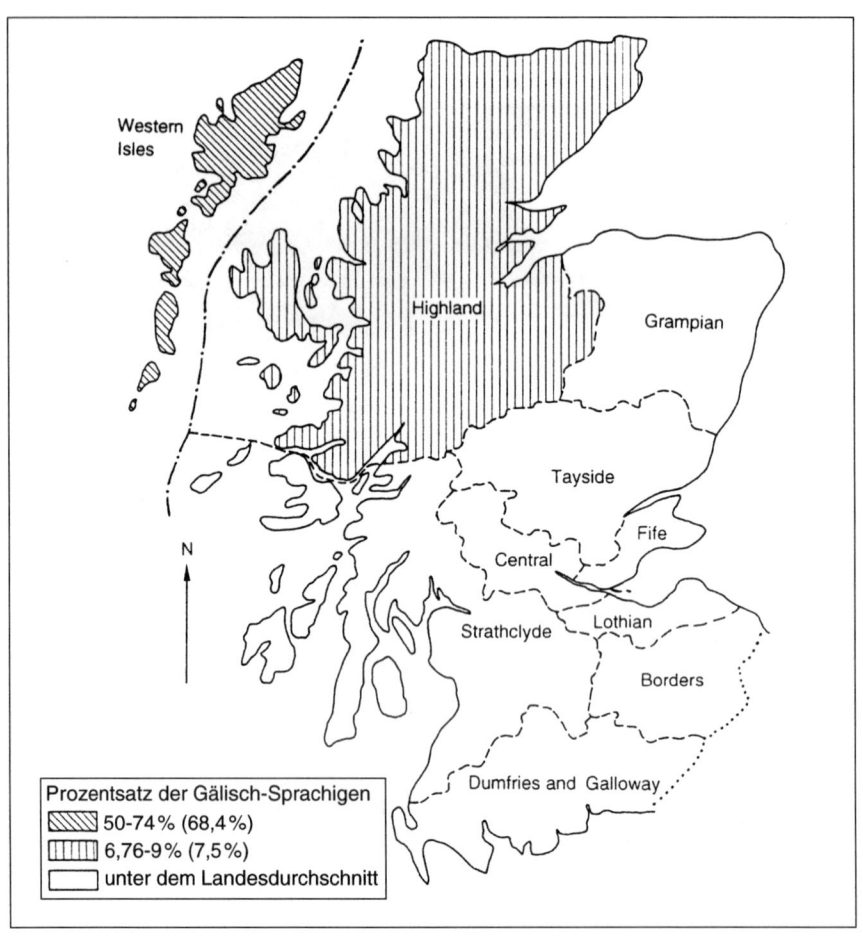

Prozentsatz der Gälisch-Sprachigen
- 50-74% (68,4%)
- 6,76-9% (7,5%)
- unter dem Landesdurchschnitt

chige Elsässer, gleichbedeutend mit Befreiung von der »Unkulturiertheit« ihrer nichtfranzösischen Muttersprache, Gleichschaltung mit dem Franzosentum und Zwangsfraternisierung mit den Vertretern der machtpolitisch dominierenden Ethnie.

Die nationalstaatliche und nationalsprachliche Ideologie sind der Stoff, aus dem der Stereotyp vom französischen Einheitsstaat konstruiert wurde. Es entstand das Image vom mythischen Frankreich, in dem alle Menschen gleicher Sprache, Kultur und nationaler Gesinnung sind. Der Akkulturations- und Assimilationsdruck auf die nichtfranzösischen Sprachgemeinschaften war und ist enorm (Kremnitz 1995). Es gibt viele

Gründe, seine Muttersprache zugunsten des Französischen aufzugeben, denn die Staatssprache wird nicht nur zum nationalen Symbol hochstilisiert, es fungiert auch als konkurrenzloses Vehikel für die *civilisation française*, die *conditio sine qua non* für sozialen Aufstieg. Eines allerdings kann das Französische nicht vermitteln: lokalkulturelle Intimität. Dieser Aspekt der ethnischen Selbstidentifizierung wird für die regionalpolitischen Bewegungen seit dem 19. Jahrhundert immer wichtiger. Was die Sprachgemeinschaften im Laufe der Zeit durch assimilatorische Prozesse eingebüßt haben, gleichen sie heutzutage durch ein verstärktes kulturelles Selbstbewusstsein aus.

Die Zeiten, als man eine totale Assimilation an das dominante Französisch befürchten konnte, sind vorbei. Multikulturalismus und Mehrsprachigkeit in Frankreich haben die Zwangsjacke ihrer politischen Tabuisierung abgestreift und sind Bestandteil der innenpolitischen Agenda geworden. Allerdings wird die Renaissance der Regionalsprachen heute wohl kaum einen nennenswerten Sprecherzuwachs bewirken.

Ganz eigene Wege ging Russland. Im Verlauf des 15. Jahrhunderts konsolidierten sich die russischen Fürstentümer unter Führung Moskaus, dem auch die Schlüsselrolle in der Abschüttelung des »tatarischen Jochs« zufiel. Einige Jahrzehnte lang war das Großfürstentum Moskau, das die »russischen Länder« unter seine Kontrolle brachte, ein fast reiner Nationalstaat, ein Staat der Russen. Damals lebten nur wenige ostseefinnische Kleinvölker auf russischem Staatsgebiet (Rjabinin 1997). Die Eroberung der Tatarenkhanate von Kasan und Astrachan sowie die Expansion nach Sibirien veränderten die demographische Struktur des Zarenreiches drastisch. Trotz der beständigen Profilierung von Multikulturalismus und Mehrsprachigkeit demonstrierte der Staat Uniformität mit zaristischer Autokratie (nach byzantinischem Vorbild), russischer Staatssprache und dem religiösen Monopol der russisch-orthodoxen Kirche (Hecker 1994).

Die Existenzbedingungen der nichtrussischen Sprachgemeinschaften und Religionen waren zu keiner Zeit stabil geregelt, sondern standen in Abhängigkeit zum Toleranzverhalten individueller Herrscher. Der Reformer Peter I. (reg.: 1689-1725), der Große, der Russland nach Westeuropa öffnete, versuchte das Monopol der russisch-orthodoxen Kirche durch brutale antiislamische Kampagnen abzusichern. Unter seiner Regierung wurden viele Moscheen und Medresen, islamische Schulen, im Gebiet der Tataren zerstört. Katharina II. (reg.: 1762-1796) bemühte sich, die Wunden, die ihr Vorgänger der islamischen Gemeinschaft geschlagen hatte, durch Toleranz zu heilen. Sie förderte auch das Studium orientalischer Sprachen und Kulturen (Kononov 1972: 45 f.). Gleichzeitig aber trat sie für eine intensive Missionstätigkeit der russischen Kirche ein, wodurch sich der Assimilationsdruck auf nichtrussische Sprachgemeinschaften verstärkte. Die Christianisierung brachte die Nichtrussen unweigerlich in Abhängigkeit zum Instrument russischer Kulturiertheit und politischer Disziplinierung, dem Russischen (Haarmann 1992b).

Das Zeitalter des Nationalismus brachte Russland die Erweiterung seiner inneren Kolonien nach Polen, Finnland, Bessarabien und Mittelasien ein. Die nichtrussischen Völker des Zarenreiches erlebten eine Phase des zunehmenden situationellen Drucks der Staatssprache, die in der offen deklarierten Russifizierungspolitik unter dem letzten Zaren, Nikolai I., kulminierte. Die nationale Einheit(lichkeit) des Zarenreiches wurde zur Staatsdoktrin, Multikulturalismus und Mehrsprachigkeit wurden als gesellschaftliche Faktoren in einem Land ignoriert, dessen Bevölkerung sich mehrheitlich aus Nichtrussen zusammensetzte. Ausgelöst durch die Revolution von 1905 gewannen die nichtrussischen Sprachgemeinschaften einigen kulturellen Spielraum, was an der verstärkten Publikationstätigkeit in den Regionalsprachen erkennbar ist. Mit der Entstehung des Sowjetstaates, der nicht auf politischer Willensbildung der Völker Russlands beruht, sondern das Ergebnis des von den »roten« Kräften gewonnenen Bürgerkriegs ist, wurde eine neue Phase in den Beziehungen der Russen zu Nichtrussen eingeleitet (Kappeler 1992).

Die Verschiebung der politischen Grenzen nach dem Ersten Weltkrieg brachte nicht die erhoffte Entlastung der europäischen Staatenwelt vom Druck nationalstaatlicher Ideologie. Alte Vielvölkerstaaten wie die österreichisch-ungarische Doppelmonarchie wurden aufgelöst, stattdessen aber neue geschaffen (z. B. die Tschechoslowakei und Jugoslawien). Dass die ethnischen Spannungen zwischen den Völkern in diesen Staaten nur zwischenzeitlich verdeckt blieben, aber niemals vollständig abgebaut wurden, zeigt die jüngste Geschichte.

Das Ideal der nationalstaatlichen Souveränität, das in den 1990er Jahren seine Renaissance erlebte, ist von den Slowaken als Instrument politischer Abkoppelung eingesetzt worden. Seit Beginn 1993 sind die Tschechei und die Slowakei getrennte Staatsgebilde. Die Desintegration des ehemaligen Jugoslawiens uferte in einen Krieg zwischen den ehemaligen sozialistischen »Brudervölkern« aus, mit besonders unheilvollen Folgen für die Bevölkerung in Bosnien-Herzegowina, dem Nachfolgestaat, in dem der Krieg die schlimmsten Gräuel wie Massaker und ethnische »Säuberungen« produziert hat.

Nach dem Zweiten Weltkrieg versuchten die alliierten Mächte, die Zustände vor 1939 wiederherzustellen, was aber unter anderem wegen der fehlenden Bereitschaft der Sowjetunion, die Annexion der baltischen Staaten rückgängig zu machen, nur teilweise gelang. Auch Finnland zählte zu den Verlierern des Krieges, weil es im Bündnis mit Deutschland gegen die Sowjetunion gestanden hatte. Der von sowjetischen Truppen besetzte Teil Kareliens, der vor 1939 von Finnen bewohnt war, ist in den letzten Jahren der Stalinära vollständig von Finnen »gesäubert« worden. In dieser Region wohnen heutzutage mehrheitlich Russen, außerdem Ukrainer und Angehörige anderer nichtrussischer Zuwanderer.

In der ersten Euphorie über die befreiende Wirkung der Revolutionen von 1989 und der Neugestaltung der politischen Karte Osteuropas nach Auflösung der Sowjetunion haben viele westliche Beobachter übersehen, dass sämtliche Nachfolgestaaten, Russland wie auch die ehemaligen nichtrussischen Sowjetrepubliken, eine multinationale und multilinguale Bevölkerung haben. Unabhängig davon, dass die meisten Neustaaten ein nationalstaatliches Image pflegen, bestehen die russisch-nichtrussischen Kontaktverhältnisse wie in der Sowjetära. Die Sowjetunion war ein Staat, in dem mehr als 120 Sprachen gesprochen wurden. Für Russland gilt dies auch heute. In allen Anrainerstaaten Russlands leben Russen in größerer Zahl, Migranten aus dem Mutterland und deren Nachkommen.

Viele Russen sind außerhalb Russlands geboren und beabsichtigen nicht, in die Heimat ihrer Vorfahren zu (re)migrieren. Ihre Zukunft liegt in den neuen Heimatländern, deren Staatsbürgerschaft sie erst über Sprach- und Geschichtsprüfungen erlangen müssen (s. Haarmann/Holman 1997 zu den Verhältnissen in Estland). Von den zahlreichen nichtrussischen Minderheiten, die außer den Titularnationen und Russen in den Neustaaten wohnen (z. B. Finnen in Estland, Polen in Weißrussland, Rumänen in der Ukraine, Armenier in Aserbaidschan, Kurden in Armenien), leben die meisten bereits seit der Zarenzeit in ihrer angestammten Heimat. Mit diesen alten Minderheiten teilen die Auslandsrussen als neue Minderheiten den gleichen Status.

Es gibt auch russische Minderheiten außerhalb des Territoriums der ehemaligen Sowjetunion und jenseits der Grenzen des ehemaligen Ostblocks, die sich nach Alt- und Neurussen, nach Einheimischen und Auswärtigen differenzieren. Finnland ist ein solches Land mit einer alten und einer neuen russisch-sprachigen Minderheit.

Exkurs: Die russische Sprachgemeinschaft in Finnland und ihre soziohistorische Infrastruktur

Die Sprachenverteilung in Finnland hat in den 1990er Jahren eine Umstrukturierung erlebt, denn das Russische, das eine von mehreren Minderheitensprachen war, ist zur drittstärksten Sprache des Landes aufgerückt. Hinter dem Etikett »russisch« verbirgt sich eine ethnisch-kulturelle Vielfalt, in der sich die Geschichte der finnisch-russischen Beziehungen seit Beginn unseres Jahrhunderts spiegelt.

In der chronologischen Abfolge der Immigration von Russisch-Sprachigen nach Finnland lassen sich folgende Gruppen unterscheiden:

a) Russische Emigranten, die nach dem Staatsstreich der Kommunisten im Oktober 1917 und als Folge der Wirren des Bürgerkrieges 1918-20 nach Finnland flüchteten. Wohlhabende Russen aus St. Petersburg hatten schon seit Ende des 19. Jahrhunderts Villen in den östlichen Landgemeinden Finnland erworben oder gebaut, die zu ihrem Emigrantendomizil wurden. Die Nachkommen der ersten Generation dieser Emigranten, die in Finnland geboren wurden, haben noch allgemein Russisch gelernt, die Nachkommen der zweiten und dritten Generation nur noch zum Teil.

b) Russen, die seit den 1970er Jahren durch Heirat mit Finnen nach Finnland gekommen sind. In der Regel sind dies russische Frauen, die über die Eheschließung die finnische Staatsbürgerschaft und einen höheren sozialen Lebensstandard anstreben. Die Nachkommen aus diesen ethnisch gemischten Ehen lernen nur selten Russisch, werden in der Regel von Anfang an über das Medium der finnischen Sprache sozialisiert und assimilieren sich in der Regel an die dominierende finnische Kontaktkultur.

c) Russisch-sprachige Ingrier aus St. Petersburg und aus den Landgemeinden des im Westen an die Stadt angrenzenden Ingermanland. Diese lutheranisch-protestantischen Ingrier gelten als Finnen. Es sind Nachkommen ostfinnischer Aussiedler, die vor dreihundert Jahren in Gebiete südlich des Finnischen Meerbusens abgewandert sind. Damals gehörte die gesamte Küstenregion der östlichen Ostsee zum schwedischen Reich. Viele der lutherischen Ingrier, die in Ingermanland in Nachbarschaft mit russisch-orthodoxen Ischoren lebten, haben sich an ihre russischsprachige Umgebung assimiliert und sprechen nicht mehr den ingrischen Dialekt des Finnischen. Seit Anfang der 1990er Jahre hat Finnland Tausende von ingrischen Rückwanderern aufgenommen (bis Ende 2001

27 000), die in Sonderkursen erst wieder die Muttersprache ihrer Vorfahren lernen müssen. Unter den ingrischen Rücksiedlern findet man verschiedene Kombinationen von Zweisprachigkeit: finnisch-russisch (d. h. Finnisch als Primär- und Russisch als Zweitsprache), russisch-finnisch (Russisch als PSpr, Finnisch als ZSpr), »finnisch«-russisch (Finnisch als PSpr, allerdings unvollständig, sozusagen als Halbsprache, und Russisch als voll verfügbare Hauptsprache).

d) Russische Geschäftsleute, die in Vyborg (fi. Viipuri) oder St. Petersburg wohnen, in Finnland (zumeist in den Städten und grenznahen Gemeinden Ostfinnlands) ihren Zweitwohnsitz haben und sich häufig oder sogar überwiegend in Finnland aufhalten. Die meisten dieser russischen Muttersprachler besitzen rudimentäre Kenntnisse des Finnischen, einige sprechen es sogar fließend als Fremdsprache.

Allein Russland stellt sich nach dem offiziellen Sprachgebrauch als multinationaler Staat dar. Der Name des Staates ist Rossijskaja Federacija ›Russische Föderation‹ (abgekürzt Rossija ›Russland‹). Russland ist der einzige Nachfolgestaat, in dem der aus Multiethnizität, Multikulturalismus und Mehrsprachigkeit erwachsene föderative Charakter in der administrativen Gliederung russischer und nichtrussischer Territorien erkennbar ist. Diese setzt im Wesentlichen die territoriale Aufteilung der Sowjetära fort. Außerhalb Russlands ist lediglich in einem Staat, in der Ukraine, ein autonomes Gebiet mit Sonderstatus eingerichtet worden. Dies ist die Halbinsel Krim, die überwiegend von Russen bewohnt ist. In dieser Region sind offiziell drei Amtssprachen in Gebrauch: Russisch, Ukrainisch und Krimtatarisch.

Die Etablierung neuer politischer Einheiten in Osteuropa, Südost- und Mitteleuropa hat die Zahl der Staaten in Europa erheblich vergrößert. Seit der Vereinigung der deutschen Länder im Deutschen Kaiserreich vor über hundert Jahren hat es in Europa nicht so viele Staaten gegeben wie heute. Dennoch bleibt das historische Ideal des Nationalstaates unerreicht, weil mit Ausnahme von Island, das wegen seiner Insellage fast nur von Isländern bewohnt ist, alle anderen Staaten einen multinationalen Charakter bewahrt haben. Die Verteilung der regionalen Sprechergruppen in den statistischen Übersichten verdeutlicht, dass die Nationalstaatidee eine philosophische Utopie geblieben ist.

Die moderne westeuropäische Integration, die mehr und mehr nach Mittel- und Osteuropa ausgreift, hat das politische Gewicht des Nationalstaatgedankens ideell überflügelt, selbst wenn sich in der Ausländerfeindlichkeit rechtsextremistischer Gruppierungen veraltete politische Konzepte artikulieren. Alte Nationalismuskonzepte greifen in Westeuropa schon deshalb nicht mehr, weil die modernen Gesellschaften sämtlich multiethnisch und vielsprachig sind.

Exkurs: Die traditionelle Idee vom Deutschtum und ihre Dekonstruktion

Deutschsein, Deutschtum und Zugehörigkeit zur deutschen Sprachgemeinschaft sind heutzutage begrifflich ganz anders zu definieren als in den Zeiten des aufkeimenden Nationalbewusstseins und danach, im Zeitalter des Nationalismus, als ursprünglich sprachlich-kulturelle Begriffe politisiert wurden. Nationalpolitische Aspekte stehen bei Überlegungen im Vordergrund, die Varianten des Deutschen in Deutschland vom Schwyzertütsch in der Schweiz abzugrenzen und auch das Österreichische als selbstständige Sprache zu deklarieren. Wie Ammon (1995) nachgewiesen hat, sind alle diese regionalen Varianten auf einem deutsch-sprachigen Kontinuum anzusiedeln. Zudem werden diese regionalen Varianten sämtlich von einer gemeinsamen Schriftsprache überdacht.

Der Begriff der deutschen Sprachgemeinschaft ist früher allzu sehr im Licht einer national(istisch)en Denkweise betrachtet worden, wonach es sich dabei um eine angeblich homogene Gemeinschaft von Deutsch-Sprachigen handle, deren Mitglieder nach ihrer Abstammung alle Deutsche seien. Eine solche Auffassung ist historisch und sie gehört in den Kreis der imaginären Vorstellungen, die im Zeitalter der Aufklärung entstanden und bis heute tradiert worden sind. Deutschsein ist heutzutage ein multiethnischer Begriff, was besagt, dass ein Deutsch-Sprachiger ein Weißer oder ein Farbiger, Europäer, Afrikaner oder Asiate sein kann. Damit nähert sich der Begriff des Deutschseins ähnlichen Begriffen wie Englischsein, Französischsein oder Spanischsein an, denn auch diese Begriffsbildungen sind multiethnisch.

Will man sich auch heutzutage an der sprachlichen Zugehörigkeit als Kriterium des Deutschtums orientieren, gleichzeitig aber die aus der Geschichte bekannten ideologischen Verstrickungen und damit assoziierte imaginäre Konstruktionen vermeiden, so stellt sich heraus, dass der Begriff der deutschen Sprachgemeinschaft nicht mehr unilateral definiert werden kann. Die deutsche Sprachgemeinschaft ist zu verstehen als Milieu sprachlich-kultureller Interaktion, wobei diejenigen, die in diese Interaktion eingebunden sind, die unterschiedlichsten soziokulturellen Bedingungen einbringen.

Für den Abbau des historischen Rassismus der deutschen Geschichte und die Dekonstruktion moderner rassistischer Allüren ist ein Blick auf die

Erkenntnisse der Humangenetik hilfreich. Die Genprofile der Populationen im westlichen, zentralen und östlichen Europa sind nur wenig unterschiedlich. In geographischer Terminologie hat man die genetische Struktur der Europäer mit einer weiten offenen Landschaft ohne nennenswerte Erhebungen beschrieben (Cavalli-Sforza/Piazza 1993: 6). Dies besagt, dass sich die Deutschen genetisch unwesentlich von ihren Nachbarn im Westen und im Osten unterscheiden. Die nationalsozialistische Auffassung von der »Reinheit« der »arischen Rasse«, die von Hitler als politisches Kalkül manipuliert wurde, ist ein imaginäres Konstrukt, eine Fata Morgana, ohne irgendeinen Realitätsbezug.

Ab dem frühen Mittelalter lassen sich Fusionsprozesse rekonstruieren, die den ständigen Genfluss in den europäischen Populationen aufgrund von interethnischen Familienbindungen erklärlich machen. Die »Deutschen« sind ebenso genetische Fusionsprodukte wie die »Franzosen«, »Polen« oder »Russen«. Solche Fusionsprozesse sind auch heutzutage wirksam. In den Adern der Alt- und Neu-Deutschen fließt vielerlei Blut: germanisches, slawisches, keltisches, romanisches, skandinavisches, finnisches, türkisches, iranisches, u. a. Die deutsche Gesellschaft von heute ist in einem Prozess der Umstrukturierung zum multikulturellen Pluralismus begriffen. Dabei geht es nicht einfach um die Koexistenz verschiedener Kulturen in einer Art multikulturellem Status quo, sondern um multikulturelle Interaktion, wobei das Deutsche als überdachendes Kommunikationsmedium fungiert.

Die Europäische Union bietet mit ihrem Regionalismusprogramm Möglichkeiten für die Revitalisierung der ursprünglichen Idee von der Pflege der Nationalsprachen und -kulturen, die aufklärerische Denker im 18. Jahrhundert entwickelt haben, d. h. ohne die politische Komponente der unitarischen Staatsidee des 19. Jahrhunderts.

Viele stellen heutzutage die Frage, ob die multikulturelle Gesellschaft sich nicht gerade wegen ihres Multikulturalismus in einer permanenten Krisensituation befindet. Auch wird gefragt, ob Europa nicht seine eigentlich europäische Identität verloren hat (Tibi 1998). Mit Multikulturalismus und Multilingualismus politisch umzugehen, ist sicherlich ein schwierigeres Geschäft als in einem imaginären Einheitskonstrukt, das die Ideologen Nationalstaat nennen. Wenn aber die Realitäten ethnische und sprachliche Homogenität ausschließen, dann geht es darum, Realpolitik zu betreiben und aus dem multikulturellen Chaos eine funktionsfähige pluralistische Ordnung aufzubauen, und nicht darum, den Charakter der multikulturellen Gesellschaft durch nationalistische Ideologien zu kaschieren.

Die bevölkerungsreichsten Staaten Europas	Die sprachenreichsten Staaten Europas	Die sprecherreichsten Sprachen Europas
Russland (147,7 Mio.) Deutschland (81,9 Mio.) Großbritannien (58,8 Mio.) Frankreich (58,4 Mio.) Italien (57,4 Mio.) Ukraine (50,7 Mio.) Spanien (39,3 Mio.) Polen (38,6 Mio.) Rumänien (22,6 Mio.) Griechenland (10,5 Mio.)	Russland (123) Italien (33) Frankreich (27) Deutschland (22) Spanien (16) Großbritannien (15) Rumänien (14) Bulgarien (12) Schweden (11), Finnland (11) Polen (10), Jugoslawien (10)	Russisch (136 Mio.) Deutsch (91,5 Mio.) Französisch (58,1 Mio.) Englisch (56,4 Mio.) Italienisch (55,4 Mio.) Ukrainisch (43,2 Mio.) Polnisch (38,2 Mio.) Spanisch (28,6 Mio.) Rumänisch (23,7 Mio.) Niederländisch (20,2 Mio.)

Albanien

Fläche:	28 748 qkm (Tirana: 427 000 E)
Bevölkerung:	3,339 Mio. E (1998), (seit 1990 + 0,2 %) (1998: Fertilität – 2,0 %/Mortalität – 0,6 %)
Stadtbewohner:	38 %
Analphabetenrate:	Männer – 9 %, Frauen – 24 %
Zusammensetzung der Bevölkerung:	98 % Albaner (Tosken im Süden, Gegen im Norden), 1,8 % Griechen, u. a.

Gesamtzahl der Sprachen:	6 (Amtssprache: Albanisch)

Sprechergruppen	Sprachen
Mehr als 3 Mio.	Albanisch (Toskisch und Gegisch)
2 – 3 Mio.	Toskische Variante des Albanischen
0,2 – 0,5 Mio.	Gegische Variante des Albanischen
0,1 – 0,2 Mio.	Romani
50 – 100 000	Dakorumänisch (Wlachisch), Griechisch, Aromunisch (Makedo-Rumänisch),
20 – 50 000	Makedonisch

Sprachfamilie: Indoeuropäisch (Albanisch, Griechisch, romanische und slawische Varianten)

Sprachökologische Verhältnisse: Albanisch ist Staatssprache des Landes. Die Standardsprache stützte sich während der Zeit der kommunistischen Herrschaft auf das Toskische; gegische Eigenheiten blieben auf die Wortbildung und die Wortwahl beschränkt. Im Jahre 1972 wurde die Konvergenz der toskischen und gegischen Sprachvariante propagiert, die sich aber nicht realisierte. Toskisch wurde im amtlich-administrativen Bereich verwendet, Gegisch dagegen in der Belletristik bevorzugt. Seit 1993 beginnt sich ein Bidialektismus zu verbreiten.

Sprachkonflikte: Der langwierige Streit der Dialekte als Basis der albanischen Schriftsprache dauert bis heute an. Zwar hat das Toskische seine Monopolstellung im amtlichen Sektor verloren, der Geltungsbereich beider Schriftdialekte hat sich aber bislang nicht ausbalanciert.

Andorra

Fläche:	467,76 qkm (Andorra la Vella: 21 513 E)
Bevölkerung:	65 000 E (1998), (seit 1990 + 5,0 %)
Stadtbewohner:	95 %
Analphabetenrate:	keine Angaben
Zusammensetzung der Bevölkerung:	49,6 % Spanier, 28,6 % ethn. Katalanen, 7,6 % Franzosen, u. a.
Gesamtzahl der Sprachen:	4 (Amtssprache: Katalanisch)

Sprechergruppen	Sprachen
34 560	Spanisch (54 %; Primär- und Zweitsprachler)
22 400	Katalanisch (35 %)
4 480	Französisch (7 %)
2 560	Portugiesisch (4 %)

Sprachfamilien: Indoeuropäisch (romanisch)

Sprachökologische Verhältnisse: Katalanisch ist Amtssprache, Spanisch das amtliche Medium der katholischen Kirche. In Andorra werden mehr auswärtige Sprachen von mehr Menschen als das einheimische Katalanisch gesprochen. Katalanisch ist die Hauptunterrichtssprache in der mehrsprachigen Schulausbildung (Escola Andorrana). Die anderen Unterrichtssprachen sind Spanisch und Französisch.

Armenien

Fläche:	29 800 qkm (Jerevan: 1,45 Mio. E)
Bevölkerung:	3,795 Mio. E (1998), (seit 1990 + 1,0 %)
	(1998: Fertilität – 1,3 %/Mortalität – 0,8 %)
Stadtbewohner:	69 %
Analphabetenrate:	1 %
Zusammensetzung der Bevölkerung:	93,3 % Armenier, 2,6 % Aserbaidschaner, 1,7 % Kurden, u. a.

Gesamtzahl
der Sprachen: 6   (Amtssprache: Armenisch)

Sprechergruppen	Sprachen
Mehr als 3 Mio.	Armenisch
50 – 100 000	Aserbaidschanisch, Kurdisch, Russisch
5 – 10 000	Ukrainisch, Aramäisch (= Neuostaramäisch, Aisor)

Sprachfamilien: Indoeuropäisch (Armenisch; slawisch: Russisch, Ukrainisch; iranisch: Kurdisch), türkisch (Aserbaidschanisch), semitisch (Aisor)

Sprachökologische Verhältnisse: Armenisch ist Staatssprache und alleinige Unterrichtssprache im Ausbildungswesen. Minderheitensprachen haben keinen offiziellen Status.

Aserbaidschan

Fläche:	86 600 qkm (Baku: 1,708 Mio. E)
Bevölkerung:	7,91 Mio. E (1998), (seit 1990 + 1,4 %)
	(1998: Fertilität – 1,6 %/Mortalität – 0,7 %)
Stadtbewohner:	57 %
Analphabetenrate:	< 5 %
Zusammensetzung der Bevölkerung:	85,4 % Aserbaidschaner, 4,0 % Russen, 2,0 % Armenier, u. a.

Gesamtzahl
der Sprachen: 16 (Amtssprache: Aserbaidschanisch)

Sprechergruppen	Sprachen
5 – 6 Mio.	Aserbaidschanisch
0,2 – 0,5 Mio.	Russisch, Armenisch
0,1 – 0,2 Mio.	Lesgisch, Talyschisch
20 – 50 000	Awarisch, Tatarisch, Tatisch, Ukrainisch, Weißrussisch
10 – 20 000	Kurdisch
5 – 10 000	Krysisch
3 – 5 000	Jüdisch-Kurdisch
1 – 3 000	Buduchisch, Chinalugisch, Udisch

Sprachfamilien: Türkisch (Aserbaidschanisch, Tatarisch), indoeuropäisch (slawische Sprachen: Russisch, Ukrainisch, u. a.; iranische Sprachen: Kurdisch, Tatisch), kaukasisch

Sprachökologische Verhältnisse: Aserbaidschanisch ist nominell Staatssprache. In der militärisch weiterhin unter armenischer Kontrolle stehenden Region Berg-Karabakh mit ihrer armenischen Mehrheitsbevölkerung fungiert das Armenische als inoffizielle Amtssprache.

Belarus
(Weißrussland)

Fläche:	207 595 qkm (Minsk: 1,725 Mio. E)
Bevölkerung:	10,239 Mio. E (1998), (seit 1990 +/- 0,0 %)
	(1998: Fertilität – 1,0 %/Mortalität – 1,3 %)
Stadtbewohner:	73 %
Analphabetenrate:	< 5 %
Zusammensetzung der Bevölkerung:	77,9 % Weißrussen, 13,2 % Russen, 4,1 % Polen, 2,9 % Ukrainer, u. a.

Gesamtzahl der Sprachen: 10 (Amtssprachen: Weißrussisch, Russisch – seit 1995)

Sprechergruppen	Sprachen
7 – 8 Mio.	Weißrussisch
2 – 3 Mio.	Russisch
0,2 – 0,5 Mio.	Polnisch, Ukrainisch
10 – 20 000	Jiddisch

5 – 10 000	Litauisch, Mordwinisch, Tatarisch, Romani
2 – 5 000	Armenisch

Sprachfamilien: Indoeuropäisch (slawische Sprachen; baltisch: Litauisch; indisch: Romani; Armenisch; germanisch: Jiddisch), uralisch (Mordwinisch), türkisch (Tatarisch)

Sprachökologische Verhältnisse: Seit 1995 sind Weißrussisch und Russisch als gleichrangige Amtssprachen anerkannt. In der Administration überwiegt das Russische, das ebenfalls den Sprachgebrauch der Massenmedien dominiert. Die Schulausbildung ist weitgehend russisch geprägt.

Sprachkonflikte: Der Geltungsbereich der weißrussischen Schriftsprache wird vom nah verwandten Russischen eingeschränkt. Das Weißrussische ist nach seinem Gebrauchswert faktisch eine Minderheitensprache im eigenen Land.

Belgien

Fläche:	30 518 qkm (Brüssel: 0,954 Mio. E)
Bevölkerung:	10,2 Mio. E (1998), (seit 1990 + 0,3 %)
	(1998: Fertilität – 1,1 %/Mortalität – 1,0 %)
Stadtbewohner:	97 %
Analphabetenrate:	< 5 %
Zusammensetzung der Bevölkerung:	57,8 % Flamen, 32,6 % Wallonen, 0,7 % Deutsche

Gesamtzahl der Sprachen:	11 (Amtssprachen: Niederländisch, Französisch, Deutsch/reg.)

Sprechergruppen	Sprachen
5 – 6 Mio.	Niederländisch (Flämisch)
4 – 5 Mio.	Französisch (Wallonisch)
0,2 – 0,5 Mio.	Italienisch
0,1 – 0,2 Mio.	Deutsch, Arabisch (Maghrebinisch-A.)
50 – 100 000	Türkisch
20 – 50 000	Spanisch, Portugiesisch
10 – 20 000	Letzeburgisch, Griechisch
5 – 10 000	Romani

Sprachfamilien: Indoeuropäisch (germanisch: Niederländisch, Deutsch; romanisch: Französisch, Italienisch, Spanisch) + Immigrantensprachen (Arabisch, Türkisch)

Sprachökologische Verhältnisse: Territorialbindung der Amtssprachen (einsprachiges Flandern mit Niederländisch, einsprachige Wallonie mit Französisch, einsprachiges deutsches Gebiet in Ostbelgien, zweisprachige Großregion Brüssel). In der regionalen Verteilung ist ein Trend zu sprachlicher Solidarität zu erkennen. Der größte Teil der Franzosen lebt in der französisch-sprachigen Wallonie (53 %) und im zweisprachigen Brüssel (31 %). Die Niederländer ihrerseits wohnen und arbeiten überwiegend im niederländisch-sprachigen Flandern (86 %).

Wie in anderen Ländern Westeuropas, so hat auch Belgien einen ständigen Zustrom von Arbeitsimmigranten und Asylanten zu verzeichnen (Coenen/Lewin 1997). Im Jahre 1996 waren es 0,91 Mio. Der weitaus größte Teil stammt aus anderen EU-Staaten (Frankreich, Deutschland, Niederlande, Spanien, Portugal). Die zahlenstärksten Gruppen, deren Heimatländer außerhalb der EU liegen, sind Marokkaner (140 000) und Türken (82 000). Nach ihrer landesweiten Verteilung auf die Gemeinden Belgiens ist festzustellen, dass die industriellen Ballungszentren die meisten Immigranten angezogen haben. Brüssel ist aus den verschiedensten Gründen das attraktivste Wohngebiet für Arbeitsimmigranten. Fast ein Drittel aller in Belgien lebenden Ausländer wohnt in der Metropole. Über die Hälfte aller marokkanischen und fast die Hälfte aller spanischen Arbeitsimmigranten sind in der belgischen Hauptstadt ansässig.

Sprachkonflikte: Es gibt Probleme mit sprachlichen Mehrheitsverhältnissen in den urbanen Distrikten Brüssels bei der Wahl der Schulsprachen. In der Geographie der Stadtbevölkerung ist erkennbar, dass bestimmte Distrikte im Zentrum und im südlichen Teil der Großregion überwiegend von Ausländern bewohnt sind.

Bosnien-Herzegowina

Fläche:	51 129 qkm (Sarajevo: 0,383 Mio. E)
Bevölkerung:	3,768 Mio. E (1998), (seit 1990 -2,4 % jährl.) (1998: Fertilität – 1,0 %/Mortalität – 0,7 %)
Stadtbewohner:	43 %
Analphabetenrate:	keine Angaben
Zusammensetzung der Bevölkerung:	43,7 % Bosniaken, 31,4 % Serben, 17,3 % Kroaten, 5,5 % Jugoslawen (Eigenbezeichnung), 0,3 % Montenegriner
Gesamtzahl der Sprachen:	5 (Amtssprachen: Bosniakisch, Serbisch, Kroatisch)

Sprechergruppen	Sprachen
1 – 1,5 Mio.	Bosniakisch (Bosnisch), Serbisch
0,5 – 1 Mio.	Kroatisch
0,1 – 0,2 Mio.	Albanisch
30 – 50 000	Romani (walachische Zigeuner)

Sprachfamilie: Indoeuropäisch (slawisch: Bosniakisch, Serbisch, Kroatisch; Albanisch, indisch: Romani)

Sprachökologische Verhältnisse: Die seit 1992 bestehende Republik ist eine Föderation, die aus zwei Gebietseinheiten besteht, u.zw. aus der Bosniakisch-kroatischen Föderation (BKF) und aus der Serbischen Republik (RS). Amtliche Texte werden dreisprachig redigiert (Bosniakisch, Serbisch, Kroatisch). Verwendung des kyrillischen und lateinischen Alphabets.

Sprachkonflikte: Die Sprachgemeinschaften leben im Wesentlichen in Segregation voneinander, wobei die Distanz zu den Serben vergleichsweise am größten ist. Kontakte der übrigen ethnischen Gruppen mit den Serben bleiben auf das Notwendigste beschränkt.

Bulgarien

Fläche:	110 994 qkm (Sofija: 1,116 Mio. E)
Bevölkerung:	8,257 Mio. E (1998), (seit 1990 -0,8 % jährl.)
	(1998: Fertilität – 0,9 %/Mortalität – 1,4 %)
Stadtbewohner:	69 %
Analphabetenrate:	Männer – 1 %, Frauen – 2 %
Zusammensetzung der Bevölkerung:	85,5 % Bulgaren, 9,7 % Türken, 3,4 % Roma, u. a.
Gesamtzahl der Sprachen:	7 (Amtssprache: Bulgarisch)

Sprechergruppen	Sprachen
7 – 8 Mio.	Bulgarisch
0,5 – 1 Mio.	Türkisch (Balkan-Türkisch), Romani (balkanische Zigeunersprache)
10 – 20 000	Gagausisch
5 – 10 000	Krimtatarisch

100 – 1 000	Albanisch (Gegisch), Romani (wlachische bzw. Kalderaš-Zigeuner)

Sprachfamilien: Indoeuropäisch (slawisch: Bulgarisch; indisch: Romani; Albanisch), türkisch (Gagausisch, Balkan-Türkisch)

Sprachökologische Verhältnisse: Bulgarisch ist Staatssprache. Es fungiert in allen Bereichen des öffentlichen Lebens (Verwaltung, Ausbildungswesen) als alleinige offizielle Sprache.

Sprachkonflikte: Die türkische Minderheit genießt keinerlei Förderungsrechte. Anfang der 1970er Jahre wurden alle türkischen Kulturvereinigungen aufgelöst. Türkisch wird nicht unterrichtet, und seit 1984 müssen Staatsbürger türkischer Abstammung bulgarische Namen annehmen. Auch Romani wird nicht gefördert.

Dänemark

Fläche:	43 094 qkm (Kopenhagen: 1,379 Mio. E)
Bevölkerung:	5,301 Mio. E (1998), (seit 1990 + 0,4 % jährl.) (1998: Fertilität – 1,2 %/Mortalität – 1,2 %)
Stadtbewohner:	86 %
Außenbesitzungen:	Färöer-Inseln (1 399 qkm; 44 800 E/1998), Grönland (2 166 086 qkm, 56 083 E/1999)
Analphabetenrate:	< 5 %
Zusammensetzung der Bevölkerung:	97,1 % Dänen, 1,6 % Deutsche, 0,5 % Türken, u. a.
Gesamtzahl der Sprachen:	6 (Amtssprachen: Dänisch als interregionale Amtssprache; Färingisch und Grönländisch als regionale Amtssprachen neben Dänisch in den Außenbesitzungen)

Sprechergruppen	Sprachen
4 – 5 Mio.	Dänisch
50 – 100 000	Türkisch
20 – 50 000	Deutsch, Färingisch, Grönländisch (Inuit)
10 – 20 000	Serbisch

Sprachfamilien: Indoeuropäisch (germanisch) + Immigrantensprachen (slawisch: Serbisch; eskimo-aleutisch: Grönländisch)

Sprachökologische Verhältnisse: Dänisch fungiert als interregionale Amtssprache. Dies besagt, dass es auf dem Festland exklusives amtliches Medium ist, auf den Färöer-Inseln und in Grönland den Status einer zweiten Amtssprache neben der jeweiligen Landessprache hat. Die Schulausbildung in den Außenbesitzungen ist zweisprachig.

Deutsch wird in den Schulen im südl. Jütland unterrichtet, wo die meisten Angehörigen der deutsch-sprachigen Minderheit leben. Zwei Drittel der »Deutschgesinnten« sprechen Dänisch als Muttersprache und Deutsch als Bildungssprache. Rund ein Drittel sprechen Deutsch als Primär- und Dänisch als Zweitsprache.

Deutschland

Fläche:	356 978,5 qkm (Berlin: 3,425 Mio. E)
Bevölkerung:	82,047 Mio. E (1998), (seit 1990 + 0,5 % jährl.)
	(1998: Fertilität – 0,9 %/Mortalität – 1,1 %)
Stadtbewohner:	87 %
Analphabetenrate:	< 5 %
Zusammensetzung der Bevölkerung:	91,2 % Deutsche, 8,7 % Ausländer

Gesamtzahl
der Sprachen: 24 (Amtssprache: Deutsch)

Sprechergruppen	Sprachen
70 – 80 Mio.	Deutsch (PSpr + ZSpr)
5 – 10 Mio.	Niederdeutsch
2 – 2,5 Mio.	Türkisch
0,5 – 1 Mio.	Italienisch, Albanisch, Kurdisch
0,2 – 0,5 Mio.	Griechisch, Polnisch, Serbisch, Kroatisch
0,1 – 0,2 Mio.	Arabisch (Marokkanisch), Rumänisch, Spanisch, Niederländisch, Romani (walachische Zigeuner)
50 – 100 000	Portugiesisch, Singhalesisch, Sorbisch, Ungarisch, Vietnamesisch
20 – 50 000	Dänisch, Romani (Sinti)
10 – 20 000	Friesisch
5 – 10 000	Lettisch
	Zusätzlich andere Immigrantensprachen (Russisch, Somali, Pashto, Farsi, u. a.) ohne nähere Informationen über deren Sprecherzahlen

Sprachfamilien: Indoeuropäisch (germanisch; slawisch: Sorbisch; indisch: Romani) + Immigrantensprachen (ältere: indoeuropäisch/Griechisch, Serbisch, u. a.;

türkisch; neuere: indoeuropäisch/Singhalesisch; semitisch/Arabisch; Mon-Khmer/ Vietnamesisch)

Sprachökologische Verhältnisse: Deutsch ist Staatssprache. Die Sprachen von Minderheiten werden teilweise im Schulunterricht berücksichtigt, und zwar in sprachlichen Sonderkursen. Dies gilt für einheimische Minderheiten (Sorbisch, Nordfriesisch) ebenso wie für Immigrantensprachen (Türkisch, Griechisch, u. a.).

Die Sorben sind die einzige slawische Sprachgemeinschaft, die vollständig isoliert von den anderen slawischen Arealen inmitten des deutschen Sprachgebietes situiert ist. Die wirtschaftliche und verkehrstechnische Abgeschlossenheit der Lausitz hat dazu beigetragen, dass sich das Sorbische bis heute erhalten hat. Noch bis zum Ende des 15. Jahrhunderts wurde in der Niederlausitz überwiegend Sorbisch gesprochen. Seit langem ist ein gleichmäßiger Trend zum Sprachwechsel zu beobachten, d. h. zur Aufgabe des Sorbischen und zur Assimilation an das Deutsche (Norberg 1996).

In den 1950er Jahren wurden noch 71 sorbische Dörfer und Ortsteile im Kreis Cottbus gezählt, in den 1980er Jahren waren es noch 46. Seit den Volks- und Sprachzählungen des 19. Jahrhunderts ist festzustellen, dass sowohl die absolute Sprecherzahl des Sorbischen als auch ihr prozentualer Anteil an der Gebietsbevölkerung beständig rückläufig sind. Noch im Jahre 1849 gab es in der Niederlausitz 58 162 Sorben, die 19,4 % der lokalen Bevölkerung ausmachten. Im Kreis Cottbus stellten die Sorben (33 783, entsprechend 68,6 %) damals sogar die Mehrheit der Bevölkerung. Bis zum Jahr 1987 war die sorbisch-sprachige Bevölkerung in der Lausitz auf 12 000 (2,4 %), im Kreis Cottbus ebenfalls auf 12 000 (7,0 %) zurückgegangen.

Estland

Fläche:	45 227 qkm (Tallinn: 0,408 Mio. E)
Bevölkerung:	1,45 Mio. E (1998), (seit 1990 -1,1 % jährl.)
	(1998: Fertilität – 0,9 %/Mortalität – 1,4 %)
Stadtbewohner:	74 %
Analphabetenrate:	< 5 %
Zusammensetzung der Bevölkerung:	65,0 % Esten, 28,2 % Russen, 2,7 % Ukrainer, u. a.

Gesamtzahl der Sprachen: 5 (Amtssprache: Estnisch)

Sprechergruppen	Sprachen
mehr als 1 Mio.	Estnisch
0,2 – 0,5 Mio.	Russisch

20 – 50 000	Ukrainisch, Weißrussisch
10 – 20 000	Finnisch

Sprachfamilien: Uralisch (Estnisch, Finnisch), indoeuropäisch (slawisch)

Sprachökologische Verhältnisse: Estnisch ist Staatssprache. Seit der Unabhängigkeit Estlands im Jahre 1991 ist die Sprachen- und Nationalitätenpolitik des Landes bestimmt durch Versuche, das Verhältnis der estnischen Bevölkerungsmehrheit (Zunahme von 61,5 %/1989 auf 65,0 %) zur russischen Minderheit (Abnahme von 30,3 %/1989 auf 28,2 %) auszubalancieren (Haarmann/Holman 1997: 125 ff.).

Die russische Bevölkerung erlebt eine radikale Veränderung ihres soziopolitischen Status. Während der Sowjetära gehörten die Russen als Angehörige des zahlenmäßig stärksten Volkes der Sowjetunion zu den privilegierten Staatsbürgern. Dies galt insbesondere für die Russen, die als Fachkräfte in Wirtschaft und Technik sowie als Mitglieder der Führungskader in der politischen Bürokratie der nichtrussischen Teilrepubliken eingesetzt waren. Mit der Unabhängigkeit der ehemaligen Sowjetrepubliken verloren die Russen außerhalb des Kernlandes des früheren Sowjetstaates, der Russischen Föderation, ihre Sonderrechte und sanken zum Status einer staatenlosen Minderheit ab.

Estland setzte in seiner Innenpolitik rigorose Bestimmungen für die Erlangung der estnischen Staatsbürgerschaft durch. Die minimale Grundvoraussetzung ist ein ständiger Aufenthalt von mindestens fünf Jahren mit Hauptwohnsitz in Estland, außerdem werden Kenntnisse des Estnischen und der estnischen Geschichte gefordert.

Sprachkonflikte: Anwachsen der sozialen Distanz zwischen Ältesten (einheimische Esten) sowie Neuesten (jüngere, integrationswillige Russen, die auch Estnisch sprechen) auf der einen Seite und den älteren, integrationsunwilligen Russen in ihrer Segregation (Region Narva) auf der anderen Seite.

Finnland

Fläche:	338 144 qkm (Helsinki: 0,551 Mio. E)
Bevölkerung:	5,153 Mio. E (1998), (seit 1990 + 0,5 % jährl.)
	(1998: Fertilität – 1,1 %/Mortalität – 1,0 %)
Stadtbewohner:	64 %
Analphabetenrate:	< 5 %
Zusammensetzung der Bevölkerung:	93,5 % Finnen, 5,9 % Finnland-Schweden, 0,4 % Saamen, u. a.

Gesamtzahl
der Sprachen: 11 (Amtssprachen: Finnisch, Schwedisch, Saamisch/fakultative A. in der Provinz Lappland)

Sprechergruppen	Sprachen
4 – 5 Mio.	Finnisch
0,2 – 0,5 Mio.	Schwedisch
10 – 20 000	Russisch
1 – 3 000	Deutsch, Saamisch (Inari-S., nördl. S., Skolt-S.), Romani, Somali, Albanisch, Pashto

Sprachfamilien: Uralisch (Finnisch, Saamisch), Indoeuropäisch (Schwedisch, Russisch, u. a.) + Immigrantensprachen (Somali, Pashto)

Sprachökologische Verhältnisse: Der ältere offizielle Sprachgebrauch, die seit 1919 bestehende amtliche Zweisprachigkeit (finnisch/schwedisch), ist 1991 um das Saamische als fakultative Amtssprache in der Provinz Lappland (Lappi) erweitert worden. Weiterhin ist Finnisch die wichtigste Amtssprache Lapplands; saamisch-sprachige Eingaben an die Behörden müssen aber saamisch behandelt werden, und zwar je nach Region in einer der lokalen Varianten (nördl. Saamisch, Inari-Saamisch, Skolt-Saamisch).

Sprachkonflikte: Die jüngeren ingrischen Rücksiedler aus Ingermanland (Gebiet Leningrad), die in den 1990er Jahren nach Finnland kamen, sprechen fast nur Russisch als Muttersprache und müssen die Sprache ihrer Vorfahren, Finnisch, erst neu lernen. Deren sprachliche Integration ist fast ebenso schwierig wie die afrikanischer oder asiatischer Immigranten (Asylbewerber).

Frankreich

Fläche:	543 965 qkm (Paris: 2,115 Mio. E/Agglomeration: 9,32 Mio. E)
Bevölkerung:	58,847 Mio. E (1998), (seit 1990 + 0,5 % jährl.) (1998: Fertilität – 1,2 % / Mortalität – 0,9 %)
Stadtbewohner:	75 %
Analphabetenrate:	< 5 %
Zusammensetzung der Bevölkerung:	93,6 % Franzosen, 2,1 % Elsässer und Lothringer, 1,5 % Bretonen; 6,4 % Ausländer (Algerier, u. a.)
Außenbesitzungen:	1,455 Mio. E (Französisch-Guyana, Guadeloupe, Réunion, Mayotte, Saint-Pierre und Miquelon, Französisch-Polynesien, Neukaledonien, Wallis und Futuna)

**Gesamtzahl
der Sprachen:** 27 (Amtssprache: Französisch)

Sprechergruppen	Sprachen
Mehr als 50 Mio.	Französisch
2 – 5 Mio.	Occitanisch (Languedokisch, Gaskognisch, Provenzalisch)
1 – 2 Mio.	Deutsch (Alemannisch, Elsässisch), Arabisch (algerische und marokkanische Variante)
0,5 – 1 Mio.	Bretonisch, Portugiesisch
0,2 – 0,5 Mio.	Katalanisch, Korsisch, Spanisch
0,1 – 0,2 Mio.	Baskisch, Niederländisch (Flämisch), Türkisch
50 – 100 000	Vietnamesisch, Khmer

Sprachfamilien: Indoeuropäisch (romanisch: Französisch, Occitanisch, u. a.; germanisch: Deutsch, Niederländisch; keltisch: Bretonisch), Baskisch + Immigrantensprachen (ältere: Spanisch, Portugiesisch; jüngere: semitisch/Arabisch; türkisch, Mon-Khmer/Khmer, Vietnamesisch)

Sprachökologische Verhältnisse: Französisch ist Staatssprache. Die amtliche Exklusivität des Französischen erstreckt sich auch auf bestimmte Bereiche der Privatsphäre. Beispielsweise werden Testamente nur in französischer Sprache anerkannt. In den Geburtenregistern ist ebenfalls Französisch vorgeschrieben, was bedeutet, dass Eltern, die Vornamen für ihre Kinder wählen, keine bretonischen oder baskischen Namen in regionalsprachlicher Orthographie aussuchen können, denn solche sind nicht zulässig. Auch Telegrammtexte werden in den Postämtern in keiner anderen Landessprache als Französisch angenommen.

Der absolut unitarische Charakter Frankreichs ist im Sommer 2000 durch die Einrichtung des Autonomiestatuts für Korsika verändert worden. Korsische Sprache und Kultur genießen seither offiziell besondere Förderung.

Sprachkonflikte: Durch die soziale Segregation vor allem afrikanischer Immigranten geht auch die Sprachentwicklung eigene Wege. In Paris erlebt ein urbanes Pidgin auf französischer Basis seinen Entstehungsprozess. Wird dieses Pidgin der nachfolgenden Generation als Muttersprache vermittelt, wird es zur Kreolsprache.

Mit dem Generationenwechsel der Regionalbevölkerung sind häufig Prozesse des Sprachwechsels verbunden. Die Situation der einheimischen Regionalsprachen ähnelt der von Immigrantensprachen (Rossillon 1995: 26). Mehrheitlich sprechen die Eltern ihre Muttersprache nicht mit den Kindern. Dies gilt für rund 95 % der Erwachsenen mit occitanischer Muttersprache, 90 % der Korsen, 90 % der Italiener, 80 % der Spanier, 65 % der Elsässer und 55 % der Portugiesen. Die Kinder in den meisten zweisprachigen Familien sprechen mit ihren Eltern mit Vorliebe Französisch.

In den Familien von Immigranten aus Afrika und Asien (Tribalat 1996) zeigt sich ein Gleichgewicht. Rund die Hälfte der Eltern arabischer Herkunft (d. h.

vorwiegend aus Nordafrika) spricht mit den Kindern Arabisch, die andere Hälfte Französisch. Die Verhältnisse bei türkischen Immigranten weichen von den obigen signifikant ab, denn nur 5 % der Eltern sprechen Französisch mit ihren Kindern.

Der situationelle Druck der französischen Staatssprache auf die junge Generation ist auch am Sprachgebrauch mit Älteren und Gleichartigen zu erkennen. Während beispielsweise mehr als 60 % der Jugendlichen im nördlichen Elsass (Saverne, Wissembourg, Haguenau) Elsässisch mit ihren Vätern sprechen, benutzen von diesen jungen Leuten nur etwa ein Drittel das Elsässische auch im Kontakt mit Gleichaltrigen. In den Gemeinden des südlichen Elsass (Altkirch, Mulhouse, Thann) liegen die Quoten für den Gebrauch des Elsässischen vergleichsweise am niedrigsten (weniger als 17 % mit den Vätern, weniger als 9 % mit Gleichaltrigen).

Georgien

Fläche:	69 700 qkm (Tbilisi: 1,28 Mio. E; Agglomeration: 1,53 Mio. E)
Bevölkerung:	5,442 Mio. E (1998), (seit 1990 +/- 0 %) (1998: Fertilität – 1,4 %/Mortalität – 0,9 %)
Stadtbewohner:	60 %
Analphabetenrate:	< 5 %
Zusammensetzung der Bevölkerung:	71,7 % Georgier, 8,0 % Armenier, 5,6 % Aserbaidschaner, u. a.

Gesamtzahl der Sprachen: 8 (Amtssprache: Georgisch)

Sprechergruppen	Sprachen
3 – 4 Mio.	Georgisch
0,5 – 1 Mio.	Ossetisch
0,2 – 0,5 Mio.	Mingrelisch
50 – 100 000	Abchasisch
20 – 50 000	Swanisch
5 – 10 000	Jüdisch-Georgisch
1 – 3 000	Batsisch, Lasisch

Sprachfamilien: Kaukasisch (südkaukasisch: Georgisch; nordwestkaukasisch: Abchasisch), indoeuropäisch (Ossetisch)

Sprachökologische Verhältnisse: Georgisch ist interregionale Amtssprache, dessen Status in der Teilrepublik Abchasien kürzlich drastischen Veränderungen unterworfen war. Im lokalen Krieg mit der georgischen Armee (1992-93) verteidigten die Abchasen ihr Land erfolgreich. Abchasien ist seither de facto selbstständig und das Abchasische die bevorzugte Sprache im öffentlichen sowie privaten Leben.

Sprachkonflikte: Im kulturellen Gedächtnis der Abchasen ist die Erinnerung an Zeiten der Unterdrückung (Russifizierungsdruck der Zarenzeit, Stalinterror) immer lebendig geblieben. Unter Stalin wurde in Abchasien eine rigide Georgisierungspolitik betrieben. In den 1940er und 1950er wurde Abchasisch nicht unterrichtet. Alleinige Unterrichtssprache an den Schulen war damals das Georgische. Durch die prestigemäßige Aufwertung des Abchasischen in den 1990er Jahren linderte sich auch der situationelle Druck, den das Georgische auf das Abchasische ausgeübt hatte.

Griechenland

Fläche:	131 957 qkm (Athen: 0,772 Mio. E; Agglomeration: 3,07 Mio. E)
Bevölkerung:	10,515 Mio. E (1998), (seit 1990 + 0,5 % jährl.) (1998: Fertilität – 0,9 %/Mortalität – 1,0 %)
Stadtbewohner:	60 %
Analphabetenrate:	Männer – 2 %, Frauen – 5 %
Zusammensetzung der Bevölkerung:	94,5 % Griechen, 1,8 % Makedonier, 1,0 % Albaner, u. a.
Gesamtzahl der Sprachen:	14 (Amtssprache: Griechisch)

Sprechergruppen	Sprachen
9 – 10 Mio.	Griechisch
0,1 – 0,2 Mio.	Albanisch (Arvanitisch), Makedonisch, Türkisch
50 – 100 000	Romani (balkanische Zigeuner)
20 – 50 000	Aromunisch, Bulgarisch
10 – 20 000	Armenisch
100 – 1 000	Romani (wlachische Zigeuner, Lovari), Tsakonisch

Sprachfamilien: Indoeuropäisch (Griechisch: Demotike, Tsakonisch; Albanisch, Armenisch, südslawisch: Makedonisch, Bulgarisch; indisch: Romani; romanisch: Aromunisch), türkisch

Sprachökologische Verhältnisse: Die Dualität der neugriechischen Sprachvarianten, der Schriftsprache (Katharevousa) und des gesprochenen Neugriechisch – der Volkssprache (Demotike) – ist mit dem Sprachengesetz 309 vom 30. April 1976 aufgehoben worden. In Art. 1 und 2 dieses Gesetzes wird verfügt, dass das »Neuhellenische« (griech. neoellenike) die alleinige Schriftsprache im öffentlichen Leben und in der Schulausbildung sein soll. Das Neuhellenische wird mit der Volkssprache, Demotike, identifiziert (Clairis 1983).

Beide Sprachformen gehen auf die griechische Koine zurück, die Ausgleichsform, die sich im 4. und 3. Jahrhundert v. Chr. hauptsächlich auf der Grundlage des Attischen auszubilden begann. Etwa um die Zeitenwende war dieser Ausgleichsprozess abgeschlossen. Von dieser griechischen Gemeinsprache führte die Entwicklung in unterschiedliche Richtungen. Im Schriftgebrauch bemühte man sich, den Standard der antiken Koine zu bewahren (Attizismus), während sich die gesprochene Sprache im Laufe der Jahrhunderte immer mehr von diesem Standard entfernte. In der Zeit vor dem Sprachengesetz war die Katharevousa die hochsprachliche Variante, die als Schriftsprache im öffentlichen Leben fungierte. Die Demotike wurde ebenfalls als Schriftsprache verwendet, ihr Geltungsbereich beschränkte sich jedoch auf die volkstümliche Poesie und die Belletristik.

Sprachkonflikte: Die Existenz von Minderheitensprachen in Griechenland, das sich offiziell als rein einsprachiges Land darstellt, wird offiziell nicht anerkannt. Insofern genießt keine der lokalen nichtgriechischen Sprachen irgendwelche Förderungsrechte.

Großbritannien

Fläche:	241 752 qkm (London/Greater London: 7,122 Mio. E)
Bevölkerung:	59,055 Mio. E (1998), (seit 1990 + 0,4 % jährl.)
	(1998: Fertilität – 1,2 %/Mortalität – 1,1 %)
Stadtbewohner:	89 %
Analphabetenrate:	< 5 %
Zusammensetzung der Bevölkerung:	80 % Engländer, 10 % Schotten, 4 % Iren (Nordirland), u. a.
Außenbesitzungen:	Kanalinseln (0,148 Mio. E), Insel Man (71 714 E), Anguilla (10 302 E), Bermuda (62 000 E), Britische Jungferninseln (18 000 E), Falkland-Inseln (2 564 E), Gibraltar (27 086 E), Kaiman-Inseln (32 000 E), Montserrat (2 850 E), Pitcairn-Inseln (49 E), St. Helena (6 488 E), Turks- und Caicos-Inseln (13 800 E)

Gesamtzahl der Sprachen:	17 (Amtssprachen: Englisch; Kymrisch – reg.; seit 1967 fakultative Gerichtssprache in Wales und seit 1993 dem Englischen in der Verwaltung der Region nominell gleichgestellt)

Sprechergruppen	Sprachen
Mehr als 50 Mio.	Englisch
0,5 – 1 Mio.	Kymrisch, Hindi
0,2 – 0,5 Mio.	Pashto
0,1 – 0,2 Mio.	Bengalisch, Chinesisch (Yue), Gujarati, Panjabi
50 – 100 000	Angloromani (engl. R.), Schottisch-Gälisch, Thai, Türkisch
20 – 50 000	Irisch (ZSpr; Nordiren), Arabisch, Yoruba
100 – 1 000	Kornisch, Manx-Gälisch (als Fremdsprachenkenntnisse von Kulturaktivisten) Zusätzlich andere Immigrantensprachen (Tagalog, Twi, Vietnamesisch, u. a.) ohne nähere Informationen über deren landesweite Sprecherzahlen.

Sprachfamilien: Indoeuropäisch (germanisch, keltisch) und Immigrantensprachen (indo-iranisch: Bengalisch, Pashto; Tai-Kadai: Thai; sinotibetisch: Chinesisch)

Sprachökologische Verhältnisse: Von den drei Regionen des Landes mit administrativem Sonderstatus (Wales, Schottland, Nordirland) beinhaltet der von Wales auch eine Regelung für amtliche Zweisprachigkeit.

Sprachkonflikte: Beständiger Sprachverlust bei den Kymrisch-Sprachigen in Wales und besonders in der schottisch-gälischen Sprachgemeinschaft in Schottland (s. Exkurs auf S. 54 ff.). Programme für den Schulunterricht in Immigrantensprachen (*community languages*) sind ergänzungsbedürftig.

Irland

Fläche:	70 285 qkm (Dublin: 1,008 Mio. E)
Bevölkerung:	3,705 Mio. E (1998), (seit 1990 + 0,8 % jährl.) (1998: Fertilität – 1,4 %/Mortalität – 0,8 %)
Stadtbewohner:	58 %
Analphabetenrate:	< 5 %
Zusammensetzung der Bevölkerung:	73,2 % einsprachige Iren mit englischer Muttersprache, 26,7 % zweisprachige Iren

**Gesamtzahl
der Sprachen:** 2 (Amtssprachen: Irisch, Englisch)

Sprechergruppen	Sprachen
2,59 Mio.	Englisch als Muttersprache
0,95 Mio.	Zweisprachige Iren (0,35 Mio. mit aktiven und 0,6 Mio. mit passiven irischen Sprachkenntnissen)
Weniger als 50 000	irische Muttersprachler

Sprachfamilie: Indoeuropäisch (keltisch: Irisch; germanisch: Englisch)

Sprachökologische Verhältnisse: Irisch ist National- und Amtssprache der Republik. Nominell rangiert es vor dem Englischen, das ebenfalls amtlichen Status besitzt. Nach seiner praktischen Gebrauchshäufigkeit dominiert allerdings das Englische. Schriftdokumente werden zweisprachig (irisch und englisch) ausgefertigt.

Sprachkonflikte: Die Situation des Irischen in seinen verschiedenen Funktionen im privaten und öffentlichen Leben Irlands ist sehr kompliziert (O Riagáin 1997). Anders als in anderen Sprachsituationen, wo die Muttersprachler einer indominanten Sprache unter dem Druck einer dominanten Sprache stehen und die Spracherhaltung alles entscheidend vom Verhalten der Muttersprachler abhängt, ist es in Irland nicht die Kerngruppe der irischen Muttersprachler, die die Spracherhaltung und die Vitalität des Irischen garantiert. Die irischen Muttersprachler in den *Gaeltacht areas* (siehe Karte 4) sind zumeist Personen höheren Alters.

Bereits in den 1920er Jahren war der Prozentsatz derjenigen Kinder, die im Vorschulalter Irisch sprachen, auf 5 % gesunken, und bis heute hat sich der Anteil nicht nennenswert erhöht. Den eigentlichen Zuwachs hat das Irische als Ergebnis des Schulunterrichts zu verzeichnen. Knapp die Hälfte aller Schüler im Alter zwischen 15 und 19 Jahren sind in der Lage, Irisch zu sprechen. Dies wiederum heißt nicht, dass sie diese Sprache auch regelmäßig außerhalb der Schule sprechen. Selbst in den Familien, wo die Eltern Irisch sprechen, ist in der Regel die dominante Heimsprache das Englische.

Seit den 1960er Jahren hat die Regierung besondere Wirtschaftsprogramme zur Förderung der Landwirtschaft und der Kleinindustrie in den *Gaeltacht areas* angeboten. Im Hintergrund solcher Bemühungen stand die Vorstellung, durch wirtschaftliche Anreize die Abwanderung aus den Gemeinden mit irisch-sprachiger Bevölkerung in die Städte zu verhindern und auf diese Weise die lokalen Sprachgemeinschaften intakt zu halten. Im Zuge einer verstärkten interregionalen Ausweitung der Wirtschaftskontakte, insbesondere der Kleinindustrie, die den Anschluss an die internationalen Märkte suchte, verstärkte sich auch der Einfluss des Englischen, zunächst am Arbeitsplatz, dann auch im heimischen Milieu. Der Transfer des Irischen von der Generation der irischen Muttersprachler auf die jüngeren Iren ist und bleibt problematisch. Der Zweitsprachengebrauch, der sich im schulischen Milieu entfaltet, wird auf Dauer der einzige Garant sein, das Irische vital zu halten.

In den Spracheinstellungen der meisten Iren spiegelt sich die Widersprüchlichkeit der Bemühungen, das Irische als lebende Sprache zu erhalten (O Riagáin/O Gliasáin 1984). Einerseits wird das Irische in seinem Symbolwert als Nationalsprache hochgeschätzt, bei denen, die Irisch können ebenso wie bei den Iren, die nur Englisch sprechen. Andererseits sind die Meinungen pessimistisch, wenn man sich über die praktischen Anwendungsmöglichkeiten des Irischen äußert. Es ist also in erster Linie der Symbolwert der Sprache, nicht deren praktischer Gebrauch, der in der Selbstidentifizierung der Iren dominiert.

Karte 4: Gaeltacht Areas (irisch-sprachige Gebiete) in Irland
(Ó Murchú 1998: 249)

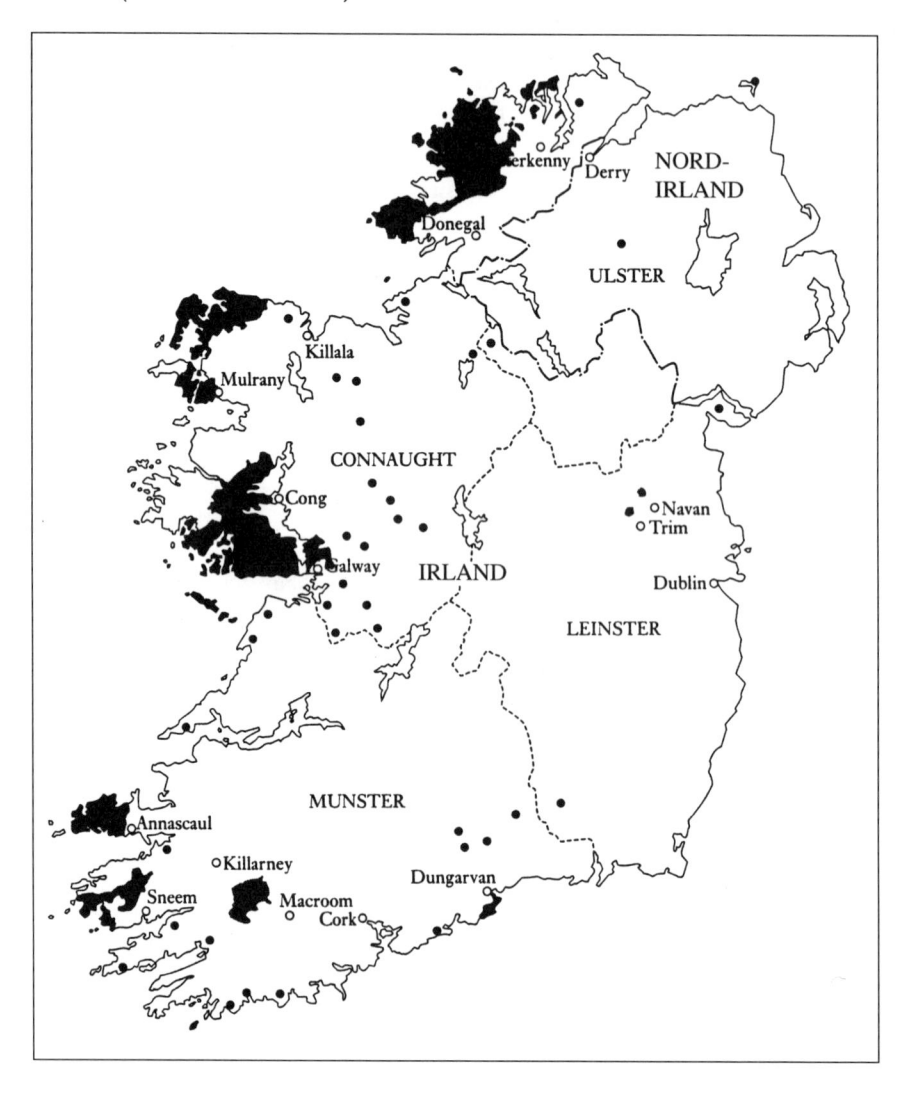

Länderbeschreibungen

Island

Fläche:	103 000 qkm (Reykjavík: 0,108 Mio. E)
Bevölkerung:	0,274 Mio. E (1998), (seit 1990 + 1,0 % jährl.)
	(1998: Fertilität – 1,6 %/Mortalität – 0,7 %)
Stadtbewohner:	92 %
Analphabetenrate:	< 5 %
Zusammensetzung der Bevölkerung:	93,9 % Isländer, 1,3 % Dänen, 0,7 % US-Amerikaner, u. a.

Gesamtzahl der Sprachen:	3 (Amtssprache: Isländisch)

Sprechergruppen	Sprachen
0,268 Mio.	Isländisch
3 460	Dänisch
1 300	Schwedisch

Sprachfamilie: Indoeuropäisch (germanisch)

Sprachökologische Verhältnisse: Im Unterschied zur Sprachentwicklung in anderen skandinavischen Ländern weist das isländische Sprachgebiet praktisch keine dialektale Variation auf. Regionale Unterschiede in der Phonetik und im Wortgebrauch sind minimal. Das relativ hohe Maß an Uniformität in der Sprache fördert den Gemeinschaftssinn der Isländer bis heute.

Italien

Fläche:	301 302 qkm (Rom: 2,643 Mio. E)
Bevölkerung:	57,589 Mio. E (1998), (seit 1990 + 0,2 % jährl.)
	(1998: Fertilität – 0,9 %/Mortalität – 1,0 %)
Stadtbewohner:	67 %
Analphabetenrate:	< 5 %
Zusammensetzung der Bevölkerung:	91,4 % Italiener, 2,6 % Sarden, 1,2 % Friauler, u. a.

Gesamtzahl der Sprachen:	21 (Amtssprachen: Italienisch; Deutsch – reg.: Trentin-Südtirol, Französisch – reg.: Aosta-Tal)

Sprechergruppen	Sprachen
55 – 56 Mio.	Italienisch (einschließlich aller regionaler Varianten; s.u.)
2 – 5 Mio.	Piemontesisch, Venezianisch
1 – 2 Mio.	Sardisch, Ligurisch
0,5 – 1 Mio.	Friaulisch
0,2 – 0,5 Mio.	Deutsch
50 – 100 000	Albanisch, Slowenisch
20 – 50 000	Katalanisch, Ladinisch
10 – 20 000	Griechisch
3 – 5 000	Kroatisch
1 – 3 000	Zimbrisch, Occitanisch (Provenzalisch) Zusätzlich außereuropäische Immigrantensprachen (Arabisch, Kurdisch, Amharisch, Chinesisch, u. a.) ohne genaue Informationen zu deren Sprecherzahlen.

Sprachfamilien: Indoeuropäisch (romanisch, germanisch, slawisch) + Immigrantensprachen (ältere: Griechisch, Albanisch, u. a.; jüngere: semitisch/Arabisch; türkisch)

Sprachökologische Verhältnisse: Die Beziehung zwischen dem Italienischen (der interregional verwendeten Standardsprache) und den regionalen Sprachvarianten Italiens ist komplex. Etliche der Regionalsprachen (Piemontesisch, Venezianisch, Napolitanisch, u. a.) werden als Schriftsprachen ebenso wie das Standarditalienische verwendet; die historische Bühnenliteratur ist vorzugsweise in regionalen Varianten geschrieben worden (z. B. Goldonis venezianische Theaterstücke).
Drei Sprachebenen zeichnen sich ab:
– eine hochsprachliche Ebene (vertreten durch die italienische Standardsprache, verwendet im öffentlichen Leben, in den Massenmedien, in der Schulausbildung);
– Sprachformen der mittleren Ebene (Regionalsprachen: Piemontesisch, Venezianisch, Ligurisch, usw.; diese Varianten werden auch als Schriftsprachen in der Belletristik und folkloristischen Literatur verwendet);
– Sprachformen der unteren Ebene (z. B. gesprochenes Bolognesisch, Sizilianisch, u. a.).

Sprachkonflikte: Die Sprachminderheiten Süditaliens stehen in besonderen Sprachkontaktprozessen, die durch zunehmenden Sprachwechsel charakterisiert sind (s. eine Verbreitungskarte der sprachlichen Minderheiten in Süditalien bei Bellinello 1995). Diejenige Sprachgemeinschaft mit der längsten Tradition ist die griechische Minderheit, u.zw. im südlichen Kalabrien und in Südapulien (salentinische Halbinsel). Die dort ansässigen Griechen sind Nachkommen der griechischen Kolonisten, die bereits in der Antike Sizilien und weite Teile Süditaliens besiedelt hatten.

Die modernen Griechen Apuliens sind also die letzten Vertreter der Bevölkerung in der ehemaligen Magna Graecia. Noch bis ins 16. Jahrhundert war der griechische Kultur- und Spracheinfluss in Süditalien bedeutend. Die griechische Sprachgemeinschaft hat aber seither einen erheblichen Schwund erlebt. Heutzutage sprechen nurmehr 16 545 Personen Griechisch als Muttersprache. Dies sind 35,3 % der Italiener griechischer Abstammung. In Apulien ist der Grad der Spracherhaltung mit 39,7 % stärker als in den kalabrischen Siedlungen, wo nur noch 24,3 % der Griechen ihre Muttersprache bewahrt haben.

Die zahlenstärkste Gruppe der Sprachminderheiten Süditaliens sind die Albaner (72 710), die zerstreut in rund fünfzig Gemeinden leben. Die größte Agglomeration von Albanisch-Sprachigen (32 820) findet man in der Provinz Cosenza. Albaner sind zwischen dem 15. und 18. Jahrhundert aus dem Mutterland Albanien ausgewandert, das damals zum balkanischen Kolonialbesitz des Osmanischen Reiches gehörte. Die albanischen Immigranten und deren Nachkommen haben ihren griechisch-byzantinischen Glauben beibehalten. Früher als in Albanien wurde der Gebrauch der Schriftsprache in den albanischen Kolonien Süditaliens populär.

Die Spracherhaltung ist am stärksten bei den Albanern in der Basilicata (94,4 %), in Cosenza, in der Molise und in der Provinz Foggia liegt das Niveau über 70 %. Bei den isolierten Siedlungen der Albaner in Sizilien ist das Niveau der Spracherhaltung auf 48 % gesunken.

Ebenfalls im 15. Jahrhundert und aus den gleichen Gründen wie Albaner, kamen kroatische Flüchtlinge nach Italien, die sich in Dörfern der Molise niederließen. Die kroatischen Siedlungen sind geographisch isoliert, woraus sich der vergleichsweise hohe Erhaltungsgrad ihrer Muttersprache erklärt. Von den 2 390 Personen kroatischer Herkunft sprechen noch 1 560 (65,2 %) Kroatisch (die štokavisch-ikavische dialektale Variante).

Jugoslawien
(Serbien und Montenegro)

Fläche:	102 173 qkm (Belgrad: 1,168 Mio. E)
Bevölkerung:	10,616 Mio. E (1998), (seit 1990 + 0,1 % jährl.) (1998: Fertilität – 1,3 %/Mortalität – 1,0 %)
Stadtbewohner:	58 %
Analphabetenrate:	7 %
Zusammensetzung der Bevölkerung:	62,3 % Serben, 16,6 % Albaner, 5,0 % Montenegriner, 3,3 % Ungarn, u. a. (in Serbien: 65,8 % Serben, 17,2 % Albaner, 3,5 % Ungarn, u. a.; in Montenegro: 61,8 % Montenegriner, 9,3 % Serben, u. a.)
Gesamtzahl der Sprachen:	10 (Amtssprache: Serbisch; Ungarisch in der Region Vojvodina – reg. Amtssprache, erneut seit Ende 2000; Al-

banisch in der Region Kosovo – reg. Amtssprache, erneut seit Sommer 1999)

Sprechergruppen	Sprachen
8 – 9 Mio.	Serbisch
1 – 2 Mio.	Albanisch
0,2 – 0,5 Mio.	Ungarisch
0,1 – 0,2 Mio.	Romani, Kroatisch
50 – 100 000	Slowakisch
20 – 50 000	Rumänisch, Bulgarisch
10 – 20 000	Ruthenisch (Russinisch), Türkisch (westrumelische Dialekte)

Sprachfamilien: Indoeuropäisch (slawisch: Serbisch, u. a.; romanisch: Rumänisch; indisch: Romani; Albanisch), türkisch

Sprachökologische Verhältnisse: Die Amtssprachenregelung im neuen demokratischen Jugoslawien (nach dem Abbau der Diktatur unter Milošević) knüpft wieder an die Tradition vor dem Zerfall des alten Jugoslawien an. Serbisch ist alleinige interregionale Amtssprache, während die übrigen Sprachen regional begrenzte amtliche Funktionen übernehmen. Das Monopol des Serbischen in der Schulausbildung wird abgebaut.

Sprachkonflikte: Von der MachtübernahmeMiloševićs im Jahre 1989 bis zu seinem Sturz Ende 2000 standen das Serbische, das sämtliche offiziellen Funktionen im Staat usurpierte, als Symbol des serbischen Nationalismus und die Regionalsprachen im Konflikt. Exemplarisch mündete der Dauerkonflikt in die Kosovo-Krise ein, die im Frühsommer 1999 mit der Intervention der NATO-Streitkräfte militärisch eskalierte.

Seit Sommer 1999 nimmt das Albanische im Kosovo erneut diejenigen Funktionen wahr, die ihm nach den Bestimmungen des Autonomiestatuts vor 1989 zustanden. Es fungiert als regionale Amtssprache, wird in den Schulen sowie an der Universität in Priština unterrichtet und in den Massenmedien verwendet.

Kroatien

Fläche:	56 538 qkm (Zagreb: 0,706 Mio. E; Agglomeration: 0,931 Mio. E)
Bevölkerung:	4,501 Mio. E (1998), (seit 1990 -0,9 % jährl.) (1998: Fertilität – 1,1 %/Mortalität – 1,1 %)
Stadtbewohner:	57 %
Analphabetenrate:	Männer – 1 %, Frauen – 3 %

Zusammensetzung der Bevölkerung:	78,1 % Kroaten, 12,2 % Serben, 0,9 % Bosniaken, u. a.
Gesamtzahl der Sprachen:	8 (Amtssprache: Kroatisch)

Sprechergruppen	Sprachen
ca. 4 Mio.	Kroatisch
0,2 – 0,5 Mio.	Serbisch
20 – 50 000	Bosniakisch, Slowenisch, Ungarisch, Italienisch
10 – 20 000	Tschechisch, Albanisch

Sprachfamilien: Indoeuropäisch (slawisch; romanisch: Italienisch; Albanisch), uralisch (Ungarisch)

Sprachökologische Verhältnisse: Kroatisch ist Symbol des kroatischen Nationalismus, und die Distanznahme gegenüber dem nah verwandten Serbisch ist eines der Hauptanliegen der modernen Sprachpolitik.

Sprachkonflikte: Das Serbokroatische hat seine ehemalige panjugoslawische, überdachende Einheitlichkeit verloren. Der Gegensatz zwischen der kroatischen Mehrheit und der serbischen Minderheit kristallisiert sich besonders deutlich in der Wortwahl aus. Die Verwendung von Serbismen ist bei den Kroaten verpönt. Andererseits fördert die Vermeidung von Kroatismen bei der serbischen Minderheit das Gefühl ethnischer Intimität.

Lettland

Fläche:	64 589 qkm (Riga: 0,815 Mio. E)
Bevölkerung:	2,449 Mio. E (1998), (seit 1990 -1,2 % jährl.) (1998: Fertilität – 0,8 %/Mortalität – 1,4 %)
Stadtbewohner:	74 %
Analphabetenrate:	< 5 %
Zusammensetzung der Bevölkerung:	55,3 % Letten, 32,5 % Russen, 4,0 % Weißrussen, 2,9 % Ukrainer, u. a.
Gesamtzahl der Sprachen:	4 (Amtssprache: Lettisch)

Sprechergruppen	Sprachen
1 – 1,5 Mio.	Lettisch
0,5 – 1 Mio.	Russisch
3 – 5 000	Romani (baltische Zigeuner)
10 – 100	Liwisch

Sprachfamilien: Indoeuropäisch (baltisch, slawisch; indisch: Romani), uralisch (Liwisch)

Sprachökologische Verhältnisse: Lettisch ist seit 1991 Staatssprache des Landes.

Sprachkonflikte: Der Status des Russischen ist der einer Minderheitensprache ohne Förderungsrechte. Die ehemalige privilegierte Rolle dieser Sprache während der Sowjetära ist radikal abgebaut worden. Auch in den russischen Schulen des Landes soll nach einem Erlass der Schulbehörde ab 2004 ausschließlich in Lettisch unterrichtet werden.

Liechtenstein

Fläche:	160 qkm (Vaduz: 5 017 E)
Bevölkerung:	32 000 E (1998), (seit 1990 + 1,4 % jährl.) (1993: Fertilität – 1,4 %/Mortalität – 0,6 %)
Stadtbewohner:	91 %
Analphabetenrate:	< 5 %
Zusammensetzung der Bevölkerung:	62,4 % Liechtensteiner, 37,6 % Ausländer (Schweizer, Österreicher, Deutsche)
Gesamtzahl der Sprachen:	1 (Amtssprache: Deutsch)

Sprechergruppe	Sprache
32 000	Deutsch (bundesdeutsche, schweizer und österreichische Varianten)

Sprachfamilie: Indoeuropäisch (germanisch)

Sprachökologische Verhältnisse: Sprecher der drei nationalen Varianten des Deutschen (d. h. der in Deutschland, in Österreich und in der Schweiz verbreiteten Sprachformen) sind in Liechtenstein ansässig. Die lokalen Varianten mit ihrem teilweise starken Lokalkolorit (z. B. Schwyzertütsch im Verhältnis zum bundesdeutschen Sprachgebrauch) werden von der gemeinsamen deutschen Schriftsprache überdacht.

Litauen

Fläche:	65 300 qkm (Vilnius: 0,578 Mio. E)
Bevölkerung:	3,703 Mio. E (1998), (seit 1990 -0,1 % jährl.) (1998: Fertilität – 1,0 %/Mortalität – 1,2 %)
Stadtbewohner:	74 %
Analphabetenrate:	< 5 %
Zusammensetzung der Bevölkerung:	81,4 % Litauer, 8,3 % Russen, 6,9 % Polen, 1,5 % Weißrussen, u. a.

Gesamtzahl der Sprachen:	6 (Amtssprache: Litauisch)

Sprechergruppen	Sprachen
2 – 3 Mio.	Litauisch
0,2 – 0,5 Mio.	Polnisch, Russisch
50 – 100 000	Weißrussisch
3 – 5 000	Lettisch
100 – 1 000	Karaimisch

Sprachfamilien: Indoeuropäisch (baltisch, slawisch), türkisch (Karaimisch)

Sprachökologische Verhältnisse: Litauisch ist seit 1991 Staatssprache des Landes.

Luxemburg

Fläche:	2 586 qkm (Luxemburg: 79 800 E)
Bevölkerung:	0,427 Mio. E (1998), (seit 1990 + 1,6 % jährl.) (1998: Fertilität – 1,2 %/Mortalität – 0,9 %)
Stadtbewohner:	90 %
Analphabetenrate:	< 5 %
Zusammensetzung der Bevölkerung:	69,7 % Luxemburger, 30,3 % Ausländer (Franzosen, Portugiesen, Belgier, Deutsche, u. a.)

Gesamtzahl der Sprachen:	7 (Amtssprachen: Französisch, Deutsch, Letzeburgisch/Lëtzebuergesch)

Sprechergruppen	Sprachen
0,2 – 0,3 Mio.	Letzeburgisch
0,1 – 0,2 Mio.	Deutsch (ZSpr)
20 – 50 000	Französisch (PSpr), Portugiesisch
10 – 20 000	Deutsch (PSpr), Italienisch, Spanisch

Sprachfamilie: Indoeuropäisch (germanisch, romanisch) + Immigrantensprachen (romanisch)

Sprachökologische Verhältnisse: Basierend auf Art. 24 der Verfassung wurden die Sprachenverhältnisse im Sprachengesetz des Jahres 1984 folgendermaßen geregelt:
- Letzeburgisch gilt als Nationalsprache;
- Französisch ist die exklusive Sprache der Gesetzgebung;
- Französisch, Deutsch und Letzeburgisch sind Amtssprachen.

Im Ausbildungssystem rangiert Deutsch an erster Stelle in der Grundstufe, Französisch in der Oberstufe. Da Luxemburg keine eigene Universität besitzt, ist die Sprachwahl der Universitätsausbildung abhängig davon, ob ein Luxemburger an einer französischen oder deutschen Universität studiert.

Im Pressewesen dominiert das Deutsche, daneben werden aber auch Artikel in Französisch publiziert. Das Letzeburgische ist im Wesentlichen auf Lokalnachrichten und auf Sportmeldungen beschränkt. Auch sind Texte in Familienanzeigen mit Vorliebe in Letzeburgisch abgefasst. Die Konstellation der drei Sprachen in der Presse Luxemburgs ähnelt der Konfiguration von Französisch, Englisch und Französisch-Kreolisch in der Presse der Seychellen.

Von den drei Hauptsprachen Luxemburgs ist das Letzeburgische als Heimsprache am verbreitetsten. Wegen seiner strukturellen Ähnlichkeiten mit den angrenzenden deutschen Dialekten ist das Letzeburgische, selbst eine Variante des Moselfränkischen und damit Nahsprache des Deutschen, für die einheimischen Luxemburger eine gute Ausgangsbasis, um Hochdeutsch zu lernen. Passiv beherrschen so gut wie alle Luxemburger das Hochdeutsche, während das Französische nur denjenigen mit einer höheren Schulausbildung geläufig ist.

Sprachkonflikte: Die Zahl der ausländischen Bewohner Luxemburgs nimmt seit Jahren ständig zu. In erster Linie begründet sich der Zustrom von Ausländern mit der Erweiterung des Stellenmarktes der EU-Verwaltungsbehörden sowie mit dem dadurch bedingten Aufschwung, den das Dienstleistungsgewerbe erlebt. Von der Gesamtzahl der Ausländer Luxemburgs im Jahre 1993 waren 42,7 % Portugiesen, 19,9 % Italiener, 13,3 % Franzosen, 10,0 % Belgier und 8,8 % Deutsche. Obwohl in den Grundschulklassen der Anteil fremdsprachiger Kinder ständig wächst, hat das Unterrichtsministerium Luxemburgs erst seit 1989 Programme für Minderheitensprachen in der Grundschulausbildung ernsthaft diskutiert. Seit 1992 existieren auch Rahmenrichtlinien, deren Umsetzung jedoch bislang nur mäßigen Erfolg zeitigt (Kollwelter 1993).

Makedonien
(Mazedonien)

Fläche:	25 713 qkm (Skopje: 0,444 Mio. E)
Bevölkerung:	2,01 Mio. E (1998), (seit 1990 + 0,8 % jährl.)
	(1998: Fertilität – 1,6 %/Mortalität – 0,8 %)
Stadtbewohner:	61 %
Analphabetenrate:	11 %
Zusammensetzung der Bevölkerung:	66,5 % Makedonier, 22,9 % Albaner, 4,0 % Türken, u. a.
Gesamtzahl der Sprachen:	6 (Amtssprachen: Makedonisch; Albanisch als reg. Amtssprache vorgesehen)

Sprechergruppen	Sprachen
1 – 2 Mio.	Makedonisch
0,2 – 0,5 Mio.	Albanisch
0,1 – 0,2 Mio.	Romani
50 – 100 000	Türkisch
20 – 50 000	Aromunisch, Serbisch

Sprachfamilien: Indoeuropäisch (slawisch, romanisch: Aromunisch; Albanisch; indisch: Romani), türkisch

Sprachökologische Verhältnisse: Makedonisch ist seit 1991 Staatssprache des Landes. Es setzt seine Tradition amtlicher Funktionen fort, die seit 1944 in der ehemaligen jugoslawischen Teilrepublik Makedonien bestanden.

Sprachkonflikte: Die zahlenmäßig bedeutendste Minderheit, die Albaner, genossen bis zum Sommer 2001 keine sprachlichen oder kulturellen Förderungsrechte. Im Vertrag zwischen der Regierung Makedoniens und der albanischen Bevölkerung im Land ist vorgesehen, das Albanische als regionale Amtssprache aufzuwerten.

Malta

Fläche:	315,6 qkm (Valletta: 7 146 E)
Bevölkerung:	0,377 Mio. E (1998), (seit 1990 + 0,9 % jährl.)
	(1998: Fertilität – 1,3 %/Mortalität – 0,8 %)
Stadtbewohner:	90 %
Analphabetenrate:	9 %

Zusammensetzung der Bevölkerung:	96 % Malteser, 2 % Briten, u. a.
Gesamtzahl der Sprachen:	2 (Amtssprache: Maltesisch – interne A.; Englisch – externe A. im Kontakt mit dem Ausland)

Sprechergruppen	Sprache
0,36 Mio.	Maltesisch
15 000	Englisch

Sprachfamilien: Afroasiatisch (semitisch), indoeuropäisch (Englisch)

Sprachökologische Verhältnisse: Die Sprache der internen Administration ist das Maltesische, während Englisch im diplomatischen Kontakt mit dem Ausland und im Handelsverkehr verwendet wird.

Sprachkonflikte: In Kreisen der sozialen und politischen Elite des Landes zeigt sich seit langem ein Trend, das Englische für die Vorschulerziehung und für die Schulausbildung der eigenen Kinder zu bevorzugen. Hiermit verbunden sind Identitätsprobleme der jungen Malteser in Bezug auf die einheimische Sprachkultur.

Moldova
(Moldawien)

Fläche:	33 700 qkm (Chişinău: 0,655 Mio. E)
Bevölkerung:	4,298 Mio. E (1998), (seit 1990 -0,2 % jährl.)
	(1998: Fertilität – 1,3 %/Mortalität – 1,1 %)
Stadtbewohner:	54 %
Analphabetenrate:	Männer – 1 %, Frauen – 2 %
Zusammensetzung der Bevölkerung:	64,5 % Moldauer, 13,8 % Ukrainer, 13,0 % Russen, u. a.

Gesamtzahl der Sprachen:	7 (Amtssprache: Rumänisch)

Sprechergruppen	Sprachen
2 – 3 Mio.	Moldau-Rumänisch
0,5 – 1 Mio.	Russisch, Ukrainisch
0,2 – 0,5 Mio.	Bulgarisch
0,1 – 0,2 Mio.	Gagausisch

Tab. 6: Perioden der Sprachplanung in Moldawien (Haarmann 1997: 1938)

	Normierung der Graphie/Orthographiereform	Normierung der Schriftsprache (Grammatische Struktur/Dialektale Basis)	Lexik/Fachterminologische Normierung
1924-1929	lateinisches Alphabet	starke Anlehnung an die rumänische Schriftsprache bei gleichzeitiger Betonung von Unterschieden (»romanophile Tendenz«; vgl. Heitmann 1965, 110 f.)	Adaption des rumänischen Kulturwortschatzes sowie der Fachterminologien
1930-1933	kyrillisches Alphabet	bewußte Abstandnahme von der rumänischen Schriftsprache sowie Loslösung vom rumänischen Kulturerbe; vgl. Grammatik (1930) von L.A. Madan (sog. Madanismus; vgl. Heitmann 1965, 111 f.); dialektale Basis ist die Mundart des Bezirks Orhei	Ablehnung lateinischer, französischer sowie russischer Neologismen; stattdessen Betonung von Eigenprägungen auf der Basis des moldauischen Erbwortschatzes
1933-1937	lateinisches Alphabet	leichte Anlehnung an die rumänische Schriftsprache (»Latinisierungsphase«; vgl. Heitmann 1965, 112 f.)	Anlehnung an die lexikalischen Normen der rumänischen Schriftsprache
seit 1937	kyrillisches Alphabet	starke Dialektalisierung (кончепцие вулгаризтоаре ›Vulgarisierungskonzeption‹ von I.D. Čobanu; vgl. Heitmann 1965, 112 ff.)	Vermeidung vor allem von Latinismen; Ersetzung durch slavische Lehnwörter (russ. Neologismen) oder durch Eigenprägungen; Ausmerzen von Dialektalismen, die vom Madanismus propagiert wurden
1957	kyrillisches Alphabet	Konsolidierung der schriftsprachlichen Normen auf der Basis der Mundart von Kišinëv mit leichter Anlehnung an die rumänische Schriftsprache (vgl. Heitmann 1965, 114 ff.)	Fortsetzung der Entrumänisierungstendenz; kompromißhafte Teilanlehnung an die lexikalischen Normen der rumänischen Schriftsprache
seit 1989	lateinisches Alphabet	rumänischer Schriftstandard	Entsowjetisierung lexikalischer Strukturen

| 10 – 20 000 | Romani |
| 3 – 5 000 | Jakati (Zigeuner-Arabisch) |

Sprachfamilien: Indoeuropäisch (romanisch, slawisch; indisch: Romani), türkisch (Bulgarisch, Gagausisch), semitisch (Jakati)

Sprachökologische Verhältnisse: Während der Sowjetära war die Sprachplanung mit dem Problem konfrontiert, das Moldau-Rumänische entweder in Anlehnung an den Schriftstandard in Rumänien oder nach davon abweichenden Regeln zu schreiben (Haarmann 1978: 247 ff.). Der sprachplanerische Kurs änderte sich wiederholt, und auch das Schriftsystem wechselte mehrfach zwischen der Kyrillica und der Lateinschrift. Im Jahre 1989 entschied sich das Parlament in Chişinău dafür, das lateinische Alphabet anzuwenden und sich des in Rumänien gebräuchlichen Schriftstandards zu bedienen (siehe Tab. 6). Da sowohl in Moldawien (bzw. in Moldova) als auch in Rumänien nach der politischen Wende der Jahre 1989-91 die ideologischen Barrieren abgebaut worden sind, hat sich auch der Sprachgebrauch auf beiden Seiten des Prut angeglichen.

Sprachkonflikte: Die Ablösung Moldovas vom ehemaligen sowjetischen Staatsverband brachte Probleme besonderer Art mit sich. Der Status der russischen Bevölkerung Moldovas änderte sich 1991 radikal. Aus einer sozial privilegierten und einflussreichen Gruppe wurde eine Minderheit ohne politische Rechte, der das Stigma anhaftet, ein Fossil der ehemaligen sowjetischen Kolonialmacht zu sein. Die Russen wohnen überwiegend in den Industriezentren Transnistriens, d. h. östlich des Dnestr. Seit Jahren betrachten sich die Russen in jener Region, die wirtschaftlich wesentlich reicher ist als das übrige Moldawien, als nicht zum Staat Moldova gehörend. Russische Truppen haben in den Bürgerkrieg zwischen transnistrischen Russen und der Zentralregierung Moldovas auf der Seite ihrer Volksgenossen eingegriffen. Die Moldau-Rumänen ihrerseits wurden vom benachbarten Rumänien materiell unterstützt (Kirillov 1995).

Monaco

Fläche:	1,95 qkm (Monaco-Ville: 1 234 E)
Bevölkerung:	32 000 E (1998), (seit 1990 + 0,9 % jährl.)
	(1993: Fertilität – 1,1 %/Mortalität – 1,2 %)
Stadtbewohner:	100 %
Analphabetenrate:	< 5 %
Zusammensetzung der Bevölkerung:	47 % Franzosen, 17 % Italiener, 14 % Monegassen, u. a.
Gesamtzahl der Sprachen:	3 (Amtssprache: Französisch)

Sprechergruppen	Sprachen
ca. 15 000 (keine Angaben)	Französisch Italienisch (in verschiedenen Varianten: Standarditalienisch, Ligurisch und Monegassisch) Provenzalisch (Niçois)

Sprachfamilie: Indoeuropäisch (romanisch)

Sprachökologische Verhältnisse: Das Monegassische (Monegasco/Monégasque), ein ligurischer Regionaldialekt, ist Nationalsprache Monacos, besitzt aber keinen offiziellen Status. Als Amtssprache des Landes fungiert das Französische. Lediglich in der Altstadt von Monaco findet man monegassische Namen in der zweisprachigen Beschilderung der Straßen.

Niederlande

Fläche:	41 865 qkm (Hauptstadt: Amsterdam – 0,715 Mio. E, Regierungssitz: Den Haag – 0,442 Mio. E)
Bevölkerung:	15,698 Mio. E (1998), (seit 1990 + 0,7 % jährl.) (1998: Fertilität – 1,1 %/Mortalität – 0,9 %)
Stadtbewohner:	89 %
Analphabetenrate:	< 5 %
Zusammensetzung der Bevölkerung:	95,8 % Niederländer (davon 4,5 % Friesen), 1,2 % Türken, u. a.
Gesamtzahl der Sprachen:	15 (Amtssprachen: Niederländisch, Friesisch – seit 1956 fakultative Gerichtssprache, seit 1986 dem Niederländischen gleichgestellte Amtssprache in der Provinz Friesland)

Sprechergruppen	Sprachen
10 – 15 Mio.	Niederländisch
0,5 – 1 Mio.	Friesisch
0,1 – 0,2 Mio.	Arabisch (von Marokkanern gesprochene maghrebin. Variante), Türkisch
50 – 100 000	Chinesisch (Yue, Hakka), Indonesisch, Papiamentu (Portugiesisch-Kreolisch)
20 – 50 000	Hindi (Sarnami), Kurdisch (Kurmanji), Malaiisch (Ambonesisch), Sranan (Surinamesisch; Englisch-Kreolisch)

5 – 10 000	Javanisch, Tamilisch, Vietnamesisch
100 – 1 000	Romani (Sinti), Romani (walachische Zigeuner)

Sprachfamilien: Indoeuropäisch (germanisch, indisch: Romani) + Immigrantensprachen (romanisch: Papiamentu; türkisch, semitisch, malaiisch)

Sprachökologische Verhältnisse: Infolge der funktionalen Aufwertung des Status des Friesischen hat sich in der Provinz Friesland amtliche Zweisprachigkeit etabliert. Seit 1986 fungiert das Friesische dort neben dem Niederländischen als Verwaltungssprache.

Spezielle Sprachenproblematik: Das Unterrichtsprogramm für die Immigrantensprachen (insbesondere Türkisch, Malaiisch, Sarnami, Javanisch und Papiamentu) ist erweiterungsbedürftig.

Norwegen

Fläche:	323 877 qkm (Oslo: 0,499 Mio. E)
Bevölkerung:	4,432 Mio. E (1998), (seit 1990 + 0,6 % jährl.)
	(1998: Fertilität – 1,3 %/Mortalität – 1,0 %)
Stadtbewohner:	74 %
Analphabetenrate:	< 5 %
Zusammensetzung der Bevölkerung:	96,6 % Norweger, 0,4 % Dänen, 0,3 % Pakistani, Saamen, u. a.
Gesamtzahl der Sprachen:	8 (Amtssprache: Norwegisch)

Sprechergruppen	Sprachen
3 – 4 Mio.	Norwegisch (Bokmål)
0,5 – 1 Mio.	Norwegisch (Nynorsk)
20 – 50 000	Saamisch (sämtliche Varianten)
5 – 10 000	Finnisch (Sprache der Kvenen in Finnmark und Nord-Troms; davon sprechen rund 2 000 Finnisch regelmäßig im Alltag), Saamisch (nördl. S.), Saamisch (Lule-S.)
3 – 5 000	Saamisch (Pite-S.), Saamisch (Ume-S.)
1 – 3 000	Saamisch (südl. S.)
	Zusätzlich Immigrantensprachen (Pashto, Urdu, Serbisch, Arabisch) ohne genaue Informationen über deren Sprecherzahl

Sprachfamilien: Indoeuropäisch (germanisch), uralisch (Saamisch, Finnisch)

Sprachökologische Verhältnisse: Der Ausdruck »Norwegisch« ist eigentlich eine Sammelbezeichnung für eine Zweiergruppe von Sprachvarianten, die beide gesprochen und geschrieben werden, und die zusammen Norwegisch repräsentieren: Bokmål (seit 1929 verwendete Bezeichnung für das ältere Riksmaal) und Nynorsk (seit 1929 verwendete Bezeichnung für das ältere Landsmaal). Beide norwegische Hauptvarianten untergliedern sich jeweils in Dialekte. Das Nynorsk ist ein Fortsetzer der gesprochenen Sprache Norwegens in ihrer natürlichen Entwicklung, während Bokmål eine vom Dänischen stark beeinflusste Sprachform ist.

Vor hundert Jahren war Landsmaal als Schriftsprache unbedeutend, hat aber in einem jahrzehntelangen Aufwertungsprozess nominell gleichen Status mit Bokmål erlangt. Trotz der nominellen Gleichstellung beider Sprachvarianten als Schriftsprachen und im Ausbildungswesen hat Nynorsk faktisch den Rang einer Minderheitensprache. »Landsmaal [Nynorsk] ist einerseits e i n e Schriftsprache der Landbevölkerung, wie Riksmaal [Bokmål] d i e Schriftsprache der Stadtbewohner ist. Ferner ist Landsmaal die führende Schriftsprache des ländlichen Südwestens, während Riksmaal die einzige Schriftsprache des ländlichen Ostens und Nordens ist« (Kloss 1978: 239).

Spezielle Sprachenproblematik: Norwegen hat die Konvention über alteingesessene Völker des International Labor Office (ILO) im Jahre 1990 ratifiziert. Als Konsequenz dieser Ratifizierung hat das Parlament ein Sprachengesetz zum Schutz der saamischen Sprachen und Kulturen verabschiedet, das 1992 in Kraft getreten ist. Der seit 1989 tätige saamische Rat wird als dem norwegischen Parlament gleichrangig betrachtet. Der saamische Rat ernennt die Mitglieder einer saamischen Sprachkommission, deren Aufgabe es ist, die Einhaltung der Sprachenregelung zu überwachen. Nach dem neuen Sprachengesetz sind das Norwegische und das Saamische (d. h. dessen regionalen Varianten) gleichgestellt (Corson 1995).

In den sechs Verwaltungsbezirken, in denen die meisten Saamisch-Sprachigen leben, haben Schulkinder ein Recht auf Unterricht in Saamisch in allen Fächern und in allen Ausbildungsstufen der neunjährigen Pflichtausbildung. Wer den Ausbildungsgang in Saamisch wählt, ist von der allgemeinen Ausbildungspflicht in Norwegisch (d. h. entweder in Bokmål oder Nynorsk) entbunden. Kinder mit norwegischer Muttersprache können eine Variante des Saamischen als Unterrichtsfach wählen (Magga 1995).

Außerhalb des geschlossenen saamischen Siedlungsgebiets, d. h. in den Verwaltungsbezirken mit saamischer Streubevölkerung, gilt als Mindeststandard für die Grundschulausbildung, dass Schüler mit saamischer Muttersprache Saamisch als Unterrichtssprache oder Unterrichtsfach wählen können, vorausgesetzt, dass in der Schule zu dieser Gruppe wenigstens drei Kinder gehören. Grundsätzlich hat jeder das Recht, Saamisch zu lernen, u.zw. unabhängig davon, ob ein Kind aus einer norwegischen oder einer saamischen Familie kommt. Weiterhin gilt, dass in Regionen mit saamischer Bevölkerung zu den Unterrichtsthemen auch Geschichte und Kultur der Saamen gehören.

Österreich

Fläche:	83 858 qkm (Wien: 1,608 Mio. E)
Bevölkerung:	8,078 Mio. E (1998), (seit 1990 + 0,6 % jährl.)
	(1998: Fertilität – 1,0 %/Mortalität – 1,0 %)
Stadtbewohner:	65 %
Analphabetenrate:	< 5 %
Zusammensetzung der Bevölkerung:	Österreicher (90,9 %), Ausländer (9,1 %; davon 4,2 % Kroaten und Serben, 1,7 % Türken, u. a.)

Gesamtzahl der Sprachen:	7 (Amtssprache: Deutsch)

Sprechergruppen	Sprachen
7 – 8 Mio.	Deutsch
70 – 80 000	Türkisch
20 – 50 000	Kroatisch (Burgenland-Kroatisch), Serbisch, Slowenisch, Ungarisch
5 – 10 000	Windisch (lokale Variante des Slowenischen)
100 – 1 000	Romani
	Zusätzlich andere Immigrantensprachen (Albanisch, Kurdisch, Arabisch, u. a.) ohne genauere Informationen über deren Sprecherzahlen

Sprachfamilien: Indoeuropäisch (germanisch, slawisch, indisch: Romani) + Immigrantensprachen (türkisch, u. a.)

Sprachverhältnisse: Deutsch ist Staatssprache des Landes. Einheimische Minderheitensprachen werden im Schulunterricht berücksichtigt und fungieren als Arbeitssprachen lokaler Gemeindeverwaltungen. Hierzu gehören im Einzelnen:

– Slowenisch (im südl. Kärnten und in Klagenfurt);
– Kroatisch (im Burgenland);
– Ungarisch (im Burgenland: Oberwart und Oberpullendorf);
– Tschechisch (in Wien).

Windisch ist die Sprache der durch die Karawanken von den übrigen Slowenen getrennt lebenden Angehörigen der slowenischen Sprachgemeinschaft. Das Windische ist eine Fusionssprache, in der archaische Eigenheiten des Slowenischen erhalten geblieben sind, und deren Lexikon, grammatischer Bau und Syntax vom Deutschen überformt sind.

Polen

Fläche:	312 685 qkm (Warschau: 1,628 Mio. E)
Bevölkerung:	38,666 Mio. E (1998), (seit 1990 + 0,2 % jährl.)
	(1998: Fertilität – 1,1 %/Mortalität – 1,0 %)
Stadtbewohner:	65 %
Analphabetenrate:	< 5 %
Zusammensetzung der Bevölkerung:	98,7 % Polen, 1,8 % Deutsche, 0,8 % Ukrainer, u. a.
Gesamtzahl der Sprachen:	9 (Amtssprache: Polnisch)

Sprechergruppen	Sprachen
Mehr als 35 Mio.	Polnisch
0,5 – 1 Mio.	Deutsch
0,2 – 0,5 Mio.	Ukrainisch
0,1 – 0,2 Mio.	Kaschubisch, Weißrussisch
20 – 50 000	Romani (baltische Zigeuner)
5 – 10 000	Tatarisch
3 – 5 000	Romani (Lovari)
100 – 1 000	Karaimisch

Sprachfamilien: Indoeuropäisch (slawisch, germanisch: Deutsch, indisch: Romani), türkisch (Tatarisch, Karaimisch)

Sprachökologische Verhältnisse: Polnisch ist Staatssprache. Die Minderheitensprachen werden kulturell nicht gefördert. Deren Pflege beruht auf privater und kirchlicher Initiative (z. B. im Fall des Kaschubischen und Deutschen).

Portugal

Fläche:	92 270 qkm (Lissabon: 0,681 Mio. E; Agglomeration: 2,1 Mio. E)
Bevölkerung:	9,968 Mio. E (1998), (seit 1990 + 0,1 % jährl.)
	(1998: Fertilität – 1,0 %/Mortalität – 1,1 %)
Stadtbewohner:	37 %
Analphabetenrate:	Männer – 6 %, Frauen – 11 %
Zusammensetzung der Bevölkerung:	99 % Portugiesen, u. a.

**Gesamtzahl
der Sprachen:** 3 (Amtssprache: Portugiesisch)

Sprechergruppen	Sprachen
9 – 10 Mio.	Portugiesisch
5 000	Romani (Calao)
500	Romani (Kalderaš, wlachische Zigeuner)

Sprachfamilie: Indoeuropäisch (romanisch, indisch: Romani)

Sprachökologische Verhältnisse: Portugiesisch ist Staatssprache und alleinige Unterrichtssprache im Ausbildungswesen.

Rumänien

Fläche:	238 391 qkm (Bukarest: 2,027 Mio. E)
Bevölkerung:	22,503 Mio. E (1998), (seit 1990 -0,4 % jährl.)
	(1998: Fertilität – 0,9 %/Mortalität – 1,1 %)
Stadtbewohner:	57 %
Analphabetenrate:	Männer – 1 %, Frauen – 3 %
Zusammensetzung der Bevölkerung:	89,5 % Rumänen, 7,1 % Ungarn, 1,8 % Roma, 0,5 % Deutsche, u. a.

**Gesamtzahl
der Sprachen:** 11 (Amtssprache: Rumänisch)

Sprechergruppen	Sprachen
19 – 20 Mio.	Rumänisch
1 – 2 Mio.	Ungarisch (einschließlich des Szekler-Dialekts), Türkisch
0,2 – 0,5 Mio.	Romani (wlachische Zigeuner)
50 – 100 000	Deutsch, Serbisch
20 – 50 000	Krimtatarisch
10 – 20 000	Bulgarisch, Polnisch
5 – 10 000	Gagausisch, Griechisch

Sprachfamilien: Indoeuropäisch (romanisch, germanisch, slawisch, indisch: Romani), uralisch (Ungarisch), türkisch (Krimtatarisch, Gagausisch).

Sprachökologische Verhältnisse: In der Verfassung von 1991 wird verfügt, dass Rumänisch die einzige Amtssprache des Landes ist. Auch dort, wo sprachliche

Minderheiten in geschlossenen Siedlungen leben, wie Ungarn und Deutsche in einigen Gemeinden Transsylvaniens, wird allein das Rumänische in der Öffentlichkeit und in der Administration verwendet (Jordan 1998). Einzige Ausnahme ist der Sprachgebrauch in Gerichtsverfahren. Hier haben die Angehörigen von Minderheiten, die ihre Muttersprache sprechen wollen, das Recht auf einen Dolmetscher. In der Praxis betrifft diese Sonderregelung in erster Linie die ungarische Bevölkerung (1992: 1,62 Mio.).

Spezielle Sprachenproblematik: Nach der Zählung des Jahres 1992 lebten noch 119 436 Deutsche in Rumänien. Die Zahl der deutsch-stämmigen Bevölkerung ist seit Ende des Zweiten Weltkriegs beständig gesunken. Anfang der 1940er Jahre lebten noch ca. 0,75 Mio. Deutsche in Rumänien. 1944/45 flohen ca. 0,25 Mio. nach Deutschland, ca. 0,5 Mio. verblieben in Siebenbürgen. Seit den 1950er Jahren kamen Aussiedler in die Bundesrepublik. Die Abwanderung nahm zwischen 1977 und 1992 dramatisch zu. In diesem Zeitraum hatte die deutsche Bevölkerung Rumäniens einen Rückgang um zwei Drittel zu verzeichnen. Heutzutage leben nur noch etwa 70 000 Deutsche in Siebenbürgen.

Russland

Fläche:	17,075 Mio. qkm (Moskau: 8,718 Mio. E/Agglomeration: 12,41 Mio. E)
Bevölkerung:	146,9 Mio. E (1998), (seit 1990 -0,1 % jährl.) (1998: Fertilität – 1,0 %/Mortalität – 1,4 %)
Stadtbewohner:	77 %
Analphabetenrate:	< 5 %
Zusammensetzung der Bevölkerung:	81,5 % Russen, 3,8 % Tataren, 3,0 % Ukrainer, u. a.
Gesamtzahl der Sprachen:	123 (Amtssprachen: Russisch Tatarisch – reg./Tatarstan; Komi-Syrjänisch – reg./Republik Komi; Kalmükisch – reg./Republik Kalmükien = Chalm-Tangsch; Jakutisch – reg./Republik Jakutien = Sacha)

Sprechergruppen	Sprachen
119 – 120 Mio.	Russisch (PSpr der Russen)
16 – 17 Mio.	Russisch (ZSpr der Nichtrussen)
7 – 8 Mio.	Russisch (PSpr der assimilierten Nichtrussen)
4 – 5 Mio.	Tatarisch
1 – 2 Mio.	Ukrainisch, Tschuwaschisch

0,5 – 1 Mio.	Awarisch, Baschkirisch, Kasachisch, Mari (Tscheremissisch), Mordwinisch (Mokscha, Erza), Udmurtisch, Tschetschenisch
0,2 – 0,5 Mio.	Aserbaidschanisch, Armenisch, Weißrussisch, Burjatisch, Darginisch, Inguschisch, Kabardinisch, Komi (Syrjänisch), Kumükisch, Lesginisch, Deutsch, Ossetisch, Tuwinisch, Jakutisch
0,1 – 0,2 Mio.	Adygeisch, Kalmükisch, Karatschaier, Komi-Permjakisch, Lakisch, Usbekisch, Romani, Rumänisch (Moldauisch)
50 – 100 000	Abasinisch, Altaisch, Balkarisch, Georgisch, Karelisch, Nogaiisch, Tabassaranisch, Chakassisch
20 – 50 000	Griechisch, Jiddisch, Kirgisisch, Koreanisch, Lettisch, Litauisch, Nenzisch (Jurakisch), Tadschikisch, Turkmenisch, Tscherkessisch, Tatisch (Muttersprache von 16 208 iranischen Taten und 8 479 »Bergjuden«)
10 – 20 000	Agulisch, Bulgarisch, Polnisch, Rutulisch, Krimtatarisch, Finnisch, Chantisch (Ostjakisch), Tschuktschisch, Estnisch
5 – 10 000	Wepsisch, Gagausisch, Dolganisch, Nanaiisch, Türkisch (Meschier-Türkisch), Tsachurisch, Schorisch, Ewenkisch, Ewenisch
3 – 5 000	Abchasisch, Assyrisch (Aisor), Karakalpakisch, Korjakisch, Kurdisch, Mansisch (Wogulisch)
1 – 3 000	Chinesisch, Kubinisch, Nganassanisch, Nivchisch (Giljakisch), Selkupisch, Uigurisch, Khalkha-Mongolisch
100 – 1 000	Aleutisch, Dunganisch, Jüdisch-Georgisch, Jüdisch-Tadschikisch (Bukharisch), Ischorisch, Itelmenisch, Ketisch, Negidalisch, Orotschisch, Saamisch, Talyschisch, Tofisch (Tofalarisch), Udinisch, Udegeiisch, Eskimo, Jukagirisch, Japanisch
Weniger als 100	Krimtschakisch, Orokisch, Enzisch

Sprachfamilien: Indoeuropäisch (slawisch, baltisch, iranisch, Armenisch, germanisch: Deutsch, Jiddisch), uralisch (finnisch-ugrisch, samojedisch), altaisch (türkisch, mongolisch, tungusisch), kaukasisch (nordwest-, nordost-, südkaukasisch), Sprachen nationaler Minderheiten (Dunganisch, Koreanisch, Aisor)

Sprachökologische Verhältnisse: Russisch ist Staatssprache der Föderation. Einige nichtrussische Sprachen (s.o.) haben einen amtlichen Sonderstatus in einigen Regionen, wo die Verwaltung zweisprachig organisiert ist.

Spezielle Sprachenproblematik: Für die Bewertung des Gleichgewichts (bzw. Ungleichgewichts) zwischen dem Russischen und nichtrussischen Sprachen gab es in der ehemaligen Sowjetunion zwei Parameter:

a) das Maß des Sprachwechsels von Nichtrussen zum Russischen;

b) das Maß russischer Zweitsprachenkenntnisse, die Nichtrussen erworben hatten.

Diese Parameter sind auch im modernen Russland für die Einschätzung der Sprachverhältnisse wichtig (Rossija 1998: 76 ff.).

a) Sprachwechsel zum Russischen
Sprachwechsel zum Russischen ist ein Phänomen des Übergangs von der Zweisprachigkeit mit einer nationalsprachlichen Komponente als Muttersprache (z. B. Tatarisch, Armenisch, Burjatisch) und einer anderen zweisprachlichen (zumeist russischen) Komponente zur Einsprachigkeit (d. h. unter Aufgabe einer nichtrussischen Muttersprache zugunsten des Russischen und unter Verlust einer nichtrussischen kulturellen Identität). Die ethnostatistischen Daten weisen eine extrem starke Schwankungsbreite in den Sprachwechselprozessen aus, und zwar in Abhängigkeit von den sozioökonomischen Existenzbedingungen nichtrussischer Ethnien (mit geringen Assimilationsraten bei kaukasischen Völkern und starker Tendenz zum Sprachwechsel bei Völkern wie Mansen, Russland-Deutschen oder aschkenasischen Juden).

Sprachwechsel zum Russischen (in %)	Ethnien und ihre Assimilationsraten
über 90 %	aschkenasische Juden
90 % – 80 %	Itelmenen, Orotschen
80 % – 70 %	orientalische (zentralasiatische) Juden, Polen, Nivchen/Giljaken, Aleuten
70 % – 60 %	Weißrussen, Chinesen, Koreaner, Krimtschaken, Mansen/Wogulen, Negidalen, Udegeier, Ultschen, Finnen
60 % – 50 %	Albaner, Bulgaren, Griechen, Ischoren, Letten, Nanaier, Deutsche, Oroken, Saamen, Selkupen, Tofalaren, Ukrainer, Esten
50 % – 40 %	Assyrer, Beludschen, Wepsen, Keten, Korjaken, Schoren, Eskimo, Jukagiren
30 % – 40 %	Armenier, Litauer, Mordwinen, Uiguren, Chanten/Ostjaken, Enzen
20 % – 30 %	Abchasen, Georgier, Bergjuden/dagestanische Juden, Karakalpaken, Komi/Syrjänen, Komi-Permjaken, Talyschen, Udinen, Udmurten, Chakassen, Tschuwaschen, Tschuktschen, Evenken, Evenen
10 % – 20 %	Altaier, Baschkiren, Burjaten, Dolganen, Kubiner, Mari, Nganasanen, Nenzen/Juraken, Tataren, Taten, Zigeuner
unter 10 %	Abasiner, Awaren, Agulen, Adygeier, Balkaren, Darginer, Inguschen, Kabardiner, Kalmüken, Karatschaier, Kumüken Laken, Lesginer, Nogaier, Osseten, Rutuler, Tabassaraner, Tuviner, Khalkha-Mongolen, Tsachuren, Tscherkessen, Tschetschenen, Jakuten

b) Zweisprachigkeit mit russischer Zweitsprache
Der Erwerb russischer Zweitsprachenkenntnisse bei den Nichtrussen war in der Sowjetära ebenso wichtig wie heutzutage in der Russischen Föderation. Während sich außerhalb Russlands – d. h. an der westlichen Peripherie, in den ehemaligen nichtrussischen Sowjetrepubliken, den neuen souveränen Staaten (Estland, Ukraine, u. a.) – die Bedeutung des Russischen für Nichtrussen radikal in ihr Gegenteil verkehrt hat, ist die Zweitsprachenattraktion des Russischen in Russland selbst erhalten geblieben. Die sowjetische Sprachenpolitik förderte in besonderem Masse den zweisprachigen Unterricht, und insbesondere die Zweitsprachenkomponente Russisch (Deševiev 1976, Haarmann 1992c: 112f.).

Zweitsprachenkenntnisse des Russischen (Quoten in %)	Nichtrussische Muttersprachler
90% – 80%	Adygeier, Balkaren, Inguschen, Kalmüken, Osseten
80% – 70%	Abasiner, Baschkiren, Burjaten, Kabardiner, Karatschaier, Kubiner, Kumüken, Laken, Nogaier, Tataren, Taten, Khalkha-Mongolen, Zigeuner, Tscherkessen, Tschetschenen
70% – 60%	Abchasen, Awaren, Agulen, Altaier, Armenier, Darginer, Dolganen, Bergjuden/dagestanische Juden, Karakalpaken, Komi/Syrjänen, Komi-Permjaken, Lesginer, Mari, Mordwinen, Nenzen/Juraken, Rutuler, Tabassaraner, Udmurten, Uiguren, Chakassen, Tschuwaschen, Tschuktschen, Jakuten
60% – 50%	Nganassanen, Talyschen, Tuvinen, Udiner, Chanten/Ostjaken, Tsachuren, Schoren, Evenken, Evenen
50% – 40%	Assyrer, Beludschen, Wepsen, Griechen, Karelier, Keten, Korjaken, Letten, Nanaier, Oroken, Saamen, Selkupen, Enzen, Eskimo
40% – 30%	Weißrussen, Ischoren, Mansen/Wogulen, Deutsche, Tofalaren, Ukrainer, Finnen, Esten, Jukagiren
30% – 20%	Aleuten, Chinesen, Negidalen, Ultschen
20% – 10%	Itelmenen, Nivchen/Giljaken, Orotschen, Udegeier
unter 10%	aschkenasische Juden*

*) Die Zweitsprachenrate für aschkenasische Juden gibt als solche eigentlich ein irreführendes Bild über die tatsächliche Zweitsprachenattraktion des Russischen. Da der weitaus größte Teil der Juden sprachlich ans Russische assimiliert ist (u.zw. 90,5 %), macht die Zahl der zweisprachigen Juden nur einen Bruchteil aus (u.zw. 7,1 %). Berechnet man aber den Anteil der Juden mit russischer Zweitsprache (37 936) bezogen auf die absolute Zahl der Juden mit jiddischer Muttersprache (47 704), dann errechnet sich eine Zweitsprachenquote von 79,5 %.
Die statistische Verzerrung der Zweitsprachenquoten fällt dort kaum ins Gewicht, wo die Assimilationsraten die 50 %-Grenze nicht weit überschreiten.

Heutzutage steht zwar das Lernen des Russischen als zweite Sprache für Nichtrussen nicht mehr in Abhängigkeit von einer Ideologie, die ethnisch-sprachliche Fusion fördert, der situationelle Druck des Russischen bleibt aber dennoch bestehen. Das Russische ist in Russland (wie in der ehemaligen Sowjetunion) der einzige Garant für kommunikative Mobilität in der Arbeitswelt und im Kulturschaffen. Diese Funktion besitzen die Regionalsprachen (wie Tatarisch, Kalmükisch, Mari) nur im lokalen Kulturmilieu.

Beim Vergleich der Anteile für Sprachwechsel (unter a) und für Zweitsprachenattraktion (unter b) fallen die besonderen Verhältnisse bei den ethnischen Gruppen im nördlichen Kaukasus auf. Bei Inguschen, Tschetschenen, Awaren und anderen kaukasischen Völkern liegen die Assimilationsraten sehr niedrig (zumeist unter 10 %), während deren kommunikative Mobilität im Hinblick auf das Russische aber dennoch mit relativ hohen Zweitsprachenraten ausgewiesen ist (mit Quoten zwischen 65 % und 85 %).

San Marino

Fläche:	60,5 qkm (San Marino: 4 401 E)
Bevölkerung:	26 000 E (1998), (seit 1990 + 1,8 % jährl.)
	(1993: Fertilität – 1,0 %/Mortalität – 0,6 %)
Stadtbewohner:	96 %
Analphabetenrate:	< 5 %
Zusammensetzung der Bevölkerung:	79,7 % Sanmarinesen, 19,3 % Italiener, u. a.

Gesamtzahl der Sprachen:	1 (Amtssprache: Italienisch)

Sprechergruppe	Sprache
26 000	Italienisch (gesprochen von Sanmarinesen und 5230 in San Marino lebenden Italienern)

Sprachfamilie: Indoeuropäisch (romanisch)

Sprachökologische Verhältnisse: Die Umgangssprache (eine Variante des Norditalienischen) wird von der italienischen Standardsprache als Bildungs- und Amtssprache überdacht.

Schweden

Fläche:	449 964 qkm (Stockholm: 0,736 Mio. E)
Bevölkerung:	8,852 Mio. E (1998), (seit 1990 + 0,5 % jährl.) (1998: Fertilität – 1,0 %/Mortalität – 1,1 %)
Stadtbewohner:	83 %
Analphabetenrate:	< 5 %
Zusammensetzung der Bevölkerung:	90,8 % Schweden, 6,7 % Ausländer (Norweger, Dänen, Serben, Kroaten, Türken, u. a.), 2,5 % Finnen, u. a.
Gesamtzahl der Sprachen:	12 (Amtssprache: Schwedisch)

Sprechergruppen	Sprachen
7 – 8 Mio.	Schwedisch
0,2 – 0,5 Mio.	Finnisch (davon 55 000 einheimische Finnen in Tornedalen, deren regionale Sprachvariante das meän kieli ist)
20 – 50 000	Estnisch, Tavringer Romani (Svensk Rommani)
10 – 20 000	Saamisch (alle Varianten)
5 – 10 000	Saamisch (nördl. S.), Lettisch, Jiddisch
1 – 3 000	Romani (finnisches Kalo), Romani (1 000 Lovari, 500 Kalderaš; walachische Zigeuner), Saamisch (Lule-S.)
100 – 1 000	Saamisch (südl. Lappisch)
10 – 100	Ischorisch, Saamisch (Ume-S.), Saamisch (Pite-S.)
	Zusätzlich andere alte und neue Immigrantensprachen (Serbisch, Albanisch, Somali, u. a.) ohne genaue Informationen über deren Sprecherzahlen

Sprachfamilien: Indoeuropäisch (germanisch, indisch: Romani), uralisch (Finnisch, Estnisch, Saamisch) + Immigrantensprachen

Sprachökologische Verhältnisse: Schwedisch ist landesweite Amtssprache. Im April 2000 wurden fünf der in Schweden verbreiteten Minderheitensprachen offiziell anerkannt: Finnisch (Sprache der Arbeitsimmigranten aus Finnland), meän kieli (Sprache der Finnen in Tornedalen) Saamisch, Romani, Jiddisch. Dies bedeutet, dass diese Sprachen im Schulunterricht zu berücksichtigen sind, und dass diese Sprachen neben dem Schwedischen in staatlichen Ämtern (z. B. Arbeitsamt, Gemeinderat) Verwendung finden. Die bisherigen Erfahrungen insbesondere mit dem Finnischen und Saamischen zeigen, dass es derzeit noch zu wenig sprachkundiges Personal in der Verwaltung gibt.

Länderbeschreibungen

Schweiz

Fläche:	39 987,5 qkm (Bern: 0,123 Mio. E)
Bevölkerung:	7,106 Mio. E (1998), (seit 1990 + 0,8 % jährl.) (1998: Fertilität – 1,1 %/Mortalität – 0,9 %)
Stadtbewohner:	62 %
Analphabetenrate:	< 5 %
Zusammensetzung der Bevölkerung:	80,6 % Schweizer Staatsbürger (davon 63,7 % deutschsprachige Schweizer, 19,2 % Französisch, 7,6 % Italienisch, 0,6 % Rätoromanisch), 5,6 % Italiener, 2,1 % Spanier, u. a.
Gesamtzahl der Sprachen:	10 (Amtssprachen: Deutsch, Französisch, Italienisch, Rumantsch – wird im Kontakt der Bundesbehörden mit der Administration in Graubünden verwendet)

Sprechergruppen	Sprachen
4 – 5 Mio.	Deutsch (Schwyzertütsch)
1 – 2 Mio.	Französisch
0,5 – 1 Mio.	Italienisch
0,1 – 0,2 Mio.	Spanisch
50 – 100 000	Portugiesisch, Türkisch
20 – 50 000	Rumantsch (Rätoromanisch/Bündnerromanisch)

Sprachfamilien: Indoeuropäisch (germanisch, romanisch) + Immigrantensprachen

Sprachökologische Verhältnisse: Lange Zeit gab es gemäß der Schweizer Verfassung (Art. 116) drei Nationalsprachen: Deutsch, Französisch und Italienisch. Das Rätoromanische mit 39 632 (1990) Sprechern, die 0,6 % der Schweizer Bevölkerung und 17,1 % der Bevölkerung des Kantons Graubünden ausmachen, wurde 1938 offiziell als Landessprache anerkannt. Den Status einer Nationalsprache bekam es aber erst mit der Änderung des Art. 116 im März 1996 zugesprochen. Nach Absatz (1) des Art. 116 sind das Deutsche, Französische, Italienische und das Rätoromanische Nationalsprachen der Schweiz (Sobiela-Caanitz 1996).

Amtssprachen der Schweiz sind nach Absatz (4) des Art. 116 das Deutsche, Französische und Italienische. Das Rätoromanische fungiert nicht als interregionale Amtssprache. Lediglich im Kontakt der Schweizer Bundesbehörden mit Graubündnern, soweit es um kulturelle Angelegenheiten der rätoromanischen Sprachgemeinschaft geht, wird das Rätoromanische verwendet.

Die Schweiz kennt das Territorialprinzip der Sprachenregelung in seiner statischen Anwendung (der Regelung Belgiens entsprechend). Die Sprachregionen sind festgelegt und nicht abhängig von Bevölkerungsfluktuationen der verschiedenen Sprechergruppen (McRae 1983). Von den 26 Kantonen sind 4 solche mit exklusiv französischer Amtssprache (Genève, Vaud, Neuchâtel, Jura), im Kanton Tessin (Ticino) fungiert als alleinige Amtssprache das Italienische, 3 Kantone (Valais, Fribourg/Freiburg, Bern/Berne) sind zweisprachig, u.zw. französisch-deutsch bzw. deutsch-französisch, im dreisprachigen Kanton Graubünden sind Deutsch und Italienisch als Amtssprachen in Gebrauch. Die übrigen Kantone der Schweiz sind offiziell einsprachig mit deutscher Amtssprache (Rossillon 1995: 62).

Spezielle Sprachenproblematik: Die offizielle Mehrsprachigkeit der Schweiz verdeckt den Sachverhalt, dass der weitaus größte Teil der Bevölkerung einsprachig aufwächst. Lediglich 6,2 % der Schweizer sind mehrsprachig (d.h. zwei- oder vielsprachig). Unter den frankophonen Schweizern gibt es vergleichsweise mehr zweisprachige Personen als unter germanophonen Bürgern der helvetischen Konföderation. Dies hängt wohl zum Teil damit zusammen, dass in der deutschsprachigen Schweiz weniger Anderssprachige wohnen (u.zw. 14 %) als in der französisch-sprachigen Schweiz (25 %) oder im Tessin (16 %).

Im Alltags- und Berufsleben allerdings haben die meisten jungen Leute Kontakt zu Schweizern und Ausländern, die eine andere Sprache als Muttersprache sprechen (Dürrmüller 1991). Nach einer Umfrage der Jahre 1985 (Befragung von jungen Männern) und 1987 (Befragung von jungen Frauen) haben etwa 65 % der Männer und über 80 % der Frauen im Alter um 20 Kontakt mit Anderssprachigen gehabt. Frankophone und italienisch-sprachige Schweizer haben deutlich mehr Kontakt mit Anderssprachigen als germanophone Schweizer.

Slowakei

Fläche:	49 036 qkm (Bratislava: 0,451 Mio. E)
Bevölkerung:	5,391 Mio. E (1998), (seit 1990 + 0,3 % jährl.)
	(1998: Fertilität – 1,0 %/Mortalität – 1,0 %)
Stadtbewohner:	59 %
Analphabetenrate:	keine Angaben
Zusammensetzung der Bevölkerung:	85,7 % Slowaken, 10,7 % Ungarn, 1,6 % Roma, u. a.

Gesamtzahl der Sprachen:	6 (Amtssprache: Slowakisch)

Sprechergruppen	Sprachen
4 – 5 Mio.	Slowakisch
0,5 – 1 Mio.	Ungarisch

0,2 – 0,5 Mio.	Romani (Karpaten-Zigeuner)
50 – 100 000	Tschechisch
20 – 50 000	Ukrainisch
5 – 10 000	Deutsch

Sprachfamilien: Indoeuropäisch (slawisch, germanisch, indisch: Romani), uralisch (Ungarisch)

Sprachökologische Verhältnisse: Slowakisch ist Staatssprache seit 1993.

Sprachkonflikte: Die Minderheitensprachen werden nicht gefördert. Insbesondere das Ungarische, die Minderheitensprache mit den meisten Sprechern, wird diskriminiert.

Slowenien

Fläche:	20 255 qkm (Ljubljana: 0,276 Mio. E)
Bevölkerung:	1,982 Mio. E (1998), (seit 1990 -0,1 % jährl.) (1998: Fertilität – 0,9 %/Mortalität – 1,0 %)
Stadtbewohner:	52 %
Analphabetenrate:	< 5 %
Zusammensetzung der Bevölkerung:	87,8 % Slowenen, 2,8 % Kroaten, 2,4 % Serben, u. a.

Gesamtzahl der Sprachen: 7 (Amtssprache: Slowenisch)

Sprechergruppen	Sprachen
1 – 2 Mio.	Slowenisch
50 – 100 000	Kroatisch
20 – 50 000	Deutsch, Serbisch
10 – 20 000	Ungarisch
3 – 5 000	Italienisch
1 – 3 000	Friaulisch

Sprachfamilien: Indoeuropäisch (slawisch, romanisch: Friaulisch), uralisch (Ungarisch)

Sprachökologische Verhältnisse: Slowenisch ist seit 1991 Staatssprache. Minderheitensprachen werden neben dem Slowenischen als Unterrichtssprachen verwendet, in beschränktem Umfang auch im regionalen Amtsverkehr.

Spanien

Fläche:	505 990 qkm (Madrid: 2,881 Mio. E/Agglomeration: 5 Mio. E)
Bevölkerung:	39,371 Mio. E (1998), (seit 1990 + 0,2 % jährl.) (1998: Fertilität – 0,9 %/Mortalität – 0,9 %)
Stadtbewohner:	77 %
Analphabetenrate:	Männer – 2 %, Frauen – 4 %
Zusammensetzung der Bevölkerung:	72,3 % Kastilier, 16,3 % Katalanen, 8,1 % Galicier, 2,3 % Basken, u. a.
Gesamtzahl der Sprachen:	16 (Amtssprachen: Spanisch (Castellano), Katalanisch – reg./Catalunya; Galicisch-reg./Galicia; Baskisch – reg./baskische Provinzen)

Sprechergruppen	Sprachen
28 – 30 Mio.	Spanisch (Castellano)
6 – 7 Mio.	Katalanisch
3 – 4 Mio.	Galicisch
0,5 – 1 Mio.	Baskisch, Asturisch (Bable), Estremeño (PSpr + ZSpr)
0,1 – 0,2 Mio.	Romani (Caló)
10 – 20 000	Aragonesisch
3 – 5 000	Gaskognisch
1 – 3 000	Romani (Kalderaš, wlachische Zigeuner)

Sprachfamilien: Indoeuropäisch (romanisch, indisch: Romani), Baskisch

Sprachökologische Verhältnisse: In der Verfassung von 1978 wird der Sonderstatus des Spanischen (castellano) als offizielle Sprache festgeschrieben. Gleichzeitig wird die Sprachenvielfalt Spaniens als schützenswertes Kulturerbe (patrimonio cultural) hervorgehoben. Gemäß Art. 151 der Verfassung genießen drei Regionen politische und gleichzeitig sprachliche Autonomie: Katalonien (Catalunya), die baskischen Provinzen Álava, Guipúzcoa, Vizcaya (Comunidad Autónoma Vasca) und Galizien (Galicia). Die dort verbreiteten Regionalsprachen fungieren neben dem Spanischen als lokale Amtssprachen sowie als Unterrichtssprachen im zweisprachigen Ausbildungswesen. In Gibraltar werden Englisch und Spanisch als offizielle Sprachen verwendet.

Tschechien
(Tschechische Republik)

Fläche:	78 864 qkm (Prag: 1,193 Mio. E)
Bevölkerung:	10,295 Mio. E (1998), (seit 1990 -0,1 % jährl.)
	(1998: Fertilität – 0,9 %/Mortalität – 1,1 %)
Stadtbewohner:	66 %
Analphabetenrate:	keine Angbaben
Zusammensetzung der Bevölkerung:	81,2 % Böhmen, 13,2 % Mähren, 3,1 % Slowaken, u. a.
Gesamtzahl der Sprachen:	9 (Amtssprache: Tschechisch)

Sprechergruppen	Sprachen
9 – 10 Mio.	Tschechisch
0,2 – 0,5 Mio.	Slowakisch
20 – 50 000	Deutsch, Romani
10 – 20 000	Ungarisch
5 – 10 000	Ukrainisch, Vietnamesisch
3 – 5 000	Griechisch, Bulgarisch

Sprachfamilien: Indoeuropäisch (slawisch, germanisch: Deutsch, Griechisch, indisch: Romani), uralisch (Ungarisch) + Immigrantensprachen

Sprachökologische Verhältnisse: Tschechisch ist seit der Trennung der Slowakei aus dem Verbund der ehemaligen Tschechoslowakei im Jahre 1993 Staatssprache Tschechiens. 1994 wurde über die Lage der Minderheiten dahingehend entschieden, dass die Priorität der Individualrechte tschechischer Staatsbürger gegenüber Gruppenrechten betont wurde. Damit haben sich Regierung und Verwaltung jeglicher Verpflichtung entledigt, Minderheitensprachen zu fördern.

Ukraine

Fläche:	603 700 qkm (Kiew: 2,622 Mio. E)
Bevölkerung:	50,295 Mio. E (1998), (seit 1990 -0,4 % jährl.)
	(1998: Fertilität – 1,0 %/Mortalität – 1,4 %)
Stadtbewohner:	72 %
Analphabetenrate:	< 5 %
Zusammensetzung der Bevölkerung:	72,7 % Ukrainer, 22,1 % Russen, 0,9 % Juden, u. a.

Gesamtzahl der Sprachen:	13 (Amtssprachen: Ukrainisch, Russisch, Krimtatarisch – reg., fakultative A. neben dem Ukrainischen in der Krim-Republik)

Sprechergruppen	Sprachen
30 – 32 Mio.	Ukrainisch
12 – 14 Mio.	Russisch
0,2 – 0,5 Mio.	Krimtatarisch, Rumänisch (Moldau-R.), Weißrussisch
0,1 – 0,2 Mio.	Polnisch, Ungarisch
50 – 100 000	Rusinisch (Ruthenisch), Tatarisch
20 – 50 000	Deutsch, Gagausisch
10 – 20 000	Tschechisch
weniger als 100	Karaimisch

Sprachfamilien: Indoeuropäisch (slawisch, germanisch: Deutsch, romanisch: Rumänisch), türkisch (Tatarisch, Gagausisch)

Sprachökologische Verhältnisse: Ukrainisch besitzt den Status einer Staatssprache (mit Ausnahme der Krim-Region). Regionalsprachen werden lediglich in der autonomen Krim-Republik in amtlichen Funktionen anerkannt. Dort dominiert Russisch in den geschlossenen russischen Siedlungen. In der übrigen Ukraine bestehen für die regionalen Minderheiten und ihre Sprachen nominell Förderungsrechte. Davon profitiert in erster Linie das Gagausische.

Ungarn

Fläche:	93 030 qkm (Budapest: 1,838 Mio. E)
Bevölkerung:	10,114 Mio. E (1998), (seit 1990 -0,4 % jährl.) (1998: Fertilität – 1,0 %/Mortalität – 1,4 %)
Stadtbewohner:	66 %
Analphabetenrate:	< 5 %
Zusammensetzung der Bevölkerung:	88 % Ungarn, 7,5 % Roma, 2,3 % Deutsche, u. a.
Gesamtzahl der Sprachen:	9 (Amtssprache: Ungarisch)

Sprechergruppen	Sprachen
9 – 10 Mio.	Ungarisch
0,5 – 1 Mio.	Romani (alle Varianten)

0,2 – 0,5 Mio.	Deutsch
20 – 50 000	Serbisch
10 – 20 000	Romani (Lovari)
1 – 3 000	Romani (karpathische Zigeuner)

Sprachfamilien: Uralisch, indoeuropäisch (germanisch: Deutsch, slawisch: Serbisch, indisch: Romani)

Sprachökologische Verhältnisse: Ungarisch ist National- und Amtssprache des Landes. Im Jahre 1993 wurde ein Gesetz über die Rechte nationaler und ethnischer Minderheiten verabschiedet. Danach haben die Angehörigen der Minderheiten ein Anrecht auf lokalen Schulunterricht in der Muttersprache und auf deren Verwendung in den Massenmedien. Zusätzlich können Regionalsprachen in der Gemeindeverwaltung als Arbeitssprachen verwendet werden. Bisher haben die Roma von diesen Gruppenrechten am wenigsten profitieren können.

Vatikan
(Vatikanstadt)

Fläche:	0,44 qkm
Bevölkerung:	455 E (1997)

(Amtssprachen: Lateinisch, Italienisch)

Sprechergruppe	Sprache
455	Italienisch

Sprachfamilien: Indoeuropäisch (italisch: Lateinisch, romanisch: Italienisch)

Sprachökologische Verhältnisse: Der Vatikan ist der einzige Staat, in dem eine moderne Sprache (Italienisch) und deren historische Basissprache (Lateinisch) amtlichen Status besitzen. Vergleichbar sind nur die Verhältnisse in Indien, wo die Basissprache der neuindischen Sprachen, das Sanskrit, ebenso als Nationalsprache anerkannt ist wie dessen historische Ableitungen.

Weißrussland
(s. Belarus)

Zypern

Fläche:	9 251 qkm (Levkosía/früher Nikosia: 0,195 Mio. E im griechischen Teil, 34 000 E im türkisch besetzten Teil)
Bevölkerung:	0,753 Mio. E (1998), (seit 1990 + 1,4 % jährl.) (1998: Fertilität – 1,4 %/Mortalität – 0,7 %)
Stadtbewohner:	55 %
Analphabetenrate:	< 5 %
Zusammensetzung der Bevölkerung:	84,7 % griechische Zyprioten, 12,3 % türkische Zyprer, 3,0 % andere (Maroniten, Armenier, u. a.)

Gesamtzahl der Sprachen:	4 (Amtssprachen: Griechisch, Türkisch)

Sprechergruppen	Sprachen
Mehr als 0,5 Mio.	Griechisch
0,1 – 0,2 Mio.	Türkisch
20 – 50 000	Armenisch
1 – 3 000	Arabisch (zyprisches A., Maronitisch)

Sprachfamilien: Indoeuropäisch (Griechisch, Armenisch), türkisch, semitisch (Arabisch)

Sprachökologische Verhältnisse: Der amtliche Sprachgebrauch ist offiziell zweisprachig. Amtliche Dokumente, soweit sie landesweite Angelegenheiten betreffen, werden in Griechisch und Türkisch ausgefertigt. Faktisch fungiert das Griechische bei der griechisch-sprachigen Mehrheit als interne Amtssprache, während das Türkische beschränkt ist auf Gemeinden mit mehrheitlich türkischer Bevölkerung.

Die beiden Hauptlandessprachen fungieren als Unterrichtssprachen in der Schulausbildung. Der Unterricht an der 1992 gegründeten Universität ist zweisprachig. Von den Minderheitensprachen wird Armenisch als Unterrichtssprache neben dem Griechischen verwendet. Die Maroniten (christliche Araber Zyperns) sprechen überwiegend Griechisch. Dies ist auch die Sprache ihrer Schulausbildung.

II. Afrika

Afrika ist der Kontinent mit der längsten Bevölkerungsgeschichte. Die Entwicklung der Hominiden, der zahlreichen Arten der Gattung ›Mensch‹, nimmt hier ihren Anfang (Streit 1995). Im Hinblick auf die historische Rekonstruktion der DNA des Frühmenschen nach dem modernen genomischen Befund ist der moderne Mensch (d. h. der Homo sapiens sapiens) mindestens 150 000 Jahre alt. Obwohl die ältesten Knochenreste von Hominiden mehrere Millionen Jahre alt sind, wird das älteste vollständige Skelett des modernen Menschen, das in Südafrika gefunden wurde, auf lediglich 80 000 Jahre vor unserer Zeit datiert. Die genetische Forschung hat die »Out of Africa«-Theorie bekräftigt, d. h. die Annahme, dass die heutige Menschenart aus dem südlichen Afrika stammt und sich über den Nahen Osten nach Europa und Asien verbreitet hat (Cavalli-Sforza et al. 1994: 154 ff.).

Der Umstand, dass wir modernen Menschen wahrscheinlich ursprünglich aus Afrika stammen, bedeutet nicht automatisch, dass der afrikanische Homo sapiens außerhalb Afrikas die übrigen zeitgenössischen Menschenarten, den Homo erectus und den Homo neandertalensis (den archaischen Homo sapiens), einfach verdrängt hätte. Archäologische sowie genetische Erkenntnisse sprechen dafür, dass in einigen Regionen der moderne Mensch mit Vertretern der anderen Arten zusammengelebt hat, und dass es auch zu einer genetischen Vermischung der Arten kam, so möglicherweise im westlichen Europa und im Nordosten Chinas (Thorne/Wolpoff 1995).

Sucht man nach den Spuren der ältesten Populationen des modernen Menschen in Afrika, so findet man sie unter den Khoisan, die auch mit einer älteren Kollektivbezeichnung als ›Buschmänner‹ benannt werden. Die Khoisan werden von den Schwarzafrikanern nicht als Ihresgleichen betrachtet, und die Khoisan identifizieren sich selbst auch nicht mit der schwarzen Bevölkerung. In der Tat handelt es sich bei beiden Populationen um genetisch verschiedene Gruppierungen. Auch äußerlich unterscheidet sich ein Buschmann deutlich von einem Bantu (z. B. einem Zulu oder Ndebele). Die Khoisan zählen zur Urbevölkerung Afrikas. In prähistorischer Zeit, d. h. vor der Entfaltung der ägyptischen Zivilisation im Nildelta, waren Khoisan-Populationen über weite Teile des südlichen und östlichen Afrika verbreitet. Genetische Spuren lassen sich bis ins Niltal verfolgen (Cavalli-Sforza et al. 1994: 159f., 174ff.).

Prähistorische Migrationen und Kulturkontakte

Die afrikanische Urbevölkerung wurde von zwei Migrationen aus dem östlichen Afrika verdrängt. Der eine Schub von Migranten kam vor 40 000 Jahren aus dem Osten, über das »Horn von Afrika« am südlichen Ausgang des Roten Meeres. Vom Kopf dieser Halbinsel sind es nur wenige Kilometer bis zum arabischen Festland. Über diese Meerenge wanderten Menschen aus Arabien nach Afrika ein. Selbst Nachkommen der vormals über den Sinai aus Afrika eingewanderten waren diese Menschen aus Arabien sozusagen späte »Rückwanderer« nach Afrika. Der größte Teil der Bevölkerung Äthiopiens geht auf diese Migration zurück.

Wesentlich jünger als die Migration aus Arabien ist die Wanderbewegung der schwarzafrikanischen Bevölkerung, die um etwa 1000 v.Chr. einsetzt und rund drei Jahrtausende anhält. Das Epizentrum dieser Migration ist das tropische Westafrika (siehe Karte 5). Der Wanderungsverlauf geht von dort zunächst in östliche Richtung, später in südöstliche und südliche Richtung. Um 1000 n.Chr. hatte sich die schwarze Bevölkerung bereits bis in den Süden des heutigen Tansanias und auf das Territorium des heutigen Südafrikas verbreitet (Möhlig 1981: 100ff.).

Die Wanderbewegung der schwarzafrikanischen Bevölkerung war von allen Migrationen, die in prähistorischer Zeit auf diesem Kontinent stattgefunden haben, die geographisch weitreichendste und populationsreichste (Ehret 1998). An der Peripherie, wo die schwarze Bevölkerung in Kontakt mit anderen Populationen gestanden hat, entstanden Mischkulturen und es entfalteten sich sprachliche Fusionsprozesse. In den südlichen Bantusprachen findet man Substrateinflüsse der Khoisan-Sprachen (z. B. Klicklaute im Zulu). Im Norden, beispielsweise in südlichen Teilen Marokkos, in Mali oder im Tschad, leben Menschen mit dunkler Hautfarbe und berberischen Gesichtszügen.

Karte 5: Migrationen der Bantu-Populationen (Rottland/Vossen 1981: 494)

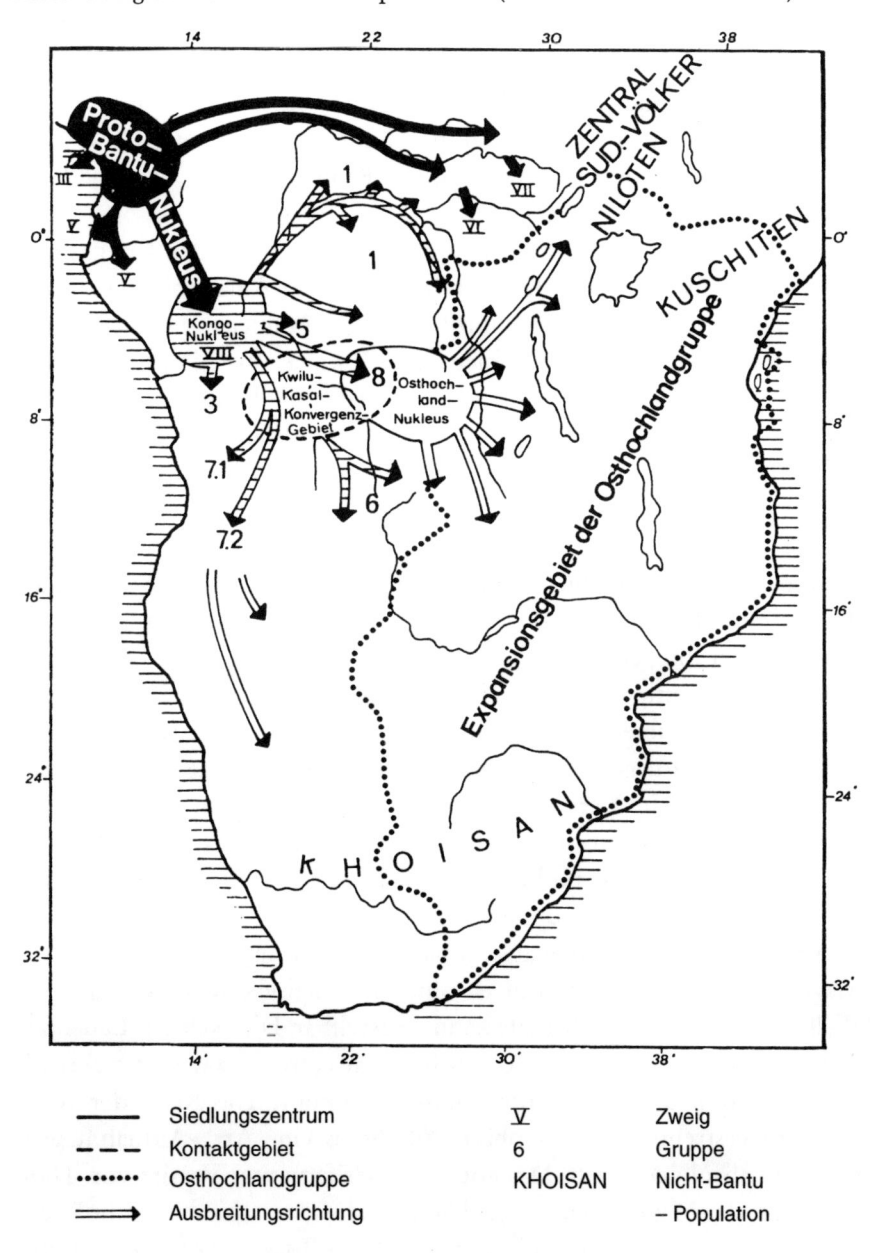

——	Siedlungszentrum	V	Zweig
– – –	Kontaktgebiet	6	Gruppe
········	Osthochlandgruppe	KHOISAN	Nicht-Bantu
⟹	Ausbreitungsrichtung		– Population

Die Bevölkerung des Niltals hat seit vordynastischer Zeit in Kontakt mit Schwarzafrika gestanden. Schon früh hat sich auch ein Austausch von Ideen und Kulturgütern entwickelt. Zunächst war das historische Nubien (auf dem Gebiet des heutigen Sudan) die nördliche Verbreitungszone. Die nubische Bevölkerung des Südens unterschied sich deutlich nach Hautfarbe und Körperbau von den Ägyptern. Aus dem Bewusstsein rassischer Verschiedenheit und kultureller Überlegenheit entwickelten die Ägypter negative Stereotypen. Sie nannten die Nubier abschätzend Nehesi ›Südleute mit der dunklen Hautfarbe‹ oder ›Kraushaarleute‹ (Welsby 1996: 11 f.).

Seit der Zeit des Neuen Reiches und insbesondere mit den Kriegszügen von Thutmosis I. im 16. Jahrhundert v. Chr. und Amenophis IV. im 14. Jahrhundert v. Chr., der den nördlichen Teil Nubiens zur ägyptischen Provinz machte, gelangten Nubier durch Zwangsumsiedlung auch nach Südägypten. In der Region um Assuan wurden die Leute aus dem Süden angesiedelt. Der Grund für diese Umsiedlungsaktion war denkbar einfach. Die ägyptische Führung setzte darauf, dass sich die Nubier im südlichen Ägypten bald akkulturieren und assimilieren würden und eine Mittlerrolle zwischen der ägyptischen Welt im Norden und der nubischen Welt im Süden übernehmen könnten. In Konflikten mit dem Süden sollte die assimilierte nubische Bevölkerung wie eine Art Puffer gegen die Fremdnubier fungieren.

In der Tat zeitigten solche Überlegungen langfristig die gewünschte Wirkung. Die Nubier in der südlichen Grenzzone wurden zu Vermittlern ägyptischen Kulturguts, im konkreten Sinn von Waren aus dem Pharaonenstaat (z. B. Wein, Keramik, Luxusgüter), im abstrakten Sinn von Ideen und kulturellen Institutionen (z. B. Architektur und ornamentale Symbolik, Schrift). Schwarze Nubier dienten in der ägyptischen Armee und stellten gefürchtete Elitetruppen.

Auch andere Spezialisten aus Nubien waren in Ägypten angesehen: die Magier. Die ägyptische Kultur ist ohne die magische Ideenwelt und die Vielfalt ihrer magischen Rituale kaum vorstellbar. Die Welt der Lebenden und die der Toten war nicht so deutlich klar getrennt wie in der christlichen Tradition, sondern wurde magisch verknüpft. Das Reich der Toten war eine erstrebte Existenzsphäre, für die es eine Art »Aufnahmeprüfung« zu absolvieren galt. Das göttliche Gericht unter Vorsitz von Thot, dem Gott der Magie, Weisheit und Schriftkunst, entschied über die Tauglichkeit der verstorbenen Seelen, ins Reich der Toten einzugehen. In Nubien war die Rolle magischer Vorstellungen ähnlich wichtig wie in Ägypten. Daher holte man sich Nubier mit ihrem reichen magischen Wissensschatz ins Land (Bresciani 1992).

Die Bevölkerung des Niltals unterschied sich nicht nur deutlich von den schwarzafrikanischen Populationen des Südens, sondern auch von der Bevölkerung Nordafrikas, den Libyern und Berbern. In vorrömischer Zeit siedelte die berberische Bevölkerung weiter im Norden als heutzutage, u.zw. bis in die Küstenregion des Mittelmeeres. Die Berber wurden von Griechen und Römern nach ihrer zahlenmäßig größten Gruppe, den Numidern, benannt. Aufgrund der Sprachverwandtschaft des Altlibyschen mit dem Numidischen kann man davon ausgehen, dass die Bewohner des antiken Libyen – wie die Berber auch – Nachkommen derselben Urbevölkerung waren (Horn/Rüger 1979).

Bereits in römischer Zeit assimilierten sich die Berber der Küstenregion zum größten Teil. Die übrigen zogen sich in die unwirtlicheren Bergregionen des Atlas und in den Savannengürtel zurück, der die Wüste von der nordafrikanischen Küste trennte. In der Antike reichten die Dünenfelder der Sahara noch nicht bis an die Mittelmeerküste. Die kriegerischen Auseinandersetzungen der Berberstämme mit den Römern waren hart und langwierig, ebenso wie später die mit den arabischen Invasoren.

Die Populationen Afrikas waren zu keiner Zeit isoliert, wie man aus der geographischen Lage des Kontinents fälschlich schließen könnte. Von der ältesten Migration (›out of Africa‹) und der nachfolgenden Rückwanderung aus Südarabien über das Horn von Afrika abgesehen, vermittelten Handelsbeziehungen mit den Mittelmeervölkern und Ägypten wichtige Impulse für die kulturelle Entwicklung des nordwestlichen und westlichen Afrika. Aus dem Nahen Osten, wo die ältesten Spuren des Ackerbaus nachzuweisen sind, verbreitete sich diese Wirtschaftsform über das Niltal nach Süden und Südwesten.

Die Verbreitung einer sesshaften, nahrungproduzierenden Lebensweise hat man sich nicht als einen gleichmäßigen Übergang vom Wildbeuterstadium zum Ackerbau vorzustellen. In einigen Regionen und bei einigen Völkern erfolgte der Übergang schneller, anderswo ging er langsamer vonstatten (Newman 1995. 40 f.). In jedem Fall nahm die Verbreitung des Ackerbaus bis nach Südafrika Jahrtausende in Anspruch. Ebenso lassen die alten Handelsrouten aus dem Norden auch den Weg erkennen, über den sich die Eisenverarbeitung nach Westen verbreitete.

Handelsbeziehungen zwischen dem Süden und dem Norden des Kontinents, ja sogar bis in die ägäische Inselwelt, bestanden schon in der Steinzeit. Darauf deuten die Schalen von Straußeneiern und Elfenbein in Fundschichten des ausgehenden 3. Jahrtausends v. Chr. im minoischen

Kreta. Myrrhe und Weihrauch waren begehrte Naturalien im alten Ägypten. Die Arten der Nadelhölzer, aus deren duftendem Harz diese Stoffe gewonnen wurden, wuchsen in Südarabien und im Gebiet des heutigen Somalia. Die älteste historische Bestätigung der Nord-Süd-Kontakte stammt aus der Regierungszeit von Hatchepsut (reg.: 1498-1483 v. Chr.).

Es heißt, die Königin selbst hätte eine Expedition ins sagenumwobene Land Punt geleitet. Narrative Bildsequenzen über ihre Reise finden sich in den Relieffriesen an den Wänden ihres Mausoleums (Grab KV 20) im Tal der Könige bei Luxor. Früher vermutete man das Land Punt im östlichen Somalia. Jüngere Ausgrabungen in der Gegend von Aden (Jemen) haben Reste einer bronzezeitlichen Kultur ans Licht gebracht, die zur Regierungszeit von Hatchepsut bestand und vielleicht deren Reiseziel war (Kitchen 1997).

Man kann davon ausgehen, dass es zu allen Zeiten Kontakte zwischen Arabien und dem östlichen Afrika gegeben hat. Wahrscheinlich dehnten sich diese Kontakte auch schon früh bis nach Indien aus. Dafür gibt es zwar keine archäologischen Spuren, wohl aber indirekte Hinweise, die man in der Schriftgeschichte Afrikas entdecken kann. Das äthiopische Alphabet, dessen älteste Zeugnisse aus dem 4. Jahrhundert n. Chr. stammen, war ursprünglich eine reine Buchstabenschrift, die sich aus der sabäischen Variante der südarabischen Schrift ableitet (Haarmann 1992a: 328f.). Christliche Missionare stellten die ursprünglich linksläufige, dem Sabäischen folgende Richtung der frühen Schrift rechtsläufig um, d.h. dem Vorbild der griechischen Schrift folgend, und entwickelten ein Vokalsystem. Jedes konsonantische Basiszeichen wird durch diakritische Zusatzzeichen im Hinblick auf die damit assoziierten unterschiedlichen Vokalqualitäten variiert. Diese Art des silbischen Alphabetgebrauchs entspricht dem Organisationsprinzip der indischen Schriftsysteme.

Handelsbeziehungen der vorislamischen und islamischen Periode

In vorislamischer Zeit wurde der Handel zwischen Arabien und Ostafrika von äthiopischen, später von arabischen Kaufleuten kontrolliert. Mit der Ausdehnung des islamischen Machtbereichs und der arabischen Kultur in Nordafrika und im Mittleren Osten gewannen arabische Kaufleute das Handelsmonopol im Süden, da der Zugang zu den Märkten entlang der afrikanischen Küste nurmehr Muslimen vorbehalten war. Arabische Händler gelangten weit nach Süden, bis an die Küsten von Mosambik. Die meisten Stützpunkte für den afrikanisch-arabischen Handel wurden aber weiter im Osten und Nordosten, im Küstengebiet zwischen dem heutigen nördlichen Tansania und Kenya bis nach Somalia, angelegt. Die Handelskontakte waren intensiv und wurden zu einer ständigen Einrichtung. Eine natürliche Folge war, dass nicht nur Waren ausgetauscht wurden, sondern dass auch die arabische Hochkultur einige ihrer Institutionen nach Afrika transferierte: den Islam, die arabische Sprache und mit dieser die arabische Schriftkultur.

In der Küstenregion Kenyas entwickelte sich eine afrikanisch-arabische Mischkultur, die der Swahili (Newman 1995: 177 f.). Der Name leitet sich von arab. *sawahil* ›Küste‹ ab. Die Swahili sind also einfach die ›Küstenbewohner‹. Das Hauptzentrum der Kulturregion war und ist Mombasa. Vor der Ankunft der Europäer unterhielten die Swahili Handelsstützpunkte bis Kilwa Kisiwani im Süden (nördliches Tansania) und bis Mogadischu im Norden (Somalia). Wenn man von den Swahili spricht, so ist dies ein denkbar verzerrendes Etikett für eine komplexe Identität. Das was einen Swahili zu einem Swahili macht, ist nicht seine Abstammung.

Es gibt Swahili schwarzafrikanischer, arabischer oder auch indischer Herkunft. Allen gemeinsam sind aber zwei elementare Eigenschaften: sie alle sprechen dieselbe Sprache und gehören zu derselben, nämlich islamischen Glaubensgemeinschaft (Middleton 1992). Swahili zu sein ist also eine Sache von Kultur und Sprache. Swahili ist eine Bantu-Sprache, deren Wortschatz und Syntax mit arabischen Elementen durchsetzt sind. Die Gemeinschaft der Swahili entwickelte sich zur religiösen und sozialen Elite der Küstenregion. Im Lauf der Zeit entstanden verschiedene, miteinander rivalisierende Königreiche.

Die islamischen Herrscher der Kleinreiche kontrollierten den Küstenhandel, von dem sie ihren Profit bezogen. Der eigentliche Tauschhandel fand in den Küstenstädten statt. Aus dem Inland wurden die Waren der schwarzafrikanischen Bevölkerung (Elfenbein, Tierfelle, Gold, Früchte, Sklaven) ans Meer transportiert, von dort gelangten arabische Handelsgüter (Textilien, Metallschmuck, Gewürze) ins Inland. Die Versorgung der Küstenregion mit Waren aus dem Inland lag außerhalb der Kontrolle der Swahili, obwohl diese Gruppe eine Schlüsselstellung als sprachliche Vermittler zwischen arabischen Fernhändlern und Schwarzafrikanern innehatte.

Die Organisation des Inlandhandels und die Sicherung der Handelsrouten lag ganz in den Händen von Schwarzafrikanern. Deren machtpolitisches und kulturelles Zentrum war Simbabwe (Great Zimbabwe), dessen Name zum Identifikationssymbol des nominell seit 1980, faktisch seit 1987 unabhängigen Staates wurde. Die Blütezeit der Kultur von Great Zimbabwe, deren Entwicklung kaum ohne den Küstenhandel vorstellbar ist, liegt zwischen dem 13. und 15. Jahrhundert. Seinen Reichtum verdankte dieses von den Shona, einem Bantu-Volk, gegründete Königreich dem Handel mit Gold (Newman 1995: 189f.).

Immigration aus Asien und Europa, Kolonisation in Afrika

Die europäische Kolonialgeschichte der Neuzeit unterscheidet sich deutlich von der arabisch-islamischen Expansion, die ganz Nordafrika erfasste und in ihrer flächendeckenden Wirkung ähnliche Züge wie die römische Kolonisation zeigt. Im 7. Jahrhundert entfaltete sich zunächst eine militärische Erschließung der nordafrikanischen Küstenregion und des Niltals, der eine arabische Siedlungsbewegung folgte (siehe Karte 6). Von den Küstenstützpunkten aus drangen Araber weiter nach Süden vor, wobei das Niltal im Osten, die marokkanische Küstenebene im Westen und die Karawanenrouten durch die Sahara zu wichtigen Einfallspforten wurden. In West- und Ostafrika waren es in erster Linie arabische Händler, die Tauschwaren wie auch arabische Kulturinstitutionen verbreiteten. Die Expansion des Islam und die Verbreitung des Arabischen als Kultursprache sind in jenen Großregionen im Wesentlichen das Ergebnis von Ideentransfer, nicht etwa einer arabischen Siedlungsbewegung (Glassé 1991).

Die Zahl der nichtarabischen Muslime in Afrika ist größer als die der arabischen Bevölkerung. Entsprechende Disproportionen sind auch auf Seiten der christlichen Bevölkerung Afrikas zu beobachten. Die Zahl der aus Europa eingewanderten Christen ist minimal, verglichen mit der Zahl der einheimischen Christen. Von den christlichen Kulturen Äthiopiens (abessinische Kirche) und Ägyptens (koptische Kirche) abgesehen, verbreitete sich das Christentum im Wesentlichen erst im Verlauf des 19. Jahrhunderts im Inland (Isichei 1995). Die christliche Mission war auf der einen Seite der Wegbereiter für die kolonisatorische Bewegung der euro-

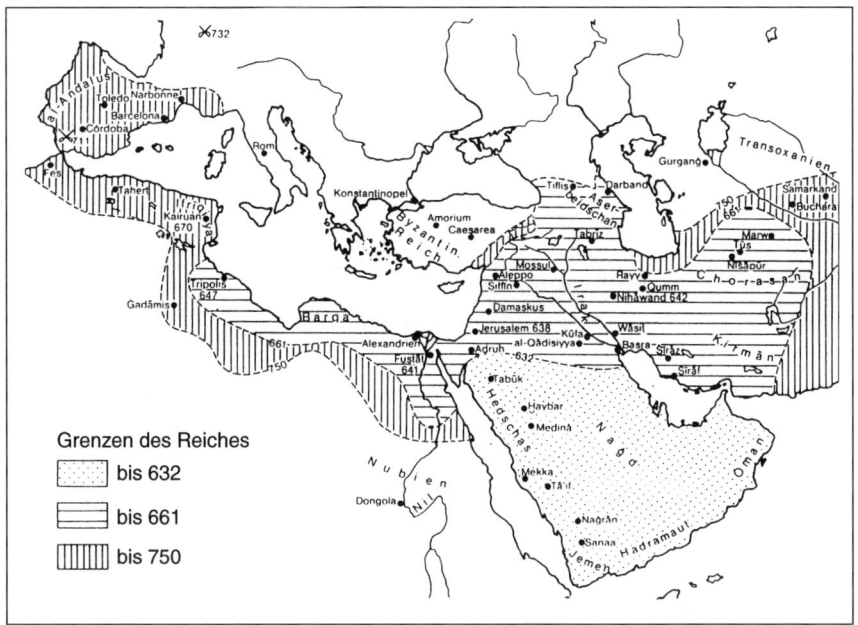

Karte 6: Die arabisch-islamische Expansion im 7. und 8. Jahrhundert
(Noth 1987: 61)

päischen Nationalstaaten, auf der anderen Seite deren ständiger Begleiter. Insofern ist die neuzeitliche Geschichte des Christentums in Afrika direkt gekoppelt an die Kolonialgeschichte der afrikanischen Staaten.

Die Ankunft der Europäer in Ostafrika im 15. Jahrhundert bedeutete nicht den Beginn einer neuen Ära. Zunächst waren die europäischen Seefahrer, die die Indienroute um Afrika herum durch Versorgungsstützpunkte abzusichern suchten, nicht einmal Konkurrenten im ostafrikanischen Handel. Die Waren, die die Portugiesen aus Indien bezogen, gingen nach Europa, also auf einen Markt, auf den die arabischen Händler Ostafrikas keinen direkten Einfluss hatten. Europäische Tauschgüter, die nach Ostafrika gelangten, waren ein zusätzliches exotisches Element im Warenangebot der Region. Zum Konfliktstoff wurde die Anwesenheit der Europäer erst, als diese versuchten, auch die politische Kontrolle über die Stützpunkte zu übernehmen. Die Portugiesen spielten die Herrscher der Kleinreiche gegeneinander aus, ebenso wie dies die Araber taten. Die Kontrahenten bemühten sich, die Gegenseite durch die Plünderung von Handelsschiffen zu schwächen und somit die Piraterie zu fördern.

Die Wende kam, als die Portugiesen Truppen aus dem Mutterland entsandten und entlang der Seeroute stationierten. Was in Ostafrika im 16. Jahrhundert praktiziert wurde, war die konsequente Fortsetzung einer Strategie, die die Portugiesen zuvor bereits an der afrikanischen Westküste angewandt hatten, die Demonstration machtpolitischer Stärke durch militärische Präsenz. Dadurch avancierten die Europäer zu mehr als nur gleichrangigen Partnern im Küstenhandel. Sie konnten aus einer Position der Stärke dessen Bedingungen mitbestimmen. Dass diese Rolle nicht einmalig festgeschrieben, sondern häufig in Frage gestellt wurde, zeigt die Geschichte der Unruhen und militärischen Auseinandersetzungen zwischen den Portugiesen und den alteingesessenen Küstenbewohnern. Eine zwangsläufige Konsequenz war der Bau von Befestigungsanlagen, so etwa das Fort Jesu an der Hafeneinfahrt von Mombasa (Maitland-Jones et al. 1994).

Die Präsenz der Europäer in Afrika – dies trifft auf die Portugiesen ebenso wie auf Holländer, Engländer und Franzosen zu – beschränkte sich vom 15. bis zum 18. Jahrhundert im Wesentlichen auf den Küstensaum des Kontinents. Vorstösse ins Landesinnere erfolgten bereits in jener Periode, sie blieben aber sporadisch und hatten nicht die Langzeitwirkung wie die späteren missionarischen Unternehmungen, die Siedlungserschließung und die militärische Besetzung der Inlandregionen. Dies waren Phänomene des aufstrebenden Kolonialismus im 19. Jahrhundert.

Die Besiedlung des afrikanischen Inlands durch Europäer beschränkte sich weitgehend auf die Bildung städtischer Enklaven, vergleichbar mit der russischen Migration nach Mittelasien. Lediglich im südlichen Afrika entwickelte sich eine Siedlungsbewegung, die sich auch auf die ländlichen Gebiete ausdehnte. Es waren die Buren, Nachkommen der holländischen Frühsiedler, die die weißen Siedlungszonen von der Kapregion nach Nordosten (Natal) und Norden (Oranje, Transvaal) ausdehnten, immer neue ländliche Gemeinden organisierten und immer mehr urbane Agglomerationen aufbauten. An dieser Siedlungsbewegung ins Inland nahmen seit Mitte des 19. Jahrhunderts auch deutsche Kolonisten teil (Schwär/Pape o.J., Lantern 1992). Bei dieser flächendeckenden Migration der ackerbauenden Bevölkerung wurden die Anbaugebiete von Korn, Zuckerrohr, Obst und Gemüse auf Kosten des Weidelandes der schwarzen Bevölkerung, die sich überwiegend auf Viehhaltung spezialisiert hatte, erweitert. Die unausweichliche Folge waren blutige Auseinandersetzungen, die sich das ganze 19. Jahrhundert hinzogen.

Anders aber als im Fall der Westdrift der Siedlungsbewegung der weißen Bevölkerung Nordamerikas, die früher oder später die indianische Urbevölkerung verdrängte, kam es nicht zur Übervölkerung der von Khoisan und Schwarzafrikanern bewohnten Gebiete. Vielmehr organisierten sich die Weißen in Enklaven inmitten der afrikanischen Siedlungsgebiete. Eine Ausnahme bildet die Kapregion, wo die einheimischen Khoisan, die hier Hottentotten genannt wurden, entweder vollständig verdrängt oder kulturell wie sprachlich europäisiert wurden (Newman 1995: 193 f.). Die Kapregion ist auch seit Mitte der 1990er Jahre, d. h. nach der Aufhebung der Apartheid-Politik, wieder zur stärksten Bastion der weißen Bevölkerung geworden, nachdem im Norden der Exodus der Weißen aus den mehrheitlich von Schwarzen bewohnten Städten wie Johannesburg begonnen hat. Die historische Siedlungsbewegung des 19. Jahrhunderts erlebt heutzutage ihre Umkehrung, eine Remigration der Weißen in Richtung auf die Kapregion, von wo die Kolonisten damals ins Landesinnere aufgebrochen sind.

Europäische Importsprachen im Kontakt mit afrikanischen Sprachen

Die meisten Kolonialsprachen Afrikas stammen aus Europa, nämlich das Englische, Französische, Portugiesische, Spanische, Italienische und Deutsche. Das Niederländische der holländischen Kolonisten wandelte sich mit dem Generationenwechsel der in Afrika geborenen Buren im Kontakt mit den Bantu-Sprachen, vornehmlich mit dem Zulu, zum Afrikaans. Die einzige asiatische Kolonialsprache Afrikas ist das Arabische. Vier der Kolonialsprachen, nämlich Englisch, Französisch, Portugiesisch und Arabisch, haben auf die afrikanische Bevölkerung in verschiedenen Regionen des Kontinents einen situationellen Druck in der Weise ausgeübt, dass für Millionen von autochthonen Afrikanern eine der Importsprachen entweder Primärsprache (= Muttersprache) ist oder als Zweitsprache (zusätzlich zu einer autochthonen Muttersprache) fungiert. Die meisten Sprecher von ehemaligen Kolonialsprachen verwenden diese als Zweitsprachen (Reh 1981: 517 f.).

Das Englische dient in dieser Funktion den Afrikanern (in Afrika geborenen Weißen holländischer Abstammung), den Schwarzafrikanern und den Farbigen (wozu Inder und andere Asiaten gerechnet werden) Südafrikas als Vehikel interethnischer Kommunikation. Im Senegal spielt das Französische eine ähnliche Rolle als Zweitsprache. Die Völker Angolas verwenden Portugiesisch als interethnisches Kommunikationsmedium. Hier wie in Mosambik und einigen Kleinstaaten an der Westküste fungiert das Portugiesische auch als Amtssprache.

Das Arabische kann auf die längste kolonialsprachliche Tradition zurückblicken. Die Kontinuität des Arabischen als Träger islamischer Kulturtradition in Nordafrika ist so deutlich ausgeprägt, dass es eine Definitionsfrage ist, ob man dieses Kommunikationsmedium als Kolonialsprache bezeichnen will oder als integriertes Element der Sprachenwelt Afrikas, ein ehemaliger Import von außen ist das Arabische in jedem Fall.

Langfristig ist auch der Assimilationsdruck des Arabischen auf die autochthonen Sprachen, wie auf die Sprachen der Berber. Dieser Druck auf die einheimische Bevölkerung hat in den Staaten Nordafrikas seit Generationen einen Sprachwechsel bei vielen Berbern bewirkt. Das Arabische dient als Primärsprache für viele Nichtaraber und hat für die Assimilanten Muttersprachensymbolik angenommen. Der Wechsel zum Arabischen erfolgt nicht abrupt, sondern fast unmerklich schleichend. Die Berber Marokkos beispielsweise sprechen außer ihrer Muttersprache Arabisch als Zweitsprache. Diejenigen, die aus dem Atlasgebirge in die Städte kommen, um dort zu leben, geben ihre Muttersprache allmählich auf und verwenden fast ausschließlich Arabisch in der Alltagskommunikation. Im Generationenwechsel wird weiterhin das Arabische dominieren, so dass die eigenen Kinder gar nicht mehr mit dem Berberischen aufwachsen.

Die Importsprachen, die aus Europa und Asien nach Afrika transferiert wurden, entwickelten auf afrikanischem Boden ihr Eigenleben im Kontakt mit autochthonen Sprachen. Zwar fehlen in Afrika großräumige Ausgleichstendenzen wie in Asien oder Europa, dennoch hat sich ein ganzes Netzwerk von Verkehrssprachen entfaltet, die über ethnisch-kulturelle Grenzen hinweg der interregionalen Kommunikation dienen (siehe Karte 7). Hierzu gehören im Einzelnen:

a) Verkehrssprachen aus vorkolonialer Zeit (z. B. Hausa, Mandingo, Swahili, More, Songhai, Kanuri, Amharisch);

b) Pidgin- und Kreolsprachen auf afrikanischer Basis, die als Fusionsprodukte im Kontakt mit europäischen Importsprachen entstanden (z. B.

Karte 7: Einheimische Verkehrssprachen Afrikas der vorkolonialen und nachkolonialen Zeit (Reh 1981: 518)

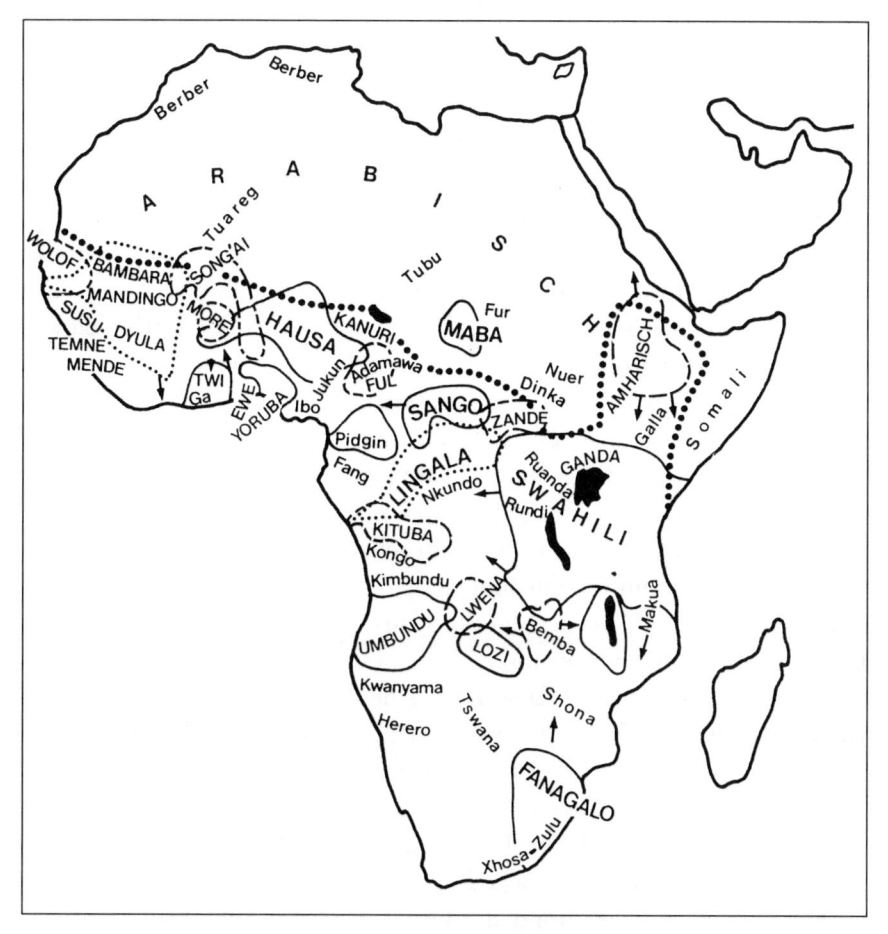

Cutchi-Swahili, Kituba auf der Basis des Kikongo, Fanagalo auf der Basis von Zulu und Xhosa, Sango auf der Basis des Ngbandi);

c) Pidgin- und Kreolsprachen auf europäischer Basis, die als Fusionsprodukte im Kontakt mit afrikanischen Sprachen entstanden (z. B. Kamerun-Pidgin oder Wes Cos, Krio, Crioulo oder Portugiesisch-Kreolisch in Westafrika);

d) Europäische Importsprachen (Englisch, Französisch, Portugiesisch, Spanisch).

Die Geschichte der Sprachen und Kulturen im nördlichen Afrika unterscheidet sich von dem Teil Afrikas südlich der Sahara nicht nur dadurch, dass die dortige Bevölkerung ethnisch von der schwarzafrikanischen verschieden ist, sondern kulturhistorisch auch deshalb, weil die Regionen am Südrand des Mittelmeeres Schauplatz sukzessiver Kolonisationen waren. Genau genommen, ist die Geschichte Nordafrikas seit der Antike die einer Abfolge kolonisatorischer Unternehmungen in einer Vielfalt, wie sie das übrige Afrika nicht erlebt hat. Den ersten Kleinraumkolonisationen, der karthagischen im Gebiet von Karthago und der griechischen in der Cyrenaica, folgte die erste Großraumkolonisation, die römische. Die nachfolgenden Perioden vandalischer und oströmischer Oberhoheit änderten am Profil des durchgreifenden römischen Kolonialerbes wenig.

Die nächste Großraumkolonisation erlebte Nordafrika im Verlauf des 7. und 8. Jahrhunderts mit der arabisch-islamischen Expansion nach Westen. Im Vergleich zu dieser kulturell-unitarischen Bewegung ist die neuzeitliche europäische Kolonisation des nordafrikanischen Raumes geprägt durch Partikularismus. Die kulturellen und sprachlichen Einflüsse fächern sich in einem Kaleidoskop geopolitischer Hemisphären von Osten (Ägypten) nach Westen (Marokko) aus: in eine englische, italienische, französische und in eine spanische Zone. Die nordafrikanische Kulturregion hat eine Mehrfachüberlagerung lokaler Sprachgemeinschaften durch Importsprachen erlebt, u.zw. in der Art, dass die ältere Schicht des arabisch geprägten Kulturkreises überdeckt wurde vom kommunikativen Netzwerk der europäischen Kolonialsprachen.

Dieses Netzwerk hielt die Region unter sprach- und bildungspolitischer Kontrolle. Assimilatorische Prozesse entfalteten sich aber nur in elitären Kleingruppen, während die bodenständigen Sprachen, die autochthonen Berber-Sprachen und die ältere arabische Importsprache, in ihren Funktionen als Muttersprachen erhalten blieben. In der nachkolonialen Ära haben lediglich das Englische (z. B. in Ägypten) und Französische (z. B. in Tunesien oder Marokko) bildungssprachliche Funktionen bewahrt.

Es gibt keinen anderen Kontinent, in dem die Staatsgrenzen so willkürlich gezogen worden sind wie in Afrika. Selbst in Südamerika, wo ebenfalls viele künstliche Staatsgrenzen die Areale von Sprachgemeinschaften und Kulturregionen zerschneiden, passen sich die politischen Grenzen stärker dem natürlichen Landschaftsbild an als in Afrika. Nirgendwo sonst auf der Welt finden wir so viele schnurgerade Linien, die ohne

Rücksicht auf lokale Populationen, Kulturareale oder geographische Gegebenheiten staatliche Territorien begrenzen. Diese Grenzziehungen sind das Erbe des europäischen Imperialismus, und die Aufteilung der Länder Afrikas ein Produkt nationalstaatlicher Machtpolitik (Ferro 1994: 395 f.). Es stellt sich allerdings die Frage, warum die betroffenen Staaten während der langen Jahrzehnte ihrer Unabhängigkeit ihre unnatürlichen territorialen Grenzen nicht durch bi- oder multilaterale Verträge mit den Nachbarn geändert haben. Grenzlinien werden in Afrika bis heute mit kriegerischen Mitteln korrigiert, so wie beispielsweise zwischen Äthiopien und Eritrea in den 1990er Jahren.

Was wir im Mosaik der afrikanischen Staatenwelt bis heute erkennen können, sind die Einflusssphären der europäischen Mächte. In der englischen Hemisphäre ist auch heute das Englische in Gebrauch, als Primärsprache assimilierter Afrikaner, als Zweitsprache für viele Sprecher lokaler Muttersprache, als Amts- und/oder Bildungssprache der einzelstaatlichen Eliten (Crystal 1997: 43 f.). In der Zone der Francophonie übernimmt solche Funktionen das Französische (Rossillon 1995: 81 f.). Das Portugiesische ist vergleichsweise das schwächste Glied in dieser Dreiergruppe.

Ein brisantes Problem, mit dem sich die Bildungseliten afrikanischer Staaten südlich der Sahara schon seit vielen Jahren auseinandergesetzt haben, ist das Verhältnis der einheimischen Nationalsprachen (endoglossische Kultursprachen) zu den ehemaligen Kolonialsprachen, die weiterhin als Amtssprachen fungieren (exoglossische Kultursprachen). Afrikanische Kulturaktivisten haben es mit staatlicher Hilfe vielerorts bewirkt, dass autochthone Sprachen prestigemäßig aufgewertet und zu Bildungssprachen ausgebaut worden sind, und dass ihr funktionaler Geltungsbereich erweitert wurde. Heutzutage schreiben mehr afrikanische Schriftsteller in Swahili, Hausa oder Shona als noch vor zehn Jahren. Die Verwendung afrikanischer Regionalsprachen in den Massenmedien hat ebenfalls einen deutlichen Zuwachs erlebt wie des Wolof im Senegal, des Bambara in Mali oder des Akan in Ghana.

Ein elementares Problem besteht aber weiterhin, und dies ist die Disproportionalität in der Verteilung von Kenntnissen des Lesens und Schreibens mit Bezug auf individuelle Sprachen und ihre Sprechergruppen. In Kenia beispielsweise sprechen mehr Menschen Swahili als Englisch. Mit Bezug auf die schriftsprachliche Produktion kehren sich die Proportionen um, denn hier dominiert das Englische. Swahili wird von vielen Kenianern als Primär- oder Zweitsprache gesprochen, die wenigsten aber verwenden es auch als Schriftsprache. Ähnliche Disproportionen findet man auch in Nigeria, wo die drei großen afrikanischen Nationalsprachen, Hausa, Yoruba und Igbo, von jeweils mehr Menschen gesprochen werden als Englisch. Letzteres ist die Amtssprache des Landes, und auch als Bildungssprache dominiert es. Es besteht eine Vorschrift, wonach in der Nationalversammlung außer dem Englischen auch die größeren einheimischen Landessprachen als Arbeitssprachen verwendet werden sollen.

Nach dem derzeitigen Entwicklungsstand der sprachökologischen Verhältnisse in den Staaten Afrikas wird sich die dominante Rolle der exoglossischen Kultursprachen mit amtlichem und bildungssprachlichem Status gegenüber der Rolle der regionalen endoglossischen Kultursprachen in absehbarer Zukunft kaum nennenswert verschieben. Die funktionale Bedeutung der globalen Kommunikationsmedien für die interafrikanischen Kontakte wie auch für die Kontakte mit den Staaten der nördlichen Hemisphäre wird erhalten bleiben.

Die bevölkerungsreichsten Staaten Afrikas	Die sprachenreichsten Staaten Afrikas	Die sprecherreichsten Sprachen Afrikas
Nigeria (114,5 Mio.) Ägypten (59,2 Mio.) Äthiopien (58,2 Mio.) Kongo (demokrat. Republik; ehemals Zaire; 45,2 Mio.) Südafrika (37,6 Mio.) Tansania (30,4 Mio.) Algerien (28,7 Mio.) Kenia (27,3 Mio.) Sudan (27,2 Mio.) Kamerun (13,6 Mio.)	Nigeria (427) Kamerun (286) Kongo (demokratische Republik; 221) Sudan (142) Tansania (132) Tschad (128) Äthiopien (117) Ghana (72) Burkina Faso (71) Kenia (61)	Ägyptisch-Arabisch (40,6 Mio.) Hausa (38 Mio. / 22 Mio. PSpr + 16 Mio. ZSpr) Swahili (35 Mio. / 5 Mio. PSpr + 30 Mio. ZSpr) Amharisch (23 Mio. / 19 Mio. PSpr + 4 Mio. ZSpr) Algerisch-Arabisch (20,4 Mio.) Marokkanisch-Arabisch (18,8 Mio.) Afrikaans (10,4 Mio. / 6,4 Mio. PSpr + 4 Mio. ZSpr) Zulu (9,1 Mio.) Tunesisch-Arabisch (9 Mio.)

Ägypten

Fläche:	997 739 qkm (Kairo: 6,8 Mio. E/Agglomeration: 15,0 Mio.)
Bevölkerung:	61,401 Mio. E (1998), (seit 1990 + 2,3 %) (1998: Fertilität – 2,6 %/Mortalität – 0,7 %)
Stadtbewohner:	45 %
Analphabetenrate:	Männer – 35 %, Frauen – 58 %
Zusammensetzung der Bevölkerung:	87 % arabische Ägypter, 13 % Sudanesen, Syrer, Nubier, Berber, Palästinenser, u. a.

Gesamtzahl der Sprachen:	12 (Amtssprache: Standardarabisch)

Sprechergruppen	Sprachen
Mehr als 45 Mio.	Arabisch (unterägypt. umgangssprachl. A.)
5 – 10 Mio.	Arabisch (Sàidi-A., oberägypt. A.)
2 – 5 Mio.	Sudanesisch-Arabisch (Khartoum-A.)
0,5 – 1 Mio.	Domari (Sprache muslimischer Zigeuner), Nil-Nubisch (Kenuzi-Dongola)
0,2 – 0,5 Mio.	Nil-Nubisch (Fiadidja-Mahas)
0,1 – 0,2 Mio.	Nobiin
50 – 100 000	Armenisch, Griechisch, Kenuzi-Dongola
5 – 10 000	Siwa (Oasen-Berberisch)

Sprachfamilien: Afroasiatisch (Arabisch, Berberisch), indoeuropäisch (Domari, Armenisch, Griechisch), nilo-saharanisch (Nil-Nubisch, Nobiin)

Sprachökologische Verhältnisse: Arabisch wird in verschiedenen Varianten auf einem funktionalen Kontinuum vom rein Schriftlichen (Standardarabisch in der Presse, in der Literatur und in amtlichen Dokumenten) bis hin zum rein Mündlichen (Regionaldialekte, Sondersprachen) verwendet. Umgangssprachliches Arabisch wird zwar überwiegend gesprochen, aber auch geschrieben (z. B. Dialoge in der Unterhaltungsliteratur). Klassisch-Arabisch findet Verwendung für Koranrezitationen und in der Liturgie. Der Stadtdialekt von Kairo genießt besonderes Prestige als Umgangssprache.

Algerien

Fläche:	2,381 Mio. qkm (Algier: 2,56 Mio. E, Agglomeration: 3,7 Mio. E)
Bevölkerung:	29,922 Mio. E (1998), (seit 1990 + 2,6 %) (1998: Fertilität – 2,9 %/Mortalität – 0,6 %)
Stadtbewohner:	58 %
Analphabetenrate:	Männer – 24 %, Frauen: 46 %
Zusammensetzung der Bevölkerung:	69 % Araber, 30 % Berber, 1 % Ausländer (Franzosen)
Gesamtzahl der Sprachen:	18 (Amtssprache: Standardarabisch)

Sprechergruppen	Sprachen
Mehr als 20 Mio.	Arabisch
1 – 2 Mio.	Kabylisch
0,5 – 1 Mio.	Tamazight, Taschelheit (Schilha)
0,2 – 0,5 Mio.	Tarifit
0,1 – 0,2 Mio.	Shawiya
50 – 100 000	Mzab, Französisch, Tumzabt, Chenoua
20 – 50 000	Tamahaq (Hoggar), Taznatit
5 – 10 000	Quargla, Tidikelt, Tagargrent
1 – 3 000	Dausahaq

Sprachfamilien: Afroasiatisch (Semitisch: Arabisch; Berberisch: Tamazight, usw.)

Sprachökologische Verhältnisse: Trotz des offiziellen Status des Standardarabischen dominiert das Französische, die ehemalige Kolonialsprache, de facto im amtlichen Schriftverkehr. Im Juli 1992 wurde ein Gesetz zur Arabisierung der Verwaltung und des Geschäftslebens auf unbestimmte Zeit verschoben. Französisch ist ebenfalls das Hauptmedium in der höheren Schulausbildung und im universitären Bereich. In den Kreisen der politisch Verantwortlichen und der Bildungselite herrscht arabisch-französischer Bilingualismus vor.

Sprachkonflikte: Keine der berberischen Sprachen besitzt amtlichen Status. Dies gilt auch für das Kabylische, die von den meisten Berbern in Algerien gesprochene Muttersprache. In beschränktem Umfang werden berberische Sprachen in den Massenmedien verwendet, und seit 1990 werden auch Universitätskurse in Tamazight angeboten. In der letzten Zeit ist es wiederholt zu Demonstrationen der berberischen Bevölkerung gekommen, die eine weitergehende Förderung berberischer Sprache und Kultur sowie eine Verbesserung ihres soziopolitischen Status fordern. Seit März 2002 ist Tamazight als Nationalsprache (neben dem Arabischen) anerkannt.

Angola

Fläche:	1,246 Mio. qkm (Luanda: 2,25 Mio. E)
Bevölkerung:	12,001 Mio. E (1998), (seit 1900 + 3,8 %)
	(1998: Fertilität – 4,8 %/Mortalität – 1,9 %)
Stadtbewohner:	33 %
Analphabetenrate:	Männer – 44 %, Frauen – 72 %
Zusammensetzung der Bevölkerung:	37 % Umbundu, 22 % Mbunda, 13 % Kongo, u. a.
Gesamtzahl der Sprachen:	42 (Amtssprache: Portugiesisch)

Sprechergruppen	Sprachen
3 – 4 Mio.	Umbundu (südl. Mbundu)
2 – 3 Mio.	Mbundu (Loanda)
1 – 2 Mio.	Kongo (Kikongo), Kongo (San Salvador)
0,5 – 1 Mio.	Luvale
0,2 – 0,5 Mio.	Chokwe, Luchazi, Ndonga, Ruund (nördl. Lunda)
0,1 – 0,2 Mio.	Kwanyama, Yaka
50 – 100 000	Lunda, Mbwela, Nyemba
20 – 50 000	Kwangali, Luyana, Nsongo, Nyaneka
10 – 20 000	Diriku, Holu, Kwadi, Luimbi
5 – 10 000	Mbukushu, Sama, Xun
3 – 5 000	'Akhoe, Kung-Ekoka, Nyengo, !O!ung, Zemba
1 – 3 000	Kung-Tsumkwe
100 – 1 000	Kxoe
	Zusätzlich andere einheimische Sprachen (Bolo, Luyana, Maligo, u. a.) ohne nähere Angaben zu deren Sprecherzahlen

Sprachfamilien: Bantusprachen (>H<-Gruppe im Norden: Kikongo, u.a.; >K<-Gruppe im Osten: Chokwe, u.a.; >R<-Gruppe im Süden: Umbundu, u.a.), Khoisan (nördl. oder !Khung, zentrale oder Xun)

Sprachökologische Verhältnisse: Portugiesisch ist mit der Unabhängigkeit des Landes im Jahre 1975 als Amtssprache bestätigt worden. Insgesamt sechs Sprachen Angolas besitzen seit 1977 den Status von Nationalsprachen(Kikongo, Kimbundu, Chokwe, Umbundu, Nyemba, Kwanyama). Portugiesisch ist Unterrichtssprache. Eine besondere Variante des Portugiesischen hat sich in der Hauptstadt Luanda im Kontakt mit afrikanischen Sprachen ausgebildet, die »linguagem dos musseques«.

Äquatorial-Guinea

Fläche:	28 051 qkm (Malabo: 40 000 E)
Bevölkerung:	431 000 E (1998), (seit 1990 + 2,9 %)
	(1998: Fertilität – 4,1 %/Mortalität – 1,6 %)
Stadtbewohner:	45 %
Analphabetenrate:	Männer: 19 %, Frauen: 44 %
Zusammensetzung der Bevölkerung:	80 % Bantu-Völker (Fang bzw. Pamúes, Benga, u. a.), 10 % Bubi, u. a.

Gesamtzahl der Sprachen:	9 (Amtssprache: Spanisch)

Sprechergruppen	Sprachen
0,3 – 0,4 Mio.	Fang
20 – 50 000	Bubi
10 – 20 000	Spanisch
5 – 10 000	Ngumba, Batanga
3 – 5 000	Ngumbi
1 – 3 000	Benga, Crioulo (Portugiesisch-Kreolisch des Golfs von Guinea), Yasa

Sprachfamilien: Bantusprachen (Fang, Bubi, Ngumba, u. a.), Pidgins und Kreolsprachen (Weskos, Crioulo, Fa d'Ambu).

Sprachökologische Verhältnisse: Die Amtssprache Spanisch fungiert als exklusives Medium in der Administration. In den Massenmedien dominiert das Spanische, es gibt aber auch Sendungen in einheimischen Sprachen. Spanisch ist auch die wichtigste Verkehrssprache (lingua franca).

Äthiopien

Fläche:	1,133 Mio. qkm (Adis Abeba: 2,209 Mio. E)
Bevölkerung:	61,266 Mio. E (1998), (seit 1990 + 2,6 %)
	(1998: Fertilität – 4,4 %/Mortalität – 2,0 %)
Stadtbewohner:	17 %
Analphabetenrate:	Männer: 58 %, Frauen: 70 %
Zusammensetzung der Bevölkerung:	30 % Oromo, 28 % Amharen, 9 % Tigre, u. a.

| Gesamtzahl der Sprachen: | 86 (Amtssprachen: Amharisch, Englisch als fakultative Amtssprache anerkannt) |

Sprechergruppen	Sprachen
15 – 20 Mio.	Amharisch (PSpr)
7 – 8 Mio.	Amharisch (ZSpr), westl. Oromo
3 – 4 Mio.	Oromo (Afan-O.)
1 – 2 Mio.	Kambaata, östl. Oromo (Harar), Sidamo, Somali, Wolaytta
0,5 – 1 Mio.	zentrales Gurage, Hadiyya
0,2 – 0,5 Mio.	Gedeo, östl. Gurage, Kafa
0,1 – 0,2 Mio.	Gurage (Innemor), nördl. Gurage, westl. Gurage, Komso
50 – 100 000	Allaaba, Arabisch (Sudanesisch-A.), Basketto, Gimira, Kullo, Kunama, Libido, Mocha
20 – 50 000	Aari, Anuak, Awngi, Berta, Burji, Daasanech, Gawwada, Gumuz, Koorete, Me'en, Mursi, Nara, Nuer, Sheko
10 – 20 000	Adare, Dizi, Hamer-Banna, nördl. Koma, Majang, Male, Qimant, Zayse
5 – 10 000	Arabisch (Jemenitisch-A.), Gaam, Hozo-Sezo, Murle, Surma, Toposa, Tsamai
3 – 5 000	Arbore, Bambeshi, Boro, Chara, Dirasha, Dobase, Harso, Nao, Shita, Xamir, Xamta, Yemsa
1 – 3 000	Argobba, Bale, Dihina, Dime, Dorze, Gaba, Gollango, Gorose, zentrales Koma, Mabaan, Oyda, Zilmamu
100 – 1 000	Anfillo, Baiso, Didessa, Gobato, Kachama, Karo, Kwegu, Shabo
10 – 100	Ganjule, 'Ongota (Birale)
Ausgestorben	Weyto

Sprachfamilien: Afroasiatisch (semitisch: Amharisch, östl. Gurage, u. a.; kuschitisch: östl. Oromo, Kambaata, u. a.; omotisch: Kafa, Basketto), nilo-saharanisch (Berta, Kwegu, u. a.).

Sprachökologische Verhältnisse: Rund 45 % der Bevölkerung sprechen semitische Sprachen, etwa ebenso viele kuschitische Sprachen. Auf die omotischen Sprachen entfallen rund 6 %, der Rest sind Sprecher nilo-saharanischer Sprachen.

Außer Amharisch werden 15 Regionalsprachen als Nationalsprachen anerkannt (Afar, Gedeo, Hadiyya, Kambatta, Kefa-Mocha, Kunama, Oromo, Saho, Sidamo, Silti, Somali, Tigre, Tigrinya, Wolaytta). Amharisch ist Primärsprache für etwa 30 % der Bevölkerung und Zweitsprache (bzw. Drittsprache) für weitere 40 %. Seit den 1970er Jahren wird das Amharische systematisch modernisiert. Ge'ez ist die Liturgiesprache in der äthiopischen christlichen Kirche. Arabisch ist Sakralsprache der Muslime.

In Adis Abeba wird in Restaurants und in Autowerkstätten ein italienisches Pidgin verwendet.

Benin

Fläche:	112 622 qkm (Porto Novo: 0,2 Mio. E)
Bevölkerung:	5,948 Mio. E (1998), (seit 1990 + 3,3 %)
	(1998: Fertilität – 4,1 %/Mortalität – 1,3 %)
Stadtbewohner:	41 %
Analphabetenrate:	Männer: 46 %, Frauen: 77 %
Zusammensetzung der Bevölkerung:	80 % Kwa-Völker (39 % Fon, 12 % Yoruba, 11 % Adja, u. a.), 6 % Fulbe, u. a.

Gesamtzahl der Sprachen: 51 (Amtssprache: Französisch)

Sprechergruppen	Sprachen
1 – 2 Mio.	Fon-Gbe
0,2 – 0,5 Mio.	Aja-Gbe, Ayizo-Gbe, Bariba, Dyerma, Fulfulde (Benin-Togo), Gun-Gbe, Yoruba
0,1 – 0,2 Mio.	Ditammari, Gen-Gbe, Nago, Waci-Gbe
50 – 100 000	Biali, Busa-Boko, Cabe, Ifè, Lama, Maxi-Gbe, Mokole, Pila, Tofin-Gbe, Weme-Gbe, Xweda-Gbe
20 – 50 000	Dendi, Gourmanchéma, Ica, Idaca, Kabiyé, Lukpa, Mbelime, Nateni, Tem, Waama, Xwla-Gbe
10 – 20 000	Aguna, Foodo, Ije, Ko-Gbe
5 – 10 000	Anii, Anufo, Sola
100 – 1 000	Basa, Boulba
	Zusätzlich andere Sprachen (Cenka, Ci-Gbe, Saxwe-Gbe, u. a.) ohne nähere Angaben zu deren Sprecherzahlen

Sprachfamilien: Niger-Kongo (Gur- oder Volta-Sprachen: Bariba, Waama, u. a.; Kwa-Gruppe: Mokole, Saxwe, u. a.), nilo-saharanisch (Sprachen der Songhai-Dyerma-Gruppe)

Sprachökologische Verhältnisse: Französisch ist exklusive Amtssprache und dominiert im Geschäftsleben. Die einheimischen Sprachen sind als Nationalsprachen ohne offiziellen Status anerkannt. Französisch ist die einzige Sprache der Presse, während daneben andere Sprachen auch im Radio und im Fernsehen verwendet werden (Yoruba, Fon, Gen und Bariba). Rund zwei Drittel der Programme werden in Französisch ausgestrahlt.

Botswana

Fläche:	582 000 qkm (Gaborone: 0,133 Mio. E)
Bevölkerung:	1,562 Mio. E (1998), (seit 1990 + 2,9 %)
	(1998: Fertilität – 3,4 %/Mortalität – 1,6 %)
Stadtbewohner:	68 %
Analphabetenrate:	Männer – 27 %, Frauen – 42 %
Zusammensetzung der Bevölkerung:	95 % Bantu-Völker (Sotho-Tswana, Schona, u. a.), 2,4 % San; Weiße, Inder, u. a.

Gesamtzahl der Sprachen: 23 (Amtssprachen: Tswana, Kalanga/reg., Englisch/fak.)

Sprechergruppen	Sprachen
0,5 – 1 Mio.	Tswana (Setswana)
0,1 – 0,2 Mio.	Kalanga
20 – 50 000	Herero, Kgalagadi, Yeye
10 – 20 000	Afrikaans, Mbukushu, Shua, Subia
5 – 10 000	Birwa, Buka-Khwe, Hiotshuwau
1 – 3 000	Hiechware, /Hua-Owani, Kxoe, Nharon
100 – 1 000	/Anda, //Gana, /Gwi, Ng/amani, Xun
10 – 100	Danisin
Weniger als 10	//Xegwi

Sprachfamilien: Niger-Kongo (Bantu-Sprachen: ›K‹-Gruppe mit Tswana als Hauptvertreter, ›S‹-Gruppe mit Kalanga, außerdem Sprachen der ›M‹- und ›R‹-Gruppe), Khoisan (Ng/amani, u. a.)

Sprachökologische Verhältnisse: Sowohl Tswana als auch Englisch werden in der Verwaltung, in den Massenmedien und im Schulwesen verwendet. Im Ausbildungssektor dominiert das Englische. Tswana hat die älteste einheimische Schrifttradition (seit 1839).

Britische Besitzungen im Indischen Ozean

Fläche:	60 qkm
Bevölkerung:	2 900 E (1991)
Hauptinsel:	Diego García

Gesamtzahl der Sprachen: 2 (Amtssprache: Englisch)

Sprechergruppen	Sprachen
(keine Angaben)	Englisch
(keine Angaben)	Seselwa (Französisch-Kreolisch der Seychellen)

Burkina Faso

Fläche:	274 200 qkm (Ouagadougou: 0,634 Mio. E)
Bevölkerung:	10,73 Mio. E (1998), (seit 1990 + 2,7 %) (1998: Fertilität – 4,6 %/Mortalität – 1,9 %)
Stadtbewohner:	17 %
Analphabetenrate:	Männer – 68 %, Frauen – 87 %
Zusammensetzung der Bevölkerung:	48 % Mossi, 17 % Bobo, 10 % Fulbe, u. a.

Gesamtzahl der Sprachen: 71 (Amtssprachen: Französisch; Moore, Jula und Fulfulde als regionale Amtssprachen)

Sprechergruppen	Sprachen
4 – 5 Mio.	Moore
3 – 4 Mio.	Jula (ZSpr)
1 – 2 Mio.	Jula (PSpr)
0,5 – 1 Mio.	Fulfulde (Gourmantche)
0,2 – 0,5 Mio.	Bissa, Bobo Fing, Bwamu, nördl. Dagaari, Fulfulde (Jelgooji), Gourmanchéma, Lobi, Nuni, Samo
0,1 – 0,2 Mio.	Birifor (Malba), Dogon, Kurumfé, Lyélé, Marka, Songai
50 – 100 000	Bomu, Buli, Cerma, Kasem, Soninke
20 – 50 000	Gurenne, östl. Karaboro, westl. Karaboro, Sénoufo (Nanerigé), Sénoufol (Sicité), Tamasheq (Timbuktu), Turka, Zaoré
10 – 20 000	Bolon, Doghosié, Dyan, Dzungo, Ko, westl. Kusaal, Puguli, Sambla, Siamou, Sissala, nördl. und südl. Toussian, Yana

5 – 10 000	Bobo Dioula, Kaanse, Kalamse, Pana, Sénoufo (Niangolo), Tiéfo, Vigué
3 – 5 000	Dogoso, Wara
1 – 3 000	Biali, Khe, Khisa, Maransé, Moba, Natioro, Téén
100 – 1 000	Bambara, Blé, Dagaari Dioula, Dyerma, Hausa, Kpatogo, Sininkere

Sprachfamilien: Niger-Kongo (Gur- bzw. Volta-Sprachen: Moore, Kasem, u. a.; Mande-Sprachen: Jula, Dafing, u. a.; westatlantische Gruppe: Fulfulde)

Sprachökologische Verhältnisse: Französisch fungiert als interne Amtssprache (d. h. in der Landesverwaltung) sowie als externe Amtssprache (d. h. im Kontakt Burkina Fasos mit dem Ausland). Moore ist als Verkehrssprache hauptsächlich im Zentrum des Landes verbreitet, Jula im Westen und Fulfulde im Nordosten, aber diese Nationalsprachen sind auch interregional gebräuchlich. Französisch dominiert in der Schulausbildung und im Rechtswesen. In der unteren Gerichtsinstanz sowie im Radio werden außer Französisch auch die drei einheimischen Verkehrssprachen sowie andere Regionalsprachen verwendet. Zahlreiche einheimische Sprachen finden im Gottesdienst Berücksichtigung.

Burundi

Fläche:	27 834 qkm (Bujumbura: 0,3 Mio. E)
Bevölkerung:	6,548 Mio. E (1998), (seit 1990 + 2,6 %) (1998: Fertilität – 4,2 %/Mortalität – 2,0 %)
Stadtbewohner:	8 %
Analphabetenrate:	Männer – 45 %, Frauen – 63 %
Zusammensetzung der Bevölkerung:	89 % Hutu, 10 % Tutsi, 1 % Twa (Pygmäen), u. a.
Gesamtzahl der Sprachen:	3 (Amtssprachen: Kirundi, Französisch)

Sprechergruppen	Sprachen
ca. 6. Mio.	Kirundi (regionale Variante des Rwanda-Rundi in Burundi)
(keine Angaben)	Swahili

Sprachfamilie: Niger-Kongo (Bantu-Sprachen: ›J‹-Gruppe)

Sprachökologische Verhältnisse: Von der Sprachgemeinschaft des Kirundi sind rund 89 % Hutu, 10 % Tutsi und 1 % Twa. Die Hutu, ethnisch ein Bantuvolk, sind Ackerbauern, die Tutsi, ethnisch eine nilotische Ethnie, leben von Viehhaltung. Die Tutsi sind Einwanderer aus Äthiopien, die schon lange im Land leben und sich sprachlich ans Kirundi assimiliert haben. Die Twa sind Pygmäen, die in sozialen Gruppen organisiert sind (Jäger, Töpfer, Eisenschmiede).

Die von den Tutsi verwendete Variante des Kirundi hat Prestige, die der Hutu gilt als einfache Gemeinsprache. Französisch fungiert als Unterrichtssprache in der gesamten Schulausbildung.

Dschibuti
(Djibouti)

Fläche:	23 200 qkm (Djibouti: 383 000 E)
Bevölkerung:	636 000 E (1998), (seit 1990 + 3,0 %)
	(1998: Fertilität – 3,7 %/Mortalität – 1,5 %)
Stadtbewohner:	83 %
Analphabetenrate:	Männer – 51 %, Frauen – 75 %
Zusammensetzung der Bevölkerung:	50 % Issa (nördl. Somali), 40 % Afar; Europäer, Araber

Gesamtzahl der Sprachen: 4 (Amtssprachen: Standardarabisch, Französisch)

Sprechergruppen	Sprachen
0,3 Mio.	Somali
0,24 Mio.	Afar
92 000	Arabisch (Yemenitisch)

Sprachfamilien: Afroasiatisch (semitisch: Arabisch; kuschitisch: Afar, Somali)

Sprachökologische Verhältnisse: Das Arabische ist sprachliche Komponente sowohl in der Zweisprachigkeit (z. B. Bilingualismus bei den Afar) als auch in der Diglossie (z. B. yemenitisch-arabische Umgangssprache versus standardarabische Schriftsprache). Das Französische dominiert im Ausbildungswesen.

Elfenbeinküste

Fläche:	322 462 qkm (Yamoussoukro: 0,13 Mio. E)
Bevölkerung:	14,492 Mio. E (1998), (seit 1990 + 3,1 %)
	(1998: Fertilität – 3,7 %/Mortalität – 1,6 %)
Stadtbewohner:	45 %

Analphabetenrate:	Männer – 47 %, Frauen – 64 %
Zusammensetzung der Bevölkerung:	23 % Baule, 18 % Bete, 15 % Senoufo, 14 % Agni-Ashanti, u. a.

Gesamtzahl der Sprachen:	74 (Amtssprache: Französisch)

Sprechergruppen	Sprachen
4 – 5 Mio.	Moore (Mossi)
2 – 3 Mio.	Baule
0,5 – 1 Mio.	Dan, Jula, Sénoufo (Cebaara)
0,2 – 0,5 Mio.	Anyin, Attié, Bété (Guiberoua), Guéré, Guro
0,1 – 0,2 Mio.	Abé, Abron, Bété (Gagnoa), Kulango (Bouna), Mau, Sehwi, Sénoufo (Tagwana), Wobe
50 – 100 000	Adioukrou, Dida (Lakota), Dida (Yocoboué), Ebrié, westl. Krahn, Kulango (Bondoukou), Lobi, Sénoufo (Djimini), Soninke
20 – 50 000	Abidji, Abure, Bissa, Gagu, Godié, nordöstl. Krumen, südl. Krumen, Kulere, Mbato, Nyabwa, Nzema, Toura, Yaouré
10 – 20 000	Aizi, Aladian, Avikam, Bakwé, Bambara, Beng, Kouya, Muan, Sénoufo (Diamala), Sénoufo (Niarafolo-Niafolo), Wan
5 – 10 000	Krobu, Moru, Neyo, Téén
3 – 5 000	Khisa, Ligbi, Sénoufo (Nafara), Sénoufo (Palaka)
1 – 3 000	Cerma, Deg, Eotile, Fulfulde (Maasina), Glio-Oubi, Wane
10 – 100	Ega, Vagla
Ausgestorben	Esuma

Sprachfamilie: Niger-Kongo (Mande-Sprachen im Nordwesten: Malinke, Guro, Gagu, u. a.; Kwa-Sprachen im Zentrum und im Südosten: Abron, Ega, Mbato, u. a.; Gur-Sprachen im Nordosten: Tyebara, Djimini, Nyarafolo, u. a.; Kru-Sprachen im Südwesten: Tepo, Bakwe, Neyo, u. a.)

Sprachökologische Verhältnisse: Französisch ist exklusive Amtssprache und einziges Schriftmedium des Landes. Keine der anderen Sprachen besitzt offiziellen Status. Nach dem Sprachengesetz (No. 77-584) vom August 1977 sollen die Nationalsprachen des Landes gefördert und entwickelt werden, um sie zu einem nicht näher bestimmten Zeitpunkt in der Schulausbildung zu verwenden. Bislang existiert aber keine Neuregelung der Sprachverwendung im schulischen Sektor.

Als Verkehrssprachen fungieren Französisch, Jula (s. auch Burkina Faso) und Anyin-Baoulé. In den Massenmedien dient Französisch als einzige Schriftsprache, während einheimische Regionalsprachen auch in gewissem Umfang im Radio und im Fernsehen verwendet werden. Im religiösen Sektor werden die einheimischen Sprachen bei den Anhängern animistischer Kulte bevorzugt, während in den christlichen Gemeinden sowohl Französisch als auch einheimische Sprachen Verwendung finden.

Eritrea

Fläche:	121 144 qkm (Asmara: 0,367 Mio. E)
Bevölkerung:	3,879 Mio. E (1998), (seit 1990 + 3,0 %)
	(1998: Fertilität – 4,0 %/Mortalität – 1,4 %)
Stadtbewohner:	18 %
Analphabetenrate:	Männer – 34 %, Frauen – 62 %
Zusammensetzung der Bevölkerung:	50 % Tigrinya, 30 % Tigré, 8 % Afar, u. a.

Gesamtzahl der Sprachen: 11 (Amtssprachen: Tigrinya, Standardarabisch)

Sprechergruppen	Sprachen
1 – 2 Mio.	Tigrinya
0,5 – 1 Mio.	Tigré
0,2 – 0,5 Mio.	Afar
0,1 – 0,2 Mio.	Saho, Bedawi, Kunama
50 – 100 000	Bilen, Kunama, Nara
20 – 50 000	Beja

Sprachfamilien: Afroasiatisch (semitisch: Tigrinya, Tigré, Arabisch; kuschitisch: Afar, u. a.), nilo-saharanisch (Kunama, Nara)

Sprachökologische Verhältnisse: Die Amtssprachenregelung gilt seit der Unabhängigkeit des Landes im Jahre 1993.

Gabun

Fläche:	267 667 qkm (Libreville: 0,42 Mio. E)
Bevölkerung:	1,18 Mio. E (1998), (seit 1990 + 3,0 %)
	(1998: Fertilität – 3,8 %/Mortalität – 1,6 %)
Stadtbewohner:	52 %
Analphabetenrate:	37 %
Zusammensetzung der Bevölkerung:	32 % Fang, 12 % Eshira, 8 % Njebi, u. a.

Gesamtzahl
der Sprachen: 40 (Amtssprache: Französisch)

Sprechergruppen	Sprachen
0,4 – 0,5 Mio.	Fang
0,1 – 0,2 Mio.	Mbere
50 – 100 000	Myene, Njebi
20 – 50 000	Französisch, Kélé, Kota, Lumbu, Punu, Sangu, Sira, westl. Teke
10 – 20 000	Bekwel, Mbama, Ngom, nördl. Teke, Tsogo
5 – 10 000	Barama, Duma, Kaningi, Tsaangi, Vili, Wandji, Wumbvu
3 – 5 000	Baka, Bubi, Mbangwe, Ndasa, Ndumu, Pinji, Yangho
1 – 3 000	Benga, Seki, Simba
100 – 1 000	Kande, Sighu

Sprachfamilien: Niger-Kongo (Bantu-Sprachen: ›A‹-Gruppe – Benga, Make, u. a.; ›B‹-Gruppe – Orungu, Kande, u. a.; ›H‹-Gruppe – Civili; Adamawa: Baka)

Sprachökologische Verhältnisse: Französisch ist exklusive Amtssprache und fungiert auf allen Ebenen des öffentlichen Lebens (einschließlich der Massenmedien und der Schulausbildung). Es gibt keine einheimische Verkehrssprache, so dass das Französische auch diese Funktion übernimmt. Regionalsprachen finden in sehr beschränktem Masse Verwendung im Radio und Fernsehen, außerdem als Predigtsprache im Gottesdienst.

Gambia

Fläche:	11 295 qkm (Banjul: 42 326 E/Agglomeration: 0,27 Mio. E)
Bevölkerung:	1,216 Mio. E (1998), (seit 1990 + 4,0 %)
	(1998: Fertilität – 4,0 %/Mortalität – 1,7 %)
Stadtbewohner:	30 %
Analphabetenrate:	Männer – 58 %, Frauen – 73 %
Zusammensetzung der Bevölkerung:	44 % Mandingo, 17,5 % Fulbe, 12,3 % Wolof, u. a.

Gesamtzahl
der Sprachen: 20 (Amtssprachen: Englisch, Mandinka, Wolof, Ful)

Sprechergruppen	Sprachen
0,4 – 0,5 Mio.	Mandinka
0,1 – 0,2 Mio.	Fulacunda, gambisches und senegalesisches Wolof
50 – 100 000	Soninke, Toucouleur

20 – 50 000	Serere-Sine
10 – 20 000	Jola (Fogny-J.), Mandyak
5 – 10 000	Jahanka, Kassonke, Krio (Englisch-Kreolisch)
3 – 5 000	Bambara
1 – 3 000	Crioulo (Portugiesisch-Kreolisch von Oberguinea), Mankanya
100 – 1 000	Basari, Karon
10 – 100	Bayot

Sprachfamilie: Niger-Kongo (westatlantisch: Ful, Wolof, Jola, u.a.; Mande-Sprachen: Mandinka, Jahanka, u. a.)

Sprachökologische Verhältnisse: Außer Englisch fungieren folgende einheimische Sprachen als Verkehrssprachen (linguae francae): Wolof (hauptsächlich im urbanen Milieu der Küstenregion), Mandinka (überwiegend in ländlichen Gebieten). Wolof wird in der Hauptstadt Banjul sowie als Verkehrssprache nördlich des Gambia-Flusses gesprochen.

Ghana

Fläche:	238 537 qkm (Accra: 0,949 Mio. E/Agglomeration: 1,9 Mio. E)
Bevölkerung:	18,46 Mio. E (1998), (seit 1990 + 3,1 %) (1998: Fertilität – 3,7 %/Mortalität – 0,9 %)
Stadtbewohner:	37 %
Analphabetenrate:	Männer – 22 %, Frauen – 40 %
Zusammensetzung der Bevölkerung:	52,4 % Ashanti und Fanti, 11,9 % Ewe, 7,8 % Ga und Ga-Adangbe, u. a.

Gesamtzahl der Sprachen:	72 (Amtssprache: Englisch; Hausa als Handelssprache im nördl. Ghana)

Sprechergruppen	Sprachen
6 – 7 Mio.	Akan
1 – 2 Mio.	Ewe, Ga-Adangme-Krobo
0,5 – 1 Mio.	Abron, Dagbani, Englisch (ZSpr), Gurenne, Kabiyé
0,2 – 0,5 Mio.	südl. Dagaari, Konkomba, östl. Kusaal, Mampruli, Nzema
0,1 – 0,2 Mio.	Anyin, Bissa, Gonja, Gua, Sehwi, Sisaala (Tumulung), Wasa

50 – 100 000	Ahanta, Awutu, Bimoba, Birifor, Buli, Kasem, Krache, Tem, Waali
20 – 50 000	Anufo, Chumburung, Lelemi, Nafaanra, Ntcham, Pasaala, Tampulma
10 – 20 000	Akpafu-Lolobi, Avatime, Deg, Jwira-Pepesa, Kulango (Bouna), Nawuri, Nkonya, Sekpele, westl. Sisaala
5 – 10 000	Adele, Akposo, Bowiri, Delo, Dwang, Fulfulde (Maasina), Gikyode, Kplang, Kulango (Bondoukou), Ligbi, Sele, Vagla
3 – 5 000	Chakali, Hanga, Logba, Nyangbo, Safaliba
1 – 3 000	Animere, Chala, Kantosi, Konni, Moore, Nchumbulu, Tafi

Sprachfamilien: Niger-Kongo (Kwa-Sprachen: Akan, Ga, Ewe, u. a.; Gur-Sprachen: Dagbani, Mampruli, Konkomba, u. a.; Mande-Sprachen: Ligby, Bisa), Afroasiatisch (Hausa als Verkehrssprache im urbanen Milieu)

Sprachökologische Verhältnisse: Englisch ist die einzige offizielle Sprache, die in der Verwaltung und in den Massenmedien sowie bevorzugt in der Geschäftswelt und im Ausbildungssektor verwendet wird. Akan ist die am weitesten verbreitete gesprochene Sprache, und sein Einflussbereich als Schriftsprache erweitert sich ständig. Waale ist in der letzten Zeit als Handelssprache im Westen immer wichtiger geworden.

Außer Englisch werden zwölf weitere Sprachen (bzw. deren regionale Varianten) als Unterrichtssprachen verwendet (Akan in drei regionalen Dialektvarianten, Ewe, Ga, Dangme, Nzema, Gonja, Dagbani, Dagara, Waali, Kasem). Im Radio und im Fernsehen dominiert das Englische im Vergleich zu den Sendungen in einheimischen Sprachen.

Guinea

Fläche:	245 857 qkm (Conakry: 0,95 Mio. E/Agglomeration: 1,508 Mio. E)
Bevölkerung:	7,082 Mio. E (1998), (seit 1990 + 3,0 %) (1998: Fertilität – 4,2 %/Mortalität – 1,7 %)
Stadtbewohner:	31 %
Analphabetenrate:	Männer – 53 %, Frauen – 81 %
Zusammensetzung der Bevölkerung:	30 % Malinke, 30 % Fulbe, 15 % Soussou, Kuranko, Dialonke, u. a.
Gesamtzahl der Sprachen:	30 (Amtssprache: Französisch)

Sprechergruppen	Sprachen
2 – 3 Mio.	Fuuta Jalon
1 – 2 Mio.	Maninka
0,5 – 1 Mio.	Susu
0,2 – 0,5 Mio.	nördl. Kissi, Kpelle (Guinea-K.)
0,1 – 0,2 Mio.	Toma, Yalunka
50 – 100 000	Dan, Kuranko, Malinke
20 – 50 000	Baga Binari, Mano, Toucouleur
10 – 20 000	Jahanka, Landoma
5 – 10 000	Badyara, Basari, Konyagi, Nalu
1 – 3 000	Fulacunda, östl. Limba, Papel

Sprachfamilie: Niger-Kongo (Mande-Sprachen: Maninka, Susu, Yalunka, u. a.; westatlantisch: Fuuta Jalon, Konyagi, Basari, u. a.)

Sprachökologische Verhältnisse: Französisch dominiert in allen staatlichen Bereichen (Regierung, Verwaltung, Gerichtswesen). Als Verkehrssprache ist es dagegen auf die Hauptstadt Conakry, auf die Bildungselite und auf die Geschäftswelt beschränkt. Im Inland sind Maninka und Fulfulde (Peul) die wichtigsten Verkehrssprachen.

Guinea-Bissau

Fläche:	36 125 qkm (Bissau: 0,125 Mio. E)
Bevölkerung:	1,161 Mio. E (1998), (seit 1990 + 2,5 %)
	(1998: Fertilität – 4,2 %/Mortalität – 2,0 %)
Stadtbewohner:	23 %
Analphabetenrate:	Männer – 43 %, Frauen – 83 %
Zusammensetzung der Bevölkerung:	25 % Balanta, 20 % Fulbe, 12 % Mandingo, u. a.

Gesamtzahl der Sprachen:	23 (Amtssprache: Portugiesisch)

Sprechergruppen	Sprachen
0,5 – 0,6 Mio.	Crioulo von Oberguinea (Portugiesisch-Kreolisch; ZSpr)
0,2 – 0,3 Mio.	Balanta
0,1 – 0,2 Mio.	Fula, Mandinka, Mandyak
50 – 100 000	Crioulo von Oberguinea (Portugiesisch-Kreolisch; PSpr), Papel
20 – 50 000	Biafada, Mankanya

10 – 20 000	Bidyogo, Mansoanka
5 – 10 000	Bainouk, Nalu
3 – 5 000	Badyara
1 – 3 000	Bayot, Ejamat, Soninke, Susu
100 – 1 000	Kasanga, Kobiana

Sprachfamilien: Niger-Kongo (westatlantisch: Fula, Mandinka, Balanta, u. a.), indoeuropäisch (romanisch: Crioulo)

Sprachökologische Verhältnisse: Rund die Hälfte der Bevölkerung spricht eine der folgenden Sprachen: Fula, Mandinka, Balanta. Crioulo wird von den meisten Einwohnern des Landes verstanden oder gesprochen (als Primär- oder Zweitsprache). Portugiesisch ist die einzige offizielle Sprache. Versuche, Crioulo als Nationalsprache aufzuwerten, sind fehlgeschlagen. Crioulo spielt eine nur marginale Rolle in den Massenmedien (Presse, Radio).

Kamerun

Fläche:	475 442 qkm (Yaoundé: 1,372 Mio. E)
Bevölkerung:	14,303 Mio. E (1998), (seit 1990 + 3,2 %)
	(1998: Fertilität – 3,9 %/Mortalität – 1,2 %)
Stadtbewohner:	47 %
Analphabetenrate:	Männer – 20 %, Frauen – 33 %
Zusammensetzung der Bevölkerung:	40 % Bantu-Ethnien (im südl. Landesteil), 20 % Adamawa u. a. (Fulbe, Hausa, Pygmäen)
Gesamtzahl der Sprachen:	286 (Amtssprachen: Französisch, Englisch)

Sprechergruppen	Sprachen
1 – 2 Mio.	Beti, Kamerun-Pidgin (auf engl. Basis; überwiegend ZSpr)
0,5 – 1 Mio.	Ewondo, Fulfulde (Adamawa), Ngambai
0,2 – 0,5 Mio.	Bamun, Basaa, Ghomala', Medumba, Mumuye, Yemba
0,1 – 0,2 Mio.	Bulu (Boulou), Fe'fe', Gbaya, Kom, Lamnso', Mafa, Masana, Pana, Tupuri
50 – 100 000	Arabisch (Shuwa), Bafia, Bakundu-Balue, Duala, Eton, Fang, Gidar, südl. Giziga, Kako, Kanuri (Yerwa), Kenyang, Limbum, Makaa, Mbai, Mbo, Meta', Mungaka, Musgu, Ngemba, Ngyemboon
20 – 50 000	Akoose, Bafut, Baka, Bakoko, Bebele, Daba, Dii, Ejag-

10 – 20 000	ham, Fungom (We), Guduf, Hausa, Kari, Koozime, Kuo (Oku), Lagwan, Malgbe, Mbembe (Tigon), Mbum, Mfumte, nördl. und südl. Mofu, Mokpwe, Mpongmpong, Mundang, Mundani, Ngie, Ngombale, Ngwe, Ngwo, Noone, Nugunu, Oso, Pol, Psikye, Samba Leko, Tikar, Tuki, Tunen, Vute, Wandala, Yamba Aghem, Baba, Balundu-Bima, Bambalang, Bamunka, Bana, Bekwel, Denya, Doyayo, Esimbi, nördl. und südl. Fali, Gavar, nördl. Giziga, Gude, Karang, Kenswei Nsei, Kera, Kol, Korop, Kwanja, Mada, Mambila, Manta, Matal, Mendankwe, Mengisa, Menka, Mesaka, Mosi, Mpade, Muyang, Nda'nda', Ngomba, Ngumba, Parkwa, Peere, Pinyin, Vengo, Wom, Wushi, Wuzlam, Zulgwa
5 – 10 000	Awing, Bafanji, Bafaw-Balong, Bamali, Bambili, Bangolan, Batanga, Bati, Bebil, Besleri, Byep, Efik, Elip, Evand, Hedi, Kuo (Ko), Kwa', Mbuko, Melokwo, Merey, Nomaande, Nyong, Nzanyi, Pelasla, So, Suga
3 – 5 000	Bitare, Bokyi, Bomwali, Caka, Duupa, Gemzek, Iceve-Maci, Jimi, Kwakum, Mabas, Majera, Malimba, Maslam, Mmaala, Mom Jango, Mpyemo, Ngishe, Pape, Pevé, Saa, Yambeta
1 – 3 000	Bangandu, Barombi, Bata, Gimme, Gimnime, Glavda, Ipulo, Jukun Takum, Kamkam, Kolbila, Koma, Kutep, Longto, Mambai, Mono, Mser, Naki, Ndoola, Sarua, Taram, Tibea, Tiv, Wawa, Wumboko, Yangben, Yasa
100 – 1 000	Akum, Ambele, Bakole, Beezen, Bubia, Buduma, Eman, Isu, Kendem, Nubaca, Tuotomb, Twendi, Yukuben
10 – 100	Dama
Weniger als 10	Bikya, Bishuo, Busuu, Duli, Ndai, Ngong, Zumaya
Ausgestorben	Gey, Nagumi

Sprachfamilien: Niger-Kongo (Bantu-Sprachen), indoeuropäisch (Cameroon Pidgin English)

Sprachökologische Verhältnisse: Englisch und Französisch sind die einzigen offiziell anerkannten Sprachen. Einheimische Sprachen werden staatlich nicht gefördert.

Sprachkonflikte: Englisch-Sprachige haben Schwierigkeiten, in der französischen Sprachzone (d. h. in der Region, wo Französisch als Verkehrssprache und in der Arbeitswelt dominiert) Arbeit zu finden (und umgekehrt).

Kapverden
(Kap Verde, Kapverdische Inseln)

Fläche:	4 033 qkm (Praia, auf São Tiago: 95 000 E)
Bevölkerung:	416 000 E (1998), (seit 1990 + 2,8 %)
	(1998: Fertilität – 3,2 %/Mortalität – 0,6 %)
Stadtbewohner:	58 %
Analphabetenrate:	Männer – 23 %, Frauen – 43 %
Zusammensetzung der Bevölkerung:	71 % Mestiços (Mulatten), 28 % Farbige, 1 % Weiße

Gesamtzahl der Sprachen: 3 (Amtssprache: Portugiesisch)

Sprechergruppen	Sprachen
0,3 Mio.	Crioulo (Portugiesisch-Kreolisch)
92 120	Mandyak (einschließlich Balanta)

Sprachfamilien: Indoeuropäisch (romanisch: Crioulo), Niger-Kongo (westatlantisch)

Sprachökologische Verhältnisse: Portugiesisch ist exklusive Amtssprache. Crioulo spielt eine marginale Rolle in den Massenmedien (Radiosendungen).

Kenia

Fläche:	582 646 qkm (Nairobi: 1,504 Mio. E)
Bevölkerung:	29,295 Mio. E (1998), (seit 1990 + 3,1 % jährl.)
	(1998: Fertilität – 3,4 %/Mortalität – 1,2 %)
Stadtbewohner:	31 %
Analphabetenrate:	Männer – 12 %, Frauen – 27 %
Zusammensetzung der Bevölkerung:	20,8 % Kikuyu, 14,4 % Luhya, 12,4 % Luo, u. a.

Gesamtzahl der Sprachen: 61 (Amtssprache: Englisch)

Sprechergruppen	Sprachen
11 – 12 Mio.	Swahili (ZSpr)
4 – 5 Mio.	Kikuyu (PSpr)
3 – 4 Mio.	Luo
2 – 3 Mio.	Kamba (PSpr), Luyia

1 – 2 Mio.	Gusii (PSpr), Kalenjin, Meru
0,5 – 1 Mio.	Bukusu, Kikuyu (ZSpr), Gusii (ZSpr), Kamba (ZSpr)
0,2 – 0,5 Mio.	Embu, Giryama, Idakho-Isukha-Tiriki, Maasai, Saamia, Somali, Turkana
0,1 – 0,2 Mio.	Borana, Digo, Duruma, Kuria, Logooli, Nyore, Pökoot, Swahili (PSpr), Taita, Teso, nördl. Tugen
50 – 100 000	Chuka, Garreh-Ajuran, Mwimbi-Muthambi, Sabaot, Samburu, Suba, Tharaka
20 – 50 000	Chonyi, Endo-Marakwet, Malakote, Orma, oberes Pokomo, Rendille, Talai
10 – 20 000	Burji, unteres Pokomo, Cutchi-Swahili (Swahili-Kreolisch),
5 – 10 000	Nubi, Sagalla, Taveta
3 – 5 000	Boni, Konkani (Goanisch), Sanye
1 – 3 000	Daasanech, Dahalo
10 – 100	Okiek, Omotisch, Yaaku
Weniger als 10	El Molo

Sprachfamilien: Niger-Kongo (Bantu: Swahili, Kikuyu, Embu), nilo-saharanisch (nilotisch: Luo, Maasai, Omotisch), afroasiatisch (kuschitisch: Somali) + Immigrantensprachen (z. B. indisch: Gujarati)

Sprachökologische Verhältnisse: Swahili, das lediglich von 0,13 Mio. Kenianern als Muttersprache gesprochen wird, ist Nationalsprache des Landes. Swahili wird in den Massenmedien (Presse, Radio, Fernsehen) verwendet, und es fungiert als Geschäftssprache privater Wirtschaftsunternehmen.

Englisch ist die Sprache der Administration und der Legislative, es dominiert in der schulischen und universitären Ausbildung, außerdem als Sprache von Wirtschaftsverträgen und amtlichen Dokumenten.

Sprachkonflikte: Spannungen zwischen Angehörigen der Mehrheitsbevölkerung (Bantu-Ethnien) und den Niloten. Die Maasai wurden in den Süden und Westen des Landes abgedrängt. Viele Vertreter der Bildungselite Kenias stehen im Konflikt der Wahl zwischen einem vertrauten, einheimischen Kommunikationsmedium (als Symbol ethnonationaler Intimität) und der Bildungssprache Englisch mit ihrer internationalen Ausstrahlung. Belletristik, Sach- und Fachliteratur wird überwiegend in Englisch geschrieben.

Komoren

Fläche:	1 862 qkm (Moroni, auf Njazidja: 23 400 E)
Bevölkerung:	531 000 E (1998), (seit 1990 + 2,9 %)
	(1998: Fertilität – 3,6 %/Mortalität – 0,9 %)
Stadtbewohner:	32 %

Analphabetenrate:	Männer – 36 %, Frauen – 50 %
Zusammensetzung der Bevölkerung:	97 % Komorer (ethnisch gemischtes Volk mit arabischen, madagassischen und Bantu-Elementen), Minderheiten (indisch, persisch, europäisch)

Gesamtzahl
der Sprachen: 5   (Amtssprachen: Arabisch, Französisch)

Sprechergruppen	Sprachen
0,3 Mio.	Komorisch (Swahili der Komoren).
(keine Angaben)	Komorisch (Shingazidja), Malagassisch

Sprachfamilien: Niger-Kongo (Bantu-Sprachen: ›G‹-Gruppe), austronesisch (westl. malaio-polynesisch: Malagassisch)

Sprachökologische Verhältnisse: Von den zwei offiziellen Amtssprachen des Landes dominiert Französisch in der Schulausbildung. Als Verkehrssprache ist das Komorische, eine mit dem Swahili nah verwandte Sprache, verbreitet.

Kongo
(Demokratische Republik Kongo; ehemals Zaire)

Fläche:	2,344 Mio. qkm (Kinshasa: 4,655 Mio. E)
Bevölkerung:	48,216 Mio. E (1998), (seit 1990 + 3,6 %)
	(1998: Fertilität – 4,6 %/Mortalität – 1,5 %)
Stadtbewohner:	30 %
Analphabetenrate:	Männer – 29 %, Frauen – 53 %
Zusammensetzung der Bevölkerung:	80 % Bantu-Ethnien (18 % Luba, 16 % Kongo, 13 % Mongo, u. a.), 18 % Sudan-Ethnien (Ubangi, u. a.), 2 % nilotische Ethnien, u. a.

Gesamtzahl
der Sprachen: 221 (Amtssprache: Französisch)

Sprechergruppen	Sprachen
9 – 10 Mio.	Swahili (Ngwana, ZSpr)
8 – 9 Mio.	Lingala (PSpr + ZSpr)
6 – 7 Mio.	Luba-Kasai
4 – 5 Mio.	Kituba

3 – 4 Mio.	Bangala (ZSpr)
1 – 2 Mio.	Kongo (San Salvador), Luba-Shaba
0,5 – 1 Mio.	Chokwe, Kongo (Kikongo), Lendu, Mangbetu, Nandi, Ngbaka, Shi, Songe, Tetela, Zande
0,2 – 0,5 Mio.	Alur, Bembe, Budza, Fuliiru, Lega-Shabunda, Logo, Mongo-Nkundu, Ndo, Ngbandi, Phende, Ruund, Rwanda, Sanga, Taabwa
0,1 – 0,2 Mio.	Bangubangu, Bemba (Chibemba), Budu, Hunde, Kanyok, Kela, Kele, Komo, Mbala, Mbanza, Mpuono, Ngando, Ngombe, Yaka
50 – 100 000	Bangi, Bari, Bera, Binji, Bushoong, Bwa, Hema-Sud, Kwese, Lika, Mamvu, Mayogo, Mbole, Mono, Ngiti, Ntomba, Sakata, Salampasu, Talinga-Bwisi, östl. Teke
20 – 50 000	Avokaya, Bali, Bangba, Barambu, Bendi, Bolia, Bomboma, Kusu, Lalia, Lele, Lese, Ligenza, Lobala, Luna, Lunda, Lwalu, Ngbee, Nkutu, Nyali, Nyanga, Omi, Pagabete, Poke, Songomeno, Suku, zentrales Teke, Tembo (Kitembo), Tiene, Yela, Zimba
10 – 20 000	Bamwe, Bhele, Efe, Furu, Gilima, Gubu, Holoholo, Holu, Kakwa, Kaonde, Mangbutu, Mba, Ngbaka Ma'bo, Ngbundu, Togbo
5 – 10 000	Boma, Bozaba, Dzando, Enya, Joba, Kaliko-Ma'di, Libinza, Lombi, Lombo, Ndolo, Ngiri, So, Wongo, Yulu
3 – 5 000	Bila, Dengese, Dongo, Hima, Kanu, Kwamba, Ma, Monzombo, Mvuba, Ndaaka, Tembo (Motembo)
1 – 3 000	Baka, Bolondo, Bomboli, Gbanziri, Kpala, Langbashe, Mbo, Mundu, Ndunga, Sere, Songoora, Yakpa, Yango
100 – 1 000	Buraka, Kari, Sango
Weniger als 10	Ngbinda

Sprachfamilien: Niger-Kongo (Bantu-Sprachen der Gruppen ›B‹, ›C‹, ›D‹, ›H‹, ›J‹, ›K‹, ›L‹ und ›M‹; Adamawa-Ubangi: Ngbandi, Ngbaka, Zande), nilo-saharanisch (zentralsudanisch: Moru-Madi, Lendu, u. a.; nilotisch: Alur, Kakwa)

Sprachökologische Verhältnisse: Französisch ist einzige Amtssprache des Landes. Vier Sprachen sind als Verkehrssprachen anerkannt: Swahili (im Osten), Lingala (im Norden und in Kinshasa), Kikongo bzw. Kituba (im Westen), Tshiluba (im Süden). Die pidginisierte Variante des Lingala, die im Nordosten des Landes verwendet wird, wird Bangala genannt.

Kongo
(Republik)

Fläche:	342 000 qkm (Brazzaville: 0,95 Mio. E)
Bevölkerung:	2,783 Mio. E (1998), (seit 1990 + 3,2 %)
	(1998: Fertilität – 4,4 %/Mortalität – 1,6 %)
Stadtbewohner:	61 %
Analphabetenrate:	Männer – 14 %, Frauen – 29 %
Zusammensetzung der Bevölkerung:	52 % Ba-Kongo und Vili-Kongo, 24 % Bateke und Bavili, 12 % M'Boshi, u. a.
Gesamtzahl der Sprachen:	62 (Amtssprache: Französisch)

Sprechergruppen	Sprachen
1 – 2 Mio.	Munukutuba
0,5 – 1 Mio.	Gbaya, Kongo (Kikongo)
0,2 – 0,5 Mio.	Lingala
0,1 – 0,2 Mio.	Mbanza, Mbosi, Njebi
50 – 100 000	Bangi, Kako, Mbere, Ngbaka, Ma'bo, Sango, östl. Teke, westl. Teke
20 – 50 000	Aka, Kélé, Koozime, Kota, Lumbu, Pol, Punu, zentrales Teke, nordöstl. Teke, nördl. Teke, Teke (Kukwa)
10 – 20 000	Bekwel, Mbama, Ngom, Wumbvu
5 – 10 000	Bomitaba, Mbangwe, Monzombo, Ndumu, südl. Teke, Tsaangi, Vili
3 – 5 000	Babole, Bongili, Ndasa
1 – 3 000	Bangandu, Ngbaka
100 – 1 000	Fang

Sprachfamilie: Niger-Kongo (Bantu-Sprachen: ›A‹-Gruppe – Ewondo, Makaa-Njem, u. a., ›B‹-Gruppe – Kele, Sera, Mbede, u. a., ›C‹-Gruppe – Ngundi, Mbochi, ›H‹-Gruppe – Kongo; Adamawa-Ubangi: Monzombo)

Sprachökologische Verhältnisse: Französisch ist exklusive Amtssprache und Unterrichtssprache in der schulischen Ausbildung.

Die wichtigsten Verkehrssprachen des Landes sind Lingala (im Norden), Munukutuba (im Süden), Sango (im Grenzgebiet zur Zentralafrikanischen Republik), Laadi (in Brazzaville und im Südwesten). Lingala und Munukutuba sind als Nationalsprachen in Bereichen des öffentlichen Lebens anerkannt und werden in der Geschäftswelt, als Arbeitssprache in der Politik und in den Massenmedien verwendet. Die Verkehrssprachen sowie einige der Regionalsprachen (Kikongo, Teke, Mbosi, Vili) werden geschrieben und sie finden im religiösen Bereich Verwendung.

Lesotho

Fläche:	30 355 qkm (Maseru: 0,367 Mio. E)
Bevölkerung:	2,058 Mio. E (1998), (seit 1990 + 2,5 %)
	(1998: Fertilität – 3,5 %/Mortalität – 1,2 %)
Stadtbewohner:	26 %
Analphabetenrate:	Männer – 29 %, Frauen – 37 %
Zusammensetzung der Bevölkerung:	99,7 % südl. Sotho

Gesamtzahl der Sprachen:	4 (Amtssprache: Sesotho, Englisch)

Sprechergruppen	Sprachen
1 – 2 Mio.	Sesotho (südl. Sotho)
0,228 Mio.	Zulu
ausgestorben	Seroa

Sprachfamilie: Niger-Kongo (Bantu-Sprachen: ›S‹-Gruppe)

Sprachökologische Verhältnisse: Sesotho ist Nationalsprache und fungiert, wie das Englische, als Amtssprache. Als interregionale Verkehrssprache ist Sesotho wichtiger als das Englische. Sesotho ist Unterrichtssprache in den unteren Ausbildungsstufen, Englisch in der höheren Schulausbildung. Sesotho ist als Zweitsprache bei der Zulu-Bevölkerung weit verbreitet.

Liberia

Fläche:	97 754 qkm (Monrovia: 1 Mio. E)
Bevölkerung:	2,962 Mio. E (1998), (seit 1990 + 2,8 %)
	(1998: Fertilität – 4,4 %/Mortalität – 1,5 %)
Stadtbewohner:	48 %
Analphabetenrate:	49 %
Zusammensetzung der Bevölkerung:	20 % Kpelle, 14 % Bassa, 9 % Grebo, u. a.

Gesamtzahl der Sprachen:	34 (Amtssprache: Englisch)

Sprechergruppen	Sprachen
1 – 2 Mio.	liberianisches Englisch (liberian. Pidgin; ZSpr)

0,2 – 0,5 Mio.	Bassa, Kpelle (Liberia-K.)
0,1 – 0,2 Mio.	Dan, Klao, Loma, Mano
50 – 100 000	Bandi, Englisch, Gola, Grebo (Gboloo), südl. Kissi, Vai
20 – 50 000	Grebo (Barclayville), Grebo (südl. G.), Grebo (Glebo), Grebo (Seaside), östl. Krahn, westl. Krahn, Maninka, Manya, Sapo (südl. Krahn)
10 – 20 000	Grebo (Fopo-Bua), nordöstl. Grebo, Kuwaa, Mende
5 – 10 000	Dewoin, Gbii, Tajuasohn
3 – 5 000	Glaro-Twabo, Glio-Oubi

Sprachfamilie: Niger-Kongo (Kwa-Sprachen: Kru, Krahn, Dan, u. a.; Mande-Sprachen: Mandingo, Vai, Loma, u. a.; Mel-Sprachen: Kisi, Gola)

Sprachökologische Verhältnisse: Englisch ist alleinige Amtssprache und dominiert als solche den Schriftverkehr in der Regierung und Verwaltung. In der regionalen Verwaltung werden die wichtigsten einheimischen Landessprachen als Arbeitssprachen (d. h. im mündlichen Amtsverkehr) verwendet.

Außer Englisch werden folgende andere Sprachen als Schriftmedien verwendet, und zwar in den Massenmedien sowie in bislang beschränktem Masse in der Schulausbildung: Kpelle, Bassa, Gio, Kru, Mandingo, Vai.

Die wichtigsten Verkehrssprachen Liberias sind ein Pidgin auf der Basis des Amerikanisch-Englischen (Americo-Liberianisch), Mandingo und Vai. Das Americo-Liberianische hat keinen offiziellen Status, und es ist auch nicht als Nationalsprache anerkannt.

Libyen

Fläche:	1,775 Mio. qkm (Tripolis: 0,591 Mio. E)
Bevölkerung:	5,302 Mio. E (1998), (seit 1990 + 2,6 %) (1998: Fertilität – 2,9 %/Mortalität – 0,5 %)
Stadtbewohner:	87 %
Analphabetenrate:	Männer – 10 %, Frauen – 35 %
Zusammensetzung der Bevölkerung:	Araber; Berber-Minderheiten

Gesamtzahl der Sprachen:	9 (Amtssprache: Standardarabisch)

Sprechergruppen	Sprachen
3 – 4 Mio.	Arabisch (umgangssprachl. libysches A.)
0,5 – 1 Mio.	Arabisch (umgangssprachl. ägyptisches A.)

0,1 – 0,2 Mio.	Domari (Sprache muslimischer Zigeuner), Nafusi
20 – 50 000	Tamahaq (Hoggar; Tuareg)
10 – 20 000	Teda
1 – 3 000	Awjilah, Ghadamès

Sprachfamilien: Afroasiatisch (Semitisch: Arabisch; berberische Sprachen: Ghadamès, Nafusi, Tamahaq, u. a.), indoeuropäisch (indisch: Domari)

Sprachökologische Verhältnisse: Die Varianten des gesprochenen Arabisch (libysches und ägyptisches A.) stehen in einem Diglossieverhältnis zum geschriebenen Arabisch (Standardarabisch). Letzteres fungiert als exklusive Amtssprache, als Sprache der Massenmedien und der Schulausbildung. Englisch ist die wichtigste Fremdsprache.

Madagaskar

Fläche:	587 041 qkm (Antananarivo: 1,052 Mio. E)
Bevölkerung:	14,592 Mio. E (1998), (seit 1990 + 3,2 %)
	(1998: Fertilität – 4,0 %/Mortalität – 1,1 %)
Stadtbewohner:	28 %
Analphabetenrate:	Männer – 28 %, Frauen – 42 %
Zusammensetzung der Bevölkerung:	99 % Madagassen (Malagasy)
Gesamtzahl der Sprachen:	8 (Amtssprachen: Malagasy, Französisch)

Sprechergruppen	Sprachen
9 – 10 Mio.	Malagasy (Standard-Malagasy)
2,6 Mio.	südl. Malagasy
0,767 Mio.	Bushi
88 000	Antankarana-Malagasy
(keine Angaben)	Komorisch, Mikea, Chinesisch

Sprachfamilien: Austronesisch (malaio-polynesisch: Bushi, Malagasy), Niger-Kongo (Bantu: Komorisch)

Sprachökologische Verhältnisse: Malagasy, die Nationalsprache des Landes, fungiert als interne Amtssprache, während Französisch das einzige offizielle Medium im Kontakt mit dem Ausland ist (externe Amtssprache). Beide Sprachen werden als Unterrichtssprachen in der Schulausbildung verwendet.

Malawi

Fläche:	118 484 qkm (Lilongwe: 0,395 Mio. E)
Bevölkerung:	10,534 Mio. E (1998), (seit 1990 + 3,1 %)
	(1998: Fertilität – 4,7 %/Mortalität – 2,3 %)
Stadtbewohner:	15 %
Analphabetenrate:	Männer – 27 %, Frauen – 56 %
Zusammensetzung der Bevölkerung:	Bantu-Völker (Chichewa, Nyaja, Lomwe, Yao, u. a.), 8 000 Europäer u. Amerikaner, 6 000 Asiaten

Gesamtzahl der Sprachen: 13 (Amtssprachen: Nyanja (Chichewa-Variante), Englisch)

Sprechergruppen	Sprachen
3 – 4 Mio.	Nyanja (Chichewa)
1 – 2 Mio.	Lomwe
0,5 – 1 Mio.	Yao
0,2 – 0,5 Mio.	Nyakyusa-Ngonde, Tumbuka
0,1 – 0,2 Mio.	Sena, Tonga
50 – 100 000	Kokola, Mpoto
20 – 50 000	Zulu
10 – 20 000	Lambya
5 – 10 000	Afrikaans

Sprachfamilien: Niger-Kongo (Bantu-Sprachen: ›N‹-Gruppe – Nyanja, Tumbuka, Lambya, u. a.; ›P‹-Gruppe – Kokola, u. a.; ›S‹-Gruppe – Zulu), indoeuropäisch (germanisch: Afrikaans)

Sprachökologische Verhältnisse: Chichewa ist die einzige anerkannte Nationalsprache. Die übrigen Landessprachen haben keinen offiziellen Status. Chichewa ist Unterrichtssprache in den unteren Ausbildungsstufen, Englisch in der höheren Ausbildung. In den Massenmedien werden nur Chichewa und Englisch verwendet.

Sprachkonflikte: Chichewa verbreitet sich als Verkehrssprache immer mehr und übt einen immer stärkeren situationellen Druck auf die einheimischen Regionalsprachen aus. Assimilationsprozesse intensivieren sich.

Mali

Fläche:	240 192 qkm (Bamako: 0,745 Mio. E)
Bevölkerung:	10,596 Mio. E (1998), (seit 1990 + 3,2 %)
	(1998: Fertilität – 4,7 %/Mortalität – 1,6 %)
Stadtbewohner:	29 %
Analphabetenrate:	Männer – 54 %, Frauen – 69 %
Zusammensetzung der Bevölkerung:	32 % Bambara, 14 % Fulbe, 12 % Senouffo, u. a.
Gesamtzahl der Sprachen:	32 (Amtssprache: Französisch)

Sprechergruppen	Sprachen
2 – 3 Mio.	Bambara
0,5 – 1 Mio.	Fulfulde (Maasina), Malinke, Songai, Soninke
0,2 – 0,5 Mio.	Bomu, Dogon, Senoufo (Mamara), Senoufo (Supyire), Tamasheq (Timbuktu)
0,1 – 0,2 Mio.	Arabisch (Hassaniya-A.; Mauri), Bozo (Hainyaxo), Kassonke, Senoufo (Shenara), Tamajeq, Toucouleur
50 – 100 000	Bozo (Sorogama), Duun
20 – 50 000	Dausahaq, Fulbe Jeeri, Fuuta Jalon, Jula
10 – 20 000	Kagoro, Moore
5 – 10 000	Jowulu
1 – 3 000	Bozo (Tièma), Pana
100 – 1 000	Nemadi

Sprachfamilien: Niger-Kongo (Mande-Sprachen: Bambara, Maninka, Jula, u. a.; westatlantisch: Fulfulde; Gur-Sprachen: Dogon, Senoufo, u. a.), afroasiatisch (semitisch: Arabisch), nilo-saharanisch (Songhai)

Sprachökologische Verhältnisse: Französisch ist exklusive Amtssprache und es dominiert in den Massenmedien (Presse, Fernsehen). Radiosendungen werden gleichermassen in Französisch und Bambara ausgestrahlt. In der Schulausbildung dominiert das Französische. In den unteren Klassen finden daneben auch Bambara, Fulfulde, Songai und Tamasheq Berücksichtigung.

Marokko

Fläche:	458 730 qkm (Rabat: 1,385 Mio. E)
Bevölkerung:	27,775 Mio. E (1998), (seit 1990 + 2,1 %)
	(1998: Fertilität – 2,6 %/Mortalität – 0,7 %)

Stadtbewohner:	54 %
Analphabetenrate:	Männer – 40 %, Frauen – 66 %
Zusammensetzung der Bevölkerung:	50 % arabische Marokkaner, 30-40 % Berber, u. a.
Gesamtzahl der Sprachen:	9 (Amtssprache: Standardarabisch; Französisch mit halboffiziellem Status)

Sprechergruppen	Sprachen
18 – 19 Mio.	marokkan. Arabisch (Maghrebinisch-A.)
2 – 5 Mio.	Tachelheit, Tamazight (zentrales Shilha)
1 – 2 Mio.	Tarifit (Rif)
20 – 50 000	Hassaniya-Arabisch (Mauri),
10 – 20 000	Arabisch (Jüdisch-Marokkanisch)
ausgestorben	Ghomara

Sprachfamilie: Afroasiatisch (semitisch: Arabisch; berberische Sprachen)

Sprachökologische Verhältnisse: Obwohl das Standardarabische offizielle Amtssprache des Landes ist, fungiert das Französische weithin als Arbeitssprache der Regierung und der Verwaltung. Als Bildungssprache ist Französisch bei der sozialen und politischen Elite verbreitet.

Mehr als 40 % der Marokkaner sprechen eine der berberischen Sprachen als Muttersprache. Varianten des Berberischen werden in bescheidenem Umfang in regionalen Radiosendungen verwendet. Der Schriftsprachengebrauch (in der Schriftvariante des Tifinagh) ist in den letzten Jahren von Kulturaktivisten gefördert worden.

Fast alle Marokkaner besitzen Kenntnisse einer der arabischen Sprachvarianten (in gesprochener und/ oder geschriebener Form, als Primär- oder Zweitsprache).

Mauretanien

Fläche:	1,030 Mio. qkm (Nouakchott: 0,667 Mio. E)
Bevölkerung:	2,529 Mio. E (1998), (seit 1990 + 3,2 %) (1998: Fertilität – 4,0 %/Mortalität – 1,3 %)
Stadtbewohner:	55 %
Analphabetenrate:	Männer – 48 %, Frauen – 69 %
Zusammensetzung der Bevölkerung:	81 % Araber und Berber, 7 % Wolof, 5 % Toucouleur, u. a.

Gesamtzahl
der Sprachen: 8 (Amtssprache: Standardarabisch)

Sprechergruppen	Sprachen
2 – 3 Mio.	Arabisch (Hassaniya-A.; Mauri)
0,1 – 0,2 Mio.	Toucouleur (Pulaar)
20 – 50 000	Soninke
10 – 20 000	Zenaga
5 – 10 000	Wolof
100 – 1 000	Imeraguen, Nemadi

Sprachfamilien: Afroasiatisch (semitisch: Arabisch; berberische Sprache: Zenaga, u. a.), Niger-Kongo (Soninke, Toucouleur, Wolof)

Sprachökologische Verhältnisse: Gemäß der Verfassung von 1991 gibt es vier Nationalsprachen: Arabisch, Soninke, Toucouleur und Wolof. Im Jahre 1988 wurde Französisch als Unterrichtssprache in der Schulausbildung vom Arabischen abgelöst. Radiosendungen werden in den Nationalsprachen und in Französisch ausgestrahlt.

Mauritius

Fläche:	2 040 qkm (Port Louis: 0,146 Mio. E)
Bevölkerung:	1,16 Mio. E (1998), (seit 1990 + 1,3 %)
	(1998: Fertilität – 1,6 %/Mortalität – 0,6 %)
Stadtbewohner:	41 %
Analphabetenrate:	Männer – 13 %, Frauen – 20 %
Zusammensetzung der Bevölkerung:	69 % Inder, 27 % Kreolen, 3 % Chinesen, u. a.

Gesamtzahl
der Sprachen: 10 (Amtssprache: Englisch)

Sprechergruppen	Sprachen
0,6 Mio.	Morisyen/Französisch-Kreolisch (PSpr)
0,2 Mio.	Morisyen (ZSpr)
0,18 Mio.	Bhojpuri
64 000	Urdu
22 000	Tamil
(keine Angaben)	Englisch, Telugu, Chinesisch, Marathi, Hindi

Sprachfamilien: Indoeuropäisch (romanisch: Morisyen; germanisch: Englisch; indisch: Hindi, Bhojpuri), dravidisch (Tamil, Telugu), sinotibetisch (Chinesisch)

Sprachökologische Verhältnisse: Englisch ist seit 1810 als Amtssprache der Insel in Gebrauch. Die ehemalige Kolonialsprache wurde in amtlicher Funktion in dem seit 1968 unabhängigen Inselstaat bestätigt. Französisch (Standardfranzösisch) fungiert als halboffizielle Sprache in Kontakten mit dem frankophonen Ausland. Die am weitesten verbreitete Sprache auf Mauritius, Morisyen (eine Kreolsprache auf französischer Basis) besitzt keinen offiziellen Status.

Sämtliche Sprachen gelangten seit Beginn der Neuzeit mit Einwanderern auf die Insel. Acht Sprachen werden als Unterrichtssprachen in der Grundschulausbildung verwendet: Englisch, Französisch, Hindi, Urdu, Tamil, Telugu, Marathi, Chinesisch. Urdu ist als Heimsprache indischer Muslime wenig verbreitet. Wichtiger ist seine symbolische Bedeutung als Bildungssprache der islamischen Gemeinschaft.

Mayotte
(Gebietskörperschaft Frankreichs; collectivité territoriale; s. Frankreich)

Fläche:	374 qkm (Dzaoudzi: 8 257 E)
Bevölkerung:	131 300 E (1997), (seit 1985 + 3,7 %)
Zusammensetzung der Bevölkerung:	Mahorais, 15 000 Komorer

Gesamtzahl der Sprachen:	4 (Amtssprache: Französisch)

Sprechergruppen	Sprachen
91 800	Komorisch
37 000	Bushi (Variante des Malagasy auf Mayotte)
2 700	Swahili
(keine Angaben)	Französisch

Sprachfamilien: Niger-Kongo (Bantu-Sprachen: ›G‹-Gruppe – Komorisch, Swahili), austronesisch (Bushi), indoeuropäisch (Französisch)

Mosambik

Fläche:	799 380 qkm (Maputo: 0,966 Mio. E)
Bevölkerung:	16,947 Mio. E (1998), (seit 1990 + 2,6 %)
	(1998: Fertilität – 4,3 %/Mortalität – 1,9 %)
Stadtbewohner:	38 %
Analphabetenrate:	Männer – 42 %, Frauen – 73 %
Zusammensetzung der Bevölkerung:	47 % Makua, 23 % Tsonga, 12 % Malawi, u. a.

Gesamtzahl der Sprachen:	33 (Amtssprache: Portugiesisch)

Sprechergruppen	Sprachen
4 – 5 Mio.	Makhuwa (Varianten: Macua, Emaka, Meetto)
3 – 4 Mio.	Portugiesisch (ZSpr)
1 – 2 Mio.	Lomwe, Sena, Tsonga
0,5 – 1 Mio.	Chwabo, Shona, Tswa
0,2 – 0,5 Mio.	Chopi, Maca, Makonde, Marendje, Nyanja, Nyungwe, Ronga, Tonga
0,1 – 0,2 Mio.	Ndau, Portugiesisch (PSpr), Yao
50 – 100 000	Manyika, Mwani (PSpr)
20 – 50 000	Koti, Maviha, Ngoni, Nsenga, Podzo
10 – 20 000	Mwani (ZSpr), Sakaji
5 – 10 000	Swahili (PSpr)
3 – 5 000	Kunda
1 – 3 000	Zulu
100 – 1 000	Swati
	zusätzlich Immigrantensprachen (Hindi, Gujarati) ohne Angaben von Sprecherzahlen

Sprachfamilien: Niger-Kongo (Benue-Kongo-Sprachen: Makhuwa, Makonde, Sena, u. a.), indoeuropäisch (romanisch: Portugiesisch; indisch: Hindi, Gujarati), afroasiatisch (Arabisch)

Sprachökologische Verhältnisse: Portugiesisch, die ehemalige Kolonialsprache, wurde im Jahr der Unabhängigkeit Mosambiks (1975) in seinen amtlichen Funktionen bestätigt. Es gibt keine andere Verkehrssprache im Land als Portugiesisch. Dies ist auch die einzige Sprache der Massenmedien und der Schulausbildung, und es dominiert in der Schriftproduktion.

Alle einheimischen Sprachen Mosambiks sowie die Immigrantensprachen fungieren als Heimsprachen ohne offiziellen Status.

Namibia

Fläche:	824 292 qkm (Windhoek: 0,169 Mio. E)
Bevölkerung:	1,662 Mio. E (1998), (seit 1990 + 3,0 %)
	(1998: Fertilität – 3,6 %/Mortalität – 1,4 %)
Stadtbewohner:	39 %
Analphabetenrate:	Männer 18 %, Frauen – 20 %
Zusammensetzung der Bevölkerung:	50 % Ovambo, 9 % Kavango, 7,5 % Herero, u. a.

Gesamtzahl der Sprachen:	26 (Amtssprache: Englisch)

Sprechergruppen	Sprachen
0,5 – 0,7 Mio.	Ndonga (Ovambo)
0,2 – 0,5 Mio.	Herero
0,1 – 0,2 Mio.	Afrikaans
50 – 100 000	Englisch, Nama
20 – 50 000	Diriku, Kwambi, Kwangali, Kwanyama, Lozi, Subia, Deutsch
10 – 20 000	Mbukushu, San, Tswana
5 – 10 000	Fwe
3 – 5 000	'Akhoe, Kung-Ekoka, Kxoe, Yeyi, Zemba
1 – 3 000	Kung-Gobabis, Kung-Tsumkwe, Xun
100 – 1 000	Ng/amani
Ausgestorben	//Xegwi

Sprachfamilien: Niger-Kongo (Bantu-Sprachen: ›R‹-Gruppe – Herero, Kwambi, Ndonga, u. a.; ›K‹-Gruppe – Diriku, Mbukushu, u. a.; ›S‹-Gruppe – Tswana, Lozi), Khoisan (Nama, Hai//om, Kung-Ekoka, u. a.), indoeuropäisch (germanisch: Afrikaans, Deutsch)

Sprachökologische Verhältnisse: Englisch ist alleinige Amtssprache und exklusive Unterrichtssprache in der Schulausbildung. Afrikaans ist als Verkehrssprache im Süden des Landes verbreitet. Deutsch spielt eine Rolle in der Geschäftswelt.

Niger

Fläche:	1,267 Mio. qkm (Niamey: 0,398 Mio. E; Agglomeration: 0,55 Mio. E)
Bevölkerung:	10,143 Mio. E (1998), (seit 1990 + 3,9 %)
	(1998: Fertilität – 4,8 %/Mortalität – 1,7 %)

Stadtbewohner:	20 %
Analphabetenrate:	Männer – 78 %, Frauen – 93 %
Zusammensetzung der Bevölkerung:	53,6 % Hausa, 21 % Dyerma und Songhai, 10,4 % Fulbe, u. a.
Gesamtzahl der Sprachen:	21 (Amtssprache: Französisch)

Sprechergruppen	Sprachen
4 – 5 Mio.	Hausa
2 – 3 Mio.	Zarma
0,5 – 1 Mio.	Fulfulde (Sokoto)
0,2 – 0,5 Mio.	Kanuri (Manga), Songai, Tamashiqt (Air), Tamashiqt (Tahoua)
0,1 – 0,2 Mio.	Arabisch (Hassaniya-A.; Mauri)
50 – 100 000	Arabisch (algerisches umgangssprachliches A.)
20 – 50 000	Arabisch (Shuwa-A.), Dendi, Gourmanchéma, Kanuri (Yerwa), Teda, Zaghawa
10 – 20 000	Daza, Tamahaq (Hoggar)
5 – 10 000	Kanembu
3 – 5 000	Buduma

Sprachfamilien: Afroasiatisch (Tschad-Sprachen: Hausa, u. a.; berberische Sprachen: Tamashiqt; semitisch: Arabisch), nilo-saharanisch (Songai, Kanuri, u. a.), Niger-Kongo (westatlantisch: Fulfulde, u. a.)

Sprachökologische Verhältnisse: Französisch, das von weniger als 10 % der Bevölkerung gesprochen und/oder geschrieben wird, ist exklusive Amtssprache, und es dominiert in der Schulausbildung. Daneben wird auch Arabisch in allen Ausbildungsstufen (einschließlich Universität) verwendet. Französisch und verschiedene Regionalsprachen werden als Schriftsprachen gebraucht.

Nigeria

Fläche:	923 768 qkm (Abuja: 0,298 Mio. E)
Bevölkerung:	120,817 Mio. E (1998), (seit 1990 + 3,3 %) (1998: Fertilität – 3,9 %/Mortalität – 1,5 %)
Stadtbewohner:	42 %
Analphabetenrate:	Männer – 30 %, Frauen – 48 %
Zusammensetzung der Bevölkerung:	21 % Hausa, 21 % Yoruba, 18 % Igbo, 8,6 % Fulani, u. a.

Gesamtzahl der Sprachen:	427 (Amtssprache: Englisch)
Sprechergruppen	**Sprachen**
18 – 20 Mio.	Hausa, Yoruba
16 – 18 Mio.	Igbo
6 – 8 Mio.	Fulfulde (Adamawa, Kano-Katsina-Bororro, Sokoto)
2 – 4 Mio.	Efik (ZSpr), Ibibio, Kanuri (Yerwa-K.), Tiv
1 – 2 Mio.	Anaang, Ebira, Edo, Englisch (ZSpr), Ijo (westl., südöstl.), Nupe
0,5 – 1 Mio.	Gbagy, Idoma, Igala, Isekiri, Izi-Ezaa-Ikwo-Mgbo, Urhobo
0,2 – 0,5 Mio.	Bade, Berom, Bura-Pabir, Efik (PSpr), Gbari, Goemai, Igede, Ikwere, Isoko, Kache, Kalabari, Kamwe, Koana, Kwanka, Mumuye, Mwaghavul, Okrika, Yekhee
0,1 – 0,2 Mio.	Bacama, Bata, Bokyi, Eggon, Ekit, Esan, Gun-Gbe, Huba, Jarawa, Kanuri (Manga-K.), Katab, Loko, Marghi (zentrales, südl.), Ogbah, Ogbia, Ron, Tarok, Ukwuani-Aboh
50 – 100 000	Agatu, Angas, Arabisch (Shuwa-A.), Bana, Bariba, Begwarra, Bole, Busa-Bisa, Cibak, Cishingini, Dukanci, Eleme, Emai-Iuleha-Ora, Gade, Gokana, Gude, Ham, Ibani, Karekare, Kofyar, Kukele, Legbo, Lela, Mada, Mambila, Mbembe (Cross River-M.), Mom, Ngamo, Ngizim, Nzanyi, Obanliku, Obolo, Oring, Oron, Rubasa, Samba Daka, Tangale, Wapau, Warji, Yendang, Yungur
30 – 50 000	Alago, Aten, Begbere-Ejar, Bete-Bende, Bitare, Boghom, Boko, Bokobaru, Che, Ejagham, Fyam, Ga'anda, Hwana, Icen, Irigwe, Izere, Jara, Jukun Takum (ZSpr), Kadara, Kamuku, Koma, Kutep, Lala-Roba, Lamang, Lijili, Longuda, Mbula-Bwazza, Ndoola, Ninzam, Nkem-Nkum, Okobo, Puku-Geeri-Keri-Wipsi, Reshe, Saya, Tera, Tsikimba, Waja, Yala, Zarma
20 – 30 000	Atsam, Batu, Bile, Dghwede, Ekajuk, Ekpeye, Eloyi, Gevoko, Guduf, Gwandara, Iubie-Okpela-Arhe, Jera, Jibu, Kohumono, Lagwan, Montol, Nungu, Okpamheri, Olulumo-Ikom, Pongu, Samba Leko, Ubaghara
10 – 20 000	Afade, Agoi, Agwagwune, Akpes, Baangi, Bakor, Bali, Bashar, Baushi, Dera, Duguri, Engenni, Epie, Etebi, Galambu, Gera, Giiwo, Glavda, Guruntum-Mbaaru, Kakihum, Kantana, Korop, Kpasam, Kulere, Kulung, Kurama, Mbe, Mbembe (Tigon-M.), Mboi, Nde-Nsele-Nta, Numana-Nunku-Gwantu-Numbu, Odual, Pero, Polci, Psikye, Shagawu, Sukur, Tula, Uda, Ukaan, Ukpe-Bayo-

	biri, Ukue-Ehuen, Umon, Utugwang, Wandala, Yeskwa, Yukuben
5 – 10 000	Akpa, Ba, Bada, Bangwinji, Dass, Degema, Deno, Dijim, Dirim, Dong, Dza, Ebughu, Efai, Efutop, Ekpari, Etulo, Evand, Ghotuo, Gwamhi-Wuri, Hedi, Ibino, Ibuoro, Idere, Idun, Iguta, Iko, Ikulu, Ito, Itu Mbon Uzo, Iyayu, Kagoma, Kamantan, Kugama, Kyak, Laka, Leyigha, Libo, Lo, Maaka, Mabas, Miship, Miya, Mvanon, Ngwaba, Ogbogolo, Oko-Eni-Osayen, Okpe, Ososo, Pa'a, Piya, Shanga, Shoo-Minda-Nyem, Tal, Turkwam, Uhami, Ulukwumi, Uneme, Usakade, Uvbie, Waka, Yiwom
3 – 5 000	östl. Acipa, Amo, Ayu, Biseni, Burak, Diri, Gbiri-Niragu, Geruma, Gudu, Iceve-Maci, Ilue, Jorto, Kam, Kir-Balar, Kudu-Camo, Kushi, Laru, Mburku, Mpade, Nandu-Tari, Nkoroo, Okodia, Oruma, Peere, Pyapun, Sanga, Sasaru-Enwan Igwe, Shama, Teme, Tyenga, Uzekwe, Vin, Wom, Zari
1 – 3 000	Aduge, Alege, Awak, Bina, Buduma, Dadiya, Duguza, Firan, Fyer, Geji, Gurmana, Ikpeshi, Jilbe, Jimbin, Kamo, Kanufi-Kaningdon-Nindem, Kariya, Koenoem, Kona Kono, Kubi, Kugbo, Kupto, Kuturmi, Lame, Lemoro, Lopa, Lotsu-Piri, Mafa, Maghdi, Mala, Munga, Ndoe, Nggwahyi, Nnam, Otank, Pai, Piti, Ruma, Siri, Surubu, Tambas, Teda, Tsagu, Wutana
Weniger als 1 000	Abong, Ake, Bagirmi, Bakpinka, Bassa-Kontagora, Bete, Cara, Defaka, Dendi, Dulbu, Dungu, Fam, Fungwa, Gana, Gbaya, Gwa, Gyem, Horom, Hungworo, Izora, Janji, Ju, Kaivi, Kamkam, Karfa, Kiballo, Kinuku, Kitimi, Kuzamani, Limbum, Lufu, Luri, Mangas, Mbai, Njerup, Nkukoli, Odut, Putai, Sha, Shau, Sheni, Shiki, Somyewe, Tala, Tamaschek, Tapshin, Taura, Vute, Wedu, Yamba, Yashi, Zangwal, Ziriya, Ziziliveken
Ausgestorben	Ajawa, Gamo-Ningi, Mawa, Teshenawa

Sprachfamilien: Niger-Kongo (westatlantisch: Igbo, Yoruba, u. a.; Mande-Sprachen: Tyenga, u. a.), afroasiatisch (Tschad-Sprachen: Hausa, u. a.), nilo-saharanisch (Zarma, u. a.), indoeuropäisch (nigerianisches Pidgin auf englischer Basis)

Sprachökologische Verhältnisse: Das nigerianische Pidgin wird von rund 30 % der Bevölkerung gesprochen. Yoruba (im Westen) ist bei etwa 25 % verbreitet, Igbo (im Osten) bei rund 20 %. Als Primärsprache ist Hausa (im Norden) bei etwa 20 % der Bevölkerung verbreitet. Als Zweitsprache sprechen es weitere 20 %. Englisch ist in Kreisen der Bildungselite verbreitet.

Englisch ist Amtssprache. Gemäß der Verfassung von 1979 sollen in der Nationalversammlung die drei großen einheimischen Landessprachen (Hausa, Yoruba, Igbo) neben dem Englischen als Arbeitssprachen verwendet werden. Diese werden auch als Zweitsprachen in der Schulausbildung unterrichtet. Das Englische ist aber bisher in seinen amtlichen Funktionen unverzichtbar.

Das weit verbreitete nigerianische Pidgin, das im Süden des Landes auch im Radio zu hören ist, hat keinen offiziellen Status. Von den Sprachen Nigerias besitzen lediglich 20 ein standardisiertes Schriftsystem auf der Basis des lateinischen Alphabets.

Die meisten Nigerianer sind zweisprachig und sprechen zusätzlich zu ihrer lokalen Muttersprache eine der überregionalen Zweitsprachen. Auch Mehrsprachigkeit (unter Beteiligung von drei Sprachen) ist keine Seltenheit.

Sprachkonflikte: Seit 1977 (mit Revision seit 1981) verfolgt die Regierung offiziell eine Politik der Förderung regionaler Sprachen in der Grundschulausbildung. Diese Regelungen besitzen aber bislang im Wesentlichen nominellen Charakter und zeitigen noch wenig praktische Auswirkungen.

Réunion
(ein französisches Département d'outre-mer; s. Frankreich)

Fläche:	2 512 qkm (Saint-Denis: 0,121 Mio. E)
Bevölkerung:	0,706 Mio. E (1999), (seit 1990 + 1,7 %)
Zusammensetzung der Bevölkerung:	40 % Mulatten, Schwarze und Madagassen, 25 % Weiße; Inder, Chinesen

Gesamtzahl der Sprachen:	4 (Amtssprache: Französisch)

Sprechergruppen	Sprachen
0,554 Mio.	Französisch-Kreolisch von Réunion
0,161 Mio.	Französisch
(keine Angaben)	Tamilisch, Chinesisch

Sprachfamilien: Indoeuropäisch (Französisch-Kreolisch), dravidisch (Tamilisch), sinotibetisch (Chinesisch)

Ruanda

Fläche:	26 338 qkm (Kigali: 0,234 Mio. E)
Bevölkerung:	6,6 Mio. E (1998), (seit 1990 – 8,8 %)

	(1998: Fertilität – 4,3 %/Mortalität – 1,7 %)
	Bevölkerungsverluste (13,2 %) zwischen 1994 und 1996 aufgrund der Bürgerkriegsfolgen der Jahre 1994-95
Stadtbewohner:	6 %
Analphabetenrate:	Männer – 29 %, Frauen – 43 %
Zusammensetzung der Bevölkerung:	88 % Hutu, 11 % Tutsi, 1 % Twa (Pygmäen)
Gesamtzahl der Sprachen:	3 (Amtssprachen: Rwanda, Französisch)

Sprechergruppen	Sprachen
6,5 Mio.	Rwanda (regionale Variante des Rwanda-Rundi in Ruanda)
(keine Angaben)	Swahili

Sprachfamilie: Niger-Kongo (Bantu-Sprache: ›J‹-Gruppe – Rwanda)

Sprachökologische Verhältnisse: Rwanda (Rwanda-Rundi) ist die Muttersprache dreier ethnischer Gruppen (Hutu, Tutsi, Twa). Die Hutu (ethnische Bantu) leben vom Ackerbau, die Tutsi (ethnische Niloten) von der Viehhaltung. Die von den Twa (Jäger, Töpfer, Eisenschmiede, Sänger volkstümlicher Balladen) gesprochene Variante des Rwanda unterscheidet sich durch einige Besonderheiten von der Gemeinsprache. In den 1960er Jahren setzte sich in Ruanda eine neue Elite durch. Dies waren Hutu, die die Vertreter der früheren Tutsi-Elite entmachteten. Im Sprachgebrauch spiegeln sich allerdings die Verhältnisse der alten sozialen Hierarchie: die Sprachform der Tutsi gilt als prestigereich, während die Sprache der Hutu als Gemeinsprache gewertet wird.

Das Rwanda fungiert als gleichrangige Amtssprache neben dem Französischen.

Sahara
(Westsahara)

Fläche:	252 120 qkm (El Aaiun: 0,139 Mio. E)
Bevölkerung:	0,252 Mio. E (1994), (zwischen 1980 und 1986 + 2,8 %)
	(1992: Fertilität – 4,8 %/Mortalität – 2,0 %)
Stadtbewohner:	keine Angaben
Analphabetenrate:	keine Angaben
Zusammensetzung der Bevölkerung:	Saharauís, ca. 0,12 Mio. Marokkaner
Gesamtzahl der Sprachen:	3 (Amtssprache: Standardarabisch)

Sprechergruppen	Sprachen
(keine Angaben)	Maghrebinisch-Arabisch
(keine Angaben)	Spanisch

Sprachfamilien: Afroasiatisch (semitisch: Arabisch), indoeuropäisch (Spanisch)

Sprachökologische Verhältnisse: Standardarabisch ist Hochsprache, Maghrebinisch-Arabisch die geläufige Umgangssprache der Region. Kenntnisse des Spanischen, der ehemaligen Kolonialsprache, sind noch bei vielen Einheimischen verbreitet.

Sambia

Fläche:	752 614 qkm (Lusaka: 0,982 Mio. E)
Bevölkerung:	9,666 Mio. E (1998), (seit 1990 + 3,1 %) (1998: Fertilität – 4,2 %/Mortalität – 2,0 %)
Stadtbewohner:	44 %
Analphabetenrate:	Männer – 16 %, Frauen – 31 %
Zusammensetzung der Bevölkerung:	36 % Bemba, 18 % Nyanja, 15 % Tonga, u. a.

Gesamtzahl der Sprachen: 41 (Amtssprache: Englisch)

Sprechergruppen	Sprachen
2 – 3 Mio.	Englisch (ZSpr)
1 – 2 Mio.	Bemba
0,5 – 1 Mio.	Nyanja (Chichewa), Tonga
0,2 – 0,5 Mio.	Lala-Bisa, Lozi, Mambwe-Lungu, Nsenga, Tumbuka
0,1 – 0,2 Mio.	Kaonde, Lamba, Lenje, Lunda, Luvale, Mbunda, Mwanga, Nyiha
50 – 100 000	Aushi, Ila, Kunda, Luchazi, Luyana, Nkoya, Simaa, Soli
20 – 50 000	Chokwe, Englisch (PSpr), Mashi, Sala
10 – 20 000	Bwile, Gujarati, Mbukushu, Shona, Totela
5 – 10 000	Subia
1 – 3 000	Mbowe
100 – 1 000	Fanagolo

Sprachfamilie: Niger-Kongo (Bantu-Sprachen: ›K‹-Gruppe – Chokwe, Luchazi, u. a.; ›L‹-Gruppe – Nkoya; ›M‹-Gruppe – Bemba, Ila, Tonga, u. a.; ›N‹-Gruppe – Kunda; ›S‹-Gruppe – Lozi, Shona)

Sprachökologische Verhältnisse: Englisch, das von weniger als 1 % als Muttersprache und von lediglich 30 % der Bevölkerung als Zweitsprache gesprochen wird, ist die Sprache mit dem höchsten Prestige; es dominiert auf allen Verwaltungsebenen und in der Schulausbildung, ebenso als Schriftmedium der Presse.

Von den einheimischen Landessprachen sind sieben als Nationalsprachen anerkannt: Bemba (im Norden), Nyanja (im Osten), Tonga (im Süden), Lozi (im Westen) sowie Kaonde, Lunda und Luvale im Nordwesten. Diese einheimischen Sprachen werden in den Massenmedien (Radio, Fernsehen) und – in beschränktem Umfang – im Grundschulunterricht einiger Regionen verwendet.

São Tomé und Príncipe

Fläche:	1 001 qkm (São Tomé: 43 420 E)
Bevölkerung:	142 000 E (1998), (seit 1990 + 3,0 %)
	(1998: Fertilität – 3,3 %/Mortalität – 1,0 %)
Stadtbewohner:	44 %
Analphabetenrate:	40 %
Zusammensetzung der Bevölkerung:	farbige Bevölkerungsmehrheit (Forros, Angolares, u. a.), Mulatten, portugiesische Minderheit

Gesamtzahl der Sprachen: 2 (Amtssprache: Portugiesisch)

Sprechergruppen	Sprachen
139 500	Crioulo (Portugiesisch-Kreolisch, Golfkreolisch)
2 500	Portugiesisch

Sprachfamilie: Indoeuropäisch (romanisch)

Sprachökologische Verhältnisse: Das Portugiesische (Standardportugiesische) fungiert auf allen Ebenen staatlicher Verwaltung und in der Schulausbildung als alleiniges Kommunikationsmedium.

Die Bevölkerung des Inselstaates spricht Varianten des Portugiesisch-Kreolischen: Santomesisch (lungwa san tomé) und Angolar (lungwa angola) auf São Tomé; Principensisch (lungwa iyé) auf Príncipe. Die Bewohner der Insel Ano Bom spechen Annobomesisch (fa d-ambu).

Senegal

Fläche:	196 722 qkm (Dakar: 1,641 Mio. E)
Bevölkerung:	9,039 Mio. E (1998), (seit 1990 + 3,0 %)
	(1998: Fertilität – 4,0 %/Mortalität – 1,3 %)
Stadtbewohner:	46 %
Analphabetenrate:	Männer – 55 %, Frauen – 74 %
Zusammensetzung der Bevölkerung:	44 % Wolof, 15 % Sérères, 11 % Toucouleur, u. a.

Gesamtzahl
der Sprachen: 39 (Amtssprache: Französisch)

Sprechergruppen	Sprachen
3 – 4 Mio.	Wolof
1 – 2 Mio.	Serere-Sine
0,5 – 1 Mio.	Fulacunda, Toucouleur
0,2 – 0,5 Mio.	Fulbe Jeeri, Jola-Fogny, Malinke, Mandinka
0,1 – 0,2 Mio.	Soninke
50 – 100 000	Balanta, Bambara, Crioulo (Portugiesisch-Kreolisch von Oberguinea), Fuuta Jalon, Mandyak
20 – 50 000	Bainouk, Jahanka, Jola-Kasa, Ndut, Non, Safen
10 – 20 000	Gusilay, Mankanya, Yalunka
5 – 10 000	Arabisch (Hassaniya-A.; Mauri), Badyara, Basari, Bayot, Budik, Karon, Kassonke, Palor
3 – 5 000	Her, Konyagi, Kwatay, Mlomp
1 – 3 000	Ejamat, Lehar
100 – 1 000	Elun, Kasanga, Kobiana

Sprachfamilien: Niger-Kongo (westatlantisch: Wolof, Jola, Pepel, u. a.; Mande-Sprachen: Malinke, Bambara, Soninke, u. a.), afroasiatisch (semitisch: Arabisch), indoeuropäisch (romanisch: Crioulo, Französisch)

Sprachökologische Verhältnisse: Französisch fungiert als Amtssprache auf allen Verwaltungsebenen und als exklusive Unterrichtssprache in der staatlichen Schulausbildung. In den »franko-arabischen« Schulen wird außer in Französisch auch in Arabisch unterrichtet.

Sechs der Landessprachen sind offiziell als Nationalsprachen anerkannt: Wolof, Serer, Pulaar, Jola, Malinke, Soninke. Wolof, das als Verkehrssprache bei rund 70 % der Bevölkerung verbreitet ist, wird in Kindergärten und als Arbeitssprache im Parlament verwendet. Die Nationalsprachen finden neben dem Französischen in den Massenmedien Verwendung. In diesem Sektor ist Wolof von den einheimischen Sprachen die am häufigsten gebrauchte.

Seychellen

Fläche:	454 qkm (Victoria, auf Mahé: 60 000 E)
Bevölkerung:	79 000 E (1998), (seit 1990 + 1,7 %)
	(1998: Fertilität – 2,1 %/Mortalität – 0,7 %)
Stadtbewohner:	56 %
Analphabetenrate:	21 %
Zusammensetzung der Bevölkerung:	89 % Kreolen (ethnisch gemischte Bevölkerung mit asiatischen, afrikanischen und europäischen Elementen), 4,7 % Inder (Laskar, Malabar), 3,1 % Madagassen, u. a.

Gesamtzahl der Sprachen:	3 (Amtssprachen: Kreolisch (Seselwa), Englisch, Französisch)

Sprechergruppen	Sprachen
69 000	Seselwa (Französisch-Kreolisch der Seychellen)
(keine Angaben)	Englisch
(keine Angaben)	Französisch

Sprachfamilie: indoeuropäisch (romanisch: Seselwa, Französisch; germanisch: Englisch)

Sprachökologische Verhältnisse: Seit 1981 fungiert Seselwa als offizielle Amtssprache des Inselstaates. Englisch und Französisch werden aber weiterhin in der Nationalversammlung verwendet. Englisch dominiert in der Schulausbildung. In diesem Sektor nimmt der Einfluss des Seselwa zu. Die katholische Kirche bevorzugt Seselwa. In den Massenmedien werden alle drei Sprachen verwendet.

Sierra Leone

Fläche:	71 740 qkm (Freetown: 1,3 Mio. E)
Bevölkerung:	4,855 Mio. E (1998), (seit 1990 + 2,8 %)
	(1998: Fertilität – 4,6 %/Mortalität – 2,5 %)
Stadtbewohner:	35 %
Analphabetenrate:	Männer – 58 %, Frauen – 84 %
Zusammensetzung der Bevölkerung:	31,7 % Temne, 8,4 % Limba, 3,5 % Kuranko, u. a.

Gesamtzahl der Sprachen:	23 (Amtssprache: Englisch)

Sprechergruppen	Sprachen
3 – 4 Mio.	Krio (Englisch-Kreolisch; ZSpr)
1 – 2 Mio.	Mende, Themne
0,2 – 0,5 Mio.	Krio (Englisch-Kreolisch; PSpr), Kuranko (PSpr), westl. Limba
0,1 – 0,2 Mio.	Fuuta Jalon, Kono (PSpr), Loko, Sherbro, Susu
50 – 100 000	südl. Kissi, Maninka
20 – 50 000	nördl. Kissi, Kono (ZSpr), Yalunka
10 – 20 000	Kuranko (ZSpr), Vai
5 – 10 000	Gola, Klao
3 – 5 000	Bassa
100 – 1 000	Bom, Krim
10 – 100	Bullom So

Sprachfamilien: Niger-Kongo (Mande-Sprachen: Mandingo, Susu, Yalunka, u. a.; Mel-Sprachen: Kisi, Temne, u. a.), indoeuropäisch (germanisch: Krio)

Sprachökologische Verhältnisse: Englisch fungiert in allen amtlichen Bereichen als einzige offizielle Sprache. Krio, das als Verkehrssprache weit verbreitet ist, ist erst seit kurzem als Nationalsprache anerkannt. Englisch ist weiterhin die Sprache mit dem größten Prestige.

In den 1970er Jahren blieben Versuche erfolglos, Mende, Temne, Krio und Limba als Unterrichtssprachen in der Schulausbildung zu integrieren. Für insgesamt neun Sprachen existieren schriftsprachliche Normen.

Simbabwe

Fläche:	390 757 qkm (Harare: 1,189 Mio. E)
Bevölkerung:	11,689 Mio. E (1998), (seit 1990 + 2,6 %)
	(1998: Fertilität – 3,1 %/Mortalität – 1,8 %)
Stadtbewohner:	34 %
Analphabetenrate:	Männer – 8 %, Frauen – 17 %
Zusammensetzung der Bevölkerung:	77 % Shona, 22 % Karanga, 18 % Zezeru, u. a.

Gesamtzahl der Sprachen:	17 (Amtssprache: Englisch)

Sprechergruppen	Sprachen
6 – 7 Mio.	Shona

0,5 – 1 Mio.	Ndebele
0,2 – 0,5 Mio.	Englisch, Fanagolo, Manyika, Ndau, Nyanja
50 – 100 000	Kalanga, Kunda, Lozi, Tonga, Venda
20 – 50 000	Nambya, Tswana
10 – 20 000	Nsenga
5 – 10 000	Gujarati
1 – 3 000	Hiechware
	Zusätzlich andere Immigrantensprachen (Afrikaans, Hindi, Griechisch, u. a.) ohne nähere Angaben zu deren Sprecherzahlen

Sprachfamilien: Niger-Kongo (Bantu-Sprachen: ›N‹-Gruppe – Kunda, Nyanja, u. a.; ›S‹-Gruppe – Kalanga, Manyika, Shona, u. a.), indoeuropäisch (germanisch: Afrikaans, Englisch; indisch: Gujarati)

Sprachökologische Verhältnisse: Englisch dominiert in allen Bereichen des öffentlichen Lebens, einschließlich der Schulausbildung. Der Education Act von 1987 sieht zwar den Unterricht in allen Stufen in Shona und Ndebele vor, in der Praxis spielen diese einheimischen Sprachen aber bislang eine marginale Rolle. Shona und Ndebele werden aber mehr und mehr als Schriftsprachen neben dem Englischen verwendet.

In zweisprachigen Situationen fungiert Englisch als hochsprachliche Variante (H-Variante), eine einheimische Sprache jeweils als umgangssprachliche Variante (L-Variante).

Somalia

Fläche:	637 657 qkm (Muqdisho/Mogadischu: 0,9 Mio. E)
Bevölkerung:	9,076 Mio. E (1998), (seit 1990 + 2,2 %)
	(1998: Fertilität – 5,2 %/Mortalität – 1,8 %)
Stadtbewohner:	27 %
Analphabetenrate:	76 %
Zusammensetzung der Bevölkerung:	95 % somalische Stammesverbände (Clans), 1,1 % Bantu-Bevölkerung, 0,3 % Araber

Gesamtzahl der Sprachen:	11 (Amtssprache: Somali)

Sprechergruppen	Sprachen
5 – 6 Mio.	Somali

3 – 4 Mio.	südl. Oromo (Borana-Arusi-Guji)
0,5 – 1 Mio.	Maay
50 – 100 000	Garre
20 – 50 000	Dabarre, Jiiddu, Mushungulu, Swahili, Tunni
100 – 1 000	Boni
10 – 100	Boon

Sprachfamilien: Afroasiatisch (kuschitisch: Somali, Maay, Oromo, u. a.), Niger-Kongo (Bantu-Sprachen: ›G‹-Gruppe – Swahili, Mushungulu)

Sprachökologische Verhältnisse: Bis 1972 fungierten Englisch und Italienisch als Amtssprachen des Landes, dann wurden sie vom Somali abgelöst, das seither exklusiven Status als Amts- und Nationalsprache besitzt. Die nördliche Variante des Somali ist Grundlage der Schriftsprache.

Südafrika

Fläche:	1,221 Mio. qkm (Pretoria – Regierungssitz; 0,525 Mio. E; Kapstadt – Parlamentssitz; 0,854 Mio. E)
Bevölkerung:	41,402 Mio. E (1998), (seit 1990 + 2,3 %) (1998: Fertilität – 2,7 %/Mortalität – 1,2 %)
Stadtbewohner:	50 %
Analphabetenrate:	Männer – 15 %, Frauen – 16 %
Zusammensetzung der Bevölkerung:	76,1 % Schwarzafrikaner (Zulu, Xhosa, nördl. Sotho, südl. Sotho, u. a.), 12,8 % weiße Südafrikaner, 8,5 % Mischlinge (ethnisch gemischte Bevölkerung mit malaiischen und europäischen Elementen), 2,6 % Asiaten, u. a.
Gesamtzahl der Sprachen:	26 (Amtssprachen: Afrikaans, Englisch, Ndebele, nördl. und südl. Sotho, Tswana, Swati, Tsonga, Venda, Xhosa, Zulu)

Sprechergruppen	Sprachen
8 – 9 Mio.	Zulu
6 – 7 Mio.	Afrikaans, Xhosa
3 – 4 Mio.	Englisch
2 – 3 Mio.	nördl. und südl. Sotho, Tswana
1 – 2 Mio.	Tsonga

0,5 – 1 Mio.	Hindi, Swati, Venda
0,2 – 0,5 Mio.	Fanagolo, Fly Taal (Afrikaans-Kreolisch; ZSpr), Ndebele, Tamil
0,1 – 0,2 Mio.	Ronga, Urdu
50 – 100 000	Nama
20 – 50 000	Fly Taal (Afrikaans-Kreolisch; PSpr), Deutsch
100 – 1 000	Ng/amani, Swahili
10 – 100	Korana
Weniger als 10	Ng'huki, //Xegwi
Ausgestorben	/Xam, Xiri
	Zusätzlich einheimische Sprachen (Oorlams = Afrikaans-Kreolisch, Seroa, Tshwa, Birwa) ohne nähere Angaben zu deren Sprecherzahl

Sprachfamilien: Niger-Kongo (Bantu-Sprachen: Zulu, Xhosa, Tsonga, u. a.), Khoisan (Ng/amani, //Xegwi, u. a.), indoeuropäisch (germanisch: Afrikaans, Englisch, Deutsch; indisch: Gujarati, Hindi, Tamil, u. a.)

Sprachökologische Verhältnisse: Als unmittelbare Konsequenz der Abschaffung des Apartheid-Regimes im Jahre 1994 wurde die Zahl der Amtssprachen von zwei (Afrikaans, Englisch) auf elf erweitert. Außer den beiden, mehrheitlich von Weißen als Muttersprachen gesprochenen Englisch und Afrikaans haben nunmehr neun schwarzafrikanische Sprachen amtlichen Status. Die neue Regelung wurde in Art. 3.(1) der Verfassung vom Januar 1994 festgeschrieben.

Skeptiker befürchten, dass der Amtssprachengebrauch mit elf Kommunikationsmedien zu schwerfällig wird, die verfassungsmäßige Gleichstellung aller Amtssprachen lediglich symbolischen Charakter besitzt und das Englische wie bisher die wichtigste Sprache in der Administration, in der Politik und im Wirtschaftsleben bleiben wird. Tatsächlich ist das Englische wie bisher die am meisten verwendete Sprache in Administration und Politik, sein exklusiver Status als externe Amtssprache (im Kontakt mit anderen Ländern) ist unangefochten.

Sudan

Fläche:	2,505 Mio. qkm (Khartum: 0,947 Mio. E/Agglomeration: 1,6 Mio. E)
Bevölkerung:	28,347 Mio. E (1998), (seit 1990 + 2,3 %) (1998: Fertilität – 3,3 %/Mortalität – 1,1 %)
Stadtbewohner:	33 %
Analphabetenrate:	Männer – 32 %, Frauen – 57 %
Zusammensetzung der Bevölkerung:	40-50 % Araber, 30 % Schwarzafrikaner, u. a.

Gesamtzahl der Sprachen:	142 (Amtssprache: Standardarabisch)

Sprechergruppen	Sprachen
15 – 16 Mio.	Arabisch (Sudanesisch-A.)
0,5 – 1 Mio.	Beja, Nuer
0,2 – 0,5 Mio.	Bari, nordöstl. Dinka, südl. Dinka, südöstl. Dinka, südwestl. Dinka, Fur, Kanuri (Yerwa), Mahas-Fiadidja, Zande
0,1 – 0,2 Mio.	Kenuzi-Dongola, Masalit, Otuho, Shilluk, Tigré, Zaghawa
50 – 100 000	Annak, Daju (Dar Fur), Didinga, nordwestl. Dinka, Fulfulde (Adamawa), Katcha-Kadugli-Miri, Luwo, Moru, Murle, Nyimang, Tama, Toposa
20 – 50 000	Acholi, Juba-Arabisch (Sudanesisch-Arabisches Pidgin; ZSpr), Atuot, Baka, Berta, Daju (Dar Sila), Dengebu, Gumuz, Jumjum, Kakwa, Koalib, Krongo, Lokoro, Mabaan, Mandari, Midob, Moro, Mundu, Ngile, Tegali, Tira
10 – 20 000	Juba-Arabisch (Sudanesisch-Arabisches Kreolisch; PSpr), Avokaya, Belanda Viri, Burun, Ghulfan, Jur Modo, Karko, Katla, Kresh, Lango, Lokoya, Luluba, Madi, Otoro, Shatt, Sungor, Tagoi, Uduk
5 – 10 000	Banda, Belanda Bor, Beli, Bongo, Dilling, Feroge, Gaam, Kadaru, Kaliko, Kanga, Keiga (Yega), zentrales Koma, Lafofa, Laro, Longarim, Ndogo, Sinyar, Temein, Thuri, Tingal, Tulishi, Tumma, Tumtum
3 – 5 000	Afitti, Heiban, Kacipo, Moro Hills, Morokodo, Nding, Shita, Shwai
1 – 3 000	Bai, Golo, Kara, Keiga Jirru, Ko, Liguri, Logol, Nyamusa-Molo, Talodi, Tenet, Tima, Warnang, Yulu
100 – 1 000	Aka, Dair, Debri, El Hugeirat, Indri, Mangayat, Mo'da, Mursi, Njalgulgule, Wali
10 – 100	Molo
Ausgestorben	Baygo, Berti, Birked, Fongoro, Gule, Homa, Kelo, Mittu, Togoyo

Sprachfamilien: Nilo-Saharanisch (zentralsudanisch: Baka, Gula, Kresh, u. a.; ostsudanisch: Kadaru, Shatt, Toposa, u. a.; nilotisch: Anuak, Dinka, Nuer, u. a.; saharanisch: Kanuri), Niger-Kongo (kordofanisch: Tira, Tulishi, u. a.; Adamawa-Ubangi-Sprachen: Fulfulde, Zande, u. a.), afroasiatisch (semitisch: Arabisch; Tschad-Sprachen: Hausa, u. a.; kuschitisch: Bedawi, u. a.)

Sprachökologische Verhältnisse: Die Varianten des Arabischen stehen in einer komplexen funktionalen Konfiguration. Klassisch-Arabisch ist die Sprache der islamischen Liturgie und Sakralsprache des Koran. Standardarabisch genießt hohes Prestige im öffentlichen Leben. Die umgangssprachlichen Varianten (Sudanesisch-Arabisch und Juba-Arabisch) werden nur gesprochen, nicht aber geschrieben. Juba-Arabisch wird von denen, die es nicht selbst sprechen, als niederer Stil angesehen.

Gemäß dem Addis Abeba Accord von 1972 fungiert Englisch als Arbeitssprache im südlichen Sudan, und es wird dort auch unterrichtet. Neun einheimische Sprachen sind offiziell als Landessprachen anerkannt: Bari, Dinka, Kresh, Lotuko, Moru, Ndogo, Nuer, Shilluk, Zande. Dieses sind »role A languages«. Die übrigen Landessprachen sind »role B languages« und genießen keinerlei Förderung.

Swasiland

Fläche:	17 363 qkm (Mbabane: 52 000 E)
Bevölkerung:	989 000 E (1998), (seit 1990 + 3,6 %)
	(1998: Fertilität – 3,8 %/Mortalität – 0,9 %)
Stadtbewohner:	33 %
Analphabetenrate:	22 %
Zusammensetzung der Bevölkerung:	97 % Swasi, Zulu, Tsonga, u. a.

Gesamtzahl der Sprachen: 4 (Amtssprachen: Swati, Englisch)

Sprechergruppen	Sprachen
0,890 Mio.	Swati
76 000	Zulu
19 000	Tsonga
(keine Angaben)	Englisch

Sprachfamilien: Niger-Kongo (Bantu-Sprachen: ›S‹-Gruppe), indoeuropäisch (Englisch)

Sprachökologische Verhältnisse: Swati und Englisch sind die am weitesten verbreiteten Verkehrssprachen des Landes. In Bereichen des staatlich-öffentlichen Lebens (Regierung, Verwaltung) fungiert Swati als Arbeitssprache (gesprochen) und Englisch als Schriftmedium.

In den Massenmedien wird sowohl Swati als auch Englisch verwendet, allerdings mit unterschiedlichen Prioritäten in einzelnen Sektoren. Radiosendungen werden in beiden Sprachen ausgestrahlt, das Fernsehen dagegen wird vom Englischen dominiert. Auch im Pressewesen dominiert das Englische (zwei englischsprachige Zeitungen versus eine swati-sprachige Zeitung). In der Grundschulausbildung dominiert Englisch, während die höhere Ausbildung in Swati erfolgt.

Tansania

Fläche:	945 087 qkm (Dodoma: 0,204 Mio. E/Agglomeration: 1,8 Mio. E)
	(Regierungssitz – Dar es Salaam: 1,436 Mio. E)
Bevölkerung:	32,128 Mio. E (1998), (seit 1990 + 3,3 %)
	(1998: Fertilität – 4,1 %/Mortalität – 1,5 %)
Stadtbewohner:	26 %
Analphabetenrate:	Männer – 17 %, Frauen – 36 %
Zusammensetzung der Bevölkerung:	60 % Bantu-Völker (Haya, Makonde, Nyamwesi, u. a.)
Gesamtzahl der Sprachen:	132 (Amtssprache: Swahili)

Sprecherzahl	Sprachen
20 – 22 Mio.	Swahili (ZSpr)
4 – 5 Mio.	Sukuma
1 – 2 Mio.	Englisch (ZSpr), Haya, Rundi, Tumbuka
0,5 – 1 Mio.	Chagga, Gogo, Ha, Hehe, Makonde, Nyakyusa-Ngonde, Nyamwezi, Nyanja, Ruguru
0,2 – 0,5 Mio.	Asu, Bena, Datoga, Iraqw, Jita, Kagulu, Kami, Kuria, Langi, Luo, Maasai, Makhuwa, Mosi, Mwera, Ngindo, Nilamba, Nyaturu, Nyiha, Shambala, Swahili (PSpr), Yao, Zalamo, Zigula
0,1 – 0,2 Mio.	Arabisch (Omanisch-A.), Hangaza, Kwaya, Matengo, Ndali, Ndengereko, Ngoni, Ngulu, Pangwa, Pogolo, Rufiji, Rungi, Safwa, Shubi, Sumbwa, Zinza
50 – 100 000	Bondei, Digo, Fipa, Kara, Kerebe, Kimbu, Kinga, Konongo, Kwere, Malila, Mambwe-Lungu, Matumbi, Mpoto, Mwanga, Ndamba, Ndendeule, Rusha, Rwanda, Rwo, Sagala, Sandawe, Sangu, Sizaki, Wanji, Zanaki
20 – 50 000	Bemba, Bungu, Burungi, Dhaiso, Doe, Gorowa, Ikizu, Isanzu, Kutu, Lambya, Machinga, Maviha, Mbugu, Mbunga, Ngurimi, Pimbwe, Suba, Tongwe, Vidunda, Wanda, Wasi
10 – 20 000	Bende, Holoholo, Ikoma, Jiji, Kisi, Manda, Mbugwe, Rungwa, Sonjo
5 – 10 000	Ganda, Kwavi, Nyambo, Vinza
3 – 5 000	Kisankasa
1 – 3 000	Kahe, Taveta
100 – 1 000	Hatsa, Kachchi, Ngasa
Ausgestorben	Aasáx

Sprachfamilien: Niger-Kongo (Bantu-Sprachen: Swahili, Holoholo, Ngulu, u. a.), nilo-saharanisch (nilotisch: Maasai, Datoga, u. a.), afroasiatisch (kuschitisch: Iraqw, Burungi, u. a.), Khoisan (Sandawe, Hadza), indoeuropäisch (indisch: Gujarati, Kachchi, u. a.)

Sprachökologische Verhältnisse: Bereits während der deutschen Kolonialzeit (vom Ende der 1880er Jahre bis 1916) wurde Swahili für administrative Zwecke verwendet. Swahili fungiert seit der Unabhängigkeit des Landes (Tanganyika im Jahre 1961, Union mit dem unabhängigen Sansibar zum Staat Tansania im Jahre 1964) als exklusive Amtssprache, und es ist alleinige Unterrichtssprache. In den Massenmedien spielt Englisch eine gewisse Rolle neben Swahili. Swahili ist die Nationalsprache Tansanias.

Togo

Fläche:	56 785 qkm (Lomé: 0,513 Mio. E)
Bevölkerung:	4,458 Mio. E (1998), (seit 1990 + 3,4 %) (1998: Fertilität – 4,1 %/Mortalität – 1,5 %)
Stadtbewohner:	32 %
Analphabetenrate:	Männer – 28 %, Frauen – 62 %
Zusammensetzung der Bevölkerung:	46 % Ewé, 43 % Volta-Völker (Temba, Mopa, Gurma, u. a.), Hausa, u. a.
Gesamtzahl der Sprachen:	43 (Amtssprachen: Französisch, Kabyé, Ewé)

Sprechergruppen	Sprachen
0,5 – 1 Mio.	Ewé, Französisch (ZSpr)
0,2 – 0,5 Mio.	Kabiyé, Tem, Waci-Gbe
0,1 – 0,2 Mio.	Aja-Gbe, Gen-Gbe, Gourmanchéma, Lama, Moba, Nawdm
50 – 100 000	Akposo, Ifè, Konkomba, Ntcham
20 – 50 000	Akaselem, Akebou, Anufo, Fon-Gbe, Fulfulde (Benin-Togo), Hwla, Maxi-Gbe, Ngangam
10 – 20 000	Kambolé, Moore, Tamberma
5 – 10 000	Adele, Anyanga, Bago, Hausa, Igo
3 – 5 000	Akpe, Delo, Hwé, Kpessi
1 – 3 000	Anlo, Bissa, Sola, Französisch (PSpr)
100 – 1 000	Anii

Sprachfamilie: Niger-Kongo (Kwa-Sprachen: Ewé, Igo, Wudu, u. a.; Gur-Sprachen: Anyanga, Kabyé, Lama, u. a.; Mande-Sprache: Bissa)

Sprachökologische Verhältnisse: Französisch, das von lediglich 30 % der Landesbevölkerung gesprochen wird, ist Amtssprache. Gleichen Status besitzen zwei Nationalsprachen, Kabyé und Ewé. Diese drei Sprachen fungieren auch als Unterrichtsmedien in der Schulausbildung sowie in gesprochener (Radio, Fernsehen) und geschriebener Form (Pressewesen) in den Massenmedien.

Die wichtigste Verkehrssprache Togos ist Mina, eine Variante des Ewé. Mina wird von rund 60 % der Bevölkerung gesprochen.

Tschad

Fläche:	1,284 Mio. qkm (N'Djamena: 0,53 Mio. E)
Bevölkerung:	7,283 Mio. E (1998), (seit 1990 + 3,4 %) (1998: Fertilität – 4,4 %/Mortalität – 1,8 %)
Stadtbewohner:	23 %
Analphabetenrate:	Männer – 51 %, Frauen – 69 %
Zusammensetzung der Bevölkerung:	38 % arabisierte nilo-saharanische Kleinvölker (Kanembou, Boulala, Hadjerai, Dadjo, u. a.), 30 % Sara, 15 % Araber, u. a.
Gesamtzahl der Sprachen:	128 (Amtssprachen: Französisch, Standardarabisch)

Sprechergruppen	Sprachen
1 – 2 Mio.	Arabisch (Shuwa-A.)
0,5 – 1 Mio.	Ngambai
0,1 – 0,2 Mio.	Daza, Hausa, Kanuri (Yerwa), Maba, Marfa, Mundang, Teda, Tupuri
50 – 100 000	Gidar, Goulai, Karanga, Mararit, Marba, Masana, Mbai, Mosi, Musgu
20 – 50 000	Bagirmi, Bilala, Buduma, Daju (Dar Dadju), Daju (Dar Sila), Fulfulde (Bagirmi), Kenga, Kuka, Lagwan, Laka, Lele, Malgbe, Masalit, Mbai (Bediondo), Mesme, Mubi, Nancere, Runga, Sar, Sungor, Tama
10 – 20 000	Amdang, Bidio, Dangaleat, Gabri, Herdé, Kaba, Kaba Deme, Kaba Na, Kanembu, Kera, Kimré, Kwang, Migaama, Mokulu, Mpade, Ngam, Pevé, Tobanga, Zaghawa
5 – 10 000	Jegu, Kajakse, Kibet, Kuo, Masmaje, Mbum, Miltu, Mogum, Ndam, Ngueté, Sinyar, Somrai
3 – 5 000	Birgit, Gula Iro, Kim, Mimi, Niellim, Sokoro, Toram
1 – 3 000	Arabisch (Babalia-A.), Barein, Bideyat, Bon Gula, Bua,

100 – 1 000	Day, Fania, Fur, Gadang, Mambai, Mire, Mser, Saba, Sarua, Tounia, Zan Gula
	Koke, Kujarge, Laal, Mbara
10 – 100	Berakou, Buso
Weniger als 10	Massalat

Sprachfamilien: Afroasiatisch (semitisch: Arabisch; Tschad-Sprachen: Kabalai, Kimré, Masana, u. a.), Niger-Kongo (Adamawa-Ubangi-Sprachen: Bon-Gula, Fania, Tupuri, u. a.), nilo-saharanisch (Kanembu, Kanuri, Zaghawa, u. a.)

Sprachökologische Verhältnisse: Bis 1979 war Französisch exklusive Amtssprache des Landes, seither teilt es sich diese Rolle mit dem Arabischen. Der Status beider Amtssprachen ist in der Charte fondamentale von 1979 festgeschrieben. Faktisch dominiert aber weiterhin das Französische. Die Dominanz ist auch im Ausbildungswesen zu beobachten.

In den Massenmedien finden Französisch und Arabisch gleichermassen Verwendung. Lokale Radiostationen strahlen auch Sendungen in anderen Landessprachen aus (Sara, Fulfulde, Tupuri, Masa, Mundang, Gorane, Kanembu, Zaghawa).

Tunesien

Fläche:	163 610 qkm (Tunis: 0,674 Mio. E/Agglomeration: 1,6 Mio. E)
Bevölkerung:	9,335 Mio. E (1998), (seit 1990 + 1,9 %) (1998: Fertilität – 2,0 %/Mortalität – 0,7 %)
Stadtbewohner:	63 %
Analphabetenrate:	Männer – 21 %, Frauen – 42 %
Zusammensetzung der Bevölkerung:	98 % Araber und arabisierte Berber, 1,2 % Berber, europäische Minderheiten (Franzosen, Italiener, Malteser)

Gesamtzahl der Sprachen: 11 (Amtssprache: Standardarabisch)

Sprechergruppen	Sprachen
ca. 9 Mio.	Tunesisch-Arabisch
10 – 20 000	Französisch
5 – 10 000	Jerba
3 – 5 000	Duwinna, Sened, Tamezret, Taoujjout, Timagourt, Zawa
100 – 1 000	Arabisch (Jüdisch-Tunesisch)

Sprachfamilien: Afroasiatisch (semitisch: Arabisch; berberische Sprachen: Tamezret, Timagourt, u. a.), indoeuropäisch (romanisch: Französisch)

Sprachökologische Verhältnisse: Arabisch ist in gesprochener Form die Hauptlandessprache (Tunesisch-Arabisch) und alleinige Amtssprache (Standardarabisch). Die arabische Standardsprache dominiert auch im Ausbildungswesen. Obwohl das Französische keinen offiziellen Status besitzt, fungiert es als zweite Unterrichtssprache neben dem Arabischen in allen Ausbildungsstufen. Die berberischen Sprachen sind Minderheitensprachen ohne offiziellen Status.

Uganda

Fläche:	241 139 qkm (Kampala: 0,773 Mio. E)
Bevölkerung:	20,897 Mio. E (1998), (seit 1990 + 3,5 %)
	(1998: Fertilität – 5,1 %/Mortalität – 2,1 %)
Stadtbewohner:	14 %
Analphabetenrate:	Männer – 24 %, Frauen – 46 %
Zusammensetzung der Bevölkerung:	50 % Bantu-Ethnien (28 % Buganda, u. a.), 13 % westnilotische Ethnien, 13 % ostnilotische Ethnien, 5 % Sudanesen, u. a.
Gesamtzahl der Sprachen:	41 (Amtssprache: Englisch)

Sprechergruppen	Sprachen
3 – 4 Mio.	Ganda
1 – 2 Mio.	Chiga, Nyankole, Nyoro, Soga, Teso
0,5 – 1 Mio.	Acholi, Englisch (ZSpr), Lango, Unter-Lugbara (Aringa-L.), Rwanda
0,2 – 0,5 Mio.	Adhola, Alur, Gwere, Karamojong, Konjo, Ober-Lugbara (Terego-L.), Madi, Masaba, Nyore
0,1 – 0,2 Mio.	Gujarati, Hindi, Kumam, Luyia, Ndo, Saamia
50 – 100 000	Bari, Kakwa, Kupsabiny
20 – 50 000	Mangbetu, Pökoot, Talinga-Bwisi
10 – 20 000	Luluba, Nubi (Arabisch-Kreolisch)
3 – 5 000	Ik, Kwamba, Soo
10 – 100	Gungu (Rugungu), Mening, Nyang'i
Ausgestorben	Singa

Sprachfamilien: Nilo-saharanisch (zentralsudanisch: Lugbara, Kebu, Lendu,

u. a.; nilotisch: Lango, Kakwa, Pokoot, u. a.), Niger-Kongo (Bantu-Sprachen: ›D‹-Gruppe – Kwamba; ›J‹-Gruppe – Lukonjo, Lugungu, Luganda, u. a.)

Sprachökologische Verhältnisse: Englisch (von ca. 30 % der Bevölkerung als Zweitsprache gesprochen) ist exklusive Amtssprache und es dominiert im Ausbildungssektor. Swahili (von rund 20 % der Bevölkerung als Zweitsprache gesprochen) ist offiziell weder als Amtssprache noch als Nationalsprache anerkannt, fungiert allerdings als Arbeitssprache des staatlichen Sicherheitsdienstes. Eine Aufwertung des politischen Status von Swahili steht zwar seit Jahren zur Diskussion, eine entsprechende Entscheidung ist aber bislang nicht getroffen worden.

Neben dem Englischen finden einige einheimische Landessprachen als Unterrichtsmedien in der Grundschulausbildung Berücksichtigung, und zwar Acholi, Ateso, Luganda, Lugbara, Runyoro, Runyankore. Als Schriftmedien sind insgesamt 13 Sprachen in Gebrauch (Indikator: Bibelübersetzungen); die literarische Produktion in den meisten dieser Schriftsprachen ist aber gering.

Zaire
(s. Kongo, demokratische Republik)

Zentralafrikanische Republik

Fläche:	622 984 qkm (Bangui: 0,524 Mio. E)
Bevölkerung:	3,48 Mio. E (1998), (seit 1990 + 2,4 %)
	(1998: Fertilität – 3,7 %/Mortalität – 1,9 %)
Stadtbewohner:	40 %
Analphabetenrate:	Männer – 43 %, Frauen – 68 %
Zusammensetzung der Bevölkerung:	30 % Banda, 24 % Gbaya, 11 % Gbandi, u. a.

Gesamtzahl
der Sprachen: 69 (Amtssprachen: Sango, Französisch)

Sprechergruppen	Sprachen
1 – 2 Mio.	Sango (ZSpr)
0,2 – 0,5 Mio.	Banda, nordwestl. Gbaya, Manja, Ngbandi, Sango (PSpr)
0,1 – 0,2 Mio.	Bokoto, Fulfulde (Bagirmi), südwestl. Gbaya, Langbashe, Pana
50 – 100 000	Linda, Mbai, Ngbaka, Ma'bo, Yakoma, Zande

20 – 50 000	Bofi, Dagba, Kari (Kali), Laka, Mbati, Mpyemo, Ngbaka, Nzakara, Pambia, Pol, Sar, Suma, Tana, Yakpa
10 – 20 000	Aka, Bomitaba, Sara Kaba, Kaba Dunjo, Kara, Runga
5 – 10 000	Gbanziri, Kako, Kpatili, Ngando, Pande, Ruto, Togbo, Yangere
3 – 5 000	Furu, Kari, Ukhwejo, Yulu
1 – 3 000	Buraka, Ganzi, Gundi, Monzombo, Ndi, Vale
100 – 1 000	Birri, Kresh, Ngombe
10 – 100	Bangi, Bodo, Dukpu, Sere

Sprachfamilien: Niger-Kongo (Adamawa-Ubangi-Sprachen: Banda, Monzombo, Sango, u. a.), nilo-saharanisch (Sara, u. a.)

Sprachökologische Verhältnisse: Das Französische besitzt seit dem Jahr der Unabhängigkeit des Landes (1959) den Status einer Amtssprache. Das einheimische Sango, eine Kreolsprache auf der Basis des Ngbandi, wurde 1964 als Nationalsprache anerkannt und im Jahre 1991 funktional als Amtssprache aufgewertet. Französisch dominiert im amtlichen Schriftverkehr, Sango dagegen als gesprochene Arbeitssprache.

In den Massenmedien werden beide Sprachen verwendet. Radiosendungen sind zu etwa zwei Dritteln in Sango. Ein beträchtlicher Teil des Schrifttums in Sango ist Übersetzungsliteratur aus dem Französischen.

III. Amerika

Der amerikanische Doppelkontinent ist neben Australien die einzige Großregion der Welt, wo der Mensch relativ spät aufgetreten ist. Von den Menschenarten, die die anderen Kontinente bevölkert haben, ist in Amerika nur der moderne Mensch (Homo sapiens sapiens) fossil nachzuweisen. Die neuere archäologische und genetische Forschung hat ältere Annahmen bestätigt, wonach der Mensch aus dem ostasiatischen Raum über die Beringstrasse nach Alaska gelangte (Fagan 1987, Cavalli-Sforza et al. 1994: 303 f.).

Während der letzten Eiszeit waren riesige Wassermassen in Eis gebunden, und der Wasserstand der Weltmeere war bedeutend niedriger als in der Neuzeit. Dort, wo heute eine Wasserstrasse die Kontinente Asien und Amerika trennt, bestand damals eine eisbedeckte Landenge. Über diese Landenge folgten die Menschen dem Großwild, das am Rande des ewigen Eises von Westen nach Osten wechselte. Das Alter der ältesten Feuerstellen in Südalaska wird auf ca. 40–45 000 Jahre geschätzt. Die ältesten Siedlungsfunde an der Südspitze Amerikas, auf Feuerland, sind ca. 12 000 Jahre alt. Es dauerte also mehrere Zehntausend Jahre, bis der Mensch von Alaska bis zum anderen Ende des Kontinents vorgedrungen war.

Die drei Migrationen, die Besiedlung Amerikas und die Entstehung der altamerikanischen Hochkulturen

Zahnmedizinische und genetische Untersuchungen haben eine Reihe von anthropologischen Parallelen zwischen amerikanischen und asiatischen Populationen ermittelt, die darauf hinweisen, dass die ersten Amerikaner aus dem Nordosten Chinas stammten. Nach sprachvergleichenden Gesichtspunkten erfolgte die Besiedlung Amerikas in drei Wellen (Greenberg 1987). Die älteste war die Hauptwelle, die man sich als permanenten Migrationsschub über einen längeren Zeitraum vorzustellen hat. Die allermeisten Indianersprachen Amerikas haben sich aus den Sprachen der frühen Einwanderer entwickelt.

Eine zweite Migration, deren Schubkraft insgesamt schwächer war als die der ersten, führte weit ins Landesinnere Nordamerikas hinein. Drei Sprachgruppen, die athabaskischen Sprachen, Eyak und vielleicht auch Tlingit bilden die Na Dene-Sprachfamilie, deren Vertreter in Alaska, Nordwest-Kanada und im Südwesten der USA verbreitet sind (Krauss 1979). Diese setzen die alten Sprachen jener späteren Einwanderer fort. Hierzu gehören Sprachen wie Navajo und verschiedene Varianten des Apache. Für die Na Dene-Sprachen kann keine Verwandtschaft mit den übrigen Indianersprachen nachgewiesen werden. Entfernt verwandt sind die Na Dene-Sprachen mit den Sprachen im nördlichen Kaukasus. Vielleicht handelt es sich hierbei um die Reste einer einst größeren und weit verbreiteten Sprachfamilie (Klimov 1977).

Die jüngste Migration ist die der Vorfahren der Eskimo und der mit ihnen verwandten Aleuten. Um 1000 v. Chr. gelangten die Proto-Eskimo ins nördliche Kanada. Ab etwa 1000 n. Chr. besiedelten sie auch den Küstensaum Grönlands. Im Süden Grönlands stiessen sie mit den isländischen Kolonisten zusammen, die dort ihre Siedlungen gründeten. Noch heute ist die enge Verwandtschaft zwischen den Eskimo in Grönland, Kanada, Alaska und im östlichen Sibirien an der Sprache und an ihrer materiellen Kultur zu erkennen. Die regionalen Varianten des Eskimo und das Aleutische gehören zur Gruppe der paläoasiatischen Sprachen (Vachtin 1996). Es gilt als sicher, dass diese Sprachen, wozu auch das Jukagirische, Orokische, Ketische, Kerekische, Ainu u. a. gehören, Reste einer über weite Regionen im nördlichen Asien verbreiteten Sprachfamilie sind. Heutzutage werden die meisten paläoasiatischen Sprachen von weniger als jeweils 1000 Menschen gesprochen (Haarmann 2001b: 39 ff., 91 ff.).

Die Indianerkulturen in der Neuen Welt haben eine ähnliche evolutive Entwicklung erlebt wie die Kulturen in der Alten Welt. Hier wie dort haben die Menschen lange von der Jagd, vom Fischfang und vom Sammeln gelebt. Mit dem Zwischenstadium einer saisonal bedingten temporären Sesshaftigkeit (Sommer- und Winterlager in verschiedenen Regionen) schritt die Entwicklung zur sesshaften Lebensweise voran. In der Alten Welt kann man die Anfänge einer nahrungsproduzierenden Wirtschaftsform bereits für das 10. Jahrtausend v. Chr. nachweisen. In der Neuen Welt verzögert sich der Übergang zur Bodenbebauung. Maisanbau ist im Südwesten der USA und im Tal von Mexiko erst ab 5 000 v. Chr. praktiziert worden.

In der Alten wie in der Neuen Welt erfolgte der Übergang zur Sesshaftigkeit und zur Nahrungsproduktion nur bei bestimmten Populationen in bestimmten Regionen. Diese Wirtschaftsform ermöglicht die Ernährung einer größeren Bevölkerung, und die Nahrungsversorgung kann durch Vorratswirtschaft gesichert werden. Allein diese beiden Aspekte machen die neue Wirtschaftsform auch für die Nachbarkulturen attraktiv, so dass sich der Anbau von Nutzpflanzen vom Ursprungsgebiet in umliegende Regionen ausbreitet. Zu einer Zeit, als die Menschen in Amerika mit dem Ackerbau begannen, hatte sich diese Wirtschaftsform in der Alten Welt bereits in weite Teile Asiens und Europas erstreckt. In Afrika dagegen erfolgte der Übergang zur Nahrungsproduktion ähnlich spät wie in Amerika. Die wichtigsten Regionen im präkolumbischen Amerika, wo Ackerbau vor der Ankunft der Europäer betrieben wurde, waren (von Norden nach Süden) der Südosten der heutigen USA (Florida), der Südwesten (Kalifornien, Arizona), das Tal von Mexiko, die Halbinsel Yucatán, Guatemala und die Andenländer, d. h. im Einflussbereich der Inka-Zivilisation (Bray 1980).

Die präkolumbischen Kulturen der Neuen Welt zeigen eine ähnliche Variationsbreite an Entwicklungsstufen wie die Kulturen in der Alten Welt. Hier wie dort sind unabhängig voneinander Hochkulturen entstanden. Ohne Einwirkung von außen haben sich Hochkulturen wie die der Maya, der Azteken, Zapoteken, Mixteken u. a. in Mesoamerika, die von Chavin in Peru und der Inka in der Andenregion von Ecuador bis nach Nordchile entwickelt. In Mesoamerika sind frühe hochkulturelle Merkmale bei den Olmeken erkennbar, und zwar bereits im Zeitraum zwischen 1000 und 500 v. Chr. (Benson/Fuente 1996).

Die übrigen präkolumbischen Regionalkulturen zeigen – wie in der Alten Welt – unterschiedliche Entwicklungsstufen und verschiedene Grade von Anpassung einer lokalen Bevölkerung an die ökologischen Bedingungen des Siedlungsgebietes. Die Eskimo im Norden hatten sich ideal den arktischen Verhältnissen angepasst und ihre Jagdmethoden auf den Robbenfang spezialisiert. Weiter südlich in der breiten Wald- und Grasslandzone herrschten Jägerkulturen vor. In den Regenwaldgebieten Südamerikas hatte sich bei vielen Kleinvölkern das Stadium einer Wildbeutergesellschaft erhalten. Diese Wirtschaftsform hat sich bis heute in unzugänglichen Gegenden des Regenwaldes bewährt und wird weiterhin betrieben. Von der Andenregion aus verbreitete sich der Feldanbau, insbesondere von Maniok, bis ins Tal des Amazonas.

Exkurs: Die prähistorische Ausgliederung der Indianersprachen Mesoamerikas

Die historische Verteilung der Indianersprachen Mesoamerikas ist das Ergebnis sukzessiver Migrationsschübe in nord-südlicher Richtung, die bereits in prähistorischer Zeit einsetzten (Castañeda 1988: 154 ff.). Im Prozess der Südverschiebung der Populationen haben sich die präkolumbischen Areale herausgebildet, in denen die Idiome der verschiedenen Sprachfamilien heimisch geworden sind, teils in geographischer Nachbarschaft, teils in Kontaktzonen. Sprachen der Guaicura-Gruppe, die ursprünglich im Gebiet von Los Angeles gesprochen wurden, sind im Laufe der Zeit immer weiter nach Süden, in die unwirtlichen Wüstengebiete der kalifornischen Halbinsel abgedrängt worden. Im nördlichen Mexiko hat der Einbruch der Uto-Azteken seit dem 3. Jahrtausend v. Chr. den größten Schub nach Süden ausgelöst (siehe Karte 8a).

Die Sprecher des Taraskischen, die heutzutage isoliert im Inland des südlichen Mexiko leben, haben um 1500 v. Chr. noch an der Westküste des Landes gesiedelt. Als Folge der Einwanderung von Uto-Azteken in ihr Siedlungsgebiet haben sich die meisten Tarasken seit etwa 500 v. Chr. assimiliert. Das ursprüngliche Siedlungsgebiet der Maya war nicht die Halbinsel Yucatán, sondern das östliche Küstengebiet Zentralmexikos. Auch für ihre Migration nach Südosten, die noch vor 2000 v. Chr. einsetzt, ist der uto-aztekische Siedlungsdruck verantwortlich. Als die Europäer das zentrale Amerika kolonisierten, waren die uto-aztekischen und die Maya-Sprachen die sprecherreichsten Mexikos (siehe Karte 8b).

Das moderne Verbreitungsgebiet der Indianersprachen ist zerrissen wie ein zerfetzter Flickenteppich (siehe Karte 8c). In vielen Regionen hat sich das Spanische wie ein Keil in die ehemals geschlossene Zone der einheimisch-amerikanischen Sprachen geschoben, so dass es im zentralen und südlichen Mexiko viele isolierte indianische Sprachinseln inmitten des spanischen Sprachgebietes gibt. In ihrer Zerrissenheit ähnelt die Situation im südlichen Mexiko der in manchen Kontaktzonen Russlands (z. B. Wolgaregion, westliches und mittleres Sibirien), wo durch die Verbreitung der Importsprache (d.h. des Russischen) ältere, einheimische Sprachzonen (u.zw. finnisch-ugrische und türkische) aufgelöst wurden.

Das Spanische hat seit dem 16. Jahrhundert einen Assimilationsdruck auf die Indianersprachen Mexikos ausgeübt, der sich im mittleren und nördlichen Landesteil am stärksten auswirkte. Die Sprecher der Indianersprachen

> haben sich aber nicht einfach assimiliert, sondern häufig ihre einheimische Muttersprache bis heute bewahrt und sprechen Spanisch als Zweitsprache. Beeinflusst durch die lautlichen und grammatischen Strukturen der verschiedenen Indianersprachen, treten in der Art und Weise, wie Indianer Spanisch sprechen, zahlreiche Interferenzen auf. Die spanischen Dialektzonen in Mexiko haben sich entsprechend den regionalen Interferenzeinflüssen herausgebildet. Im mexikanischen Spanisch gibt es Tausende von Lehnwörtern aus den amerikanischen Sprachen, die teilweise – wie die lautlichen und grammatischen Interferenzen auch – auf den Sprachgebrauch in einer bestimmten Region beschränkt bleiben. Hunderte der Lehnwörter sind allerdings im gesamten spanischen Sprachgebiet Mexikos verbreitet (Santamaria 1983).
>
> Das Spanische seinerseits hat die Indianersprachen tiefgreifend beeinflusst, sie teilweise sogar überformt. Die Sprachkontakte waren vielerorts so intensiv, dass zahlreiche sprachliche Fusionsprodukte entstanden sind. Eines davon ist das in Zentralmexiko (im Tal von Puebla-Tlaxcala) verbreitete Mexicano. Dies ist die Sprache der Nachkommen der Azteken, die bis heute Varianten des Nahuatl bewahrt haben. Mexicano ist eine vom Spanischen überformte einheimische Sprachform, in deren Lautsystem, Grammatik und Syntax spanische Elemente so fest verankert sind, dass sie ohne diese nicht funktionsfähig wäre. »Die Syntax des Malinche-Mexicano ist eine Fusion eingegangen mit der lokalen Variante des Spanischen. Es ist möglich, ein verständliches (wenn auch wenig elegantes) Mexicano zu sprechen, indem Ausdrücke entweder spanischer Herkunft oder aus dem Malinche, die entsprechend der Grammatik des Mexicano flektiert sind, in spanische Satzkonstruktionen eingebettet werden, wobei alles durch spanische Bindewörter zusammengehalten wird.« (Hill/Hill 1986: 233)

Frühe Kontakte der Amerikaner mit Europäern und ihren Sprachen

Die Europäer gelangten zu verschiedenen Zeiten und unter verschiedenartigen Bedingungen nach Amerika. Wenn man von Spekulationen absieht, wonach erst phönizische und sehr viel später auch irische Seefahrer die Küsten Amerikas erreicht haben sollen, so sind die ersten Europäer, die die Neue Welt sahen, isländische Kolonisten, die von Grönland aus bis an die Nordostküste des damals unbekannten Kontinents vorstiessen. Ähnlich wie in Südgrönland hat es auch in Labrador und weiter südlich, in »Vinland«, temporäre Siedlungen der Wikinger (»Nordmänner«) gegeben (Wahlgren 1993). Dieser erste mittelalterliche Kontakt hatte aber kei-

Karte 8a: Die historische Entwicklung der Sprachenverteilung in Mexiko um 2500 v. Chr.. (Castañeda 1988, Karte 12)

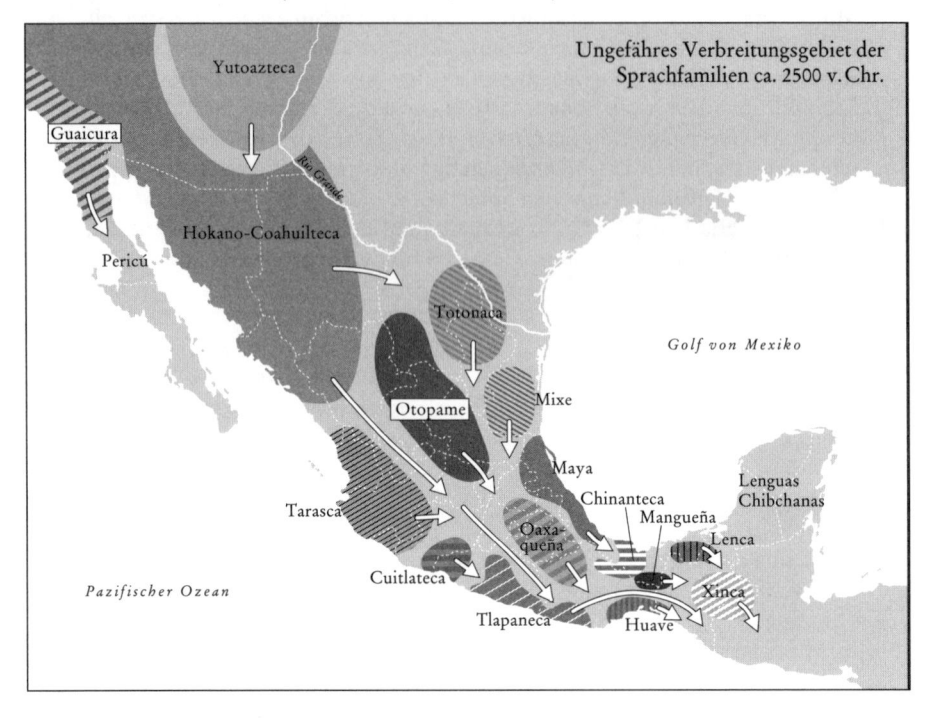

nen Bestand. Außerdem blieb die Kenntnis vom Land westlich Grönlands auf den nordgermanischen Kulturkreis beschränkt. Als Kolumbus auf seine »Entdeckungsreise« ging – die eigentlich als Erschließung des Seewegs nach China gedacht war –, waren ihm die Sagas der Isländer, die von Amerika berichteten, nicht bekannt.

Die Wiederentdeckung Amerikas durch Kolumbus, diesmal für ganz Europa, ist Jahrhunderte lang einseitig glorifiziert worden. In der Tat bedeutete die Eroberung und wirtschaftliche Ausbeutung der Neuen Welt durch die Europäer den Aufbruch in ein neues Zeitalter. Aus diesem Grund setzen viele europäische Historiker immer noch den Beginn der Neuzeit mit dem Jahr 1492 an. Die Amerikaner haben dagegen allen Grund zur Skepsis gegenüber europäischen Verherrlichungen. In den vergangenen Jahrzehnten haben aber auch die Europäer zunehmend ein kritisches Bewusstsein entwickelt. Die historische Sinnbildung ist in der Neuen Welt grundsätzlich verschieden von der in der Alten Welt. Die Gedenkfeiern zum fünfhundertsten Jahrestag der ersten Kolumbusreise

Karte 8b: Die historische Entwicklung der Sprachenverteilung in Mexiko um 1500 und 1700. (Castañeda 1988, Karte 16)

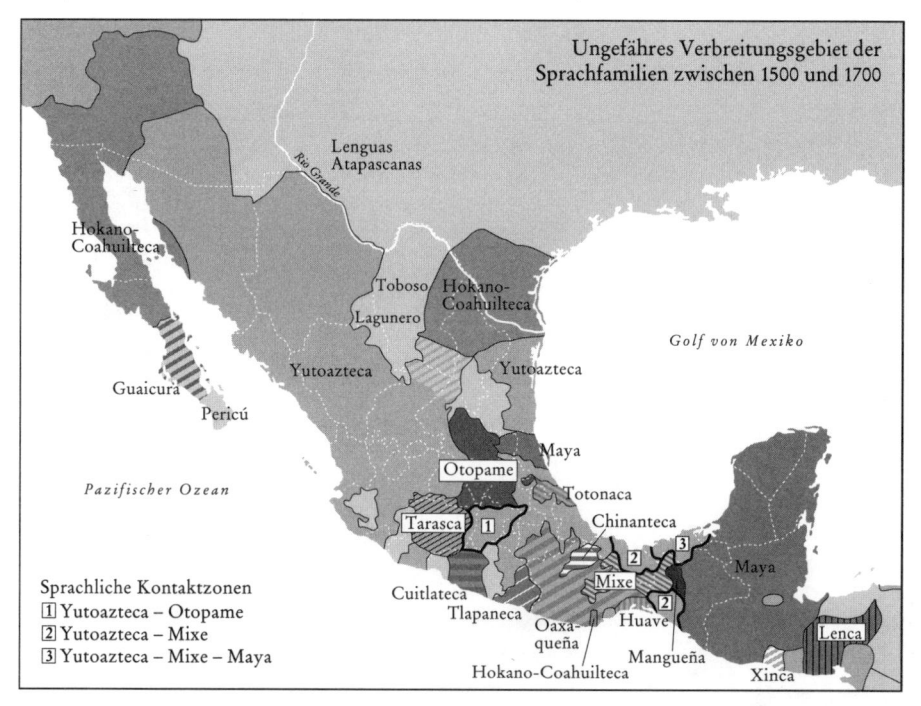

wurden denn auch in Amerika und Europa in sehr zwiespältiger Stimmung begangen (Amerika 1492-1992).

Die anfänglichen Begegnungen zwischen Europäern und Amerikanern waren alles andere als harmonisch. Sobald Europäer irgendwo in der Neuen Welt Fuß gefasst, ihre militärische Überlegenheit demonstriert und Stützpunkte angelegt hatten, waren sie bemüht, die Einheimischen unter ihre Kontrolle zu bringen. Die Amerikaner hatten für die Europäer nur den Wert von Arbeitskräften und von Objekten christlicher Mission. Die militärische Eroberung der amerikanischen Kolonien wäre langwieriger gewesen oder hätte sich sogar um Jahrzehnte verzögert, wenn nicht interne Streitigkeiten der Amerikaner untereinander den Europäern in die Hände gespielt hätten.

Cortés hätte die Macht der Azteken nicht allein mit seinen Truppen brechen können. Er konnte aber auf die Unterstützung mehrerer, von den Azteken unterdrückter Völker rechnen, die dem spanischen Conquistador die nötige Rückendeckung für dessen Eroberungspläne verschafften.

Karte 8c: Die Sprachenverteilung in Mexiko um 1980. (Castañeda 1988, Karte 7)

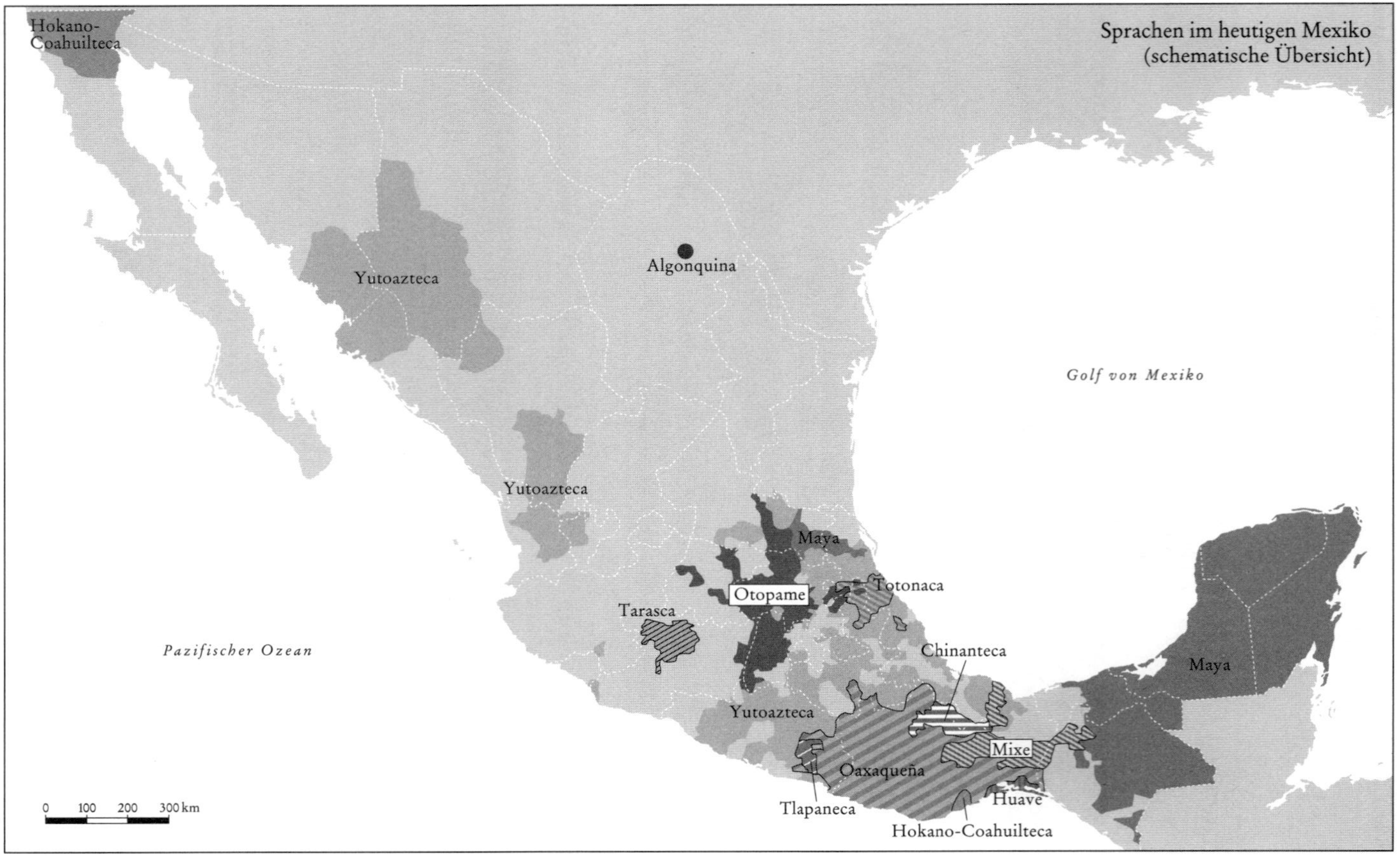

Die angebliche »Befreiung« vom aztekischen Joch stellte sich aber bald als Rückschlag heraus, denn die europäische Unterdrückung war viel systematischer organisiert (Gruzinski 1993).

Interne Zwistigkeiten waren auch in anderen Teilen Amerikas der Grund, weshalb die Indianer schon bald in die Defensive gegenüber den landnehmenden Europäern gerieten. Die Eroberungen der Spanier in Südamerika, der Sturz des Inka-Reiches und die koloniale Erschließung der Andenregion gelang, weil die Conquistadoren die machtpolitischen Querelen der verschiedenen ethnischen Gruppierungen für sich ausnutzten. Einen einheitlich organisierten Widerstand gegen die Kolonisten hat es weder im südlichen noch im nördlichen Teil Amerikas gegeben.

Ganz im Gegenteil haben es die Kolonialmächte immer verstanden, die verfeindeten Indianerstämme geschickt in ihre machtpolitischen Strategien einzubinden und deren Hilfstruppen rücksichtslos dort einzusetzen, wo das eigene Truppenaufgebot zu schwach war. Im britisch-französischen Kolonialkrieg (1754-63) kämpften indianische Verbände auf beiden Seiten. Die militärischen Erfolge der Briten sicherten ihnen den Zugang zu den Großen Seen und ins Ohio-Tal. Den Indianern blieb als einziges die Revanche, mit irgendeinem gegnerischen Stamm abzurechnen, und zwar mit einer von der jeweils verbündeten Kolonialmacht garantierten Handlungsfreiheit.

Exkurs: Die Entstehung und Entwicklung der frankophonen Siedlungen in Nordamerika

Die Proportionen des französischen Kolonialgebiets in Nordamerika waren gegen Ende des 17. Jahrhunderts noch ganz andere als zur Zeit der Unabhängigkeit der Vereinigten Staaten (Rossillon 1995: 30 f.). Ausgehend von den historischen Zentren französischer Siedlung und Administration, Akadien (seit 1604), Québec (seit 1608) und Louisiana (seit 1682), kontrollierten die Franzosen weite Teile der heutigen USA und Kanadas. Das französische Einflussgebiet erstreckte sich über das gesamte Flusstal des Mississippi bis hoch zum Saskatchewan. Auch das Gebiet der Großen Seen bis zum St. Lawrence-Strom gehörte dazu. Die Südregion um die Hudson Bay war seit Ende des 17. Jahrhunderts zwischen Engländern und Franzosen umstritten. Im Verlauf des 18. Jahrhunderts verloren die Franzosen weite Teile ihrer nordamerikanischen Kolonien an die Engländer. Im Jahre 1771 fiel auch Kanada an England.

Von den historischen Siedlungszentren ist Québec das mit den meisten

Französisch-Sprachigen (1991: 5,689 Mio.). Davon sind die meisten französischer Abstammung (u.zw. 5,077 Mio.), die übrigen Assimilanten, die zum Französischen übergewechselt sind. In den anderen Regionen Nordamerikas hat sich die Assimilation der Amerikaner französischer Herkunft ans Englische ausgewirkt. Von den 1,068 Mio. Kanadiern französischer Abstammung, die außerhalb der Provinz Québec leben, sprechen noch 1,032 Mio. (96,6 %) Französisch als Muttersprache. In den USA ist die Assimilation vergleichsweise am weitesten fortgeschritten. Von ursprünglich 13,156 Mio. Bürgern französischer Herkunft sprechen noch 2,4 Mio. (18,1 %) die Muttersprache ihrer Vorfahren (Trépanier/Louder 1993).

Die stärkste Migrationsbewegung von Amerikanern aus den historischen Zentren der Frankophonie ist nach Westen gerichtet (siehe Karte 9). Die beliebtesten Zielgebiete im Westen Nordamerikas sind Vancouver (Kanada) und San Francisco sowie Los Angeles in den USA. Der situationelle Druck des Englischen verstärkt sich entsprechend der Entfernung von den historischen Zentren der nordamerikanischen Frankophonie (Louder/Waddell 1988). Die Vitalität des Französischen ist in Québec vergleichsweise am stärksten; von den 5,689 Mio. französischen Muttersprachlern sprechen 5,604 Mio. (98,5 %) ihre Muttersprache regelmäßig zu Hause. In den USA ist die Vitalität der Muttersprache in ihrer Funktion als Heimsprache erheblich schwächer; von 2,4 Mio. Muttersprachlern verwenden 1,7 Mio. (70,8 %) Französisch als Heimsprache. Bei der frankophonen Bevölkerung Kanadas außerhalb Québecs ist die Vitalität des Französischen am geringsten; von 1,032 Mio. Muttersprachlern sprechen nur noch 0,507 Mio. (49,1 %) Französisch zu Hause.

Die Welten, die zu Beginn des 16. Jahrhunderts in Mesoamerika aufeinander prallten, waren zu verschieden, als dass irgendeine Hoffnung auf friedliche Interaktion bestanden hätte. Die Vehemenz, mit der die spanischen Eroberer auf die Völker der Region losschlugen und deren Machtstrukturen zerstörten, hat Generationen von Historikern und Kulturwissenschaftlern beschäftigt. Sicher war es nicht der bewaffnete Widerstand der Amerikaner allein, der die Europäer zu ihrem Vernichtungsfeldzug herausforderte.

Es gab in Mesoamerika etwas, was es nach den weltanschaulichen Maximen der Europäer nicht geben durfte: eine den europäischen Gesellschaften ebenbürtige Zivilisation mit beeindruckender Architektur und Kunst, mit handwerklicher Spezialisierung und Kunstfertigkeit auf hohem Niveau (wie beispielsweise die Goldschmiedetechnik), mit astronomischen Erkenntnissen, die das europäische Wissen in manchem übertrafen, mit einem komplexen religiösen Weltbild, in dem auch die dem Monotheismus

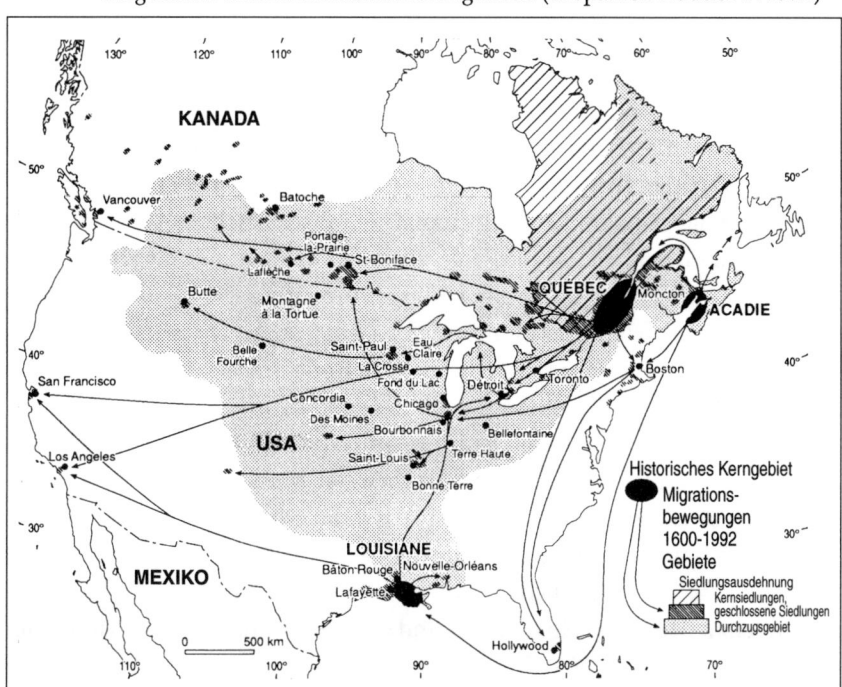

Karte 9: Historische Zentren der Francophonie in Amerika und davon ausgehende inneramerikanische Migration (Trépanier/Louder 1993: 2)

der Alten Welt ähnelnde Lehre von einem Hochgott Platz hatte, außerdem mit Schriftgebrauch und einer Literatur.

In der Aggressivität, mit der sich die weltlichen Machthaber und die Vertreter der katholischen Kirche daran machten, die Institutionen der mesoamerikanischen Zivilisation zu zerstören, manifestierte sich die Unfähigkeit der Europäer, die Konfrontation zweier zivilisierter Welten geistig zu verarbeiten und die Erfahrungen der historischen Begegnung im Sinn eines wechselseitig nutzbringenden Kulturaustausches auszuwerten (Bitterli 1991). Nicht nur die physische Liquidation der indianischen Eliten oder die Vernichtung der materiellen Zeugen ihrer Kultur (wie die Verbrennung der Bibliotheken), sondern insbesondere auch die ersatzlose Tilgung indianisch-zivilisatorischen Wissensgutes, das damit späteren Generationen vorenthalten wurde, prägen die Erinnerungen an die Kolonialgeschichte bis heute. Die Konfrontation der Welten in Amerika löste eine Katastrophe aus, den Genozid an den Indianerkulturen, die Massenversklavung und Ausbeutung der Altamerikaner, und eine geistige Krise, die die Europäer bis heute nicht bewältigt haben.

Erst moderne Forscher haben den Mut bewiesen, die Auswüchse des europäischen Vernichtungswahns in Mesoamerika und später in Nordamerika als das zu bezeichnen, was sie wirklich waren, als die Schrecken eines »amerikanischen Holocaust« (Stannard 1992). Die alten Kulturen der Azteken, Maya, Zapoteken, Tolteken, Mixteken und anderer Völker wurden vernichtet, und mit ihnen die herrschende Klasse, die den alten Machtstrukturen Autorität verliehen hatte: die Sippen der lokalen Könige, die Angehörigen der Aristokratie, die Priesterschaft. Die physische Vernichtung der alten Machtträger war gleichbedeutend mit einem elitären Genozid, nicht aber mit einer Vernichtung ganzer Völker. Die Nachkommen der meisten präkolumbischen Völker in Mesoamerika leben bis heute in den modernen Staaten der Region und sprechen überwiegend die Sprachen ihrer Vorfahren (Castañeda 1988).

Die klassischen Sprachen starben mit der Vernichtung von deren Schriftlichkeit aus, die lebenden Sprachen der Moderne sind Fortsetzungen des gesprochenen Nahuatl, Maya usw. So wie sich in Europa die romanischen Sprachen aus dem gesprochenen Latein und im Kontakt mit lokalen Sprachen ausgegliedert haben, so haben sich die modernen Indianersprachen Mexikos, Guatemalas und anderer Kleinstaaten in Mesoamerika aus den gesprochenen Varianten der Sprachen fortentwickelt, die zur Zeit der Ankunft der Europäer in Gebrauch waren.

Sprachkontakte der Moderne

Die Entwicklung der Indianersprachen ist wesentlich vom Spanischen beeinflusst worden, das den Wortschatz und die Phraseologie, die Grammatik und auch die Phonetik berührt hat. Je nach dem, ob das Spanische oder eine lokale Indianersprache für die Kommunikation der Menschen einer Region wichtiger ist, kommt es zu vielerlei Interferenzen wie beispielsweise das Phänomen, dass jemand indianisch mit spanischer Syntax und mit Hispanismen überladenem Wortschatz spricht. Eine weit verbreitete mischsprachliche Variante ist das Mexicano in Zentralmexiko (s. Fenster).

Viele präkolumbische Kleinvölker verschwanden von der ethnographischen Karte Amerikas. Die Menschen fielen den Ausrottungskampagnen der Kolonialherren und den von ihnen eingeschleppten Krankheiten zum

Opfer, oder sie konnten den kargen Existenzbedingungen in den Regionen nicht widerstehen, in die sie von den Weißen vertrieben wurden. Viele einheimische Sprachen starben mit den letzten ihrer Sprecher aus. Lang ist beispielsweise die Liste der Indianersprachen in den USA, die in den letzten hundert Jahren ausgestorben sind, oder die nur noch von einer Handvoll alter Menschen gesprochen werden (s. Haarmann 2002: 41 f.). Dazu gehören mehr als 100 Einzelsprachen. Andere Kleinsprachen haben ihre Sprecherzahl kaum verändert, entweder deshalb, weil die ethnische Gemeinschaft unter wirtschaftlichen Bedingungen gelebt hat, die kein nennenswertes Bevölkerungswachstum fördern (z. B. Wildbeuter in der brasilianischen Regenwaldzone) oder weil die Zuwachsrate der potenziellen Sprecher einer Indianersprache durch Assimilationsprozesse reduziert wurde.

Assimilationsprozesse sind neben dem »physischen Sprachentod« (Tod der Sprecher) der wirksamste Faktor für den Rückgang der einheimischen amerikanischen Sprachen in den vergangenen Jahrhunderten. Durch natürlichen Geburtenüberschuss hat die Zahl der Indianer in Nordamerika heute in etwa wieder den Stand um 1500 erreicht. Die Gesamtzahl aller ethnischen Indianer macht aber in den USA nur 1 % der Gesamtbevölkerung aus. Vom Standpunkt des Status der Indianersprachen als Muttersprachen ist deren heutige Sprecherzahl aufgrund der Wirksamkeit historischer und rezenter Assimilation ans Englische wesentlich kleiner als zur Zeit der Ankunft der Europäer. Es gibt heute zahlreiche volksstarke Indianerpopulationen, von denen nur noch ein Bruchteil ihre Muttersprache beherrschen. Die Existenz vieler Indianersprachen endet in irgendeinem Altersheim der USA oder Kanadas mit dem Ableben ihrer letzten Sprecher (Thornton 1996). Andere Indianersprachen sind sprecherreich und vital, so die Sprachen der Quechua-Gruppe (siehe Tab. 7).

In wenigen Regionen Amerikas dominieren einheimische Sprachen bis heute als Muttersprachen. In Paraguay ist Guaraní die nach ihrer Sprecherzahl stärkste Sprache des Landes. In Guatemala sind es Varianten des modernen Maya, die von der Mehrheit der Bevölkerung gesprochen werden. Auch im südlichen Mexiko überwiegen lokale Indianersprachen, während das Spanische vorwiegend als Zweitsprache, nicht als Muttersprache verbreitet ist. Die Mehrheitsverhältnisse der einheimischen Sprachen schaffen günstige Voraussetzungen für die Tradierung des kulturellen Erbes ihrer Sprecher im Generationenwechsel. Diese Faktoren sind auch wichtige Bausteine für die ethnische Identität der Regionalbevölkerung, in manchen Regionen sogar ein Motor für politisch brisante Autonomiebewegungen, wie in der mexikanischen Provinz Chiapas.

In den meisten Staaten Amerikas haben sich die Proportionen der importierten Sprachen im Verhältnis zu den einheimischen einseitig und extrem verschoben. Die ehemaligen Kolonialsprachen (Englisch und Französisch in Nordamerika und in der Karibik, Spanisch in Mesoamerika, Spanisch und Portugiesisch in Südamerika) haben sich fast überall als Amtssprachen behauptet. In der Karibik mit ihrem Völkergemisch haben sich im Kontakt europäischer mit einheimischen Sprachen zahlreiche Pidgins und Kreolsprachen entwickelt. Alle Kolonialsprachen waren an diesen Fusionsprozessen in der Karibik beteiligt, so dass es dort Kreolsprachen auf englischer, französischer, spanischer, portugiesischer und niederländischer Basis gibt (s. Verbreitungskarte der Kreolsprachen in der Karibik bei Haarmann 2001c: 276).

Zahlreich sind die Sprachen europäischer und asiatischer Immigranten, die in Amerika heimisch geworden sind (Thernstrom 1980). Hierzu gehören Sprachen, die schon seit vielen Generationen in Amerika verwurzelt sind (z. B. Italienisch, Russisch, Chinesisch), oder wie das Deutsche in Pennsylvania sogar seit Jahrhunderten. Viele Importsprachen haben sich bis heute vital erhalten. Die Nachkommen italienischer Immigranten sprechen die Sprache ihrer Vorfahren in Kanada wie in den USA, in Argentinien ebenso wie in Brasilien. Es haben sich auf amerikanischem Boden in der zweiten, dritten und den Folgegenerationen Varianten von Zweisprachigkeit entwickelt, die in den Herkunftsländern unbekannt waren (z. B. ital.-engl. Bilingualismus in Kanada und in den USA, ital.-span. Bilingualismus in Argentinien, u. a.).

Die Erhaltung der Immigrantensprachen als Muttersprachen ist von vielen ökologischen Bedingungen abhängig. In einigen Regionen Amerikas ist der Trend zur Assimilation an eine dominante Sprache stärker als in anderen. In den USA herrschte im 19. und im 20. Jahrhundert (bis in die 1960er Jahre) ein assimilatorischer Trend vor, wonach das Ideal der US-Gesellschaft in der totalen sprachlich-kulturellen Fusion ihrer Mitglieder gesucht wurde. Das Englische verfügte über immense assimilatorische Kapazitäten. Dem Stereotyp des amerikanischen melting pot sind weniger Importsprachen, als vielmehr die einheimischen Indianersprachen zum Opfer gefallen.

Als Gesellschaftsmodell hat die Idee vom melting pot aber längst ausgedient. Die roots-Bewegung der 1970er Jahre hat den Trend zum Multi-

Tab. 7: Sprachvarianten des Quechua – Regionale Verbreitung und Sprecherzahlen

Sprecherzahl	Variante	Verbreitung
3,63 Mio.	südbolivian. Q.	Bolivien (2,78 Mio.) Argentinien (0,85 Mio.)
1,5 Mio.	Cuzco-Q.	Peru
1 Mio.	Ayacucho-Q.	Peru
1 Mio.	Chimborazo-Q.	Ecuador
0,3 Mio.	Imbabura-Q.	Ecuador
0,3 Mio.	Huaylas-Q.	Peru
0,25 Mio.	südl. Conchucos-Q.	Peru
0,2 Mio.	nördl. Conchucos-Q.	Peru
0,116 Mio.	nordbolivian. Q.	Bolivien
0,1 Mio.	Cañar-Q.	Ecuador
75 000	Quichua von Santiago del Estero	Argentinien
75 000	Huaylla-Q.	Peru
65 000	Ambo-Pasco-Q.	Peru
55 000	Margos-Chaulán-Q.	Peru
40 000	Huallaga-Q.	Peru
40 000	Tarma-Junín-Q.	Peru
38 000	Q. von Huamalies-nördl. Dos de Mayo	Peru
35 000	Cajamarca-Q.	Peru
31 500	Jauja-Q.	Peru
30 000	Calderón-Q.	Ecuador
25 000	Loja-Q.	Ecuador
25 000	Ancash-Q.	Peru
20 500	Pasco-Yanahuanca-Q.	Peru
20 000	Lambayeque-Q.	Peru
20 000	Q. von San Martín	Peru
18 950	Yauyos-Q.	Peru
17 500	Panao-Q.	Peru
16 500	Cajatambo-Q.	Peru
16 000	Cotahuasi-Q.	Peru
15 000	Corongo-Q.	Peru
12 000	Marañón-Q.	Peru
Weitere regionale Varianten des Quechua:			
10 000 (Salasaca-Q./Ecuador), 10 000 (Napo-Q./Peru), 10 000 (Sihuas-Q./Peru), 10 000 (Q. von Pasco-Santa Ana de Tusín/Peru), 10 000 (Q. von Santa Rosa/Peru), 10 000 (Hochland-Inga/Kolumbien), 8 000 (Tiefland- oder Dschungel-Inga/Kolumbien), 5 000 (Q. von Colla, nordwestl. Jujuy/Argentinien), 5 000 (Napo-Q./Ecuador), 5 000 (Tena-Q./Kolumbien), 5 000 (Cachapoyas- oder Amazonas-Q./Peru), 5 000 (Q. von Santa Rosa/Ecuador), 4 000 (Pastaza-Q. bzw. Inga/Peru), 4 000 (Tigre-Q./Ecuador), 4 000 (Hochland-Inga/Venezuela), 2 000 (Tigre-Q./Peru), <10 (Pacaroas-Q./Peru)			
Regionale Varianten des Quechua, deren Sprecherzahlen unbekannt sind: Apurimac-Q. (Peru), Puno-Q. (Peru), Napo-Q. (Kolumbien)			
Ausgestorbene Varianten des Quechua: Klassisches Q., chilenisches Q.			

kulturalismus und Multilingualismus gestärkt. Der ethnic revival ebbte zwar in den 1980er Jahren ab, dies war aber nur ein Zwischenstadium, denn die 1990er Jahre stehen ganz im Zeichen eines modernen Multikulturalismus-Trend (Glazer 1997). Die heutige Situation der multikulturellen, offenen US-Gesellschaft ist treffend als das »amerikanische Kaleidoskop« (Fuchs 1990) bezeichnet worden.

Der Erhaltungsgrad einer Importsprache ist abhängig davon, in wieweit ihre Sprecher bereit sind, sich zu integrieren (was die Bereitschaft einschließt, in anderssprachige Gemeinschaften einzuheiraten) oder es vorziehen, sich in endogamen Gruppenbeziehungen zu isolieren. Die Vitalität bestimmter asiatischer Importsprachen wie Chinesisch, Koreanisch oder Vietnamesisch in den USA erklärt sich aus dem hohen Stellenwert der sozialen Bindungen innerhalb der Familie und im Netz der Verwandtschaftsverhältnisse (Byun 1990).

Das Chinesische als Muttersprache ist deshalb vital, weil die chinesischen Verwandten untereinander rege Kontakte pflegen, und die Sprache ein wichtiger ethnisch-spezifischer Identitätsfaktor dieser sozialen Bindungen ist. Europäer sind erfahrungsgemäß eher bereit, sich in andere Gruppen als ihre eigene Ethnie zu integrieren. Besonders auffällig ist dieser Trend bei Amerikanern holländischer oder schwedischer Abstammung, während die Muttersprache eine vergleichsweise viel stärkere praktische und symbolische Bedeutung für die Nachkommen italienischer, polnischer oder finnischer Immigranten hat.

Wenn von den Import- oder Immigrantensprachen Amerikas die Rede ist, so wird mit diesem Begriff ganz allgemein das Kriterium der freien Immigration assoziiert. Die USA, Kanada, Argentinien usw. sind klassische Einwanderungsländer, was soviel bedeutet, dass diese Länder Amerikas von freiwillig dorthin emigrierenden Europäern oder Asiaten als neue Heimat gewählt wurden. Die Existenzbedingungen der freiwilligen Immigranten und ihrer Sprachen unterschieden sich fundamental von denen der unfreiwilligen Immigranten in historischer Zeit. Die vom 17. bis 19. Jahrhundert aus Afrika importierten Sklaven hatten über ihre Person, ihre Kultur und Sprache keinerlei Entscheidungsfreiheit. Die Grundbedingungen für den Fortbestand der Muttersprache, soziale Interaktion zwischen Gleichsprachigen, insbesondere im familiären Milieu, waren von Anbeginn zerstört, denn Sklaven wurden nicht familienweise, sondern als »Einzelstückware« gehandelt (Benedetti-Cruz 1992).

Die zahlreichen Importsprachen, die mit den afrikanischen Sklaven nach

Nordamerika, in die Karibik und nach Brasilien gelangten, sind bereits mit den Einwanderern gestorben, kaum dass einige in die zweite Generation der in Amerika geborenen Sklavenkinder überlebt haben. Die kurzfristige Existenz afrikanischer Sprachen auf amerikanischem Boden ist vollständig vom Assimilationsprozess der Sklaven in dem kulturell-sprachlichen Milieu verdeckt worden, in das sie hineingezwungen wurden. Allerdings finden sich Überreste afrikanischer Sprachen in »exotischen« Nischen der Sprachenwelt Amerikas. Yoruba, eine Niger-Kongo-Sprache, wurde mit Sklaven aus Westafrika nach Südamerika transferiert. Als gesprochene Sprache ist es dort längst ausgestorben, es lebt aber in den rituellen Gesängen einiger Lokalkulte weiter (z. B. in Suriname und in Nordostbrasilien). Mit dem Yoruba eng verwandt ist das Lucumi, das als Ritualsprache von den Priestern des Santería-Kultes in Kuba verwendet wird (Grimes 2000: 300). Kenntnisse dieser Sprache werden von den Eingeweihten an auserwählte Personen vermittelt, die den Kult weiterführen. Im Wortschatz des argentinischen Argot, des Lunfardo, haben sich Dutzende von Ausdrücken aus afrikanischen Bantusprachen erhalten. Dazu gehört auch *tango*, womit ursprünglich nicht der Tanz, sondern der Ort, wo man tanzte, bezeichnet wurde (Conde 1998: 353).

Seit den Anfängen der spanischen und portugiesischen, später englischen und französischen Kolonialzeit sind Hunderte von Indianersprachen untergegangen. Die meisten sind nicht einmal namentlich bekannt. Es wird heutzutage viel über Sprachensterben in Amerika diskutiert, ohne dass man sich über generalisierende Aussagen oder Hinweise auf konkrete Einzelfälle hinaus auch konkret um eine Inventarisierung untergegangener Sprachen bemüht hätte. Im Folgenden wird der Versuch unternommen, eine möglichst vollständige Liste all der amerikanischen Sprachen zusammenzustellen, die im Verlauf des 20. Jh. ausgestorben sind. An den Proportionen der Verteilung der toten Sprachen auf einzelne Staaten wird ersichtlich, dass die USA, Brasilien und Kolumbien die größten Sprachenfriedhöfe Amerikas sind:

- Abishira, Aguano, Atsahuaca, Aushiri, Hibito, Mayo, Nocaman, Omurano, Panobo, Sensi, Yameo (Peru),
- Acroá, Guana, Kaimbé, Kamakan, Kamba, Kambiwá, Kapinawá, Kayapó-Kradaú, Kirirí-Xokó, Manitsauá, Otí, Otuke, Pankararé, Paranawát, Pataxó-Hahahai, Potiguára, Puri, Tapeba, Tingui-Botó, Tremembé, Truká, Tupinambá, Tupinikin, Turiwára, Tuxá, Tuxináwa, Uamué, Wakoná, Wasu, Wiraféd, Xakriabá, Xipináwa, Yabaana, Yarumá (Brasilien),
- Aksana, Kunza, Yamana (Chile),

- Alsea, Applegate, Atakapa, Biloxi, Carolina Algonkin, Cayuse, Chasta Costa, Chilula, Chimakum, Chimariko, Chinook, Chitimacha, Chumash, Coquille, Costanoan, Erie, Esselen, Euchre Creek, Gabrielino, Galice, Kitanemuk, Kitsai, Kwalhioqua-Tlatskanai, Lassik, Massachusett/Natick, Mattole, Meherrin, Miami-Illinois, Mobilian, Molala, Nanticoke, Narragansett, Natchez, Nongatl, Nooksack, Nottoway, Ofo, Piscataway, Powhatan, Quapaw, Salinan, Sinkyone, Susquehannock, Takelma, Tillamook, Tunica, Tutelo, Twana, oberes Umpqua, Wailaki, Whilkut, Yana (USA),
- Andaqui, Anserma, Arma, Barbacoas, Cagua, Chibcha, Chipiajes, Coxima, Coyaima, Cumeral, Macaguaje, Natagaimas, Omejes, Peba, Piajao, Ponares, Popayán, Runa, Tama, Tomedes, Yahuna (Kolumbien),
- Baniva, Yavitero (Venezuela),
- Beothuk, Huronisch, Mahican, Pentlatch, Petun, Tsetsaut, Wenro (Kanada),
- Cacaopera (El Salvador),
- Chiapaneco, Chicomuceltec, Cuitlatec, Pochuteco, Tapachultec, Tepecano, Toboso, Tubar (Mexiko),
- Chirigua, Iñapari, Jorá, Leco, Pauserna, Puquina, Reyesano, Saraveca, Shinabo (Bolivien),
- Choltí (Guatemala),
- Inselkaribisch (Dominikanische Republik),
- Lule, Ona (Argentinien),
- Matagalpa, Subtiaba (Nicaragua),
- Taino (Westindische Inseln/Karibik).

Die bevölkerungsreichsten Staaten Amerikas	Die sprachenreichsten Staaten Amerikas	Die sprecherreichsten Sprachen Amerikas
USA (265,3 Mio.) Brasilien (161,4 Mio.) Mexiko (93,2 Mio.) Kolumbien (37,5 Mio.) Argentinien (35,2 Mio.) Kanada (29,9 Mio.) Peru (24,3 Mio.) Venezuela (22,3 Mio.) Chile (14,4 Mio.) Ecuador (11,7 Mio.)	Mexiko (295) Brasilien (236) USA (224) Peru (108) Kolumbien (98) Kanada (79) Guatemala (53) Bolivien (45) Venezuela (42) Argentinien (27)	Spanisch (344,3 Mio.) Englisch (240,6 Mio.) Portugiesisch (153,3 Mio.) Quechua (alle regionalen Varianten; 9,1 Mio.) Französisch (8,73 Mio.) Französisch-Kreolisch (alle regionalen Varianten; 7,46 Mio.) Englisch-Kreolisch (alle regionalen Varianten; 4,8 Mio.) Guaraní (4,65 Mio.) Deutsch (3,12 Mio.) Aimará (2,2 Mio.)

Anguilla
(Britisches Dependent Territory; s. Großbritannien)

Fläche:	96 qkm (The Valley: 595 E)
Bevölkerung:	11 147 E (1998), (zwischen 1984 und 1992 + 3,2 %)
Zusammensetzung der Bevölkerung:	Schwarze, Mulatten, Europäer (zumeist irischer Abstammung)
Gesamtzahl der Sprachen:	2 (Amtssprache: Englisch)

Sprechergruppe	Sprache
11 147	Englisch-Kreolisch der kleinen Antillen

Antigua und Barbuda

Fläche:	441,6 qkm (St. John's, auf Antigua: 30 000 E)
Bevölkerung:	67 000 E (1998), (seit 1990 + 0,6 %) (1998: Fertilität – 1,8 %/Mortalität – 0,5 %)
Stadtbewohner:	36 %
Analphabetenrate:	5 %
Zusammensetzung der Bevölkerung:	94,4 % Schwarze, 3,5 % Mulatten, 1,3 % Weiße
Gesamtzahl der Sprachen:	2 (Amtssprache: Englisch)

Sprechergruppe	Sprache
67 000	Englisch-Kreolisch der kleinen Antillen

Argentinien

Fläche:	2,766 Mio. qkm (Buenos Aires: 2,96 Mio. E/Agglomeration: 10,99 Mio. E)
Bevölkerung:	36,125 Mio. E (1998), (seit 1990 + 1,5 %) (1998: Fertilität – 2,0 %/Mortalität – 0,8 %)
Stadtbewohner:	89 %

Analphabetenrate:	3 %
Zusammensetzung der Bevölkerung:	über 90 % Weiße (36 % italienischer, 29 % spanischer, 1,5 % deutscher Abstammung), 5 % Mestizen, 0,1 % indianische Urbevölkerung
Gesamtzahl der Sprachen:	22 (Amtssprache: Spanisch)

Sprechergruppen	Sprachen
20 – 25 Mio.	Spanisch
2 – 5 Mio.	Aimará (zentrales A.)
0,5 – 1 Mio.	Quechua (südbolivian. Q.)
50 – 100 000	Quichua (Q. von Santiago del Estero)
20 – 50 000	Mapudungun, Wichí Lhamtés Vejoz
10 – 20 000	Chiriguano (westargentin. Guaraní), Mbyá-Guaraní (ostargentin. G.), Toba (Qom), Wichí Lhamtés Güisnay
3 – 5 000	Mocoví, Quechua (nordwestl. Q.)
1 – 3 000	Chorote (Manjuy), Pilagá
100 – 1 000	Chorote (Yofuaha), Chulupí, Kaiwá
10 – 100	Tapieté, Tehuelche, Wichí Lhamtés Nocten
Weniger als 10	Ona, Puelche
	Zusätzlich andere einheimische Sprachen (Chané, Chiripá, Vilela, u. a.) ohne genaue Informationen über deren Sprecherzahlen

Sprachfamilien: Andisch (Aimará, Quechua), Tupí-Guaraní (Guaraní), u. a.

Sprachökologische Verhältnisse: Spanisch (castellano) ist exklusive Amtssprache und dominierende Unterrichtssprache im Ausbildungssystem. In der Verfassung von 1994 (Art. 75) ist eine zweisprachige Schulausbildung für die indianische Bevölkerung vorgesehen. Es mangelt aber bisher an Programmen für eine Implementierung der Rechtsgrundlage. Zweisprachigkeit (mit einer Indianersprache als Primärsprache und Spanisch als Zweitsprache) ist auf ländliche Gebiete an der Peripherie beschränkt.

Aruba
(ehemalige niederländische Kolonie in der Karibik), mit Sonderstatus (Status Aparte) seit 1986

Fläche:	193 qkm (Oranjestad: 20 046 E)
Bevölkerung:	91 364 E (1997), (seit 1990 +4,4 %)

Gesamtzahl der Sprachen:	2 (Amtssprache: Niederländisch)

Sprechergruppe	Sprache
91 364	Papiamentu (Portugiesisch-Kreolisch)

Sprachfamilie: Indoeuropäisch (romanisch: Papiamentu; germanisch: Niederländisch)

Sprachökologische Verhältnisse: Niederländisch ist Amtssprache und es dominiert in der Schulausbildung. Daneben wird Papiamentu als Unterrichtssprache in der Grundstufe verwendet. Englisch und Spanisch sind als Zweit- und/oder Drittsprachen verbreitet. Radiosendungen werden in Papiamentu, Niederländisch und Englisch ausgestrahlt.

Bahamas

Fläche:	13 939 qkm (Nassau, auf New Providence: 0,172 Mio. E)
Bevölkerung:	0,294 Mio. E(1998), (seit 1990 + 2,0 %)
	(1998: Fertilität – 2,3 %/Mortalität – 0,5 %)
Stadtbewohner:	87 %
Analphabetenrate:	< 5 %
Zusammensetzung der Bevölkerung:	72 % Schwarze, 14 % Mulatten, 12 % Weiße

Gesamtzahl der Sprachen:	2 (Amtssprache: Englisch)

Sprechergruppen	Sprachen
0,225 Mio.	Bahamas Creole English
(keine Angaben)	Englisch

Sprachfamilie: Indoeuropäisch (germanisch: Englisch, Englisch-Kreolisch)

Sprachökologische Verhältnisse: Verkehrssprache des Inselstaates ist das Kreolische. Englisch ist die Sprache staatlicher Einrichtungen, des Schulwesens und der Bildungselite.

Barbados

Fläche:	430 qkm (Bridgetown: 6 720 E)
Bevölkerung:	0,266 Mio. E (1998), (seit 1990 + 0,4 %)
	(1998: Fertilität – 1,2 %/Mortalität – 0,8 %)
Stadtbewohner:	48 %
Analphabetenrate:	< 5 %
Zusammensetzung der Bevölkerung:	92 % Schwarze, 3,2 % Weiße, 2,6 % Mulatten

Gesamtzahl
der Sprachen: 2 (Amtssprache: Englisch)

Sprechergruppen	Sprachen
(keine Angaben)	Englisch
0,251 Mio.	Bajan (eine lokale, nicht kreol. Variante des Englischen)

Sprachfamilie: Indoeuropäisch (germanisch: Englisch)

Sprachökologische Verhältnisse: Bajan ist Umgangs- und Verkehrssprache. Englisch fungiert in formalen Situationen (Verwaltung, Schulwesen).

Belize

Fläche:	22 965 qkm (Belmopan: 6 785 E)
Bevölkerung:	0,239 Mio. E (1998), (seit 1990 + 3,3 %)
	(1998: Fertilität – 3,1 %/Mortalität – 0,4 %)
Stadtbewohner:	46 %
Analphabetenrate:	7 %
Zusammensetzung der Bevölkerung:	43,6 % Mestizen (mayanisch-spanischer Abstammung), 29,8 % Kreolen, 11 % Indianer (überwiegend Maya), u. a.

Gesamtzahl
der Sprachen: 8 (Amtssprache: Englisch)

Sprechergruppen	Sprachen
0,1 – 0,2 Mio.	Belize Creole English (PSpr + ZSpr)
50 – 100 000	Spanisch
20 – 50 000	Karibisch (zentralamerikan. K., Garífuna)
10 – 20 000	Kekchí (Quecchí, Cacché)

| 5 – 10 000 | Deutsch (Plattdeutsch, Mennoniten-Deutsch), Maya (Mopán), Yukatekisch (yukatek. Maya) |
| 10 – 1 000 | Itzá (Petén Itzá-Maya) |

Sprachfamilien: Maya-Sprachen (Kekchí, Yukatekisch, u. a.), arawakisch (Garífuna), indoeuropäisch (germanisch: Deutsch, Englisch-Kreolisch)

Sprachökologische Verhältnisse: Das Englische übernimmt alle amtlichen Funktionen und dominiert die Schulausbildung. Verkehrssprache des Landes ist das Belize Creole English. Vertreter der älteren Sprechergeneration von Maya-Sprachen sprechen Spanisch als Zweitsprache.

Bermuda
(Britisches Dependent Territory; s. Großbritannien)

Fläche:	53 qkm (Hamilton: 1 100 E)
Bevölkerung:	63 000 (1997), (seit 1990 + 0,5 %)
Zusammensetzung der Bevölkerung:	61 % Schwarze, 37 % Weiße

| Gesamtzahl der Sprachen: | 1 (Amtssprache: Englisch) |

Sprechergruppe	Sprache
63 000	Englisch

Bolivien

Fläche:	1,098 Mio. qkm (Hauptstadt – Sucre: 0,163 Mio. E) (Regierungssitz – La Paz: 0,785 Mio. E/Agglomeration: 1,2 Mio. E)
Bevölkerung:	7,95 Mio. E (1998), (seit 1990 + 2,7 %) (1998: Fertilität – 3,3 %/Mortalität – 0,9 %)
Stadtbewohner:	63 %
Analphabetenrate:	Männer – 9 %, Frauen – 22 %
Zusammensetzung der Bevölkerung:	42 % Indianer (25 % Quechua, 17 % Aimará), 31 % Mestizen, 27 % Weiße und Kreolen

Gesamtzahl
der Sprachen: 45 (Amtssprachen: Spanisch; Quechua und Aimará sind offiziell anerkannte Nationalsprachen)

Sprechergruppen	Sprachen
2 – 3 Mio.	Quechua (südbolivian. Q.), Spanisch
1 – 2 Mio.	Aimará (zentrales A.)
0,1 – 0,2 Mio.	Deutsch (Hochdeutsch), Quechua (nordbolivian. Q.)
20 – 50 000	Chiquitano (Chiquito, Tarapecosi)
10 – 20 000	Chiriguano (ostbolivian. Guaraní), Deutsch (Plattdeutsch, Mennoniten-Deutsch)
5 – 10 000	Tsimané
3 – 5 000	Guarayu, Ignaciano, Tacana, Trinitario
1 – 3 000	Ayoreo, Guaraní (westbolivian. G.), Wichí, Yuracare
100 – 1 000	Cavineña, Chácobo, Chipaya, Ese Ejja, Sirionó, Yaminahua, Yuqui
10 – 100	Araona, Baure, Callawalla, Canichana, Cayubaba, Chorote, Tapieté, Toba
Weniger als 10	Itene, Itonama, Movima, Pacahuara, Uru
Ausgestorben	Jorá (seit 1963), Leco, Pauserna, Reyesano, Saraveca, Shinabo

Sprachfamilien: Andisch (Quechua, Aimará), Tupí-Guaraní (Guaraní), indoeuropäisch (romanisch: Spanisch; germanisch: Deutsch), u. a.

Sprachökologische Verhältnisse: Spanisch ist exklusive Amtssprache. Die Anerkennung von Quechua und Aimará als Nationalsprachen hat bisher keine Auswirkungen in amtlichen Bereichen gehabt.

Als Schriftmedium der Massenmedien dominiert das Spanische. Außer dem Spanischen verwenden lokale Radiosender auch Quechua und Aimará.

Sprachkonflikte: Seit den 1960er Jahren sind Experimente mit zweisprachigen Schulprogrammen (Quechua-Spanisch und Aimará-Spanisch) gemacht worden. Keines dieser Programme hat aber bisher bleibenden Erfolg gehabt.

Brasilien

Fläche:	8,511 Mio. qkm (Brasilia: 1,822 Mio. E)
Bevölkerung:	165,874 Mio. E (1998), (seit 1990 + 1,6 %) (1998: Fertilität – 2,0 %/Mortalität – 0,7 %)
Stadtbewohner:	80 %
Analphabetenrate:	Männer – 16 %, Frauen – 16 %

Zusammensetzung der Bevölkerung:	53 % Weiße (15 % portugiesischer, 11 % italienischer, 10 % spanischer, 3 % deutscher Abstammung), 34 % Mulatten und Mestizen, 11 % Schwarze, u. a.
Gesamtzahl der Sprachen:	236 (Amtssprache: Portugiesisch)

Sprechergruppen	Sprachen
Mehr als 150 Mio.	Portugiesisch (brasilian. P.)
10 – 20 000	Kaingáng, Kaiwá, Terena, Ticuna, Yanomámi
5 – 10 000	Baniwa, Guajajára, Niederdeutsch, Xavánte
3 – 5 000	Macushi, Sateré-Mawé
1 – 3 000	Apurina, Bora, Canela, Chiripá, Curripaco, Desano, Fulnio (Yate), Gavião do Jiparaná, Guaraní (Mbyá), Hupde, Karajá, Kayapó, Kraho, Mundurukú, Nhengatu, Pakaásnovos, Tucano, Wapishana, Yanomamö
100 – 1 000	Akawaio, Amahuaca, Apalaí, Apinayé, Arapaso, Arára (Acre), Araweté, Asuriní, Atruahí, Avá-Canoeiro, Bakairí, Bororo, Campa (Ashéninca), Carútana, Cashinahua, Cocama-Cocamilla, Cubeo, Culina, Dení, Guajá, Guanano, Guarequena, Guariba Maku, Guató, Hixkaryána, Huitoto (Murui), Ipeka-Tapuia, Irántxe, Jamamadí, Jarawara, Jurúna, Kadiwéu, Kalapálo, Kamayurá, Kanamarí, Kanoé, Karipúna-Kreolisch (Französisch-Kreolisch), Karitiana, Katukína (Panoan), Kaxararí, Kaxuiana, Kayabí, Kohoroxitari, Korubo, Krikati, Kuikúro, Makurápi, Manairisu, Maquiritari, Marúbo, Matipuhy, Matsés, Maxakalí, Mayá, Mehináku, Mondé, Múra-Pirahã, Muru, Nadeb, nördl. und südl. Nambikuára, Negarote, Ninam, Nukuini, Omagua, Palikúr, Parakana, Parecís, Paumarí, Pemon, Piratapuyo, Piro, Poyanáwa, Rikbaktsa, Saluma, Sanumá, Sararé, Sharanahua, Suruí de Rondonia, Suruí do Pará, Suyá, Tapirapé, Tariano, Tenharim, Trió, Tuyuca, Txikão, Umotína, Urubú-Kaapor, Urupá, Waiwai, Waurá, Wayampi (Amapari), Wayana, Xerénte, Xokleng, Yahup, Yaminahua, Yawalapití, Yawanawa, Zuruahá
10 – 100	Agavotaguerra, Amanayé, Apiacá, Arára (Pará), Arára (Rondônia), Arikapú, Arutani, Asuriní (Awaté), Awetí, Banawá, Baré, Cafundó (Portugiesisch-Kreolisch), Carapana, Haló Té Sú, Itogapúk, Jabutí, Jepa-Matsi, Kabixí, Kaingang (São Paulo), Kalihna, Kamã, Karipúna do Guaporé, Katawixi, Kreen-Akarore, Krenak, Kreye, Kuruáya, Macuna, Mandahuaca, Mekem, Miriti, Morerebi, Numbiaí, Opayé, Pokangá, Puruborá, Sabanes, Sikiana,

Weniger als 10 Ausgestorben	Siriano, Tembé, Torá, Trumaí, Tshom-Djapá, Tubarao, Tukumanféd, Tuparí, Uru-Eu-Uau-Uau, Waimaha, Wayampi (Oiapoque), Wayoró, Yuruti Anambé, Aruá, Júma, Katukína, Xetá Acroá, Guana, Kaimbé, Kamakan, Kamba, Kambiwá, Kapinawá, Karahawyana, Karipúna, Kariri-Xuco, Kayapo-Kradaú, Kirirí-Xokó, Manitsauá, Oti, Otuke, Pankararé, Pankararú, Paranawát, Pataxó-Hãhãhãi, Potiguára, Puri, Tapeba, Tingui-Botó, Truká, Tupinambá, Tupinikin, Turiwára, Tuxá, Tuxináwa, Uamué, Wakoná, Wasu, Wiraféd, Xakriabá, Xipináwa, Yabaana, Yarumá

Sprachfamilien: Tupí-Guaraní mit 48 Sprachen (Karitiana, Tupari, Uruewauwau, u. a.), Macro-Gê mit 37 Sprachen (Apinayé, Bororo, Txukahamae, u. a.), karibisch mit 21 Sprachen (Atroari, Makuxi, Waiwai, u. a.), arawakisch mit 19 Sprachen (Maxineri, Terena, Yawalapeti, u. a.), Pano mit 13 Sprachen (Karipuna, Matsés, Payanawa, u. a.), Tucano, Maku, Gaikurú, Katukina, u. a.; indoeuropäisch (romanisch: Portugiesisch, Cafundó) + Immigrantensprachen (Deutsch, Polnisch, Ukrainisch, Italienisch, Japanisch, Arabisch, Armenisch, u. a.),

Sprachökologische Verhältnisse: Portugiesisch ist exklusive Amtssprache und es dominiert als Unterrichtssprache in der Schulausbildung. Obwohl es ein besonderes Gesetz zur Förderung lokaler Indianersprachen im zweisprachigen Schulunterricht gibt (Gesetz No. 6,001), hat sich ein solches Programm nirgendwo etablieren können.

Der Eindruck, den die statistische Übersicht hervorruft, mag der sein, dass sich die Beziehungen der zahlreichen Indianersprachen zu den Portugiesisch-Sprachigen auf den Grad der Assimilation kleiner Ethnien in die Mehrheitssprache reduzieren würden. Tatsächlich aber gibt es die verschiedensten Varianten von Kontaktprozessen, von denen der Trend zur Assimilation ans Portugiesische lediglich einer ist. Das Kontaktverhalten der lokalen Indianergruppen variiert stark, von freizügiger Interaktion zwischen den verschiedensten Ethnien (z. B. bei den Makurap, Trumai oder Hupdé) bis hin zu totaler Isolation (wie bei den Yanomami oder Morerebi). Es gibt zahlreiche Varianten regionaler Zweisprachigkeit ohne Beteiligung des Portugiesischen (z. B. Hupdé-Tucano). Das Spektrum der interethnischen Kontakte erweitert sich, wenn man auch die Minderheiten mit einbezieht, die Nachkommen europäischer Immigrantengruppen sind (z. B. die Mennoniten-Deutschen).

Exkurs: Kontaktverhalten ethnischer Gruppen in Brasilien

Vom Kontaktverhalten einer ethnischen Gruppe hängt deren Integrationspotenzial ab. Brasilien bietet vielerlei Varianten der Integration kleinerer Ethnien in die Mehrheitsbevölkerung, von Teilassimilation (wie bei den Makurap) bis hin zu vollständiger sprachlicher Inkorporation (wie im Fall der Kariri-Xoco). In der folgenden Aufstellung sind ethnische Gruppen, ihr Kontaktverhalten und ihr Integrationspotenzial charakterisiert. Die genannten Ethnien stehen jeweils exemplarisch für zahlreiche andere Gruppen mit ähnlichem Kontaktprofil. Insofern besitzt die Aufstellung den Wert einer Typologie der Ethnien Brasiliens nach kontaktlinguistisch-sprachökologischen Kriterien.

Typologie interethnischer Beziehungen in Brasilien

Ethnische Gruppe	Kontaktverhalten	Integrations- potenzial
Weiße und farbige Brasilianer	kontaktfeindlich gegenüber Indianern oder indifferent	einsprachig (Portug.)
Kariri-Xoco	uneingeschränkt kontaktwillig	vollständig assimiliert (ans Portug.)
Makurap	Exogamie mit Angehörigen fremder Ethnien	teilassimiliert (ans Portug.)
Trumai	reger Handel mit anderen Indianern Exogamie mit Angehörigen fremder Ethnien	weitgehend einsprachig
Mennoniten-Deutsche	kontaktfreundlich (Niederdeutsch/ Portugiesisch)	zweisprachig
Hupdé	kontaktfreundlich (gegenüber anderen Indianern)	zweisprachig (mit Tucano als ZSpr)
Tariano	kontaktfreundlich assimiliert (ans Tucano)	fast vollständig
Yanomami	indifferent (einsprachig)	isoliert
Morerebi	kontaktfeindlich gegenüber Weißen und ebenso gegenüber anderen Indianern	isoliert (einsprachig)

Britische Jungferninseln

(Britisches Dependent Territory; s. Großbritannien)

Fläche:	153 qkm (Road Town, auf Tortola: 2 500 E)
Bevölkerung:	18 720 E (1996), (zwischen 1980 und 1986 + 2,8 %)
Zusammensetzung der Bevölkerung:	überwiegend Schwarze und Mulatten

Gesamtzahl
der Sprachen: 2 (Amtssprache: Englisch)

Sprechergruppe	Sprache
18 720	Englisch-Kreolisch der Kleinen Antillen

Britisch-Westindien

(Britisches Dependent Territory; s. Großbritannien)

Kaimaninseln:	36 000 E (1997), (George Town: 19 600 E)
Montserrat:	2 850 E (1998), Evakuierung des größten Teils der Inselbevölkerung nach Vulkanausbruch im Juni 1997 (frühere Bevölkerung: 11 600 E/1994), (Plymouth: 1 478 E)
Turks- und Caicosinseln:	16 250 E (1998), (Cockburn Town: 2 500 E)
Fläche:	791 qkm
Zusammensetzung der Bevölkerung:	Montserrat – 94 % Schwarze, 3 % Weiße; Turks- und Caicosinseln – 63 % Mulatten, 33 % Schwarze; Kaimaninseln – überwiegend Mulatten und Schwarze, 1 600 Weiße

Gesamtzahl
der Sprachen: 2 (Amtssprache: Englisch)

Sprechergruppe	Sprache
55 100	Englisch-Kreolisch der Kleinen Antillen

Chile

Fläche:	756 626 qkm (Santiago: 4,64 Mio. E)
Bevölkerung:	14,822 Mio. E (1998), (seit 1990 + 1,8 %)
	(1998: Fertilität – 2,0 %/Mortalität – 0,6 %)
Stadtbewohner:	84 %
Analphabetenrate:	Männer – 4 %, Frauen – 5 %
Zusammensetzung der Bevölkerung:	91,6 % Mestizen und Weiße, 6,8 % Indianer (1,5 % Araukaner, u. a.)
Gesamtzahl der Sprachen:	11 (Amtssprache: Spanisch)

Sprechergruppen	Sprachen
Mehr als 11 Mio.	Spanisch
0,2 – 0,5 Mio.	Huilliche, Mapudungun (Sprache der Mapuche)
1 – 3 000	Rapa Nui (Sprache der Osterinsel)
10 – 100	zentrales Aimará, Kawesqar
Ausgestorben	Aksana, Kakauhua, Kunza, Ona, Yamana

Sprachfamilien: Indoeuropäisch (romanisch: Spanisch), amerikanische Indianersprachen, austronesisch (polynesisch: Rapa Nui)

Sprachökologische Verhältnisse: Spanisch dominiert bei allen Bevölkerungsgruppen und in allen sozialen Funktionen. Es ist Amtssprache, alleiniges Unterrichtsmedium in der Schulausbildung und die einzige Sprache der Massenmedien. Lediglich auf der zu Chile gehörenden Osterinsel ist die einheimische Sprache (Rapa Nui) als Umgangssprache und Kirchensprache vital. Auf der Insel fungiert das Spanische im Kontakt mit den chilenischen Händlern vom amerikanischen Festland und in der Verwaltung.

Sprachkonflikte: Auf dem Festland übt das Spanische einen starken situationellen Druck auf die Regionalsprachen aus, deren Existenz selbst als Heimsprache gefährdet ist.

Costa Rica

Fläche:	51 100 qkm (San José: 0,329 Mio. E)
Bevölkerung:	3,526 Mio. E (1998), (seit 1990 + 2,3 %)
	(1998: Fertilität – 2,3 %/Mortalität – 0,4 %)

Stadtbewohner:	51 %
Analphabetenrate:	Männer – 5 %, Frauen – 5 %
Zusammensetzung der Bevölkerung:	87 % Weiße und Kreolen, 7 % Mestizen, 3 % Schwarze und Mulatten, 2 % Asiaten, 1 % Indianer

Gesamtzahl der Sprachen: 10 (Amtssprache: Spanisch)

Sprechergruppen	Sprachen
Mehr als 2 Mio.	Spanisch
50 – 100 000	westkaribisches Englisch-Kreolisch
3 – 5 000	Bribri (Talamanca), Chinesisch (Yue)
1 – 3 000	Cabécar
100 – 1 000	Maléku Jaíka
10 – 100	Deutsch (Plattdeutsch = Plautdietsch)
Weniger als 10	Boruca, Teribe
Ausgestorben	Chorotega

Sprachfamilien: Indoeuropäisch (romanisch: Spanisch; germanisch: Englisch-Kreolisch, Deutsch), Chibcha (Bribri, Cabécar, u. a.), sinotibetisch (Chinesisch)

Sprachökologische Verhältnisse: Spanisch ist nicht nur die einzige Sprache in allen Bereichen des öffentlichen Lebens, sondern auch die wichtigste Verkehrssprache des Landes. Es dominiert auch die Schulausbildung. Ausnahmen sind einige von Immigranten unterhaltene Privatschulen, an denen auch in Französisch unterrichtet wird. Chinesisch ist Kontaktsprache in den von Chinesen kontrollierten Bereichen der Geschäftswelt (Restaurants, Großhandel, Kinos).

Dominica
(Teil Britisch-Westindiens mit politischer Autonomie)

Fläche:	751 qkm (Roseau: 16 535 E)
Bevölkerung:	73 000 E (1998), (seit 1990 + 0,1 %)
	(1998: Fertilität – 2,2 %/Mortalität – 0,6 %)
Stadtbewohner:	69 %
Analphabetenrate:	< 5 %
Zusammensetzung der Bevölkerung:	91 % Schwarze, 6 % Mulatten und Kreolen, 1,5 % Indianer

Gesamtzahl der Sprachen:	3 (Amtssprache: Englisch)

Sprechergruppen	Sprachen
68 000	Französisch-Kreolisch der Kleinen Antillen (Patwa = franz. Patois)
Ausgestorben	Inselkaribisch (seit 1920)

Sprachfamilie: Indoeuropäisch (romanisch: Französisch-Kreolisch; germanisch: Englisch)

Sprachökologische Verhältnisse: Rund 95 % der Bevölkerung spricht Französisch-Kreolisch. Von diesen verstehen etwa 10 % Standardfranzösisch. Rundfunkprogramme werden in Englisch, Kreolisch und Französisch angeboten.

Dominikanische Republik

Fläche:	48 422 qkm (Santo Domingo: 2,138 Mio. E)
Bevölkerung:	8,254 Mio. E (1998), (seit 1990 + 2,1 %) (1998: Fertilität – 2,4 %/Mortalität – 0,5 %)
Stadtbewohner:	64 %
Analphabetenrate:	Männer – 17 %, Frauen – 17 %
Zusammensetzung der Bevölkerung:	60 % Mulatten, 28 % Weiße, 11,5 % Schwarze

Gesamtzahl der Sprachen:	3 (Amtssprache: Spanisch)

Sprechergruppen	Sprachen
ca. 8 Mio.	Spanisch
0,159 Mio.	Französisch-Kreolisch (Haitianisches F.-K.)
8 000	Samaná-Englisch (englisch-kreolische Variante)

Sprachfamilie: Indoeuropäisch (romanisch: Spanisch, Französisch-Kreolisch; germanisch: Samaná)

Sprachökologische Verhältnisse: Spanisch fungiert als Hochsprache und amtliches Medium. Die Kreolsprachen werden nur gesprochen, aber nicht geschrieben.

Ecuador

Fläche:	272 045 qkm (Quito: 1,444 Mio. E)
Bevölkerung:	12,175 Mio. E (1998), (seit 1990 + 2,4 %)
	(1998: Fertilität – 2,5 %/Mortalität – 0,6 %)
Stadtbewohner:	61 %
Analphabetenrate:	Männer – 8 %, Frauen – 11 %
Zusammensetzung der Bevölkerung:	35 % Mestizen, 25 % Weiße, 20 % Indianer, 15 % Mulatten

Gesamtzahl der Sprachen:	21 (Amtssprache: Spanisch)

Sprechergruppen	Sprachen
9 – 10 Mio.	Spanisch
0,5 – 1 Mio.	Hochlandquichua (Chimborazo-Q.)
0,2 – 0,5 Mio.	Hochlandquichua (Otavalo-Q.)
0,1 – 0,2 Mio.	
50 – 100 000	Hochlandquichua (Cañar-Q.)
20 – 50 000	Hochlandquichua (Calderón-Q.), Shuar
10 – 20.00	Hochlandquichua (Saraguro-Q.)
5 – 10 000	Cuaiquer, Hochlandquichua (Salasaca-Q.)
3 – 5 000	Chachi (Cayapa), Tieflandquichua (Napo-Q.), Tieflandquichua (Shandia-Q.), Pastaza-Quichua
1 – 3 000	Achuar-Shiwiar, Colorado
100 – 1 000	Cofán, Secoya, Siona, Waorani, Záparo
Weniger als 10	Tetete

Sprachfamilien: Andisch (Quichua), Jívaro (Achuar, Shuar, u. a.), indoeuropäisch (romanisch: Spanisch)

Sprachökologische Verhältnisse: Spanisch ist Nationalsprache und exklusive Amtssprache des Landes. Das Spanische dominiert auch als Muttersprache der Bevölkerung. Varianten des Quechua (in Ecuador Quichua genannt) sind in zwei der drei administrativen Regionen verbreitet, in die das Land gegliedert ist. Keine andere der Landessprachen außer Spanisch ist offiziell anerkannt.

Sprachkonflikte: In der Region Oriente (insbesondere in den Provinzen Napo und Pastaza) übt nicht nur das Spanische, sondern auch das Quechua Assimilationsdruck auf lokale Indianersprachen aus.

El Salvador

Fläche:	21 041 qkm (San Salvador: 0,61 Mio. E)
Bevölkerung:	6,058 Mio. E (1998), (seit 1990 + 2,4 %)
	(1998: Fertilität – 2,8 %/Mortalität – 0,6 %)
Stadtbewohner:	46 %
Analphabetenrate:	Männer – 19 %, Frauen – 25 %
Zusammensetzung der Bevölkerung:	89 % Mestizen (Ladinos), 10 % Indianer (Pipil, u. a.),

Gesamtzahl der Sprachen: 5 (Amtssprache: Spanisch)

Sprechergruppen	Sprachen
ca. 6 Mio.	Spanisch
12 286	Kekchí (Cacché)
20	Pipil (Naawat)
(keine Angaben)	Lenca
Ausgestorben	Cacaopera

Sprachfamilien: Maya-Sprache (Kekchí); Chibcha-Sprache (Lenca); utoaztekisch (Pipil); indoeuropäisch (romanisch: Spanisch)

Sprachökologische Verhältnisse: Spanisch ist Staatssprache.

Sprachkonflikte: Die Minderheitensprachen werden nicht gefördert und erliegen allmählich dem Assimilationsdruck des Spanischen.

Falkland-Inseln

(Britisches Dependent Territory; s. Großbritannien)

Fläche:	12 173 qkm (Stanley: 1 636 E)
Bevölkerung:	2 564 E (1996), (seit 1990 + 2,5 %)
Zusammensetzung der Bevölkerung:	Briten

Gesamtzahl der Sprachen: 1 (Amtssprache: Englisch)

Sprechergruppe	Sprache
2 564	Englisch

Französisch-Guyana

(Französisches Département d'outre-mer; s. Frankreich)

Fläche:	83 534 qkm (Cayenne: 41 659 E)
Bevölkerung:	0,157 Mio. E (1999), (seit 1990 + 3,7 %)
Zusammensetzung der Bevölkerung:	überwiegend Kreolen; Asiaten, »Buschneger«, Indianer

Gesamtzahl
der Sprachen: 9 (Amtssprache: Französisch)

Sprechergruppen	Sprachen
0,1 – 0,2 Mio	Französisch-Guyanesisch (Guyana-Kreolisch)
5 – 10 000	Aukaans (Ndjuká)
1 – 3 000	Kalihna
100 – 1 000	Arawak, Emerillon, Palikúr, Wayampi, Wayana

Sprachfamilien: arawakisch (Arawak, Palikúr, u. a.), Tupí-Guaraní (Emerillon, Wayampi), karibisch (Kalihna, Wayana), (indoeuropäisch (romanisch: Französisch-Kreolisch, Französisch)

Grenada

Fläche:	344,5 qkm (Saint George's: 4 439 E/Agglomeration: 35 742 E)
Bevölkerung:	96 000 E (1998), (seit 1990 + 0,4 %) (1998: Fertilität – 2,6 %/Mortalität – 0,7 %)
Stadtbewohner:	37 %
Analphabetenrate:	9 %
Zusammensetzung der Bevölkerung:	82 % Schwarze, 13 % Mulatten, 3 % Inder, weniger als 1 % Weiße

Gesamtzahl
der Sprachen: 3 (Amtssprache: Englisch)

Sprechergruppen	Sprachen
52 000	Englisch (Grenadian English)
43 000	Englisch-Kreolisch der Kleinen Antillen
(keine Angaben)	Französisch-Kreolisch der Kleinen Antillen

Sprachfamilie: Indoeuropäisch (romanisch: Französisch-Kreolisch; germanisch: Englisch)

Sprachökologische Verhältnisse: Amts- und Bildungssprache ist Englisch (Britisch-Englisch). Die meisten Einwohner Grenadas sprechen die lokale (grenadinische) Variante des Englischen. Ebenfalls bei vielen Grenadinern verbreitet ist das Englisch-Kreolische. Französisch-Kreolisch wird von wenigen kleineren Gruppen in ländlichen Gebieten gesprochen.

Grönland
(Dänische Außenbesitzung mit Selbstverwaltung; s. Dänemark)

Fläche:	2,175 Mio. qkm (Nuuk/dän. Godthåb: 13 170 E)
Bevölkerung:	56 080 E (1999), (seit 1990 + 0,1 %)
Zusammensetzung der Bevölkerung:	85 % Grönländer (Inuit-Eskimo), 15 % Europäer

Gesamtzahl der Sprachen:	2 (Amtssprachen: Grönländisch/Inuit, Dänisch)

Sprechergruppen	Sprachen
48 000	Grönländisch (Kalaallisut)
7 830	Dänisch

Sprachfamilien: Eskimo-Aleutisch (Inuit), indoeuropäisch (germanisch: Dänisch)

Sprachökologische Verhältnisse: Grönland genießt seit 1979 vollständige innere Autonomie. Dänemark vertritt lediglich die Außenpolitik. Die beiden Landessprachen Grönlands fungieren als Amtssprachen und als Unterrichtssprachen in der Schulausbildung. In der Alltagskommunikation dominiert das Grönländische.

Guadeloupe
(Französisches Département d'outre-mer; s. Frankreich)

Fläche:	1 780 qkm (Basse-Terre: 14 107 E)
Bevölkerung:	0,422 Mio. E (1999), (seit 1989 + 2,4 %)
Zusammensetzung der Bevölkerung:	77 % Mulatten, 10 % Schwarze, 10 % Kreolen, u. a.

| Gesamtzahl der Sprachen: | 2 (Amtssprache: Französisch) |

Sprechergruppe	Sprache
422 000	Französisch-Kreolisch der Kleinen Antillen

Guatemala

Fläche:	108 889 qkm (Guatemala City: 1,167 Mio. E)
Bevölkerung:	10,799 Mio. E (1998), (seit 1990 + 3,0 %) (1998: Fertilität – 3,6 % / Mortalität – 0,7 %)
Stadtbewohner:	40 %
Analphabetenrate:	Männer – 25 %, Frauen – 40 %
Zusammensetzung der Bevölkerung:	60 % Indianer (Indígenas; Maya-Quiché, Mames, Cakchiqueles, Kekchí, u. a.), 30 % Mestizen (Ladinos), 10 % Schwarze, Mulatten, Zambos (indianisch-schwarze Mischlinge)

| Gesamtzahl der Sprachen: | 52 (Amtssprache: Spanisch) |

Sprechergruppen	Sprachen
4 – 5 Mio.	Spanisch
0,2 – 0,5 Mio.	Kekchí, zentrales Quiché, westzentrales Quiché
0,1 – 0,2 Mio.	zentrales Cakchiquel, nördl. Mam, südl. Mam
50 – 100 000	östl. Cakchiquel, südzentrales Cakchiquel, westl. Cakchiquel, zentrales Mam, ostzentrales Quiché, Quiché (Joyabaj)
20 – 50 000	Achí (Rabinal), südl. Cakchiquel, Chortí, Chuj (San Mateo Ixtatán), Ixil (Nebaj), westl. Jacalteco, östl. und westl. Kanjobal, Mam (Tajumulco), Mam (Todos Santos Cuchumatán), südl. Pokomam, östl. Pokomchí, westl. Pokomchí, Sacapulteco, östl. und westl. Tzutujil
10 – 20 000	Achí (Cubulco), Aguacateco, nördl. Cakchiquel, südwestl. Cakchiquel (Acatenango), Karibisch (Garífuna), Chuj (San Sebastián Coatán), östl. Jacalteco, östl. Pokomam, östl. Quiché, Tacaneco
5 – 10 000	Cakchiquel (Santa María de Jesús), Cakchiquel (Santo Domingo Xenacoj), südwestl. Cakchiquel (Yepocapa), Ixil (Chajul), Ixil (San Juan Cotzal), zentrales Pokomam, Quiché (Cunén), Sipacapense

1 – 3 000	Mopán Maya, Tectiteco, Uspanteco
10 – 100	Itzá
Weniger als 10	Xinca
Ausgestorben	Chicomuceltec

Sprachfamilien: Maya-Sprachen (Chortí, Quiché, Kekchí, u. a.), karibisch (Garífuna in Livingston), indoeuropäisch (romanisch: Spanisch) + Immigrantensprachen (Englisch, Italienisch, Deutsch, Französisch)

Sprachökologische Verhältnisse: Spanisch ist die offiziell anerkannte Nationalsprache des Landes und es fungiert als exklusive Amtssprache. Als Unterrichtssprache dominiert das Spanische, obwohl seit 1985 verstärkt auch lokale Maya-Sprachen in der Grundschulausbildung berücksichtigt werden. Zu denjenigen Regionalsprachen, die neben dem Spanischen als Unterrichtssprachen fungieren, gehören Quiché, Cakchiquel, Mam und Kekchí.

Das Spanische in Guatemala differenziert sich in verschiedene soziale Varianten aus: geschriebenes Spanisch (mit lateinamerikanischer Prägung), gesprochenes Spanisch der sozialen Oberschicht (mit lokal-guatemaltekischer Prägung und im formalen Stil mit Bewahrung von teilweise archaischen Elementen), gesprochenes Spanisch der unteren sozialen Schicht (mit Einflüssen aus der Karibik).

Guyana

Fläche:	214 969 qkm (Georgetown: 0,234 Mio. E)
Bevölkerung:	0,849 Mio. E (1998), (seit 1990 + 0,9 %)
	(1998: Fertilität – 2,2 %/Mortalität – 0,7 %)
Stadtbewohner:	37 %
Analphabetenrate:	Männer – 1,4 %, Frauen – 2,5 %
Zusammensetzung der Bevölkerung:	51,4 % Inder, 30,5 % Schwarze, 11,0 % Mulatten und Mestizen, 5,3 % Indianer, u. a.

Gesamtzahl der Sprachen:	13 (Amtssprache: Englisch)

Sprechergruppen	Sprachen
0,5 – 1 Mio.	Guyanesisches Englisch-Kreolisch
5 – 10 000	Wapishana
3 – 5 000	Akawaio, Patamona
1 – 3 000	Arawak, Macushi
100 – 1 000	Kalihna, Pemon, Waiwai

| 10 – 100 | Niederländisch-Kreolisch von Berbice, Niederländisch-Kreolisch von Skepi, Warao |

Sprachfamilien: karibisch (Akawaio, Patamona, u. a.), arawakisch (Arawak), Warao; indoeuropäisch: Englisch-Kreolisch, Niederländisch-Kreolisch)

Sprachökologische Verhältnisse: Englisch ist Amtssprache und alleinige Unterrichtssprache in der Schulausbildung. Es wird von etwa 85 % der Bevölkerung gesprochen und/oder geschrieben. Die wichtigste Verkehrssprache (lingua franca) des seit 1966 unabhängigen Landes ist das guyanesische Englisch-Kreolisch.

Ein großer Teil der Bevölkerung sind Nachkommen ehemaliger afrikanischer Sklaven und asiatischer Bediensteter während der britischen Kolonialzeit. Von den Sprachen Afrikas und Asiens (vor allem aus dem indischen Subkontinent), die im 19. Jahrhundert nach Guyana transferiert wurden, hat sich keine als Muttersprache erhalten. Hindi wird von den Hindus und Urdu von den Muslimen im religiösen Kontext als Sakralsprache verwendet.

Haiti

Fläche:	27 750 qkm (Port-au-Prince: 0,884 Mio. E/Agglomeration: 1,3 Mio. E)
Bevölkerung:	7,647 Mio. E (1998), (seit 1990 + 2,4 %) (1998: Fertilität – 3,2 %/Mortalität – 1,2 %)
Stadtbewohner:	34 %
Analphabetenrate:	Männer – 50 %, Frauen – 54 %
Zusammensetzung der Bevölkerung:	60 % Schwarze, 35 % Mulatten, Weiße

Gesamtzahl der Sprachen:	2 (Amtssprachen: Französisch, Französisch-Kreolisch)

Sprechergruppe	Sprache
7,647 Mio.	Französisch-Kreolisch (Haitianisch)

Sprachfamilie: indoeuropäisch (romanisch)

Sprachökologische Verhältnisse: Seit 1969 ist das Französisch-Kreolische, das von etwa 90 % der Bevölkerung gesprochen wird, dem Französischen in amtlichen Funktionen gleichgestellt. Diese nominelle Gleichrangigkeit entspricht aber nicht dem praktischen Sprachgebrauch. Das Kreolische ist Arbeitssprache im Gerichtswesen und im Kongress, amtliche Dokumente sind aber in Französisch geschrieben.

In der Schulausbildung dominiert das Französische als Unterrichtssprache. In den 1970er Jahren wurde mit dem Kreolischen als Unterrichtssprache experimentiert. Diese Experimente sind aber aufgegeben worden. Die Beteiligung der Sprachen in den Massenmedien ist je nach Medium verschieden. Während beide Landessprachen im Radio und im Fernsehen verwendet werden, dominiert das Französische im Pressewesen, wo das Französisch-Kreolische lediglich eine marginale Rolle spielt.

Honduras

Fläche:	112 088 qkm (Tegucigalpa: 0,814 Mio. E)
Bevölkerung:	6,156 Mio. E (1998), (seit 1990 + 3,3 %)
	(1998: Fertilität – 3,3 %/Mortalität – 0,5 %)
Stadtbewohner:	46 %
Analphabetenrate:	Männer – 27 %, Frauen – 27 %
Zusammensetzung der Bevölkerung:	89,9 % Mestizen, 6,7 % Indianer (überwiegend Maya), 2,1 % Schwarze (einschließlich Mulatten und Zambos), 1,3 % Weiße
Gesamtzahl der Sprachen:	9 (Amtssprache: Spanisch)

Sprechergruppen	Sprachen
5 – 6 Mio.	Spanisch
50 – 100 000	Karibisch (Garífuna)
20 – 50 000	
10 – 20 000	Englisch, Mískito
1 – 3 000	Chortí
100 – 1 000	Pech, Sumo, Tol (Jicaque)
10 – 100	Lenca

Sprachfamilien: Chibcha (Pech, Sumo, Lenca, Mískito), Hoka (Tol), Maya (Chortí), karibisch (Garífuna), indoeuropäisch (romanisch: Spanisch; germanisch: Englisch)

Sprachökologische Verhältnisse: Spanisch, die Nationalsprache des Landes, fungiert als Amtssprache und ist die wichtigste Verkehrssprache. Die einzige andere Sprache des Landes, die neben Spanisch im Rundfunk und im Theaterprogramm zu hören ist, ist das Englische. Dies ist die Muttersprache von rund 11 000 Nachkommen von Piraten (buccaneers), die in früheren Jahrhunderten in der Karibik operierten. Die englisch-sprachige Bevölkerung bewohnt die Bay Islands.

Jamaika

Fläche:	10 991 qkm (Kingston: 0,538 Mio. E)
Bevölkerung:	2,576 Mio. E (1998), (seit 1990 + 1,0 %) (1998: Fertilität – 2,2 %/Mortalität – 0,6 %)
Stadtbewohner:	55 %
Analphabetenrate:	Männer – 18 %, Frauen – 10 %
Zusammensetzung der Bevölkerung:	76 % Schwarze, 15 % Mulatten, 1,3 % Inder

Gesamtzahl der Sprachen: 2 (Amtssprache: Englisch)

Sprechergruppen	Sprachen
2,54 Mio.	Westkaribisches Englisch-Kreolisch
(keine Angaben)	Englisch

Sprachfamilie: Indoeuropäisch (Englisch)

Sprachökologische Verhältnisse: Die Mehrheit der Inselbevölkerung spricht Kreolisch, das sich in verschiedene soziale Varianten ausdifferenziert hat: a) kreolische Alltagssprache (Bongo Talk oder Quashie Talk), b) stilistisch gehobene Sprache. Daneben sind mehrere Varianten des Englischen in Gebrauch: a) Englisch mit jamaikanischem Akzent, b) Britisch-Englisch (Standardsprache), c) Amerikanisch-Englisch. Amtliche Dokumente sind in Britisch-Englisch ausgefertigt.

Kanada

Fläche:	9,958 Mio. qkm (Ottawa: 1,065 Mio. E)
Bevölkerung:	30,3 Mio. E (1998), (seit 1990 + 1,2 %) (1998: Fertilität – 1,1 %/Mortalität – 0,7 %)
Stadtbewohner:	77 %
Analphabetenrate:	< 5 %
Zusammensetzung der Bevölkerung:	34 % Kanadier britischer Abstammung, 24 % Kanadier französischer Herkunft, 16 % asiatischer Abstammung, 3,4 % deutscher, 2,8 % italienischer Abstammung, 1,2 % Indianer

Gesamtzahl der Sprachen: 79 (Amtssprachen: Englisch, Französisch)

Sprechergruppen	Sprachen
17 – 18 Mio.	Englisch
6 – 7 Mio.	Französisch
50 – 100 000	Niederdeutsch (Mennoniten-Deutsch; 80 000 Primär- und 20 000 Zweitsprachler)
20 – 50 000	westl. Cree, westl. Ojibwa
10 – 20 000	Deutsch (Tiroler D.), Inuit (ostkanad. Eskimo)
5 – 10 000	Blackfoot, Deutsch (pennsylvan.), nördl. und östl. Ojibwa, Montagnais, Lakota, Micmac
3 – 5 000	Atikamekw, Chipewyan, zentrales Cree, östl. Küsten-Cree, Inuit (Nordalaska-I.), Inuit (westkanad. Eskimo), Slavey
1 – 3 000	Algonkin, Babine, zentrales und südl. Carrier, Chilcotin, östl. Inland-Cree, Dakota, Dogrib, Gwich'in, Malecite-Passamaquoddy, Mohawk, Nass-Gitksian, Stoney, Tsimshian
100 – 1 000	Assiniboine, Beaver, Cayuga, Comox, Haida, Haisla, Halkomelem, Heiltsuk, Kaska, Kwakiutl, Lillooet, Naskapi, Nootka, Okanagan, Oneida, Potawatomi, Sekani, Seneca, Shuswap, oberes Tanana, Thompson, Tlingit, Tutchone
10 – 100	Abnaki-Penobscot, Bella Coola, Chinook Wawa, Han, Kutenai, Mitchif (Französisches Cree), Munsee (Delaware), Onondaga, Salish (Straits-S.), Sarsi, Sechelt, Squamish, Tahltan, Tuscarora
Weniger als 10	Tagish
Ausgestorben	Laurentian, Pentlatch, Wyandot

Sprachfamilien: athabaskisch (Chipewyan, Dogrib, Tutchone, u. a.), eskimoaleutisch (Inuit), Algonkin (Ojibwa, Cree, Blackfoot, u. a.), Sioux (Dakota, u. a.), irokesisch (Mohawk, Onondaga), Na-Dene (Haida), Wakash, Salish, indoeuropäisch (germanisch: Englisch, romanisch: Französisch) + Immigrantensprachen (Deutsch, Ukrainisch, Italienisch, Griechisch, Chinesisch, u. a.)

Sprachökologische Verhältnisse: Die Sprachen Kanadas werden drei Kategorien zugeteilt: a) Hauptlandessprachen mit amtlichem Status (*official languages*), b) einheimische Sprachen (*indigenous languages/native Canadian languages*), c) Immigrantensprachen (*immigrant heritage languages/new Canadian languages*):

a) Englisch und Französisch sind die Hauptlandessprachen, sowohl nach ihren absoluten Sprecherzahlen als auch nach ihrem funktionalen Geltungsbereich. Außer im amtlichen Sektor (Regierungsgeschäfte, Verwaltung, Gerichtswesen) dominieren die beiden Sprachen auch im Ausbildungswesen. Die landesweite amtliche Zweisprachigkeit ist in der Verfassung von 1982 verankert. Hauptschulsprache ist jeweils die Muttersprache der lokalen Mehrheitsbevölkerung, für die jeweils weniger verbreitete andere Sprache sind besondere Klassen oder Schulen eingerichtet. Englisch hat den Status einer Minderheitensprache in der Region Québec mit ihren rund 80 % französischen Muttersprachlern. Andererseits gibt es muttersprachlichen Schulunterricht für die französischen Sprachminderheiten in den Provinzen New Brunswick, Ontario, Manitoba, Alberta und Nova Scotia.

b) Inspiriert von den Bemühungen, Sprachen der Kategorie (c) zu fördern, wurden frühere Bestrebungen aufgegeben, die einheimischen Sprachgemeinschaften zu assimilieren. Allerdings gibt es nur wenige Regionen, wo einheimische Sprachen durch mehrere Ausbildungsstufen unterrichtet werden (z. B. Unterricht in Nisga'a in British Columbia). Zumeist werden lokale Sprachen nur als Unterrichtsfach angeboten (z. B. Cree, Ojibwa, Dakota in Manitoba).

c) Die meisten Sprecher von Immigrantensprachen leben in den großen urbanen Ballungszentren (Toronto, Montreal, Vancouver). Die meisten Immigrantensprachen sind im südlichen Ontario verbreitet. In Ontario werden außer Englisch und Französisch weitere 60 Sprachen als Unterrichtssprachen verwendet. In Manitoba wird in Ukrainisch, Deutsch und Ivrit unterrichtet, in der Gegend von Castlegar (British Columbia) in Russisch, usw.

In den Massenmedien werden mehr als 50 Sprachen verwendet. Außer in Québec, wo das Französische dominiert, herrscht Englisch vor. Alle anderen Sprachen besitzen lediglich eine lokale Reichweite.

Sprachkonflikte: Assimilatorische Trends zeigen tiefgreifende Wirkung. Besonders viele Sprachen der Kategorie (b) sind gefährdet. Nur wenige wie Inuit, das westliche Ojibwa, das westliche Cree und einige andere sind als Muttersprachen vital genug, um sich auch in zukünftigen Generationen zu erhalten.

Kolumbien

Fläche:	1,141 Mio. qkm (Bogotá: 6,004 Mio. E)
Bevölkerung:	40,804 Mio. E (1998), (seit 1990 + 2,2 %)
	(1998: Fertilität – 2,4 %/Mortalität – 0,6 %)
Stadtbewohner:	74 %
Analphabetenrate:	Männer – 9 %, Frauen – 9 %
Zusammensetzung der Bevölkerung:	58 % Mestizen, 20 % Weiße, 14 % Mulatten, 4 % Schwarze, 4 % Indianer
Gesamtzahl der Sprachen:	98 (Amtssprache: Spanisch)

Länderbeschreibungen

Sprechergruppen	Sprachen
34 – 35 Mio.	Spanisch
50 – 100 000	Guajiro
20 – 50 000	Páez
10 – 20 000	Catío, Cuaiquer, Guahibo, westkaribisches Englisch-Kreolisch
5 – 10 000	Chamí, Guambiano, Ica, Inga (Hochland-I.), Inga (Dschungel-I.)
3 – 5 000	Camsá, Cogui, Cubeo, Epena Saija, Ticuna
1 – 3 000	Cuiba, Curripaco, nördl. Embera, Huitoto (Meneca), Koreguaje, Motilón, Nhengatu, Piapoco, Puinave, Sáliba, Tucano, zentrales Tunebo, Waumeo, Yukpa
100 – 1 000	Barasana, Bora, Cacua, Carapana, Carijona, Chimila, Cofán, Desano, Guanano, Guayabero, Huitoto (Murui), Hupdë, Kuna (Paya-Pacuro), Macaguán, Macuna, Macusa (Guaviare), Malayo, Muinane, Piratapuyo, Playero, Siona, Siriano, Tadó, Tanimuca-Retuara, Tatuyo, Tunebo (Barro Negro), Tuyuca, Waimaha, Yucuna, Yuruti
10 – 100	Achagua, Andoque, Cabiyarí, Cocama-Cocamilla, Ocaina, Tariano
Weniger als 10	Palenquero, Tunebo (Angosturas)
Ausgestorben	Andaqui, Arma, Barbacoas, Cagua, Chibcha, Chipiajes, Coxima, Coyaima, Cumeral, Macaguaje, Natagaimas, Omejes, Piajao, Ponares, Runa, Tama, Tomedes, Yahuna
	Zusätzlich Immigrantensprachen wie Französisch, Deutsch, Japanisch, Romani, Chinesisch, Farsi, u. a. (genaue Angaben zu Sprecherzahlen sind nicht verfügbar)

Sprachfamilien: Chibcha (Paez-Sprachen: Cuaiquer, Catío, Guambiano, u. a.), Tucano (Cubeo, Desano, Tuyuca, u. a.), arawakisch (Curipaco, Guajiro, Yucuna, u. a.), Tupí-Guaraní (Nhengatu), karibisch (Carijona), Quechua (Inga), indoeuropäisch (romanisch: Spanisch; germanisch: Englisch-Kreolisch)

Sprachökologische Verhältnisse: Spanisch ist die Nationalsprache Kolumbiens, exklusive Amtssprache und alleinige Unterrichtssprache in allen Ausbildungsstufen. Einige Immigrantensprachen werden in lokalen Schulen als Fach unterrichtet. Das Spanische dominiert auch den Sprachgebrauch in den Massenmedien.

Kuba

Fläche:	110 860 qkm (Havanna: 2,185 Mio. E)
Bevölkerung:	11,103 Mio. E (1998), (seit 1990 + 0,6 %)
	(1998: Fertilität – 1,3 %/Mortalität – 0,7 %)
Stadtbewohner:	77 %
Analphabetenrate:	Männer – 4 %, Frauen – 4 %
Zusammensetzung der Bevölkerung:	70 % Weiße, 17 % Mestizen und Mulatten, 12 % Schwarze, u. a.

Gesamtzahl der Sprachen:	3 (Amtssprache: Spanisch)

Sprechergruppen	Sprachen
ca. 11 Mio.	Spanisch
(keine Angaben)	Chinesisch
(keine Angaben)	Lucumi (als Ritualsprache des Santería-Kults)

Sprachfamilien: Indoeuropäisch (romanisch: Spanisch), sinotibetisch (Chinesisch), Niger-Kongo (westatlantisch: Lucumi)

Sprachökologische Verhältnisse: Spanisch ist Nationalsprache, Amtssprache und alleinige Unterrichtssprache des Landes. Russisch ist neben Englisch eine wichtige Fremdsprache in der Schulausbildung. Russische Kurse wurden bis Anfang der 1990er Jahre in etwa einem Drittel aller Schulen angeboten. Englisch als erste Fremdsprache ist aber heute deutlich dominant.

Martinique
(Französisches Département d'outre-mer; s. Frankreich)

Fläche:	1 106 qkm (Fort-de-France: 0,1 Mio. E)
Bevölkerung:	0,381 Mio. E (1999), (seit 1990 + 1,3 % jährl.)
Zusammensetzung der Bevölkerung:	87 % Schwarze; Inder

Gesamtzahl der Sprachen:	2 (Amtssprache: Französisch)

Sprechergruppe	Sprache
381 000	Französisch-Kreolisch der Kleinen Antillen

Mexiko

Fläche:	1,958 Mio. qkm (Ciudad de México: 11,707 Mio. E/Agglomeration: 15 Mio. E)
Bevölkerung:	95,846 Mio. E (1998), (seit 1990 + 2,0 % jährl.) (1998: Fertilität – 2,4 %/Mortalität – 0,5 %)
Stadtbewohner:	74 %
Analphabetenrate:	Männer – 7 %, Frauen – 11 %
Zusammensetzung der Bevölkerung:	75 % Mestizen, 14 % Indianer, 10 % Weiße, u. a.
Gesamtzahl der Sprachen:	295 (Amtssprache: Spanisch)

Sprechergruppen	Sprachen
85 – 87 Mio.	Spanisch
0,5 – 1 Mio.	Yucateco (Maya)
0,1 – 0,5 Mio.	Mazahua, Mazateco (Hochland-M.), Nahuatl (östl. Huasteca-Aztekisch), Nahuatl (westl. Huasteca-Aztekisch), Nahuatl (Guerrero-Aztekisch), Nahuatl (Aztekisch von Südost-Puebla), Nahuatl (Aztekisch der Sierra de Puebla), Nahuatl (Orizaba-Aztekisch), Hochland-Totonaco, Zapoteco (Region Nordost-Pochutla)
50 – 100 000	Nahuatl (Morelos-N.), Nahuatl (Aztekisch von Nord-Puebla), Otomí (Mezquital-O.), Tarasco, Tiefland-Totonaco, Tzotzil (Chamula), Zapoteco (Region Zentral-Miahuatlán), Zapoteco (Isthmus-Z.), zentrales Nahuatl
20 – 50 000	Amuzgo, Chol (Tila-Chol), Chol (Tumbalá-Chol), Chontal (Tabasco-Ch.), Huasteco (Region San Luis Potosí), Huasteco (Region Veracruz), Mayo, Mazateco (Region San Jerónimo Tecoatl), Mixe (Quetzaltepec-M.), Mixteco (Chayucu-M.), Nahuatl (Isthmus-Aztekisch), Otomí (Temoaya-O.), nordwestl. Otomí, Plattdietsch (Mennoniten-Deutsch), Popoluca (Hochland-P.), Tlapaneco, Totonaco (Coyutla-T.), Tzeltal (Hochland-T.), Tzotzil (Region San Andrés Larrainzar), Yucateco (Region Chan Santa Cruz), Zapoteco (Choapan-Z.), Zapoteco (Guelavía-Z.), zentrales Tarahumara
10 – 20 000	Chatino (Hochland-Ch.), Chinanteco (Lalana-Ch.), Chinanteco (Ojitlán-Ch.), Cora, Cuicateco (Tepeuxila-C.), Cuicateco (Teutila-C.), Huave, Huichol, Mam (Region Todos Santos Cuchumatán), Mazateco (Tiefland-M.), Mixe (Isthmus-M.), Mixteco (Hochland-M.),

5 – 10 000	Mixteco (Küsten-M.), Mixteco (Metlatonoc-M.), Mixteco (Peñoles-M.), Mixteco (Region des nördl. Tlaxiaco), Mixteco (Region des südl. Tlaxiaco), Mixteco (Region San Juan Colorado), Mixteco (Region San Juan Mixtepec), Mixteco (Silacayoapán-M.), nördl. Totonaco, östl. Otomí, Tojolabal (Chañabal), Totonaco (Region Santo Domingo), Tzeltal (Tiefland-T.), Tzotzil (Chenaló-T.), Tzotzil (Huixtán-T.), Tzotzil (Zinacanteco-T.), Yaqui, Zapoteco (Mitla-Z.), Zapoteco (Ocotlán-Z.), Zapoteco (Region südl. Rincón), Zapoteco (Yagallo-Z.) Amuzgo (Oaxaca-A.), Chatino (Nopala-Ch.), Chatino (Zenzontepec), Chinanteco (Palantla), Chinanteco (Usila), Mazateco (San Pedro Ixcatlán), Mixe (Juquila), nördl. Mixe, Mixteco (Amoltepec), Mixteco (Ayutla-M.), Mixteco (Diuxi-Tilantongo), Mixteco (östl. Jamiltepec), Mixteco (östl. Putla), Mixteco (San Estéban Atatlahuca), Mixteco (Santiago Apoala), Mixteco (Santo Tomás Ocotepec), Mixteco (südöstl. Nochixtlán), Mixteco (südwestl. Tlaxiaco), Otomí (Estado de México), Otomí (Tenango), nordöstl. Otomí, nördl. Popoloca, Popoloca (Ahuatempan-P.), westl. Popoloca, Popoluca (Sayula), Tarahumara Baja, nördl. Tepehuan, südöstl. Tepehuan, südwestl. Tepehuan, Trique (San Andrés), Trique (San Juan Copala), Tzotzil (Zinacanteco), Zapoteco (Tilquiapan), Zapoteco (östl. Miahuatlán), Zapoteco (östl. Tlacolula), Zapoteco (Lachixio-Z.), Zapoteco (Amatlán-Z.), Zapoteco (Guevea de Humboldt-Z.), Zapoteco (Ozolotepec), Zapoteco (Santa María Petapa), Zapoteco (südl. Villa alta), Zapoteco (westl. Ixtlán), Zoque (Copainalá), Zoque (Santa María Chimalapa)
3 – 5 000	Chatino (Yaitepec), Chinanteco (Ozumacín), Chinanteco (Quiotepec), Chinanteco (Sochiapan), Chinanteco (Valle nacional), Huarijío, Mazateco (San Juan Chiquihuitlán), Mixe (Coatlán), Mixteco (Zaachila-M.), Mixteco (San Miguel el Grande), Mixteco (südl. Nochixtlán), Mixteco (Tezoatlán de Segura y Luna), Nahuatl (Coatepec), Oaxaca-Chontal (Hochland-Ch.), Oaxaca-Chontal (Tiefland-Ch.), östl. Popoloca, Tepehua (Veracruz), Totonaco (Patla), westl. Mixe, Zapoteco (Albarradas), Zapoteco (Tabaa-Z.), Zapoteco (nordwestl. Tehuantepec), Zapoteco (Quioquitani-Z.), Zapoteco (Santiago Lapaguía), Zapoteco (Santiago Matatlán), Zapoteco (Etla-Z.), Zapoteco (südl.-zentrales Zimatlán), Zapoteco (südöstl. Zimatlán), Zapoteco (Yalalag), zentrales Pame, Zoque (Francisco León)

1 – 3 000	Amuzgo (Santa María Ipalapa), Chatino (Lachao-Yolotepec), Chatino (Tataltepec), Chichimeca (Pame), Chichimeca-Jonaz, Chinanteco (Chiltepec), Chinanteco (Comaltepec), Chinanteco (Tepetotutla), Chinanteco (Tepinapa), Chinanteco (Tlacoatzintepec), Chuj, nördl. Mam, Matlatzinca (Atzingo-M.), Mixteco (Zentrales Puebla), Mixteco (Huajuapan), Mixteco (Tidaa-M.), Mixteco (nordwestl. Oaxaca), Mixteco (San Bartolomé Yucuañe), Mixteco (Teotitlán-M.), Mixteco (San Pedro Tututepec), Mixteco (Acatlán-M.), Mixteco (südl. Putla), Nahuatl (Michoacán), Nahuatl (Ometepec), Nahuatl (Tetelcingo), südöstl. Otomí, Pima Bajo (Chihuahua), Pima Bajo (Sonora), Popoluca (Texistepec), Tectiteco, Tepehua (Hidalgo-T.), Tepehua (Puebla-T.), Totonaco (Ozumatlán), Trique (San Martín), Zapoteco (Ayoquesco), Zapoteco (Coatecas altas), Zapoteco (nordöstl. Yautepec), Zapoteco (nordwestl. Pochutla), Zapoteco (Texmelucan-Z.), Zapoteco (San Raymundo Xalpan), Zapoteco (Santa Catarina Xanaguía), Zapoteco (Santa María Zaniza), Zapoteco (Santiago Xanica), Zapoteco (Atepec-Z.), Zapoteco (südöstl. Yautepec), Zapoteco (südl. Ejutla), Zapoteco (westl. Miahuatlán), Zapoteco (westl. Yautepec), Zapoteco (westl. Zimatlán), Zapoteco (Yatzachi), Zoque (Rayón)
100 – 1 000	Chatino (Zacatepec), Chinanteco (Lealao), Cocopa, Diegueño, Huave (San Francisco del Mar), Kikapoo, Lacandón, Matlatzinca (Francisco de los ranchos), Mocho, Nahuatl (Durango), nördl. Tarahumara, Paipai, Popoloca (Coyotepec), südl. Popoloca, Popoluca (Oluta), Seri, Tipai, Totonaco (Yecuatla), westl. Jacalteco, Zapoteco (Asunción Mixtepec-Z.), Zapoteco (nordwestl. Yautepec-Z.), Zapoteco (Zoogocho-Z.), Zoque (Tabasco)
10 – 100	Afro-Seminole (Englisch-Kreolisch), Kiliwi, südwestl. Tarahumara
Weniger als 10	Ixcateco, Nahuatl (Tabasco), Otomí (Tilapa)
Ausgestorben	Chiapaneco, Chicomuceltec, Tepecano, Tubar

Sprachfamilien: Uto-aztekisch, hauptsächlich im Nordwesten (Varianten des Nahuatl, Tubare, Huichol, u. a.), Otomangue im Zentrum und in Oaxaca (Tenango, Ixtenco, Tilapa, u. a.), Maya-Sprachen, hauptsächlich im Südosten (Yukatekisch, Tzeltal, Tzotzil, u. a.), Mixtekisch, Taraskisch, Popoloca; indoeuropäisch (romanisch: Spanisch)

Sprachökologische Verhältnisse: Mexiko ist das Land mit der größten spanischen Sprachgemeinschaft in der Welt. Spanisch ist Nationalsprache und Muttersprache von über 90 % der Bevölkerung. Die geographische Verteilung der einheimischen Sprachen ist sehr ungleichmäßig. Fast 90 % aller Indianersprachen sind in lediglich 10 der insgesamt 32 Bundesstaaten Mexikos verbreitet (Oaxaca, Vera Cruz, Chiapas, Yucatán, Puebla, Estado de México, Hidalgo, Guerrero, Distrito Federal, San Luis Potosí). In Oaxaca ist die Sprachenvielfalt besonders reich. In Yucatán sprechen mehr als die Hälfte der Einwohner eine der Maya-Sprachen als Muttersprache; Spanisch ist hier eine Minderheitensprache. In Quintana Roo und Oaxaca sprechen mehr als 40 % der Bewohner einheimische Sprachen.

Spanisch ist exklusive Amtssprache, alleinige Unterrichtssprache im Ausbildungswesen, und es dominiert in allen Sektoren der Massenmedien. Indianersprachen werden selten als Schriftsprachen verwendet.

Nicaragua

Fläche:	120 254 qkm (Managua: 1 Mio. E)
Bevölkerung:	4,794 Mio. E (1998), (seit 1990 + 3,2 % jährl.) (1998: Fertilität – 3,6 %/Mortalität – 0,6 %)
Stadtbewohner:	64 %
Analphabetenrate:	Männer – 34 %, Frauen – 31 %
Zusammensetzung der Bevölkerung:	69 % Mestizen, 14 % Weiße, 9 % Schwarze, 4 % Indianer, u. a.

Gesamtzahl der Sprachen: 9 (Amtssprache: Spanisch)

Sprechergruppen	Sprachen
4 – 5 Mio.	Spanisch
0,1 – 0,2 Mio.	Mískito (Marquito)
20 – 50 000	westkaribisches Englisch-Kreolisch
5 – 10 000	Sumo
1 – 3 000	Garífuna (zentralamerikan. Karibisch)
10 – 100	Rama
Ausgestorben	Matagalpa, Monimbo, Subtiaba

Sprachfamilien: Chibcha-Sprachen (Mískito, Sumo, Rama), karibisch (Garífuna), indoeuropäisch (romanisch: Spanisch; germanisch: Englisch-Kreolisch)

Sprachökologische Verhältnisse: Spanisch ist exklusive Amtssprache und alleinige Unterrichtssprache in allen Stufen des Ausbildungswesens. Es ist auch die wichtigste Verkehrssprache des Landes. In der Region, in der die Sprecher des Mískito leben (Atlantikküste und Hinterland), ist dieses Verkehrssprache.

Mískito findet im religiösen Bereich (Gottesdienst, religiöses Schrifttum) besondere Berücksichtigung. Diese Regionalsprache hört man auch regelmäßig im Rundfunk (neben dem Spanischen). Für das gefährdete Rama gibt es seit 1984 einen elementaren Sprachkurs für den Unterricht in der Primarstufe.

Niederländische Antillen
(Niederländisches Überseegebiet; s. Niederlande)

Fläche:	800 qkm (Willemstad)
Bevölkerung:	0,21 Mio. E (1997), (seit 1990 + 1,5 % jährl.)
Zusammensetzung der Bevölkerung:	90 % Schwarze und Mulatten; Arawak-Indianer, Inder

Gesamtzahl der Sprachen:	4 (Amtssprachen: Niederländisch, Papiamentu, Englisch)

Sprechergruppen	Sprachen
0,179 Mio.	Papiamentu (Portugiesisch-Kreolisch)
12 700	Sranan (Surinamesisch; Englisch-Kreolisch)

Sprachfamilie: Indoeuropäisch (romanisch: Papiamentu; germanisch: Englisch-Kreolisch)

Sprachökologische Verhältnisse: Niederländisch ist die externe Amtssprache in Kontakt mit dem Mutterland. Auf den Benedenwindse Eilands (Leeward Islands) dominiert Papiamentu im amtlichen Bereich, während das Englische auf den Bovenwindse Eilands (Windward Islands) amtlichen Status hat.

Auf den Benedenwindse Eilands ist Niederländisch Unterrichtssprache, auf den Bovenwindse Eilands übernimmt das Englische diese Funktion. Papiamentu spielt eine bislang marginale Rolle im Grundschulunterricht.

Panama

Fläche:	75 517 qkm (Panamá: 0,668 Mio. E)
Bevölkerung:	2,764 Mio. E (1998), (seit 1990 + 2,0 % jährl.)
	(1998: Fertilität – 2,2 %/Mortalität – 0,5 %)
Stadtbewohner:	57 %
Analphabetenrate:	Männer – 8 %, Frauen – 9 %

Zusammensetzung der Bevölkerung:	65 % Mestizen, 13 % Schwarze und Mulatten, 10 % Weiße und Kreolen; Indianer
Gesamtzahl der Sprachen:	12 (Amtssprache: Spanisch)

Sprechergruppen	Sprachen
2 – 3 Mio.	Spanisch
0,1 – 0,2 Mio.	westkaribisches Englisch-Kreolisch
50 – 100 000	Guaymí (Ngawbere)
20 – 50 000	Kuna (San Blas-K.)
5 – 10 000	Chinesisch (Hakka), nördl. Embera
1 – 3 000	Buglere, Chinesisch (Yue), Teribe, Waumeo
100 – 1 000	Kuna (Paya-Pucuro)
10 – 100	Catío

Sprachfamilien: Chibcha-Sprachen (Ngawbere, Teribe, u. a.), Chocó (Embera, Catío, u. a.), Kuna, indoeuropäisch (romanisch: Spanisch; germanisch: Englisch-Kreolisch)

Sprachökologische Verhältnisse: Spanisch ist exklusive Amtssprache und alleinige Unterrichtssprache in der staatlichen Schulausbildung. In der Kanalzone werden Englisch und Spanisch verwendet. Radio- und Fernsehsendungen werden außer in Spanisch auch in Englisch angeboten.

Die Sprecher des westkaribischen Englisch-Kreolischen leben vorwiegend in Panama City und in der Kanalzone. Für einige der einheimischen Sprachgemeinschaften sind Schutzzonen (comarcas) eingerichtet worden, und zwar für Kuna und Chocó. Weitere Schutzprojekte (u. a. für Ngawbere und Teribe) sind in Planung.

Paraguay

Fläche:	406 752 qkm (Asunción: 0,546 Mio. E)
Bevölkerung:	5,219 Mio. E (1998), (seit 1990 + 3,0 % jährl.) (1998: Fertilität – 3,1 %/Mortalität – 0,5 %)
Stadtbewohner:	55 %
Analphabetenrate:	Männer – 6 %, Frauen – 9 %
Zusammensetzung der Bevölkerung:	90 % Mestizen, 3 % Indianer (Guaraní), 2 % Weiße und Kreolen, u. a.

Gesamtzahl
der Sprachen: 24 (Amtssprachen: Spanisch, Guaraní)

Sprechergruppen	Sprachen
4 – 5 Mio.	Guaraní (Avañe'e, Jopara)
0,1 – 0,2 Mio.	Deutsch, Spanisch, Portugiesisch
20 – 50 000	Niederdeutsch
10 – 20 000	Chulupí, Lengua, Pai Tavytera
5 – 10 000	Chiripá, Guaraní (Mbyá)
3 – 5 000	Angaite
1 – 3 000	Ayoreo, Chamacoco, Chiriguano, Sanapaná, Tapieté, Toba-Maskoy
100 – 1 000	Aché, Chorote, Guana, Maca, Toba
Ausgestorben	Emok, Maskoy Pidgin (Mascoia-Pidgin)

Sprachfamilien: Tupí-Guaraní (Chiripá, Guaraní, Pai Tavytera, u. a.), indoeuropäisch (romanisch: Spanisch; germanisch: Deutsch)

Sprachökologische Verhältnisse: Paraguay ist der einzige Staat Amerikas, in dem die große Mehrheit der Bevölkerung (etwa 85 %) einheimische Sprachen (d. h. Indianersprachen) als Muttersprachen spricht. Sowohl Spanisch als auch Guaraní sind offiziell als Nationalsprachen Paraguays anerkannt. Rund die Hälfte der Landesbevölkerung ist zweisprachig (Guaraní-Spanisch). Im allgemeinen wird Guaraní in informellen Gesprächssituationen verwendet, das Spanische in formellen Situationen (als hochsprachliches Medium).

Spanisch dominiert bei weitem in allen amtlichen Bereichen (einschließlich der Verwaltung), und es ist die bevorzugte Unterrichtssprache im Ausbildungswesen. Guaraní spielt in diesem Bereich eine marginale Rolle als Unterrichtssprache in der Primarstufe. Auch in der Schriftproduktion Paraguays überwiegt das Spanische. Radiosendungen werden sowohl in Spanisch als auch in Guaraní ausgestrahlt.

Portugiesisch ist eine rezente Immigrantensprache, die mit Arbeitsmigranten aus Brasilien in der zweiten Hälfte des 20. Jhs. ins Land gekommen ist.

Peru

Fläche:	1,285 Mio. qkm (Lima: 6,321 Mio. E/Agglomeration)
Bevölkerung:	24,801 Mio. E (1998), (seit 1990 + 2.0 % jährl.)
	(1998: Fertilität – 2,5 %/Mortalität – 0,6 %)
Stadtbewohner:	72 %
Analphabetenrate:	Männer – 6 %, Frauen – 16 %

Zusammensetzung der Bevölkerung:	47 % Indianer, 32 % Mestizen, 12 % Weiße, u. a.
Gesamtzahl der Sprachen:	108 (Amtssprache: Spanisch; Quechua und Aimará als offiziell anerkannte Nationalsprachen)

Sprechergruppen	Sprachen
20 – 21 Mio.	Spanisch
1 – 2 Mio.	Quechua (Cuzco)
0,5 – 1 Mio.	Quechua (Ayacucho)
0,2 – 0,5 Mio.	zentrales Aimará
0,1 – 0,2 Mio.	Quechua (Ancash, Conchucos), Quechua (Ancash, Huaylas)
50 – 100 000	Quechua (Huanca, Huaylla), Quechua (Huánuco, südl. Dos de Mayo-Margos Chaulán)
20 – 50 000	Aguaruna, Quechua (Cajamarca), Quechua (Huanca, Janja), Quechua (Huánuco, Huamalíes), Quechua (nördl. Junín), Quechua (Pasco-Yanahuanca)
10 – 20 000	Campa (Asháninca), Campa (Ashéninca), Quechua (Ancash, Corongo), Quechua (Cotahuasi), Quechua (Huánuco, Huallaga), Quechua (Huánuco, Marañón), Quechua (Huánuco, Panao), Quechua (Lambayeque), Quechua (nördl. Lima, Cajatambo), Quechua (San Martín), Quechua (Yauyos), Shipibo-Conibo
5 – 10 000	Amuesha, Chayahuita, Huambisa, Machiguenga, Quechua (Ancash, Sihuas), Quechua (San Rafael-Huariaca), Quichua (Tiefland, Napo), Ticuna
3 – 5 000	Achuar-Shiwiar, Campa (Pajonal Ashéninca), Nomatsiguenga, Quechua (Chachapoyas), Quechua (südl. Pastaza), Urarina, Yagua
1 – 3 000	Amahuaca, Bora, Candoshi-Shapra, Cashibo-Cacataibo, Cashinahua, Huitoto (Murui), Jaqaru, Jebero, Piro, Quichua (nördl. Pastaza)
100 – 1 000	Amarakaeri, Arabela, Capanahua, Caquinte, Cogapacori, Culina, Ese Ejja, Huachipaeri, Iquito, Matsés, Morunahua, Ocaina, Orejón, Secoya, Sharanahua, Yaminahua, Yora
10 – 100	Cocama-Cocamilla, Huitoto (Muinane), Isconahua, Mashco Piro, Omagua, Resígaro, Taushiro
Weniger als 10	Andoa, Cahuarano, Chamicuro, Cholon, Huitoto (Meneca), Muinane, Muniche, Quechua (Pacaroas)
Ausgestorben	Abishira, Aguano, Atsahuaca, Aushiri, Hibito, Nocaman, Omurano, Panobo, Remo, Sensi, Yameo

Sprachfamilien: Andisch (Varianten des Quechua und des Aimará), Jivaro-Sprachen (Aguaruna, u. a.), indoeuropäisch (romanisch: Spanisch)

Sprachökologische Verhältnisse: Spanisch ist seit dem 16. Jh. Amtssprache der Andenregion und Nationalsprache Perus seit dessen Unabhängigkeit im Jahre 1821. Im Jahre 1975 hat der peruanische Staat zwei weitere Nationalsprachen offiziell anerkannt, und zwar Quechua und Aimará. Statusmäßig rangiert Quechua klar vor Aimará, denn Quechua genießt deutlich mehr Prestige als Aimará. Auf einer Prestigeskala nimmt das Spanische den ersten Rang ein, das Quechua den zweiten und das Aimará den dritten.

Praktische Konsequenzen wie etwa die Integration der beiden einheimischen Landessprachen als Unterrichtssprachen in die regionale Schulausbildung beschränken sich bislang auf Experimente mit zweisprachigem Grundschulunterricht. Faktisch dominiert das Spanische weiterhin. Auch der Sprachgebrauch der Massenmedien wird vom Spanischen dominiert. Lediglich im Radio sind neben Spanisch regional auch Quechua und seltener Aimará zu hören.

Sprachkonflikte: Von dem durch das Spanische ausgelösten Assimilationsdruck sind sämtliche indianische Sprachgemeinschaften betroffen.

Puerto Rico
(US-Commonwealth Territory; s. USA)

Fläche:	8 959 qkm (San Juan: 0,433 Mio. E)
Bevölkerung:	3,827 Mio. E (1997), (seit 1990 + 1,1 % jährl.)

Gesamtzahl
der Sprachen: 8 (Amtssprachen: Spanisch, Englisch)

Sprechergruppen	Sprachen
3 – 4 Mio.	Spanisch
0,1 – 0,2 Mio.	Englisch
1 – 3 000	Französisch, Deutsch, Italienisch
100 – 1 000	haitianisches Französisch-Kreolisch, Papiamentu (Portugiesisch-Kreolisch)
10 – 100	Niederländisch-Kreolisch (Negerhollands)

Sprachfamilie: Indoeuropäisch (romanisch: Spanisch, Französisch-Kreolisch, Papiamentu, u. a.; germanisch: Englisch, Niederländisch-Kreolisch) + Immigrantensprachen (Deutsch, u. a.)

Sprachökologische Verhältnisse: Etwa 84 % der Bevölkerung von Puerto Rico sprechen Spanisch als Muttersprache. Dies fungiert neben dem Englischen auch als Amtssprache.

St. Kitts und Nevis

Fläche:	261,6 qkm (Basseterre, auf St. Kitts: 12 220 E)
Bevölkerung:	41 000 E (1998), (seit 1990 – 0,4 % jährl.)
	(1998: Fertilität – 2,1 %/Mortalität – 1,2 %)
Stadtbewohner:	34 %
Analphabetenrate:	10 %
Zusammensetzung der Bevölkerung:	86 % Schwarze, 11 % Mulatten, 2 % Weiße

Gesamtzahl der Sprachen:	2 (Amtssprache: Englisch)

Sprechergruppe	Sprachen
41 000	Englisch-Kreolisch der Kleinen Antillen

St. Lucia

Fläche:	616,3 qkm (Castries: 59 788 E)
Bevölkerung:	0,152 Mio. E (1998), (seit 1990 + 1,8 % jährl.)
	(1998: Fertilität – 2,1 %/Mortalität – 0,7 %)
Stadtbewohner:	38 %
Analphabetenrate:	18 %
Zusammensetzung der Bevölkerung:	90,3 % Schwarze, 5,5 % Mulatten, 3,2 % Asiaten (Inder)

Gesamtzahl der Sprachen:	2 (Amtssprache: Englisch)

Sprechergruppe	Sprachen
0,152 Mio.	Französisch-Kreolisch der Kleinen Antillen

St. Pierre und Miquelon
(Französische Gebietskörperschaft; Collectivité territoriale; s. Frankreich)

Fläche:	242 qkm (Saint-Pierre, auf St. Pierre)
Bevölkerung:	6 700 E (1997)

Gesamtzahl
der Sprachen: 2 (Amtssprache: Französisch)

Sprechergruppen	Sprachen
ca. 5 500	Französisch
(keine Angaben)	Englisch

St. Vincent und die Grenadines

Fläche:	389,3 qkm (Kingstown, auf St. Vincent: 16 132 E)
Bevölkerung:	0,113 Mio. E (1998), (seit 1990 + 0,8 % jährl.)
	(1998: Fertilität – 2,1 %/Mortalität – 0,7 %)
Stadtbewohner:	51 %
Analphabetenrate:	18 %
Zusammensetzung der Bevölkerung:	66 % Schwarze, 19 % Mulatten, 5,5 % Inder, 3,5 % Weiße

Gesamtzahl
der Sprachen: 3 (Amtssprache: Englisch)

Sprechergruppen	Sprachen
0,113 Mio.	Englisch-Kreolisch der Kleinen Antillen
ausgestorben seit 1920	Insel-Karibisch

Suriname

Fläche:	163 265 qkm (Paramaribo: 0,201 Mio. E)
Bevölkerung:	0,412 Mio. E (1998), (seit 1990 + 0,4 % jährl.)
	(1998: Fertilität – 2,0 %/Mortalität – 0,6 %)
Stadtbewohner:	50 %

Analphabetenrate:	Männer – 5 %, Frauen – 9 %
Zusammensetzung der Bevölkerung:	34,2 % Einwohner indischer Abstammung, 33,5 % Kreolen, 17,8 % Javaner, 8,5 % Schwarze (Morronen, sog. »Buschneger«), 1,8 % Indianer
Gesamtzahl der Sprachen:	16 (Amtssprache: Niederländisch)

Sprechergruppen	Sprachen
0,1 – 0,2 Mio.	Sranan (Surinaams/Surinamesisch; Englisch-Kreolisch (0,3 Mio einschließlich der Zweitsprachler), karibisches Hindi (Aili Gaili)
50 – 100 000	karibisches Javanesisch (Surinam-Javan.)
20 – 50 000	Saramaccan (Englisch-Kreolisch), Guyanesisch (Englisch-Kreolisch)
10 – 20 000	Aukaans (Englisch-Kreolisch)
5 – 10 000	Chinesisch (Hakka)
1 – 3 000	Niederländisch, Kalihna
100 – 1 000	Arawak, Kwinti, Matawari, Trió, Wayana
10 – 100	Akurio
Weniger als 10	Warao
	Zusätzlich etliche Immigrantensprachen (Urdu, Libanesisch-Arabisch, haitianisches Französisch-Kreolisch, u. a.) ohne Informationen über deren Sprecherzahlen

Sprachfamilien: arawakisch (Arawak, Kalihna, u. a.), indoeuropäisch (germanisch: Niederländisch, Kreolsprachen auf englischer Basis; indisch: Hindi), sinotibetisch (Chinesisch)

Sprachökologische Verhältnisse: Niederländisch und Sranan stehen in einem Diglossieverhältnis zueinander. In formellen Situationen wird Niederländisch verwendet (einschließlich des amtlichen Schriftverkehrs), Sranan ist die alltägliche Umgangssprache und gleichzeitig die wichtigste Verkehrssprache für die verschiedenen ethnischen Gruppen des Landes. Niederländisch ist alleinige Unterrichtssprache in allen Ausbildungsstufen. Außer dem Niederländischen werden auch Sranan, Javanesisch und Kalihna gelegentlich als Schriftsprachen verwendet.

Trinidad und Tobago

Fläche:	5 128 qkm (Port of Spain: 51 100 E)
Bevölkerung:	1,285 Mio. E (1998), (seit 1990 + 0,8 % jährl.)
	(1998: Fertilität – 1,4 %/Mortalität – 0,6 %)
Stadtbewohner:	73 %
Analphabetenrate:	Männer – 5 %, Frauen – 8 %
Zusammensetzung der Bevölkerung:	40,3 % Inder, 39,6 % Schwarze, 18,5 % Mulatten, 0,6 % Weiße

Gesamtzahl der Sprachen:	4 (Amtssprache: Englisch)

Sprechergruppen	Sprachen
(keine Angaben)	Englisch
45 000	karibisches Hindi (Aili Gaili)
36 000	Englisch-Kreolisch der Kleinen Antillen
(keine Angaben)	Französisch-Kreolisch von Trinidad (Trinidadien)

Sprachfamilie: Indoeuropäisch (germanisch: Englisch, Englisch-Kreolisch, Französisch-Kreolisch; indisch: Hindi)

Sprachökologische Verhältnisse: Englisch ist Amtssprache und Bildungssprache des karibischen Inselstaates. Obwohl die meisten Einwohner des Landes indischer Abstammung sind und das karibische Hindi immer noch am verbreitetsten ist, sprechen von den Jüngeren immer weniger die Sprache ihrer Vorfahren und wechseln zum Englischen oder Englisch-Kreolischen. Letzteres sprechen heutzutage mehr als ein Drittel der Einwohner. Englisch-Kreolisch wird hauptsächlich auf der Insel Tobago gesprochen.

Uruguay

Fläche:	176 215 qkm (Montevideo: 1,378 Mio. E)
Bevölkerung:	3,289 Mio. E (1998), (seit 1990 + 0,8 % jährl.)
	(1998: Fertilität – 1,8 %/Mortalität – 0,9 %)
Stadtbewohner:	91 %
Analphabetenrate:	< 5 %
Zusammensetzung der Bevölkerung:	85 % Weiße, 5 % Mestizen, 3 % Mulatten

| Gesamtzahl der Sprachen: | 2 (Amtssprache: Spanisch) |

Sprechergruppen	Sprachen
3,2 Mio.	Spanisch
(keine Angaben)	Portugiesisch (im Grenzgebiet zu Brasilien)

Sprachfamilie: Indoeuropäisch (romanisch: Spanisch)

Sprachökologische Verhältnisse: In keinem anderen Staat Amerikas haben sich einheimische Ethnien (u. a. Guaraní) sowie Einwanderer europäischer und afrikanischer Herkunft (Sklaven, die zwischen 1756 und 1842 ins Land gebracht wurden) so vollständig assimiliert wie in Uruguay. Spanisch ist bei allen Muttersprache.

Das lokale Spanisch ist von den Immigrantensprachen früherer Jahrhunderte beeinflusst worden. Im Wortschatz des Spanischen von Uruguay haben sich Elemente italienischer und afrikanischer Herkunft sowie Lehnwörter aus dem Guaraní erhalten. Lunfardo (auch in Argentinien gesprochen) ist eine Sondersprache (vergleichbar mit dem französischen argot oder dem europäisch-spanischen caló).

USA
(s. Vereinigte Staaten von Amerika)

U.S.-Jungferninseln
(Außengebiet der USA; s. Vereinigte Staaten von Amerika)

Fläche:	347,1 qkm (Charlotte Amalie, auf St. Thomas: 12 331 E)
Bevölkerung:	0,117 Mio. E (1997), (seit 1990 + 1,6 % jährl.)
Zusammensetzung der Bevölkerung:	80 % Schwarze und Mulatten, 15 % Weiße

| Gesamtzahl der Sprachen: | 3 (Amtssprache: Englisch) |

Sprechergruppen	Sprachen
65 000	Englisch-Kreolisch der Kleinen Antillen
(keine Angaben)	Englisch
ausgestorben in den 1990er Jahren	Niederländisch-Kreolisch (Negerhollands)

Venezuela

Fläche:	912 050 qkm (Caracas: 1,824 Mio. E/Agglomeration: 3,4 Mio. E)
Bevölkerung:	23,242 Mio. E (1998), (seit 1990 + 2,5 % jährl.) (1998: Fertilität – 2,5 %/Mortalität – 0,5 %)
Stadtbewohner:	87 %
Analphabetenrate:	Männer – 7 %, Frauen – 9 %
Zusammensetzung der Bevölkerung:	69 % Mestizen und Mulatten, 20 % Weiße, 9 % Schwarze, 2 % Indianer

Gesamtzahl
der Sprachen: 41 (Amtssprachen: Spanisch; Guajiro und Warao als regionale Amtssprachen)

Sprechergruppen	Sprachen
21 – 22 Mio.	Spanisch
20 – 50 000	Guajiro
10 – 20 000	Piaroa, Warao, Yanomamö
3 – 5 000	Guahibo, Kalihna, Maquiritari, Pemon
1 – 3 000	Mandahuaca, Panare, Sanumá, Yaruro, Yukpa
100 – 1 000	Baniwa, Baré, Cuiba, Curripaco, Guarequena, Macushi, Motilón, Mutús, Puinave, Yuwana
10 – 100	Akawaio, Arawak, Japrería, Nhengatu, Ninam, Paraujano, Piapoco, Sáliba, Yabarana
Weniger als 10	Arutani, Mapoyo, Sapé, zentrales Tunebo
Ausgestorben	Baniva (Avani), Sikiana, Yavitero
	Zusätzlich Deutsch (Alemán coloneiro) in der Colonia Tovar (ohne Informationen über Sprecherzahlen)

Sprachfamilien: Guajiro (isoliert), Chibcha (Warao), arawakisch (Baré, Guarequena, Mandahuaca, u. a.), karibisch (Kalihna, Macushi, Pemon, u. a.), Tupí-Guaraní (Nhengatu, indoeuropäisch (romanisch: Spanisch)

Sprachökologische Verhältnisse: Spanisch ist die einzige interregionale Amtssprache. In einigen vorwiegend von Indianern bewohnten Regionen haben Kulturaktivisten in den 1980er Jahren erreicht, dass außer dem Spanischen auch Regionalsprachen in der lokalen Verwaltung berücksichtigt werden. Dies ist der Fall mit dem Guajiro im Bundesstaat Zulia und mit dem Warao in der Region Delta Amacuro.

In den Massenmedien dominiert das Spanische. Daneben wird aber auch Guajiro verwendet (Artikel in Tageszeitungen, Rundfunksendungen). Außer Guajiro werden folgende andere Regionalsprachen geschrieben: Warao, Baniva, Guahibo, Kalihna.

Vereinigte Staaten von Amerika

Fläche:	9,809 Mio. qkm, 1,728 Mio. qkm (einschließlich Alaska und der Hawaii-Inseln); (Washington: 0,523 Mio. E/Agglomeration: 4,7 Mio. E)
Bevölkerung:	270,3 Mio. E (1998), (seit 1990 + 1,1 % jährl.) (1998: Fertilität – 1,4 %/Mortalität – 0,8 %)
Stadtbewohner:	77 %
Analphabetenrate:	< 5 %
Zusammensetzung der Bevölkerung:	74 % Weiße, 13 % Schwarze, 10 % Lateinamerikaner (Latinos/Hispanics), 4 % Asiaten und Bewohner der Pazifik-Inseln, 1 % Indianer
Gesamtzahl der Sprachen:	224 (Amtssprachen: Englisch; Spanisch, regional in Puerto Rico und in New Mexico; Hawaiianisch als Nationalsprache anerkannt)

Sprechergruppen	Sprachen
220 – 230 Mio.	Englisch
20 – 25 Mio.	Spanisch
1 – 2 Mio.	Chinesisch, Deutsch, Französisch, Italienisch
0,5 – 1 Mio.	Cajun-Französisch, Englisch-Kreolisch von Hawaii, Koreanisch, Polnisch, Romani (wlachische Zigeuner), Tagalog
0,2 – 0,5 Mio.	Arabisch, Griechisch, Hindi, Japanisch, Portugiesisch, Russisch, Vietnamesisch
0,1 – 0,2 Mio.	Armenisch, Englisch-Kreolisch der Sea Islands (»Gullah«), Farsi, Ivrit (modernes Hebräisch), Jiddisch, Khmer, Navaho, Niederländisch, Thai
50 – 100 000	Deutsch (Pennsylvania-D.), Französisch-Kreolisch von Louisiana, Gujarati, Romani (englische Zigeuner), Tschechisch, Ukrainisch
20 – 50 000	Cherokee, westl. Cree, westl. Ojibwa
10 – 20 000	westl. Apache, Choctaw-Chickasaw, Dakota, Papago-Pima, zentrales Yupik (Westalaska-Eskimo)
5 – 10 000	Blackfoot, Crow, Lakota, Muskogee, Niederdeutsch (Mennoniten-D.), östl. Ojibwa, Yaqui
3 – 5 000	Deutsch (Tiroler-D.), Hopi, Inuit (Nordalaska-I.), Inuit (Nordwestalaska-I.), östl. und westl. Keres, Zuñi
1 – 3 000	Apache (Jicarilla), Apache (Mescalero), Arapaho, Cheyenne, Gwich'in, Havasupai-Walapai-Yavapai, Hawaiianisch, Jemez, Kikapoo, Malecite-Passamaquoddy, Mic-

100 – 1 000	mac, Mohawk, Omaha, nördl. Painte, Shoshoni, Tewa, südl. Tiwa, Tlingit, Ute-südl. Paiute, Winnebago, Yakima Ahtena, Alabama, Aleutisch, Arikara, Assiniboine, Caddo, Cayuga, Cocopa, Comanche, Flathead-Kalispel, Haida, Kiowa, Klamath-Modoc, Koasati, Koyukon, oberes Kuskokwim, Kutenai, Makah, Maricopa, Mesquakie, Mikasuki, Mohave, Nez Percé, Okanagan, Oneida, Pawnee, Potawatomi, Quechan, Seneca, Shawnee, Tanaina, oberes Tanana (Nabesna), Tenino, nördl. Tiwa, sibirisches Yupik (Eskimo der St. Law-Insel), Pazifik-Yupik (Südalaska-E.)
10 – 100	Abnaki-Penobscot, Achumawi, Cahuilla, Chinook Wawa (Amerindian Pidgin), Clallam, Coeur d'Alene, Columbia-Wenatchi, Degexit'an, Diegueño, Han, Hidatsa, Holikachuk, Hupa, Karok, Luiseño, Lushootseed, Maidu, Menomini, Mono, Onondaga, Oto, Pomo, Ponca, südl. Puget Sound-Salish, Straits-Salish, Skagit, Snohomish, Spokane, Tanana, Tsimshian, Umatilla, Walla Walla, Washo, Wichita, Wintu
Weniger als 10	Apache (Kiowa), Apache (Lipan), Atsugewi, Catawba, oberes und unteres Chehalis, Chetco, Coos, Cowlitz, Cupeño, Eyak, Gros Ventre, Iowa, Kalapuya, Kansa, Kato, Kawaiisu, Mandan, Miwok, Osage, Quapaw, Quileute, Quinault, Serrano, Shasta, Siuslaw, Tolowa, Unami, Wappo, Wasco-Wishram, Tschuktschisch, Yuchi, Yuki, Yurok
Ausgestorben	Atakapa, Chinook, Chitimacha, Chumash, Coquille, Galice, Kitsai, Lumbee, Mattole, Miami, Mobilian, Mohegan-Montauk-Narragansett, Nanticoke, Natchez, Nooksack, Powhatan, Salinan, Tillamook, Tonkawa, Twana, Wailaki, Wampanoag, Wiyot, Wyandot, Yana

Sprachfamilien: Eskimo-Aleut in Alaska (Inuit, Yupik), Na-Dene (Haida, Eyak), Algonkin (Cree, Ojibwa, u. a.), irokesisch (Cherokee, Onondaga, u. a.), Muskogee (Choctaw, u. a.), Caddo (Arikara, Pawnee, Wichita, u. a.), athabaskisch (Apache, Navaho, u. a.), Sioux (Dakota, Crow, u. a.), uto-aztekisch (Comanche, Hopi, u. a.), Coahuilteco (Tonkawa, u. a.), und andere einheimische, nicht miteinander verwandte Sprachgruppen oder Einzelsprachen; indoeuropäisch (germanisch: Englisch; romanisch: Spanisch, Cajun-Französisch) + Immigrantensprachen (Deutsch, Italienisch, Japanisch, u. a.)

Sprachökologische Verhältnisse: Englisch ist exklusive Amtssprache der USA und die am weitesten verbreitete Verkehrssprache (lingua franca) des Landes. An zweiter Stelle als Muttersprache und als Verkehrssprache rangiert das Spanische, das von Immigranten aus Lateinamerika nach Nordamerika transferiert worden ist. Die vielen Dutzend Immigrantensprachen haben sich in Abhängigkeit vom

Zusammenhalt ihrer Siedlungsgemeinschaften erhalten. Auf hohem Niveau liegt die Spracherhaltung im Fall des Chinesischen, Koreanischen oder Pennsylvania-Deutschen, wesentlich schwächer ist im Vergleich dazu die Erhaltung von Sprachen wie Niederländisch, Polnisch oder Griechisch.

Grafik 2: Die Entwicklung der Immigration in die USA im 20. Jahrhundert
(Der Fischer Weltalmanach '94: 671)

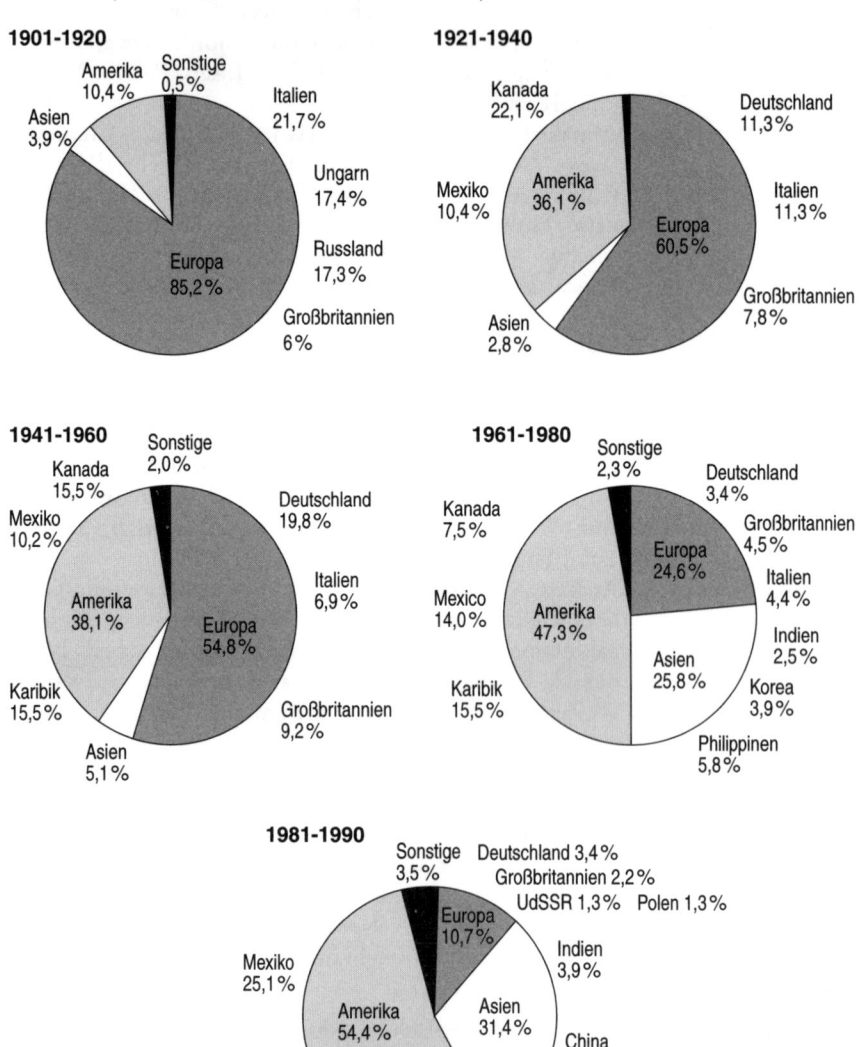

1901-1920
- Amerika 10,4%
- Sonstige 0,5%
- Italien 21,7%
- Asien 3,9%
- Ungarn 17,4%
- Europa 85,2%
- Russland 17,3%
- Großbritannien 6%

1921-1940
- Kanada 22,1%
- Deutschland 11,3%
- Mexiko 10,4%
- Amerika 36,1%
- Italien 11,3%
- Europa 60,5%
- Großbritannien 7,8%
- Asien 2,8%

1941-1960
- Kanada 15,5%
- Sonstige 2,0%
- Mexiko 10,2%
- Deutschland 19,8%
- Amerika 38,1%
- Italien 6,9%
- Europa 54,8%
- Karibik 15,5%
- Großbritannien 9,2%
- Asien 5,1%

1961-1980
- Sonstige 2,3%
- Kanada 7,5%
- Deutschland 3,4%
- Großbritannien 4,5%
- Europa 24,6%
- Mexico 14,0%
- Amerika 47,3%
- Italien 4,4%
- Indien 2,5%
- Karibik 15,5%
- Asien 25,8%
- Korea 3,9%
- Philippinen 5,8%

1981-1990
- Sonstige 3,5%
- Deutschland 3,4%
- Großbritannien 2,2%
- UdSSR 1,3%   Polen 1,3%
- Europa 10,7%
- Mexiko 25,1%
- Indien 3,9%
- Amerika 54,4%
- Asien 31,4%
- China 5,9%
- Karibik 13,6%

Sprachkonflikte: Von den ursprünglich rund 300 präkolumbischen Indianersprachen sind nur 200 erhalten geblieben. Viele von diesen werden nur noch von jeweils wenigen Dutzend oder einzelnen Sprechern gesprochen. Die USA sind einer der großen Sprachenfriedhöfe des 20. Jhs. (s. Vorspann zu Amerika).

Etliche Indianersprachen sind allerdings vital und zeigen keine nennenswerten Sprecherverluste durch Assimilation ans Englische. Dazu gehören unter anderem Cocopa-Yuma, Tiwa, Zuñi, Hopi, Crow, Mikasuki, Navajo, Cherokee, Dakota, Yupik, Choctaw, Blackfoot, Keres, Cree, Ojibwa und Papago-Pima.

Exkurs: Die ethnische und sprachliche Vielfalt der USA im Spiegel der Immigration

Bis Mitte des 18. Jahrhunderts war der französische Kolonialbesitz auf dem Territorium der heutigen USA ausgedehnter als das von England verwaltete Gebiet. Die französische Präsenz stützte sich auf eine Kette befestigter Forts im Mississippital, im Gebiet der Großen Seen bis zur Hudson Bay. Durch Bündnisse mit den lokalen Indianerstämmen verschafften sich die Franzosen Rückhalt gegen die englische koloniale Konkurrenz. Die Siedlungsbewegung von Franzosen aus dem Mutterland beschränkte sich allerdings nur auf die drei historischen Zentren von Akadien, Québec und Louisiana. Im Unterschied zur französischen Kolonialpolitik war die englische Kolonisation von Anfang an auf eine flächendeckende Besiedlung ausgerichtet, die sich von der Ostküste allmählich ins Inland ausdehnte. Außer rein von Engländern bewohnten Gebieten gehörten hierzu auch die deutschen Siedlungen in Pennsylvanien, finnische, schwedische und andere Enklaven.

Der Zustrom europäischer Einwanderer nahm im Verlauf des 19. Jahrhunderts stetig zu. Gleichzeitig wuchs die Bevölkerung durch die unfreiwillige Migration, den Sklavenimport aus Westafrika, an. Das größte nationale Kontingent von Europäern stellten bis zum Bürgerkrieg 1861-65 die Iren (Scally 1995). Bereits seit den 1820er Jahren wanderten Iren nach Nordamerika aus, u.zw. zwischen 30 000 und 100 000 jährlich. Als unmittelbare Folge der großen Hungerkatastrophe von 1845 wanderten Millionen von vor allem armen Iren aus. Das Jahr 1847 war das Jahr des Hungerexodus (famine exodus). Damals emigrierten fast zwei Millionen Menschen nach Amerika. In den nächsten zehn Jahren wanderte eine weitere Million Iren aus. Die Bevölkerung Irlands, die bis 1845 auf 8,25 Mio. angewachsen war, wurde auf fast die Hälfte reduziert.

Bis zum Ende des 19. Jahrhunderts stellten die Europäer das Gros (u.zw. über 90 %) der Einwanderer in den USA. Weniger als 10 % emigrierten aus anderen Teilen der Welt nach Amerika. Die einzige zahlenmäßig bedeutende Gruppe asiatischer »Neuamerikaner« waren damals Chinesen, die als Arbeitsimmigranten ins Land kamen. Das Bauprojekt, das Einwanderer in großer Zahl anlockte, war die Eisenbahnstrecke, die die Ostküste mit der Westküste verbindet.

Im Verlauf des 20. Jahrhunderts hat sich das Kaleidoskop der Einwanderung nach Nordamerika vollständig gewandelt (siehe Grafik 2). Noch in der Zeit vor dem Ersten Weltkrieg machte der Anteil europäischer Einwanderer 85,2 % aus. Bis zum Jahre 1990 war die Quote auf 10,7 % gesunken. Immigranten aus Europa stellen heutzutage nurmehr einen Bruchteil. Der Anteil der Einwanderer aus anderen Staaten Amerikas in die USA machte bis 1920 lediglich 10,4 % aus, stieg danach sprunghaft an und hatte 1990 ein Niveau von 54,4 % erreicht.

Hier ist hervorzuheben, dass die offiziellen Statistiken nur die legale Einwanderung registrieren. Es ist allgemein bekannt, dass im Verlauf der vergangenen zwei Jahrzehnte viele illegale Migranten, insbesondere aus Mexiko, in die USA gekommen sind. Deren Zahl beläuft sich auf mehrere Millionen. Der faktische Einwanderungsschub aus Lateinamerika nach Norden ist also anteilmäßig bedeutend stärker, als die offiziellen Statistiken erkennen lassen.

Die Einwanderung aus asiatischen Ländern war in der ersten Hälfte des 20. Jahrhunderts verhältnismäßig gering. Noch 1960 machte der Anteil asiatischer Immigranten lediglich 5,1 % aus. In den Jahrzehnten danach nahmen die Zahlen der Einwanderer asiatischer Herkunft merklich zu und der asiatische Anteil an der Gesamteinwanderung stieg sprunghaft an. Bis 1980 machten asiatische Immigranten 25,8 %, bis 1990 31,4 % aus. Die Philippinen und China sind die wichtigsten Emigrationsländer.

IV. Asien

Ähnlich wie in den meisten anderen Kontinenten gibt es auch in Asien große Unterschiede zwischen den ökologischen Verhältnissen in regionalen Gemeinschaften. Hier findet man archaische Wildbeutergemeinschaften ebenso wie die modernsten nachindustriellen Gesellschaften. Es gibt Regionen, wo extreme Gegensätze eng benachbart sind, wie etwa in Südostasien. Keine Autostunde von der Skyline der finanzstarken Metropole Singapur entfernt bauen Wildbeuter wie schon seit Tausenden von Jahren im Dschungel von Malaysia ihren Windschutz aus Zweigen. In Asien können wir kulturelle wie sprachliche Großraumintegrationen ebenso wie den Partikularismus lokaler Klein- und Kleinstethnien beobachten. Die mit Abstand populationsreichsten Länder der Erde liegen im asiatischen Großraum, und zwar China und Indien, wo mehr als 40 % der Weltbevölkerung beheimatet sind.

Auch im Hinblick auf seine kulturhistorische Entwicklung ist Asien ein Kontinent der Rekorde und großer Gegensätze. Die meisten der in der Welt verbreiteten Religionen stammen aus Asien und/oder sind in asiatischen Kulturen verbreitet. Hierzu gehören auch alle so genannten Weltreligionen wie das Christentum, der Islam, der Judaismus, der Buddhismus, der Hinduismus, der Taoismus und andere (Sharma 1993, Haarmann 1998a). Verglichen mit der Expansionskraft asiatischer Religionen nimmt sich die Dynamik asiatischer Sprachen mit Weltgeltung auffällig gering aus.

Chinesisch ist als Großsprache nicht deshalb wichtig, weil sie globale kommunikative Funktionen hätte, sondern wegen der enormen Sprecherzahl und der politisch-wirtschaftlichen Bedeutung ihres Hauptverbreitungsgebiets (Kontinental-China, Taiwan, Singapur, chinesische Minderheiten in Südostasien); (siehe Tab. 8). Ähnliches gilt für das Japanische, das seinen Status als Kommunikationsmedium mit globaler Ausstrahlung dem Einfluss der Wirtschaft Japans verdankt. Das Arabische dagegen ist

Tab. 8: Die Verbreitung chinesischer Bevölkerungsgruppen in den Großregionen Asiens

Staat	Sprecher des Chinesischen	Regionale Varianten des Chinesischen
China (Volksrepublik)	1 041 Mio. (91,9 % der Bev.)	Mandarin-Chinesisch (836 Mio.) Wu-Chinesisch (77,2 Mio.) Yue-Chinesisch (Kantonesisch; 46,3 Mio.) Jinyu-Chinesisch (45 Mio.) Xiang-Chinesisch (36 Mio.) Hakka-Chinesisch (25,7 Mio.) Min Nan-Chinesisch (25,7 Mio.) Min Dong-Chinesisch (24,7 Mio.) Gan-Chinesisch (20,6 Mio.) Min Bei-Chinesisch (10,3 Mio.)
Hong Kong (mit Sonderstatus)	6,1 Mio.	Yue (5,3 Mio.) Min Nan (0,54 Mio.) Hakka (0,193 Mio.)
China (Taiwan)	21 Mio. (84% Taiwanesen; 14% Festlandchin.)	Min Nan (14,4 Mio.) Mandarin (4,3 Mio.) Hakka (2,37 Mio.)
Malaysia	4,307 Mio. (21% der Bev.)	
Festland	3,82 Mio.	Min Nan (1,825 Mio.) Hakka (0,786 Mio.) Yue (0,704 Mio.) Mandarin (0,417 Mio.) Min Dong (85 370)
Sarawak	0,34 Mio.	Min Dong (0,121 Mio.) Hakka (0,109 Mio.) Min Nan (84 280) Yue (24 640)

Sabah	0,147 Mio.	Hakka (90 500) Min Nan (37 500) Yue (19 200)
Singapur	2,17 Mio. (77,3% der Bev.)	Min Nan (1,37 Mio.) Yue (0,414 Mio.) Mandarin (0,265 Mio.) Hakka (69 000) Min Dong (15 000) Pu-Xian (6 000) Min Bei (4 000)
Indonesien (Java)	2 Mio.	Min Nan (0,7 Mio.) Hakka (0,64 Mio.) Mandarin (0,46 Mio.) Yue (0,18 Mio.) Min Dong (20 000)
Thailand	1,176 Mio.	Min Nan (1,082 Mio.) Hakka (58 800) Yue (29 400) Mandarin (5 880)
Philippinen	0,6 Mio.	Min Nan (0,592 Mio.) Yue (7 200) Mandarin (600)
Vietnam	0,5 Mio.	Yue
Kampuchea	0,34 Mio.	Mandarin
Brunei	22 500	Min Nan (10 000) Min Dong (6 000) Yue (3 500) Hakka (3 000)

die einzige asiatische Weltsprache, die nach Sprecherzahlen, interkontinentaler Verbreitung und im Hinblick auf kommunikative Funktionen mit den europäischen Weltsprachen vergleichbar ist.

Alte Zivilisationen, Schriftkulturen und Kultursprachen

In Asien haben sich die ältesten bekannten Kultursprachen der Welt entwickelt (Kuhrt 1995). Zwar setzt die schriftliche Überlieferung in Europa früher ein als in Mesopotamien, die Sprachen dieser alteuropäischen Schriftkultur sind aber nicht bekannt, weil die Schrift nicht entziffert ist. Anders ist die Situation im Alten Orient, wo das Elamische und Sumerische ihr Potenzial als klar zu identifizierende Träger lokaler Zivilisationen im 4. Jahrtausend v. Chr. entfalten. Die schriftliche Überlieferung beginnt vor 3000 v. Chr. Die ältesten Texte sind in einer jeweils eigenen Schriftvariante redigiert, und zwar in der elamischen Strichschrift und in der altsumerischen Piktographie. Die um 2600 v. Chr. ausgebildete Keilschrift setzt sich bald in ganz Mesopotamien durch. Dieses Schriftsystem ist vor der Einführung des semitischen Alphabets das produktivste im Alten Orient (Curto 1989: 47f.).

Sumerisch, Elamisch, Eblaitisch, Akkadisch, Persisch und eine Reihe anderer Sprachen wurden in Keilschrift geschrieben. Die Keilschrift passte sich flexibel den spezifischen Eigenschaften der lokalen Sprachen an, und es erlebte sogar einen Entwicklungssprung vom Prinzip einer Silbenschrift zu dem einer alphabetischen Schreibweise (wie im Fall des Ugaritischen). Zur Schreibung dieser Sprache wurde eine Auswahl älterer Keilschriftzeichen verwendet, von denen jedes einen bestimmten Buchstaben, und keine Silbe wiedergab. Mit der Verbreitung der Alphabetschriften kam die Keilschrift außer Gebrauch und geriet in Vergessenheit (Haarmann 1994). Die neuen Kultursprachen, die die älteren Keilschriftsprachen verdrängten, sind das in semitischen Alphabetvarianten geschriebene Phönizisch und Aramäisch. Das Phönizische wirkt vor allem in Richtung Westen, in die Mittelmeerkulturen, das Aramäische nach Norden und nach Osten. Die Schreibung der Zahlen in Indien geht auf aramäischen Einfluss zurück.

Von den einstigen Kultursprachen im Alten Orient haben sich nur Reste in Form sumerischer Lehnwörter in den semitischen Sprachen und in einigen Namen erhalten. Es gibt noch heute eine Sprachgemeinschaft, deren Angehörige sich »Assyrer« (bzw. Aisor) nennen (Hoberman 1992: 98f.). Dies sind christliche Araber, die eine Variante des Neuaramäischen sprechen. Das alte Assyrisch ist also keine Vorstufe der modernen Sprache gleichen Namens. Beide Sprachen sind allerdings wegen ihrer Zugehörigkeit zu den semitischen Sprachen genealogisch miteinander verwandt. Die rund 0,33 Mio. Assyrisch sprechenden Christen verteilen sich auf die Territorien mehrerer Staaten: Russland, Georgien, Armenien, Ukraine. Traditionell wird das Assyrische in drei Schriftvarianten (Estrangelo, Serto, Nestorianisch) geschrieben, die alle Ableitungen von der syrischen Schrift sind (Arsanis 1968).

Wenn auch das sprachliche Erbe des Alten Orients verschüttet wurde, so gilt dies nicht für die kulturellen Errungenschaften der mesopotamischen Zivilisationen. Davon sind viele, in teilweise erheblich transformierter Gestalt, nach Europa gelangt. Die wesentlichen Mittler waren das Griechische im Zeitalter des Hellenismus und die jüdische Kultur, die sich seit der Antike, zunächst in Westeuropa, später auch in Osteuropa, verbreitete. Im Christentum fusionieren diese beiden Traditionen. Astronomische, mathematische, philosophische Kenntnisse und Wissen aus anderen Bereichen der alten Zivilisationen sind über die antiken europäischen Hochkulturen in die westliche Welt transferiert worden (Parpola 1993).

Vieles aus dem europäischen Alltag, wie beispielsweise die Grundbegriffe unserer Zeiteinteilung (die siebentägige Woche, die Stundengliederung des Tages sowie die Differenzierung der kleineren Zeiteinheiten), gehen auf sumerisch-assyrischen Einfluss zurück (Ifrah 1987: 74f.). Die sumerische Zwölfer- und Zwanziger-Zählung hat sich in unseren Zeitbegriffen bis heute erhalten; der Tag hat 24 (2 x 12) Stunden, die Stunde 60 (3 x 20) Minuten, die Minute 60 (3 x 20) Sekunden. Über die Heilige Schrift in den Sakralsprachen Hebräisch, Griechisch und Lateinisch sind wesentliche Inhalte der Kulturgeschichte Mesopotamiens und des Nahen Ostens im Wissens- und Legendenschatz der Europäer heimisch geworden.

Während die alten Kulturen Mesopotamiens (wie auch die Altägyptens) seit dem 3. Jahrtausend v. Chr. in Kontakt mit den Mittelmeerkulturen gestanden haben, entwickelte sich in Ostasien eine Zivilisation, die keiner der antiken griechischen Historiographen, keiner der auch noch so weit nach Asien vordringenden griechischen oder römischen Feldherren kennengelernt hat, die Hochkultur des alten China (Chang 1983). Ob die Idee des Schreibens von Mesopotamien aus über die alten Handelswege Mittelasiens nach China gelangt ist, wird wohl nie mit Sicherheit beantwortet werden können.

Jedenfalls geht die Schrift- und Kulturentwicklung Chinas eigene Wege, ohne dass elamische, sumerische oder akkadische Vorbilder zu erkennen wären. Allein die zeitliche Distanz zwischen den zivilisatorischen Anfängen in China (im 2. Jahrtausend v. Chr.) gegenüber der Kulturentwicklung in Mesopotamien, die spätestens um 3000 v. Chr. ein hochkulturelles Stadium erreichte, lassen die Frage nach einem potenziellen Ideentransfer von Südwest- nach Ostasien wenig sinnvoll erscheinen.

Der chinesische Kulturkreis ist der einzige in Asien, der bis in die Moderne Bestand gehabt hat. Über 3000 Jahre lang hat sich die chinesische Kultur entfaltet, sie hat Wandlungsprozesse erfahren und lange Zeit auf zahlreiche Nachbarkulturen eingewirkt. Da die chinesische Schriftsprache, nicht das gesprochene Chinesisch, die Kulturentwicklung aller regionalen Bevölkerungsgruppen des chinesischen Kernlandes gleichsam überdacht hat, ist es angebracht, vom chinesischen Schriftkulturkreis zu sprechen, der ebenfalls Korea, Japan, Vietnam (bis zum Beginn des 20. Jahrhunderts) sowie die große innere Kolonie Chinas, Tibet, einschließt (Barnes 1993). Auch die Vielzahl der über Südchina verstreuten nichtchinesischen Regionalkulturen war vom Rhythmus der chinesischen Kulturentwicklung abhängig. Dem Jahrhunderte andauernden chinesischen Assimilationsdruck haben zahlreiche Minderheitensprachen widerstanden.

Was das Alter und die Kontinuität der chinesischen Kultur angeht, so haben sich bis heute einige hartnäckige Stereotypen nicht nur als Inhalte volkstümlicher kulturbezogener Spekulation, sondern auch als Stellungnahmen von Fachwissenschaftlern behauptet. Allgemein geht man immer noch davon aus, dass das Chinesische die älteste noch verwendete Schriftsprache der Welt sei und die chinesische die Kultur mit der längsten Tradition. Tatsächlich gibt es eine noch ältere Kultur, die sich ebenfalls bis heute lebendig erhalten hat. Dies ist die griechische (Haarmann 1995: 123 f.). Der Beginn der schriftlichen Überlieferung ist für das 17. Jahrhundert v. Chr. anzusetzen (Linear B). Die griechische (d. h. griechisch-mykenische) Schriftsprache ist also mindestens 400 Jahre älter als die frühesten chinesischen Inschriften auf Orakelknochen, deren Tradition um 1200 v. Chr. einsetzt (Keightley 1985). Das Griechische ist kontinuierlich geschrieben worden, zunächst in Linear B, dann in Kyprisch-Syllabisch und schließlich in Alphabetschrift.

Den mehrmaligen Schriftwechsel als Diskontinuität zu deuten, ist unberechtigt. Auch die chinesische Schriftsprache hat teilweise radikale Wechsel erlebt. Beispielsweise ist nur ein Teil der alten Schriftzeichen, die während der Spätphase der Shang-Dynastie für die Aufzeichnung der Orakeltexte verwendet wurden, später beibehalten worden. Hunderte von veralteten Zeichen der Shang-Zeit sind heute unverständlich. Die Grundlagen für das klassische Inventar der chinesischen Schriftzeichen wurden erst während der Han-Dynastie gelegt (202 v. Chr. – 220 n. Chr.). Das Chinesische der Moderne ist nicht dasselbe wie das in Altchina. Das klassische Chinesisch war eine strikt monothetische Sprache, in der ein

Wort strukturell einer Silbe entspricht. Im modernen Chinesisch dagegen gibt es agglutinierende Tendenzen, und es existieren mehrsilbige Wörter.

Insofern gilt für das Chinesische ebenso wie für das Griechische das gleiche Entwicklungsprinzip: Kontinuität im Rahmen vielfältiger interner Transformation. Stellt man den Umstand der Schriftverwendung in den Vordergrund, so ist die Geschichte der Zivilisation auf griechischem Boden noch älter als die Tradition von Linear B. Hier kommen zusätzlich die altkretischen Schriften in Betracht, u.zw. die Varianten der Hieroglyphenschrift und die Linearschrift Linear A, deren älteste Zeugnisse aus der Zeit um 2500 v. Chr. stammen. Griechenland kann also mit Abstand die längste zivilisatorische Kontinuität, d. h. eine Periode von ca. 4500 Jahren, verbuchen. Unter diesen Gesichtspunkten ist die älteste Kulturlandschaft Asiens mit sprachlicher Kontinuität nicht die Chinas mit rund 3200 Jahren, sondern die Indiens, wo die Anfänge der einheimischen Hochkultur, der Indus-Kultur, um 2600 v. Chr. liegen (Parpola 1994). Hier ist aber in der Schriftkultur eine Lücke von mehreren Jahrhunderten zwischen der älteren dravidischen und der jüngeren indo-arischen Tradition zu beobachten.

Träger der Indus-Zivilisation waren vermutlich Draviden, die vorindoeuropäische Bevölkerung Indiens und Pakistans. Ob das Elamische ebenfalls eine dravidische Sprache ist, ist nicht geklärt. Die Draviden sind vor den Indoeuropäern (Indo-Ariern) von Westen her in den indischen Subkontinent eingewandert. Dort trafen sie auf die Urbevölkerung, die in die Bergregionen verdrängt wurde, oder die sich assimilierte. Ein Rest dieser alten Bevölkerung sind die Burushaski, deren Sprache noch von rund 55000 Menschen gesprochen wird (Edel'man 1996). Die Anfänge der Hochkultur im Industal sind später anzusetzen als der Beginn der Zivilisation in Mesopotamien. Daher ist es naheliegend, sich zu fragen, ob mesopotamische Impulse die Entwicklung in den indischen Kulturzentren beschleunigt haben.

Die charakteristischen Eigenschaften der Indus-Kultur lassen keinen direkten Einfluss aus dem Westen erkennen. Allerdings weisen die archäologischen Funde in der Region des persischen Golfes, in Bahrain, dem sagenumwobenen Dilmun, auf Handelsverbindungen über die Golfroute zwischen Mesopotamien und den Hafenstädten am Indus (Rice 1994: 78f.). Die Indus-Zivilisation erlebt ihren Niedergang um 1800 v. Chr., ohne ersichtliche Fremdeinwirkung. Die wirtschaftliche Infrastruktur bricht infolge einer zu intensiven Bodenbearbeitung zusammen, die Bewässerungskanäle und Staudämme verfallen, die städtischen Zentren werden verlassen. Als um 1500 v. Chr. die Landnahme der Indo-Arier beginnt, haben sich die meisten Draviden bereits nach Süden und Osten zurückgezogen. Die letzten befestigten Orte werden von den Indo-Ariern erobert. Den Indo-Ariern folgen iranische Stämme, die sich im Gebiet des heutigen Pakistan ansiedeln.

Indoeuropäische, türkische und arabische Migrationsbewegungen

Die Folgen der indoeuropäischen Migration aus dem iranischen Hochland und aus Mittelasien nach Osten sind bis heute in der Sprachenverteilung des indischen Subkontinents zu erkennen. In Pakistan hat sich die alte dravidisch-sprachige Bevölkerung nurmehr in Resten erhalten (z. B. die Brahui). Indische (d. h. indo-arische) Sprachen werden im nördlichen und mittleren Teil Indiens gesprochen (Cardona 1992), während sich die Dravida-Sprachen im Süden des Landes konzentrieren (Andronov 1978). Die Sprecher indischer Sprachen machen die bei weitem größte Bevölkerungszahl aus. Auch in Sri Lanka stellen die Sprecher des zu den indischen Sprachen gehörenden Singhalesischen die Bevölkerungsmehrheit, während die dravidischen Tamilen eine Minderheit sind.

Zwei großräumige Migrationsbewegungen haben im Verlauf des 1. Jahrtausends unserer Zeitrechnung das sprachliche Profil in Westasien entscheidend verändert. Dies ist zum einen die Migration türkischer Stammesverbände aus Südsibirien über Mittelasien nach Kleinasien und Osteuropa, zum anderen die arabisch-islamische Expansion in Südwestasien und Nordafrika. Die Migration türkischer Bevölkerungsgruppen ähnelt der der landnehmenden Indoeuropäer, beides sind eigentliche Siedlungsbewegungen (Mallory 1989: 143 f.). Die islamische Expansion dagegen ist ein Prozess militärischer Landnahme unter arabischer Führung. Araber migrierten zwar aus dem arabischen Kernland in die eroberten Gebiete, ein großer Teil der Bevölkerung in den islamisierten Regionen ist aber einheimisch, d. h. nichtarabisch.

Der Umstand, dass heutzutage Arabisch die Mehrheitssprache im westlichen Asien und in Nordafrika ist, erklärt sich aus der historischen Assimilation der einheimischen Bevölkerung, der Hamiten in Ägypten, der Berber in Marokko und Algerien. Hinsichtlich ihres Assimilationsdrucks ähnelt die arabische Expansion der römischen Landnahme in den Mittelmeerländern. Die meisten derjenigen, die in Europa eine romanische Sprache sprechen, sind nicht die Nachkommen italischer Siedler, sondern ihre Vorfahren waren Nichtrömer verschiedener Herkunft, die sich ans Lateinische assimilierten. Dies gilt für Kelten und germanische Franken in Frankreich, für Iberer, Kelten und Goten in Spanien, für Etrusker, keltische Räter, Griechen u. a. in Italien.

Die islamische Expansion zieht viel weitere Kreise als die arabische Migration (Noth 1987: 58 f.). Den Unterschied kann man deutlich in den Regionen erkennen, wo sich die Migration der türkischen Populationen, die religiöse Drift des Islam und dessen militärische Landnahme kreuzen. Die Türken im östlichen Europa, im mittleren und westlichen Asien gewöhnen sich allmählich an den Islam als Weltanschauung und Lebensform, allerdings ohne dass es zu einer nennenswerten Migration von arabischen Siedlern in türkisches Gebiet gekommen wäre. Die Zahl der nichtarabischen Muslime Asiens (in Pakistan, Iran, in den Staaten Mittelasiens, in der Türkei, usw.) ist heute wesentlich größer als die der arabischen Gesellschaften im Irak, in Syrien und in den Staaten der arabischen Halbinsel. Das gleiche gilt für Afrika; auch dort sind die Mehrzahl derer, die sich zum Islam bekennen, Nichtaraber, und zwar Berber und Schwarzafrikaner.

Kultur- und Sprachkontakte in Ostasien

Die ethnische und sprachliche Zusammensetzung der Bevölkerung in den Ländern Südostasiens ist sehr variantenreich. Alle modernen Staaten der Region haben multinationale, multikulturelle und multilinguale Gesellschaften. Südostasien ist nicht nur ein vegetationsreicher Großraum, wo sich frühe Besiedlung (so des Homo erectus auf Java) nachweisen lässt, sondern auch eine geographisch exponierte Gegend, von wo aus Menschen zu verschiedenen Zeiten in die Großräume Australiens und des Pazifiks vorgestossen sind. Südostasien hat zahlreiche Migrationen von Westen und Norden her erlebt, so dass die sprachlich-ethnischen Verhältnisse seit prähistorischer Zeit im Wandel begriffen waren (Cavalli-Sforza et al. 1994: 206 f.). Von der Urbevölkerung sind nur noch die so genannten »Negritos« in Malaysia übrig geblieben, von denen viele die seit Jahrtausenden praktizierte Lebensweise ihrer Vorfahren aufrecht erhalten haben; im malaiischen Dschungel leben sie von der Jagd auf Kleintiere und vom Sammeln.

Als Muttersprachen finden wir in der Sprachenwelt Südostasiens nicht nur einheimische Sprachen, sondern auch solche von Einwanderern: Chinesisch, Tamilisch, Hindi u. a. Ehemalige europäische Kolonialsprachen wie Englisch und Französisch haben zumeist keinen primärsprachlichen Status, sondern sind als Zweit-, Bildungs- oder Amtssprachen verbreitet. In keiner anderen Region Asiens sind so viele Kulturschichten unterschiedlichster Herkunft zu einem funktionstüchtigen Konglomerat fusioniert wie hier. Uralte und hochmoderne, einheimische und fremde Elemente fügen sich zu einem symbiotischen Ganzen (Haarmann 1998c). In engster Nachbarschaft werden Sprachen der Ureinwohner (z. B. Negrito) und Weltsprachen wie Englisch oder Chinesisch gesprochen. In derselben Gesellschaft werden alte animistische Bräuche, buddhistische, hinduistische, islamische und christliche Rituale praktiziert. In derselben Region finden wir lokale, traditionell-chinesische, koloniale und modernistische Architektur.

In Asien waren die meisten der europäischen Kolonialmächte aktiv. Als Folge der Etablierung ihrer politischen Kontrolle, der Verstärkung ihres wirtschaftlichen Einflusses und des Transfers europäischer Institutionen wie Rechtssystem, Ausbildungsorgane und Pressewesen verbreiteten sich europäische Kolonialsprachen in unterschiedlichen Funktionen.

Die erste europäische Sprache, die in den Fernen Osten gelangte, war das Portugiesische (Subrahmanyam 1993). Portugiesische Seefahrer unter Führung Vasco da Gamas landeten 1498 in Indien. Goa war der erste Handelsstützpunkt. In Japan machten portugiesische Jesuiten schon im 16. Jahrhundert ihre Autorität geltend. Die Japaner als aufmerksame Beobachter ihrer Umwelt sahen die Schwierigkeiten voraus, die ein ständig wachsender Einfluss der christlichen Mission und eine zunehmende Einmischung der Europäer in die politischen Angelegenheit ihres Landes mit sich bringen würden. Nach etwa hundert Jahren portugiesischer Präsenz und politischen Intrigen wurden die Europäer des Landes verwiesen. Fast zwei Jahrhunderte lang durften nur holländische Kaufleute ihren Fuß auf japanischen Boden setzen, und nur in den Handelsplätzen der südlichen Insel Kyushu. Als sprachliche Zeugen aus jener Zeit sind nur einige portugiesische Lehnwörter im Japanischen erhalten geblieben.

Ähnlich wie in Afrika rivalisierten die Europäer auch in den Ländern Asiens um die koloniale Vorherrschaft. Der Weg zur politischen Gebietskontrolle führte über vielerlei Umwege, unter anderem über Handelskriege, der Holländer mit den Engländern um die Vorherrschaft im indischen Subkontinent, der Europäer mit den Einheimischen (z. B. der englisch-chinesische Opiumkrieg im 19. Jahrhundert), die militärischen Auseinandersetzungen der Briten mit den Herrschern der lokalen Königreiche in Indien, und auch über trügerische Schutzabkommen mit lokalen Herrschern, die die Europäer zu Instrumenten ihrer politischen Hegemonie ummünzten. Dies war der Trend der französischen Kolonialpolitik in Indochina, insbesondere in Vietnam (Osborne 1969).

Die ersten Europäer, die nach Vietnam kamen, waren Missionare, die bald nach 1600 von ihrem ostasiatischen Stützpunkt, der portugiesischen Kolonie Macao, nach Südostasien geschickt wurden. Die erste Missionsstation wurde 1615 von einem Portugiesen und einem Italiener in Hoi An (von den Europäern Fai Fo genannt; 20 km südlich von Da Nang) gegründet. In den ersten Jahren waren französische, italienische, spanische und portugiesische Priester in Vietnam aktiv, später dominierte die französische Kirche das Terrain.

Die besondere Aufmerksamkeit, die Vietnam in der Missionsbewegung genoss, beruht eigentlich auf einem Wechselfall der Geschichte. Ursprünglich und vorrangig galt das Interesse der europäischen Kirchen, insbesondere der Jesuitenbewegung, Japan, wo man sich einen wichtigen Durchbruch für die Missionsarbeit erhoffte. Angesichts der antichristlichen Pogrome in der zweiten Hälfte des 17. Jahrhunderts und der Schließung Japans gegenüber allen Europäern – ausgenommen waren nur die Holländer mit ihren Handelsstützpunkten in Kyushu – blieb der Missionsbewegung als Alternative nur die Arbeit auf dem Festland, in China und in den südlichen Regionen.

Nach Vietnam gelangten auf diese Weise zahlreiche Missionare, die eigentlich nach Japan wollten, ihre Pläne jedoch wegen der aussichtslosen Lage ändern mußten. Den Vertretern der Kirche folgten Kaufleute, und von Anbeginn standen diese in nationaler Konkurrenz. Es gab holländische, portugiesische, englische und französische Niederlassungen. Die älteste französische Handelsgesellschaft in Vietnam wurde 1665 gegründet. Erst seit Mitte des 18. Jahrhunderts wurde der Handel der Franzosen aktiver. Die Handelskontakte dienten ebenso wie die Missionsarbeit praktischen Zwecken, dem der europäischen Einflußnahme in Fernost. Die herrschende Elite in Vietnam zeigte sich weder den geistigen noch den kommerziellen Innovationen gegenüber abgeneigt.

Andererseits fand die Mission unter den Vertretern der konfuzianisch orientierten Elite kaum Anhänger. In erster Linie angesprochen von der christlichen Erlösungslehre fühlten sich die einfachen Menschen, an deren sozialem Wohlergehen die einheimische Oberschicht kaum interessiert war. In Vietnam nahmen sich die Bestrebungen, die Europäer auf Distanz zu halten, viel schwächer aus als in Japan. Allerdings erlebte auch Vietnam Versuche einer Einmischung des katholischen Klerus in die politischen Angelegenheiten des Landes, und in der zweiten Hälfte des 19. Jahrhunderts dachte man daran, einen vietnamesischen Staat mit katholischer Staatsreligion zu schaffen. Berechtigterweise spricht man hierbei vom »christlichen Separatismus« (Phan Thien Long Chau 1965: 22).

Die Missionsbewegung in Vietnam konnte auf frühere Erfahrungen mit der Christianisierung in China und Japan zurückgreifen. Aus praktischen Erwägungen waren die Missionare der ersten Stunde in jenen Ländern sehr bald daran gegangen, die einheimischen Sprachen zu lernen und sie in ihren Predigten zu verwenden. Gleichzeitig bestand für die Europäer die Notwendigkeit, das Japanische und Chinesische zu schreiben. Hier ging man nicht den langwierigen Weg der Erlernung der einheimischen Schrift, sondern man versuchte sich in der Transliteration mit Hilfe des lateinischen Alphabets. Diese ersten Ansätze einer Romanisierung (d. h. der Anwendung des lateinischen Alphabets in der Tradition der romanischen Sprachen, insbesondere der portugiesischen und französischen Orthographie) der fernöstlichen Schriftkulturen waren vom Standpunkt der Missionare sehr erfolgreich, und auch die asiatischen »Neuchristen« bedienten sich dieses Schriftsystems mit Vorliebe.

In Vietnam verlief die Entwicklung ähnlich. Vor allem die Jesuiten bemühten sich darum, ein brauchbares Notationssystem zur Schreibung des Vietnamesischen zu schaffen (DeFrancis 1950: 14 ff.). Einer dieser Jesuiten war der Franzose Alexandre de Rhodes, ein sprachgewandter Mann, der 1624 nach Thang Long in Südvietnam geschickt wurde. Seine Missionstätigkeit war von Anbeginn sehr erfolgreich, und binnem kurzem hatte er über sechstausend Vietnamesen getauft. Die Rasanz dieser Entwicklung erweckte den Argwohn des Herrschers der Trinh-Dynastie, und de Rhodes wurde mehrmals (u.zw. 1630, 1640, 1645) kurzfristig des Landes verwiesen, konnte aber immer wieder zurückkommen. Nach seiner letzten Ausweisung reiste er allerdings von Macao aus nach Italien, wurde später nach Persien gesandt und kehrte nicht wieder nach Vietnam zurück.

Bahnbrechend für die Tradition der Lateinschrift in Vietnam sollte das vietnamesisch-portugiesisch-lateinische Wörterbuch (*Dictionarium annamiticum*) von de Rhodes werden, das im Jahre 1651 veröffentlicht wurde. Diesem Wörterbuch ist ein kurzer grammatischer Abriß angeschlossen. Im selben Jahr erschien auch ein Katechismus in Lateinschrift. In dem Notationssystem dieser Schriften sind bereits die wesentlichen Grundlagen der lateinischen Graphie des Vietnamesischen (u. a. die Verwendung diakritischer Zeichen) festgelegt (DeFrancis 1977: 54). Obwohl das Wörterbuch von de Rhodes das erste Werk ist, in dem die Tonhöhenunterschiede des Vietnamesischen im Druck diakritisch gekennzeichnet werden, hat es bereits vorher Ansätze zu einem solchen Notationssystem in den Handschriften anderer Missionare gegeben (DeFrancis 1977: 57).

Nach dem Eindruck, den de Rhodes Schriften auf den kritischen Beobachter machen, beherrschte dieser Missionar das Vietnamesische mit beneidenswerter stilistischer Flexibilität (Nguyen Van To 1941: 9). Dabei muss es angesichts des Fehlens von Unterrichtsmitteln für Europäer besonders schwierig gewesen sein, diese Sprache zu lernen, von der de Rhodes einmal sagte, dass sie ihm anfangs wie »das Zwitschern von Vögeln« vorkam (Rhodes 1681: 69). Die religiösen Schriften, die einerseits aus Übersetzungen von Teilen der Bibel, andererseits aus Predigttexten bestanden, hatten sowohl für die europäischen Priester als auch für die Einheimischen praktische Bedeutung. Die Europäer machten sich besser vertraut mit der Sprache, die Vietnamesen erhielten Zugang zur neuen Lehre. Angeblich soll de Rhodes bereits um 1630 eine vietnamesische Übersetzung des Katechismus, dessen Autor unbekannt ist, einem Staatsbeamten in Vietnam übergeben haben (Marillier 1961: xlvi).

Da die christliche Lehre die in wirtschaftlicher Armut und ohne Aussicht auf sozialen Aufstieg lebende Bevölkerungsschicht leicht zu beeindrucken vermochte, gewann die Missionsbewegung rasch an Boden. Die soziale Schichtenspezifik der christlichen Gemeinden in Vietnam wie auch deren unmittelbare soziale Isolation von der Lebensweise der vietnamesischen Buddhisten und Konfuzianer führte dazu, dass der christliche Teil der Bevölkerung wie in »einer Art Ghetto« (Krowolski 1973: 132) lebte. Die Sprachverhältnisse im damaligen Vietnam waren denkbar kompliziert. Die konfuzianische Elite des Landes hielt wie früher am Chinesischen als Bildungssprache fest, und ihre Vertreter fühlten sich den Traditionen der chinesischen Klassik verpflichtet. Die buddhistisch orientierten Aristokraten pflegten zwar auch das Chinesische (sino-vietnamesische Schriftsprache), verwendeten aber auch ihre Muttersprache, die sie nach dem Nom-System schrieben. Ein kleiner Kreis der vietnamesischen Christen lernte die Lateinschrift und schrieb die Muttersprache in dem Notationssystem der Missionare.

Die Angehörigen dieser drei schriftkundigen Eliten des Landes nahmen sich allerdings wie eine Minderheit gegenüber der Masse der Analphabeten aus. Gegen Ende der französischen Kolonialherrschaft waren noch 80 % der Vietnamesen Analphabeten. Der Gebrauch der Lateinschrift blieb lange Zeit auf den engen Kreis der vietnamesischen Christen beschränkt. Noch in den dreißiger Jahren des 19. Jahrhunderts berichtete ein Missionar, daß sich Buddhisten in Vietnam wunderten, wie man denn mit ausländischen Schriftzeichen ihre Muttersprache aufzeichnen könne.

Im Verhältnis zur buddhistischen Mehrheit des Landes sind die Christen immer eine Minderheit geblieben, sowohl innerhalb der Bildungselite als auch bezogen auf die Gesamtbevölkerung. Nach den heutigen Verhältnissen leben rund vier Millionen Christen (ca. 6 % der Gesamtbevölkerung) in Vietnam, etwa zwei Drittel davon im Südteil des Landes. Das Christentum war allerdings ein entscheidender Faktor für die Vorbereitung der französischen Kolonialherrschaft und später einer ihrer tragenden Pfeiler. Exemplarisch kommt dies bereits in der Rolle von de Rhodes zum Ausdruck, den ein Biograph »einen der Architekten für die französische Einflussnahme in diesem Land« (Durand 1957: 21) genannt hat.

Exkurs: Französischer Kolonialismus und französische Kulturpolitik in Indochina

Bereits seit Beginn des 19. Jahrhunderts machte sich französischer politischer Einfluß in Vietnam geltend. Gia Long (reg.: 1802 – 1819), Begründer der nominell bis 1945 herrschenden Nguyen-Dynastie, kam mit Hilfe der Franzosen auf den Thron. Seine Nachfolger jedoch entwickelten großen Argwohn gegenüber den Christen im Lande, die immer mehr Rechte forderten, ja sogar gegen den Herrscher rebellierten, wie in den dreißiger Jahren, als ein französischer Missionar in den Südprovinzen eine Rebellion anführte. Unter König Minh Mang (reg.: 1820 – 1840) begann eine antichristliche Kampagne, der viele vietnamesische Christen und französische Missionare zum Opfer fielen. Napoleon III. versuchte im Jahre 1855 vergeblich, auf diplomatischem Weg Handelskonzessionen und religiöse Freiheit für die Christen zu erreichen.

Mit der Beschießung Da Nangs und der Eroberung der Festung Gia Dinh (Saigon) 1858/59 begann der langwierige Krieg um Indochina. Bereits 1863 hatten die Franzosen das westliche Mekong-Delta erobert, das als Cochinchina zum südlichen Kerngebiet des französischen Kolonialreichs in Südostasien wurde. Im 1. Vertrag von Hué (1862) muss Vietnam diese Region als französisches Territorium anerkennen. Von Süden nach Norden ging die Stoßrichtung der Eroberung, und im 2. Vertrag von Hué (1884) wird ganz Vietnam (Süden: Cochinchina, Zentrum: Annam, Norden: Tongking) französisches Protektorat.

Damit wurde der Weg frei für Versuche, das Land zu europäisieren. Dem Kulturchauvinismus der europäischen Kolonialherren waren keine Grenzen gesetzt, und so gab es auch Pläne, das Französische als offizielle Landessprache einzuführen, beispielsweise im Bildungsprogramm von Aymonier (1890). Besonders in Cochinchina hegten die Franzosen lange Zeit den Gedanken einer totalen Assimilationspolitik als Ausdruck eines »assimilierenden Imperialismus« (Ennis 1936: 95 ff.). Die intakten, zumeist von China erebten kulturellen Institutionen waren den Franzosen als potenzieller Kristallisationspunkt für nationale Opposition von Anfang an suspekt.

In den ersten Jahrzehnten der französischen Kolonialherrschaft waren die Sprachverhältnisse in Vietnam geradezu unerträglich kompliziert. Die überzeugten Konfuzianer verwendeten weiterhin das Chinesische als Bildungssprache. Auch die Beamtenschaft des vietnamesischen Königshofes erledigte die schriftliche Korrespondenz in Chinesisch. Die Buddhisten bevorzugten das in Nom geschriebene Vietnamesisch. Die einheimischen Christen schrieben ihre Muttersprache in Lateinschrift, und für alle Vertreter der Bildungselite wurde die Vertrautheit mit dem Französischen zur kulturpolitischen Notwendigkeit.

Im Zusammenhang mit der Diskussion über die Rolle des Französischen und Vietnamesischen als Schriftsprachen wurde der Alternative der lateinischen Graphie für das letztere auf Seiten der Vietnamesen immer größere Aufmerksamkeit geschenkt. Die Vietnamesen nannten das Notationssystem der französischen Missionare tay cuoc ngu ›nationale Sprache, die mit europäischen Buchstaben geschrieben wird‹, chu quoc ngu ›(westliche) Schreibart der Nationalsprache‹ oder einfach quoc ngu. Die letztere, abgekürzte Form setzte sich als Bezeichnung für die lateinische Graphie durch. Ein Franzose mit Weitblick äusserte damals die gleichsam prophetische Sentenz, dass Quoc Ngu »die gefährlichste Waffe in den Händen patriotischer Vietnamesen« (Aymonier 1890: 30) werden könnte.

Einer derjenigen, die das Quoc Ngu mit Vorliebe verwendeten, und entscheidend zur Popularisierung der lateinischen Graphie ihrer Muttersprache beitrugen, war der Katholik Truong Vinh Ky, der seit den sechziger Jahren des 19. Jahrhunderts in französischen Diensten stand und sich auch für eine allgemeine Schulbildung auf der Basis des Quoc Ngu aussprach (DeFrancis 1977: 87 ff.). Gleichzeitig setzte sich Truong Vinh Ky mit konfuzianischer Verantwortung für die Bewahrung der Grundzüge des chinesischen

Kulturerbes ein, womit er allerdings nicht die Beibehaltung des Chinesischen als Bildungssprache oder das Nom-System des Vietnamesischen, sondern die Pflege chinesischer Geistestraditionen und des Kulturwortschatzes meinte. Diese von Truong Vinh Ky vehement vertretene kulturelle Innovation ist als »äußerst feinsinnige Art, mit der Vergangenheit zu brechen« (Osborne 1969: 264) bezeichnet worden.

Die Propagierung des Quoc Ngu im Schulwesen war ein »unverdientes« Verdienst der französischen Bildungsadministration. Da man sich in der Bildungspolitik letztlich keinen Erfolg von einem kompromisslosen französisch-sprachigen Zwangsunterricht versprach, wollte man den Weg einer zweisprachigen Ausbildung gehen, wodurch die einheimische Bevölkerung sich an das Französische gewöhnen sollte. An den freien Schulen wurde weiterhin Chinesisch unterrichtet. Die französische Administration erreichte es mit ihrer organisatorischen Reichweite, den zweisprachigen Unterricht in ihren écoles franco-annamites unter weitgehender Vernachlässigung des Chinesischen durchzusetzen.

Als Folge der rigorosen Förderung der Lateinschrift für die Landessprache und die Kolonialsprache konnte die jüngere Generation der Vietnamesen schon in den zwanziger Jahren dieses Jahrhunderts nicht mehr Chinesisch oder Nom schreiben. In den dreißiger Jahren waren die sino-vietnamesischen Bildungsvertreter eine verschwindende Minderheit im Lande. Anachronistisch mutet die Aufrechterhaltung der chinesischen Schriftkultur am Königshof bis 1945 und des Nom-Systems in Nordvietnam im religiösen Schrifttum sowie in Kaufverträgen an (DeFrancis 1977: 204).

Deutschland trat als Kolonialmacht in Ostasien erst spät auf den Plan und musste sich mit einer Einflusssphäre begnügen, die bis dahin noch Niemandsland war, mit dem Bismarck-Archipel, der sich von Neuguinea aus nach Nordosten erstreckte. Allerdings fassten die Deutschen – nach dem Vorbild der Briten und Portugiesen – ebenfalls an der chinesischen Küste in Tsingtau Fuß. Die deutsche Kolonialära in Fernost endete bereits 1918. Bis heute haben sich aber einige Spuren dieser Zeit erhalten. In Papua-Neuguinea sind viele alte Namen für Landschaftsformen (z. B. Schuster Range, Mount Wilhelm, Cape Hollmann) und einige Ortsnamen (z. B. Finschhafen) bewahrt worden, und auch der Bismarck-Archipel hat seinen Namen behalten. Ein Kuriosum ist das Fortleben des deutschen Kulturerbes in der einzigen Kreolsprache auf deutscher Basis, in dem von nur noch etwa 100 Menschen gesprochenen Unserdeutsch.

Zu Beginn des 20. Jahrhunderts hatten sich die Interessen der europäischen Großmächte in Asien ausbalanciert. Die Deutschen kontrollierten das Seegebiet im Norden von Neuguinea und hatten einen Stützpunkt in

China (Tsingtau), die Portugiesen kontrollierten ihren Handel über Macao und Goa. Die Holländer beherrschten Java. Die Stellung der Franzosen in Indochina war ebenso unumstritten wie die der Briten in Burma und Indien. Weiter im Westen hatten sich Briten und Franzosen mit der Präsenz einer asiatischen Kolonialmacht abzufinden, des Ottomanischen Reiches. Da die Türkei zu den Verlierern des Ersten Weltkriegs gehörte, übernahmen Engländer und Franzosen weite Gebiete der früher von Türken besetzten arabischen Kolonien.

Nur wenigen Staaten in Asien gelang es, sich dem Zugriff der europäischen Kolonialmächte zu entziehen. Dazu gehörten Japan und Thailand (das historische Siam). Diese Länder behaupteten zwar ihre politische Souveränität (Japan als Kaiserreich, Thailand als Königreich), sie standen aber seit dem 19. Jahrhundert unter dem Druck westlicher Staaten, ihre wirtschaftliche und kulturelle Isolation aufzugeben und sich westlichen Einflüssen zu öffnen. Im Fall Japans griff die aufstrebende Wirtschaftsmacht Amerika zu drastischen Mitteln. Sie betrieb eine Kanonenbootpolitik und zwang die Japaner unter Androhung von Waffengewalt, die Häfen Nippons für amerikanische Waren zu öffnen.

Seit den 1860er Jahren brachten die Amerikaner ihre Waren und Missionare nach Japan. Schon bald traten auch Europäer auf den Plan. Die Japaner – besonders deren intellektuelle Elite – nutzten die Konfrontation der Welten für sich aus. Es wurden Gesandtschaften in die USA und in europäische Staaten geschickt, die allerlei Nützliches auskundschaften sollten, das die japanische Gesellschaft für ihre Modernisierung brauchte. Die Japaner zeigten sich bereit, sich der Kultur der westlichen »Barbaren« zu stellen (Beasley 1995). Ein wesentlicher Kanal für diese Begegnungen war die Sprache. Die westlichen Sprachen wirkten zwar mit der Zeit immer stärker auf das Japanische, insbesondere auf dessen lexikalischen Strukturen, ein, dessen sino-japanisches Fundament ist aber nie ernsthaft gefährdet worden und bis heute intakt geblieben.

Die Japaner entpuppten sich als gelehrige Schüler ihrer amerikanischen und europäischen Lehrmeister. Von den Amerikanern lernten sie wirtschaftliches Know-how, von den Briten den Festungsbau und eine moderne Zivilverwaltung, die Deutschen organisierten das Gesundheitswesen und die wissenschaftliche Ausbildung, von den Franzosen wurden die Japaner in die Welt der europäischen Kunst und Gastronomie eingeführt, von den Italienern lernte man die klassische Musiktradition. Hiermit sind stereotype Assoziationen aufgezeigt worden, zu denen es vielerlei Nuancen gibt. Bis heute aber werden in der Erziehung der Japaner derartige Kategorisierungen über kulturelle Gravitationen in westlichen Gesellschaften tradiert.

Das Ergebnis der west-östlichen Konfrontation und die flexible Auswertung westlichen Wissens und Kulturgutes für die Entwicklung des Landes waren eine rasche Modernisierung der japanischen Gesellschaft sowie eine politische Stärkung des Staatswesens. Bald schon entwickelte die japanische Führung eine eigenwillige Außenpolitik, die in mancher Hinsicht Züge eines Interessenkonflikts mit den westlichen Mächten annahm (Fält 1990). Dass Japan in der Lage war, den westlichen Großmächten Paroli zu bieten, zeigte sich in dem für Japan siegreichen russisch-japanischen Krieg (1905), in dem Russland die Kontrolle über Korea entrissen wurde.

Sibirien und Mittelasien als Kontaktzone

Die meisten Betrachtungen der Kolonialgeschichte in Asien lassen eine wichtige Entwicklung außer Acht, nämlich die russische Kolonisation Sibiriens und die russische Kolonialherrschaft in Mittelasien (Lincoln 1993). Die beiden Stoßrichtungen der russischen Hegemoniebestrebungen waren unterschiedlicher Natur. Die militärische und siedlungsmäßige Erschließung der sibirischen Großregion ist mit der Bewegung europäischer Siedler in Nordamerika zu vergleichen, nur dass die Hauptrichtung nicht wie dort von Osten nach Westen, sondern von Westen nach Osten führte. Bereits seit Ende des 16. Jahrhunderts drangen Russen nach Westsibirien vor. In der ersten Hälfte des 18. Jahrhunderts erkundeten russische Expeditionen die Küstenregion Alaskas.

Sibirien war und ist von zahlreichen Völkern unterschiedlicher Herkunft bewohnt, die altaische, uralische, tungusische und paläoasiatische Sprachen sprechen. Im südlichen Sibirien drängten die russischen Siedler die einheimische Bevölkerung in unwirtliche Gebiete ab. Den rauhen Norden haben Russen zu keiner Zeit in größerer Zahl besiedelt. Auf modernen ethnographischen Karten ist die Ostexpansion der russischen Siedlungen klar erkennbar, die sich wie ein Keil in das nichtrussische Gebiet vorgeschoben haben (Haarmann 2000b: 813, Karte 3). Sibirien ist auch nach der Auflösung des sowjetischen Imperiums weiterhin ein Teil von dessen Kernland, Russland (Forsyth 1992).

Auf der Welt gibt es derzeit nur noch zwei große innere Kolonien, das von China beherrschte Tibet sowie das russische Sibirien. Zwischen beiden Großräumen besteht allerdings ein wesentlicher Unterschied. Während in Tibet die einheimischen Tibeter die Bevölkerungsmehrheit stellen, ist Sibirien heutzutage mehrheitlich von Russen bewohnt. Die Gesamtzahl aller einheimischen Völker Sibiriens ist kleiner als die der zugewanderten Europäer, wozu unter anderem auch eine Dreiviertelmillion Deutsche gehören.

Mittelasien wurde erst in der Sowjetära zu einer von russischen Binnenmigranten bevorzugten Region (Pander 1988). Während der zaristischen Herrschaft hatte sich die russische Präsenz im Wesentlichen noch auf Kaufleute, Verwaltungsbeamte und Armeekontingente beschränkt. Die wirtschaftliche Erschließung Mittelasiens seit den 1920er Jahren unter russischer Führung führte dazu, dass sich mehr und mehr Russen in den städtischen Zentren ansiedelten. In den 1960er und 1970er Jahren erreichte die Binnenmigration ihren Höhepunkt. In allen mittelasiatischen Staaten (mit Ausnahme von Tadschikistan) stellen heutzutage die Russen die zahlenstärkste ethnische Gruppe nach der Titularnationalität. Der ehemalige Amtssprachenstatus des Russischen ist überall abgebaut worden. Lediglich in Kasachstan ist das Russische auf unbestimmte Zeit neben der Landessprache, dem Kasachischen, in der staatlichen Bürokratie als Arbeitssprache zugelassen.

Zur Vitalität europäischer Importsprachen

Von den ehemaligen Kolonialsprachen hat sich das Englische am besten behauptet. Auch in der nachkolonialen Ära wird Englisch als Amtssprache verwendet, wie in Singapur oder als fakultative Arbeitssprache der Behörden Indiens. Als wichtigste Kontaktsprache für den internationalen Austausch von Informationen im technisch-technologischen Bereich ist das Englische überall in Asien in Gebrauch. In vielen asiatischen Ländern gibt es, zusätzlich zu den einheimischen Medien, eine englisch-sprachige Presse (z. B. Japan Times, Jerusalem Post). In den Massenmedien, im Entertainment sowie in der kommerziellen Werbung, steht das Englische als Symbol für Modernität (Haarmann 1989).

Die Rolle des Französischen im nachkolonialen Asien ist weitaus bescheidener und beschränkt sich auf die Funktionen einer Bildungssprache (wie noch in Vietnam und Kampuchea). Französisches Kulturerbe manifestiert sich aber auch im Lehnwortschatz französischer Herkunft in einer Reihe asiatischer Sprachen, insbesondere im Vietnamesischen, Kambodschanischen und Laotischen, außerdem in der Orthographie des Vietnamesischen auf der Basis der Lateinschrift, deren Erweiterung um zahlreiche diakritische Zeichen sich an den Konventionen der Akzente im Französischen orientiert (DeFrancis 1977, Haarmann 1986).

Das Schicksal des Portugiesischen als Amtssprache war wechselhaft. Die einzige Region, wo das Portugiesische seinen amtlichen Status kontinuierlich bewahrt hat, ist Macao, denn dort ist die ehemalige Kolonialsprache auch nach dem Anschluss an China (Frühjahr 1999) in amtlichen Funktionen (neben dem Chinesischen) bestätigt worden. Im indischen Goa dagegen erinnert lediglich eine kleine Anzahl von Sprechern des Portugiesischen sowie die erhaltene Kolonialarchitektur an die einstige portugiesische Kolonialherrschaft. Eine besondere Entwicklung hat das Portugiesische in Ost-Timor durchgemacht. Bis 1975 war die Region portugiesischer Kolonialbesitz. Danach hielt Indonesien den Ostteil Timors besetzt. Während dieser Zeit war die Kontinuität des Portugiesischen ausschließlich als gesprochene Sprache ohne amtlichen Status gewährleistet. Mit dem Rückzug der indonesischen Armee und der Einrichtung der UN-Schutzschone in Ost-Timor im Oktober 1999 wurden dem Portugiesischen erneut amtliche Funktionen übertragen. Portugiesisch ist heute Staatssprache des seit 2001 selbstständigen Staates Ost-Timor.

Die bevölkerungsreichsten Staaten Asiens	Die sprachenreichsten Staaten Asiens	Die sprecherreichsten Sprachen Asiens
China (VR) (1 221,7 Mio.) Indien (945,1 Mio.) Indonesien (197,0 Mio.) Pakistan (133,5 Mio.) Japan (125,7 Mio.) Vietnam (75,3 Mio.) Philippinen (71,8 Mio.) Iran (62,5 Mio.) Thailand (60,0 Mio.) China (Taiwan) (21,4 Mio.)	Indonesien (701) Indien (418) China (VR) (206) Philippinen (171) Malaysia (140) Vietnam (87) Thailand (76) Iran (69) Pakistan (66) Usbekistan (65)	Chinesisch (alle regionalen Varianten; 1 150 Mio.) Hindi (418 Mio. / 182 Mio. PSpr + 236 Mio. ZSpr) Bengalisch (196 Mio. / 189 Mio. PSpr + 7 Mio. ZSpr) Indonesisch (162 Mio. / 21 Mio. PSpr + 141 Mio. ZSpr) Japanisch (125 Mio.) Telugu (73 Mio.) Tamilisch (69 Mio. / 62 Mio. PSpr +7 Mio. ZSpr) Vietnamesisch (66,4 Mio.) Urdu (54 Mio.) westl. Panjabi (45 Mio.)

Afghanistan

Fläche:	652 225 qkm (Kabul: 1,78 Mio. E)
Bevölkerung:	25,051 Mio. E (1998), (seit 1990 + 5,0 % jährl.)
	(1998: Fertilität – 5,2 %/Mortalität – 2,1 %)
Stadtbewohner:	21 %
Analphabetenrate:	Männer – 53 %, Frauen – 85,0 %
Zusammensetzung der Bevölkerung:	40 % Pashtunen, 25 % Tadschiken, 15 % mongolische Ethnien, 5 % Usbeken, u. a.

Gesamtzahl der Sprachen:	49 (Amtssprachen: Pashto, Dari)

Sprechergruppen	Sprachen
8 – 9 Mio.	westl. Pashto
5 – 6 Mio.	östl. Farsi (Dari)
2 – 3 Mio.	Sindhi
1 – 2 Mio.	Hazaragi, südl. Usbekisch
0,5 – 1 Mio.	Aimaq
0,2 – 0,5 Mio.	Domari, Turkmenisch
0,1 – 0,2 Mio.	westl. Baluchi, Brahui
20 – 50 000	Gujari
5 – 10 000	Ashkun, Darwazi, Gawar-Bati, Kati, Waigali, Wakhi
3 – 5 000	zentralasiatisches Arabisch, südl. Aserbaidschanisch, Kamviri
1 – 3 000	Karakalpak, Kasachisch, Malakhel, Munji, Prasuni, Sanglechi-Ishkashimi, Savi, Shughni, Uigurisch
100 – 1 000	Jakati, Kirgisisch, Mogholi (Mongur), Parachi, Parya, Tatarisch
10 – 100	Grangali, Ormuri
Weniger als 10	Tirahi
	Zusätzlich andere Sprachen (Pahlavani, Parya, nordöstl., nordwestl. und südöstl. Pashayi, u. a.) ohne nähere Angaben zu deren Sprecherzahlen

Sprachfamilien: Indoeuropäisch (iranisch: Pashto, Baluchi, Dari, Hazaragi, u. a.; indisch: Ashkun, Gujari, Sindhi, u. a.), altaisch (mongolisch: Mogholi; türkisch: Usbekisch, Turkmenisch, u. a.), dravidisch (Brahui).

Sprachökologische Verhältnisse: Der Süden des Landes ist sprachlich relativ einheitlich. Hier dominiert das Pashto. Dies ist auch die Sprache der Pathanen, aus deren Vertretern sich die ehemalige Führungsschicht der Taliban rekrutierte.

Im Norden grenzt die Pashto-Sprachzone an die des Farsi (Dari und Tadschikisch), im Süden an die des Baluchi.
Der Norden, und insbesondere der Nordosten, ist ethnisch sehr zersplittert. Hier leben die meisten der religiösen und sprachlichen Minderheiten Afghanistans. Die kulturell-sprachlichen Kontraste zwischen Norden und Süden spiegeln sich auch in den Interessenkonflikten der Bürgerkriegsparteien.

Bahrain

Fläche:	695 qkm (Manama: 0,14 Mio. E)
Bevölkerung:	0,643 Mio. E (1998), (seit 1990 + 3,5 % jährl.) (1998: Fertilität – 2,0 %/Mortalität – 0,4 %)
Stadtbewohner:	91 %
Analphabetenrate:	Männer – 11 %, Frauen – 21 %
Zusammensetzung der Bevölkerung:	58,9 % Bahrainer, 36,4 % Ausländer (75 % Araber, 16 % Inder, 5 % Pakistani, 2 % Europäer)
Gesamtzahl der Sprachen:	3 (Amtssprache: Standardarabisch)

Sprechergruppen	Sprachen
(keine Angaben)	Golf-Arabisch
48 000	westl. Farsi
	Zusätzlich andere Immigrantensprachen (Hindi, Tamil, Pashto, Urdu, u. a.) ohne Informationen über deren Sprecherzahlen

Sprachfamilien: Afroasiatisch (semitisch: Varianten des Arabischen), indoeuropäisch (indisch: Hindi; iranisch: Farsi)

Sprachökologische Verhältnisse: Die Amts- und Bildungssprache ist das Standardarabische. Die verbreitetste Umgangs- und Verkehrssprache ist das gesprochene Arabisch der Golfregion. Arabisch ist in der Primar- und Sekundarstufe der Schulausbildung das einzige Unterrichtsmedium, der Sprachgebrauch in der Oberstufe sowie in der universitären Ausbildung wird dagegen vom Englischen dominiert. Englisch ist auch als Verkehrssprache in der Geschäftswelt verbreitet.

Bangladesch

Fläche:	147 570 qkm (Dhaka: 3,638 Mio. E/Agglomeration: 7,832 Mio. E)
Bevölkerung:	125,629 Mio. E (1998), (seit 1990 + 1,9 % jährl.) (1998: Fertilität – 2,8 %/Mortalität – 1,0 %)
Stadtbewohner:	20 %
Analphabetenrate:	Männer – 49 %, Frauen – 71 %
Zusammensetzung der Bevölkerung:	95 % Bengalen, 1 % Bihári, u. a.

Gesamtzahl
der Sprachen: 37 (Amtssprache: Bengali)

Sprechergruppen	Sprachen
100 – 105 Mio.	Bengali
2 – 5 Mio.	Sylhetti
0,5 – 1 Mio.	Kurux
0,2 – 0,5 Mio.	Chakma, Ho (Lanka Kol), Mundari
0,1 – 0,2 Mio.	Arakanesisch
50 – 100 000	Burmesisch, Garo, Khasi, Meithei, Santali, Tippera
20 – 50 000	Koch, Kok Borok, Sadri (Oraon)
10 – 20 000	Mru, Oriya, Tangchangya
5 – 10 000	Chin (Bawm), östl. Panjabi
3 – 5 000	Darlong, Usui
1 – 3 000	Chin (Asho), Chin (Khumi), Lushai, Pankhu, Riang
100 – 1 000	Asami, Chak, Chin (Haka), Shendu

Sprachfamilien: Indoeuropäisch (indisch: Bengali, Chakma, Tripura, u. a.), sino-tibetisch (tibeto-birmanisch: Burmesisch, Marma, Mro, u. a.), austroasiatisch (Santali)

Sprachökologische Verhältnisse: Die allermeisten Einwohner des Landes sprechen Bengali als Muttersprache. Die Angehörigen sprachlicher Minderheiten leben an der östlichen Peripherie (in den Bundesstaaten Sylhet, Chittagong Hill Tracts, Bandarban) und an der westlichen Peripherie (in den Bundesstaaten Dinajpur und Rajshahi).

Obwohl seit Anfang der 1990er Jahre Bengali offiziell die einzige Amtssprache des Landes ist, fungiert das Englische weiterhin als externe Amtssprache (der Regierung und Behörden in Kontakt mit dem Ausland) sowie neben dem Bengali als Unterrichtssprache in der Schulausbildung. Arabisch und Sanskrit werden als fakultative Sprachen unterrichtet (für Muslime bzw. Hindus). Sowohl Bengali als auch Englisch werden in gesprochener wie geschriebener Form in den Massenmedien verwendet.

Von den Regionalsprachen finden Chakma, Garo, Hajong, Manipuri, Santali und Morang auch als Schriftmedien Verwendung.

Bhutan

Fläche:	46 500 qkm (Thimphu: 30 300 E)
Bevölkerung:	0,759 Mio. E (1998), (seit 1990 + 3,4 % jährl.)
	(1998: Fertilität – 3,8 %/Mortalität – 1,0 %)
Stadtbewohner:	7 %
Analphabetenrate:	Männer – 44 %, Frauen – 72 %
Zusammensetzung der Bevölkerung:	60 % Bhutanesen (Bhotia), 20 % indo-arische Ethnien (Nepali, u. a.), u. a.

Gesamtzahl der Sprachen:	18 (Amtssprache: Dzongkha)

Sprechergruppen	Sprachen
0,2 – 0,5 Mio.	Kebumtamp, östl. Magar, Nepali, Sharchagpakha
50 – 100 000	Tsangla
20 – 50 000	Bumthangkha, Chocangacakha, Lepcha
10 – 20 000	Dzalakha
5 – 10 000	Dzongkha, Nyenkha
3 – 5 000	Brokpake
1 – 3 000	Gongduk, Tibetisch
100 – 1 000	Brokkat, Chalikha, Dakpakha, Olekha

Sprachfamilien: Sinotibetisch (tibeto-birmanisch: Dzongkha, Lepcha, Tibetisch, u. a.), indoeuropäisch (indisch: Nepali)

Sprachökologische Verhältnisse: Das buddhistische Königreich Bhutan hat sich erst Anfang der 1960er Jahre äusseren Einflüssen geöffnet. Die traditionelle Schriftsprache des Landes im religiösen und öffentlichen Leben war das klassische Tibetisch (Choeke ›religiöse Sprache‹). Choeke wird weiterhin in den Klöstern verwendet, und es ist die Sprache der Gesetzeskodifikation.

Die moderne Amts- und Verkehrssprache Bhutans ist Dzongkha, das in tibetischer Schrift geschrieben wird. Als Arbeitssprache ist es am Königshof sowie in den Regierungs- und Verwaltungszentren (dzong, wörtl. ›Festung‹) in Gebrauch. Ursprünglich war es nur die Sprache der im westlichen Teil des Landes wohnenden Ngalong, in den letzten Jahrzehnten hat es sich auch als Zweitsprache bei anderen ethnischen Gruppen verbreitet. Dzongkha wird im Grundschulunterricht verwendet. In den höheren Ausbildungsstufen dominiert allerdings das Englische.

Brunei

Fläche:	5765 qkm (Bandar Seri Begawan: 50 000 E)
Bevölkerung:	0,315 Mio. E (1998), (seit 1990 + 2,9 % jährl.) (1998: Fertilität – 2,2 %/Mortalität – 0,3 %)
Stadtbewohner:	70 %
Analphabetenrate:	Männer – 7 %, Frauen: 17 %
Zusammensetzung der Bevölkerung:	66,9 % Malaiien, 15,6 % Chinesen, 10,7 % Europäer, Asiaten (Indonesier, Thailänder, Inder, u. a.), 5,6 % Protomalaiien (Iban, Dusun, Murut, u. a.)

Gesamtzahl der Sprachen:	16 (Amtssprache: Malaiisch)

Sprechergruppen	Sprachen
0,1 – 0,2 Mio.	Brunei (Orang Bukit), Iban (Sea Dayak)
10 – 20 000	Bisaya (B. Bukit), Chinesisch (Mandarin), Tutong 1
5 – 10 000	Bajau (Land-B.), Chinesisch (Min Nan), Chinesisch (Min Pei), Englisch, Lundayeh
3 – 5 000	Chinesisch (Yue), Tutong 2 (Tutung)
1 – 3 000	Chinesisch (Hakka), Kayan (Baram), Kenyah (oberes Baram), Kiput

Sprachfamilien: Austronesisch (malaio-polynesisch: Malaiisch, Tutong, Iban, u. a.), sinotibetisch (Chinesisch)

Sprachökologische Verhältnisse: Amtssprache ist das Malaiische (Bahasa Melayu), das auch in Malaysia offiziell anerkannt ist. Die Schulausbildung ist zweisprachig: kulturorientierte Fächer werden in Malaiisch unterrichtet, naturwissenschaftliche Fächer in Englisch. Der Universitätsunterricht (seit 1985) ist in Englisch. Die chinesische Minderheit lebt im städtischen Milieu, die meisten sprachlichen Minderheiten sind in ländlichen Gebieten heimisch.

Sprachkonflikte: Die offizielle Kulturpolitik fördert das Image einer monokulturellen, malaiisch-sprachigen islamischen Gesellschaft, was einen entsprechenden Prestigedruck des Malaiischen auf die Regionalsprachen bewirkt.

China
(Volksrepublik China)

Fläche:	9,572 Mio. qkm (Beijing: 10,78 Mio. E)
Bevölkerung:	1 245,745 Mio. E (1998), (seit 1990 + 1,2 % jährl.)

Stadtbewohner:	(1998: Fertilität – 1,6 %/Mortalität – 0,7 %) 33 %
Analphabetenrate:	Männer – 9 %, Frauen – 25 %
Zusammensetzung der Bevölkerung:	91,9 % Chinesen (Han), 1,4 % Zhuang, 0,8 % Hui, u. a.
Gesamtzahl der Sprachen:	206 (Amtssprachen: Chinesisch (interregional); Mongolisch, Tibetisch, Uigurisch, Zhuang als regionale Amtssprachen)

Sprechergruppen	Sprachen
800 – 850 Mio.	Chinesisch (Mandarin)
75 – 80 Mio.	Chinesisch (Wu)
45 – 50 Mio.	Chinesisch (Yue; Kantonesisch)
35 – 40 Mio.	Chinesisch (Xiang)
25 – 30 Mio.	Chinesisch (Hakka), Chinesisch (Min Nan)
20 – 25 Mio.	Chinesisch (Gan)
10 –15 Mio.	Chinesisch (Min Pei)
9 – 10 Mio.	nördl. Zhuang
7 – 8 Mio.	Uigurisch
4 – 5 Mio.	Tibetisch
3 – 4 Mio.	südl. Zhuang
2 – 3 Mio.	Dong, Mongolisch (Menggu), Shan
1 – 2 Mio.	Bouyei, Dai, östl. Hmong, westl. Hmong, Kasachisch, Kham, Koreanisch, Tho, nördl. Yi (Lolo)
0,5 – 1 Mio.	Amdo, Atuence, Bai, Hlai, nördl. Hmong, Lisu, Tai Dam, östl. Yi, westl. Yi
0,2 – 0,5 Mio.	Adi, Dongxiang, Hani, Lahu, Lingao, Lii, Lushai, Mien, Naxi, Nhang, Punu, Sui, Tai Dón, Tai Niia
0,1 – 0,2 Mio.	Akha, Iu Mien, Kalmükisch (Oiratisch), Kirgisisch, Parauk, Purik, Qiang, Tujia, zentrales Yi
50 – 100 000	Atsi, Biyo, Burjatisch, Cun, Daur, Golog, Honi, Jamào, Jarong, Kado, westl. Lawa, Man Cao Lan, Maonan, Mulam, Ngao Fon, Nung (Nong), Rawang, Salar, Tu, Vo
20 – 50 000	Achang, Blang, Moinba, Pumi, Sarikoli, Xibe
10 – 20 000	Bonan, Chin (Asho), Ching, De'ang, Drung, Jingpho, Russisch, T'en (Then)
5 – 10 000	E (Kjang E), Evenki, Gelo, Jino, Laka, Norra, Nung (Lutzu), Nusu, Palaung (Pale), Tsangla, Vietnamesisch, Wakhi, westl. Yugur
3 – 5 000	Aynu (Abdal), Lahu Shi, Palaung (Rumai), Utsat
1 – 3 000	Bunan, Buyang, Khmu, Lahuli (Tinan), Lama, Lati, Lhoba, Oroqen, Riang, U (Puman), Usbekisch, östl. Yu-

	gur, Zauzou
100 – 1 000	Ai-Cham, Bit, Hu, Ili Turki, Laqua, Lhomi, Man Met, Manchu, Mang, She, Sherpa, Tatarisch, Tuvinisch, Yerong
10 – 100	Chakassisch, Nanai
Ausgestorben	Jurchen

Sprachfamilien: Sinotibetisch (sinitisch: Varianten des Chinesischen, s. Tab. 8, S. 254; tibeto-birmanisch: tibetisch, u. a.), altaisch (mongolisch: Khalkha-Mongolisch, Burjatisch, Kalmykisch; türkisch: Uigurisch, Kasachisch, Kirgisisch; tungusisch: Evenki, Manchu, Nanai; Koreanisch), Mon-Khmer (Vietnamesisch), indoeuropäisch (slawisch: Russisch)

Sprachökologische Verhältnisse: Kontinental-China ähnelt in den Proportionen von sprachlicher Mehrheit und Sprachminderheiten Brasilien. Hier wie dort steht der großen Mehrheit der Sprecher der Staatssprache eine Vielzahl von Minderheitensprachen gegenüber. Der Vergleich zwischen beiden Ländern lässt sich aber nicht im Hinblick auf die demographischen Größenverhältnisse oder auf den amtlichen Status der beteiligten Sprachen weiterführen. Diesbezüglich weichen China und Brasilien deutlich voneinander ab.

In Kontinental-China, dem bevölkerungsreichsten Land der Erde, relativiert sich der Begriff »Minderheit«, wenn man bedenkt, dass 97,7 Mio. Menschen dort eine andere Muttersprache sprechen als Chinesisch. Im weltweiten Vergleich signalisieren 100 Mio. bereits die Kategorie bevölkerungsreicher Staaten, von denen es in der Welt nur insgesamt neun gibt, davon fünf (VR China, Indien, Indonesien, Pakistan, Japan) in Asien. Die größte Zahl der Nicht-Chinesen (u.zw. 74 %) lebt im südlichen und südwestlichen China, die übrigen (u.zw. 26 %) sind in nordwestlichen, nördlichen und nordöstlichen Regionen verteilt (Moseley/Asher 1994, Karte 47). Die meisten Nicht-Chinesen gehören einer der 55 offiziell anerkannten Nationalitäten an.

Die Problematik der Minderheitensprachen in China ist im Wesentlichen eine solche des soziopolitischen Verhältnisses von Chinesen und Nicht-Chinesen an den Peripherien des chinesischen Kernlandes (Knox 1994). Für die bevölkerungsstarken Ethnien sind autonome Gebiete (insgesamt 116) eingerichtet worden. Davon sind fünf autonome Regionen solche mit Provinzstatus (Tibet, Xinjiang, Innere Mongolei, Ningxia und Guangxi). Die autonomen Gebiete umfassen rund 60 % des chinesischen Territoriums und werden bewohnt von etwa 120 Mio. Menschen (davon rund 50 Mio. Nicht-Chinesen). Die Regionalsprachen in den fünf großen autonomen Regionen (Tibetisch, Uigurisch, Mongolisch, Koreanisch, Dai) werden neben dem Chinesischen in der Verwaltung und als Unterrichtssprachen in der Schulausbildung verwendet. Auch kleinere Sprachen wie Xibe, Jingpo, Yi, Zhuang, Lisu, Lahu und Va werden in der Primarstufe unterrichtet. Die höhere Ausbildung erfolgt allerdings im ganzen Land in Chinesisch. Außer der chinesischen Schrift und ihren regionalen Adaptionen (z. B. für die Sprache der Yi) sind noch andere Schriftsysteme in Gebrauch: das arabische Alphabet für das Uigurische, die mongolische Schrift

Karte 10: Die regionalen Varianten des Chinesischen (Li 1992: 258)

für das Mongolische und Kalmykische (Oiratische), das tibetische Alphabet für das Tibetische.

Die Wechselbeziehung zwischen Sprache und ethnischer Gruppierung ist innerhalb der chinesischen Sprachgemeinschaft äusserst komplex. Die allermeisten Chinesisch-Sprachigen (d. h. weit über 90 %) sind Angehörige der Han-Nationalität. Die übrigen gehören zu den verschiedensten Nationalitäten, die entweder in anthropologischer Hinsicht sinitische Populationen vertreten oder assimilierte Nicht-Chinesen sind. Die größte Gruppe assimilierter Nicht-Chinesen sind die Manchu, die im Nordosten Chinas (Liaoning, Heilongjiang, Jilin, Hebei und Innere Mongolei) leben. Von den 4,3 Mio. ethnischen Manchu sprechen nur noch wenige Hundert ihre zur altaischen Sprachfamilie gehörende Muttersprache, das Manchu.

Große Diskrepanzen zwischen ethnischer und sprachlicher Zugehörigkeit gibt es auch in Südchina. Die zur Gruppe der Austro-Thai-Sprachen gehörende Regionalsprache She wird von weniger als 1 000 Menschen, Angehörigen der Yao-Nationalität, gesprochen. Die Sprecher des She sind ein verschwindend geringer Anteil der gesamten Yao-Nationalität, deren zahlenmäßige Stärke nach der Zählung von 1990 mit 0,63 Mio. angegeben wird. Die meisten Yao sprechen die Hakka- oder Min-Variante des Chinesischen. Die Assimilation bei den Mongolen ist im Vergleich zu den Verhältnissen bei den Yao oder Manchu weitaus geringer. Nur etwa 14 % (d. h. ca. 0,47 Mio.) sprechen eine andere Muttersprache als Mongolisch, u.zw. zumeist Mandarin-Chinesisch, einige auch Tibetisch oder Yi.

Die am weitesten verbreitete Variante des Chinesischen ist das Mandarin, das von etwa zwei Dritteln der Chinesisch-Sprachigen gesprochen wird (siehe Karte 10). Zum Mandarin gehören die nördlichen Dialekte, ebenso die lokale Variante der Region Beijing. Die offizielle chinesische Gemeinsprache (putonghua ›(all)gemeine Sprache‹) basiert auf dem Mandarin. Die Klassifizierung einiger regionaler Varianten des Chinesischen wie Jin (rund 46 Mio. Sprecher in Shanxi) oder Hui (etwa 3 Mio. Sprecher im südlichen Anhui, Zheijang und in Jiangxi) ist uneinheitlich. Einige Forscher zählen sie zu den Dialekten des Mandarin (z. B. Knox 1994), andere stufen sie als selbstständige chinesische Sprache ein (z. B. Grimes 2000).

Sprachkonflikte: Trotz einer relativ liberalen Kulturpolitik gegenüber Nicht-Chinesen wird die freizügige Entfaltung der Regionalsprachen durch eine gezielte Sinisierungskampagne eingeschränkt. In einem langfristigen Migrationsprogramm werden Chinesen gezielt in die städtischen Zentren sowie in die wirtschaftlich attraktiven Zonen der autonomen Regionen umgesiedelt. In allen autonomen Regionen stellen die Chinesen (zumeist Angehörige der Han-Nationalität) inzwischen die Bevölkerungsmehrheit. Da Chinesen im urbanen Milieu dominieren, wo sie die Schlüsselpositionen in Wirtschaft und Verwaltung besetzen, übt das Chinesische einen starken situationellen Druck auf die Regionalsprachen aus. Assimilationsprozesse haben bereits den Charakter einer soziodemographischen Massenbewegung angenommen.

China
(Republik China; s. Taiwan)

Hong Kong
(Britisches Dependent Territory bis Juli 1997; seither autonome Region der Volksrepublik China)

Fläche:	1 084 qkm
Bevölkerung:	6,687 Mio. E (1998), (seit 1990 + 1,9 % jährl.)
Zusammensetzung der Bevölkerung:	94,9 % Chinesen, 1,2 % Filipinos, 1,2 % Europäer (Briten, u. a.)
Gesamtzahl der Sprachen:	5 (Amtssprachen: Chinesisch, Englisch)

Sprechergruppen	Sprachen
5 – 6 Mio.	Chinesisch (Yue; Kantonesisch)
0,5 – 1 Mio.	Chinesisch (Min Nan)
10 – 20 000	Englisch
3 – 5 000	Makanesisch (Portugiesisch-Kreolisch von Macao)

Sprachfamilien: Sinotibetisch (Chinesisch), indoeuropäisch (germanisch: Englisch; romanisch: Portugiesisch-Kreolisch)

Sprachökologische Verhältnisse: Das Englische hat seinen amtlichen Status auch nach der Eingliederung von Hong Kong in das chinesische Territorium beibehalten. Die Verwaltung der autonomen Region Hong Kong ist zweisprachig. Dies gilt ebenfalls für die Schulausbildung. Allerdings ist ein Trend zur Dominanz des Chinesischen (Mandrin) in den Bereichen des öffentlichen Lebens zu beobachten. Das Englische fungiert bevorzugt als Kontaktsprache in den Außenhandelsbeziehungen.

Indien

Fläche:	3,287 Mio. qkm (New Delhi: 0,301 Mio. E)
Bevölkerung:	979,673 Mio. E (1998), (seit 1990 + 2,0 % jährl.) (1998: Fertilität – 2,5 %/Mortalität – 0,9 %)

Stadtbewohner:	28 %
Analphabetenrate:	Männer – 33 %, Frauen – 57 %
Zusammensetzung der Bevölkerung:	30 % Hindi, 8,2 % Bengali, 7,7 % Marathi, 5,2 % Urdu, 4,7 % Gujarati, 3,8 % Bihari, 3,6 % Orija, 3,5 % Telugu, 3,2 % Tamil, 3 % Panjabi, u. a.
Gesamtzahl der Sprachen:	418 (überregionale Amtssprachen: Hindi, Englisch; regionale Amts- und Nationalsprachen: Assamesisch, Bengali, Gujarati, Kannada (Kanaresisch), Kashmiri, Konkari, Malayalam, Manipuri, Marathi, Oriya, Panjabi, Sindhi, Tamil, Telugu, Urdu)

Sprechergruppen	Sprachen
300 – 350 Mio.	Hindi (PSpr)
60 – 70 Mio.	Marathi
50 – 60 Mio.	Bengali
40 – 50 Mio.	Gujarati, Hindi (ZSpr), Tamil, Telugu
30 – 40 Mio.	Bhojpuri, Kannada (Banglori), Malayalam, Oriya, Urdu
25 – 30 Mio.	östl. Panjabi
20 – 25 Mio.	Awadhi, Hindi (Drittsprachler), Maithili
10 – 15 Mio.	Deccan, Englisch (ZSpr)
5 – 10 Mio.	Assamesisch, Bundeli, Chattisgarhi, Kanauji, Magahi, Marwari, Nepali
2 – 5 Mio.	Bangaru, Kashmiri, Konkani (Kunabi), Santali
1 – 2 Mio.	Bagri, Bhili, Dogri-Kangri, Garhwali, nördl. und südl. Gondi, Konkani (Gomataki), Kumauni, Kurux, Lamani, Meithei, Sindhi, Tulu
0,5 – 1 Mio.	Bodo, Halbi, Ho, Kui, Kurumba, Malvi, Mina, Mundari, Nimadi, Sadani, Wagdi
0,2 – 0,5 Mio.	Adi, Anga, Bagheli, Bareli, Bhilala, Chakma, Domari, Dubla, Garo, Gujari, Harauti, Kachchi, Khasi, Kok Borok, Korku, Koya, Kuvi, Lushai, Mikir, Naga-Pidgin, Sora, Vasavi, Yanadi
0,1 – 0,2 Mio.	Badaga, Bathudi, Bhatri, Chin (Haka), Chin (Tedim), Chin (Thado), Chodri, Gamit, Khandesi, Kharia, Kukna, Kului, Lhoba, Oriya (Adiwasi), Purik, Rabha, Rawang, Saharia, Sanskrit (ZSpr)
50 – 100 000	Andh, Bagata, Chameali, Chin (Khumi), Dangi, Dhodia, Dimasa, Duruwa, Gaddi, Girasia (Adiwasi), Girasia (Rajput), Jaunsari, Kahluri, Kanjari, Karmali, Khamti, Kishanganjia, Kodagu, Kol, Ladakhi, Malto, Maria, Naga (Angami), Naga (Ao), Naga (Konyak), Naga (Mao),

20 – 50 000	Naga (Sema), Naga (Tangkhul), Pnar, Riang, Thakuri, Tibetisch, Yerukala Bedia, Bhadrawahi, Bhumij, Binjhwari, Braj, Chero, Chik-Barik, Chin (Paite), Churahi, Dhanwar, Dorli, Gadaba (Gudwa), Galong, Gawari, Hajong, Hmar, Irula, Jatapu, Kachari, Kanauri, Kawari, Khirwar, nordwestl. Kolami, Lepcha, Limbu, Lodhi, Majhwar, Mawchi, Naga (Kabui), Naga (Lotha), Naga (Mzieme), Naga (Nocte), Naga (Phom), Naga (Poumei), Naga (Sangtam), Naga (Wancho), Naga (Yimchungru), Nisi, Panika, Pao, Patelia, Pauri, Sikkimesisch (Sikami), Sondwari, Vaiphei, Waddar
10 – 20 000	Abujmaria, Agariya, Apatani, Arakanesisch, Baiga, Bhim, Biete, Chenchu, Chin (Mara), Deori, Dhanka, Juang, Kaikadi, Kamar, südl. Kannada, Kishtwari, Koch, Koda, Konda-Dora, Korwa, Kurichiya, Lahuli (Tinan), Lalung, Mahali, Mru, westl. Muria, Naga (Chang), Naga (Chokri), Naga (Khezha), Naga (Khiamngan), Naga (Khoibu Maring), Naga (Khoirao), Naga (Liangmai), Naga (Maram), Naga (Maring), Naga (Pochuri), Naga (Rengma), Naga (Rongmei), Nikobarisch (Car), Pardhi, Sherpa, Siraiki, Yerava, Zome
5 – 10 000	Anal, Asuri, Bauria, Bharia, Bhateali, Bhoyari, Bhunjia, Chamari, Chin (Bawm), Chin (Falam), Chulikata, Dal, Digaro, Gadaba (Gadba), Jingpho, Kanikkaran, südöstl. Kolami, Kom, Lamkang, Maledivisch, Mandeali, Manna-Dora, Marpaharia, Mirdha, Mukha-Dora, Muthuvan, Naga (Ntenyi), Naga (Tase), Naga (Zeme), Nagarchal, Paniyan, Parengi, Shina, Simte, Tamaria, Zangskari
3 – 5 000	Adiyan, östl. Baluchi, Bhuiya, Chiru, Darlong, Gangte, Holiya, Katkari, Kupia, Kurumba (Betta), Lahuli (Chamba), Mahasui, Malankuravan, Malaryan, Mannan, zentrales Nikobarisch, Nihali, Puh, Thulung, Turi
1 – 3 000	Aiton, Alu, Are, Bijori, Birhor, Bondo, Brokskat, Bunan, Chaudangsi, Chitkuli, Darmiya, Gata', Hrangkhol, Jagannathi, Janggali, Jangshung, Jharia, Keer, Koireng, Koraga (Korra), östl. Magar, Malavedan, Moinba, Naga (Chothe), Naga (Monsang), Naga (Moyon), Naga (Puimei), Ojhi, Pengo, Phake, Sanskrit (PSpr), Sherdukpen, Shumcho, Sunam, östl. Tamang, Ullatan, Urali
100 – 1 000	Aimol, Ajmeri, Allar, Aranadan, Armenisch, Bahawalpuri, Bateri, Bazigar, Bhatneri, Indo-Portugiesisch, Jarawa, Kadar, Kanashi, Korlai-Portugiesisch (Kreolisch-P.), Kota, Kudiya, Lhomi, Malapandaram, Mali, Naga (Tarao), Nesang, Ollari, Önge, Paliyan, Pardhan, Ralte, Rangkas, Shom Peng, Toda, Vishavan

Sprachfamilien: Die Verteilung der Sprecherzahlen auf die Gruppierungen der großen Sprachfamilien, die in Indien verbreitet sind, ist extrem disproportioniert. Die Sprecher indo-arischer und dravidischer Sprachen machen 95,6 % der Gesamtbevölkerung Indiens aus. Der weitaus größte Anteil, nämlich 73,5 %, entfällt auf die indo-arischen Sprachgemeinschaften (Gujarati, Kashmiri, Marathi, Oriya, Urdu, u. a.), wozu auch die sprecherreichste der indischen Sprachen, Hindi, gehört. 22,1 % der indischen Bevölkerung sprechen eine der dravidischen Sprachen (Tamil, Telugu, u. a.). Der Anteil der Sprachen, die zur austro-asiatischen und tibeto-birmanischen Sprachfamilie gehören, macht lediglich 4,4 % aus.

Sprachökologische Verhältnisse: Indiens Verwaltungsgliederung wurde 1956 reformiert. Seither »folgen die Hauptsprachgrenzen im Wesentlichen den administrativen Grenzen« (Asher 1994: 207). Im »Schedule VIII« der Verfassung werden insgesamt 18 einheimische Nationalsprachen aufgeführt. Außer Nepalesisch und Sanskrit besitzen diese Sprachen offiziellen Status als Amtssprachen. Mit Ausnahme der interregionalen Amtssprachen Hindi und Urdu sind alle anderen Amtssprachen regional auf einzelne indische Bundesstaaten beschränkt. Mehr als 95 % aller Inder sprechen eine der großen Nationalsprachen als Primär-, Zweit- oder Drittsprache.

Englisch, das als Muttersprache von 0,23 Mio., als Zweitsprache von 64,6 Mio. und als Drittsprache von 25,44 Mio. Indern gesprochen wird, ist die am häufigsten verwendete Sprache der Verwaltung.

Sprachkonflikte: Es bestehen enorme soziokulturelle Gegensätze zwischen der Welt der verschrifteten modernen Kultursprachen (Hindi, Malayalam, Tamil, u. a.) und der großen Zahl kleinerer Sprachen ohne Schriftlichkeit (Ao, Bodo, Konyak, Jatapu, Yimchungre, u. a.). Wenige Sprachgemeinschaften zeichnen sich durch ein hohes Niveau an Literalität aus. Die Sprecher des Malayalam beispielsweise können zu über 90 % ihre Muttersprache lesen und schreiben.

Wie in den meisten Staaten mit einer Vielzahl von Sprachen sind auch in Indien die Sprecherzahlen einzelner Sprachen extrem disproportioniert. Insgesamt 105 Sprachen werden von jeweils mindestens 10 000 Menschen gesprochen. Zu dieser Gruppe zählen auch alle in Indien verbreiteten Millionensprachen. Nach dem Census von 1971 waren 259 Sprachen solche, die von jeweils weniger als zehn Sprechern gesprochen werden. Die Sprecherzahl der Millionen-Sprachen steigt ständig an, während die absolute Zahl der Sprachen Indiens durch das Ableben der letzten Sprecher von Zwergsprachen ständig abnimmt.

Indonesien

Fläche:	1,904 Mio. qkm (Jakarta: 9,341 Mio. E; Agglomeration: 11,5 E)
Bevölkerung:	203,678 Mio. E (1998), (seit 1990 + 1,9 % jährl.) (1998: Fertilität – 2,3 %/Mortalität – 0,7 %)

Stadtbewohner:	38 %
Analphabetenrate:	Männer – 9 %, Frauen – 20 %
Zusammensetzung der Bevölkerung:	40 % Javaner, 15 % Sundanesen, 5 % Maduresen; Atjeher, Bataker, Minangkabau, Balinesen, Menadonesen, Dajak, u. a.
Gesamtzahl der Sprachen:	701 (Amtssprache: Bahasa Indonesia)

Sprechergruppen	Sprachen
170 Mio.	Indonesisch (30 Mio. PSpr + 140 Mio. ZSpr)
a)	Sprachen in der Region Irian Jaya (westl. Neuguinea) (Fläche: 421 981 qkm, Bevölkerung: 1,942 Mio. E/1995)
0,1 – 0,2 Mio.	westl. Dani
50 – 100 000	Biak (ZSpr), Dani (D.-Kurima), Ekari
20 – 50 000	zentrales Asmat, Biak (PSpr), Dani (D.-Kwerba), Mai Brat, Moni, Sentani, Yali (Ninia)
10 – 20 000	Awyn, Damal, Hatam, Mantion, Yali (Angguruk)
5 – 10 000	Ambai, Asmat (Casuarina), Citak, Hmanggona, Iha, Kaeti, Kamoro, nördl. Kati, Kaygir, Ketengban, Kombai, Marind, Meah, Nduga, Ngalum, Tehit, Waropen, Wolani, Yaqay, Yawa
3 – 5 000	Ansus, Hupla, Irarutu, Karon Dori, südl. Kati, Kaure, Korupun, Moi, Mpur, Nimboran, Nipsan, Pisa, Silimo, Tabla, Tamagario, Una, Wandamen, Wano
1 – 3 000	Abun, Aghu, Amanab, Asmat (Yaosakor), Baham, Duvle, Eipomek, Emumu, Gresi, Inanwatan, Isirawa, Kalabra, Kasuweri, Kemberano, Kemtuik, Kimaghama, Korowai, Kurudu, Kwerba, Kwesten, Mairasi, Marau, Mekwei, Momuna, Nafri, Orya, Pom, Riantana, Sawi, Seget, Sela, Serui-Laut, Siagha-Yenimu, Sobei, Sowanda, Tarof, Tobati, Vanimo, Wambon, Woi, Woriasi, Yair, Yale (Kosarek), Yonggom
100 – 1 000	Airoran, Arandai, Arguni, As, Asienara, Atohwaim, Auye, Awera, Awyi, Bagusa, Barapasi, Barua, Baso, Bauzi, Bedoanas, Berik, Biksi, Bonerif, Bonggo, Borai, Burate, Burmeso, Busami, Dabra, Dem, Demisa, Demta, Dubu, Duriankere, Edopi, Erokwanas, Fayu, Foau, Gilika, Iau, Iresim, Iria, Itik, Iwur, Janggu, Kaiy, Kamberataro, Kampung Baru, Kanum, Karas, Kauwerawec, Kauwol, Kawe, Kayupulan, Keder, Kirikiri, Konda, Koneraw, Kotogüt, Kowiai, Kuwani, Kwansu, Maden, Maklew, Manem, nordwestl. Marind, Matbat, Mawes,

Weniger als 100	Ma'ya, Mer, Molof, Mombum, Mor 1, Moraid, Munggui, Nabi, Ndom, Ninggerum, Nisa, Nopuk, Obogwitai, Onin, Ormu, Palamul, Papasena, Papuma, Pauwi, Puragi, Pyu, Rasawa, Samarokena, Sangke, Sasawa, Sauri, Sause, Sekar, Sempan, Senggi, Sikaritai, Sko, Sukubatong, Taikat, Tanahmerah, Tandia, Tarpia, Tause, Tefaro, Tolitai, Towei, Tunggare, Uruangnirin, Waigeo, Wanggom, Warembori, Waris, Warkay-Bipim, Yafi, Yahadian, Yaur, Yei, Yelmek, Yeretuar Dusner, Foya, Kapori, Kofei, Kwerisa, Mander, Maremgi, Massep, Mor 2, Moraori, Saponi, Usku, Wari, Woria
Ausgestorben	Mapia
b)	Sprachen auf den Inseln Java (Fläche: 132 186 qkm, Bevölkerung: 114,733 Mio. E) und Bali (Fläche: 5 561 qkm, Bevölkerung: 2,895 Mio. E)
75 – 80 Mio.	Javanesisch
25 – 30 Mio.	Sundanesisch
10 – 12 Mio.	Maduresisch
3 – 4 Mio.	Balinesisch
0,5 – 1 Mio.	Chinesisch (Hakka), Chinesisch (Min Nan)
0,2 – 0,5 Mio.	Chinesisch (Mandarin), Osing, Tengger
0,1 – 0,2 Mio.	Chinesisch (Kantonesisch)
10 – 20 000	Chinesisch (Min Pei)
5 – 10 000	Indonesisch (Chinesisch-I., Peranakan)
3 – 5 000	Badui
c)	Sprachen auf Kalimantan/Borneo (Fläche: 548 005 qkm, Bevölkerung: 10,47 Mio. E)
2 – 3 Mio.	Banjar
0,5 – 1 Mio.	Malayic Dayak
0,2 – 0,5 Mio.	Iban (Sea Dayak), Malaiisch (Tenggarong Kutai), Ngaju
0,1 – 0,2 Mio.	Kendayan
50 – 100 000	Dohoi, Lawangan, Ma'anyan, Malaiisch (Kota Bangun Kutai), Selako, Siang
20 – 50 000	Ahe, Ampanang, Bakumpai, Benyadu', Biatah, Bukar Sadong, Djongkang, Dusun Witu, Kahayan, Katingan, Kembayan, Keninjal, Malaiisch (Bukit), Ribun, Sanggau, Semandang, Tidong, Tunjung

10 – 20 000	Basap, Bolongan, Dayak, Dusun Deyah, Lara', Lundayeh, Malaiisch (Berau), Modang, Paku, Tausug, Tawoyan
5 – 10 000	Burusu, Dusun Malang, Embaloh, Kenyah (Kayan River), Kenyah (Mahakam), Mualang, Nyadu, Putoh, Sajan Basap, Taman
3 – 5 000	Bahan, Bekati', Okolod, Sembakung Murut
1 – 3 000	Aoheng, Kayan (Busang), Kayan (Kayan River), Kayan (Mendalam), Kayan Mahakam, Kelabit, Kenyah (Bahau River), Kenyah (Bakung), Kenyah (Kelinyau), Kenyah (Upper Baram), Punan Tubu, Segai, Tagal Murut
100 – 1 000	Bukat, Bukitan, Hovongan, Kayan (Wahau), Kenyah (Wahau), Kereho-Uheng, Punan Aput, Punan Merah, Punan Merap, Sa'ban, Selungai Murut
Weniger als 100	Lengilu
d)	Sprachen in Maluku (auf den Molukken) (Fläche: 496 486 qkm, Bevölkerung: 4,029 Mio. E)
0,1 – 0,2 Mio.	Malaiisch (Ambonesisch)
50 – 100 000	Galela, Kei
20 – 50 000	Buru, Fordata, Geser-Gorom, Ternate, Tidore, Tobelo, Yamdena
10 – 20 000	Alune, Haruku, Hitu, Larike-Wakasihu, Lisela, Loloda, Luang, östl. Makian, westl. Makian, Saparua, Sawai, Seit-Kaitetu, Sula, Tabaru, Teluti, Tulehu
5 – 10 000	Ambelau, Asilulu, Dobel, Kisar, Kola, Leti, Luhu, Mangole, Manobai, Manusela, Patani, Sahu, Selaru, westl. Tarangan
3 – 5 000	südöstl. Babar, Barakai, Bati, Boano, Bobot, Laha, Maba, Saleman, Taliabu, östl. Tarangan, Waturela, nördl. Wemale, südl. Wemale
1 – 3 000	nördl. Babar, Banda, Batuley, Buli, östl. Damar, Dawera-Daweloor, Gamkonora, Gane, Gebe, Iliun, Kur, Laba, Latu, Liana-Seti, Lisabata-Nuniali, Malaiisch (Bacanesisch), Manipa, Modole, Nila, Oirata, Pagu, Romang, Seluwasan, Sepa, Serua, Tela-Masbuar, Teor, Te'un, Tugun, Tugutil, Waioli
100 – 1 000	Aputai, Benggoi, Dai, westl. Damar, Emplawas, Gorap, Huaulu, Imroing, Kadai, Kaibobo, Kao, Karey, Koba, Kompane, Lola, Lorang, Malaiisch (nördl. Molukkisch), Mariri, zentrales, östl. und westl. Masela, Masiwang, nördl. und südl. Nuaulu, Perai, Serili, Talur, Ujir, Yalahatan
Weniger als 100	Amahai, Hoti, Hukumina, Hulung, Ibu, Kamarian, Kayeli, Loun, Naka'ela, Nusa Laut, Paulohi, Piru, Salas
Ausgestorben	Moksela, Palumata

e)	Sprachen in Nusa Tenggara (auf den Kleinen Sundainseln) (Fläche: 73 614 qkm, Bevölkerung: 10,119 Mio. E; ohne Ost-Timor)
2 – 3 Mio.	Sasak
0,5 – 1 Mio.	Atoni
0,2 – 0,5 Mio.	Bima, Lamaholot, Manggarai, Sumbawa, Tetun
0,1 – 0,2 Mio.	Lio, Roti, Sikka, Sumba
50 – 100 000	Ende, Kemak, Keo, Makasai, Mambai, Nage, Ngada, Sawu, Weyewa
20 – 50 000	Bunak, Fataluku, Galoli, Kedang, Kodi, Kolana, Tukudede
10 – 20 000	Abui, Anakalangu, Blagar, Lamboya, Mamboru, Riung, Tanglapui, Woisika
5 – 10 000	Kabola, Kelon, Lamma, Wanukaka
3 – 5 000	Helong, Idate, Kui, Lakalei, Ndao, Tewa
1 – 3 000	Kairui-Midiki, Palu'e, Waima'a
100 – 1 000	Adabe, Habu, Kafoa, Naueti, Nedebang
10 – 100	Maku'a
f)	Sprachen auf Sulawesi/Celebes (Fläche: 189 216 qkm, Bevölkerung: 13,732 Mio. E)
3 – 4 Mio.	Buginesisch
1 – 2 Mio.	Makassar, Malaiisch (Menadonesisch; ZSpr)
0,5 – 1 Mio.	Gonontalo, Mongondow
0,2 – 0,5 Mio.	Kaili (Ledo), Muna, Tae', Tolaki, Toraja-Sa'dan
0,1 – 0,2 Mio.	Konjo (Küsten-K.), Konjo (Hochland-K.), Mandar, Pamona, Sangir, Tontemboan
50 – 100 000	Banggai, Buol, Duri, Kaili (Da'a), Mamasa, Mamuju, Saluan (Küsten-S.), Selayar, Talaud, Tombulu, Tondano, Tonsea, nördl. Tukangbesi
20 – 50 000	Bajau, Balantak, Bentong, Campalagian, Enrekang, Kaidipang, Kulisusu, Lauje, Maiwa, Mekongga, Moronene, Pitu Ulunna Salu, Ratahan, Toala', Tolitoli, Tomini, südl. Tukangbesi, Ulumanda', Wawonii, Wolio
10 – 20 000	Aralle-Tabulahan, Bantik, Bolango, Bungku, Cia-Cia, Dampelasa, Dondo, Kalumpang, Mori Atas, Mori Bawah, Pancana, Tajio, Tonsawang, Uma
5 – 10 000	Bada, Bintauna, Bonerate, Moma, Padoe, Pannei, Rampi, Suwawa, Tahulandang
3 – 5 000	Balaesan, Napu, Pendau, Rahambuu, Sarudu, Seko Padang, Tulambatu, Wotu
1 – 3 000	Andio, Besoa, Bolano, Dakka, Kaimbulawa, Kamaru, Kodeoha, Laiyolo, Lasalimu, Lemolang, Liabuku,

100 – 1 000	Lindu, Ponosakan, Saluan (Kahumamahon), Seko Tengah Bahonsuai, Baras, Busoa, Kalao, Kioko, Koroni, Panasuan, Sedoa, Taje, Taloki, Talondo, Tomadino, Topoiyo, Waru
10 – 100	Dampal, Tangkou
g)	Sprachen auf Sumatera/Sumatra (Fläche: 473 481 qkm, Bevölkerung: 40,83 Mio. E)
6 – 7 Mio.	Minangkabau
3 – 4 Mio.	Aceh
1 – 2 Mio.	Batak (Dairi), Batak (Toba), Lampung
0,5 – 1 Mio.	Batak (Angkola), Batak (Karo), Batak (Simalungun), Komering, Malaiisch (Jambi), Rejang
0,2 – 0,5 Mio.	Abung, Batak (Mandailing), Kerinci, Nias, Ogan, Palembang, Pasemah, südl. Pesisir, Pubian, Sekayu
0,1 – 0,2 Mio.	Gayo, Lematang, Musi, Rawas, Semendo, Serawai
50 – 100 000	Batak (Alas-Kluet), Bengkulu, Enim, Lintang, Ranau, Simeulue, Suku Batin
20 – 50 000	Kaur, Kayu Agung, Krui, Lembak, Lubu, Mentawai, Muko-Muko, Pekal, Sindang Kelingi
10 – 20 000	Penesak, Sikule
5 – 10 000	Kubu, Semang (Tiefland-S.)
100 – 1 000	Enggano
10 – 100	Lom

Sprachfamilien: Austronesisch (malaio-polynesisch: Bahasa Indonesia, Javanisch, Balinesisch, u. a.) im Westen Indonesiens; autochthone Papua-Sprachen im östlichen Teil des Landes. Diese Sprachen gliedern sich in mehr als 40 Gruppierungen aus, für die sich keine genealogische Verwandtschaft untereinander nachweisen lässt (z. B. Dani-Sprachen: westl. Dani, Isirawa, Silimo, u. a.).

Sprachökologische Verhältnisse: Die Verkehrssprache mit der weitesten Verbreitung ist das Malaiische. Diese Sprache wurde bereits während der niederländischen Kolonialzeit (bis 1942) neben dem Niederländischen als Amtssprache verwendet. Seit 1928 ist das Malaiische des Inselarchipels mit seinem eigenen, vom Schriftgebrauch auf dem Festland abweichenden Standard als Bahasa Indonesia bekannt. Dies ist die Nationalsprache Indonesiens. In den vergangenen Jahrzehnten haben sich immer mehr Indonesier ans Indonesisch-Malaiische assimiliert, das heutzutage als exklusive Amtssprache und bevorzugte Schulsprache fungiert. Das Indonesische dominiert in allen Sektoren der Massenmedien.

Das Indonesische fungiert in formellen Gesprächssituationen als Medium mit Prestige, während der Gebrauch der Regionalsprachen jeweils auf informelle Situationen beschränkt bleibt.

Sprachkonflikte: Zwar wird in der Verfassung des Landes auf die Schutzwürdigkeit der Regionalsprachen hingewiesen, bisher waren aber die staatlichen Maßnahmen zur Einführung von Minderheitensprachen neben dem Indonesischen in zweisprachigen Ausbildungsprogrammen des Grundschulunterrichts nicht besonders erfolgreich.

Irak

Fläche:	438 317 qkm (Baghdad: 4,044 Mio. E)
Bevölkerung:	22,328 Mio. E (1998), (seit 1990 + 3,0 % jährl.)
	(1998: Fertilität – 3,6 %/Mortalität – 0,8 %)
Stadtbewohner:	76 %
Analphabetenrate:	Männer – 36 %, Frauen – 57 %
Zusammensetzung der Bevölkerung:	80 % Araber, 15 % Kurden, Turkmenen, Aisor, u. a.
Gesamtzahl der Sprachen:	23 (Amtssprache: Standardarabisch)

Sprechergruppen	Sprachen
3 – 4 Mio.	Golf-Arabisch, mesopotamisches Umgangsarabisch
2 – 3 Mio.	syrisch-mesopotamisches Arabisch, Kurdisch
1 – 2 Mio.	Kurmanji (nördl. Kurdisch)
0,5 – 1 Mio.	Arabisch (Najdi), südl. Aserbaidschanisch
0,2 – 0,5 Mio.	ägyptisches Arabisch
0,1 – 0,2 Mio.	Chaldäisch (Kaldani), westl. Farsi
50 – 100 000	Armenisch, Assyrisch (Aisor = Neuostaramäisch)
20 – 50 000	Domari (Romani des Mittleren Ostens)
10 – 20 000	Bajelan (Gurani)
5 – 10 000	Adyghe (westl. Cirkassisch)
3 – 5 000	Suryoyo
100 – 1 000	Jüdisch-Arabisch (Yahudi)

Sprachfamilien: Afroasiatisch (semitisch: Arabisch, Assyrisch), indoeuropäisch (iranisch: Kurdisch, Farsi; indisch: Domari; Armenisch), altaisch (türkisch: Aserbaidschanisch)

Sprachökologische Verhältnisse: Standardarabisch ist Amts- und Bildungssprache. Der Dialekt von Baghdad hat besonderes Prestige als Verkehrssprache.

Im Norden des Landes, der durch die Einrichtung der UNO-Schutzzone (1991) vor totalitären Übergriffen der irakischen Führung abgeschirmt ist, ist die Sprache der dortigen kurdischen Mehrheitsbevölkerung nicht nur nominell sondern auch faktisch geschützt. Das Kurdische fungiert in der Schutzzone als regionale Amtssprache und als Unterrichtssprache.

Iran

Fläche:	1,648 Mio. qkm (Teheran: 6,758 Mio. E)
Bevölkerung:	61,947 Mio. E (1998), (seit 1990 + 1,9 % jährl.)
	(1998: Fertilität – 2,1 %/Mortalität – 0,5 %)
Stadtbewohner:	61 %
Analphabetenrate:	Männer – 18 %, Frauen – 33 %
Zusammensetzung der Bevölkerung:	50 % Perser, 20 % Aserbaidschaner, 10 % Luren und Bachtiaren, 8 % Kurden, 2 % Araber, 2 % Turkmenen, u. a.
Gesamtzahl der Sprachen:	69 (Amtssprache: Persisch/Farsi)

Sprechergruppen	Sprachen
25 – 26 Mio.	westl. Farsi
13 – 14 Mio.	südl. Aserbaidschanisch
3 – 4 Mio.	Kurdisch, Luri, Mazanderani
2 – 3 Mio.	Gilaki
1 – 2 Mio.	Hazaragi, Qashqa'i
0,5 – 1 Mio.	Arabisch (Golf-A.), Arabisch (mesopotamisches Umgangsarabisch), Turkmenisch
0,2 – 0,5 Mio.	Armenisch, südl. und westl. Baluchi, Khorasan-Türkisch (Quchani), Takestani, Tatisch (Jüdisch- und Muslimisch-T.)
0,1 – 0,2 Mio.	Aimaq, Kurmanji (nördl. Kurdisch)
50 – 100 000	Domari (Romani des Mittleren Ostens), Talysh
20 – 50 000	Assyrisch (Aisor), westl. Pashto
10 – 20 000	Khalaj
5 – 10 000	Brahui, Gabri, Georgisch, Tatisch (Muslimisch-T.)
1 – 3 000	Kasachisch
100 – 1 000	Koroshi, Mandäisch
10 – 100	Senaya
	Zusätzlich andere Sprachen (Alviri-Vidari, Ashtiani, Bashkardi, Gazi, Harzani, Khoini, Lari, Razajerdi, Semnani, u. a.) ohne nähere Angaben zu deren Sprecherzahlen

Sprachfamilien: Indoeuropäisch (iranisch: Farsi, Kurdisch, Baluchi, u. a.; indisch: Domari; Armenisch), altaisch (türkisch: Aserbaidschanisch, Turkmenisch, u. a.), afroasiatisch (semitisch: Arabisch, Assyrisch), dravidisch (Brahui)

Sprachökologische Verhältnisse: Farsi ist exklusive Amtssprache und alleinige Unterrichtssprache in der Schulausbildung. Auch in den Massenmedien besitzt das Farsi ein Monopol. Von den Regionalsprachen werden Kurdisch und Baluchi als Schriftmedien verwendet. Ihre eigentliche Bedeutung haben diese Sprachen aber als Umgangssprachen. Trotz des Fehlens staatlicher Förderung ist der Grad der Spracherhaltung in den Regionen recht hoch, denn auch die Vertreter der lokalen Eliten sprechen mit Vorliebe die Muttersprache, und nicht das Farsi. Kenntnisse des Farsi als Zweitsprache sind allerdings weit verbreitet.

Israel

Fläche:	21 946 qkm (Jerusalem: 0,633 Mio. E)
Bevölkerung:	5,963 Mio. E (1998), (seit 1990 + 3,5 % jährl.)
	(1998: Fertilität – 2,0 %/Mortalität – 0,6 %)
Stadtbewohner:	91 %
Analphabetenrate:	Männer – 2 %, Frauen – 6 %
Zusammensetzung der Bevölkerung:	82 % Israeli, 18 % Palästinenser, Tscherkessen, Armenier, u. a.

Gesamtzahl der Sprachen: 32 (Amtssprachen: Hebräisch/Ivrit, Standardarabisch)

Sprechergruppen	Sprachen
3 – 4 Mio.	Hebräisch (Ivrit)
0,5 – 1 Mio.	Levantinisches Arabisch
0,2 – 0,5 Mio.	Arabisch (Jüdisch-Marokkanisch), Russisch, Jiddisch
0,1 – 0,2 Mio.	Ungarisch, Ladino (Judenspanisch), Rumänisch, Jüdisch-Arabisch (Yahudi)
50 – 100 000	Amharisch, Polnisch
10 – 20 000	Targumisch (Jüdisch-Aramäisch), Tigrinya
1 – 3 000	Adyghe (westl. Cirkassisch), Armenisch, Bukharisch (Jüdisch-Tadschikisch; ZSpr)
100 – 1 000	Bukharisch (Jüdisch-Tadschikisch; PSpr), Jüdisch-Berberisch
10 – 100	Jüdisch-Griechisch (Yevani)

Tab 9: Jüdische Sprachen und ihre Verbreitung in den Staaten der Welt

Staat	Sprecherzahl	Sprachvariante
Israel	4,51 Mio. (PSpr) (63% der Landesbev.) 0,5 Mio. (ZSpr)	Ivrit (modernes Hebräisch)
	0,25 Mio.	Jüdisch-Marokkanisch
	0,215 Mio.	Jiddisch
	0,12 Mio.	Jüdisch-Irakisch (Yahudisch)
	0,1 Mio.	Judenspanisch (Ladino, Judezmo)
	60 000	Jüdisch-Persisch (Dzhidi)
	50 000	Jüdisch-Jemenitisch
	50 000	Jüdisch-Tadschikisch (Bucharisch)
	45 000	Jüdisch-Tunesisch
	45 000	Jüdisch-Georgisch
	40 000	Jüdisch-Tatisch (Dzhuhurisch)
	30 000	Jüdisch-Tripolitanisch
	10 000	Jüdisch-Aramäisch 1 (Lishani Deni)
	9 000	Jüdisch-Aramäisch 2 (Hulaula)
	4 500	Jüdisch-Aramäisch 3 (Lishanan)
	2 500	Jüdisch-Aramäisch 4 (Lishanid Noshan)
	35	Jüdisch-Griechisch (Yevanitisch)
USA	1,25 Mio.	Jiddisch
	0,102 Mio.	Ivrit (modernes Hebräisch)
Russland	47 700	Jiddisch
	8 480	Jüdisch-Tatisch
	736	Jüdisch-Georgisch
	253	Jüdisch-Tadschikisch
Kanada	49 900	Jiddisch
Aserbaidschan	24 000	Jüdisch-Tatisch
Marokko	18 000	Jüdisch-Marokkanisch
Usbekistan	10 000	Jüdisch-Tadschikisch

Georgien	9 300	Jüdisch-Georgisch
Türkei	8 000	Ladino
Südosteuropa*	6 000	Ladino
Westeuropa**	3 000	Ladino
Italien	5 000	Jüdisch-Tripolitanisch
Grossbritannien	4 000	Jüdisch-Irakisch
Jemen	1 000	Jüdisch-Jemenitisch
Ukraine	73	Karaimisch

*) Hier sind die Sprecherzahlen für folgende Länder zusammengefasst: Jugoslawien, Griechenland, Bulgarien, Rumänien.
**) Hier sind die Sprecherzahlen für folgende Metropolen zusammengefasst: Paris, London, Brüssel.

Sprachfamilien: Afroasiatisch (semitisch: Ivrit, Arabisch, Targumisch; berberisch: Jüdisch-Berberisch; äthiopisch: Amharisch, Tigrinya), indoeuropäisch (iranisch: Jüdisch-Tadschikisch; germanisch: Jiddisch; slawisch: Polnisch, Russisch; romanisch: Ladino), u. a.

Sprachökologische Verhältnisse: Ivrit und Arabisch sind offiziell anerkannte Amtssprachen Israels. Faktisch aber dominiert das Ivrit. Es ist die wichtigste Sprache in allen amtlichen Bereichen und alleinige Arbeitssprache des Parlaments (Knesset). Ivrit ist die wichtigste Verkehrssprache in ganz Israel. Den jüdischen Immigranten aus anderen Teilen der Welt, die ohne Kenntnisse des Ivrit nach Israel kommen, werden Intensivkurse (ulpanim genannt) in Ivrit als Integrationshilfe angeboten.

Ivrit dominiert die schulische Ausbildung, und es ist einzige Unterrichtssprache im universitären Bereich. Die ultra-orthodoxen Juden verwenden als Schriftsprache nicht das Ivrit, sondern Jiddisch. In dieser Sprache erfolgt auch die Schulausbildung ihrer Kinder. Standardarabisch wird in den überwiegend von Arabern (Palästinensern) bewohnten Gemeinden sowie in den arabischen Schulen verwendet.

In Israel werden die meisten der mehr als ein Dutzend jüdischen Sprachen der Welt gesprochen (siehe Tab. 9).

Sprachkonflikte: Die bewaffneten Auseinandersetzungen zwischen Palästinensern und Israelis seit Ende 2000 haben auf beiden Seiten negative ethnische (entsprechend auch sprachbezogene) Stereotypen über die »Anderen« verstärkt.

Japan

Fläche:	377 750 qkm (Tokyo: 7,967 Mio. E/Agglomeration: 11,773 Mio. E)
Bevölkerung:	126,41 Mio. E (1998), (seit 1990 + 0,3 % jährl.) (1998: Fertilität – 1,0 %/Mortalität – 0,8 %)
Stadtbewohner:	79 %
Analphabetenrate:	< 5 %
Zusammensetzung der Bevölkerung:	99 % Japaner, 0,9 % Minderheiten und Ausländer (davon 56,9 % Koreaner, 14 % Chinesen, 9,8 % Brasilianer, 5,1 % Filipinos, 3,5 % Amerikaner, Europäer, u. a.)

Gesamtzahl der Sprachen: 5 (Amtssprache: Japanisch)

Sprechergruppen	Sprachen
Mehr als 120 Mio.	Japanisch
0,5 – 1 Mio.	Koreanisch, Ryukyuanisch (alle Varianten)
50 000 – 0,1 Mio.	Chinesisch
Weniger als 100	Ainu

Sprachfamilien: Japanisch, Ryukyuanisch (Zugehörigkeit zur altaischen Sprachfamilie unsicher), Koreanisch (möglicherweise eine altaische Sprache), Ainu (genetisch isoliert innerhalb der Gruppe der paläosibirischen Sprachen), sinotibetisch (Chinesisch).

Sprachökologische Verhältnisse: Nach der traditionellen Auffassung der Europäer gilt Japan als Musterbeispiel für einen monolingualen Staat mit einheitlicher Kultur und Bevölkerung. Dieser Eindruck ist seit dem 19. Jahrhundert kontinuierlich durch die japanische Kulturpolitik bestätigt worden, denn Japan stellt sich nach außen hin als ein sprachlich wie kulturell einheitliches Staatswesen vor. Der Eindruck sprachlicher Einheitlichkeit wird auch in vielen wissenschaftlichen Werken bekräftigt. Ein Beispiel hierfür ist der Sprachenatlas der Welt, in dem für Japan lediglich das Japanische vermerkt ist (Moseley/Asher 1994, Karte 52).

Tatsächlich ist auch die japanische Gesellschaft multikulturell und die Bevölkerung Japans multilingual. Außer der Masse der monokulturellen japanischen Muttersprachler finden wir Varianten von Zweisprachigkeit, u.zw. koreanisch-japanisch, chinesisch-japanisch u. a. Heutzutage gibt es nur noch wenige Dutzend Ainu, die ihre Muttersprache sprechen, die übrigen haben sich sprachlich und kulturell assimiliert. In prähistorischer Zeit siedelten die Ainu in ganz Hokkaido und im nördlichen Teil der japanischen Hauptinsel Honshu. Seit dem 19. Jahrhundert hat sich die Assimilation verstärkt. Nach neueren Erkenntnissen der

Kreolistik ist das Japanische eine Fusionssprache, dessen eine Hauptkomponente ein archaisches Ainu ist. Das Japanische hätte sich demnach in einem jahrhundertelangen Prozess der Fusion von Ainu und heute ausgestorbenen Sprachen des japanischen Inselarchipels ausgebildet (Maher 1996).

In den 1970er und 1980er Jahren hat die moderne japanische Gesellschaft immer mehr kosmopolitische Züge angenommen. Zwar ist das Japanische wie eh und je Staatssprache des Landes, im öffentlichen Leben und in der Geschäftswelt hat sich aber auch die Rolle westlicher Sprachen verstärkt. Im Straßenbild der Großstädte, insbesondere in der Metropole Tokyo, sieht man fast ebenso viele Beschriftungen in Englisch wie in Japanisch, und das Schriftbild ist wahrhaftig kosmopolitisch. Außer den drei japanischen Schriftsystemen (Kanji [chinesische Schriftzeichen], Hiragana, Katakana) ist die Lateinschrift in Gebrauch. Der Eindruck der Vielsprachigkeit wird auch durch die Massenmedien bestärkt, denn in der Presse, im Fernsehen und in der Domäne des Entertainment haben das Englische und die Lateinschrift einen festen Platz als kosmopolitisches Pendant zur einheimischen Sprachkultur.

Es ist nicht leicht, die Fremdeinflüsse im modernen Kulturleben Japans zutreffend einzuschätzen. Ausländische, insbesondere westliche Beobachter tendieren dazu, die Rolle westlicher Kulturimporte zu überschätzen. Es wird allzu leichtfertig davon gesprochen, die japanische Gesellschaft sei nach 1945 zunehmend amerikanisiert worden. Wer mehrere Jahre als Westler in Japan gelebt hat, erkennt, dass die zahlreichen Elemente amerikanischer und europäischer Kultur die einheimischen Kulturträger nicht überformen, sondern eher mit diesen interagieren. Anders ausgedrückt: die fernöstliche Kultur ist mit den Kulturimporten in einem interaktiven Netzwerk verwoben. Es gibt gleichsam zwei kulturelle Kodes in Japan, einen einheimischen und einen mit westlichem Symbolismus. Auf sprachlicher Ebene drückt sich dies im Dualismus von Japanisch und Englisch aus, im Bereich der materiellen Kultur unter anderem in der Mode.

Die für das moderne Japan charakteristische Dualität von Orientalismus (aufzufassen als Gesamtheit aller einheimischen Kulturinstitutionen und japanischer Wertvorstellungen) und Okzidentalismus (aufzufassen als Gesamtheit aller westlichen Kulturimporte sowie der damit assoziierten Werte) zeigt zwar ein typisch lokales Gepräge, sie ist aber als solche auch in anderen Ländern des Fernen Ostens und in Südostasien zu erkennen. Die westlichen Kulturimporte werden von den Japanern in einer eigenwilligen Art und Weise adaptiert. Das Image westlicher Kultur wird aus willkürlich ausgewählten stereotypischen Elementen konstruiert (Haarmann 1989: 16 ff.). Daher ist das Bild, das Japaner sich von der US-Gesellschaft oder von den Kulturen Europas machen, eher imaginär und entspricht kaum amerikanischen oder europäischen Realitäten. Die westliche Welt ist in der Vorstellung der Japaner ebenso verklärt wie umgekehrt das Bild, das sich Europäer von Japan und seiner Kultur machen.

Jemen

Fläche:	536 869 qkm (Sanaa: 0,926 Mio. E)
Bevölkerung:	16,599 Mio. E (1998), (seit 1990 + 4,8 % jährl.)
	(1998: Fertilität – 4,8 %/Mortalität – 1,0 %)
Stadtbewohner:	36 %
Analphabetenrate:	Männer – 34 %, Frauen – 77 %
Zusammensetzung der Bevölkerung:	96 % Jemeniten, 3 % Inder, 1 % Somali

Gesamtzahl der Sprachen: 6 (Amtssprache: Standardarabisch)

Sprechergruppen	Sprachen
(keine Angaben)	Yemeni-Arabisch
0,23 Mio.	Somali
40 000	ägyptisches Arabisch
(keine Angaben)	Mahri, Soqotri

Sprachfamilien: Afroasiatisch (semitisch: Varianten des Arabischen; kuschitisch: Somali)

Sprachökologische Verhältnisse: Das Standardarabische fungiert als Amts- und Bildungssprache des Landes. Es ist alleinige Unterrichtssprache in der Schulausbildung. Universitätskurse der naturwissenschaftlichen Fächer werden in Englisch abgehalten. Englisch ist zur bevorzugten Verkehrssprache bei den nichtarabischen Ethnien im Yemen avanciert.

Sprachkonflikte: Die südarabischen Sprachen Mahri und Soqotri werden nicht gefördert. Ihre Sprachgemeinschaften stehen unter dem assimilatorischen Druck des yemenitischen Arabisch und lösen sich zunehmend auf.

Jordanien

Fläche:	88 946 qkm (Amman: 1,272 Mio. E)
Bevölkerung:	4,563 Mio. E (1998), (seit 1990 + 5,2 % jährl.)
	(1998: Fertilität – 3,5 %/Mortalität – 0,5 %)
Stadtbewohner:	73 %
Analphabetenrate:	Männer – 6 %, Frauen – 17 %
Zusammensetzung der Bevölkerung:	99 % Araber (davon 40 % Palästinenser), Kaukasier (Tschetschenen, Tscherkessen), Armenier, Kurden

| Gesamtzahl der Sprachen: | 7 (Amtssprache: Standardarabisch) |

Sprechergruppen	Sprachen
2 – 3 Mio.	Levantinisches Arabisch
0,5 – 1 Mio.	Arabisch (Najdi)
20 – 50 000	Adyghe (westl. Cirkassisch)
5 – 10 000	ägyptisches Arabisch, Armenisch
100 – 1 000	Tschetschenisch

Sprachfamilien: Afroasiatisch (semitisch: Varianten des Arabischen), kaukasisch (Adyghe, Tschetschenisch), indoeuropäisch (Armenisch)

Sprachökologische Verhältnisse: Standardarabisch ist Amtssprache und Unterrichtssprache in allen Ausbildungsstufen. Medizin und Naturwissenschaften werden an der Universität aber vorzugsweise in Englisch unterrichtet.

Das umgangssprachliche Arabisch ist vielfältig ausdifferenziert. Die im städtischen Milieu verwendete Umgangssprache (arab. madani) unterscheidet sich von der in ländlichen Gebieten (fallahi), beide wiederum vom Arabischen der Beduinen (badawi).

Kampuchea
(Kambodscha)

Fläche:	181 035 qkm (Phnom Penh: 0,92 Mio. E)
Bevölkerung:	11,498 Mio. E (1998), (seit 1990 + 3,3 % jährl.) (1998: Fertilität – 3,4 %/Mortalität – 1,3 %)
Stadtbewohner:	22 %
Analphabetenrate:	Männer – 43 %, Frauen – 80 %
Zusammensetzung der Bevölkerung:	92 % Khmer, 5-7 % Vietnamesen, 2 % Chinesen, u. a.

| Gesamtzahl der Sprachen: | 18 (Amtssprache: Khmer) |

Sprechergruppen	Sprachen
5 – 6 Mio.	Khmer (zentrales Kh., Kambodschanisch)
0,2 – 0,5 Mio.	Chinesisch (Mandarin), Vietnamesisch
0,1 – 0,2 Mio.	westl. Cham

20 – 50 000	Stieng
10 – 20 000	Kuy, zentrales Mnong, Tampuan
5 – 10 000	Kru'ng 2
3 – 5 000	Brao, Chong
1 – 3 000	Kravet, Pear, Somray
100 – 1 000	Lamam, Samre, Sa'och, Suoy

Sprachfamilien: Mon-Khmer-Sprachen (Khmer, Chong, Kuy, u. a.) + Immigrantensprachen (Vietnamesisch, Chinesisch)

Sprachökologische Verhältnisse: Khmer ist exklusive Amtssprache, alleinige Unterrichtssprache in allen Ausbildungsstufen und es dominiert in den Massenmedien.

Das von den »roten Khmer« zerstörte Schulwesen ist in den 1980er Jahren wieder neu organisiert worden. Unter den »roten Khmer« waren rund 75 % der Lehrer und etwa 96 % aller Abiturienten liquidiert worden.

Kasachstan

Fläche:	2,717 Mio. qkm (Astana, früher Akmola; offizielle Hauptstadt seit 1995; 0,287 Mio. E, Almaty, früher Alma-Ata; de facto Hauptstadt; 1,176 Mio. E/ Agglomeration: 1,32 Mio. E)
Bevölkerung:	15,593 Mio. E (1998), (seit 1990 – 0,7 % jährl.) (1998: Fertilität – 1,8 %/Mortalität – 0,9 %)
Stadtbewohner:	61 %
Analphabetenrate:	< 5 %
Zusammensetzung der Bevölkerung:	44,3 % Kasachen, 35,8 % Russen, 5,1 % Ukrainer, 3,6 % Deutsche, 2,2 % Usbeken, 2 % Tataren, u. a.
Gesamtzahl der Sprachen:	58 (Amtssprachen: Kasachisch; Russisch als Arbeitssprache)

Sprechergruppen	Sprachen
6 – 7 Mio.	Kasachisch, Russisch
0,5 – 1 Mio.	Deutsch, Ukrainisch
0,2 – 0,5 Mio.	Tatarisch, Usbekisch
0,1 – 0,2 Mio.	Uigurisch, Weißrussisch
50 – 100 000	Aserbaidschanisch, Koreanisch
20 – 50 000	Baschkirisch, Dunganisch, Rumänisch (Moldau-R.), Mordwinisch, Tschetschenisch, Türkisch

10 – 20 000	Armenisch, Griechisch, Inguschisch, Kirgisisch, Kurdisch, Lesginisch, Polnisch, Tadschikisch, Tschuwaschisch, Udmurtisch
5 – 10 000	Bulgarisch, Georgisch, Litauisch, Tscheremissisch (Mari)
3 – 5 000	Chinesisch, Ossetisch
1 – 3 000	Balkarisch, Burjatisch, Darginisch, Estnisch, Farsi, Kalmükisch, Karakalpakisch, Karatschaiisch, Krimtatarisch, Kumükisch, Lettisch, Turkmenisch
100 – 1 000	Abchasisch, Altaiisch, Assyrisch (Aisor), Chakassisch, Finnisch, Gagausisch, Nogaiisch, Rutulisch, Jüdisch-Tadschikisch
10 – 100	Abasinisch, Chantisch (Ostjakisch), Dolganisch, Evenki, Nanaiisch

Sprachfamilien: Altaische Sprachen (türkisch: Kasachisch, Tatarisch, Uigurisch, u. a.), indoeuropäisch (iranisch: Ossetisch, Jüdisch-Tadschikisch, Kurdisch, u. a.; slawisch: Ukrainisch, Weisrussisch, Bulgarisch, u. a.; baltisch: Lettisch; germanisch: Deutsch; Armenisch), kaukasisch (Tschetschenisch, Abchasisch, u. a.), uralisch (finnisch-ugrisch: Finnisch, Estnisch, u. a.), Koreanisch, u. a.

Sprachökologische Verhältnisse: Kasachisch ist Nationalsprache des Landes und nominell dessen einzige Amtssprache. Faktisch fungiert aber weiterhin das Russische auf unbestimmte Zeit als Arbeitssprache der Behörden und der Verwaltung. Die meisten Minderheitensprachen sind mit Menschen nach Kasachstan gekommen, die in den 1930er Jahren aus dem Fernen Osten (Koreaner) und in den 1940er Jahren aus Europa (z. B. Deutsche, Esten, Kaukasier) nach Mittelasien deportiert wurden.

Die Deutschen sind zahlenmäßig die drittstärkste Nationalität Kasachstans. Deutsche sind seit dem Spätsommer 1941 im nördlichen Teil Kasachstans ansässig. Dorthin gelangten sie unfreiwillig, u.zw. als Folge ihrer Deportation aus dem ehemaligen Siedlungsgebiet in der Wolga-Region. In den Jahrzehnten ihres Lebens in der neuen »Heimatregion« haben sich verschiedenartige Kontaktverhältnisse entwickelt. Es gibt geschlossene deutsche Siedlungen, solche Gebiete, wo Deutsche mit den Angehörigen anderer Nationalitäten zusammenleben, und es gibt Streusiedlungen, wo kleinere deutsche Gruppen inmitten einer mehrheitlich anderssprachigen Umgebung wohnen (Haarmann 1979: 51 f.).

Katar
(Qatar)

Fläche:	11 437 qkm (Doha: 0,392 Mio. E)
Bevölkerung:	0,579 Mio. E (1998), (seit 1990 + 6,1 % jährl.)
	(1998: Fertilität – 1,8 % / Mortalität – 0,4 %)

Stadtbewohner:	92 %
Analphabetenrate:	Männer – 21 %, Frauen: 21 %
Zusammensetzung der Bevölkerung:	45 % Araber (davon 20 % Katarer), 34 % Inder und Pakistani, 16 % Iraner, u. a.
Gesamtzahl der Sprachen:	3 (Amtssprache: Standardarabisch)

Sprechergruppen	Sprachen
(keine Angaben)	Golf-Arabisch
73 000	westl. Farsi
	Zusätzlich andere Immigrantensprachen (Hindi, Pashto, Urdu) ohne nähere Angaben zu deren Sprecherzahlen

Sprachfamilien: Afroasiatisch (semitisch: Arabisch), indoeuropäisch (iranisch: Farsi)

Sprachökologische Verhältnisse: Standardarabisch ist Amtssprache und wichtigste Unterrichtssprache. In der universitären Ausbildung wird auch in Englisch unterrichtet. Arabisch und Englisch werden in den Massenmedien verwendet.

Kirgisistan

Fläche:	198 500 qkm (Bischkek: 0,585 Mio. E)
Bevölkerung:	4,699 Mio. E (1998), (seit 1990 + 1,0 % jährl.) (1998: Fertilität – 2,5 %/Mortalität – 0,7 %)
Stadtbewohner:	40 %
Analphabetenrate:	< 5 %
Zusammensetzung der Bevölkerung:	56,5 % Kirgisen, 18,8 % Russen, 13,4 % Usbeken, 2,1 % Ukrainer, 2 % Tataren, u. a.
Gesamtzahl der Sprachen:	49 (Amtssprachen: Kirgisisch; Russisch als Arbeitssprache)

Sprechergruppen	Sprachen
2 – 3 Mio.	Kirgisisch
0,5 – 1 Mio.	Russisch, Usbekisch

50 – 100 000	Deutsch, Tatarisch, Ukrainisch
20 – 50 000	Dunganisch, Kasachisch, Tadschikisch, Uigurisch
10 – 20 000	Aserbaidschanisch, Koreanisch, Kurdisch, Türkisch
5 – 10 000	Weißrussisch
3 – 5 000	Armenisch, Baschkirisch, Kalmükisch
1 – 3 000	Balkarisch, Georgisch, Darginisch, Karatschaiisch, Krimtatarisch, Lesginisch, Mordwinisch, Tschetschenisch, Tschuwaschisch
100 – 1 000	Agulisch, Awarisch, Bulgarisch, Burjatisch, Chakassisch, Chinesisch, Estnisch, Inguschisch, Karakalpakisch, Lakisch, Lettisch, Litauisch, Ossetisch, Syrjänisch (Komi), Tabassaranisch, Tscheremissisch (Mari), Turkmenisch, Udmurtisch
10 – 100	Abchasisch, Gagausisch, Nogaiisch, Tuvinisch

Sprachfamilien: Altaische Sprachen (türkisch: Kirgisisch, Balkarisch, Aserbaidschanisch, u. a.; mongolisch: Burjatisch), indoeuropäisch (slawisch: Ukrainisch, u. a.; baltisch: Litauisch, u. a.; iranisch: Kurdisch, u. a.; germanisch: Deutsch), uralisch (finnisch-ugrisch: Syrjänisch, Estnisch, u. a.), kaukasisch (Agulisch, Awarisch, u. a.)

Sprachökologische Verhältnisse: Kirgisisch ist Nationalsprache und nominelle Amtssprache des Landes. Russisch ist auf unbestimmte Zeit als Arbeitssprache auf Regierungs- und Verwaltungsebene anerkannt.

Korea
(Nordkorea)

Fläche:	120 538 qkm (Pyongyang: 2,741 Mio. E)
Bevölkerung:	23,171 Mio. E (1998), (seit 1990 + 1,8 % jährl.) (1998: Fertilität – 2,1 %/Mortalität – 0,5 %)
Stadtbewohner:	62 %
Analphabetenrate:	< 5 %
Zusammensetzung der Bevölkerung:	99 % Koreaner; Chinesen

Gesamtzahl der Sprachen:	2 (Amtssprache: Koreanisch)

Sprechergruppen	Sprachen
	Koreanisch
(keine Angaben)	Chinesisch

Sprachfamilien: Koreanisch (möglicherweise zur altaischen Sprachfamilie gehörend), sinotibetisch (Chinesisch)

Sprachökologische Verhältnisse: Koreanisch ist Nationalsprache und exklusive Amtssprache. Es wird ausschließlich im nationalen Schriftsystem Hangul geschrieben. Chinesische Schriftzeichen werden nicht verwendet.

Korea
(Südkorea)

Fläche:	99 392 qkm (Seoul: 10,231 Mio. E)
Bevölkerung:	46,43 Mio. E (1998), (seit 1990 + 1,1 % jährl.)
	(1998: Fertilität – 1,5 %/Mortalität – 0,6 %)
Stadtbewohner:	84 %
Analphabetenrate:	Männer – 1 %, Frauen – 4 %
Zusammensetzung der Bevölkerung:	Koreaner, US-Militärpersonal

Gesamtzahl der Sprachen: 1 (Amtssprache: Koreanisch)

Sprechergruppe	Sprache
46,43 Mio.	Koreanisch

Sprachfamilie: Koreanisch (möglicherweise zur altaischen Sprachfamilie gehörend)

Sprachökologische Verhältnisse: Koreanisch ist National- und Amtssprache des Landes. Das Koreanische in Südkorea wird in Hangul geschrieben. Zusätzlich gibt es eine chinesische logographische Komponente (Schreibung sinokoreanischer Wortstämme).

Kuwait

Fläche:	17 818 qkm (Kuwait: 28 859 E)
Bevölkerung:	1,866 Mio. E (1998), (seit 1990 -1,9 % jährl.)
	(1998: Fertilität – 2,2 %/Mortalität – 0,2 %)
Stadtbewohner:	97 %
Analphabetenrate:	Männer – 17 %, Frauen – 22 %
Zusammensetzung der Bevölkerung:	38,2 % Kuwaiter (davon 10,5 % Beduinen), 61,8 % Aus-

länder (Ägypter, Inder, Bangladesh-Staatsbürger, Ceylonesen, Pakistani, u. a.)

| Gesamtzahl der Sprachen: | 4 (Amtssprache: Standardarabisch) |

Sprechergruppen	Sprachen
1,615 Mio.	Golf-Arabisch
85 000	Levantinisches Arabisch
3 537	Mahri
	Zusätzlich Immigrantensprachen (Farsi, Pashto, Urdu) ohne Informationen über deren Sprecherzahlen

Sprachfamilie: Afroasiatisch (semitisch: Varianten des Arabischen), indoeuropäisch (iranisch: Farsi, Pashto; indisch: Urdu)

Sprachökologische Verhältnisse: Der Anteil der Arabisch sprechenden Kuwaitis an der Gesamtbevölkerung macht weniger als 40 % aus. Varianten des Arabischen überwiegen nach ihrer Sprecherzahl gegenüber anderen Minderheitensprachen.

Standardarabisch ist Amts- und Bildungssprache. In den Massenmedien wird sowohl Arabisch als auch Englisch verwendet. Im Radio hört man außerdem Farsi und Urdu.

Laos

Fläche:	236 800 qkm (Vientiane: 0,528 Mio. E)
Bevölkerung:	4,974 Mio. E (1998), (seit 1990 + 3,0 % jährl.) (1998: Fertilität – 3,9 %/Mortalität – 1,3 %)
Stadtbewohner:	22 %
Analphabetenrate:	Männer – 38 %, Frauen – 70 %
Zusammensetzung der Bevölkerung:	55 % Lao-Lum (Tal-Lao), 27 % Lao-Theung (Berg-Lao), 15 % Lao-Soung (Hmong, Meo), u. a.

| Gesamtzahl der Sprachen: | 92 (Amtssprache: Laotisch) |

Sprechergruppen	Sprachen
3 – 4 Mio.	Laotisch (PSpr)
0,5 – 1 Mio.	Laotisch (ZSpr), Tai Dam

0,2 – 0,5 Mio.	Khmu, Kuy, Tai Dón
0,1 – 0,2 Mio.	Tai Nüa
50 – 100 000	Hmong Njua, Mien, Phu Thai, Phuan, Sô, Vietnamesisch
20 – 50 000	östl. Bru, Chinesisch (Mandarin), Kantu, Katu, Laven, Phunoi, Saek, Tai Daeng, oberes Ta'oih
10 – 20 000	Brao, zentrales Khmer, Lü, Oy, Pacoh, Sila
5 – 10 000	Ir, Jeh, Jeng, Kasseng, Kataang, Khlor, Lamet, Mal, Mangkong, Ong, Puoc, So Tri
3 – 5 000	Akha, Halang, Kaduo, Khua, Mun, Ngeq, Nyaheun, Phana', nördl. Tai, Tareng, Yoy
1 – 3 000	Alak 1, Alak 2, Bo, Lahu, May, Nguôn, Pong 1, Sapuan, Sok, Tai Loi, The
100 – 1 000	Arem, Bit, Con, Halang Doan, Kha Tong Luang, Mlabri, Nung, Pakatan, Phon Sung, Pong 2, Pong 3, Ruc, Sou, Tay Khang, Thavung, Tum

Sprachfamilien: Tai-Kadai-Sprachen (Laotisch, Tai Daeng, Phu Thai, u.a.), Mon-Khmer-Sprachen (Khamu, Kuy, Lamet, u.a.), Miao-Yao-Sprachen (Hmong Njua, Mien, Vietnamesisch, u.a.), sinotibetisch (tibeto-birmanisch: Akha, Lahu, Sila, u.a.)

Sprachökologische Verhältnisse: Laotisch ist die Muttersprache der im Tiefland lebenden Laoten. Die Lao Theung (›Laoten der Berghänge‹) sprechen verschiedene Mon-Khmer-Sprachen. Die Lao Sung (›Laoten auf den Berggipfeln‹) sprechen Miao-Yao-Sprachen.

Seit der Machtübernahme der Kommunisten im Jahre 1975 ist das Laotische Nationalsprache des Landes und exklusive Amtssprache. In dieser Funktion hat es das bis dahin verwendete Französisch abgelöst. Thai, die Hauptsprache des benachbarten Thailand, hat das nah verwandte Laotische stark beeinflusst. In Laos sind thailändische Radioprogramme in Thai beliebt.

Pali, die heilige Sprache des Theravada-Buddhismus, wird in buddhistischen Lehranstalten unterrichtet. Vor allem bei der männlichen Bevölkerung in ländlichen Gebieten ist die Kenntnis der alten Tham-Schrift zur Schreibung des Pali verbreitet, in der die religiösen Texte in Laos überwiegend aufgezeichnet sind.

Libanon

Fläche:	10 452 qkm (Beirut: 1,5 Mio. E)
Bevölkerung:	4,21 Mio. E (1998), (seit 1990 + 2,1 % jährl.) (1998: Fertilität – 2,3 %/Mortalität – 0,6 %)
Stadtbewohner:	89 %
Analphabetenrate:	Männer – 9 %, Frauen – 21 %

Zusammensetzung der Bevölkerung:	Libanesen, Flüchtlinge (Ende 1999): 0,37 Mio. Palästinenser, 2 100 Iraker, 500 Afghanen, 300 Sudanesen, u. a.
Gesamtzahl der Sprachen:	5 (Amtssprache: Standardarabisch)

Sprechergruppen	Sprachen
3,9 Mio.	Levantinisches Arabisch
0,235 Mio.	Armenisch
70 000	Kurmanji (nördl. Kurdisch)
(keine Angaben)	Assyrisch (Aisor/Nordostaramäisch)

Sprachfamilien: Afroasiatisch (semitisch: Arabisch, Assyrisch), indoeuropäisch (iranisch: Kurmanji; Armenisch)

Sprachökologische Verhältnisse: Standardarabisch ist Amts- und Bildungssprache. Das levantinische Arabisch ist Verkehrssprache des Landes. Klassisch-Arabisch ist die Sakralsprache der Muslime, Altaramäisch die heilige Sprache der assyrischen Christen.

Macao
(bis März 1999 Außengebiet Portugals; seither Teil der Chinesischen Volksrepublik)

Fläche:	19,3 qkm (Santo Nome de Deus de Macau)
Bevölkerung:	0,431 Mio. E (1999), (seit 1990 + 2,6 % jährl.)
Zusammensetzung der Bevölkerung:	68,2 % Chinesen, 27,9 % Portugiesen, Macaenses (portugiesisch-chinesische Mischlinge), u. a.
Gesamtzahl der Sprachen:	3 (Amtssprachen: Portugiesisch, Chinesisch)

Sprechergruppen	Sprachen
	Chinesisch (Yue)
2 000	Portugiesisch (11 500 ZSpr)
(keine Angaben)	Makanesisch (Portugiesisch-Kreolisch; ausgestorben; s. auch China, Hong Kong)

Sprachfamilien: Sinotibetisch (Chinesisch), indoeuropäisch (romanisch: Portugiesisch-Kreolisch)

Sprachökologische Verhältnisse: Auch nach dem Anschluss Macaos an das chinesische Territorium hat das Portugiesische seinen Status als Amtssprache (neben dem Chinesischen) bewahrt.

Malaysia

Fläche:	329 758 qkm (Kuala Lumpur: 1,145 Mio. E)
Bevölkerung:	22,18 Mio. E (1998), (seit 1990 + 2,8 % jährl.)
	(1998: Fertilität – 2,5 %/Mortalität – 0,5 %)
Stadtbewohner:	56 %
Analphabetenrate:	Männer – 9 %, Frauen – 18 %
Zusammensetzung der Bevölkerung:	64 % Malaysier, 27 % Chinesen, 8 % Inder und Pakistani

Gesamtzahl der Sprachen:	140 (Amtssprache: Bahasa Malaysia)

Sprechergruppen	Sprachen
a)	Sprachen der Malaiischen Halbinsel (Festland)
6 – 7 Mio.	Malaiisch (Bahasa Malaysia)
1 – 2 Mio.	Chinesisch (Min Nan)
0,5 – 1 Mio.	Chinesisch (Hakka), Chinesisch (Yue)
0,2 – 0,5 Mio.	Chinesisch (Mandarin), Malaiisch (Negeri Sembilan-M.), Tamil
50 – 100 000	Chinesisch (Min Pei)
10 – 20 000	Semai, Temiar
5 – 10 000	Jakun, Temuan
3 – 5 000	Chinesisch-Malaiisch (Baba)
1 – 3 000	Besisi, Duano', Jah Hut, Jehai, Kensiu, Semaq Beri, Semelai
100 – 1 000	Batek, Chewong, Kintaq, Lanoh, Chitties Malaiisch-Kreolisch, malaysisches Portugiesisch-Kreolisch, Minriq, Orang Seletar, Temoq, Tonga
Weniger als 100	Mintil, Orang Kanaq
b)	Sprachen von Sabah
0,5 – 1 Mio.	Banjar
0,2 – 0,5 Mio.	Buginesisch, Javanesisch
0,1 – 0,2 Mio.	zentrales Dusun, Tausug

50 – 100 000	Kadazan (Küsten-K.), zentrales Sama
20 – 50 000	Bajau (Land-B.), Brunei (Orang Bukit), Sama (Balangingi), südl. Sama, Tagal Murut
10 – 20 000	Bisaya, Kadazan (Labuk-Kinabatangan), Rungus, Tombonuwo
5 – 10 000	Dusun (Sugut), Dusun (Tempasuk), Ida'an, Ilanun, Keningau Murut, Kimaragang, Kinabatangan, Kuijau, Sungai (Kinabatangan), Tatana, Tidong, Timugon Murut, Yakan
3 – 5 000	Lotud, Sembakung Murut, Wolio
1 – 3 000	Baukan, Bon, Gana, Kalabakan, Kota Marudu Tinagas, Lobu (Lanas), Lobu (Tampias), Lundayeh, Malaiisch (Kokos-Inseln), Malaiisch (Sabah), Minokok, Molbog, Paluan, Sonsogon, Tebilung
100 – 1 000	Abai Sungai, Chavacano (Spanisch-Kreolisch), Dumpas, Kadazan (Klias-Fluss), Kota Marudu Talantang, Papar, Selungai Murut, Serudung Murut
c)	Sprachen von Sarawak
0,2 – 0,5 Mio.	Iban (See-Dayak)
50 – 100 000	Dayak (Land-D.)
20 – 50 000	Biatah, Bukar Sadong, Melanau, Tutong 1
10 – 20 000	Jagoi, Lara'
5 – 10 000	Bisaya, Daro-Matu, Sebuyau
3 – 5 000	Balau, Bintulu, Kayan (Baram), Kayan (Rejang), Milikin, Silakau, Singgi
1 – 3 000	Kayan (Murik), Kelabit, Kenyah (Bakung), Kenyah (Sebob), Kenyah (oberer Baram), westl. Kenyah, Kiput, Narom, Punan-Nibong
100 – 1 000	Berawan, Bukitan, Kajaman, Kanowit, Kenyah (Tutoh), Lahanan, Lelak, Okolod, Punan Bah-Biau, Sa'ban, Sekapan, Sibu, Tanjong, Tringus, Ukit
Weniger als 100	Punan Batu 1, Sian
Ausgestorben	Seru

Sprachfamilien: Austronesisch (malaio-polynesisch: Iban, Malaiisch, Tidong, u. a.), austroasiatisch (Jehai, Mah Meri, Sabum, u. a.) + Immigrantensprachen (dravidisch: Tamil, Telugu; indisch: Bengali, Gujarati, Urdu; Chinesisch, Arabisch, Thai, u. a.)

Sprachökologische Verhältnisse: Austroasiatische Sprachen werden von den Ureinwohnern der Malaiischen Halbinsel (orang asli) im Gebiet des zentralen Berglandes zwischen Kedah im Norden und Selangor im Süden gesprochen

Malaiisch (Bahasa Malaysia) ist Nationalsprache und exklusive Amtssprache. Es dominiert in der Schulausbildung. Daneben werden einige der Regionalsprachen als Unterrichtssprachen verwendet: Arabisch in den islamischen Schulen, Chinesisch (Mandarin), Tamil und Iban (in Sarawak). Radiosendungen werden außer in Malaiisch auch in Englisch, Chinesisch und Tamil ausgestrahlt. Lokale Sender verwenden auch Mukah Melanau und Iban (in Sarawak), Bajau Darat und Tengara Dusun (in Sabah).

Malediven

Fläche:	298 qkm (Male', auf North Male' Atoll: 62 973 E)
Bevölkerung:	0,263 Mio. E (1998), (seit 1990 + 3,0 % jährl.)
	(1998: Fertilität – 3,5 %/Mortalität – 0,7 %)
Stadtbewohner:	27 %
Analphabetenrate:	< 5 %
Zusammensetzung der Bevölkerung:	Malediver (gemischt-ethnisches Volk mit arabischer, singhalesischer und malaiischer Abstammung)

Gesamtzahl der Sprachen:	1 (Amtssprache: Maledivisch/Dhivehi)

Sprechergruppe	Sprache
263 000	Maledivisch

Sprachfamilie: Indoeuropäisch (indisch)

Sprachökologische Verhältnisse: Maledivisch ist Nationalsprache und Amtssprache des Inselstaates. Englisch ist Unterrichtssprache.

Maledivisch wird in zwei alternativen Schriftsystemen geschrieben: in der traditionellen tana-Schrift oder im lateinischen Alphabet. Da die Malediver Muslime sind, lernen die Kinder im Religionsunterricht auch die arabische Schrift. Damit schreiben sie ihren Namen.

Mongolei

Fläche:	1,565 Mio. qkm (Ulan-Bator: 0,65 Mio. E)
Bevölkerung:	2,584 Mio. E (1998), (seit 1990 + 2,2 % jährl.)
	(1998: Fertilität – 2,3 %/Mortalität – 0,6 %)
Stadtbewohner:	62 %
Analphabetenrate:	Männer – 28 %, Frauen – 49 %

Zusammensetzung der Bevölkerung:	88,5 % Mongolen (78,8 % östl. bzw. Khalkha-Mongolen, 6,6 % westl. Mongolen), 6,9 % Turkvölker (Kasachen, u. a.), 1,7 % Burjaten, u. a.
Gesamtzahl der Sprachen:	10 (Amtssprache: Mongolisch)

Sprechergruppen	Sprachen
1 – 2 Mio.	Mongolisch (Khalkha-M.)
0,2 – 0,5 Mio.	Kalmükisch (Oiratisch)
50 – 100 000	Kasachisch
20 – 50 000	Burjatisch, Tuvinisch
3 – 5 000	Darkhat, Russisch
1 – 3 000	Chinesisch (Mandarin), Evenki
100 – 1 000	Uigurisch

Sprachfamilien: Altaische Sprachen (mongolisch: Khalkha-Mongolisch, Kalmükisch, Burjatisch; türkisch: Kasachisch, Uigurisch, Tuvinisch; tungusisch: Evenki), indoeuropäisch (slawisch: Russisch), Chinesisch
Sprachökologische Verhältnisse: Mongolisch ist Nationalsprache und exklusive Amtssprache. Es ist mit einer Ausnahme auch die alleinige Unterrichtssprache in allen Ausbildungsstufen. In der Region (Bayan Ulugei), wo Angehörige der kasachischen Nationalität leben, ist deren Muttersprache Unterrichtsmedium. Mongolisch ist auch die Hauptsprache der Massenmedien. Im Radio hört man daneben auch Sendungen in Kasachisch, Russisch, Chinesisch, Englisch und Japanisch. Die lamaistischen Buddhisten in der Mongolei verwenden das Tibetische.

Bis in die 1930er Jahre wurde das Mongolische in einer eigenen, von der uigurischen Schrift abgeleiteten Schriftvariante (mongolische Vertikalschrift) geschrieben. Im Jahre 1942 erfolgte ein Wechsel zum kyrillischen Alphabet russischer Prägung. Seit Anfang der 1990er Jahre wird das Mongolische wieder in der traditionellen Vertikalschrift geschrieben.

Myanmar
(ehemals Burma)

Fläche:	676 552 qkm (Rangun: 3,302 Mio. E)
Bevölkerung:	44,464 Mio. E (1998), (seit 1990 + 1,3 % jährl.) (1998: Fertilität – 2,1 %/Mortalität – 0,9 %)
Stadtbewohner:	27 %
Analphabetenrate:	Männer – 11 %, Frauen – 21 %

Zusammensetzung der Bevölkerung:	69 % Birmanen, 8,5 % Shan, 6,2 % Karen, 4,5 % Rohingya, 2,4 % Mon, 2,2 % Tschin, u. a.
Gesamtzahl der Sprachen:	111 (Amtssprache: Birmanisch/Burmesisch)

Sprechergruppen	Sprachen
21 – 22 Mio.	Burmesisch (PSpr)
3 – 4 Mio.	Burmesisch (ZSpr)
2 – 3 Mio.	Shan
1 – 2 Mio.	Karen (Pwo-K.), Karen (S'gaw-K.)
0,5 – 1 Mio.	Arakanesisch, Jingpho, Karen (Pa'o-K.), Mon, Yangbye
0,2 – 0,5 Mio.	westl. Kayah, Khmu, Pale-Palaung, Parauk, Taungyo
0,1 – 0,2 Mio.	Akha, Chaungtha, Tedim-Chin, Intha, Kado, Khün, Lisu, Lü, Rumai-Palaung, Shwe-Palaung
50 – 100 000	Falam-Chin, Haka-Chin, Khumi-Chin, Khamti, Lahu, Lashi, Maru, Rawang, Tai Nüa
20 – 50 000	Cho-Chin, Mün-Chin, Thado-Chin, Zotung-Chin, Karen (Geba-K.), Karen (Padaung-K.), Mindat, Mru, Zome
10 – 20 000	Atsi, Chinbon-Chin, Mara-Chin, Ngawn-Chin, Senthang-Chin, Karen (Brek-K.), Karen (Bwe-K.), Lushai, Ralte, Riang
5 – 10 000	Anal, Asho-Chin, Bawm-Chin, Daai-Chin, Paite-Chin, Siyin-Chin, Danau, Gangte, Hrangkhol, Karen (Geko-K.), Karen (Paku-K.), Karen (Yinbaw-K.), Karen (Zayein-K.), Lahu Shi, Meithei, Norra, Taman
3 – 5 000	Karen (Manumanaw-K.), Moken, Yinchia, Yos
1 – 3 000	Achang, Blang, Hpon, Lama, Tase-Naga, Tai Loi
100 – 1 000	Anu, Tawr-Chin, Lui, Purum, Pyen

Sprachfamilien: Sinotibetisch (tibeto-birmanisch: Burmesisch, Jingpho, Karen, u. a.), austroasiatisch (Mon-Khmer-Sprachen: Blang, Mon, Palaung, u. a.), u. a.

Sprachökologische Verhältnisse: Burmesisch ist Nationalsprache und exklusive Amtssprache des Landes. Schon während der britischen Kolonialzeit (und zwar beginnend in den 1930er Jahren) wurde Burmesisch neben dem Englischen zunehmend im Schulunterricht berücksichtigt. Im Jahre 1964 wurde das Englische marginalisiert und Burmesisch als Hauptunterrichtssprache in allen Ausbildungsstufen aufgewertet. Seit 1991 ist das Englische aber wieder in seinen ehemaligen Funktionen in der universitären Ausbildung sowie im Schulunterricht reinstitutionalisiert.

Regionalsprachen wie Shan, Kachin, Kayah, Sgaw Karen, Pwo Karen, Chin,

Mon und Rakhine werden für Kurzsendungen im Radio verwendet, während ansonsten Burmesisch in allen Massenmedien dominiert.

Sprachkonflikte: Frühere Projekte, Minderheitensprachen in zweisprachige Schulprogramme (z. B. Mon-Burmesisch) zu integrieren, werden vom derzeitigen Militärregime nicht unterstützt. Aus den Regionen mit ethnischen und sprachlichen Minderheiten rekrutieren sich lokale Widerstandsgruppen, die gegen das Regime in Rangun agieren. Viele kleinere Regionalsprachen stehen unter dem assimilatorischen Druck des Burmesischen.

Nepal

Fläche:	147 181 qkm (Kathmandu: 0,592 Mio. E)
Bevölkerung:	22,851 Mio. E (1998), (seit 1990 + 2,8 % jährl.) (1998: Fertilität – 3,4 %/Mortalität – 1,1 %)
Stadtbewohner:	11 %
Analphabetenrate:	Männer – 43 %, Frauen – 78 %
Zusammensetzung der Bevölkerung:	52 % Nepalesen, 11 % Maithili, 8 % Bhojpuri, 3,6 % Tharu, u. a.
Gesamtzahl der Sprachen:	125 (Amtssprache: Nepali)

Sprechergruppen	Sprachen
10 – 11 Mio.	Nepali
1 – 2 Mio.	Bhojpuri, Maithili
0,5 – 1 Mio.	Mundari
0,2 – 0,5 Mio.	Arthare, Awadhi, östl. Magar, Newari, östl. Tamang, Tharu (Saptari-Th.)
0,1 – 0,2 Mio.	Limbu
50 – 100 000	westl. Gurung, östl. Gurung, Rajbangsi, nordwestl. Tamang, südwestl. Tamang, Tibetisch
20 – 50 000	Chepang, Kulung, Mugali, Santali, Sunwar, Tharu (Chitwan-Th.), Tharu (Dang-Th.), Thulung
10 – 20 000	Helambu Sherpa, Khaling, Takale-Kham, Lohorong, Lopa, Olangchung Gola, Sherpa, Thami, Yakha
5 – 10 000	Bote-Majhi, Dhanwar, Dhimal, Dzongkha, Ghale, Gamale-Kham, Sheshi-Kham, Majhi, Sonha
3 – 5 000	Bahing, Chantel, Darai, Dolpo, Jirel, Lhomi, Manangba, Palpa, Thakali
1 – 3 000	Baragaunle, Byaugsi, Chaudangsi, Darmiya, Gharti, Hindi, Nisi-Kham, Koi, Kutang Bhotia, Lepcha, Raji, Tichurong, Vayu

100 – 1 000	Baraamu, Bodo, Janggali, Kagate, Naapa, Newang, Rangkas, Raute, Tharu (Rana Thakur-Th.)
Weniger als 100	Kaike
Ausgestorben	Kusanda

Sprachfamilien: Indoeuropäisch (indisch: Nepali, Maithili, Bhojpuri, u. a.), sino-tibetisch (tibeto-birmanisch: Gurung, Sunuwar, Tamang, u. a.), austroasiatisch (Satar, Santali)

Sprachökologische Verhältnisse: Lange Zeit war die Regierung Nepals bemüht, den Status des Nepali als Nationalsprache zu monopolisieren. In der Verfassung von 1990 zeichnet sich ein Kompromiss ab. Nepali wird als rastrabhasa (›Sprache der Nation‹) bezeichnet, die Regionalsprachen des Landes als rastriya bhasa ›Nationalsprache(n)‹. Nepali ist exklusive Amtssprache und alleinige Gerichtssprache.

Im Ausbildungssystem dominiert Nepali. Regionalsprachen finden in begrenztem Umfang im Grundschulunterricht Verwendung, Englisch ist in der Sekundarstufe von Bedeutung. Nepali dominiert auch in den Massenmedien. An zweiter Stelle rangiert das Englische. Seit den 1990er Jahren werden auch Newari und Hindi im Radio und Fernsehen verwendet.

Oman

Fläche:	212 457 qkm (Maskat: 0,35 Mio. E)
Bevölkerung:	2,302 Mio. E (1998), (seit 1990 + 5,0 % jährl.) (1998: Fertilität – 3,5 %/Mortalität – 0,4 %)
Stadtbewohner:	80 %
Analphabetenrate:	Männer – 22 %, Frauen – 43 %
Zusammensetzung der Bevölkerung:	88 % Araber, 4 % Balutschen, 3 % Iraner, 2-3 % Inder und Pakistani, u. a.

Gesamtzahl der Sprachen: 14 (Amtssprache: Standardarabisch)

Sprechergruppen	Sprachen
0,5 – 1 Mio.	Omani-Arabisch
0,2 – 0,5 Mio.	südl. Baluchi, Golf-Arabisch
50 – 100 000	Dhofari-Arabisch
20 – 50 000	westl. Farsi, Jibbali
10 – 20 000	Mahri
3 – 5 000	Luwati

Länderbeschreibungen 315

1 – 3 000	Kumzari
100 – 1 000	Bathari, Harsusi
10 – 100	Hobyót
	Zusätzlich Swahili (die Muttersprache von Omanis, die Mitte der 1960er Jahre aus der omanischen Kolonie Sansibar in ihre Heimat remigrierten) ohne Informationen über Sprecherzahlen

Sprachfamilie: Afroasiatisch (semitisch: Varianten des Nordarabischen; südarabische Sprachen), indoeuropäisch (iranisch: Baluchi, Farsi), Niger-Kongo (Bantu: Swahili)

Sprachökologische Verhältnisse: Standardarabisch ist Amtssprache und Hauptunterrichtssprache. Medizin, Naturwissenschaften und Technologie werden auf Universitätsebene in Englisch unterrichtet. Omani-Arabisch hat als Verkehrssprache Bedeutung im ganzen Land.

Ost-Timor

Timor Timur (zwischen November 1999 und Januar 2001 unter dem Mandat einer UNO-Zivilverwaltung; seither selbstständig)

Fläche:	14 609 qkm (Dili)
Bevölkerung:	0,84 Mio. E (1995)
Zusammensetzung der Bevölkerung:	malaiische und andere austronesische Bevölkerungsgruppen

Gesamtzahl der Sprachen:	17 (Amtssprache: Portugiesisch)

Sprechergruppen	Sprachen
50 – 100 000	Makasai, Mambai
20 – 50 000	Bunak, Fataluku, Galoli, Kemak, Tetun Dili (Tetun-Kreolisch), Tukudede
3 – 5 000	Lakalei, Timor-Kreolisch (auf portugiesischer Basis)
1 – 3 000	Adabe, Habu, Idate, Kairui-Midiki, Naueti
10 – 100	Maku'a

Sprachfamilien: Papua-Sprachen (Trans-Neuguinea: Bunak, Makasai, u. a.), austronesisch (malaio-polynesisch: Mambai, u. a.), indoeuropäisch (romanisch: Timor-Kreolisch)

Sprachökologische Verhältnisse: Nach der Annexion der ehemaligen portugiesischen Kolonie durch Indonesien im Jahre 1975 verlor das Portugiesische seinen ehemaligen amtlichen Status. Seit 1999 (bzw. 2001) ist Portugiesisch erneut Amtssprache des unabhängigen Ost-Timor.

Pakistan

Fläche:	796 095 qkm (Islamabad: 0,8 Mio. E/Agglomeration: 1,5 Mio. E)
Bevölkerung:	131,582 Mio. E (1998), (seit 1990 + 2,8 % jährl.) (1998: Fertilität – 3,6 %/Mortalität – 0,8 %)
Stadtbewohner:	36 %
Analphabetenrate:	Männer – 42 %, Frauen – 71 %
Zusammensetzung der Bevölkerung:	50 % Panjabi, 15 % Sindhi, 15 % Pashtunen, 8 % Mohajiren, 5 % Balutschen, u. a.
Gesamtzahl der Sprachen:	66 (Amtssprachen: Urdu, Panjabi, Sindhi, Pashto; Englisch als Übergangslösung)

Sprechergruppen	Sprachen
45 – 50 Mio.	westl. Panjabi (Lahnda)
16 – 17 Mio.	Sindhi
15 – 16 Mio.	Saraiki
10 – 11 Mio.	Urdu
9 – 10 Mio.	östl. Pashto
1 – 2 Mio.	östl. Baluchi, südl. Baluchi, Brahui, nördl. Hindko, südl. Pashto
0,5 – 1 Mio.	westl. Baluchi, östl. Farsi, südl. Hindko
0,2 – 0,5 Mio.	Balti, Gujari, Khowar, Shina
0,1 – 0,2 Mio.	Dhatki, Kohistani, Koli (Parkari), Shina (Kohistani)
50 – 100 000	Bagri, Burushaski, Hazaragi, Koli (Wadiyara), nördl. Marwari, südl. Marwari, Torwali, Waneci
20 – 50 000	Bateri, Kalami, Kashmiri, Koli (Kachi), Koli (Tharadari), Od
5 – 10 000	Dehwari, Phalura, Wakhi, Yidgha
3 – 5 000	Dameli, Kalasha, Kalkoti, Kati, Ormuri, Turkmenisch
1 – 3 000	Chilisso, Gawar-Bati, Jadgali, Kamviri, Khetrani, Lasi, Ushojo, Uigurisch, Vaghri

100 – 1 000	Badeshi, Domaaki, Gowro
Weniger als 100	A-Pucikwar, Gurung, Khamyang, Kolai, Mulia, Reli, Sentinel, Turung
Ausgestorben	Ahom, Aka-Bea, Aka-Bo, Aka-Cari, Aka-Jeru, Aka-Kede, Aka-Kol, Aka-Kora, Akar-Bale, Oko-Juwoi

Sprachfamilien: Indoeuropäisch (iranisch: Pashto, Baluchi, Ormuri, u. a.; indisch: Urdu, Panjabi, Sindhi, u. a.), sinotibetisch (tibeto-birmanisch: Balti, u. a.), dravidisch (Brahui)

Sprachökologische Verhältnisse: Urdu dominiert als Amtssprache und es ist die bevorzugte Verkehrssprache der städtischen Bevölkerung. Anders als Pashto hat Urdu keine bestimmte Region, wo es hauptsächlich verbreitet wäre. Urdu wird in ganz Pakistan gesprochen, vorwiegend im städtischen Milieu. Außer Urdu wird auch Englisch in vielen Bereichen des öffentlichen Lebens verwendet. Beide Sprachen fungieren als Unterrichtsmedien im Ausbildungswesen, das Englische vorzugsweise in der Oberstufe der Schulen und an den Universitäten. Sindhi hat seinen Geltungsbereich in den letzten Jahren gegenüber dem von Urdu ausgeweitet.

Philippinen

Fläche:	0,3 Mio. qkm (Manila, auf Luzon: 1,654 Mio. E/Agglomeration: 7,83 Mio. E)
Bevölkerung:	75,174 Mio. E (1998), (seit 1990 + 2,6 % jährl.) (1998: Fertilität – 2,8 %/Mortalität – 0,6 %)
Stadtbewohner:	57 %
Analphabetenrate:	Männer – 5 %, Frauen – 5 %
Zusammensetzung der Bevölkerung:	40 % jungmalaiische Filipinos (Bisayas, Tagalen, Bicol, Ilokano), 30 % Malaio-Polynesier, 10 % Altmalaien (Igoroten, u. a.) und Negritos, 10 % Chinesen, u. a.
Gesamtzahl der Sprachen:	171 (Amtssprachen: Pilipino/Tagalog, Englisch)

Sprechergruppen	Sprachen
15 – 16 Mio.	Cebuano
14 – 15 Mio.	Tagalog (PSpr)
7 – 8 Mio.	Hiligaynon, Ilocano

2 – 3 Mio.	zentrales Bicolano, Tagalog (ZSpr), Waray-Waray
1 – 2 Mio.	Pampangan, Pangasinan
0,5 – 1 Mio.	Chinesisch (Min Nan), Magindanaon, Maranao
0,2 – 0,5 Mio.	Aklanon, Bicolano (Albay), Capiznon, Ibanag, Kinaray-A, Masbateño (PSpr), Tausug
0,1 – 0,2 Mio.	Bicolano (Iriga), Blaan (Sarangani), Chavacano, Zamboangueño, Davawenyo, Itawit, zentrales Kankanaey, Masbateño (ZSpr), Romblomanon, Sorsogon (Waray)
50 – 100 000	Bantoanon, nördl. Bicolano, Bicolano (südl. Catanduanes), Binukid, Blaan (Koronadal), Cuyonon, Ibaloi, Inonhan, Kalagan, nördl. Kankanaey, Manobo (Cinamiguin), Sama (Balangingi), zentrales Sama, Sambal (Tina), Sangir, Sorsogon (Masbate), zentrales Subanen, Tboli, Yakan
20 – 50 000	Bolinao, zentrales Bontoc, Caviteño, Gaddang, Ifugao (Amganad), Ifugao (Batad), Ifugao (Tuwali), Ivatan, Kagayanen, Kalagan (Tagakaulu), Kalinga (Lubuagan), Manobo (Agusan), Manobo (Matigsalug), Manobo (Sarangani), Manobo (Tagabawa), Mansaka, Porohanon, südl. Sama, Sambal (Botolan), westl. Subanon, Subanun (Lapuyan), Tiruray
10 – 20 000	Caluyanun, Englisch, Giangan, Hanunoo, Ifugao (Mayoyao), Isnag, Kalinga (Limos), südl. Kalinga, Kallahan (Kayapa), Mandaya (Cataelano), Manobo (Ata), Manobo (Cotabato), Manobo (westl. Bukidnon), Mapun, zentrales Palawano, Sama (Abaknon), Sama (Pangutaran), Sulod, Yogad
5 – 10 000	Agutaynen, Alangan, Ayta (Abenlen), Balangao, östl. Bontoc, Buhid, Cotabato, Chinesisch (Yue), Ga'dang, Ilongot, Iraya, Isinai, Itneg (Binongan), Itneg (Masadiit), Kalagan (Kagan), Kalinga (unterer Tanudan), Kasiguranin, Malaynon, Manobo (Dibabawon), Manobo (Ilianen), Manobo (Obo), Molbog, Paranan, Sangil, Subanon (Tuboy), Tagbanwa, östl. Tawbuid, westl. Tawbuid
3 – 5 000	Adasen, Agta (Umiray Dumaget), Ayta (Mag-Anchi), Kalinga (Butbut), Kallahan (Keley-I), Manobo (Higaonon), Spanisch, Tagbanwa (Calamian), Ternateño
1 – 3 000	Agta (Dupaninan), Agta (Mt. Iriga), Agta (Remontado), Ati, Atta (Pamplona), Ayta (Ambala), Ayta (Mag-Indi), I-Wak, Kalinga (Madukayang), Kalinga oberer Tanudan), Karao, Mamanwa, Mandaya (Karaga), Palawano (Brooke's Point), südwestl. Palawano, Tadyawan, zentrales Tagbanwa
100 – 1 000	Agta (nördl. Camarines), Agta (Casiguran Dumagat), Agta (zentrales Cagayan), Agta (Mt. Iraya), nördl. Alta,

Weniger als 100	südl. Alta, Atta (Faire), Atta (Pudtol), Ayta (Bataan), Batak, Chinesisch (Mandarin), Ibatan Agta (Insel Alabat), Agta (Isarog), Arta, Ata, Ayta (Sorsogon), Ratagnon
Ausgestorben	Ayta (Tayabas), Katabaga

Sprachfamilien: Austronesisch (malaio-polynesisch) + Immigrantensprachen (Chinesisch, u. a.)

Sprachökologische Verhältnisse: Tagalog (mit dem Status einer Nationalsprache seit 1897) und Englisch sind offiziell gleichrangig. Das Englische dominiert allerdings faktisch in vielen Bereichen (in Regierung und Verwaltung, als Schriftmedium der Massenmedien, im Geschäftsleben, im Tourismus, im technologischen Sektor). Gegen eine faktische funktionale Aufwertung des Tagalog durch die Regierung opponieren die Sprecher der Regionalsprachen, nach deren Auffassung Englisch wertneutraler ist als das einheimische Tagalog.

Die Schulausbildung ist seit 1974 zweisprachig. Nach einer Verfügung von 1989 werden Tagalog und Englisch gleichrangig als Unterrichtssprachen in der Primarstufe eingesetzt, in der Sekundarstufe ist das Tagalog etwas stärker vertreten. Die landesweit verbreitete Zweisprachigkeit erweitert sich unter Beteiligung lokaler Muttersprachen zur Mehrsprachigkeit.

Saudi-Arabien

Fläche:	2,24 Mio. qkm (Riad: 3,1 Mio. E)
Bevölkerung:	20,739 Mio. E (1998), (seit 1990 + 3,9 % jährl.) (1998: Fertilität – 3,4 %/Mortalität – 0,4 %)
Stadtbewohner:	85 %
Analphabetenrate:	Männer – 17 %, Frauen – 36 %
Zusammensetzung der Bevölkerung:	72,7 % Saudiaraber (ca. ein Drittel Nomaden und Halbnomaden), 27,3 % Ausländer (Filipinos, Bahrainer, Ägypter, Jemeniten, u. a.)
Gesamtzahl der Sprachen:	4 (Amtssprache: Standardarabisch)

Sprechergruppen	Sprachen
6 – 7 Mio.	Hijazi-Arabisch
2 – 3 Mio.	Najdi-Arabisch
1 – 2 Mio.	Golf-Arabisch

> Zusätzlich Immigrantensprachen (Hindi, Tamil, Pashto, u. a.) ohne Informationen über deren Sprecherzahlen

Sprachfamilien: Afroasiatisch (semitisch: Varianten des Arabischen) + Immigrantensprachen

Sprachökologische Verhältnisse: Standardarabisch ist Amtssprache und wird vorzugsweise im Schriftverkehr verwendet. Es dient auch als Arbeitssprache in Bereichen des öffentlichen Lebens. Die in Saudi-Arabien verbreitete Umgangssprache dient der Alltagskommunikation im ganzen Land.

Während das Standardarabische als Unterrichtssprache in der Schulausbildung dominiert, werden Universitätskurse in den Fächern Medizin, Technologie und in den Naturwissenschaften in Englisch gegeben.

Singapur

Fläche:	641,4 qkm (Singapur: 3,163 Mio. E)
Bevölkerung:	3,164 Mio. E (1998), (seit 1990 + 2,2 % jährl.)
	(1998: Fertilität – 1,4 %/Mortalität – 0,5 %)
Stadtbewohner:	100 %
Analphabetenrate:	Männer – 4 %, Frauen – 12 %
Zusammensetzung der Bevölkerung:	77,3 % Chinesen, 14,1 % Malaien, 7,3 % Inder, 1,3 % Pakistani und Ceylonesen, u. a.
Gesamtzahl der Sprachen:	26 (Amtssprachen: Malaiisch, Mandarin-Chinesisch, Tamilisch, Englisch)

Sprechergruppen	Sprachen
1 – 2 Mio.	Chinesisch (Min Nan)
0,5 – 1 Mio.	Englisch (ZSpr)
0,2 – 0,5 Mio.	Chinesisch (Mandarin), Chinesisch (Yue; Kantonesisch), Englisch (PSpr), Malaiisch
50 – 100 000	Chinesisch (Hakka), Tamilisch
20 – 50 000	Chinesisch (Min Pei)
10 – 20 000	Baba (Chinesisch-Malaiisch), Thai
5 – 10 000	Japanisch, Koreanisch, Malayalam, östl. Panjabi
3 – 5 000	Hindi
1 – 3 000	Papia Kristang (Portugiesisch-Kreolisch von Malakka)
100 – 1 000	Bengalisch, Gujarati, Javanesisch, Madura, Orang Seletar, Singhalesisch, Telugu

Sprachfamilien: Sinotibetisch (sinitisch: Varianten des Chinesischen), austronesisch (malaio-polynesisch: Malaiisch, Javanesisch, Madura, u. a.), indoeuropäisch (indisch: Bengalisch, Panjabi, Singhalesisch, u. a.; romanisch: Portugiesisch-Kreolisch), dravidisch (Tamil, Telugu) + andere Immigrantensprachen (Japanisch, Koreanisch)

Sprachökologische Verhältnisse: Von den vier Sprachen mit amtlichem Status ist Malaiisch die einzige, die auch als Nationalsprache anerkannt ist. Malaiisch wird von rund 14 % der Bevölkerung Singapurs als Muttersprache gesprochen. Varianten des Chinesischen sind bei mehr als 77 % der Einwohner verbreitet. Englisch ist Unterrichtssprache in allen Ausbildungsstufen. Bestimmte Fächer werden jeweils in einer der anderen offiziell anerkannten Sprachen unterrichtet. Die Universitätsausbildung ist ausschließlich in Englisch.

Sri Lanka

Fläche:	65 628 qkm (Colombo: 1,994 Mio. E)
Bevölkerung:	18,778 Mio. E (1998), (seit 1990 + 1,4 % jährl.)
	(1998: Fertilität – 1,8 %/Mortalität – 0,6 %)
Stadtbewohner:	23 %
Analphabetenrate:	Männer – 6 %, Frauen – 12 %
Zusammensetzung der Bevölkerung:	74 % Singhalesen, 12,6 % Jaffna-Tamilen, 7,1 % Moors, 5,5 % Candy-Tamilen, u. a.

Gesamtzahl der Sprachen: 7 (Amtssprachen: Singhalesisch, Tamilisch)

Sprechergruppen	Sprachen
11 – 12 Mio.	Singhalesisch
3 – 4 Mio.	Tamilisch
50 – 100 000	Englisch
20 – 50 000	Malaiisch-Kreolisch von Sri Lanka
1 – 3 000	Indo-Portugiesisch (Portugiesisch-Kreolisch)
100 – 1 000	Veddah
	Zusätzlich Pali, die heilige Sprache des buddhistischen Schrifttums; Pali wird als Kontaktsprache von buddhistischen Mönchen aus verschiedenen Ländern verwendet.

Sprachfamilien: Indoeuropäisch (indisch: Singhalesisch, Veddah; romanisch: Portugiesisch-Kreolisch; germanisch: Englisch), dravidisch (Tamilisch), austronesisch (Malaiisch-Kreolisch).

Sprachökologische Verhältnisse: Singhalesisch ist seit 1947 als Nationalsprache Sri Lankas anerkannt. Dieser Status wurde damals auch dem Tamilischen zuerkannt. Zwischen 1956 und 1977 war ausschließlich Singhalesisch als Amtssprache in Gebrauch, danach wieder beide Hauptlandessprachen. Englisch spielt nominell keine offizielle Rolle, faktisch fungiert es als eine der Arbeitssprachen der Verwaltung.

Sowohl Singhalesisch als auch Tamilisch sind Unterrichtssprachen in der Schulausbildung. Englisch wird als Zweitsprache unterrichtet.

Sprachkonflikte: Die militanten Auseinandersetzungen zwischen der Regierung und den tamilischen Rebellen, die die Unabhängigkeit des von Tamilen bewohnten Nordostens fordern, leisten einer sprachlichen Separation der beiden Landesteile Vorschub.

Syrien

Fläche:	185 180 qkm (Damaskus: 1,394 Mio. E)
Bevölkerung:	15,277 Mio. E (1998), (seit 1990 + 3,3 % jährl.)
	(1998: Fertilität – 3,0 %/Mortalität – 0,5 %)
Stadtbewohner:	54 %
Analphabetenrate:	Männer – 13 %, Frauen – 42 %
Zusammensetzung der Bevölkerung:	89 % syrische Araber, 7 % Kurden, 2 % Armenier, u. a.

Gesamtzahl
der Sprachen: 15 (Amtssprache: Standardarabisch)

Sprechergruppen	Sprachen
6 – 7 Mio.	levantinisches Arabisch
1 – 2 Mio.	Najdi-Arabisch
0,5 – 1 Mio.	syro-mesopotamisches Arabisch, Kurmanji (nördl. Kurdisch)
0,2 – 0,5 Mio.	Armenisch, nordmesopotamisches Arabisch
0,1 – 0,2 Mio.	Assyrisch (Aisor/Nordostaramäisch)
20 – 50 000	Adyghe (Cirkassisch), südl. Aserbaidschanisch
10 – 20 000	Maalula (Nordwestaramäisch)
5 – 10 000	Ma'lula, Domari (Romani des Mittleren Ostens), Turoyo (Suryoyo)
Ausgestorben	Mlahsö

Sprachfamilien: Afroasiatisch (semitisch: Varianten des Arabischen, Assyrisch), indoeuropäisch (iranisch: Kurmanji; indisch: Domari), altaisch (türkisch: Aserbaidschanisch), kaukasisch (Adyghe)

Sprachökologische Verhältnisse: Standardarabisch ist exklusive Amtssprache. Im Gegensatz zur zweisprachigen Universitätsausbildung in anderen arabischen Staaten, wo Englisch neben dem Arabischen unterrichtet wird, fungiert letzteres in Syrien als ausschließliche Unterrichtssprache in allen Ausbildungsstufen.

Tadschikistan

Fläche:	143 100 qkm (Duschanbe: 0,528 Mio. E)
Bevölkerung:	6,115 Mio. E (1998), (seit 1990 + 2,0 % jährl.) (1998: Fertilität – 3,2 %/Mortalität – 0,7 %)
Stadtbewohner:	33 %
Analphabetenrate:	< 5 %
Zusammensetzung der Bevölkerung:	62,3 % Tadschiken, 23,5 % Usbeken, 7,6 % Russen, 1,4 % Tataren, 1,3 % Kirgisen, u. a.

Gesamtzahl
der Sprachen: 43 (Amtssprache: Tadschikisch)

Sprechergruppen	Sprachen
3 – 4 Mio.	Tadschikisch
1 – 2 Mio.	Usbekisch
0,2 – 0,5 Mio.	Russisch
50 – 100 000	Kirgisisch, Tatarisch
20 – 50 000	Deutsch, Ukrainisch
10 – 20 000	Turkmenisch
5 – 10 000	Kasachisch, Koreanisch, Krimtatarisch, Ossetisch
3 – 5 000	Armenisch, Baschkirisch, Jüdisch-Tadschikisch, Mordwinisch, Weißrussisch
1 – 3 000	Aserbaidschanisch, Tschuwaschisch
100 – 1 000	Awarisch, Darginisch, Estnisch, Georgisch, Griechisch, Kabardinisch, Karakalpakisch, Kumükisch, Lakisch, Lettisch, Lesginisch, Litauisch, Rumänisch (Moldau-R.), Syrjänisch (Komi), Tscheremissisch (Mari), Udmurtisch
10 – 100	Altaiisch, Balkarisch, Chakassisch, Inguschisch, Kalmükisch, Permjakisch (Komi-P.), Tabassaranisch, Tatisch

Sprachfamilien: Indoeuropäisch (iranisch: Tadschikisch, Ossetisch, Tatisch; slawisch: Russisch, Ukrainisch, u. a.; baltisch: Litauisch, Lettisch; germanisch: Deutsch; romanisch: Rumänisch; Armenisch), uralisch (finnisch-ugrisch: Mordwinisch, Udmurtisch, u. a.), altaisch (türkisch: Aserbaidschanisch, Kumükisch, u. a.), kaukasisch (Georgisch, Lakisch, u. a.)

Sprachökologische Verhältnisse: Tadschikisch ist Nationalsprache und exklusive Amtssprache des Landes. Minderheitensprachen werden nicht anerkannt und auch nicht gefördert. Tadschikisch ist auch mit einer Ausnahme (Russisch) alleinige Unterrichtssprache in allen Ausbildungsstufen. Russisch wird an der tadschikisch-slawischen Universität in Duschanbe unterrichtet.

Taiwan
(Republik China)

Fläche:	36 000 qkm (Taipeh: 2,639 Mio. E)
Bevölkerung:	21,871 Mio. E (1998), (1986-96 + 1,0 % jährl.)
	(1993: Fertilität – 1,6 %/Mortalität – 0,5 %)
Stadtbewohner:	92 %
Analphabetenrate:	7 %
Zusammensetzung der Bevölkerung:	84 % Taiwanesen, 14 % Festland-Chinesen, 1,6 % malaio-polynesische Ureinwohner (ca. 20 Ethnien)

Gesamtzahl der Sprachen:	29 (Amtssprache: Chinesisch/Min)

Sprechergruppen	Sprachen
14 – 15 Mio.	Chinesisch (Min Nan, Taiwanesisch)
2 – 3 Mio.	Chinesisch (Mandarin)
1 – 2 Mio.	Chinesisch (Hakka)
0,1 – 0,2 Mio.	Amis (Pangtsah)
50 – 100 000	Paiwan
20 – 50 000	Atayal, Bunun, Taroko
5 – 10 000	Pyuma, Rukai
3 – 5 000	Japanisch, Saisiyat, Tsou
1 – 3 000	Yami
10 – 100	Kanakanabu, Kavalan
Weniger als 10	Babuza, Pazeh, Saaroa, Thao
Ausgestorben	Basay, Hoanya, Ketangalan, Kulun, Papora, Siraiya, Taokas

Sprachfamilien: Sinotibetisch (sinitisch: Varianten des Chinesischen), austronesisch (Formosa-Sprachen) + Immigrantensprache (Japanisch)

Sprachökologische Verhältnisse: Die Min-Variante des Chinesischen ist Amtssprache Taiwans, während in der Volksrepublik China das Mandarin-Chinesische amtlichen Status hat. In gesprochener Form unterscheiden sich die beiden Amtssprachen voneinander, nicht aber in geschriebener Form.

Sprachkonflikte: Viele der kleinen autochthonen Regionalsprachen (Formosa-Sprachen) sind gefährdet und von Assimilation bedroht.

Thailand

Fläche:	513 115 qkm (Bangkok/Krung Thep: 5,647 Mio. E)
Bevölkerung:	61,201 Mio. E (1998), (seit 1990 + 1,4 % jährl.)
	(1998: Fertilität – 1,7 %/Mortalität – 0,7 %)
Stadtbewohner:	21 %
Analphabetenrate:	Männer – 3 %, Frauen – 7 %
Zusammensetzung der Bevölkerung:	80 % Thai-Ethnien (Siamesen, Shan, Lao), 12 % Chinesen, 4 % Malaien, 3 % Khmer, u. a.
Gesamtzahl der Sprachen:	76 (Amtssprache: Thai)

Sprechergruppen	Sprachen
20 – 25 Mio.	nordöstl. Tai, Thai (zentrales Tai/Siamesisch)
5 – 6 Mio.	nördl. Tai, südl. Tai
1 – 2 Mio.	Chinesisch (Min Nan)
0,5 – 1 Mio.	nördl. Khmer, Malaiisch (Pattani), Tai Dam
0,2 – 0,5 Mio.	Karen (S'gaw), zentrales Khmer
0,1 – 0,2 Mio.	Khün, Kuy
50 – 100 000	Chinesisch (Hakka), Karen (Pwo Omkoi), östl. Kayah, Mon, Phuan
20 – 50 000	Akha, westl. Bru, Chinesisch (Yue), Hmong Daw, Hmong Njua, Khmu, Lahu, Lü, Mien, Nyaw, Phu Thai, Phunoi, Saek, Shan, Sô, Song
10 – 20 000	Japanisch, Lisu
5 – 10 000	Chinesisch (Mandarin), Koreanisch, östl. Lawa, westl. Lawa, Moken
3 – 5 000	Mal, Palaung (Pale), So Tri, Yoy
1 – 3 000	Blang, Karen (Bwe), Moklen, Mpi, Urak Lawoi'
100 – 1 000	Bisu, Chong, Karen (Pa'o), Kensiu, Kintaq, Lamet, Ma-

Weniger als 100	laiisch (Bahasa Malaysia), Malaiisch (Kedah), Mlabri, Nyahkur, Nyeu, Tonga, Ugong Karen (Padaung), Lahu Shi, Mang, Mok, Singhalesisch, Tamil, Urdu, Vietnamesisch

Sprachfamilien: Tai-Kadai-Sprachen (Thai, Tai Dam, Shan, u. a.), Mon-Khmer-Sprachen (Bru, Chong, Lawa, u. a.), austronesisch (malaio-polynesisch: Malaiisch, Moken, Urak Lawoi', u. a.), sinotibetisch (tibeto-birmanisch: Bisu, Mpi, Ugong, u. a.), Karen (Bwe, Pwo, u. a.), Miao-Yao (Mien, u. a.), Chinesisch, Koreanisch, u. a.

Sprachökologische Verhältnisse: Thai ist Nationalsprache, exklusive Amtssprache und alleinige Unterrichtssprache in allen Ausbildungsstufen. Andere Sprachen außer Thai spielen eine gewisse Rolle in den Massenmedien (einige Regionalsprachen im Rundfunk, Chinesisch, Englisch und Malaiisch in der Presse). Thai, Chinesisch und Englisch (in gewissem Umfang auch Japanisch) fungieren als Verkehrssprachen in der Geschäftswelt.

Türkei

Fläche:	779 452 qkm (Ankara: 2,89 Mio. E)
Bevölkerung:	63,451 Mio. E (1998), (seit 1990 + 1,8 % jährl.) (1998: Fertilität – 2,2 %/Mortalität – 0,6 %)
Stadtbewohner:	73 %
Analphabetenrate:	Männer – 7 %, Frauen – 25 %
Zusammensetzung der Bevölkerung:	70 % Türken, 20 % Kurden, 2 % Araber, 0,5 % Tscherkessen, u. a.

Gesamtzahl der Sprachen: 38 (Amtssprache: Türkisch)

Sprechergruppen	Sprachen
45 – 50 Mio.	Türkisch
3 – 4 Mio.	Kurmanji (nördl. Kurdisch)
0,5 – 1 Mio.	syro-mesopotamisches Arabisch, südl. Aserbaidschanisch, Dimli (südl. Zazaki), Gajala (türkische Romani)
0,1 – 0,2 Mio.	Kirmanjki (Zazaki), Ossetisch
50 – 100 000	Adyghe
20 – 50 000	Abasinisch, Armenisch, Assyrisch (Aisor/Nordostar-

10 – 20 000	amäisch), Bulgarisch (Pomakisch), Georgisch, Lasisch, balkanisches Romani, Suryoyo Albanisch (Toskisch), Gagausisch (einschließlich 7 000 Surguch), Domari (Romani des Mittleren Ostens), Bosniakisch
5 – 10 000	Griechisch, Ladino (Judenspanisch)
3 – 5 000	Abchasisch
1 – 3 000	Kirgisisch, Tatarisch, südl. Usbekisch
100 – 1 000	Kabardinisch, Kasachisch, Kumükisch, Turkmenisch, Uigurisch
Weniger als 10	Ubychisch

Sprachfamilien: Altaische Sprachen (türkisch: Türkisch, Gagausisch, Kabardinisch, u. a.), indoeuropäisch (iranisch: Varianten des Kurdischen – Kurmanji, Kirmanjki; Ossetisch; romanisch: Ladino; Albanisch;), afroasiatisch (semitisch: Arabisch, Assyrisch), kaukasisch (Georgisch, Abchasisch, u. a.)

Sprachökologische Verhältnisse: Türkisch ist die einzige anerkannte Nationalsprache, exklusive Amtssprache, alleinige Unterrichtssprache in allen Ausbildungsstufen und die einzige Verkehrssprache mit landesweiter Verbreitung.

Sprachkonflikte: Das von vielen Millionen gesprochene Kurdisch besitzt keinen offiziellen Status und findet auch keine Berücksichtigung im Schulwesen. Es gibt kein kurdisches Pressewesen in der Türkei. Als Schriftsprache wird Kurdisch vorwiegend im Ausland (Westeuropa) verwendet.

Turkmenistan

Fläche:	488 100 qkm (Ashchabad: 0,517 Mio. E)
Bevölkerung:	4,718 Mio. E (1998), (seit 1990 + 3,6 % jährl.) (1998: Fertilität – 2,8 %/Mortalität – 0,7 %)
Stadtbewohner:	45 %
Analphabetenrate:	2 %
Zusammensetzung der Bevölkerung:	73,3 % Turkmenen, 9,8 % Russen, 9 % Usbeken, 2 % Kasachen, 0,9 % Tataren, u. a.
Gesamtzahl der Sprachen:	33 (Amtssprachen: Turkmenisch, Russisch)

Sprechergruppen	Sprachen
2 – 3 Mio.	Turkmenisch

0,2 – 0,5 Mio.	Russisch, Usbekisch
50 – 100 000	Kasachisch
20 – 50 000	Armenisch, Aserbaidschanisch, Baluchi, Tatarisch, Ukrainisch
5 – 10 000	Lesginisch
3 – 5 000	Farsi, Kurdisch
1 – 3 000	Deutsch, Karakalpakisch, Koreanisch, Lakisch, Rumänisch (Moldau-R.), Mordwinisch, Ossetisch, Tadschikisch, Tschuwaschisch
100 – 1 000	Awarisch, Gagausisch, Inguschisch, Kirgisisch, Kumükisch, Tschetschenisch, Udmurtisch, Uigurisch
10 – 100	Agulisch, Balkarisch, Burjatisch, Kalmükisch

Sprachfamilien: Altaische Sprachen (türkisch: Turkmenisch, Kasachisch, Aserbaidschanisch, u. a.; mongolisch: Kalmükisch, Burjatisch), indoeuropäisch (iranisch: Farsi, Kurdisch, Ossetisch; slawisch: Russisch, Ukrainisch, u. a.; romanisch: Rumänisch; germanisch: Deutsch), kaukasisch (Awarisch, Inguschisch, u. a.), uralisch (finnisch-ugrisch: Mordwinisch, Udmurtisch, u. a.)

Sprachökologische Verhältnisse: Turkmenisch ist Nationalsprache und Amtssprache. Auch das Russische ist in amtlichen Funktionen als mit dem Turkmenischen gleichrangig anerkannt worden. Damit ist der faktische Status, den das Russische in dieser ehemaligen Sowjetrepublik innehatte, auch von der Regierung des unabhängigen Turkmenistan nominell bestätigt worden. Beide Hauptlandessprachen fungieren als Unterrichtssprachen im Ausbildungswesen.

Usbekistan

Fläche:	447 400 qkm (Taschkent: 2,126 Mio. E)
Bevölkerung:	24,051 Mio. E (1998), (seit 1990 + 2,3 % jährl.) (1998: Fertilität – 2,8 %/Mortalität – 0,7 %)
Stadtbewohner:	42 %
Analphabetenrate:	Männer – 7 %, Frauen – 17 %
Zusammensetzung der Bevölkerung:	73,7 % Usbeken, 5,5 % Russen, 5,1 % Tadschiken, 4,2 % Kasachen, 2 % Krimtataren, 2 % Karakalpaken, 1,1 % Koreaner, u. a.
Gesamtzahl der Sprachen:	65 (Amtssprache: Usbekisch)

Sprechergruppen	Sprachen
14 – 15 Mio.	Usbekisch
1 – 2 Mio.	Russisch
0,5 – 1 Mio.	Kasachisch, Tadschikisch
0,2 – 0,5 Mio.	Karakalpakisch, Tatarisch
0,1 – 0,2 Mio.	Kirgisisch, Koreanisch, Krimtatarisch, Turkmenisch, Ukrainisch
50 – 100 000	Türkisch
20 – 50 000	Armenisch, Aserbaidschanisch, Baschkirisch, Deutsch, Uigurisch, Weißrussisch
10 – 20 000	Farsi, Jüdisch-Tadschikisch (Bucharisch)
5 – 10 000	Mordwinisch, Ossetisch, Romani, Tschuwaschisch
3 – 5 000	Georgisch, Rumänisch (Moldau-R.)
1 – 3 000	Arabisch, Bulgarisch, Darginisch, Dunganisch, Griechisch, Kurdisch, Lakisch, Lesginisch, Litauisch, Polnisch, Tscheremissisch (Mari), Udmurtisch
100 – 1 000	Abchasisch, Agulisch, Altaiisch, Awarisch, Balkarisch, Burjatisch, Chakassisch, Chinesisch, Gagausisch, Inguschisch, Jakutisch, Jüdisch-Tatisch, Kabardinisch, Kalmükisch, Korjakisch, Kumükisch, Schorisch, Syrjänisch (Komi), Tabassaranisch, Tatisch, Tscherkessisch, Tschetschenisch
10 – 100	Abasinisch, Evenki, Nogaiisch, Rutulisch, Udisch

Sprachfamilien: Altaische Sprachen (türkisch: Usbekisch, Kasachisch, Tatarisch, u. a.; mongolisch: Burjatisch; tungusisch: Evenki), indoeuropäisch (iranisch: Tadschikisch, Kurdisch, Ossetisch, u. a.; slawisch: Russisch, Ukrainisch, u. a.; Deutsch; Rumänisch; Armenisch), kaukasisch (Abasinisch, Awarisch, Tschetschenisch, u. a.), sinotibetisch (Dunganisch), Koreanisch

Sprachökologische Verhältnisse: Usbekisch ist Nationalsprache und alleinige Amtssprache. Russisch, das faktisch in amtlichen Funktionen bis 1991 in der ehemaligen Sowjetrepublik Usbekistan dominierte, besitzt keinen offiziellen Status mehr. Usbekisch ist Unterrichtssprache in allen Ausbildungsstufen.

Sprachkonflikte: Keine der Regionalsprachen genießt irgendwelche Förderungsrechte.

Vereinigte Arabische Emirate

Fläche:	77 700 qkm (Abu Dhabi: 0,928 Mio. E)
Bevölkerung:	2,724 Mio. E (1998), (seit 1990 + 5,6 % jährl.) (1998: Fertilität – 1,8 %/Mortalität – 0,3 %)

Stadtbewohner:	85 %
Analphabetenrate:	Männer – 23 %, Frauen – 27 %
Zusammensetzung der Bevölkerung:	75 % Ausländer, mehr als 70 % Araber, ca. 10 % Nomaden, u. a.
Gesamtzahl der Sprachen:	9 (Amtssprache: Standardarabisch)

Sprechergruppen	Sprachen
0,5 – 1 Mio.	Golf-Arabisch
0,1 – 0,2 Mio.	ägyptisches Arabisch
50 – 100 000	südl. Baluchi, westl. Farsi, östl. Pashto
20 – 50 000	Somali
5 – 10 000	Shihu
3 – 5 000	westl. Pashto
	Zusätzlich andere Immigrantensprachen (Bengali, Malayalam, Tamil, u. a.) ohne Informationen über deren Sprecherzahlen

Sprachfamilien: Afroasiatisch (semitisch: Varianten des Arabischen; kuschitisch: Somali), indoeuropäisch (iranisch: Baluchi, Farsi, Pashto)

Sprachökologische Verhältnisse: Standardarabisch ist exklusive Amtssprache und Bildungssprache. Als Unterrichtssprache fungiert es in allen Ausbildungsstufen. Daneben ist auch Englisch in Gebrauch, und zwar in der universitären Ausbildung (insbesondere in naturwissenschaftlich-technologischen Fächern sowie im Fach Medizin).

Die meisten Arbeitsimmigranten leben in den Küstenstädten. Für die Kommunikation der verschiedenen nichtarabischen Ethnien untereinander sowie in Kontakt mit Arabern dient Englisch als Lingua franca.

Vietnam

Fläche:	331 114 qkm (Hanoi: 2,154 Mio. E/Agglomeration: 3,1 Mio. E)
Bevölkerung:	76,52 Mio. E (1998), (seit 1990 + 2,1 % jährl.) (1998: Fertilität – 2,2 %/Mortalität – 0,7 %)
Stadtbewohner:	20 %
Analphabetenrate:	Männer – 5 %, Frauen – 9 %

Zusammensetzung der Bevölkerung:	87 % Vietnamesen (Kinh), ethnische Minderheiten
Gesamtzahl der Sprachen:	87 (Amtssprache: Vietnamesisch)

Sprechergruppen	Sprachen
65 – 67 Mio.	Vietnamesisch
0,5 – 1 Mio.	zentrales Khmer, Muong, Nung, Tai Dam, Tho
0,2 – 0,5 Mio.	Chinesisch (Yue), Meo (rotes, weißes, blaues, westl. Hmong), Mien
0,1 – 0,2 Mio.	Jarai, Phu Thai, Rade, Tai Dón
50 – 100 000	Bahnar, östl. Cham, Hre (Davak), Koho, Lahu, Man Cao Lan, zentrales Mnong, Tai Daeng
20 – 50 000	östl. Bru, Katu, Maa, östl. Mnong, südl. Mnong, Nhang, nördl. Roglai, Sedang, Stieng, Trieng
10 – 20 000	Chrau, Chru, Cua, Hani, Haroi, Khmu, Pacoh, Rengao, südl. Roglai, Ta'oih
5 – 10 000	Gelo, Halang, Jeh, Khao, Lati (Akhu), Takua
3 – 5 000	Brao, Khang, Khua, Laha, Laqua, Monom, Phuong, Puoc, Todrah
1 – 3 000	Bouyei, Halang Doan, Katua, Kayong, weißes Lati, Lü, Mangkong, May, Nguôn, O Du, Pong 1, Roglai (Cacgia), So Tri
100 – 1 000	Akha, Arem, westl. Cham, Hung, Mang, Romam, Ruc, Sach, Tai Hang Tong, Tai Man Thanh, Tay Jo
Ausgestorben	Tay Boi (vietnamesisches Pidgin-Französisch)

Sprachfamilien: Austroasiatisch (Mon-Khmer-Sprachen: Vietnamesisch, Khmer, Stieng, u. a.; Miao-Yao-Sprachen: Hmong, Mien, u. a.; Tai-Kadai-Sprachen: Nung, San Chay, Laha, u. a.), austronesisch (malaio-polynesisch: Jarai, Rhade, Cham, u. a.), sinotibetisch (Chinesisch, Lolo, Sila, u. a.)

Sprachökologische Verhältnisse: Vietnamesisch ist Nationalsprache und exklusive Amtssprache. Es dominiert auch als Unterrichtssprache in der Schulausbildung, allerdings spielen Regionalsprachen in der Primarstufe eine gewisse Rolle.

Für zehn Regionalsprachen existiert ein schriftsprachlicher Standard, und zwar für das Thai, Tay-Nung, Muong im Norden Vietnams, für das Koho, Rhade, Bahnar und Jarai im zentralen Bergland sowie für das Cham und Khmer im Süden.

V. Australien und Ozeanien

In dieser Region der Welt mit ihrer immensen Flächenausdehnung – wovon der allergrößte Teil von Wasser bedeckt ist – finden sich die Spuren von nur einer Menschenart, des modernen Homo sapiens (Cavalli-Sforza et al. 1994: 349). Ähnlich wie in Amerika fehlen auch in Neuguinea und Australien Anzeichen für die Präsenz des Homo erectus oder des Neandertalers (des archaischen Homo sapiens). Der älteste bekannte Knochenfund aus dem Cohuna and Kow Swamp in Südaustralien wird auf ca. 60 000 v. Chr. datiert. Der älteste Fund menschlicher Besiedlung auf Neuguinea, Reste einer Feuerstelle auf der Huon-Halbinsel, ist ca. 40 000 Jahre alt. Zwischen diesen ältesten Daten und der Entdeckung der neuseeländischen Inselgruppe durch Polynesier aus Tahiti um 1000 n. Chr. liegt eine enorme Zeit- und Entwicklungsspanne.

Die Besiedlung Australiens und der pazifischen Inselwelt erfolgte in vier großen Migrationsschüben, und in zahlreichen weiteren mit regionaler Begrenzung. Die Träger dieser Migrationen waren Menschen unterschiedlicher ethnischer, sprachlicher und kultureller Zugehörigkeit. Die prähistorischen Migrationen gingen überwiegend vom südostasiatischen Festland aus. Allerdings kamen einzelne Gruppen auch aus dem Südosten Chinas, von den Philippinen und womöglich auch aus Japan.

Prähistorische Migrationen nach Neuguinea, Australien und Ozeanien

Ausgangspunkt der ältesten Migration, die die ersten Menschen nach Neuguinea und Australien brachte, ging von Südostasien aus (Nile/Clerk 1996: 34f.). Diese älteste Migrationsbewegung muss lange vor 60 000 v. Chr. eingesetzt haben, das heißt, zeitlich deutlich vor den ältesten Funden in Südaustralien. Während der letzten Eiszeit lag der Wasserspiegel der Weltmeere bedeutend niedriger als heute, so dass sich die Landmasse weiter ausdehnte, und auch die großen Inseln Indonesiens und Malaysias hingen mit dem Festland zusammen. Zwischen dem südöstlichen Küstensaum, der östlich der Insel Sulawesi (Celebes) verlief, und der Westküste Neuguineas gab es nur einen schmalen Sund, der auch mit einfachsten Booten überquert werden konnte (siehe Karte 11).

Neuguinea und Australien bildeten damals eine zusammenhängende Landmasse, so dass die Erschließung dieser Regionen zu Lande möglich war. Ungeklärt ist bis heute, auf welchem Weg die frühen Einwanderer nach Südaustralien gelangten, von Norden her quer durch das Landesinnere (Theorie von Birdsell), um den Küstensaum sowohl im Westen als auch im Osten herum (Theorie von Bowdler) oder über die Zwischenstufe der Landnahme des östlichen Teils des Kontinents und weiter bis nach Südwesten (Theorie von Horton). Die letztere Annahme wird unter anderem dadurch gestützt, dass die ältesten Wohnplätze und Artefakte im östlichen und südlichen Küstensaum gefunden wurden.

Bei den australischen Aborigines gibt es neben dem weit verbreiteten Genotyp zwei abweichende Gruppen. Dies sind die Nyungar in Südwestaustralien und die Tasmanier (Tas Aborigines) auf der im Südosten dem australischen Kontinent vorgelagerten Insel Tasmanien. Von beiden Gruppen nimmt man an, dass sie sich von den übrigen Australiern früh isoliert haben. Die Nyungar, die zu den frühen Bewohnern gehörten, sind von den nachfolgenden Migranten nach Südwesten abgedrängt worden, wo sie – isoliert von den übrigen Aborigines – gelebt haben. Die Isolation der Tasmanier erklärt sich aus den geologischen Veränderungen der Region nach der Eiszeit. Die Landverbindung zwischen dem Inselmassiv und dem Kontinentalsockel wurde unterbrochen und vom Meer überspült. Dies geschah spätestens um 6000 v. Chr.

Die zweite Migrationswelle wird zwischen ca. 1500 und ca. 1000 v. Chr. angesetzt (Nile/Clerk 1996: 58 f.). Sie ging von der Ostküste Neuguineas aus in verschiedene Richtungen, u.zw. nach Norden bis zu den Karolinen, nach Osten bis zur Samoa-Gruppe und nach Süden bis Neukaledonien. Die Fidschi-Inseln liegen im Zentrum dieser älteren pazifischen Siedlungsbewegung. Von hier gingen die wesentlichen Impulse für die folgende größere Migration um 200 v. Chr. aus (siehe Karte 12).

Die Kultur der Fidschi-Inseln wird zu Melanesien gerechnet. Fidschianer waren es aber, die ihre Kultur weiter nach Osten trugen, und hieraus

Prähistorische Migrationen 335

Karte 11: Die prähistorische Besiedlung Neuguineas und Australiens (Nile/Clerk 1996: 35)

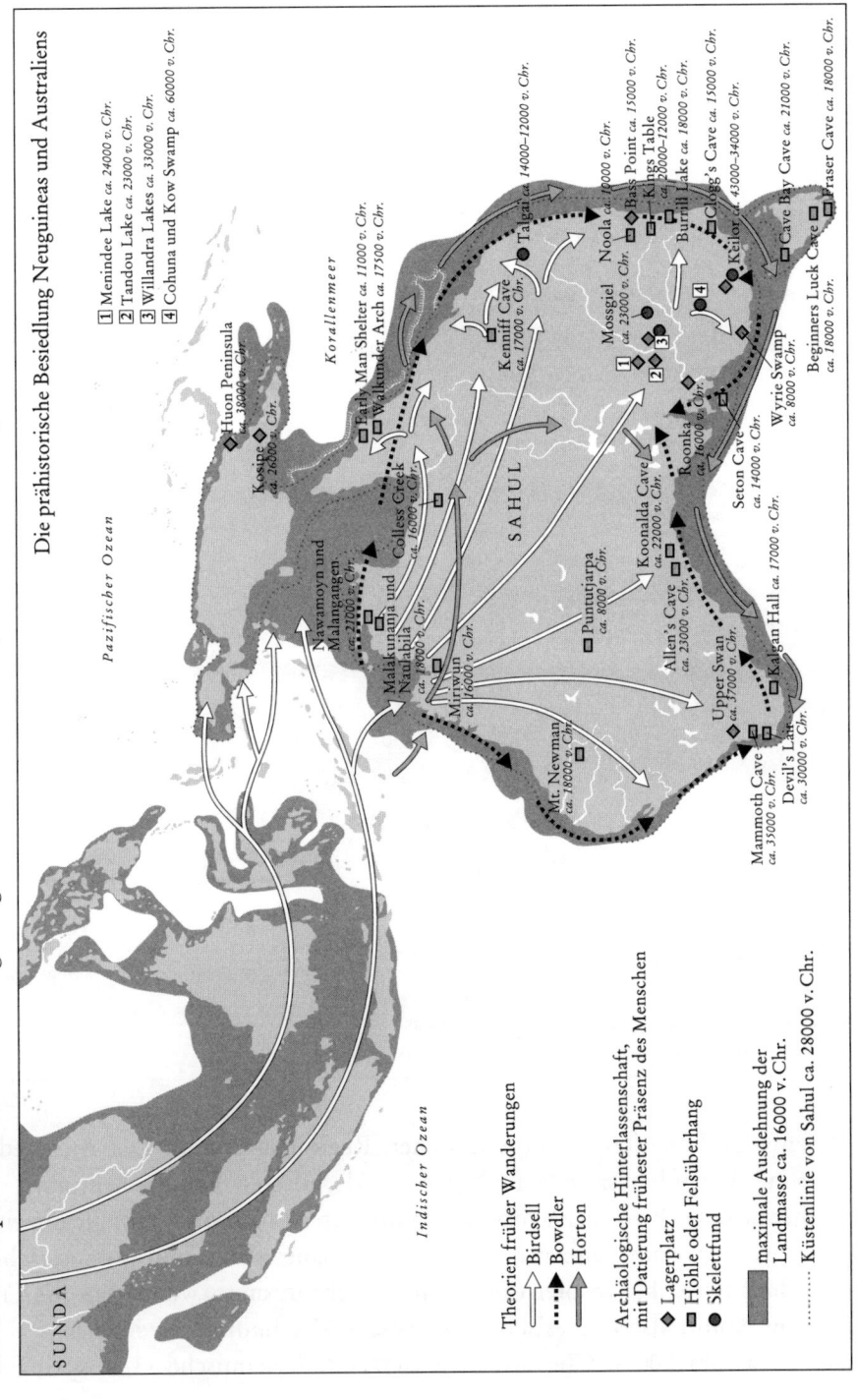

Karte 12: Migrationen in Ozeanien (Nile/Clerk 1996: 58 f.)

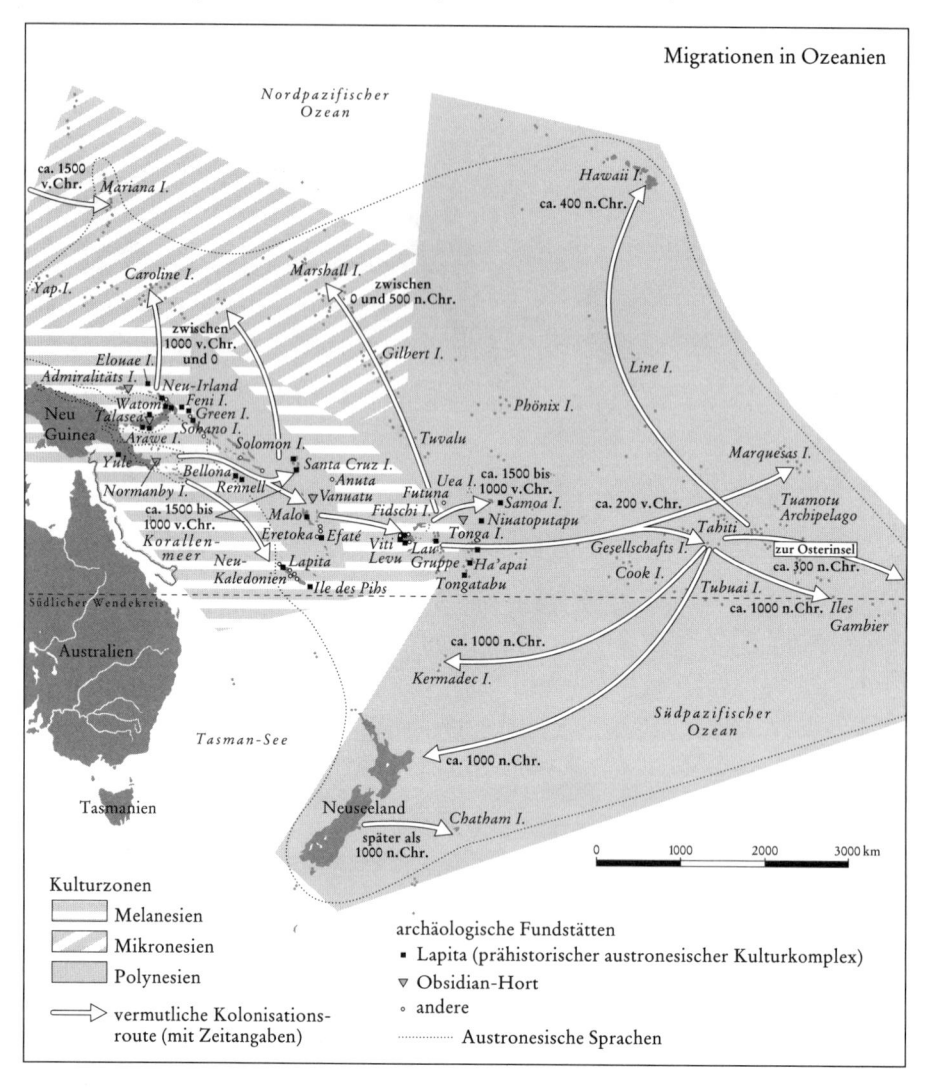

entwickelten sich die polynesischen Regionalkulturen. Die Ausgliederung der polynesischen Kulturen aus der älteren Fidschi-Kultur ist als historischer Prozess zu verstehen, und dieser Prozess verläuft gleichzeitig mit der Ausdifferenzierung zwischen melanesischen und polynesischen Charakteristika. Insofern ist es ein Anachronismus, wenn man die Fidschi-Kultur als melanesisch-polynesische Mischkultur bezeichnet.

Das um 200 v. Chr. erneut einsetzende dynamische »Inselspringen«

geht von der Fidschi-Gruppe aus, genauer von der Lau-Gruppe südöstlich der Fidschi-Inseln. Die Stoßrichtung dieser Expansion zielt nach Osten. Auf diese Migration geht die Besiedlung der Gesellschaftsinseln zurück, deren Hauptinsel Tahiti ist. Etwa ein halbes Jahrtausend später beginnt eine Migration über die größten Distanzen im pazifischen Raum. Um 300 n. Chr. erreichen polynesische Seefahrer die Osterinsel (von den Einheimischen Rapa Nui genannt), etwa hundert Jahre später werden die Inseln von Hawaii besiedelt. Die letzten Fernfahrten werden, ebenfalls von Tahiti aus, in südwestlicher Richtung unternommen. Um 1000 n. Chr. schließlich landen die Polynesier auf den Inseln Neuseelands.

Der pazifische Raum östlich von Neuguinea und Australien ist in einer langen Zeitspanne von 2000 bis 2500 Jahren erschlossen worden. Zwischen den Migrationen gab es jeweils längere Pausen. Die größeren Inselgruppen standen nur während der Migrationen in dauerndem Kontakt miteinander, später erlebten die Kulturen Melanesiens und Polynesiens eine Eigenentwicklung, in deren Verlauf sich sprachliche wie kulturelle Differenzen stärker ausprofilierten. Als die Europäer auf den Plan traten, hatten die melanesischen und polynesischen Kulturen bereits ihr charakteristisches lokales Gepräge entfaltet.

Der norwegische Forscher Thor Heyerdahl hatte 1947 durch seine spektakuläre und erfolgreiche Fahrt mit dem Floss Kon-Tiki von Südamerika aus nach Westen den Beweis erbracht, dass Menschen selbst mit einfachen Fahrzeugen aus Schilf vom amerikanischen Kontinent aus den östlichen Pazifik hätten erkunden können, und dass von Amerika aus vielleicht die Osterinseln besiedelt worden sind. Aufgrund neuerer genetischer Untersuchungen hat sich jedoch herausgestellt, dass die Bewohner dieser Inselgruppe mit den übrigen Polynesiern verwandt sind und keine engeren Beziehungen zu den südamerikanischen Indianern bestehen.

Die Isolation der teilweise in weiter Distanz voneinander gelegenen Inselgruppen hat keine großräumige Integration ermöglicht. Dieser Umstand ist verantwortlich für die lokalen Sonderentwicklungen der pazifischen Kulturen. Selbst in den Inselarchipelen, wo viele Inseln in Sichtnähe zueinander liegen, herrschte vielerorts kein harmonisches Gemeinschaftsleben. In der oralen Tradition sind Erinnerungen an blutige Auseinandersetzungen zwischen den Inselclans lebendig. Die Europäer haben sich diese Querelen zunutze gemacht, indem sie die Kontrahenten gegeneinander ausgespielt haben.

Zusammenprall der Welten: Europäer in Ozeanien

Das Bild vom friedlichen und freundlichen Insulaner, das insbesondere durch die Berichte (*Voyage* [...] von 1771) des Franzosen Louis-Antoine de Bougainville in Europa Verbreitung fand, beruht auf einer Idealisierung der Zustände durch einen literarischen Geist, dem die ältere Idee vom »edlen Wilden« bekannt war, und dessen persönliche Erfahrungen im Kontakt mit den Einheimischen diesen Zustand zu bestätigen schienen. Der »edle Wilde« ist eine Revitalisierung der antiken Idee harmonischer Existenz der Menschen während des mythenumwobenen »goldenen Zeitalters«. Schon im 16. Jahrhundert hatte sich Michel Eyquem de Montaigne in seinen *Essais* (1580) um dieses Ideal bemüht, die klassische Idee modernisiert und propagiert.

Im Zeitalter der Aufklärung griff Jean-Jacques Rousseau die Idee vom »edlen Wilden« erneut auf und entwickelte sie in seinen Werken (*Discours sur l'inégalité* von 1755 und *Emile ou de l'éducation* von 1762) zum Stereotyp des vom Ballast der Zivilisation befreiten Naturmenschen, dem ein ausgeprägtes Gefühl für ehrenhaftes Handeln eigen ist. Der Popularität von Rousseaus Schriften ist es sicherlich zu verdanken, dass die Europäer im Zeitalter der Erkundungen im Pazifik die Ideen vom harmonischen Leben der Naturmenschen in die Kulturlandschaften des Pazifik transponierten.

Die Verstärkung des sozialen Stereotyps vom »edlen Wilden« im 18. Jahrhundert ist einem Zufall zu verdanken. Anders als sein Vorgänger in Tahiti, der Engländer Samuel Wallis, der im Juni 1767 nur mit Waffengewalt auf der Insel Taiarapu landen konnte, trifft Bougainville im April 1768 in der Lagune von Hitiaa ein, als die Insulaner gerade ein Frühlingsfest feiern und die Fremdlinge freundlich aufnehmen. Dieser Eindruck ist für Bougainville entscheidend bei seiner Bewertung der lokalen Kultur. Die von ihm in seinen Reisebeschreibungen geschilderten freundlichen Begegnungen und die sprichwörtliche Gastfreundschaft der Tahitianer verdichten sich zum kulturellen Mythos für Generationen von Europäern, die sich in ihrer Fantasie eine fiktiv-harmonische, von höherer Zivilisation ungetrübte Gemeinschaft der Südsee-Insulaner konstruieren.

Die Europäer »entdecken« die ersten Atolle im Pazifik in der ersten Hälfte des 16. Jahrhunderts (der Tuamotu-Archipel wird 1521 erstmals gesichtet), auf Fahrten von Südamerika in Richtung Westen. Vom peruanischen Hafen Callao aus unternimmt der Spanier Alvaro de Mendaña in den Jahren 1567-69 die erste Kreuzfahrt quer über den Pazifik, die ihn bis zu den Santa Cruz-Inseln östlich der Salomonen bringt. Auf ihn geht die Entdeckung der Marquesas-Inseln nordöstlich des Tuamotu-Archipels zurück. Damals nimmt Mendaña allerdings keinen Kontakt mit den dortigen Insulanern auf. Zusammen mit dem wesentlich jüngeren portugiesischen Navigator Pedro Fernández de Quiros unternimmt Mendaña im Jahre 1595 eine gemeinsame Erkundungsfahrt.

Diesmal werden den Marquesas-Insulanern zahlreiche Tote durch die Feuerwaffen der Europäer und die Syphilis beschert. Mendaña und der größte Teil der Mannschaft kommen während der Fahrt um. Von insgesamt 400 Mann Besatzung auf vier Schiffen erreicht Quiros mit einem Schiff und 50 Mann die Philippinen. Noch einmal, 1605-06, bricht Quiros, wieder von Callao, auf, segelt erst nach Westen, dann über den Tuamotu-Archipel nach Nordwesten, erreicht Espiritu Santo, fährt nach Norden – in einem Bogen um Hawaii herum – und erreicht den amerikanischen Kontinent wieder in Südmexiko.

Diese Seeexpeditionen werden im 17. Jahrhundert fortgesetzt. Nachdem die Holländer 1609 den Portugiesen die Kontrolle über den Seeverkehr um die Gewürzinseln (Molukken) entzogen hatten, und die holländische ostindische Kompanie gegründet worden war, öffnet sich der Seeweg nach Ozeanien auch für holländische Handelsinteressen. Nun sind es die Holländer, die Erkundungsfahrten organisieren. Im Jahre 1616 umrunden Lemaire und Schouten Kap Hoorn und entdecken die Tonga-Inseln im Westpazifik. Abel Tasman kommandierte das erste europäische Schiff, von dem aus im Jahre 1642 Tasmanien und Neuseeland gesichtet werden. Jacob Roggeveen kreuzt 1722 den Pazifik in ost-westlicher Richtung und besucht die Osterinsel, Samoa, Bora Bora und Maupiti.

Im 17. wie im 18. Jahrhundert Jahrhundert werden solche Fahrten nicht unternommen, um die geographischen, kulturellen oder wissenschaftlichen Erkenntnisse der Europäer in Ozeanien zu erweitern (Williams 1997). Die eigentliche Motivation dieser seefahrerischen Anstrengungen ist die Suche nach dem El Dorado, nach den Reichtümern des sagenumwobenen südlichen Kontinents, von dem Gerüchte seit dem 16. Jahrhundert umgingen. Zwar hatten die Holländer von Batavia aus bereits die Nordküste, später auch die unwirtliche Westküste und einiges von der Südküste Australiens erkundet, niemand wusste aber, wie weit sich dieses Land, das Nieuw Holland genannt wurde, nach Süden erstreckte, und ob dort nicht Reichtümer zu holen waren. Erst James Cook setzte diesen Spekulationen auf seiner ersten Reise (1768-71) ein Ende. Er segelte um Neuseeland herum, gelangte zur Südostküste Australiens, folgte der Küste bis nach Norden und konnte auf diese Weise die Begrenzung des Kontinents ermitteln.

Im Jahre 1565 werden die Philippinen von Spanien annektiert, und bald wird ein regelmäßiger Schiffsverkehr über den Pazifik eingerichtet. Von Acapulco in Mexiko brauchte eine Galione etwa hundert Tage, um bis Manila zu segeln. Die Route lag wegen der günstigen Windströmungen zwischen dem 10. und 15. nördlichen Breitengrad. Sie führte südlich an Hawaii vorbei, dessen Hauptinsel auf dem 20. Breitengrad liegt. Die Hawaii-Gruppe wird erst von James Cook auf seiner dritten Reise (1776-80) für die Europäer entdeckt.

Piraterie nahm seit Ende des 17. Jahrhunderts zu. Es waren in der Hauptsache französische Korsare aus la Rochelle und Saint-Malo, die um Kap Hoorn herum in den Pazifik segelten, dort die südamerikanischen Häfen angriffen oder weiter im Norden die Galionen auf See kaperten. Seit Anfang des 18. Jahrhunderts waren Spanier und Franzosen in einen Handelskrieg verstrickt, in den seit etwa 1750 auch die Engländer eingriffen.

Wirtschaftliche Interessen standen bis ins 19. Jahrhundert für die ständige Präsenz der europäischen Großmächte im Vordergrund. Da die wichtigen Überseehäfen an der amerikanischen Westküste alle in spanischem Territorium lagen, versuchten Franzosen und Engländer, durch die Einrichtung von Stützpunkten auf den Inselgruppen ihren Einfluss zu sichern. Dies erfolgte nicht direkt in Form einer Landnahme, sondern im Rahmen einer Teile-und-Herrsche-Politik. Die lokalen Machthaber verstanden es bald, sich die Unterstützung der Europäer in den kriegerischen Auseinandersetzungen mit ihren Nachbarn zu sichern. Die Folge war eine immer stärkere Abhängigkeit der Region von europäischen Interessen.

Auf Tahiti waren es zunächst die Engländer, die mit ihrem Einfluss das Geschlecht der Pomare unterstützten. Die Vorfahren der Pomare stammten aus dem benachbarten Tuamotu-Archipel und waren von den Tahitianern als von niedriger Herkunft angesehen. Durch Heirat versuchten die Pomare, ihre Blutsbande mit den Tahiti-Clans zu festigen. Pomare II., der nach mehr Macht strebte als sein Vater und vom englischen Handel profitierte, verlangte 1812 den Übertritt seiner Untertanen zum Christentum. Traditionalisten und Neuerer spalteten sich in zwei Lager, und erst der

Ausgang einer bewaffneten Auseinandersetzung brachte 1815 den Sieg für die Christen.

Offiziell mit England verbündet, praktisch aber von den Europäern abhängig, regierten die Herrscher von Tahiti bis 1880, als der Letzte der Pomare, Pomare V., die Gesellschaftsinseln testamentarisch Frankreich vermachte. Seine junge Witwe Joanna Marau (1860-1934), die letzte Herrscherin Tahitis, ist für die Tahitianer die letzte Vertreterin der einheimischen Aristokratie (O'Reilly 1986). Mit ihr endet die alte Zeit. Als Künstlerin und Schriftstellerin wird sie bis heute verehrt.

Der politische und kulturelle Einfluss der Kolonialmächte

Frankreich, England und Holland gehen als die eigentlichen Sieger aus dem Ringen der Kolonialmächte hervor (Nile/Clerk 1996: 124 f.). Die Holländer bauen ihren Einflussbereich in Ost-Indien, im heutigen Indonesien, aus. Die Franzosen gewinnen Einfluss in Französisch-Polynesien (auf den Gesellschaftsinseln), auf Tuamotu, auf Neukaledonien, Wallis und Futuna. Englischen Interessen werden die Fidschi- und Tonga-Inseln, die Salomonen, Papua-Neuguinea und die Gilbert und Ellice-Inseln unterstellt. Die englische geopolitische Dominanz reicht wesentlich weiter als die der übrigen Kolonialmächte. Zur britischen Interessensphäre gehört auch Australien, dessen Regionen nach und nach dem Britischen Weltreich angegliedert werden, als erstes das Gebiet von New South Wales im Jahre 1770, als letztes Western Australia im Jahre 1829.

Zu den Spätankömmlingen unter den Kolonialmächten zählt Deutschland, das in den 1880-er und 1890-er Jahren den Nordost-Zipfel von Papua-Neuguinea, den Bismarck-Archipel, Teile Samoas, Bougainville und Buka, Nauru, die Karolinen-Inseln und Palau übernimmt. Die USA annektieren Hawaii, besetzen Teile Samoas und – nach dem siegreichen Ausgang des spanisch-amerikanischen Krieges (1898) – auch die Philippinen und Guam. Chile annektiert im Jahre 1888 die Osterinsel. Neuseeland übernimmt 1901 von den Engländern die Cook-Inseln und Niue.

Als letzte Kolonialmacht tritt Japan auf den Plan, das zwischen 1914 und 1919 die Karolinen, Palau, die Marianen und die Marshall-Inseln von Deutschland übernimmt, dem als Verliererstaat des Ersten Weltkriegs im

Versailler Vertrag alle Kolonien abgesprochen werden. Nach dem Ende des Zweiten Weltkriegs verstärkt sich die US-amerikanische Präsenz in diesen bis 1944-45 japanischen Kolonialgebieten.

Die Kontakte zwischen den Einheimischen und den Ausländern waren in den seltensten Fällen harmonisch. Die europäischen Schiffe, die die Inseln Ozeaniens auf ihren Erkundungsfahrten anliefen, taten dies, um ihre Vorräte an Lebensmitteln und Frischwasser zu erneuern. Feste Stützpunkte sollten diese Interessen sichern. Dabei wurde es grundsätzlich für unerheblich erachtet, ob auch die Insulaner den Interessen der Europäer entgegen kamen oder nicht. Die Europäer griffen nicht selten zu drastischen Mitteln, um die Einheimischen – sollten sie sich ihnen widersetzen – zu disziplinieren oder zu vertreiben. Die Welten, die in Ozeanien aufeinander prallten, waren zu verschieden, als dass nicht Konflikte geradezu unumgänglich wurden. Die Europäer verfügten über Ländereien und Menschen ebenso wie über die Handelsgüter Ozeaniens, und die Art und Weise ihrer Bevölkerungspolitik hatte vielerorts verheerende Auswirkungen.

Ein Beispiel für einseitige Veränderungen ursprünglich intakter Verhältnisse im insularen Lebensraum ist die Entwicklung auf Guam in den Marianen. Bereits um 1600 wurde Guam regelmäßig von den spanischen Schiffen angelaufen, die die Manila-Acapulco-Route befuhren. Im Jahre 1668 kamen jesuitische Missionare mit der Absicht auf die Insel, dort eine ständige Siedlung einzurichten. Nach ihrer Schätzung lebten damals rund 70000 Eingeborene, Chamorro genannt, auf Guam und auf den benachbarten Inseln.

Zu Beginn des 19. Jahrhunderts waren von den Insulanern nurmehr 1 300 übrig. Die anderen waren getötet worden, waren an von Europäern eingeschleppten Krankheiten gestorben oder sie waren als Sklaven auf die Philippinen verschifft worden. Heutzutage ist die Gemeinschaft der Chamorro erneut auf 62 000 (1991) in Guam angewachsen. Etwa 17 000 weitere leben in den nördlichen Marianen. Die Chamorro auf Guam machen etwa 40 % der Inselbevölkerung aus, wozu außerdem Filipinos, Chinesen, Nauruaner u. a. gehören.

Ein extremes Beispiel von katastrophaler Veränderung, dessen sich sowohl Einheimische wie Ausländer schuldig gemacht haben, finden wir auf der anderen Seite des Pazifik, auf der Osterinsel. Ein englischer Pirat – in vornehmerem Sprachgebrauch als Bukanier bezeichnet – namens Edward Davis sichtete die Osterinsel 1687 auf seiner Fahrt von den Galapagos-Inseln in Richtung Kap Hoorn und glaubte, die Nordspitze der sagenhaften »Terra australis incognita« entdeckt zu haben.

Erst Jahrzehnte später sucht Jacob Roggeveen erneut nach diesem Land, findet die Osterinsel an einer anderen nautischen Position als von Davis angegeben und glaubt, neues Land entdeckt zu haben. Da Roggeveen die Insel genau am Ostermontag 1722 findet, gibt er ihr den Namen »Paasch-Eiland«, die holländische Entsprechung von Osterinsel. In Roggeveens Begleitung war ein Mecklenburger, Carl Friedrich Behrens, der als erster Europäer über die exotische Inselkultur berichtete.

Diese Exotik zieht später weitere Besucher an, die allerdings teilweise handfeste machtpolitische Interessen vertraten. Im Jahre 1770 nahm der Kapitän Don Felipe Gonzales die Osterinsel im Auftrag des peruanischen Vizekönigs für die spanische Krone in Besitz. Diese Annexion hatte aber lange Zeit nur nominelle Bedeutung. James Cook besuchte die Osterinsel 1774. Der ihn begleitende Georg Forster erregte später mit dem ersten Band seines Werkes *Weltumseglung* (Berlin 1778) großes Aufsehen. Forster berichtete über eine nur kleine Zahl von Insulanern.

Von den 700 geschätzten Bewohner seien nur etwa 30 Frauen gewesen. Bereits Gonzales war die große Diskrepanz in der Geschlechterverteilung aufgefallen. Eine verlässliche Erklärung dafür gibt es nicht. Möglicherweise hatten die Kleinkriege, die örtliche Clans gegeneinander führten, unter anderem darauf abgezielt, die Frauen der Gegenseite zu töten, um dem Clan die biologischen Voraussetzungen für eine zukünftige Existenz zu nehmen.

Die Osterinsel blieb wegen ihrer verkehrstechnischen Isolation immer im Abseits (McCall 1994: 58 f.). Im Jahre 1862 wurde die gesamte arbeitsfähige Bevölkerung der Insel zwangsweise nach Peru abtransportiert, wo die Insulaner ihr Leben als Arbeitskräfte in den Bergwerken fristeten. Nur wenige kehrten von Amerika zurück und brachten von dort einen noch schlimmeren Feind als die Sklavenhändler auf die Insel: die Blattern. Von den 4500 Bewohnern, die 1862 auf der Insel lebten, waren im Jahre 1877 noch 111 übrig, die anderen waren verschleppt worden oder gestorben (Esen-Baur/Walter 1989: 163). Die systematische koloniale Ausbeutung der Insel begann 1868 mit der Einrichtung einer Schaffarm durch den Franzosen Dutroux-Bornier. Seine rücksichtslose Landnahme führte dazu, dass 1871 die auf der Osterinsel tätigen Missionare mit 168 Insulanern nach Tahiti flohen. Heutzutage leben wieder knapp über 1900 Einheimische auf der Insel.

Die Sprachenwelt Australiens

Nirgendwo in Ozeanien allerdings ist die einheimische Bevölkerung derart in Massen dezimiert worden wie in Australien. Als die ersten englischen Siedler die Ostküste von Australien erschlossen, lebten in diesem Kontinent ungefähr 600 ethnische Gruppen mit mehr als 300 Sprachen. Von diesen sind heutzutage nurmehr zwanzig vital, die übrigen fungieren als Kommunikationsmedien lediglich in Kleingruppen, und die Sprachgemeinschaften sind hoffnungslos überaltert (Dixon 1980).

Davon sind die meisten solche Sprachen, die nur noch wenige beherrschen, und Dutzende von ehemaligen Kommunikationsmedien leben nurmehr in der Erinnerung vereinzelter Sprecher weiter. Bis in die 1970er Jahre wurden die Aborigines als australische Bürger zweiter Klasse behandelt. Zwar haben die vergangenen Jahrzehnte einen bedeutenden Wandel und Aufschwung menschenrechtlicher Aufwertungen der einheimischen Sprachen und kulturellen Traditionen gebracht, für den Bestand vieler Sprachgemeinschaften hat aber dieser Umschwung kaum konkrete Auswirkungen. Die Sprachen sterben mit ihren letzten Sprechern.

Multikulturalismus und Multilingualismus sind seit jeher charakteristische Eigenheiten des australischen Kontinents. Dies trifft auf die Zeit vor der Kolonisierung durch Europäer (d. h. vor 1770) ebenso zu wie während der Besiedlung durch Immigranten. Die einheimischen Sprachen wurden sukzessive verdrängt, und von diesen sind nurmehr Reste erhalten. Allein 255 Sprachen werden von nicht mehr als jeweils 1 000 Sprechern gesprochen. Andererseits hat sich das Kaleidoskop der Immigrantensprachen beständig erweitert. Das Englische ist nicht die einzige vitale Importsprache Australiens. Hierzu gehören andere europäische Sprachen und solche, die mit Immigranten aus Asien transferiert wurden (Lo Bianco 1995).

Die Vielfalt der Sprachenwelt Australiens findet eine Parallele in der ethnischen Vielschichtigkeit der Bevölkerung. Nach ihrer Herkunft sind folgende Gruppen zu unterscheiden:

a) Die einheimischen Australier (Aborigines) und die Bewohner der Torres Strait-Inseln, die nur noch knapp 1,5 % der Landesbevölkerung ausmachen;

b) Die meisten Australier sind englischer oder irischer Abstammung. Etwa 60 % dieser frühen Einwanderer leben in Australien in der dritten Generation oder länger;

c) Rund 5 % der Australier, die ebenfalls alteingesessen sind (d. h. seit drei oder mehr Generationen in Australien leben), stammen aus anderen, nicht englisch-sprachigen Ländern;

d) Von den Australiern, die in der ersten und zweiten Generation im Land leben, stammen 14 % aus englisch-sprachigen Familien;

e) Die Australier nicht-englischer Herkunft, die in zweiter Generation hier ansässig sind, machen 8 % der Bevölkerung aus;

f) Der Anteil der Australier der ersten Generation nicht-englischer Herkunft, d. h. der in Australien geborenen Nachkommen von nicht-englisch-sprachigen Immigranten, macht rund 12 % der Bevölkerung aus.

Von den frühen europäischen Einwanderern, die kein Englisch sprachen, haben sich die meisten assimiliert. Von denjenigen, die in diesem Jahrhundert aus Europa und Asien kommend nach Australien einwanderten, haben viele ihre nicht-englische Muttersprache bewahrt. Die Sprachen der Australier, die zu den Bevölkerungsgruppen unter (c), (e) und (f) gehören, werden von insgesamt 1,7 Mio. Menschen (d. h. von fast 10 % der Landesbevölkerung) gesprochen. Die Sprachen verteilen sich nach ihrer Sprecherzahl wie folgt:

Italienisch	441 000
Griechisch	227 000
Deutsch	165 000
Niederländisch	110 000
Polnisch	86 010
Chinesisch	85 000
Arabisch	77 565
Kroatisch	65 880
Maltesisch	60 000
Spanisch	56 500
Vietnamesisch	27 250
Serbisch	27 000

Von diesen nichtenglischen Muttersprachlern verwenden rund 90 % ihre Sprache regelmäßig im Sozialkontakt. Zu 75 % sprechen die Immigranten und deren Nachkommen ihre Muttersprachen in der Familie. In der Arbeitswelt jedoch sind die Möglichkeiten für die Immigrantensprachen wesentlich begrenzter; nur rund 35 % sprechen ihre Muttersprache am

Arbeitsplatz. Dabei handelt es sich in der Hauptsache um Familienbetriebe (z. B. landwirtschaftlicher Betrieb, Kleinunternehmen, Restaurant). Viele der Immigranten sind nicht nur zweisprachig (Muttersprache + Englisch als Zweitsprache), sondern auch mehrsprachig, d. h. sie sprechen eine Dritt- oder Viertsprache. Dies gilt für ein Drittel aller Immigranten.

Das Ausbildungswesen Australiens hat bis zum Beginn der 1990er Jahre ein Förderprogramm für Immigrantensprachen aufrecht erhalten. Im Jahre 1991 scheiterte ein Versuch, das multilinguale Programm abzubauen, so dass die Aufrechterhaltung des Sprachenpluralismus auch weiterhin die Maxime der zweisprachigen Ausbildung ist (Djite 1994).

Australien ist ein großes Sprachenmuseum, was die einheimischen Idiome betrifft. Zwar werden immer noch 254 Sprachen von etwa 10 % der Aborigines gesprochen, die meisten haben aber als Kommunikationsmedien kaum noch praktische Bedeutung. Lediglich fünf Aborigine-Sprachen zählen jeweils mehr als 1 000 Sprecher: Anindilyakwa (ca. 1 100), Kala Lagaw Ya (ca. 3 500), Pitjantjatjara (ca. 2 500), Tiwi (1 500), Warlpiri (3 000). Dreizehn einheimische Sprachen haben Sprecherzahlen von jeweils zwischen 500 und 1 000. Die meisten anderen werden nur von jeweils wenigen Hundert Sprechern gesprochen.

Lang ist die Liste der Sprachen, die nur noch jeweils ein Mensch beherrscht (z. B. Barrow Point, Biladaba, Dirari, Gugadj). Die 1-Sprecher-Sprachen sind keine Kommunikationsmedien im eigentlichen Sinn mehr, denn an einer Unterhaltung sind mindestens zwei Gesprächspartner beteiligt. Diese Aborigine-Sprachen sind also bereits vor ihrem Aussterben Museumsstücke.

Nur etwa zwanzig der Aborigine-Sprachen sind vital, d. h. sie werden von Vertretern aller Generationen gesprochen und im Generationenwechsel an die Kinder vermittelt (Schmidt 1994). Die Aborigines, die ihre Muttersprache aufgeben und sich assimilieren, wechseln nicht allein zum Englischen über, sondern auch zu einer der Kreolsprachen, die sich auf australischem Boden entwickelt haben. Die wichtigsten sind Kriol (ca. 21 000 Primär- und Zweitsprachler) und das Kreolische der Torres Strait (ca. 23 000 Muttersprachler).

In beschränktem Maß sind Aborigine-Sprachen in das Ausbildungsprogramm zweisprachiger Schulen integriert, in denen die Muttersprache und Englisch als Zweitsprache unterrichtet werden. Es gibt etwa dreißig zweisprachige Schulen im Northern Territory, in Western Australia und in South Australia. Zusätzlich wird Unterricht in einer Aborigine-Sprache in rund fünfzig Sonderkursen angeboten.

Trotz des allgemeinen Trends zum Schwund der einheimischen Sprachen scheint sich bei den Vertretern der selbstbewussten jüngeren Generation ein Bewusstsein für den Eigenwert der Sprache ihrer Vorfahren zu verstärken. Die junge Generation nämlich »zeigt Interesse daran, ihre Sprachen aus Überlieferungen des 19. Jahrhunderts zu reorganisieren, in einigen Fällen von den letzten Sprechern zu übernehmen, und ihre Sprache Erwachsenen und Kindern zu unterrichten« (Blake 1994: 600).

Nachwirkungen des Kolonialismus

Anders als in Afrika, Asien und Amerika ist das koloniale Zeitalter in Ozeanien noch nicht beendet. Dies begründet sich weniger damit, dass die Kolonialstaaten (Frankreich, Großbritannien, USA) unwillig wären, die Inseln im Pazifik aufzugeben, als vielmehr damit, dass die Regionen, die bis heute unselbstständig sind, als unabhängige Staaten kaum existenzfähig wären. Auf den Gesellschaftsinseln sind die französischen Investitionen als Wirtschaftsfaktor ebenso wichtig wie die Stationierung von US-Streitkräften auf Guam.

Zwar gibt es in Französisch-Polynesien ebenfalls eine Unabhängigkeitsbewegung, bemerkenswert ist aber, dass deren Anhänger auf der Hauptinsel Tahiti in der Minderheit sind. Die Entschädigungen, die Frankreich anlässlich der atomaren Unterwassertests im Tuamotu-Archipel im Herbst 1995 gezahlt hat, war für die Wirtschaft der Region unverzichtbar. Das britische Außengebiet Pitcairn ist für eine politische Eigenexistenz zu klein, ebenso die chilenische Osterinsel.

Auch in den unabhängigen Staaten der pazifischen Großregion sind zentrale Institutionen des kolonialen Zeitalters erhalten geblieben, wie beispielsweise der Amtssprachengebrauch. Die ehemaligen Kolonialsprachen haben vielerorts ihren amtlichen Status bewahrt, gleichrangig mit einer lokalen Sprache (z. B. Bislama, Französisch und Englisch in Vanuatu, Fidschi und Englisch auf den Fidschi-Inseln, Palau und Englisch auf Palau, Samoanisch und Englisch auf Samoa). Andererseits gibt es Staaten, wo ausschließlich eine ehemalige Kolonialsprache Staatssprache ist (z. B. Englisch in Mikronesien oder auf den Salomonen. Der moderne Tourismus hat die traditionelle Rolle europäischer Sprachen wie Englisch oder Französisch als internationale Verkehrssprachen auch in Ozeanien verstärkt.

Die bevölkerungsreichsten Staaten Ozeaniens	Die sprachenreichsten Staaten Ozeaniens	Die sprecherreichsten Sprachen Ozeaniens
Australien (18,3 Mio.) Papua-Neuguinea (4,4 Mio.) Neuseeland (3,6 Mio.) Fidschi (0,8 Mio.) Vanuatu (0,173 Mio.)	Papua-Neuguinea (826) Australien (266) Vanuatu (110) Neukaledonien (Frankreich; Territoire d'outre-mer; 40) Mikronesien (17)	Englisch (21,4 Mio.) Tok Pisin (2,05 Mio. / 50 000 PSpr + 2 Mio. ZSpr) Samoanisch (0,36 Mio.) Fidschianisch (0,35 Mio.) Tahitisch (0,125 Mio.)

Amerikanisch-Samoa

Fläche:	194,8 qkm (Pago Pago, auf Tutuila: 3 519 E)
Bevölkerung:	62 000 E (1997), (seit 1990 + 3,9 % jährl.)
Zusammensetzung der Bevölkerung:	90 % Polynesier

Gesamtzahl der Sprachen:	4 (Amtssprachen: Samoanisch, Englisch)

Sprechergruppen	Sprachen
56 700	Samoanisch
(keine Angaben)	Englisch, Tonganisch, Tokelau

Sprachfamilien: Austronesisch (polynesisch), indoeuropäisch (Englisch)

Australien

Fläche:	7,682 Mio. qkm (Canberra: 0,308 Mio. E)
Bevölkerung:	18,751 Mio. E (1998), (seit 1990 + 1,3 % jährl.) (1998: Fertilität – 1,3 %/Mortalität – 0,8 %)
Stadtbewohner:	85 %
Analphabetenrate:	< 5 %
Zusammensetzung der Bevölkerung:	95 % Weiße, 1,5 % Aborigines, 1,3 % Immigranten asiatischer Herkunft (Chinesen, Vietnamesen, Koreaner)

Länderbeschreibungen 349

| Gesamtzahl der Sprachen: | 273 (Amtssprache: Englisch) |

Sprechergruppen	Sprachen
16 – 17 Mio.	Englisch (PSpr)
1 – 2 Mio.	Englisch (ZSpr)
0,1 – 0,5 Mio.	Italienisch, Griechisch, Deutsch, Niederländisch
50 – 100 000	Polnisch, Chinesisch, Arabisch, Kroatisch, Maltesisch, Spanisch
10 – 50 000	Kriol (Roper-Bamyili Creole), Serbisch, Torres Strait Creole, Vietnamesisch
1 – 5 000	Kala Lagaw Ya, Pitjantjatjara, englisches Romani (Pogadi chib), Tiwi, Walmajarri, Warlpiri
1 000 – 900	Anindilyakwa, westl. Arrarnta, Gupapuyngu (PSpr + ZSpr), Cocos Islands-Malaiisch, Murrinh-Patha, Walmajarri
900 – 800	Gunwinggu (PSpr + ZSpr), Pintupi-Luritja
800 – 700	Anmatyerre, Martu Wangka, Wik-Mungkan
600 – 500	Burarra, Nyangumarta, Yindjibarndi
500 – 400	Dhuwal, Djambarrpuyngu (PSpr), Gupapuyngu (PSpr)
400 – 300	Dhangu, Gumatj, Gunwinggu (PSpr), Kuku-Yalanji, Meriam, Ritarungo
300 – 200	Djinang, Garawa, Gurinji, Jaru, Kukatja, Nangikurrunggurr, Nunggubuyu, Pintiini, Yankuntatjara
200 – 100	Dayi, Gaididj, Iwaidja, Kitja, Maung, Ngalkbun, Ngarinman, Rembarunga, Thayore, Warumungu, Wik-Ngathana
100 – 10	Adynyamathanha, Alawa, Ami, Antakarinya, Baadi, Bidyara, Broome Pearling Lugger Pidgin, Bunaba, Dhalandji, Djamindjung, Djauan, Djeebbana, Djinba, Djingili, Dyirbal, Gayardilt, Gooniyandi, Gugubera, Guguyimidjir, Guragone, Gurdjar, Jarnango, Kanju, Karadjeri, Kuku-Muminh, Kuku-Uwanh, Kunbarlang, Kunjen, Kurrama, Kuuku-Ya'u, Kwini, Lardil, Madngele, Magadige, Manda, Mangala, Mangarayi, Mara, Maranunggu, Maridan, Maridjabin, Marimanindji, Maringarr, Marithiel, Mariyedi, Miriwung (PSpr), Mudbura, Mullukmulluk, Nakara, Ngarinyin, Ngarluma, Nyamal, Nyigina, Panytyima, Umpila, Wadjiginy, Wageman, Wambaya, Wangaaybuwan-Ngiyambaa, Wanman, Wardaman, Warlmanpa, Watjari, Wikalkan, Wik-Iiyanh, Wik-Me'anha, Wikngenchera, Worora, Wunambal, Yanyuwa, Yidiny, Yir Yoront

10 oder weniger	Alngith, Amarag, Andegerebinha, Arabana, Areba, südl. Arrarnta, Atampaya, Ayabadhu, Bandjalang, Bandjigali, Barrow Point, Bayungu, Biladaba, Biri, Burduna, Darling, Dhargari, Dirari, Djangun, Djawi, Djiwarli, Dyaabugay, Dyaberdyaber, Dyangadi, Dyugun, Erre, Flinders Island, Gadjerawang, Gagadu, Gambera, Ganggalida, Giyug, Gugadj, Gugu Badhun, Gungabula, Gunya, Guwamu, Kamu, Kokata, Kuku-Mangk, Kuku-Mu'inh, Kuku-Ugbanh, Kumbainggar, Kunggara, Kunggari, Kuthant, Kuwama, Lamu-Lamu, Laragia, Martuyhunira, Mayaguduna, Mbara, Mbariman-Gudhinma, Miwa, Muluridyi, Muruwari, Narungga, Ngadjunmaya, Ngalakan, Ngamini, Ngarla, Ngarndji, Ngawun, Ngura, Ngurmbur, Nhuwala, Nijadali, Nimanbur, Nugunu, Nungali, Nyangga, Nyawaygi, Nyulnyul, Pakanha, Pini, Pinigura, Pitta Pitta, Thaypan, Tyaraity, Umbindhamu, Umbugarla, Umbuygamu, Uradhi, Urningangg, Wadjigu, Wagaya, Wakawaka, Wamin, Wanggamala, Wangganguru, Waray, Warluwara, Warrgamay, Warungu, Wik-Epa, Wik-Keyangan, Wilawila, Wiradhuri, Wirangu, Wulna, Yandruwandha, Yangman, Yawarawarga, Yindjilandji, Yinggarda
Ausgestorben	Aghu Tharnggalu, Agwamin, Awabakal, Banggarla, Bayali, Dhurga, Dieri, Gangulu, Gugu Warra, Gureng, Kalarko, Kalkutung, Kamilaroi, Kariyarra, Kungarakany (seit 1989), Leningitij, Malgana, Maykulan, Narrinyeri, Ngandi, Nganyaywana, Nyunga, Thurawal, Tjurruru, Wandarang, Wariyangga, Worimi, Wuliwuli, Yalarnnga, Yawuru, Yugambal

Sprachfamilien: Die Sprachen Australiens gehören zwei großen Gruppen an: mehr als 90 % sind Pama-Nyunga-Sprachen (agglutinierend, suffigierende Morphologie), weniger als 10 % sind Nicht-Pama-Nyunga-Sprachen (polysynthetisch, überwiegend präfigierende Morphologie) im Norden des Landes. Insgesamt werden vierzehn Sprachfamilien unterschieden (Bunaba, Burarra, Daly, Djamindjunga, Djeraga, Gunwinggu, Iwaidja, Laragiya, Mangerri, Mara, Nyulnyul, Pama-Nyunga, West Barkly, Worora).

Sprachökologische Verhältnisse: Englisch ist Staatssprache, das wichtigste Medium in allen Ausbildungsstufen, in den Massenmedien und im Wirtschaftsleben. Schulunterricht wird zusätzlich zum Englischen in verschiedenen Immigrantensprachen (community languages) angeboten (vor allem in den Bundesstaaten Victoria und New South Wales), in denen auch regelmäßig Radio- und Fernsehsendungen ausgestrahlt werden (z. B. in Griechisch, Arabisch, Italienisch, Deutsch). Nur etwa zwanzig der Aborigine-Sprachen werden in der Primarstufe unterrichtet.

Sprachkonflikte: Die meisten Aborigine-Sprachen sind in höchstem Maße gefährdet. Die kleinen Sprachgemeinschaften befinden sich im Prozess des Aussterbens, der nicht mehr aufzuhalten ist. Dutzende von Aborigine-Sprachen werden von nur jeweils einem Sprecher gesprochen. Die meisten Immigrantensprachen Australiens sind vitaler als die Aborigine-Sprachen. Die Assimilation der Aborigines an das Englische verläuft in den seltensten Fällen problemlos.

Cook-Inseln
(Außengebiet Neuseelands mit innerer Autonomie)

Fläche:	240,1 qkm (Avarua, auf Rarotonga)
Bevölkerung:	20 200 E (1995)
Zusammensetzung der Bevölkerung:	Polynesier (Cook-Maori)

Gesamtzahl der Sprachen: 6 (Amtssprachen: Englisch, Maori)

Sprechergruppen	Sprachen
15 – 20 000	Rarotonganisch
1 – 3 000	Rakahanga-Manihiki
100 – 1 000	Englisch, Penrhyn (Mangarongaro), Pukapuka
10 – 100	Niue

Sprachfamilien: Austronesisch (polynesisch), indoeuropäisch (Englisch)

Sprachökologische Verhältnisse: Englisch ist faktische Amtssprache. Maori hat zwar offiziellen Status, sein Gebrauchswert im amtlichen Schriftverkehr ist aber eher zeremonial.

Fidschi

Fläche:	18 376 qkm (Suva, auf Viti Levu; 77 366 E)
Bevölkerung:	0,79 Mio. E (1998), (seit 1990 + 1,0 % jährl.)
	(1998: Fertilität – 2,2 %/Mortalität – 0,4 %)
Stadtbewohner:	41 %
Analphabetenrate:	Männer – 6 %, Frauen – 11 %
Zusammensetzung der Bevölkerung:	50 % Fidschianer, 44,8 % Inder, u. a.

**Gesamtzahl
der Sprachen:** 13 (Amtssprachen: Fidschi, Englisch)

Sprechergruppen	Sprachen
0,3 – 0,4 Mio.	Fidschi (östl. F.), Hindi (Fidschi-H.)
20 – 50 000	westl. Fidschi (Nadronga)
10 – 20 000	Englisch (zweisprachige Halbfidschianer), Lau
5 – 10 000	Kiribati, Rotuna
3 – 5 000	Englisch (monolinguale Europäer)
100 – 1 000	Gone Dau, Malayalam, Samoanisch, Tonga, Tuvalu
	Zusätzlich andere Immigrantensprachen (Chinesisch, Bhojpuri) ohne Informationen über deren Sprecherzahlen

Sprachfamilien: Austronesisch (polynesisch: Fidschi, Rotuna, u. a.), indoeuropäisch (indisch: Hindi; germanisch: Englisch), dravidisch (Malayalam)

Sprachökologische Verhältnisse: Englisch, von 1874 bis 1970 Kolonialsprache der Inselgruppe, besitzt offiziellen Status als Amtssprache neben dem Fidschi. Beide Sprachen werden in den Massenmedien verwendet, außerdem Hindi. Fidschi und Hindi fungieren als Unterrichtssprachen in der Primarstufe. In höheren Klassen erfolgt der Schulunterricht in Englisch. Bei den seit längerem auf den Fidschi-Inseln lebenden Immigranten aus Indien zeichnet sich ein Sprachwechsel zum Englischen ab.

Französisch-Polynesien
(Territoire d'outre-mer mit beschränkter Selbstverwaltung)

Fläche:	4 167 qkm (Papeete, auf Tahiti: 23 555 E)
Bevölkerung:	0,224 Mio. E (1997), (seit 1990 + 1,9 % jährl.)
Zusammensetzung der Bevölkerung:	77 % Polynesier, 6 % Europolynesier (gemischt-ethnischer Abstammung), 11 % Europäer, 4 % Asiaten (insbesondere Chinesen), u. a.
Gesamtzahl der Sprachen:	11 (Amtssprachen: Französisch, Tahitianisch)

Sprechergruppen	Sprachen
0,1 – 0,2 Mio.	Tahitianisch
50 – 100 000	Französisch (ZSpr)
10 – 20 000	Chinesisch (Hakka), Französisch (monolinguale Europäer), Tuamotu
5 – 10 000	Austral (Tubuai-Rurutu)
3 – 5 000	nördl. Marquesanisch
1 – 3 000	Mangareva, südl. Marquesanisch
100 – 1 000	Rapa, Rapanui, Rarotonga

Sprachfamilien: Austronesisch (polynesisch), indoeuropäisch (romanisch: Französisch), sinotibetisch (Chinesisch)

Sprachökologische Verhältnisse: Tahitianisch wurde als regionale Amtssprache neben dem Französischen im Autonomiestatut für die Gesellschaftsinseln von 1996 bestätigt. Das Französische dominiert als Arbeitssprache der Verwaltung, Schriftdokumente werden aber in beiden Sprachen ausgefertigt. Die öffentliche Beschilderung ist zweisprachig.

Tahitianisch und Französisch fungieren als Unterrichtssprachen. Seit 1985 wird Tahitianisch auch in der höheren Schulausbildung und seit den 1990er Jahren im universitären Unterricht verwendet.

Guam
(Außengebiet der Vereinigten Staaten)

Fläche:	549 qkm (Agaña: 1 139 E)
Bevölkerung:	0,146 Mio. E (1997), (seit 1990 + 1,2 % jährl.)
Zusammensetzung der Bevölkerung:	43 % malaiische Chamorro, 29 % Filipinos, 15,7 % amerikanisches Armeepersonal

Gesamtzahl der Sprachen:	5 (Amtssprache: Englisch)

Sprechergruppen	Sprachen
72 500	Chamorro
28 800	Englisch
24 000	Tagalog
11 000	Palauisch
4 000	Koreanisch

> Zusätzlich andere Immigrantensprachen (Regionalsprachen der Philippinen) ohne nähere Angaben zu deren Sprecherzahlen

Sprachfamilien: Austronesisch (mikronesisch), indoeuropäisch (Englisch)

Sprachökologische Verhältnisse: Über die Hälfte der Einwohner von Guam spricht die einheimische Sprache Chamorro. Englisch ist bei rund einem Viertel der Bevölkerung verbreitet. Radiosendungen werden in Englisch, Chamorro und Tagalog ausgestrahlt.

Kiribati

Fläche:	810,5 qkm (Bairiki: 2 226 E)
Bevölkerung:	86 000 E (1998), (seit 1990 + 2,5 % jährl.)
	(1998: Fertilität – 3,2 %/Mortalität – 0,8 %)
Stadtbewohner:	37 %
Analphabetenrate:	10 %
Zusammensetzung der Bevölkerung:	98,9 % Mikronesier; Polynesier, Chinesen, Europäer

Gesamtzahl der Sprachen: 2 (Amtssprache: Englisch)

Sprechergruppen	Sprachen
58 320	Kiribati
(keine Angaben)	Englisch

Sprachfamilien: Austronesisch (mikronesisch), indoeuropäisch (Englisch)

Sprachökologische Verhältnisse: Englisch ist Amtssprache, in den Massenmedien (insbesondere im Radio) wird aber auch Kiribati verwendet. Die Druckproduktion in Kiribati ist im Vergleich zu der in Englisch gering.

Marshall-Inseln

Fläche:	181,3 qkm (Dalap-Uliga-Darrit: 17 650 E)
Bevölkerung:	62 000 E (1998), (seit 1990 + 4,2 % jährl.)
	(1997: Fertilität – 2,6 %/Mortalität – 0,4 %)
Stadtbewohner:	71 %

Analphabetenrate:	9 %
Zusammensetzung der Bevölkerung:	97 % Mikronesier; Amerikaner
Gesamtzahl der Sprachen:	2 (Amtssprache: Englisch)

Sprechergruppen	Sprachen
54 000	Marshallesisch (Ebon)
(keine Angaben)	Englisch

Sprachfamilien: Austronesisch (mikronesisch), indoeuropäisch (Englisch)
Sprachökologische Verhältnisse: Das einheimische Ebon wird von den meisten Einwohnern gesprochen. Englisch ist exklusive Amtssprache und alleinige Unterrichtssprache in der Schulausbildung.

Mikronesien

Fläche:	700 qkm (Kolonia: 6 169 E)
Bevölkerung:	0,113 Mio. E (1998), (seit 1990 + 2,4 % jährl.) (1998: Fertilität – 2,8 %/Mortalität – 0,6 %)
Stadtbewohner:	28 %
Analphabetenrate:	19 %
Zusammensetzung der Bevölkerung:	Mikronesier (48,6 % Truk, 33,1 % Pohnpei, 10,8 % Yap, 7,3 % Kosrae), u. a.
Gesamtzahl der Sprachen:	17 (regionale Amtssprachen: Kosrae, Pohnpei, Chuukesisch, Yapesisch; Englisch jeweils als zweite Amtssprache)

Sprechergruppen	Sprachen
20 – 50 000	Chuukesisch (früher Trukesisch)
10 – 20 000	Mortlock, Pohnpei (früher Ponape)
5 – 10 000	Yapesisch
3 – 5 000	Englisch, Kosrae
1 – 3 000	Saipan-Karolinisch, Kapingamarangi, Mokil, Pááfang, Pingelap, Puluwat, Ulithi, Woleai
100 – 1 000	Namonuito, Ngatik, Nukuoro, Satawal, Sonsorol

Sprachfamilien: Austronesisch (mikronesisch), indoeuropäisch (Englisch)

Sprachökologische Verhältnisse: Der amtliche Sprachgebrauch ist bilingual. Die Nationalsprachen der Staaten in der mikronesischen Föderation (Kosrae State, Pohnpei State, Chuuk State, Yap State) fungieren jeweils als regionale Amtssprachen. Englisch ist überall zweite Amtssprache. Ulithi ist im Yap State als Sprache der Bewohner der Atolle anerkannt. Ulithi ist eine Nahsprache des Chuukesischen. Die Nationalsprachen werden neben dem Englischen in den Massenmedien verwendet.

Die Schulausbildung ist zweisprachig, wobei in den höheren Klassen Englisch stärker berücksichtigt wird. Englisch dominiert den universitären Unterricht.

Nauru

Fläche:	21,3 qkm (Yaren: 4 000 E)
Bevölkerung:	11 000 E (1998), (seit 1990 + 1,4 % jährl.)
	(1992: Fertilität – 1,8 %/Mortalität – 0,5 %)
Stadtbewohner:	100 %
Analphabetenrate:	< 5 %
Zusammensetzung der Bevölkerung:	61,7 % Nauruer (gemischt-ethnische Bevölkerung polynesisch-mikronesisch-melanesischer Abstammung), 25 % Kiribatier und Tuvaluer, 8 % Chinesen und Vietnamesen, 5 % Europäer, Neuseeländer
Gesamtzahl der Sprachen:	5 (Amtssprachen: Nauruisch, Englisch)

Sprechergruppen	Sprachen
6 – 7 000	Englisch (ZSpr), Nauruisch
1 – 3 000	Kiribati
100 – 1 000	Chinesisch (Mandarin und Yue), Englisch (PSpr), Tuvalu

Sprachfamilien: Austronesisch (mikronesisch), indoeuropäisch (Englisch), sinotibetisch (Chinesisch)

Sprachökologische Verhältnisse: Die beiden Amtssprachen sind gleichzeitig als Verkehrssprachen verbreitet. Sie fungieren als Sprachen der Massenmedien und in der Schulausbildung.

Neukaledonien
(Französisches Außengebiet: Territoire d'outre-mer)

Fläche:	19 103 qkm (Nouméa: 76 300 E)
Bevölkerung:	0,204 Mio. E (1998), (seit 1990 + 2,6 % jährl.)
Zusammensetzung der Bevölkerung:	44 % Melanesier (Kanaken), 34 % überwiegend französische Europäer (Caldoches), 8,6 % Wallisiens, 3,1 % Indonesier, 2,8 % Tahitier, u. a.

Gesamtzahl der Sprachen: 40 (Amtssprache: Französisch)

Sprechergruppen	Sprachen
50 – 60 000	Französisch
10 – 20 000	Dehu
5 – 10 000	Javanesisch, Nengone, Paici, Tahitianisch, Wallisisch (östl. Uvea)
3 – 5 000	Ajie (Wailu), Vietnamesisch, Xaracuu
1 – 3 000	Bislama (Englisch-Kreolisch), Cemuhi, Dumbea, östl. Futuna, Iaai, Numee, Nyalayu, westl. Uvea (Faga-U.), Yuaga
100 – 1 000	Arha, Bwatoo, Caac, Fwai, Haveke, Hmwaveke, Jawe, Kumak, Mea, Neku, Nemi, Orowe, Pwaamei, Pwapwa, Tiri, Vamale, Xaragure
10 – 100	Arhö, Haeke, Pije, Zire
Ausgestorben	Waamwang

Sprachfamilien: Austronesisch (malaio-polynesisch), Mon-Khmer-Sprache (Vietnamesisch), indoeuropäisch (Französisch, Englisch)

Sprachökologische Verhältnisse: Keine der einheimischen Sprachen hat überregionale Verbreitung. Lediglich Ajie (bzw. Wailu) wird von der Amtskirche als Verkehrssprache verwendet. Französisch ist exklusive Amtssprache und alleinige Unterrichtssprache im Ausbildungswesen.

Neuseeland

Fläche:	270 534 qkm (Wellington: 0,335 Mio. E)
Bevölkerung:	3,792 Mio. E (1998), (seit 1990 + 1,4 % jährl.) (1998: Fertilität – 1,5 %/Mortalität – 0,8 %)

Stadtbewohner:	87 %
Analphabetenrate:	< 5 %
Zusammensetzung der Bevölkerung:	73,8 % Europäer, 9,6 % Maori, 3,6 % Polynesier, u. a.

Gesamtzahl
der Sprachen: 14 (Amtssprachen: Maori – nominell; Englisch – nominell und faktisch)

Sprechergruppen	Sprachen
3 – 4 Mio.	Englisch
50 – 100 000	Maori
20 – 50 000	Rarotonga, Samoanisch
10 – 20 000	Chinesisch (Yue; Kantonesisch), Hindi, Niederländisch
5 – 10 000	Fidschi, Niue
3 – 5 000	Tonga
1 – 3 000	Rakahanga-Manihiki, Tokelau
100 – 1 000	Tahitianisch, Tuvalu

Sprachfamilien: Austronesisch (polynesisch), sinotibetisch (Chinesisch), indoeuropäisch (indisch: Hindi; germanisch: Englisch)

Sprachökologische Verhältnisse: Die rund 50 000 Muttersprachler des Maori leben überwiegend im nördl. Teil der Nordinsel. Gemäß dem Maori Language Act (1987) ist Maori nominell als Amtssprache Neuseelands anerkannt. Amtlicher Status gilt auch für das Englische, das faktisch in allen öffentlichen Bereichen (Regierung, Verwaltung, Rechtswesen) dominiert. In Maori werden lediglich einige amtliche Verlautbarungen publiziert.

Sowohl Maori als auch Englisch werden in der Schule unterricht. Auch als Unterrichtssprache dominiert das Englische. Im zweisprachigen Curriculum wird Maori bis in die Sekundarstufe verwendet, die höhere Ausbildung erfolgt ausschließlich in Englisch. Die Verwendung von Maori in den Massenmedien ist begrenzt; es gibt nur einige Rundfunksendungen.

Ende der 1970er Jahre stellte man fest, dass Maori nur noch von wenigen jungen Menschen gesprochen wurde. Die Schulanfänger waren fast sämtlich einsprachig (mit Englisch als Primärsprache). Im Jahre 1981 wurde ein spezielles Sprachprogramm für Vorschulen organisiert, die Te Kohanga Reo (›Sprachnest‹). Einzige Sprache in den Vorschulgruppen ist Maori, und die Unterrichtsthemen beziehen sich alle auf die kulturellen Traditionen der Maori-Bevölkerung. Inzwischen steigt die Zahl der zweisprachigen Erstklässler (mit Maori als Primär- und Englisch als Zweitsprache).

Niue
(Außengebiet Neuseelands mit innerer Autonomie)

Fläche:	262,7 qkm (Alofi: 900 E)
Bevölkerung:	2 088 E (1997)

Gesamtzahl der Sprachen:	2 (Amtssprachen: Niue, Englisch)

Sprechergruppe	Sprache
2 088	Niue

Sprachfamilien: Austronesisch, indoeuropäisch

Nördliche Marianen
(US-Commonwealth Territory)

Fläche:	457 qkm (Garapan: 47 786 E)
Bevölkerung:	54 000 E (1997)
Zusammensetzung der Bevölkerung:	überwiegend Polynesier

Gesamtzahl der Sprachen:	4 (Amtssprache: Englisch)

Sprechergruppen	Sprachen
14 200	Chamorro
3 000	südl. Carolinisch (Saipan-C.)
(keine Angaben)	nördl. Carolinisch (Tanapag)

Sprachfamilien: Austronesisch (polynesisch), indoeuropäisch (Englisch)

Norfolk
(Außengebiet Australiens)

Fläche:	34,6 qkm
Bevölkerung:	2 260 E (1996)

Zusammensetzung der Bevölkerung:	Islanders (Nachkommen der Bounty-Meuterer), zugewanderte Mainlanders
Gesamtzahl der Sprachen:	2 (Amtssprache: Englisch)

Sprechergruppen	Sprachen
1 680	Englisch
580	Pitcairn-Norfolk

Sprachfamilie: Indoeuropäisch (germanisch)

Palau

Fläche:	508 qkm (Koror, auf Koror: 10 501 E)
Bevölkerung:	19 000 E (1998), (seit 1990 + 2,9 % jährl.) (1992: Fertilität – 2,3 %/Mortalität – 0,7 %)
Stadtbewohner:	71 %
Analphabetenrate:	2 %
Zusammensetzung der Bevölkerung:	83,2 % Palauer, 9,8 % Filipinos, 2 % andere Mikronesier, 1,2 % Chinesen
Gesamtzahl der Sprachen:	4 (Amtssprachen: Englisch, Palauisch)

Sprechergruppen	Sprachen
15 000	Palauisch
600	Sonsorol
22	Tobi
	Zusätzlich Immigrantensprachen (Chinesisch, Tagalog) ohne nähere Angaben zu deren Sprecherzahlen

Sprachfamilien: Austronesisch (mikronesisch), indoeuropäisch (Englisch)

Papua-Neuguinea

Fläche:	462 840 qkm (Port Moresby: 0,25 Mio. E)
Bevölkerung:	4,603 Mio. E (1998), (seit 1990 + 2,6 % jährl.) (1998: Fertilität – 3,2 %/Mortalität – 1,0 %)
Stadtbewohner:	17 %
Analphabetenrate:	Männer – 29 %, Frauen – 45 %
Zusammensetzung der Bevölkerung:	mehr als 800 Ethnien, überwiegend einheimische Papua-Gruppen, Melanesier (N), Malaiien (S- und NW-Küste), Polynesier (O), Chinesen, ca. 30 000 Weiße
Gesamtzahl der Sprachen:	826 (Amtssprachen: Englisch, Tok Pisin, Hiri Motu)

Sprechergruppen	Sprachen
2 – 2,5 Mio.	Tok Pisin (ZSpr)
0,1 – 0,5 Mio.	Enga, Medlpa, Motu (Pidgin M./ZSpr)
50 – 100 000	Englisch, Golin, Huli, Kuman, Sinasina, Tolai, Wahgi
30 – 50 000	Ambulas, Boikin, Hamtai, Kamano, Tok Pisin (PSpr)
20 – 30 000	Adzera, westl. Angal Heneng, Benabena, Chuave, Dano, Gimi, östl. Kewa, westl. Kewa, Kiriwina, Mbo-Ung, Orokaiva, Toaripi, Umbu-Ungu, Yagaria
10 – 20 000	Agarabi, Alekano, östl. Angal, südl. Angal Heneng, südl. Arapesh, Buin, Bukiyip, Duna, Ewage-Notu, Fore, Fuyuge, Gadsup, Halia, Iatmul, Imbo, Kalam, Keopara, Keyagana, Komba, Kunimaipa, Kwanga, Kyaka, Mekeo, Menya, Misima-Paneati, Motu (Pure Motu), Nabak, Nakanai, Nehan, Nembi, Nii, Olo, Orokolo, Siane, Sinagoro, Tairora, Takia, Tauade, Timbe, Usarufa, Waskia, Wiru, Yonggom
5 – 10 000	Amele, Angoram, Avau, Awin, Awiyaana, Baruya, Bola, Botin, Mapos-Buang, Bukawa, Burum-Mindik, Bwaidoka, Dadibi, Daga, Dobu, Dom, Duau, Gende, Gogodala, Guhu-Samane, Hakoa, Iduna, Inoke-Yate, Ipili, Kaeti, Kanite, Kâte, südl. Kewa, südl. Kiwai, Kobon, Kwasengen, Lihir, Lusi, Mailu, Mamusi, Manam, Mape, Maring, Mengen, Mikarew, Mongi, Nahu, Nara, Nasioi, Ngalum, Oksapmin, Ono, Patpatar, Purari, Qaqet, Ramoaaina, Rawa, Roro, Salt-Yui, Sawos, Selepet, Siwai, Suau, Tawala, Tigak, Tokano, Tungag, Urat, Vitu, Wampar, Wantoat, Yagwoia, Yupna
3 – 5 000	Abau, Aiklep, Amanab, Au, Bamu, Bargam, Beami, Binandere, Dedua, Edawapi, Emira, Faiwol, Gimi (Loko),

1 – 3 000	Girawa, Hote, Hunjara, Kairiru, Kandawo, Kara, Katiati, Keuru, nordöstl. Kiwai, Kol, Korafe, Kovai, Kumai, Lote, Madak, Maleu-Kilenge, Malol, Managalasi, Mehek, Molima, Nagovisi, Namia, Narak, Nomane, Pawaia, Rao, Rotokas, Samberigi, Sio, Sissano, Solos, Sua, Tangga, Telefol, Teop, Tifal, Tinputz, Urim, Wamsak, Wedau (lingua franca), Weri, Yele
	Abu, Aeka, Agöb, Alamblak, Amara, Ambasi, Ampeeli-Wojokeso, Andarum, Angaatiha, Angor, Anjam, Ankave, Bumbita-Arapesh, Are, Arifama-Miniafia, Arinua, Arop-Lokep, Arove, Aunalei, Awa, Banaro, Barai, Bariai, Barok, Baruga, Bau, Bebeli, Beli, Bembi, Biangai, Biem, Bimin, Bine, Biwat, Boazi, Bohuai, Boianaki, Borei, Breri, Buang (Mangga-B.), Buhutu, Buna, Bunama, Bungain, Chambri, Dami, Dawawa, Dia, Dimir, Diodio, Eivo, Elkei, Fas, Fasu, Foi, Folopa, Gaina, Galeya, Gants, Gapapaiwa, Garus, Gedaged, Gidra, Gobasi, Hahon, Hewa, Hinihon, Hula, Iamalele, Igom, Ikundun, Irumu, Iwal, Iwam, Kabadi, Kaluli, Kamba, Kanasi, Kapin, Kapriman, Karkar-Yuri, Kasua, Kaulong, Kela, Kerewo, Kibiri, Kilmeri, Kire, Kiwai (Wabuda-K.), Koiari (Berg- und Wiesen-K./mountain and grass K.), Koita, Kombio, Koromira, Kosena, Kosorong, Kove, Kuni, Kunua, Kurti, Kwale, Kwoma, Kyenele, Labu, Lavatbura-Lamusong, Lele, Lembena, Levei-Ndrehet, Maia, Maiani, Maisin, Maiwa, Makarim, Mali, Manambu, Mandara, Mangsing, Maria, Mauwake, Mbula, Mekmek, Melamela, Mesem, Miani, Mianmin, Migabac, Minaveha, Mumeng, Murik, Muyuw, Nali, Nalik, Nambu, Nankina, Nek, Nent, Ngaing, Nimi, Nimoa, Ninggerum, Nobanob, Nokopo, Notsi, Nuk, Numanggang, Nyindrou, Ömie, Oune, Pagi, Pare, Pele-Ata, Petats, Pinai, Psohoh, Ptep, Pulie-Rauto, Samo-Kubo, Saposa, Sewa Bay, Siar, Simbari, Simeku, Sudest, Suena, Suki, Sulka, Sumau, Sursurunga, Tabriak, Tanggu, Taupota, Titan, Tobo, Tuam-Mutu, Tubetube, Uisai, Ulau-Suain, Umanakaina, Uramat, Uri, Urigina, Usan, Usino, Vanimo, Wagawaga, Wagi, Warapu, Waris, Wedau, Wogeo, Wom, Yabem, Yahang, Yakamul, Yanta, Yau (Uruwa), Yaweyuha, Yessan-Mayo, Yil, Zia, Zimakani
900 – 1 000	Akolet, Aribwaung, 'Auhelawa, Baluan-Pam, Banoni, Etoro, Gizra, Gnau, Haruai, Isebe, Kenati, Keriaka, Koguman, Koluawa, Kuot, Kyenele, Lesing-Atui, Lou, Nakama, Nete, Pak-Tong, Rumu, Seimat, Sowanda, Tai, Tainae, Tirio, Torricelli, Waffa, Wanap, Wuvulu-Aua, Yei, Yekora

800 – 900	Aiku, Aion, Andra-Hus, Angoya, Kalou, Kwomtari, Mari (Hop), Maria, Megiar, Muniwara, Nomu, Omati, Taulil-Butam, Urimo, südl. Watut, Yambes, Yaul
700 – 800	Abasakur, Agi, Arafundi, Binahari, Bosngun, Buna, Doura, Ginuman, Gusan, Kairak, Kamasau, Kamula, Konomala, Kwato, Mala, Morawa, Ömie, Pouye, Tiang, Valman, Yaben, Yareba
600 – 700	Anam, Aneme Wake, Aruek, Aruop, Asaro'o, Awad Bing, Bemal, Bilbil, Gaikundi, Ikobi-Mena, Kamberataro, Leipon, Momare, Morigi, Mouk-Aria, Musar, Ogea, Saniyo-Hiyowe, Sauk, Sialum, Siroi, Suganga, Tomoip, Torau, Tumleo, Waruna, Yamap
500 – 600	Anem, Anor, Anuki, Apali, Apos, Aramba, Awar, Blafe, Bulu, Domu, Jimajima, Karore, Kasua, Kele, Kesawai, Komutu, Konai, Kumukio, Laeko-Libuat, Lukep, Moikodi, Nabi, Nai, Ningil, Pahi, Papitalai, Pasi, Penchal, Pinai, Piva, Rawo, Rempi, Saep, Sakam, Sori-Harengan, Tanguat, Ufim, Utu, Wadaginam, Wasembo, Wiaki, Yale
400 – 500	Aimele, Ama, Baimak, Baramu, Barim, Bisis, Bongu, Bunabun, Changriwa, Dambi, Duduela, Finungwa, Gira, Gitua, Humene, Jilim, Kalamo, Kandas, Karawa, Kauwol, Koiwat, Lewada-Dewara, Lilau, Loniu, Malasanga, Manem, Medebur, Monumbo, Nekgini, Onabasulu, Parawen, Ponam, Sausi, Sengseng, Sepen, Sera, Sinsauru, Tao-Suamato, Utarmbung, Wanambre, Wasambu, nördl. Watut, Wutung, Yis
300 – 400	Agala, Amaimon, Amal, Apalik, Ara, Asas, Awtuw, Awun, Bahinemo, Bainapi, Bauwaki, Binumarien, Biyom, Bosilewa, Bragat, Busa, Degenan, Duwet, Eitiep, Gabutamon, Guriaso, Kaian, Kaki Ae, Kaningra, Kanum, Kare, Kominimung, Koro, Krisa, Malalamai, Male, Mato, Mebu, Minigir, Miu, Mongol, Munit, Murupi, Musak, Mutum, Neko, Nimo, Ningera, Owenia, Puari, Rapting, Romkun, Sihan, Simbali, Simog, Songum, Tauya, Urapmin, Wampur, Watam, Wogamusin, Yabong, Yerakai, Yimas
200 – 300	Ainbai, Amto, Aturu, Baibai, Bariji, Bisorio, Bitara, Bogaya, Dumpu, Elu, Fiwaga, Gal, Garuwahi, Gumalu, Gumawana, Imonda, Isabi, Itutang, Kaiep, Kinalakna, Kis, Kolom, Kopar, Korak, Kunja, Langam, Lantanai, Lenkau, Malas, Mapena, Maramba, Matepi, Matukar, Mawan, Meriam, Minanibai, Mondropolon, Musom, Niksek, Numbami, Owiniga, Pei, Rerau, Rocky Peak (Laro), Roinji, Sengo, Sepa, Sileibi, Siliput, Sinagen, Sonia, Takuu, Umeda, Were, Yelogu, Yoidik

100 – 200	Akrukay, Alatil, Biksi, Bo, Bonkiman, Budibud, Bun, Burui, Chenapian, Danaru, Daonda, Dengalu, Doga, Elepi, Forak, Ganglau, Gasmata, Guirak, Guntai, Igana, Ipiko, Iteri, Kambaira, Label, Lemio, Magori, Mamaa, Mandi, Mari, Mokerang, Moresada, Munkip, Mwatebu, Nafi, Nake, Nauna, Nawaru, Ngala, Nuguria, Nukumanu, Onjab, Panim, Papapana, Paynamar, Piu, Pulabu, Saruga, Seta, Setaman, Seti, Silopi, Suarmin, Terebu, Tuwari, Ukuriguma, Wab, Walio, Wamas, Watakataui, Wataluma, Weliki, Yagomi, Yangulam, Yau
10 – 100	Ak, Arawum, Ari, Atemble, Bagupi, Bepour, Bikaru, Bilakura, Bulgebi, Dumun, Faita, Gorovu, Kamasa, Kawacha, Kowaki, Likum, Mari (Dorro), Mawak, Mindiri, Moere, Mosimo, Musan, Papi, Piame, Pyu, Rema, Samosa, Som, Sumariup, Susuami, Taiap, Tais, Tenis, Turaka, Unserdeutsch, Uya, Vehes, Yapunda, Yarawata, Yawiyo
Weniger als 10	Bina, Guramalum, Laua, Makolkol, Sene
Ausgestorben	Aribwatsa, Getmata, Hermit, Kaniet (seit 1950), Karami, Mulaha, Ouma, Uruava, Yoba

Sprachfamilien: Papua-Sprachen (im Inland), austronesisch (überwiegend an den Küsten und auf den vorgelagerten Inseln), indoeuropäisch (germanisch: Tok Pisin, Englisch)

Sprachökologische Verhältnisse: Weite Regionen des bergigen Inlands von Papua-Neuguinea sind bis heute schwer zugänglich. Viele Siedlungen der einheimischen Papuaner liegen in zerklüfteten Bergtälern. Die verkehrstechnische Abgeschlossenheit ist ausschlaggebend dafür, dass es in Papua-Neuguinea nicht zu großräumigen Ausgleichstendenzen gekommen ist, sei es in sprachlicher, sozialer oder kultureller Hinsicht. Daher ist der Zusammenhalt kleiner und kleinster Sprachgemeinschaften bis heute intakt geblieben.

Die Sprachenwelt Papua-Neuguineas ist zerklüftet wie die geographische Landschaft. Trotz der Isolation vieler Kleinvölker in den Bergtälern haben sich in den Küstenregionen rege Handelskontakte entfaltet. Bei diesen Kontakten handelt es sich um solche zwischen Küstenbewohnern untereinander sowie zwischen diesen und Bewohnern des Berglandes. In einigen Regionen stehen Sprachen seit vielen Jahrhunderten in intensivem Kontakt miteinander. Der Grad der wechselseitigen Beeinflussung ist teilweise erheblich. Im grammatischen Bau und im Wortschatz von Sprachen wie Magori oder Maisin finden sich ebenso viele austronesische Eigenheiten wie solche einheimischer Papua-Sprachen.

Die Interkommunikation war auf die Verwendung von Verkehrssprachen angewiesen. Keine der lokalen Sprachen hat interregionale Verbreitung erlangt. Vielmehr haben sich Varianten von Pidgins auf der Basis lokaler Sprachen entwickelt, die verkehrssprachliche Funktionen übernehmen, wie beispielsweise Hiri Motu auf der Basis von Motu oder Toaripi Hiri auf der Basis von Toaripi. Als

Folge der Präsenz des Englischen in Neuguinea entwickelte sich auf dessen Basis ein eigenes Pidgin, Tok Pisin.

Amtliche Dokumente werden in Englisch, Tok Pisin und Hiri Motu veröffentlicht. Der Gebrauch von Tok Pisin in Bereichen des öffentlichen Lebens nimmt beständig zu. Bis vor kurzem dominierte Englisch als Unterrichtssprache. Seit 1989 wird eine neue Ausbildungspolitik betrieben. In der Vorschule sowie in den ersten Schulklassen wird in einer der lokalen Sprachen unterrichtet. Danach erst erfolgt der Übergang zum Englischen, das insgesamt bis heute in der Schulausbildung dominiert.

Pitcairn
(Britisches Dependent Territory)

Fläche:	35,5 qkm (Adamstown)
Bevölkerung:	61 E (1983), 55 E (1993), 49 E (1996)
Zusammensetzung der Bevölkerung:	Nachkommen der Bounty-Meuterer

Gesamtzahl
der Sprachen: 2 (Amtssprache: Englisch)

Sprechergruppen	Sprachen
Weniger als 40 (keine Angaben)	Pitcairn-Norfolk Englisch

Sprachfamilie: Indoeuropäisch (Englisch)

Salomonen

Fläche:	27 556 qkm (Honiara, auf Guadalcanal: 35 300 E)
Bevölkerung:	0,416 Mio. E (1998), (seit 1990 + 3,7 % jährl.) (1998: Fertilität – 3,5 %/Mortalität – 0,4 %)
Stadtbewohner:	18 %
Analphabetenrate:	38 %
Zusammensetzung der Bevölkerung:	94,2 % Melanesier, 3,7 % Polynesier, 1,4 % Mikronesier

Gesamtzahl
der Sprachen: 71 (Amtssprache: Englisch)

Sprechergruppen	Sprachen
0,1 – 0,2 Mio.	Salomonen-Pidgin (Pijin blong Solomon; auf englischer Basis; ZSpr)
20 – 50 000	Kwara'ae
10 – 20 000	'Are'Are, Kwaio, Lau, To'abaita
5 – 10 000	Babatana (ZSpr), Cheke Holo, Gela, Ghari, Lengo, Roviana, Sa'a, Talise, Varisi
3 – 5 000	Ayiwo, Babatana (PSpr), Bilua, Birao, Fataleka, Kahua, Langalanga, Marovo, Santa Cruz
1 – 3 000	Arosi, Bauro, Bughotu, Duke, Ghanongga, Kusaghe, Lungga, Malango, Mono, Ontong Java, Salomonen-Kreolisch (PSpr), Rennell, Savo, Simbo, Tikopia
100 – 1 000	Amba, Anuta, Baniata, Blablanga, Dori'o, Fagani, Gao, Gula'alaa, Hoava, Kiribati, Kokota, Lavukaleve, Longgu, Nanggu, Pileni, Ririo, Sikaiana, Tanimbili, Ughele, Vaghua, Vangunu, Zabana, Zazao
10 – 100	Asumboa, Oroha, Teanu
Weniger als 10	Laghu
Ausgestorben	Dororo, Guliguli, Kazukuru, Tanema, Vano

Sprachfamilien: Austronesisch (polynesisch: Luangiua, Sikaiana, Tikopia, u. a.; melanesisch: 'Are'Are, Kwara'ae, Sa'a, u. a.), Ost-Papua-Sprachen (Bilua, Lavukaleve, Nanggu, u. a.), indoeuropäisch (Salomonen-Kreolisch)

Sprachökologische Verhältnisse: Im Jahre 1978 wurde Englisch als Nationalsprache offiziell anerkannt. Die am weitesten verbreitete Sprache auf den Salomonen ist allerdings das Salomonen-Pidgin. Englisch ist Amtssprache und dominiert als Schriftmedium. In den letzten Jahren wird das Pidgin immer häufiger als Arbeitssprache in öffentlichen Versammlungen gebraucht. Pidgin wird in den ersten beiden Klassen der Primarstufe unterrichtet. Anschließend ist Englisch exklusive Unterrichtssprache. Sowohl Englisch als auch Pidgin werden im Rundfunk verwendet.

Samoa

Fläche:	2 831 qkm (Apia, auf Upolu: 34 126 E)
Bevölkerung:	0,169 Mio. E (1998), (seit 1990 + 0,8 % jährl.) (1998: Fertilität – 2,9 %/Mortalität – 0,5 %)
Stadtbewohner:	21 %
Analphabetenrate:	30 %
Zusammensetzung der Bevölkerung:	90 % Samoaner (Polynesier), 9 % Euronesier (gemischt-

ethnische Bevölkerung europäisch-polynesischer Abstammung); Chinesen, u. a.

| Gesamtzahl der Sprachen: | 2 (Amtssprachen: Samoanisch, Englisch) |

Sprechergruppen	Sprache
0,14 Mio. (keine Angaben)	Samoanisch Englisch

Sprachfamilien: Austronesisch (polynesisch), indoeuropäisch (Englisch)

Sprachökologische Verhältnisse: Im amtlichen Bereich dominiert Englisch als Schriftsprache, Samoanisch fungiert als Arbeitssprache. Im Schulunterricht wird in den beiden Landessprachen unterrichtet. Das Englische überwiegt in den höheren Klassen. Samoanisch und Englisch finden Verwendung in den Massenmedien.

Tokelau
(Außengebiet Neuseelands)

Fläche:	10,12 qkm
Bevölkerung:	1 700 E (1991)
Zusammensetzung der Bevölkerung:	Tokelau (Polynesier)

| Gesamtzahl der Sprachen: | 3 (Amtssprachen: Tokelau, Englisch) |

Sprechergruppen	Sprachen
1 560 (keine Angaben)	Tokelau Samoanisch, Englisch

Sprachfamilien: Austronesisch (polynesisch), indoeuropäisch (Englisch)

Sprachökologische Verhältnisse: Englisch dominiert im amtlichen Schriftverkehr. Tokelau fungiert als Arbeitssprache. Seit einigen Jahren wird Tokelau in der Primarstufe unterrichtet. Alle höhere Ausbildung erfolgt in Englisch.

Tonga

Fläche:	748 qkm (Nuku'alofa: 34 000 E)
Bevölkerung:	99 000 E (1998), (seit 1990 + 0,4 % jährl.)
	(1998: Fertilität – 2,8 %/Mortalität – 0,6 %)
Stadtbewohner:	42 %
Analphabetenrate:	< 5 %
Zusammensetzung der Bevölkerung:	99 % Tongaer (Polynesier), Euronesier

Gesamtzahl der Sprachen: 5 (Amtssprachen: Tonga, Englisch)

Sprechergruppen	Sprachen
96 000	Tonga
1 630	Niuatoputapu
690	Niuafo'ou
27	Niue

Sprachfamilie: Austronesisch (polynesisch), indoeuropäisch (Englisch)

Sprachökologische Verhältnisse: Tonga ist Nationalsprache und Amtssprache. Englisch rangiert an zweiter Stelle in amtlichen Funktionen. Im Rechtswesen dominiert das Englische und englisch-sprachige Rechtsdokumente sind als autoritative Originaltexte anerkannt. Englisch dominiert ebenfalls in der Schulausbildung.

Tuvalu

Fläche:	26 qkm (Vaiaku, auf Funafuti: 4 000 E)
Bevölkerung:	11 000 E (1998), (seit 1990 + 1,5 % jährl.)
	(1992: Fertilität – 2,8 %/Mortalität – 0,9 %)
Stadtbewohner:	40 %
Analphabetenrate:	< 5 %
Zusammensetzung der Bevölkerung:	96 % Polynesier und Melanesier

Gesamtzahl der Sprachen: 3 (Amtssprachen: Tuvalu, Englisch)

Sprechergruppen	Sprachen
8 440	Tuvalu
870	Kiribati

(keine Angaben)	Englisch

Sprachfamilien: Austronesisch (polynesisch: Tuvalu; mikronesisch: Kiribati)
Sprachökologische Verhältnisse: Englisch dominiert im amtlichen Schriftverkehr, Tuvalu ist Arbeitssprache. In den Massenmedien werden sowohl Tuvalu als auch Englisch verwendet.

Vanuatu

Fläche:	12 190 qkm (Port Vila, auf Efaté: 33 700 E)
Bevölkerung:	0,183 Mio. E (1998), (seit 1990 + 3,1 % jährl.)
	(1998: Fertilität – 3,2 %/Mortalität – 0,6 %)
Stadtbewohner:	19 %
Analphabetenrate:	30 %
Zusammensetzung der Bevölkerung:	91 % Melanesier (Ni-Vanuatu), 3 % Polynesier, ca. 5 000 Europäer

Gesamtzahl der Sprachen:	110 (Amtssprachen: Bislama, Englisch, Französisch)

Sprechergruppen	Sprachen
5 – 10 000	Bislama (lingua franca/Englisch-Kreolisch), Hano, Lenakel, Paama, Uripiv-Wala-Rano-Atchin
4 – 5 000	östl. und westl. Ambae, Apma, Französisch
3 – 4 000	nördl. und südl. Efaté, Whitesands
2 – 3 000	nördl. Ambrym, Kwamera, Mele-Fila, Namakura, nördl. und südwestl. Tauna
1 – 2 000	südöstl. Ambrym, Englisch, Malo, Maskelynes, Merlav, Motlav, Nambas, Sa, Sakao, Vao
100 – 1 000	Akei, Amblong, Aneityum, Araki, Aulua, Axamb, Baetora, Baki, Bierebo, Bieria, Burmbar, Butmas-Tur, Dakaka, Emae (Emae-Fidschi), Fortsenal, Futuna-Aniwa, Hiw, Katbol, Kiribati, Koro, Labo, Lakona, Lamenu, Lametin, Larevat, Lehali, Letemboi, Lewo, Lingarak, Litzlitz, Lonwolwol, Mae, Maewo, Malfaxal, Malmariv, Malua Bay, Marino, Moronas, Mosina, Mota, Mpotovoro, Narango, Navut, Nokuku, Nume, Piamatsina, Polonombauk, Port Sandwich, Port Vato, Rerep, Roria, Seke, Shark Bay, Sie, Sinesip, Tangoa, Tasmate, Toga, Tolomako, Tutuba, Unua, Valpei, Vatrata, Vinmavis, Vunapu, Wusi

| Weniger als 100 | Aore, Dixon Reef, Lehalurup, Lorediakarkar, Mafea, Maii, Maragus, Nasarian, Repanbitip, Sowa, Tambotalo, Ura, Wailapa, Wallisian, Wetamut |

Sprachfamilien: Austronesisch (melanesisch; polynesisch: Fila-Mele, Emae, Futuna-Aniwa), indoeuropäisch (germanisch: Bislama, Englisch; romanisch: Französisch)

Sprachökologische Verhältnisse: Bislama ist anerkannte Nationalsprache und Amtssprache. Englisch und Französisch besitzen lediglich amtlichen Status. Diese beiden Sprachen dominieren im Ausbildungswesen, wo Bislama praktisch keine Rolle spielt.

In den Massenmedien ist der Sprachgebrauch funktional verschieden. Im Rundfunk dominiert Bislama, während in der Presse alle drei Sprachen in etwa gleich stark vertreten sind.

Wallis und Futuna
(Französisches Außengebiet: Territoire d'outre mer)

Fläche:	274 qkm (Matâ 'Uta: 1 137 E)
Bevölkerung:	14 974 E (1998)
Zusammensetzung der Bevölkerung:	Polynesier, Europäer (Franzosen)

Gesamtzahl
der Sprachen: 3 (Amtssprache: Französisch)

Sprechergruppen	Sprachen
9 – 10 000	Wallisisch (östl. Uvea)
3 – 4 000	Futuna (östl. F.)
ca. 120	Französich

Sprachfamilien: Austronesisch (malaio-polynesisch), indoeuropäisch (Französisch)

Bibliographie

Adelung, F. V. (1815). Catherinens der Großen Verdienste um die Vergleichende Sprachenkunde. St. Petersburg (Nachdruck mit Einleitung und bio-bibliographischem Register von H. Haarmann; Hamburg 1976)
Aitchison, J./Carter, H. (1994). A geography of the Welsh language 1961-1991. Cardiff
Alcock, S.E. (1994). Breaking up the Hellenistic world: survey and society, in: Morris 1994: 171-190
Amerika 1492-1992. Neue Welten – Neue Wirklichkeiten. Geschichte – Gegenwart – Perspektiven. Braunschweig
Ammon, U. (1995). Die deutsche Sprache in Deutschland, Österreich und der Schweiz. Das Problem der nationalen Varietäten. Berlin/New York
Ammon, U./Haarmann, H. (Hg. (1991). Status und Funktion der Sprachen in den Institutionen der Europäischen Gemeinschaft. Tübingen
Andronov, M.S. (1978). Dravidijskie jazyki, in: Indoevropejskie jazyki, dravidijskie jazyki. Moskau, S. 317-434
Arsanis, G.V. (1968). Sovremennyj assirijskij jazyk, in: Skorik 1968: 489-507
Asher, R.E. (1994). Languages of South Asia from Iran to Bangladesh, in: Moseley/Asher 1994: 205-218
Asher, R.E./Simpson, J.M. (Hg.) (1994). The encyclopedia of language and linguistics, 10 Bde. New York/London
Auburger, L. (1993). Sprachvarianten und ihr Status in den Sprachsystemen. Hildesheim
– (1997). Der Status des Kroatischen als Einzelsprache und der Serbokroatismus: ein Lehrstück aus der kontaktlinguistischen Begriffsgeschichte, in: Moelleken/Weber 1997: 21-29
Auroux, S./Koerner, E. F. K./Niederehe, H.-J./Versteegh, K. (Hg.) (2000). History of the language sciences, Bd. 1. Berlin/New York
Aymonier, E. (1890). La langue française et l'enseignement en Indochine. Paris

Bähr, J. (1992). Bevölkerungsgeographie. Verteilung und Dynamik der Bevölkerung in globaler, nationaler und regionaler Sicht. Stuttgart (2. Aufl.)
Baratta, M.v. (Hg.) (1994 – 2001). Der Fischer Weltalmanach. Zahlen, Daten, Fakten. Frankfurt (jährliche Neuausgabe)
Bardet, J.-P./Dupâquier, J. (Hg.) (1997). Histoire des populations de l'Europe. I. Des origines aux prémices de la révolution démographique. Paris

Barnes, G.L. (1993). China, Korea and Japan. The rise of civilization in East Asia. London
Bartlett, R. (1993). The making of Europe. Conquest, colonization and cultural change 950-1350. London/New York
Beasley, W.G. (1995). Japan encounters the barbarian. Japanese travellers in America and Europe. New Haven/London
Bel Bravo, M.A. (1997). Sefarad. Los judíos de España. Madrid
Bellinello, P.F. (1995). La carte des minorités ethnolinguistiques du midi de l'Italie, in: Bulletin de Géolinguistique 5, 1-3
Benedetti-Cruz, A. (1992). Afroamerika – eine Konsequenz der europäischen Kolonialisierung der Neuen Welt, in: Amerika 1492-1992: 192-201
Benson, E.P./Fuente, B. de la (Hg.) (1996). Olmec art of Ancient Mexico. Washington/New York
Biraben, J.-N. (1997). Les vicissitudes du peuplement préhistorique, in: Bardet/Dupâquier 1997: 46-69
Bitterli, U. (1991). Die ›Wilden‹ und die ›Zivilisierten‹. Grundzüge einer Geistes- und Kulturgeschichte der europäisch-überseeischen Begegnung. München (2. Aufl.)
Blake, B. (1994). Language evolution, in: Horton 1994: 598-600
Blok, J.H. (1995). The early amazons. Modern and ancient perspectives on a persistent myth. Leiden/New York/Köln
Bonfante, G. (1954). Ideas on the kinship of European languages from 1200 to 1800, in: Cahiers d'histoire mondiale 1, 680-681
Borst, A. (1957-63). Der Turmbau von Babel. Geschichte der Meinungen über Ursprung und Vielfalt der Sprachen und Völker, 4 Bde. Stuttgart
Bourgeois, R. (Hg.) (1941). Le souvenir d'Alexandre de Rhodes. Hanoi
Bray, W. (1980). Early agriculture in the Americas, in: Sherratt 1980: 365-374
Bresciani, E. (1992). Der Fremde, in: Donadoni 1992: 261-295
Bright, W. (Hg.) (1992). International encyclopedia of linguistics, 4 Bde. New York/Oxford
Bromlej, J.V. (Hg.) (1988). Narody mira. Istoriko-etnografičeskij spravočnik. Moskau
Bruk, S.I./Apenčenko, V.S. (Hg.) (1964). Atlas narodov mira. Moskau
Burrow, T./Bhattacharya, S. (1970). The Pengo language. Oxford
Byun, M.-S. (1990). Bilingualism and bilingual education: the case of the Korean immigrants in the United States, in: Haarmann/Hwang 1990: 109-128

Campbell, G.L. (1991). Compendium of the world's languages, 2 Bde. London/New York
Campbell, L./Mithun, M. (Hg.) (1979). The languages of native America: Historical and comparative assessment. Austin
Carbonell, E./Vaquero, M. (Hg.) (1996). The last Neandertals, the first anatomically modern humans. Cultural change and human evolution: the crisis at 40 KA BP. Tarragona
Cardona, G. (1992). Indo-Aryan languages, in: Bright 1992/II: 202-206
Castañeda, L.M. (Hg.) (1988). Atlas cultural de México. Lingüística. Mexico City
Cavalli-Sforza, L./Piazza, A. (1993). Human genomic diversity in Europe: a sum-

mary of recent research and prospects for the future, in: European Journal of Human Genetics 1, 3-18
Cavalli-Sforza, L./Menozzi, P./Piazza, A. (1994). The history and geography of human genes. Princeton, New Jersey
Chaliand, G./Rageau, J.-P. (1998). Atlas du millénaire. La mort des empires 1900 – 2015. Paris
Chang, K.C. (1983). Art, myth, and ritual. The path to political authority in ancient China. Cambridge, Mass./London
Clairis, Chr. (1983). Le cas du grec, in: Fodor/Hagège 1983/I: 351-362
Coenen, M.-T./Lewin, R. (Hg.) (1997). La Belgique et ses immigrés. Les politiques manquées. Paris/Brüssel
Cohen, R. (Hg.) (1995). The Cambridge survey of world migration. Cambridge/New York
Comrie, B. (Hg.) (1987). The world's major languages. London/Sydney
Conde, O. (1998). Diccionario etimológico del lunfardo. Buenos Aires
Corson, D. (1995). Norway's »Sami Language Act«: Emancipatory implications for the world's aboriginal peoples, in: Language in Society 24, 493-514
Coseriu, E. (1975). Andrés de Poza y las lenguas de Europa, in: Studia hispanica in honorem R. Lapesa III. Madrid, 199-217
Crystal, D. (1997). English as a global language. Cambridge
Curto, S. (1989). La scrittura nella storia dell'Uomo. Mailand

Dauzat, A. (1953). L'Europe linguistique. Paris (2. Aufl.)
Décsy, G. (1973). Die linguistische Struktur Europas. Wiesbaden
DeFrancis, J. (1950). Nationalism and language reform in China. Princeton, New Jersey
– (1977). Colonialism and language policy in Viet Nam. The Hague/Paris/New York
DeLancey, S. (1992). Sino-Tibetan languages, in: Bright 1992/3: 445-449
Denoon, D./Hudson, M./McCormack, G./Morris-Suzuki, T. (Hg.) (1996). Multicultural Japan – Palaeolithic to postmodern. Cambridge
Derbyshire, D.C./Pullum, G.K. (1986a). Introduction, in: Derbyshire/Pullum 1986b: 1-28
Derbyshire, D.C./Pullum, G.K. (Hg.) (1986b). Handbook of Amazonian languages, 2 Bde. Berlin/New York/Amsterdam
Dešeriev, J.D. (Hg.) (1976). Razvitie nacional'no-russkogo dvujazyčija. Moskau
Desnickaja, A.V. (1987). Albanskaja literatura i albanskij jazyk. Leningrad
Dixon, R.M.W. (1980). The languages of Australia. Cambridge
Djite, P.G. (1994). From language policy to language planning. An overview of languages other than English in Australian education. Canberra
Donadoni, S. (Hg.) (1992). Der Mensch des Alten Ägypten. Frankfurt/New York
Dupâquier, J. (1997). Introduction, in: Bardet/Dupâquier 1997: 26-38
Durand, M. (1957). Alexandre de Rhodes, in: Bulletin de la Société des Etudes Indochinoises 32, 5-30
Dürrmüller, U. (1991). Swiss multilingualism and intranational communication, in: Ammon/Haarmann 1991: 111-159

Echenique Elizondo, M.T. (1987). Historia lingüística vasco-románica. Madrid (2. Aufl.)
Edel'man, D.I. (1996). Burušaski jazyk, in: Volodin 1996: 204-220
Ehrhart, H.-G./Kreikemeyer, A./Zagorski, A.V. (Hg.) (1995). Crisis management in the CIS: whither Russia? Baden-Baden
Ehret, C. (1998). An African classical age. Eastern and southern Africa in world history 1000 B.C. to A.D. 400. Kampala/Kapstadt/Nairobi/Oxford
Encyclopédie de la Polynésie, 9 Bde. Papeete, Tahiti 1986 (2. Aufl. 1990)
Ennis, T. (1936). French policy and development in Indochina. Chicago
Esen-Baur, H.-M./Walter, C. (1989). Die Osterinsel heute, in: 1500 Jahre Kultur der Osterinsel. Schätze aus dem Land des Hotu Matua. Mainz, S. 160-166
Extra, G./Gorter, D. (Hg.) (2001) The other languages of Europe. Clevedon/Buffalo/Toronto
Extra, G./Verhoeven, L. (Hg.) (1993). Immigrant languages in Europe. Clevedon/Philadelphia/Adelaide
– (Hg.) (1999). Bilingualism and migration. Berlin/New York

Fagan, B.M. (1987). The great journey: The peopling of Ancient America. London
Fält, O.K. (1990). The clash of interests. The transformation of Japan in 1861-1881 in the eyes of the local Anglo-Saxon press. Rovaniemi
Ferro, M. (1994). Histoire des colonisations des conquêtes aux indépendances (XIIIe – XXe siècle). Paris
Fischer Weltalmanach s. Baratta 1994-2001
Fodor, I. (1975). Pallas und andere afrikanische Vokabularien vor dem 19. Jahrhundert. Ein Beitrag zur Forschungsgeschichte. Hamburg
Fodor, I./Hagège, C. (Hg.) (1983-94). Language reform/La réforme des langues/Sprachreform, 6 Bde. Hamburg
Forsyth, J. (1992). A history of the peoples of Siberia. Russia's North Asian colony 1581-1990. Cambridge
Fuchs, L.H. (1990). The American kaleidoscope. Race, ethnicity, and the civic culture. Hanover, New England/London

Gamble, C. (1992). The Palaeolithic settlement of Europe. Cambridge/New York
Gardt, A. (Hg.) (2000). Nation und Sprache. Die Diskussion ihres Verhältnisses in Geschichte und Gegenwart. Berlin/New York
Gimbutas, M. (1991). The civilization of the Goddess. The world of Old Europe. San Francisco
Glassé, C. (1991). The concise encyclopedia of Islam. San Francisco
Glazer, N. (1997). We are all multiculturalists now. Cambridge, Mass./London
Godart, L. (1995). Una iscrizione in Lineare B del XVII secolo A.C. ad Olimpia, in: Rendiconti dell'Accademia nazionale dei Lincei. Classe di Scienze morali, storiche e filologiche, s. 9, v.: 445-447
Goebl, H./Nelde, P.H./Stary, Z./Wölck, W. (Hg.) (1996-97). Kontaktlinguistik/Contact Linguistics/Linguistique de contact, 2 Teilbände. Berlin/New York

Greco, E. (1993). Archeologia della Magna Grecia. Roma/Bari (2. Aufl.)
Greenberg, J.H. (1963). The languages of Africa. The Hague
- (1987). Language in the Americas. Stanford
Grimes, B.F. (Hg.) (1996a). Ethnologue – Languages of the world. Dallas, Texas (13. Aufl.)
- (Hg.) (1996b). Ethnologue – Language name index. Dallas, Texas
- (Hg.) (2000). Ethnologue – Languages of the world, 2 Bde. Dallas, Texas (14. Aufl.)
Grimes, J.E./Grimes, B.F. (1996). Ethnologue – Language family index. Dallas, Texas
Gruzinski, S. (1993). The conquest of Mexico. Cambridge/Oxford
Günther, H./Ludwig, O. (Hg.) (1994). Schrift und Schriftlichkeit/Writing and Its Use. Berlin/New York

Haarmann, H. (1975). Soziologie und Politik der Sprachen Europas. München
- (1978). Balkanlinguistik (2): Studien zur interlingualen Soziolinguistik des Moldauischen. Tübingen
- (1979). Quantitative Aspekte des Multilingualismus. Studien zur Gruppenmehrsprachigkeit ethnischer Minderheiten in der Sowjetunion. Hamburg
- (1986). Zum Fortleben des französischen Spracherbes im modernen Vietnam – Fragmente einer romanischen ›Sprachlandschaft‹ in Ostasien, in: Zeitschrift für romanische Philologie 102, 479-490
- (1989). Symbolic values of foreign language use. From the Japanese case to a general sociolinguistic perspective. Berlin/New York
- (1992a). Universalgeschichte der Schrift. Frankfurt/New York (2. Aufl.)
- (1992b). Historical trends of cultural evolution among the non-Russian languages in the European part of the former Soviet Union, in: Sociolinguistica 6, 11-41
- (1992c). Measures to increase the importance of Russian within and outside the Soviet Union – a case of covert language-spread policy, in: International Journal of the Sociology of Language 95, 109-129
- (1993). Die Sprachenwelt Europas. Geschichte und Zukunft der Sprachnationen zwischen Atlantik und Ural. Frankfurt/New York
- (1994). Entstehung und Verbreitung von Alphabetschriften, in: Günther/Ludwig 1994: 329-347
- (1995). Early civilization and literacy in Europe. An inquiry into cultural continuity in the Mediterranean world. Berlin/New York
- (1997). Moldawien, in: Goebl et al. 1997: 1933-1941
- (1998a). Religion und Autorität. Der Weg des Gottes ohne Konkurrenz. Hildesheim/Zürich/New York
- (1998b). Basque ethnogenesis, acculturation, and the role of language contacts, in: Fontes lingvae vasconvm. Stvdia et docvmenta. 77, 25-42
- (1998c). Zeichenkonzeptionen in den Festlandkulturen Südostasiens, in: Posner et al. 1998: 1928-1971
- (2000a). Die großen Sprachensammlungen vom frühen 18. bis frühen 19. Jahrhundert, in Auroux et al. 2000: 1081-1094

- (2000b). Nation und Sprache in Russland, in: Gardt 2000: 747-824
- (2001a). Kleines Lexikon der Sprachen – Von Albanisch bis Zulu. München
- (2001b). Die Kleinsprachen der Welt – Existenzbedrohung und Überlebenschancen. Eine umfassende Dokumentation. Frankfurt/Berlin/Bern
- (2001c). Babylonische Welt. Geschichte und Zukunft der Sprachen. Frankfurt/New York
- (2002). Lexikon der untergegangenen Sprachen. München

Haarmann, H./Holman, E. (1997). Acculturation and communicative mobility among former Soviet nationalities, in: Annual Review of Applied Linguistics 17, 113-137

Haarmann, H./Hwang, J.-R. (Hg.) (1990). Aspects of Korean sociolinguistics. International Journal of the Sociology of Language 82. Berlin/New York

Haarmann, U. (Hg.) (1987). Geschichte der arabischen Welt. München

Haas, C. (1997). Alexandria in late antiquity. Topography and social conflict. Baltimore/London

Harris, D.R. (Hg.) (1996). The origins and spread of agriculture and pastoralism in Eurasia. London

Hecker, H. (1994). Dynastische Abstammungslegende und Geschichtsmythos im Russland des 16. Jahrhunderts, in: Wunderli 1994: 119-132

Heine, B./Nurse, D. (2000). African languages. An introduction. Cambridge/New York

Heine, B./Schadeberg, T.C./Wolff, E. (Hg.) (1981). Die Sprachen Afrikas. Hamburg

Heitmann, K. (1965). Rumänische Sprache und Literatur in Bessarabien und Transnistrien, in: Zeitschrift für romanische Philologie 81, 102-156

Herrmann, J. (Hg.) (1986). Welt der Slawen. Geschichte, Gesellschaft, Kultur. München

Hill, J.H./Hill, K.C. (1986). Speaking Mexicano – Dynamics of syncretic language in Central Mexico. Tucson

Hoberman, R.D. (1992). Aramaic, in: Bright 1992/I: 98-102

Hoem, I. (1995). A way with words. Language and culture in Tokelau society. Oslo/Bangkok

Hooker, J.T. (1979). The origin of the Linear B script. Salamanca

Horn, H.G./Rüger, C.B. (Hg.) (1979). Die Numider. Reiter und Könige nördlich der Sahara. Köln/Bonn

Horton, D. (Hg.) (1994). The encyclopaedia of aboriginal Australia, 2 Bde. Canberra

Hoxie, F.E. (Hg.) (1996). Encyclopedia of North American Indians. Native American history, culture, and life from Paleo-Indians to the present. Boston/New York

Huss, L. (1999). Reversing language shift in the Far North – Linguistic revitalization in Northern Scandinavia and Finland. Uppsala

Ifrah, G. (1987). Universalgeschichte der Zahlen. Frankfurt/New York (2. Aufl.)

Isichei, E. (1995). A history of Christianity in Africa from antiquity to the present. Grand Rapids, Michigan/Lawrenceville, New Jersey

Jordan, P. (1998). Romania, in: Paulston/Peckham 1998: 184-223

Kappeler, A. (1992). Russland als Vielvölkerreich. Entstehung – Geschichte – Zerfall. München

Katičić, R. (1976). Ancient languages of the Balkans, 2 Bde. The Hague/Paris

Katzner, K. (1995). The languages of the world. Guernsey (Neuedition der 2. Aufl. von 1986)

Keightley, D.N. (1985). Sources of Shang history. The oracle-bone inscriptions of Bronze Age China. Los Angeles/London

Ki-Zerbo, J. (Hg.) (1989). General history of Africa I: Methodology and African prehistory. Paris/London

Kirillov, V. (1995). The conflict in the trans-Dniestr region: history and current situation, in: Ehrhart et al. 1995: 55-65

Kitchen, K.A. (1997). Punt, l'Égypte en quête des résines aromatiques, in: Yémen 1997: 49

Klimov, G.A. (1977). Tipologija jazykov aktivnogo stroja. Moskau

Kloss, H. (1969). Grundfragen der Ethnopolitik im 20. Jahrhundert. Wien

– (1978). Die Entwicklung neuer germanischer Kultursprachen seit 1800. Düsseldorf (2. Aufl.)

Knox, A. (1994). The languages of China, in: Moseley/Asher 1994: 189-192, 194-196

König, E./Auwera, J. van der (Hg.) (1994). The Germanic languages. London/New York

Kollwelter, S. (1993). Bilingual policies in Luxemburg, in: European Journal of Intercultural Studies 4, 41-47

Kolstoe, P. (1995). Russians in the former Soviet republics. London

Kononov, A.N. (1972). Istorija izučenija tjurkskich jazykov v Rossii. Dooktjabr'skij period. Leningrad

Krauss, M. (1979). Na-Dene and Eskimo-Aleut, in: Campbell/Mithun 1979: 803-901

Kremnitz, G. (1995). Dimensionen und Dynamik kollektiver Identitäten (Beispiele aus dem okzitanischen und katalanischen Sprachgebiet), in: Sociolinguistica 9, 67-87

Krishnamurti, B. (1992). Dravidian languages, in: Bright 1992/1: 373-376

Krowolski, N. (1973). Le Dong Kinh Nghia Thuc: une étape dans l'évolution de l'attitude des lettrés vietnamiens à l'égard de la culture occidentale, in: Asie du Sud-Est et Monde Insulindien 4, 131-146

Kruta, V. (1993). Die Anfänge Europas 6000 – 500 v. Chr. München

Kuhrt, A. (1995). The ancient Near East c. 3000-330 BC, 2 Bde. London/New York

Laakso, J. (Hg.) (1992). Tietoa suomen sukukielistä ja niiden puhujista. Porvoo/Helsinki/Juva (2. Aufl.)

Lantern – Journal of knowledge and culture. Special edition (February 1992): The German contribution to the development of South Africa. Pretoria

Lehtiranta, J./Seurujärvi-Kari, I. (1992). Saamelaiset, in: Laakso 1992: 123-155

Li, C.N. (1992). Chinese, in: Bright 1992/1: 257-262
Lichatschew, D.S. (1996). Die russische Literatur vom 11. Jahrhundert bis zum Beginn des 12. Jahrhunderts, in: Lichatschew et al. 1996: 11-56
Lichatschew, D.S. et al. (1996). Russland. Seele – Kultur – Geschichte. Augsburg
Lincoln, W.B. (1993). The conquest of a continent. Siberia and the Russians. London
Livi-Bacci, M. (1997). A concise history of world population. Malden, Massachusetts/Oxford (2. Aufl.)
Lo Bianco, J. (1995). Australian experiences: multiculturalism, language policy and national ethos, in: European Journal of Intercultural Studies 5, 26-43
Louder, D./Waddell, E. (1988). Le défi de la Francophonie nord-américaine, in: Québec Studies 7, 28-47
Lutz, W. (1994a). Future reproductive behavior in industrialized countries, in: Lutz 1994b: 267- 294
Lutz, W. (Hg.) (1994b). The future population of the world. What can we assume today? London
Lutz, W./Prinz, C./Langgassner, J. (1994a). The IIASA world population scenarios to 2030, in: Lutz 1994b: 391-422
– (1994b). Special world population scenarios to 2100, in: Lutz 1994b: 423-441

MacKay, A. (1977). Spain in the Middle Ages. From frontier to empire 1000 – 1500. London/Basingstoke
Magga, O.H. (1995). The Sami Language Act, in: Skutnabb-Kangas/Phillipson 1995: 219-233
Maher, J.C. (1996). North Kyushu Creole: a language-contact model for the origins of Japanese, in: Denoon et al. 1996: 31-45
Maitland-Jones, J. et al. (1994). The old town Mombasa. A historical guide. Mombasa (3. Aufl.)
Malkin, I. (1987). Religion and colonization in ancient Greece. Leiden
Mallory, J.P. (1989). In search of the Indo-Europeans. Language, archaeology and myth. London
Manelis Klein, H.E. (1992). South American languages, in: Bright 1992/4: 31-35
Marillier, A. (1961). Alexandre de Rhodes S.I. Catechismus. Saigon
McCall, G. (1994). Rapanui. Tradition & survival on Easter Island. St. Leonards, Australia (2. Aufl.)
McRae, K.D. (1983). Conflict and compromise in multilingual societies: Switzerland. Waterloo/Ontario
Meillet, A. (1928). Les langues dans l'Europe nouvelle (mit einem Anhang von L. Tesnière über Statistique des langues de l'Europe, S. 293-473). Paris (2. Aufl.)
Meillet, A./Cohen, M. (1924). Les langues du monde. Paris
Middleton, J. (1992). The world of the Swahili. An African mercantile civilization. New Haven/London
Miles, R./Thränhardt, D. (Hg.) (1995). Migration and European integration. The dynamics of inclusion and exclusion. Madison/Teaneck
Miller, R.A. (1996). Languages and history. Japanese, Korean, and Altaic. Oslo/Bangkok

Mithun, M. (1999). The languages of native North America. Cambridge/New York
Möhlig, W.J.G. (1981). Die Bantusprachen im engeren Sinn, in: Heine et al. 1981: 77-116
Moelleken, W.W./Weber, P.J. (Hg.) (1997). Neue Forschungsarbeiten zur Kontaktlinguistik. Bonn
Monreal-Wickert, I. (1977). Die Sprachforschung der Aufklärung im Spiegel der großen französischen Enzyklopädie. Tübingen
Morris, I. (Hg.) (1994). Classical Greece. Ancient histories and modern archaeologies. Cambridge
Morris, S.P. (1992). Daidalos and the origins of Greek art. Princeton, New Jersey
Morvan, M. (1996). Les origines linguistiques du basque. Bordeaux
Moseley, C./Asher, R.E. (Hg.) (1994). Atlas of the world's languages. London/New York
Münch, P. (1998). Lebensformen in der Frühen Neuzeit. Frankfurt

Newman, J.L. (1995). The peopling of Africa. A geographic interpretation. New Haven/London
Nguyen Van To (1941). Le père Alexandre de Rhodes et la transcription Quoc Ngu, in: Bourgeois 1941: 9-10
Nile, R./Clerk, C. (1996). Cultural atlas of Australia, New Zealand & the South Pacific. Vineyard, Abingdon (England)
Noin, D./Woods, R. (Hg.) (1993). The changing population of Europe. Oxford/Cambridge, Mass.
Norberg, M. (1996). Sprachwechselprozess in der Niederlausitz. Soziolinguistische Fallstudie der deutsch-sorbischen Gemeinde Drachhausen/Hochoza. Uppsala
Noth, A. (1987). Früher Islam, in: Haarmann 1987: 11-100
Núñez Astrain, L. (1997). The Basques. Their struggle for independence. Welsh Academic Press

O Murchú, M. (1998). Irish, in: Price 1998: 243-250
O Reilly, P. (1986). La cour de la reine Pomare Vahine IV, in: Encyclopédie de la Polynésie, vol. 7, 21-24
O Riagáin, P. (1997). Ireland, in: Goebl et al. 1997: 1097-1106
O Riagáin, P./O Gliasáin, M. (1984). The Irish language in the Republic of Ireland 1983: Preliminary report of a national survey. Dublin
Ogden, P.E. (1993). Evolution of the population: a slow growth, in: Noin/Woods 1993: 6-22
Okehie-Offoha, M.U./Sadiku, M.N.O. (Hg.) (1995). Ethnic and cultural diversity in Nigeria. Trenton, New Jersey
Osborne, M.E. (1969). The French presence in Cochinchina and Cambodia. Rule and response (1859 – 1905). Ithaca, New York (Neudruck: Bangkok 1997)
Osborne, R. (1996). Greece in the making, 1200 – 479 BC. London/New York

Pander, K. (1988). Sowjetischer Orient. Kunst und Kultur, Geschichte und Gegenwart der Völker Mittelasiens. Köln (5. Aufl.)

Parpola, A. (1994). Deciphering the Indus script. Cambridge
Parpola, S. (1993). The Assyrian tree of life: tracing the origins of Jewish monotheism and Greek philosophy, in: Journal of Near Eastern Studies 52: 161-208
Paulston, C.B./Peckham, D. (Hg.) (1998). Linguistic minorities in Central & Eastern Europe. Clevedon/Philadelphia/Toronto
Phan Thien Long Chau (1965). Transitional nationalism in Vietnam, 1903 – 1931 (unveröffentlichte Dissertation), University of Denver
Philippson, A./Neumann, L. (1894). Europa. Eine allgemeine Landeskunde. Leipzig/Wien
Pogrebova, M.N./Raevskij, D.S. (1992). Rannie skify i drevnij vostok. Moskau
Posner, R./Robering, K./Sebeok, T.A. (Hg.) (1997-98). Semiotik – Ein Handbuch zu den zeichentheoretischen Grundlagen von Natur und Kultur, 2 Teilbände. Berlin/New York
Price, G. (Hg.) (1998). Encyclopedia of the languages of Europe. Oxford/Malden, Mass.
Pulsiano, P. (Hg.) (1993). Medieval Scandinavia – An encyclopedia. New York/London

Reh, M. (1981). Sprache und Gesellschaft, in: Heine et al. 1981: 513-557
Rhodes, A. de (1681). Divers voyages de la Chine et autres royaumes de l'Orient. Paris
Rice, M. (1994). The archaeology of the Arabian Gulf c. 5000 – 323 BC. London/New York
Ridgway, D. (1992). The first western Greeks. Cambridge
Rjabinin, E.A. (1997). Finno-ugorskie plemena v sostave Drevnej Rusi. K istorii slavjano-finskich etnokul'turnych svjazej. St. Petersburg
Romaine, S. (1994). Germanic creoles, in: König/Auwera 1994: 566-603
Rood, D.S. (1992). North American languages, in: Bright 1992/3: 110-115
Rossija. Enciklopedičeskij spravočnik. Moskau 1998
Rossillon, P. (Hg.) (1995). Atlas de la langue française. Histoire – géographie – statistiques. Paris
Ruhlen, M. (1987). A guide to the world's languages, vol. 1: Classification. Stanford

Santamaria, F.J. (1983). Diccionario de mejicanismos. Mexico City
Scally, R. (1995). The Irish and the ›famine exodus‹ of 1847, in: Cohen 1995: 80-84
Schmidt, A. (1994). Language maintenance, in: Horton 1994: 600-601
Schmidt, W. (1926). Sprachen und Sprachfamilien der Erde. Heidelberg
Schwär, J.F./Pape, B.E. (o.J.). Deutsche in Kaffraria 1858 – 1958. Pinetown
Sharma, A. (Hg.) (1993). Our religions. Hinduism, buddhism, confucianism, taoism, judaism, christianity, islam. San Francisco
Sherratt, A. (Hg.) (1980). The Cambridge Encyclopedia of Archaeology. New York
Shibatani, M. (1990). The languages of Japan. Cambridge/New York
Skorik, P.J. (Hg.) (1968). Jazyki narodov SSSR, t. 5: Mongol'skie, tungusoman'čžurskie i paleoaziatskie jazyki. Leningrad

Skutnabb-Kangas, T./Phillipson, R. (Hg.) (1995). Linguistic human rights: Overcoming linguistic discrimination. Berlin/New York
Sobiela-Caanitz, G. (1996). La Suisse a révisé l'article 116 de sa constitution, in: Europa Ethnica 53, 144-151
Sporton, D. (1993). Fertility: the lowest level in the world, in: Noin/Woods 1993: 49-61
Stannard, D.E. (1992). American holocaust. The conquest of the New World. New York/Oxford
Streit, B. (Hg.) (1995). Evolution des Menschen. Heidelberg
Subrahmanyam, S. (1993). The Portuguese Empire in Asia 1500-1700. A political and economic history. London/New York
Suhonen, S. (Hg.) (1995). Itämerensuomalainen kulttuurialue – The Fenno-Baltic cultural area. Helsinki

Tagliavini, C. (1973). Einführung in die romanische Philologie. München
Tarhov, S./Jordan, P. (1993) Ethnische Struktur des östlichen Europas und Kaukasiens um 1990. Wien
Thernstrom, S. (Hg.) (1980). Harvard encyclopedia of American ethnic groups. Cambridge, Mass.
Thorne, A.G./Wolpoff, M.H. (1995). Multiregionaler Ursprung der modernen Menschen, in: Streit 1995: 94-101
Thornton, R. (1996). Population: precontact to the present, in: Hoxie 1996: 500-502
Tibi, B. (1998). Europa ohne Identität? Die Krise der multikulturellen Gesellschaft. München
Trépanier, C./Louder, D. (1993). La francophonie nord-américaine: une tour de Babel, in: Geolinguistic Newsletter 3, 1-3
Tribalat, M. (1996). De l'immigration à l'assimilation. Enquête sur les populations d'origine étrangère en France. Paris

Vachtin, N.B. (1996). Eskimossko-aleutskie jazyki, in: Volodin 1996: 72-75
Vernadskij, G.V. (1996). Kievskaja Rus'. Tver'/Moskau
Viereck, W. (1997). Englisch-Gälisch, in: Goebl et al. 1997: 1088-1096
Voegelin, C.F./Voegelin, F.M. (1977). Classification and index of the world's languages. New York/Oxford/Amsterdam
Volodin, A.P. (Hg.) (1996). Jazyki mira: Paleoaziatskie jazyki. Moskau

Wahlgren, E. (1993). Norse in America, in: Pulsiano 1993: 12-13
Welsby, D.A. (1996). The kingdom of Kush. The Napatan and Meroitic empires. London
Williams, G. (1997). The great South Sea. English voyages and encounters 1570 – 1750. New Haven/London
Witthauer, K. (1969). Verteilung und Dynamik der Erdbevölkerung. Gotha/Leipzig
Wunderli, P. (Hg.) (1994). Herkunft und Ursprung. Historische und mythische Formen der Legitimation. Sigmaringen

Yémen – au pays de la reine de Saba'. Paris 1997

Zilliacus, H. (1935). Zum Kampf der Weltsprachen im oströmischen Reich. Helsinki

Zvelebil, M. (1996). The agricultural frontier and the transition to farming in the circum-Baltic region, in: Harris 1996: 323-345

Länderregister

Afghanistan 273 f.
Ägypten 133
Albanien 66 f.
Algerien 134
Amerikanisch-Samoa 348
Andorra 67
Angola 135
Anguilla (brit.) 207
Antigua und Barbuda 207
Äquatorial-Guinea 136
Argentinien 207
Aruba 207 f.
Armenien 68
Aserbaidschan 68 f.
Äthiopien 136 f.
Australien 348 f.

Bahamas 209
Bahrain 274
Bangladesch 275 f.
Barbados 210
Belarus (Weißrussland) 69 f.
Belgien 70 f.
Belize 210 f.
Benin 138 f.
Bermuda (brit.) 211
Bhutan 276 f.
Bolivien 211 f.
Bosnien-Herzegowina 71 f.
Botswana 139
Brasilien 212 f.
Britische Jungferninseln 216
Britisch-Westindien 216
Brunei 277
Bulgarien 72 f.

Burkina Faso 140 f.
Burundi 141 f.

Chile 217
China (Volksrepublik) 277 f.
Cook-Inseln (Außengebiet Neuseelands) 351 f.
Costa Rica 217 f.

Dänemark 73 f.
Deutschland 74 f.
Dominica 218 f.
Dominikanische Republik 219
Dschibuti 142

Ecuador 220
El Salvador 221
Elfenbeinküste (Côte d'Ivoire) 142 f.
Eritrea 144
Estland 75 f.

Falkland-Inseln (brit.) 221
Fidschi 351 f.
Finnland 76 f.
Frankreich 77 f.
Französisch-Guyana 222
Französisch-Polynesien 352 f.

Gabun 144 f.
Gambia 145 f.
Georgien 79 f.
Ghana 146 f.
Grenada 222 f.
Griechenland 80 f.
Grönland (dän.) 223

Großbritannien (und Nordirland) 81 f.
Guadeloupe (franz.) 223 f.
Guam (Außengebiet der USA) 353 f.
Guatemala 224 f.
Guinea 147 f.
Guinea-Bissau 148
Guyana 225 f.

Haiti 226 f.
Honduras 227
Hong Kong (vormals brit.; seit Juli 1997 integriert in die Volksrepublik China) 282

Indien 282 f.
Indonesien 285 f.
Irak 291 f.
Iran 292 f.
Irland 82 f.
Island 85
Israel 293 f.
Italien 85 f.

Jamaika 228
Japan 296 f.
Jemen 298
Jordanien 298 f.
Jugoslawien 87 f.

Kamerun 149 f.
Kampuchea (Kambodscha) 299 f.
Kanada 228 f.
Kapverden (Kap Verde) 151
Kasachstan 300 f.
Katar 301 f.
Kenia 151 f.
Kirgisistan 302 f.
Kiribati 354
Kolumbien 230 f.
Komoren 152 f.
Kongo (demokratische Republik; bis 1997 Zaire) 153 f.
Kongo (Republik) 155
Korea (Nord) 303 f.
Korea (Süd) 304
Kroatien 88 f.

Kuba 232
Kuwait 304 f.

Laos 305 f.
Lesotho 156
Lettland 89 f.
Libanon 306 f.
Liberia 156 f.
Libyen 157 f.
Liechtenstein 90
Litauen 91
Luxemburg 91 f.

Macao (vormals port.; seit März 1999 integriert in die Volksrepublik China) 307 f.
Madagaskar 158
Makedonien (Mazedonien) 93
Malawi 159
Malaysia 308 f.
Malediven 310
Mali 160
Malta 93 f.
Marokko 160 f.
Marshall-Inseln 354 f.
Martinique (franz.) 232
Mauretanien 161 f.
Mauritius 162 f.
Mayotte 163
Mexiko 233 f.
Mikronesien 355 f.
Moldova (Moldawien) 94 f.
Monaco 96 f.
Mongolei 310 f.
Mosambik 164
Myanmar (ehemals Burma) 311 f.

Namibia 165
Nauru 356
Nepal 313 f.
Neukaledonien (franz.) 357
Neuseeland 357 f.
Nicaragua 236 f.
Niederlande 97 f.
Niederländische Antillen 237
Niger 165 f.

Länderregister

Nigeria 166 f.
Niue (Außengebiet Neuseelands) 359
Nördliche Marianen (US-Commonwealth Territory) 359
Norfolk (Außengebiet Australiens) 359 f.
Norwegen 98 f.

Oman 314 f.
Österreich 100
Ost-Timor (seit Januar 2001 offiziell unabhängig) 315

Pakistan 316 f.
Palau 360
Panama 237 f.
Papua-Neuguinea 361 f.
Paraguay 238 f.
Peru 239 f.
Philippinen 317 f.
Pitcairn (brit.) 365
Polen 101
Portugal 101 f.
Puerto Rico (U.S.-amerikanisch) 241 f.

Réunion 169
Ruanda 169 f.
Rumänien 102 f.
Russland 103 f.

Sahara 170
Salomonen 365 f.
Sambia 171 f.
Samoa (West) 366 f.
San Marino 107
São Tomé und Príncipe 172
Saudi-Arabien 319 f.
Schweden 108
Schweiz 109 f.
Senegal 173
Seychellen 174
Sierra Leone 174 f.
Simbabwe 175 f.
Singapur 320 f.
Slowakei 110 f.
Slowenien 111
Somalia 176 f.

Spanien 112
Sri Lanka 321 f.
St. Kitts und Nevis 242
St. Lucia 242
St. Pierre und Miquelon (franz.) 243
St. Vincent und die Grenadines 243
Südafrika 177 f.
Sudan 178 f.
Suriname 243 f.
Swasiland 180
Syrien 322 f.

Tadschikistan 323 f.
Taiwan 324 f.
Tansania 181 f.
Thailand 325 f.
Togo 182 f.
Tokelau (Außengebiet Neuseelands) 367
Tonga 368
Trinidad und Tobago 245
Tschad 183 f.
Tschechien 113
Tunesien 184
Türkei 326 f.
Turkmenistan 327 f.
Tuvalu 368 f.

U.S.-Jungferninseln 246
Uganda 185 f.
Ukraine 113 f.
Ungarn 114 f.
Uruguay 245 f.
Usbekistan 328 f.

Vanuatu 369 f.
Vatikanstadt 115
Venezuela 247
Vereinigte Arabische Emirate 329 f.
Vereinigte Staaten von Amerika 248 f.
Vietnam 330 f.

Wallis und Futuna (franz.) 370

Zentralafrikanische Republik 186 f.
Zypern 116

Sprachenregister

A-pucikwar 317
Aaiun 170
Aari 137
Aasáx 181
Abai 309
Abaita 366
Abaknon 318
Abasakur 363
Abasinisch 104, 301, 326, 329
Abau 361
Abchasisch 79-80, 104, 301, 303, 327, 329
Abdal 278
Abenlen 318
Abidji 143
Abingdon 379
Abishira 205, 240
Abnaki-penobscot 229, 249
Abong 168
Abron 143, 146
Abu 329, 362
Abui 289
Abuja 166
Abujmaria 284
Abun 286
Abung 290
Abure 143
Abé 143
Acatenango 224
Acatlán-m 235
Aceh 290
Achagua 231
Achang 278, 312
Acholi 179, 185-186
Achuar 220
Achuar-shiwiar 220, 240
Achumawi 249
Aché 239

Achí 224
Acipa 168
Acroá 205, 214
Adabe 289, 315
Adamawa 145, 149, 167, 179
Adamawa-ubangi 154-155
Adamawa-ubangi-sprachen 179, 184, 187
Adare 137
Adasen 318
Adele 147, 182
Adhola 185
Adi 278, 283
Adioukrou 143
Adiwasi 283
Adiyan 284
Adja 138
Aduge 168
Adygeisch 104
Adyghe 291, 293, 299, 322, 326
Adynyamathanha 349
Adzera 361
Ae 363, 366
Aeka 362
Afade 167
Afan-o 137
Afar 137, 142, 144
Afitti 179
Afrikaans 127, 132, 139, 159, 165, 176-178
Afrikaans-kreolisch 178
Afro-seminole 235
Afroasiatisch/afroasiatische Sprachen 94, 133-134, 137, 142, 144, 147, 152, 158, 160-162, 164, 166, 168, 171, 173, 177, 179, 182, 184-185, 274, 291, 293, 295, 298-299, 302, 305, 307, 315, 320, 322, 327, 330

Agala 363
Agarabi 361
Agariya 284
Agatu 167
Agavotaguerra 213
Agaña 353
Age 374, 377
Aghem 150
Aghu 286, 350
Agi 363
Agoi 167
Agta 318-319
Aguacateco 224
Aguano 205, 240
Aguaruna 240-241
Agulisch 104, 303, 328-329
Aguna 138
Agung 290
Agusan 318
Agutaynen 318
Agwagwune 167
Agwamin 350
Agöb 362
Ägyptisch-arabisch 132
Ägyptisch 44, 118, 120, 157-158, 291, 298-299, 330
Ahanta 147
Ahe 287
Ahom 317
Ahtena 249
Ahuatempan-p 234
Ai-cham 279
Aiklep 361
Aiku 363
Aili Gaili 244-245
Aimaq 273, 292
Aimará 206, 208, 211-212, 217, 240-241
Aimele 363
Aimol 284
Ainbai 363
Ainu 190, 296-297
Aion 363
Air 166
Airoran 286
Aisor 68, 104, 256, 291-292, 301, 307, 322, 326
Aiton 284
Aizi 143
Aja-gbe 138, 182

Ajawa 168
Ajie 357
Ajmeri 284
Ak 364
Aka 155, 179, 187
Aka-bea 317
Aka-bo 317
Aka-cari 317
Aka-jeru 317
Aka-kede 317
Aka-kol 317
Aka-kora 317
Akan 131, 146-147
Akar-bale 317
Akaselem 182
Akawaio 213, 225-226, 247
Ake 168
Akebou 182
Akei 369
Akha 278, 306, 312, 325, 331
Akhoe 135, 165
Akhu 331
Akkadisch 16, 256
Aklanon 318
Akmola 300
Akolet 362
Akoose 149
Akpa 168
Akpafu-lolobi 147
Akpe 182
Akpes 167
Akposo 147, 182
Akrukay 364
Aksana 205, 217
Akum 150
Akurio 244
Akzent 228
Akzente 42, 272
Alaa 366
Alabama 249
Alabat 319
Aladian 143
Alago 167
Alak 306
Alamblak 362
Alangan 318
Alas-kluet 290
Alatil 364
Alawa 349

Albanisch 66-67, 72-74, 77, 80, 86, 88-89, 93, 100, 108, 327, 376
Albarradas 234
Albay 318
Alege 168
Alekano 361
Alene 249
Aleutisch 104, 249
Algonkin 206, 229, 249
Allaaba 137
Allar 284
Alngith 350
Alofa 368
Alofi 359
Alsea 206
Altaisch/altaische Sprachen 104, 273, 279, 291, 293, 322, 324
Alu 284
Alune 288
Alur 154, 185
Alviri-vidari 292
Ama 363
Amacuro 247
Amahai 288
Amahuaca 213, 240
Amaimon 363
Amal 363
Amanab 286, 361
Amanayé 213
Amani 139, 165, 178
Amapari 213
Amara 362
Amarag 350
Amarakaeri 240
Amatlán-z 234
Amazonas-q 203
Amba 366
Ambae 369
Ambai 286
Ambala 318
Ambasi 362
Ambelau 288
Ambele 150
Amblong 369
Ambo-pasco-q 203
Ambonesisch 97, 288
Ambrym 369
Ambu 136
Ambulas 361

Amdang 183
Amdo 278
Amele 361
Amerindian 249
Amganad 318
Amharisch 86, 128, 132, 137, 293, 295
Ami 349
Amis 324
Amo 168
Amoltepec 234
Among 375-376
Ampanang 287
Ampeeli-wojokeso 362
Amto 363
Amtssprache 66-69, 72-75, 77-80, 83, 85, 87-91, 93-94, 96-98, 100-102, 107-111, 113-116, 128, 132-138, 140-141, 143, 145-148, 151, 153-158, 160-176, 178-179, 181-187, 207-214, 216-222, 224-228, 230-233, 236-238, 240-247, 249, 271-272, 274-277, 286, 290-293, 296, 298-317, 319-320, 322-331, 349, 351-360, 365-366, 368, 370
Amtssprachen 63, 69-71, 73, 77, 82-83, 85, 91-93, 97, 103, 109-110, 112, 114-116, 131, 137, 139-142, 144-145, 149, 153, 158-159, 170, 174, 177-178, 180, 182-184, 186, 202, 212, 223, 226, 228, 237, 239, 241, 247-248, 262, 273, 278, 282-283, 285, 293, 295, 300, 302, 307, 316-317, 320-321, 325, 327, 348, 351-352, 355-356, 358-361, 367-369
Amuesha 240
Amuzgo 233-235
Anaang 167
Anakalangu 289
Anal 284, 312
Anam 363
Anambé 214
Ancash 240
Ancash-q 203
/Anda 139, 167
Andaqui 206, 231
Andarum 362
Andh 283
Andio 289
Andisch 208, 212, 220, 241
Andoa 240
Andoque 231

Andra-hus 363
Aneityum 369
Anem 363
Aneme 363
Anfillo 137
Anga 283
Angaatiha 362
Angaite 239
Angal 361
Angami 283
Angas 167
Angbaben 113
Angguruk 286
Angkola 290
Angloromani 82
Angola 135, 172
Angolar 172
Angor 362
Angoram 361
Angoya 363
Anii 138, 182
Animere 147
Anindilyakwa 346, 349
Anjam 362
Ankave 362
Anlo 182
Anmatyerre 349
Annak 179
Annobomesisch 172
Ano 172
Anor 363
Anserma 206
Ansus 286
Antakarinya 349
Antankarana-malagasy 158
Anu 312
Anuak 137, 179
Anufo 138, 147, 182
Anuki 363
Anuta 366
Anyan 287
Anyanga 182
Anyin 143, 146
Anyin-baoulé 143
Ao 283, 285
Aoheng 288
Aore 370
Apache 190, 248-249
Apalaí 213

Apali 363
Apalik 363
Apatani 284
Apenc 29, 372
Apia 366
Apiacá 213
Apinayé 213-214
Apma 369
Apoala 234
Apoikia 43
Apos 363
Applegate 206
Apurimac-q 203
Apurina 213
Aput 288
Aputai 288
Aquitanisch 37
Ara 363
Arabana 350
Arabela 240
Arabisch 18, 70, 74-75, 78-79, 82, 86, 97-98, 100, 116, 127-128, 130, 133-134, 137, 142, 144, 149, 153, 157-158, 160-162, 164, 166-167, 171, 173, 179, 181, 183-185, 214, 248, 260, 273-275, 291-293, 295, 298-299, 302, 305, 307, 309-310, 322, 326-327, 329-330, 345, 349-350
Arabisch-kreolisch 185
Arafundi 363
Aragonesisch 112
Arakanesisch 275, 284, 312
Araki 369
Aralle-tabulahan 289
Aramba 363
Aramäisch 68, 256, 307
Aranadan 284
Arandai 286
Araona 212
Arapaho 248
Arapaso 213
Arapesh 361
Arawak(isch) 211, 214, 222, 226, 231, 244, 247
Araweté 213
Arawum 364
Arbore 137
Are 284, 362, 366, 374
Areba 350

Arem 306, 331
Argobba 137
Argot 205, 246
Arguni 286
Arha 357
Arhö 357
Ari 364
Aribwatsa 364
Aribwaung 362
Arifama-miniafia 362
Arikapú 213
Arikara 249
Aringa-l 185
Arinua 362
Arma 206, 231
Armenisch 68-70, 80, 104-105, 116, 133, 214, 248, 284, 291-293, 299, 301, 303, 307, 322-323, 326, 328-329
Aromunisch 47, 66, 80, 93
Arop-lokep 362
Arosi 366
Arove 362
Arrarnta 349-350
Arta 319
Arthare 313
Aruek 363
Aruop 363
Arutani 213, 247
Aruá 214
Arvanitisch 80
Arára 213
As 286
Asami 275
Asaro 363
Asas 363
Aserbaidschanisch 68-69, 104, 273, 291-293, 300, 303, 322-324, 326, 328-329
Ashkun 273
Asho 275, 278
Asho-chin 312
Ashtiani 292
Ashéninca 213, 240
Asháninca 240
Asienara 286
Asilulu 288
Aski 374
Asli 309
Asmat 286
Assamesisch 283

Assiniboine 229, 249
Assyrisch 104, 256, 291-293, 301, 307, 322, 326-327
Astrain 38, 379
Asturisch 112
Asu 181
Asumboa 366
Asuri 284
Asuriní 213
Ata 318-319
Atakapa 206, 249
Atampaya 350
Atas 289
Atatlahuca 234
Atayal 324
Atemble 364
Aten 167
Atepec-z 235
Ateso 186
Athabaskisch 229, 249
Äthiopisch 122, 137, 295
Ati 318
Atikamekw 229
Atjeher 286
Atohwaim 286
Atoni 289
Atroari 214
Atruahí 213
Atsahuaca 205, 240
Atsam 167
Atsi 278, 312
Atsugewi 249
Atta 318-319
Attié 143
Atuence 278
Atuot 179
Aturu 363
Atzingo-m 235
Au 361, 382
Auhelawa 362
Aukaans 222, 244
Aulua 369
Aunalei 362
Auroux 371, 375
Aushi 171
Aushiri 205, 240
Austro-thai-sprachen 281
Austroasiatisch/austroasiatische Sprachen 275, 285, 309, 312, 314, 331

Sprachenregister

Austronesisch/austronesische Sprachen
   153, 158, 163, 217, 277, 290, 309, 315,
   319, 321, 324, 326, 331, 348, 351-360,
   364, 366-370
Auye 286
Avani 247
Avarua 351
Avatime 147
Avau 361
Avañe 239
Avikam 143
Avokaya 154, 179
Avá-canoeiro 213
Awa 362
Awabakal 350
Awad 363
Awadhi 283, 313
Awak 168
Awar 363
Awarisch 69, 104, 303, 323, 328-329
Awaté 213
Awera 286
Awetí 213
Awin 361
Awing 150
Awiyaana 361
Awjilah 158
Awngi 137
Awtuw 363
Awun 363
Awutu 147
Awyi 286
Awyn 286
Axamb 369
Ayabadhu 350
Ayacucho 240
Ayacucho-q 203
Ayiwo 366
Ayizo-gbe 138
Aynu 278
Ayoquesco 235
Ayoreo 212, 239
Ayta 318-319
Ayu 168
Ayutla-m 234
Aztekisch 197, 233

Ba 168
Ba-kongo 155

Baadi 349
Baangi 167
Baba 150, 308, 320
Babalia-a 183
Babar 288
Babatana 366
Babine 229
Bable 112
Babole 155
Babuza 324
Bacama 167
Bacanesisch 288
Bada 168, 289
Badaga 283
Badawi 299
Bade 167
Badeshi 317
Badhun 350
Badui 287
Badyara 148-149, 173
Baetora 369
Bafanji 150
Bafaw-balong 150
Bafia 149
Bafut 149
Baga 148
Bagata 283
Bagheli 283
Bagirmi 168, 183, 186
Bago 182
Bagri 283, 316
Bagupi 364
Bagusa 286
Bah-biau 309
Baham 286
Bahan 288
Bahau River 288
Bahawalpuri 284
Bahinemo 363
Bahing 313
Bahnar 331
Bahonsuai 290
Bai 179, 278
Baibai 363
Baiga 284
Baimak 363
Bainapi 363
Bainouk 149, 173
Bairiki 354

Baiso 137
Bajan 210
Bajau 277, 289, 309-310
Bajelan 291
Bajo 235
Baka 145, 149, 154, 179
Bakairí 213
Baki 369
Bakoko 149
Bakole 150
Bakor 167
Bakpinka 168
Baku 68
Bakumpai 287
Bakundu-balue 149
Bakung 288, 309
Bakwe 143
Bakwé 143
Balaesan 289
Balangao 318
Balangingi 309, 318
Balanta 148-149, 151, 173
Balantak 289
Balau 309
Bale 137
Balinesisch 287, 290
Balkan-türkisch 72-73
Balkarisch 104, 301, 303, 323, 328-329
Balti 316-317
Baltisch 49-50, 61, 70, 90-91, 104, 301, 303, 323
Baluan-pam 362
Baluchi 273-274, 284, 292-293, 314-317, 328, 330
Balundu-bima 150
Bamako 160
Bamali 150
Bambalang 150
Bambara 131, 141, 143, 146, 160, 173
Bambeshi 137
Bambili 150
Bamu 361
Bamun 149
Bamunka 150
Bamwe 154
Ban 288, 309
Bana 150, 167
Banaro 362
Banawá 213

Band 11, 343
Banda 179, 186-187, 288
Bandar 277
Bandarban 275
Bandes 9
Bandi 157
Bandjalang 350
Bandjigali 350
Bangala 154
Bangandu 150, 155
Bangaru 283
Bangba 154
Banggai 289
Banggarla 350
Bangi 154-155, 187
Banglori 283
Bangni 18
Bangolan 150
Bangubangu 154
Bangui 186
Bangun 287
Bangwinji 168
Baniata 366
Banisch 88
Baniva 206, 247
Baniwa 213, 247
Banjar 287, 308
Banjul 145-146
Banoni 362
Bantik 289
Bantoanon 318
Bantu-sprachen 118, 123, 127, 135-136, 139, 141, 145, 150, 153-156, 159, 163, 165, 170-171, 176-178, 180, 182, 186, 205
Baraamu 314
Baragaunle 313
Barai 362
Barakai 288
Baram 277, 288, 309
Barama 145
Barambu 154
Baramu 363
Barapasi 286
Baras 290
Barasana 231
Barbacoas 206, 231
Barein 183
Bareli 283

Bargam 361
Bari 154, 179-180, 185, 375
Bariai 362
Bariba 138-139, 167
Bariji 363
Barim 363
Barkly 350
Barok 362
Barombi 150
Barro Negro 231
Barrow Point 346, 350
Baru 286
Barua 286
Baruga 362
Baruya 361
Baré 213, 247
Basa 138
Basaa 149
Basap 288
Basari 146, 148, 173
Basay 324
Baschkirisch 104, 300, 303, 323, 329
Bashar 167
Bashkardi 292
Baskisch 13, 37-39, 78, 112
Baso 286
Bassa 156-157, 175
Bassa-kontagora 168
Bata 150, 167
Bataan 319
Batad 318
Batak 290, 319
Batanga 136, 150
Batek 308
Bateri 284, 316
Bathari 315
Bathudi 283
Bati 150, 288
Batin 290
Batsisch 79
Batu 167, 309
Batuley 288
Baukan 309
Baule 143
Baure 212
Bauria 284
Bauro 366
Baushi 167
Bauwaki 363

Bauzi 286
Bavili 155
Bawah 289
Bawm 275, 284
Bawm-chin 312
Bay 197, 227, 251, 362, 369
Bayali 350
Bayan 311
Baygo 179
Bayot 146, 149, 173
Bayungu 350
Bazigar 284
Be 259
Beami 361
Beaver 229
Bebele 149
Bebeli 362
Bebil 150
Bedawi 144, 179
Bedia 284
Bediondo 183
Bedoanas 286
Beezen 150
Begawan 277
Begbere-ejar 167
Begwarra 167
Bei-chinesisch 254
Beja 144, 179
Bekati 288
Bekwel 145, 150, 155
Bel 56, 372
Belanda 179
Beli 179, 362
Bella Coola 229
Bemba 154, 171-172, 181
Bembe 154
Bembi 362
Bena 181
Benabena 361
Bende 181
Bendi 154
Beng 143
Benga 136, 145
Bengal(isch) 82, 272, 275, 283, 309, 320-321, 330
Benggoi 288
Bengkulu 290
Bentong 289
Benue-kongo-sprachen 164

Benyadu 287
Beothuk 206
Bepour 364
Bera 154
Berakou 184
Berau 288
Berawan 309
Berberisch/Berber-sprachen 121, 128, 130, 133-134, 158, 161-162, 166, 185, 295
Berbice Creole Dutch 226
Beri 308
Berik 286
Berom 167
Berta 137, 179
Berti 179
Besisi 308
Besleri 150
Besoa 289
Bete/Bété 143, 168
Bete-bende 167
Beti 149
Betta 284
Bhadrawahi 284
Bharia 284
Bhasa 314
Bhateali 284
Bhatneri 284
Bhatri 283
Bhattacharya 21, 372
Bhele 154
Bhilala 283
Bhili 283
Bhim 284
Bhojpuri 17, 162-163, 283, 313-314, 352
Bhotia 276, 313
Bhoyari 284
Bhuiya 284
Bhumij 284
Bhunjia 284
Biafada 148
Biak 286
Biali 138, 141
Biangai 362
Biatah 287, 309
Bicolano 317-318
Bideyat 183
Bidio 183
Bidyara 349

Bidyogo 149
Biem 362
Bierebo 369
Bieria 369
Bihari 17, 275, 283
Bijori 284
Bikaru 364
Biksi 286, 364
Bikya 150
Bila 154
Biladaba 346, 350
Bilakura 364
Bilala 183
Bilbil 363
Bile 167
Bilen 144
Biloxi 206
Bilua 366
Bima 289
Bimin 362
Bimoba 147
Bina 168, 364
Binahari 363
Binandere 361
Binari 148
Bine 362
Bing 363
Binjhwari 284
Binji 154
Binongan 318
Bintauna 289
Bintulu 309
Binukid 318
Binumarien 363
Birale 137
Birao 366
Birgit 183
Birhor 284
Biri 168, 350
Birifor 140, 147
Birked 179
Birmanisch 312
Birri 187
Birwa 139, 178
Bisa 147
Bisaya 277, 309, 317
Biseni 168
Bishuo 150
Bisis 363

Bislama 347, 357, 369-370
Bisorio 363
Bissa 140, 143, 146, 182
Bisu 325-326
Bit 279, 306
Bitara 363
Bitare 150, 167
Biwat 362
Biyo 278
Biyom 363
Blaan 318
Blablanga 366
Blackfoot 229, 248, 251
Blafe 363
Blagar 289
Blang 278, 312, 325
Blé 141
Bo 154-155, 186, 306, 364
Boano 288
Boazi 362
Bobo 140-141
Bobot 288
Bodo 187, 283, 285, 314
Bofi 187
Bogaya 363
Boghom 167
Bohuai 362
Boi 331
Boianaki 362
Boikin 361
Bokmål 98-99
Boko 167
Bokobaru 167
Bokoto 186
Bokyi 150, 167
Bola 361
Bolango 289
Bolano 289
Bole 167
Bolia 154
Bolinao 318
Bolo 135
Bolon 140
Bolondo 154
Bolongan 288
Bom 172, 175
Boma 154
Bomboli 154
Bomboma 154

Bomitaba 155, 187
Bomu 140, 160
Bomwali 150
Bon 183, 309
Bon-gula 184
Bonan 278
Bondei 181
Bondo 284
Bondoukou 143, 147
Bonerate 289
Bonerif 286
Bonggo 286
Bongili 155
Bongo 179, 228
Bongu 363
Boni 152, 177
Bonkiman 364
Bontoc 318
Boon 177
Bor 179
Bora 213, 231, 240, 339
Borai 286
Borana 152
Borana-arusi-guji 177
Borei 362
Boro 137
Borok 275, 283
Bororo 213-214
Boruca 218
Boshi 155
Bosilewa 363
Bosngun 363
Bosn(iak)isch 71-72, 89, 327
Bote-majhi 313
Botin 361
Botolan 318
Boulala 183
Boulba 138
Boulou 149
Bouna 143, 147
Bouyei 278, 331
Bowiri 147
Bozaba 154
Bozo 160
Bragat 363
Brahui 260, 273, 292-293, 316-317
Braj 284
Brao 300, 306, 331
Brat 286

Brek-k 312
Breri 362
Bretonisch 78
Bribri 218
Brokpake 276
Brokskat 284
Brooke's Point 318
Broome 349
Bru 306, 325-326, 331
Bua 183
Buang 362
Bubi 136, 145
Bubia 150
Budibud 364
Budik 173
Budu 154
Buduchisch 69
Buduma 150, 166, 168, 183
Budza 154
Buganda 185
Bughotu 366
Buginesisch 289, 308
Buglere 238
Buhid 318
Buhutu 362
Buin 361
Bujumbura 141
Buka 341
Buka-khwe 139
Bukar 287, 309
Bukat 288
Bukawa 361
Bukharisch 104, 293
Bukidnon 318
Bukit 277, 287, 309
Bukitan 288, 309
Bukiyip 361
Bukusu 152
Bulgarisch 51, 72-73, 80, 88, 94, 96, 102, 104, 113, 301, 303, 327, 329
Bulgebi 364
Buli 140, 147, 288
Bulletin 372-373
Bullom 175
Bulu 149, 363
Bumbita-arapesh 362
Bumthangkha 276
Bun 364
Buna 362-363

Bunaba 349-350
Bunabun 363
Bunak 289, 315
Bunama 362
Bunan 278, 284
Bundeli 283
Bungain 362
Bungku 289
Bungu 181
Bunun 324
Buol 289
Bura-pabir 167
Burak 168
Buraka 154, 187
Burarra 349-350
Burate 286
Burduna 350
Burgenland-kroatisch 100
Burjatisch 104-105, 278-279, 301, 303, 311, 328-329
Burji 137, 152
Burmbar 369
Burmesisch 275, 312-313
Burmeso 286
Buru 288
Burui 364
Burum-mindik 361
Burun 179
Burundi 141
Burungi 181-182
Burushaski 259, 316
Burusu 288
Busa 363
Busa-bisa 167
Busa-boko 138
Busami 286
Busang 288
Bushi 158, 163
Bushoong 154
Buso 184
Busoa 290
Busuu 150
Butbut 318
Butmas-tur 369
Buyang 278
Bwa 154
Bwaidoka 361
Bwamu 140
Bwatoo 357

Bwe 325-326
Bwe-k 312
Bwile 171
Byaugsi 313
Byep 150

Caac 357
Cabe 138
Cabiyarí 231
Cabécar 218
Cacaopera 206, 221
Cacché 210, 221
Cacgia 331
Cachapoyasoder 203
Cacua 231
Caddo 249
Cafundó 213-214
Cagayan 318
Cagua 206, 231
Cahuarano 240
Cahuilla 249
Cajamarca-q 203
Cajatambo-q 203
Cajun-französisch 248-249
Caka 150
Cakchiquel 224-225
Calamian 318
Calao 102
Calderón-q 203, 220
Caldoches 357
Callawalla 212
Caluyanun 318
Caló 112, 246
Campa 213, 240
Campalagian 289
Camsá 231
Candoshi-shapra 240
Canela 213
Canichana 212
Cao 278, 331
Capanahua 240
Capiznon 318
Caquinte 240
Car 284
Cara 168
Caracas 247
Carapana 213, 231
Carijona 231
Carolinisch 359

Carrier 229
Carútana 213
Cas 373
Casa 11
Cashibo-cacataibo 240
Cashinahua 213, 240
Casiguran 318
Castellano 47, 112, 208
Catawba 249
Catío 231, 238
Cavineña 212
Caviteño 318
Cayapa 220
Cayubaba 212
Cayuga 229, 249
Cayuse 206
Cañar-q 203, 220
Cebaara 143
Cebuano 317
Cemuhi 357
Cen 270
Cenka 138
Cerma 140, 143
Chachapoyas 240
Chachi 220
Chagga 181
Chajul 224
Chak 275
Chakali 147
Chakassisch 104, 279, 301, 303, 323, 329
Chakma 275-276, 283
Chala 147
Chaldäisch 291
Cham 299, 331
Chamacoco 239
Chamari 284
Chamba 284
Chambri 362
Chameali 283
Chamicuro 240
Chamorro 342, 353-354, 359
Chamula 233
Chamí 231
Chan 233
Chang 257, 284, 373
Changriwa 363
Chantel 313
Chantisch 104, 301
Chané 208

Chara 137
Chasta Costa 206
Chatino 233-235
Chattisgarhi 283
Chau 264, 380
Chaudangsi 284, 313
Chaulán 240
Chaungtha 312
Chavacano 309, 318
Chay 331
Chayahuita 240
Chayucu-m 233
Chañabal 234
Che 167
Chehalis 249
Cheke 366
Chen 310
Chenaló-t 234
Chenapian 364
Chenchu 284
Chenoua 134
Chepang 313
Chero 284
Cherokee 248-249, 251
Chetco 249
Chewong 308
Cheyenne 248
Chiapaneco 206, 235
Chibcha 206, 218, 227, 231, 236, 238, 247
Chibemba 154
Chichewa 159, 171
Chichimeca 235
Chichimeca-jonaz 235
Chicomuceltec 206, 225, 235
Chiga 185
Chige 58
Chik-barik 284
Chilcotin 229
Chilisso 316
Chiltepec 235
Chilula 206
Chimakum 206
Chimalapa 234
Chimariko 206
Chimborazo-q 203, 220
Chimila 231
Chin 275, 278, 283-284, 312
Chinalugisch 69
Chinanteco 233-235

Chinbon-chin 312
Chinesisch 15, 82, 86, 97, 104, 158, 162-163, 169, 202, 204, 218, 229, 231-232, 238, 244, 248, 253, 258-259, 262, 267-268, 272, 277-279, 282, 287, 296, 299-301, 303-304, 306-311, 318-320, 324-326, 329, 331, 345, 349, 352-353, 356, 358, 360
Ching 278
Chingpaw 18
Chinook 206, 229, 249
Chipaya 212
Chipewyan 229
Chipiajes 206, 231
Chiquihuitlán 234
Chiquitano 212
Chiquito 212
Chirigua 206
Chiriguano 208, 212, 239
Chiripá 208, 213, 239
Chiru 284
Chis 94, 96
Chitimacha 206, 249
Chitkuli 284
Chitties 308
Chitwan-th 313
Cho-chin 312
Choapan-z 233
Chocangacakha 276
Choctaw 249, 251
Choctaw-chickasaw 248
Chocó 238
Chodri 283
Choeke 276
Chokri 284
Chokwe 135, 154, 171
Chol 233
Cholon 240
Choltí 206
Chong 300, 325-326
Chontal 233
Chonyi 152
Chopi 164
Chorote 208, 212, 239
Chorotega 218
Chortí 224-225, 227
Chothe 284
Chrau 331
Chru 331

Chu 267
Chuave 361
Chuj 224, 235
Chuka 152
Chulikata 284
Chulupí 208, 239
Chumash 206, 249
Chumburung 147
Churahi 284
Chuuk 356
Chuukesisch 355
Chuukesischen 356
Chwabo 164
Chácobo 212
Ci-gbe 138
Cia-cia 289
Cibak 167
Cinamiguin 318
Cirkassisch 291, 293, 299, 322
Cis 374
Cishingini 167
Citak 286
Civili 145
Clallam 249
Coahuilteco 249
Coatecas 235
Coatepec 234
Coatlán 234
Coatán 224
Cocama-cocamilla 213, 231, 240
Cocopa 235, 249
Cocopa-yuma 251
Cocos 349
Coeur d'Alène 249
Cofán 220, 231
Cogapacori 240
Cogui 231
Cohuna 333
Colla 203
Colorado 220, 234
Columbia-wenatchi 249
Comaltepec 235
Comanche 249
Con 306
Conchucos 240
Conchucos-q 203
Cook-maori 351
Coola 229
Coorgi 18

Coos 249
Copainalá 234
Copala 234
Coquille 206, 249
Cora 233
Corongo 240
Corongo-q 203
Corson 99, 373
Costanoan 206
Cotabato 318
Cotahuasi 240
Cotahuasi-q 203
Cowlitz 249
Coxima 206, 231
Coyaima 206, 231
Coyotepec 235
Coyutla-t 233
Cree 229-230, 248-249, 251
Creek 206
Creole 209-211, 349, 378
Crioulo 129, 136, 146, 148-149, 151, 172-173
Crow 248-249, 251
Cua 331
Cuaiquer 220, 231
Cubeo 213, 231
Cubulco 224
Cuchumatán 224, 233
Cuiba 231, 247
Cuicateco 233
Cuitlatec 206
Culina 213, 240
Cumeral 206, 231
Cun 278
Cunén 224
Cuoc 267
Cupeño 249
Curipaco 231
Curripaco 213, 231, 247
Cutchi-swahili 129, 152
Cuyonon 318
Cuzco-q 203

D-ambu 172
Daai-chin 312
Daasanech 137, 152
Daba 149
Dabarre 177
Dabra 286

Dadibi 361
Dadiya 168
Dadjo 183
Dadju 183
Daeng 306, 331
Dafing 141
Dafla 18
Daga 361
Dagaari 140-141, 146
Dagara 147
Dagba 187
Dagbani 146-147
Dahalo 152
Dai 278-279, 288
Dair 179
Dairi 290
Dajak 286
Daju 179, 183
Daka 167
Dakaka 369
Dakisch 47
Dakorumänisch 66
Dakota 229-230, 248-249, 251
Dakpakha 276
Dal 284
Dalap-uliga-darrit 354
Daly 350
Dam 278, 305, 325-326, 331
Dama 150
Damal 286
Damar 288
Dambi 363
Dameli 316
Dami 362
Dampal 290
Dampelasa 289
Dan 143, 148, 157, 289
Danaru 364
Danau 312
Dang 318
Dang-th 313
Dangaleat 183
Dangi 283
Dangme 147
Dani 286, 290
Dani-sprachen 290
Dänisch 73-74, 85, 99, 223
Danisin 139
Dano 361

Dans 377-378
Daonda 364
Darai 313
Darat 310
Darginisch 104, 301, 303, 323, 329
Dari 273-274
Darkhat 311
Darling 350
Darlong 275, 284
Darmiya 284, 313
Daro-matu 309
Darwazi 273
Datoga 181-182
Dau 352
Daur 278
Dausahaq 134, 160
Davak 331
Davawenyo 318
Daw 325
Dawawa 362
Dawera-daweloor 288
Day 184
Dayak 277, 287-288, 309
Dayi 349
Daza 166, 183
Debri 179
Deccan 283
Dedua 361
Defaka 168
Deg 143, 147
Degema 168
Degenan 363
Degexit 249
Dehu 357
Dehwari 316
Delaware 229
Delo 147, 182
Deme 183
Demisa 286
Demta 286
Dendi 138, 166, 168
Dene-sprachen 190
Dengalu 364
Dengebu 179
Dengese 154
Deni 294
Deno 168
Denoon 373, 378
Denya 150

Sprachenregister

Dení 213
Deori 284
Dera 167
Dern 292
Derne 258
Desano 213, 231
Deutsch 20, 25, 32-33, 63-66, 70, 73-75,
    77-78, 85-86, 90-92, 100-102, 104,
    109-111, 113-115, 165, 178, 206, 211-
    212, 214, 218, 225, 229-231, 239, 241,
    247-249, 268-269, 300-301, 303, 323,
    328-329, 345, 349-350
Dewoin 157
Deyah 288
Dghwede 167
Dhaiso 181
Dhaka 275
Dhalandji 349
Dhangu 349
Dhanka 284
Dhanwar 284, 313
Dhargari 350
Dhatki 316
Dhimal 313
Dhivehi 310
Dhodia 283
Dhofari-arabisch 314
Dhurga 350
Dhuwal 349
Dia 362
Dialonke 147
Diamala 143
Dibabawon 318
Dida 143
Didessa 137
Didinga 179
Digaro 284
Digo 152, 181
Dihina 137
Dii 149
Dijim 168
Dilling 179
Dimasa 283
Dime 137
Dimir 362
Dimli 326
Dinajpur 275
Dinh 267
Dinka 179-180

Dio 144
Diodio 362
Dioula 141
Dirari 346, 350
Dirasha 137
Diri 168
Diriku 135, 165
Dirim 168
Ditammari 138
Diuxi-tilantongo 234
Dizi 137
Djambarrpuyngu 349
Djamindjung 349
Djamindjunga 350
Djangun 350
Djauan 349
Djawi 350
Djeebbana 349
Djeraga 350
Djimini 143
Djinang 349
Djinba 349
Djingili 349
Djite 346, 373
Djiwarli 350
Djongkang 287
Doan 306, 331
Dobase 137
Dobel 288
Dobu 361
Doe 181
Doga 364
Doghosié 140
Dogon 140, 160
Dogoso 141
Dogri-kangri 283
Dogrib 229
Doha 301
Dohoi 287
Dolganisch 104, 301
Dolpo 313
Dom 361
Domaaki 317
Domari 133, 158, 273, 283, 291-293, 322,
    327
Domu 363
Dondo 289
Dong 168, 254-255, 278, 377
Dong-chinesisch 254

401

Dongo 154
Dori 286, 366
Dorisch 43
Dorli 284
Dororo 366
Dorro 364
Dorze 137
Doura 363
Doyayo 150
Dravidisch/dravidische Sprachen 163, 169, 259-260, 273, 285, 293, 309, 317, 321, 352
Drung 278
Dschungel-inga 203, 231
Duala 149
Duano 308
Duau 361
Dubla 283
Dubu 286
Duduela 363
Duguri 167
Duguza 168
Dukanci 167
Duke 366
Dukpu 187
Dulbu 168
Duli 150
Duma 145
Dumagat 318
Dumaget 318
Dumbea 357
Dumpas 309
Dumpu 363
Dumun 364
Duna 361
Dunganisch 104, 300, 303, 329
Dungu 168
Dunjo 187
Durango 235
Duri 289
Duriankere 286
Duruma 152
Duruwa 283
Dusner 287
Dusun 277, 287-288, 308-310
Duun 160
Duupa 150
Duvle 286
Duwet 363

Duwinna 184
Dwang 147
Dyaabugay 350
Dyaberdyaber 350
Dyan 140
Dyangadi 350
Dyerma 138, 141, 166
Dyirbal 349
Dyugun 350
Dza 168
Dzalakha 276
Dzando 154
Dzaoudzi 163
Dzhidi 294
Dzhuhurisch 294
Dzong 276
Dzongkha 276, 313
Dzungo 140

Ebira 167
Eblaitisch 256
Ebon 355
Ebrié 143
Ebughu 168
Edawapi 361
Edo 167
Edopi 286
Efai 168
Efaté 369
Efe 154
Efik 150, 167
Efutop 168
Eg 27
Ega 143
Eggon 167
Eipomek 286
Eitiep 363
Eivo 362
Ejag 149
Ejagham 167
Ejamat 149, 173
Ejja 212, 240
Ejutla 235
Ekajuk 167
Ekari 286
Ekit 167
Ekpari 168
Ekpeye 167
El Hugeirat 179

Sprachenregister

Ela 288
Elamisch 256-257, 259
Elbslawisch 48
Eleme 167
Elepi 364
Elip 150
Elkei 362
Eloyi 167
Elu 363
Elun 173
Emae 369-370
Emae-fidschi 369
Emai-iuleha-ora 167
Emaka 164
Eman 150
Embaloh 288
Embera 231, 238
Embu 152
Emerillon 222
Emira 361
Emok 239
Emplawas 288
Emumu 286
Ende 289
Endo-marakwet 152
Enga 361
Engenni 167
Enggano 290
Englisch 32-33, 49-50, 54, 66, 82-84, 92, 94, 112, 127, 129, 130-132, 137, 139-140, 145-147, 149-152, 156-159, 162-163, 165, 167-168, 171-172, 174-178, 180-182, 185-186, 201-202, 206-207, 209-211, 216, 219, 221-223, 225-230, 232, 237-238, 241-243, 245-246, 248-249, 262, 271, 274-276, 277, 282-283, 285, 297-299, 302, 305, 310-311, 314-323, 326, 330, 344-361, 364-370
Englisch-kreolisch 97, 146, 175, 206-207, 209, 211, 216, 218-219, 222-223, 225-226, 228, 231, 235-238, 242-246, 248, 357, 369
Enim 290
Enrekang 289
Enya 154
Enzisch 104
Eotile 143
Epena 231
Epie 167

Epik 41
Erie 206
Erokwanas 286
Erre 350
Erza-Mordwinisch 104
Esan 167
Ese 212, 240
Eshira 144
Esimbi 150
Eskimo 104-106, 190-191, 229, 249
Eskimo-aleutisch 73, 223, 229, 249, 377
Essele 206
Estnisch 75-76, 104, 108, 301, 303, 323
Estremeño 112
Esuma 143
Etebi 167
Etla-z 234
Eton 149
Etoro 362
Etruskisch 43, 45
Etulo 168
Evand 150, 168
Evenisch 104
Evenki 104, 278-279, 301, 311, 329
Ewage-notu 361
Ewe/Ewé 146-147, 182-183
Ewondo 149, 155
Eyak 190, 249

Fa 136, 172
Faga-u 357
Fagani 366
Fai 263
Faire 319
Faita 364
Faiwol 361
Fak 139
Falam-chin 284, 312
Fali 150
Fallahi 299
Fam 168
Fanagalo 129
Fanagolo 171, 176, 178
Fang 136, 144-145, 149, 155
Fania 184
Fanti 146
Färingisch 73
Farsi 74, 231, 248, 273-274, 291-293, 301-302, 305, 314-316, 328-330

Fas 362
Fasu 362
Fataleka 366
Fataluku 289, 315
Fayu 286
Fe'fe' 149
Feroge 179
Fiadidja-mahas 133
Fidschi(anisch) 347-348, 351-352, 358
Fidschi-h 352
Fila-mele 370
Finnisch 62-63, 76-77, 98-99, 104, 108, 301
Finnisch-ugrisch/finnisch-ugrische Sprachen 52, 104, 192, 301, 303, 323, 328
Finungwa 363
Fipa 181
Firan 168
Fiwaga 363
Flathead-kalispel 249
Flinders Island 350
Fly Taal 178
Fo 263
Foau 286
Fogny-j 146
Foi 362
Fol 60
Folopa 362
Fon 138-139, 278
Fon-gbe 138, 182
Fongoro 179
Foodo 138
Fopo-bua 157
Forak 364
Fordata 288
Fore 361
Formosa-sprachen 324-325
Foya 287
Französisch 33, 47, 54, 59, 66-67, 70-71, 78-79, 85, 91-92, 96-97, 109, 127-129, 134, 138-145, 147-150, 153-155, 158, 160-163, 166, 169-170, 173-174, 182-187, 198, 202, 206, 218-219, 222, 224-232, 241, 243, 248, 262, 266-268, 306, 347-348, 352-353, 357, 369-370
Französisch-guyanesisch 222
Französisch-kreolisch 92, 140, 162, 169, 174, 206, 213, 219, 222-224, 226-227, 232, 241-242, 244-245, 248
Friaulisch 86, 111
Friesisch 74, 97-98
Fränkische 52-53
Ful 145-146
Fula 148-149
Fulacunda 145, 148, 173
Fulani 166
Fulbe 138, 140, 145, 147-149, 160, 166, 173
Fulfulde 138, 140-141, 143, 147-149, 160, 166-167, 179, 182-184, 186
Fuliiru 154
Fulnio 213
Funafuti 368
Fungom 150
Fungwa 168
Fur 179, 184
Furu 154, 187
Futuna-aniwa 369-370
Fuuta 148, 160, 173, 175
Fuyuge 361
Fwai 357
Fwe 165
Fyam 167
Fyer 168

Ga 146-147, 167, 318
Ga-adangbe 146
Ga-adangme-krobo 146
Gaam 137, 179
Gaba 137
Gaborone 139
Gabri 183, 292
Gabutamon 363
Gadaba 284
Gadang 184
Gadba 284
Gaddang 318
Gaddi 283
Gade 167
Gadjerawang 350
Gadsup 361
Gagadu 350
Gagausisch 72-73, 94, 96, 102, 104, 114, 301, 303, 327-329
Gagnoa 143
Gagu 143
Gaididj 349

Gaikundi 363
Gaikurú 214
Gaina 362
Gajala 326
Gal 363
Galambu 167
Galapa 342
Galela 288
Galeya 362
Galice 206, 249
Galicisch 112
Gälisch 56
Gallisch 47
Galoli 289, 315
Galong 284
Gamale-kham 313
Gamas 262
Gambera 350
Gamit 283
Gamkonora 288
Gamo-ningi 168
Gan-chinesisch 254, 278
Gana 139, 168, 309
Ganda 181, 185
Gane 288
Gang 19, 27
Ganggalida 350
Ganglau 364
Gangte 284, 312
Gangulu 350
Ganjule 137
Gants 362
Ganung-rawang 18
Ganzi 187
Gao 366
Gapapaiwa 362
Gar 41, 128
Garapan 359
Garawa 349
Garhwali 17, 283
Garo 275-276, 283
Garre 177
Garreh-ajuran 152
Garus 362
Garuwahi 363
Garífuna 210-211, 224-225, 227, 236
Gaskognisch 78, 112
Gasmata 364
Gata 284

Gavar 150
Gavião 213
Gaw 325
Gaw-k 312
Gawar-bati 273, 316
Gawari 284
Gawwada 137
Gayardilt 349
Gayo 290
Gazi 292
Gbagy 167
Gbandi 186
Gbanziri 154, 187
Gbari 167
Gbaya 149, 155, 168, 186
Gbii 157
Gbiri-niragu 168
Gboloo 157
Ge 19, 137
Geba-k 312
Gebe 288
Gedeo 137
Gegisch 66-67, 73
Geji 168
Geko-k 312
Gela 366
Gelo 278, 331
Gemzek 150
Gen-gbe 138, 182
Gende 361
Georgisch 79-80, 104, 292, 301, 303, 323-324, 327, 329
Gera 167
Germanische Sprachen 15, 50-53, 70, 73-74, 78, 82-83, 85-86, 90, 92, 98-102, 104, 108-109, 111, 113-115, 159, 163, 165, 174-176, 178, 209-212, 218-219, 223, 227, 229, 231, 236-239, 241, 244-245, 249, 282, 295, 301, 303, 321, 323, 328, 352, 358, 360, 364, 370
Geruma 168
Geser-gorom 288
Gevoko 167
Gey 150
Ghadamès 158
Ghale 313
Ghanongga 366
Ghari 366
Gharti 313

Ghomala 149
Ghomara 161
Ghotuo 168
Ghulfan 179
Gia 266-267
Giangan 318
Gidar 149, 183
Gidra 362
Giiwo 167
Gikyode 147
Gilaki 292
Gilika 286
Gilima 154
Giljakisch 104
Gimi 361
Gimira 137
Gimme 150
Gimnime 150
Ginuman 363
Gio 157
Gira 363
Girasia 283
Girawa 362
Giryama 152
Gitua 363
Giyug 350
Giziga 149-150
Gizra 362
Glaro-twabo 157
Glavda 150, 167
Glebo 157
Glio-oubi 143, 157
Gnau 362
Goanisch 152
Gobasi 362
Gobato 137
Godié 143
Goemai 167
Gogo 181
Gogodala 361
Gokana 167
Gola 157, 175, 313
Golf-a 292
Golf-arabisch 274, 291, 302, 305, 314, 319, 330
Golfkreolisch 172
Golin 361
Gollango 137
Golo 179
Golog 278
Gomataki 283
Gondi 283
Gone 352
Gongduk 276
Gonja 146-147
Gonontalo 289
Gooniyandi 349
Gorane 184
Gorap 288
Gorose 137
Gorovu 364
Gorowa 181
Gorum 18
Gotisch 52
Goulai 183
Gourmanchéma 138, 140, 166, 182
Gourmantche 140
Gowro 317
Grangali 273
Grebo 156-157
Gresi 286
Griechisch 40-46, 52-53, 66, 70, 74-75, 80-81, 86-87, 102, 104, 113, 116, 133, 176, 229, 248, 250, 257-259, 301, 323, 327, 329, 345, 349-350
Grönländisch 73, 223
Gua 146
Guahibo 231, 247
Guaicura-Sprachen 192
Guajajára 213
Guajiro 231, 247
Guajá 213
Guambiano 231
Guana 205, 214, 239
Guanano 213, 231
Guangxi 279
Guaporé 213
Guaraní 201, 206, 208, 212-213, 238-239, 246
Guarayu 212
Guarequena 213, 247
Guariba 213
Guató 213
Guaviare 231
Guayabero 231
Guaymí 238
Gubu 154
Gude 150, 167

Sprachenregister

Gudu 168
Guduf 150, 167
Gudwa 284
Guelavía-z 233
Guerrero 236
Guerrero-aztekisch 233
Guevea 234
Gugadj 346, 350
Gugu 350
Gugubera 349
Guguyimidjir 349
Guhu-samane 361
Guiarak 364
Guiberoua 143
Guido 4
Guinea-k 148
Güisnay 208
Gujarati 82, 152, 164, 171, 176, 178, 182, 185, 248, 283, 285, 309, 320
Gujari 273, 283, 316
Gula 179, 183-184, 366
Gule 179
Guliguli 366
Gullah 248
Gumalu 363
Gumatj 349
Gumawana 363
Gumuz 137, 179
Gun-gbe 138, 167
Gundi 187
Gungabula 350
Gungu 185
Guntai 364
Gunwinggu 349-350
Gunya 350
Gupapuyngu 349
Gur-sprachen 143, 147, 160, 182, 279
Gurage 137
Guragone 349
Guramalum 364
Gurani 291
Gurbzw 141
Gurdjar 349
Gureng 350
Gurenne 140, 146
Guriaso 363
Gurinji 349
Gurma 182
Gurmana 168

Guro 143
Guroder 138
Gurung 313-314, 317
Guruntum-mbaaru 167
Gusan 363
Gusii 152
Gusilay 173
Guwamu 350
Guyana-kreolisch 222
Guyanesisch 225-226, 244
Guéré 143
Gwa 168
Gwamhi-wuri 168
Gwandara 167
Gwere 185
Gwi 139
Gwich 229, 248
Gyem 168

Ha 181
Habu 289, 315
Hadiyya 137
Hadjerai 183
Hadza 182
Haeke 357
Hahon 362
Hai 165
Haida 229, 249
Hainyaxo 160
Haisla 229
Haitianisch 219, 226, 241, 244
Hajong 276, 284
Haka-chin 275, 283, 312
Hakka-chin 97, 238, 244, 254-255, 277-278, 287, 308, 320, 324-325, 353
Hakoa 361
Halang 306, 331
Halbi 283
Halia 361
Halkomelem 229
Haló 213
Ham 150, 167
Hamer-banna 137
Hamtai 361
Hang 331
Hanga 147
Hangaza 181
Hani 278, 331
Hano 369

Hanunoo 318
Harar 137
Harauti 17, 283
Haroi 331
Harso 137
Harsusi 315
Haruai 362
Haruku 288
Harzani 292
Hassaniya-a 160-161, 162, 166, 173
Hatam 286
Hatsa 181
Hausa 128, 131-132, 141, 146-147, 149-150, 166-168, 179, 182-183
Havasupai-walapai-yavapai 248
Haveke 357
Hawaiianisch 248
Haya 181
Hazaragi 273, 292, 316
Hebei 281
Hebräisch 248, 257, 293-294
Hedi 150, 168
Hegten 267
Hehe 181
Heiban 179
Heilongjiang 281
Heiltsuk 229
Helambu 313
Helong 289
Hema-sud 154
Heneng 361
Her 173
Herdé 183
Herero 139, 165
Hermit 364
Hewa 362
Hibito 205, 240
Hidalgo 236
Hidalgo-t 235
Hidatsa 249
Hiechware 139, 176
Higaonon 318
Hijazi-arabisch 319
Hiligaynon 317
Hima 154
Hindi 17-18, 82, 97, 162-164, 176, 178, 185, 226, 244-245, 248, 262, 272, 274, 283, 285, 302, 313-314, 320, 352, 358
Hindko 316

Hinihon 362
Hiotshuwau 139
Hiri 361, 364-365
Hitiaa 338
Hitu 288
Hiw 369
Hixkaryána 213
Hkanung 18
Hlai 278
Hmanggona 286
Hmar 284
Hmong 278, 305-306, 325, 331
Hmwaveke 357
Ho 179, 275, 283
Hoanya 324
Hoava 366
Hobyót 315
Hochland-ch 233-234
Hochland-i 231
Hochland-inga 203
Hochland-k 289
Hochland-m 233
Hochland-p 233
Hochland-t 233
Hochland-totonaco 233
Hochland-quichua 220
Hochoza 379
Hoggar 134, 158, 166
Hoi 263
Hoka 227
Holikachuk 249
Holiya 284
Holo 366
Holoholo 154, 181-182
Holu 135, 154
Homa 179
Hong 254, 282, 307
Honi 278
Honiara 365
Honshu 296
Hoorn 339-340, 343
Hop 363
Hopi 248-249, 251
Horom 168
Hote 362
Hoti 288
Hotu 374
Hovongan 288
Hoxie 376, 381

Hozo-sezo 137
Hpon 312
Hrangkhol 284, 312
Hre 331
Hu 279
Hua-owani 139
Huachipaeri 240
Huajuapan 235
Huallaga 240
Huallaga-q 203
Huamalies nördl 203
Huamalíes 240
Huambisa 240
Huanca 240
Huarijío 234
Huasteca-aztekisch 233
Huasteco 233
Huaulu 288
Huave 233, 235
Huaylas 240
Huaylas-q 203
Huaylla 240
Huaylla-q 203
Huba 167
Hui 278, 281
Huichol 233, 235
Huilliche 217
Huitoto 213, 231, 240
Huixtán-t 234
Huki 178
Hukumina 288
Hula 362
Hulaula 294
Huli 361
Hulung 288
Humboldt-z 234
Humene 363
Hunde 154
Hung 331
Hungworo 168
Hunjara 362
Hupa 249
Hupdé 213, 214-215
Hupdé-tucano 214
Hupdë, 231
Hupla 286
Huronisch 206
Hutu 141-142, 170
Hué 267

Huánuco 240
Hwana 167
Hwé 182
Hwla 182

I-wak 318
Iaai 357
Iamalele 362
Iatmul 361
Iau 286
Ibaloi 318
Iban 277, 287, 309-310
Ibanag 318
Ibani 167
Ibatan 319
Iberisch 49-50
Ibibio 167
Ibino 168
Ibu 288
Ibuoro 168
Ic 40, 377
Ica 138, 231
Icen 167
Iceve-maci 150, 168
Ida 43, 309
Idaca 138
Idakho-isukha-tiriki 152
Idate 289, 315
Idere 168
Idoma 167
Idun 168
Iduna 361
Ifugao 318
Ifè 138, 182
Igala 167
Igana 364
Igbo 132, 166-168
Igede 167
Ignaciano 212
Igo 182
Igom 362
Igoroten 317
Iguta 168
Igwe 168
Iha 286
Ije 138
Ijo 167
Ik 185
Ikizu 181

Iko 168
Ikobi-mena 363
Ikoma 181
Ikpeshi 168
Ikulu 168
Ikundun 362
Ikwere 167
Ila 171
Ilanun 309
Ile 56
Ili 279
Ilianen 318
Iliun 288
Ilo 99
Ilocano 317
Ilokano 317
Ilongot 318
Ilue 168
Imbabura-q 203
Imbo 361
Imeraguen 162
Imonda 363
Imroing 288
Ina 94, 96
Inanwatan 286
Iñapari 206
Inari-saamisch 77
Indi Ayta 262
Indianersprachen 6, 21, 190, 192-193, 200-202, 205, 208, 214, 217, 220, 236, 239, 251
Indisch/indische Sprachen 70, 72-74, 80, 88, 90, 93, 96, 98, 100-102, 108, 111-113, 115, 152-153, 158, 163-164, 176, 178, 182, 244-245, 273-276, 291, 293, 305, 309-310, 314, 317, 321-322, 352, 358
Indoeuropäische Sprachen 6, 33, 66-70, 72-80, 82-83, 85-86, 88-94, 96-102, 104, 107-109, 111-116, 133, 149-151, 158-159, 163-165, 168-169, 171-176, 178, 180, 182, 185, 209-212, 214, 217-223, 225-229, 231-232, 235-239, 241, 244-247, 249, 260, 273-276, 279, 282, 291, 293, 295, 299, 301-303, 305, 307, 310-311, 314-315, 317, 321-323, 327-330, 348, 351-360, 364-368, 370
Indonesisch 97, 272, 286-287, 290-291
Indri 179

Inga 203, 231
Ingrisch 62-63, 77
Inguschisch 104, 301, 303, 323, 328-329
Inland-cree 229
Inoke-yate 361
Inonhan 318
Inselkaribisch 206, 219, 243
Intha 312
Inuit 73, 223, 229-230, 248-249
Iowa 249
Ipalapa 235
Ipeka-tapuia 213
Ipiko 364
Ipili 361
Ipulo 150
Iquito 240
Ir 306
Iranisch/Iranische Sprachen 48, 68, 104, 273-274, 291, 293, 295, 301-303, 305, 307, 315, 317, 322-323, 327-330
Iraqw 181-182
Irarutu 286
Iraya 318
Iresim 286
Iria 286
Irian 286
Iriga 318
Irigwe 167
Irisch 13, 53-54, 82-84, 193
Iro 183
Irokesisch 229, 249
Irula 284
Irumu 362
Irántxe 213
Isabi 363
Isanzu 181
Isarog 319
Ischia 43
Ischorisch 104, 108
Isconahua 240
Isebe 362
Isekiri 167
Isinai 318
Isirawa 286, 290
Isländisch 85, 190, 193
Isnag 318
Isoko 167
Issa 142
Isthmus-aztekisch 233

Sprachenregister

Isthmus-m 233
Isthmus-z 233
Isu 150
Italienisch 47, 66, 70, 74, 85-86, 89, 92, 97, 107, 109-111, 115, 127, 138, 177, 202, 214, 225, 229, 241, 248-249, 263, 345, 349-350
Italisch 46, 115, 261
Itawit 318
Itelmenisch 104
Itene 212
Iteri 364
Itik 286
Itneg 318
Ito 168
Itogapúk 213
Itonama 212
Itu 168
Itutang 363
Itzá 211, 225
Itzá-maya 211
Iu 278
Iubie-okpela-arhe 167
Ivatan 318
Ivrit 230, 248, 293-295
Iwaidja 349-350
Iwal 362
Iwam 362
Iwur 286
Ixcateco 235
Ixcatlán 234
Ixil 224
Ixtatán 224
Ixtenco 235
Ixtlán 234
Iyayu 168
Iyé 172
Izere 167
Izi-ezaa-ikwo-mgbo 167
Izuc 377

Ja 34-35, 121, 266, 377
Jabutí 213
Jacalteco 224, 235
Jadgali 316
Jagannathi 284
Jagoi 309
Jah 308
Jahanka 146, 148, 173

Jakati 96, 273
Jakun 308
Jakutisch 103-104, 329
Jalon 148, 160, 173, 175
Jamamadí 213
Jambi 290
Jamiltepec 234
Jamào 278
Janggali 284, 314
Janggu 286
Jango 150
Jangshung 284
Janja 240
Janji 168
Japanisch 104, 214, 231, 248-249, 253, 269-270, 272, 296-297, 311, 320-321, 324-326, 342
Japrería 247
Jaqaru 240
Jara 167
Jarai 331
Jarawa 167, 284
Jarawara 213
Jarnango 349
Jarong 278
Jaru 349
Jatapu 284-285
Jauja-q 203
Jaunsari 283
Javan(es)isch 98, 244, 287, 290, 308, 320-321, 357
Jawe 357
Jaya 286
Jaíka 218
Jebero 240
Jeeri 160, 173
Jegu 183
Jeh 306, 331
Jehai 308-309
Jelgooji 140
Jemenitisch-a 137
Jemez 248
Jeng 306
Jepa-matsi 213
Jera 167
Jerba 184
Jharia 284
Jiangxi 281
Jibbali 314

Jibu 167
Jicaque 227
Jicarilla 248
Jiddisch 20-21, 34, 69-70, 104, 106, 108, 248, 293-295
Jiiddu 177
Jiji 181
Jilbe 168
Jilim 363
Jilin 281
Jimajima 363
Jimbin 168
Jimi 150
Jin 281
Jingpho 18, 278, 284, 312
Jingpo 279
Jino 278
Jinyu-chinesisch 254
Jiparaná 213
Jirel 313
Jirru 179
Jita 181
Jivaro-sprachen 241, 220
Jo 331
Joba 154
Jola 146, 173
Jola-fogny 173
Jola-kasa 173
Jopara 239
Jorto 168
Jorá 206, 212
Jowulu 21, 160
Joyabaj 224
Ju 168
Juang 284
Juba-arabisch 179-180
Judenspanisch 47, 293-294, 327
Judezmo 294
Jüdisch-arabisch 291, 293
Jüdisch-aramäisch 293-294
Jüdisch-berberisch 293, 295
Jüdisch-georgisch 79, 104, 294-295
Jüdisch-griechisch 293-294
Jüdisch-irakisch 294-295
Jüdisch-jemenitisch 294-295
Jüdisch-kurdisch 69
Jüdisch-marokkanisch 161, 293-294
Jüdisch-persisch 294
Jüdisch-tadschikisch 21, 104, 293-295, 301, 323, 329
Jüdisch-tatisch 294, 329
Jüdisch-tripolitanisch 294-295
Jüdisch-tunesisch 184, 294
Jujuy 203
Jukagirisch 104, 190
Jukun 150, 167
Jula 140-141, 143, 160
Juli 35, 39, 134, 282
Júma 214
Jumjum 179
Junín 240
Juquila 234
Jur 179
Jurakisch 104
Jurchen 279
Jurúna 213
Jwira-pepesa 147

Ka 372
Kaanse 141
Kaba Na 183, 187
Kabadi 362
Kabalai 184
Kabardinisch 104, 323, 327, 329
Kabixí 213
Kabiyé 138, 146, 182
Kabola 289
Kabui 284
Kabul 273
Kabylisch 134
Kabyé 182-183
Kachama 137
Kachari 284
Kachchi 181-182, 283
Kache 167
Kachi 316
Kachin 18, 312
Kacipo 179
Kadagi 18
Kadai 288
Kadar 284
Kadara 167
Kadaru 179
Kadazan 309
Kadiwéu 213
Kado 278, 312
Kadukali 18
Kaduo 306

Kaeti 286, 361
Kafa 137
Kaffraria 380
Kafoa 289
Kagan 318
Kagate 314
Kagayanen 318
Kagoma 168
Kagoro 160
Kagulu 181
Kahayan 287
Kahe 181
Kahluri 283
Kahua 366
Kahumamahon 290
Kaian 363
Kaibobo 288
Kaidipang 289
Kaiep 363
Kaikadi 284
Kaike 314
Kaili 289
Kaimbulawa 289
Kaimbé 205, 214
Kaingang 213
Kairak 363
Kairiru 362
Kairo 133
Kairui-midiki 289, 315
Kaivi 168
Kaiwá 208, 213
Kaiy 286
Kajakse 183
Kajaman 309
Kakauhua 217
Kaki 363
Kakihum 167
Kako 149, 155, 187
Kakwa 154, 179, 185-186
Kala 346, 349
Kalaallisut 223
Kalabakan 309
Kalabari 167
Kalabra 286
Kalagan 318
Kalam 361
Kalami 316
Kalamo 363
Kalamse 141

Kalanga 139, 176
Kalao 290
Kalapuya 249
Kalapálo 213
Kalarko 350
Kalasha 316
Kaldani 291
Kalderaš 50, 73, 102, 108, 112
Kalenjin 152
Kali 187
Kalihna 213, 222, 225, 244, 247
Kaliko 179
Kaliko-ma 154
Kalinga 318
Kalkoti 316
Kalkutung 350
Kallahan 318
Kalmükisch 103-104, 107, 278-279, 281,
    301, 303, 311, 323, 328-329
Kalo 108
Kalou 363
Kaluli 362
Kalumpang 289
Kam 18, 26, 35, 48, 117-118, 126-127,
    168, 256, 266
Kamakan 205, 214
Kamano 361
Kamantan 168
Kamar 284
Kamarian 288
Kamaru 289
Kamasa 364
Kamasau 363
Kamayurá 213
Kamba 151-152, 205, 214, 362
Kambaata 137
Kambaira 364
Kambatta 137
Kamberataro 286, 363
Kambiwá 205, 214
Kambodschanisch 272, 299
Kambolé 182
Kamerun-pidgin 129, 149
Kami 181
Kamilaroi 350
Kamkam 150, 168
Kamo 168
Kamoro 286
Kampung 286

Kamu 350
Kamuku 167
Kamula 363
Kamviri 273, 316
Kamwe 167
Kamã 213
Kanakanabu 324
Kanamarí 213
Kanaq 308
Kanaresisch 283
Kanashi 284
Kanasi 362
Kanauji 283
Kanauri 284
Kandas 363
Kandawo 362
Kande 145
Kanembou 183
Kanembu 166, 183-184
Kanga 179
Kaniet 364
Kanikkaran 284
Kaningi 145
Kaningra 363
Kanite 361
Kanjari 283
Kanji 297
Kanjobal 224
Kanju 349
Kankanaey 318
Kannada 283-284
Kano-katsina-bororro 167
Kanowit 309
Kanoé 213
Kansa 249
Kantana 167
Kantonesisch 254, 278, 282, 287, 320, 358
Kantons 109
Kantosi 147
Kantu 306
Kanu 154
Kanufi-kaningdon-nindem 168
Kanum 286, 363
Kanuri 128, 149, 166-167, 179, 183-184
Kanyok 154
Kao 288
Kaonde 154, 171-172
Kapin 362
Kapinawá 205, 214

Kapingamarangi 355
Kapori 287
Kapriman 362
Kara 179, 181, 187, 362
Karaboro 140
Karadjeri 349
Karaga 318
Karahawyana 214
Karaimisch 91, 101, 114, 295
Karajá 213
Karakalpakisch 104, 273, 301, 303, 323, 328-329
Karami 364
Karamojong 185
Karang 150
Karanga 175, 183
Karao 318
Karas 286
Karatschaiisch 301, 303
Karawa 363
Kare 363
Karekare 167
Karelisch 104
Karen 312, 325-326
Karey 288
Karfa 168
Kari 150, 154, 187
Karipuna 214
Karipúna 213-214
Karipúna-kreolisch 213
Kariri-xoco 215
Kariri-xuco 214
Karitiana 213-214
Kariya 168
Kariyarra 350
Karkar-yuri 362
Karko 179
Karmali 283
Karo 137, 290
Karok 249
Karon 146, 173, 286
Karore 363
Karthagisch 42-43, 130
Kasachisch 104, 271, 273, 278-279, 292, 300-301, 303, 311, 323, 327-329
Kasanga 149, 173
Kaschubisch 101
Kasem 140-141, 147
Kashmiri 283, 285, 316

Kasiguranin 318
Kaska 229
Kasseng 306
Kassonke 146, 160, 173
Kastilisch 47
Kasua 362-363
Kasuweri 286
Kataang 306
Katab 167
Katabaga 319
Katakana 297
Katalanisch 45, 67, 78, 86, 112, 377
Katawixi 213
Katbol 369
Katcha-kadugli-miri 179
Katharevousa 81
Kâte 361
Kathe 18
Kati 273, 286, 316
Katiati 362
Katingan 287
Katkari 284
Katla 179
Kato 249
Katu 306, 331
Katua 331
Katukína 213-214
Kaukasisch/kaukasische Sprachen 69, 79, 104-105, 107, 299, 301, 303, 322, 324, 327-329
Kaulong 362
Kaur 290
Kaure 286
Kauwerawec 286
Kauwol 286, 363
Kavalan 324
Kavango 165
Kawacha 364
Kawaiisu 249
Kawari 284
Kawe 286
Kawesqar 217
Kaxararí 213
Kaxuiana 213
Kayabí 213
Kayah 312, 325
Kayan 277, 288, 309
Kayapa 318
Kayapo-kradaú 214

Kayapó 213
Kayapó-kradaú 205
Kayeli 288
Kaygir 286
Kayong 331
Kayu 290
Kayupulan 286
Kazukuru 366
Kebu 185
Kebumtamp 276
Kedah 309, 326
Kedang 289
Keder 286
Keer 284
Kefa-mocha 137
Kei 193, 288
Keiga 179
Kekchí 210-211, 221, 224-225
Kela 154, 362
Kelabit 288, 309
Kele/Kélé 145, 154-155, 363
Keley-i 318
Kelingi 290
Kelinyau 288
Kelo 179
Kelon 289
Keltisch/keltische Sprachen 48, 51, 53, 65, 78, 82-83, 261
Kemak 289, 315
Kembayan 287
Kemberano 286
Kemtuik 286
Kenati 362
Kendayan 287
Kendem 150
Kenga 183
Keningau 309
Keninjal 287
Kensiu 308, 325
Kenswei 150
Kenuzi-dongola 133, 179
Kenya 123
Kenyah 277, 288, 309
Kenyang 149
Kenyas 123
Keo 289
Keopara 361
Ker 48
Kera 150, 183

Kerebe 181
Kereho-uheng 288
Kerekisch 190
Keres 248, 251
Kerewo 362
Keriaka 362
Kerinci 290
Kerung 230
Kesawai 363
Ketangalan 324
Ketengban 286
Ketisch 104, 190
Keuru 362
Kewa 361
Keyagana 361
Kgalagadi 139
Kha 306
Khalaj 292
Khaling 313
Khalkha-mongolisch 104, 279, 311
Kham 278
Khamti 283, 312
Khamu 306
Khamyang 317
Khandesi 283
Khang 306, 331
Khao 331
Kharia 283
Khartoum-a 133
Khasi 275, 283
Khe 141
Khetrani 316
Khezha 284
Khiamngan 284
Khirwar 284
Khisa 141, 143
Khlor 306
Khmu 278, 306, 312, 325, 331
Khoibu 284
Khoini 292
Khoirao 284
Khoisan-Sprachen 117-118, 127, 135, 139, 165, 178, 182
Khorasan-türkisch 292
Khowar 316
Khua 306, 331
Khumi 275, 283
Khumi-chin 312
Khung 135

Khün 312, 325
Ki-zerbo 377
Kiballo 168
Kibet 183
Kibiri 362
Kigali 169
Kikapoo 235, 248
Kikongo 129, 135, 154-155
Kikuyu 151-152
Kiliwi 235
Kilmeri 362
Kilwa 123
Kim 183
Kimaghama 286
Kimaragang 309
Kimbu 181
Kimbundu 135
Kimré 183-184
Kinabatangan 309
Kinalakna 363
Kinaray-a 318
Kinga 181
Kinh 331, 377
Kintaq 308, 325
Kinuku 168
Kioko 290
Kiowa 249
Kiput 277, 309
Kir-balar 168
Kire 362
Kirgisisch 104, 273, 278-279, 301-303, 323, 327-329
Kirikiri 286
Kirirí-xokó 205, 214
Kiriwina 361
Kirmanjki 326-327
Kirundi 141-142
Kis 95, 363
Kisankasa 181
Kisar 288
Kishanganjia 283
Kishtwari 284
Kisi 157, 175, 181
Kisiwani 123
Kissi 148, 157, 175
Kitanemuk 206
Kitembo 154
Kitimi 168
Kitja 349

Kitsai 206, 249
Kituba 129, 153-154
Kiutze 18
Kiwai 361-362
Kjang 278
Klamath-modoc 249
Klao 157, 175
Klassisch-arabisch 133, 179, 307
Ko 140, 150, 179
Ko-gbe 138
Koalib 179
Koana 167
Koasati 249
Koba 288
Kobiana 149, 173
Kobon 361
Koch 275, 284
Koda 284
Kodagu 18, 283
Kodava 18
Kodeoha 289
Kodes 297
Kodi 289
Koenoem 168
Kofei 287
Kofyar 167
Koguman 362
Kohanga 358
Kohistani 316
Koho 331
Kohoroxitari 213
Kohumono 167
Koi 313
Koiari 362
Koine 81
Koireng 284
Koita 362
Koiwat 363
Kok 275, 283
Kokata 350
Koke 184
Kokola 159
Kokota 366
Kol 150, 275, 283, 362
Kola 288
Kolai 317
Kolami 284
Kolana 289
Kolbila 150

Koli 316
Kolom 363
Koluawa 362
Kom 149, 284
Koma 137, 150, 167, 179
Komba 361
Kombai 286
Kombio 362
Komering 290
Komi 103-106, 303, 323, 329
Komi-permjakisch 104, 323
Komi-syrjänisch 103
Kominimung 363
Komo 154
Komorisch 153, 158, 163
Kompane 288
Komso 137
Komutu 363
Kona 168
Konai 363
Konda 286
Konda-dora 284
Koneraw 286
Kong 254, 282, 307
Kongo 132, 135, 154, 186
Konjo 185, 289
Konkani 152, 283
Konkari 283
Konkomba 146-147, 182
Konni 147
Kono 168, 175
Konomala 363
Konongo 181
Konyagi 148, 173
Konyak 283, 285
Koorete 137
Koozime 150, 155
Kopar 363
Koptisch 124
Korafe 362
Koraga 284
Korak 363
Korana 178
Kordofanisch 179
Koreanisch 34, 104, 204, 248, 250, 278-279, 296, 300-301, 303-304, 320-321, 323, 325-326, 328-329, 353
Koreguaje 231
Korjakisch 104, 329

Korku 283
Korlai-portugiesisch 284
Kornisch 82
Koro 363, 369
Koromira 362
Koronadal 318
Koroni 290
Korop 150, 167
Koror 360
Koroshi 292
Korowai 286
Korra 284
Korsisch 78
Korubo 213
Korupun 286
Korwa 284
Kosarek 286
Kosena 362
Kosorong 362
Kosrae 355-356
Kota 145, 155, 284, 287, 309
Koti 164
Kotogüt 286
Kouya 143
Kovai 362
Kove 362
Kow 333
Kowaki 364
Kowiai 286
Koya 283
Koyukon 249
Kpala 154
Kpasam 167
Kpatili 187
Kpatogo 141
Kpelle 148, 156-157
Kpessi 182
Kplang 147
Krache 147
Kraho 213
Krangku 18
Kravet 300
Kreen-akarore 213
Krenak 213
Kreolisch-p 284
Kreolisch 174, 179, 209-210, 219, 226-228, 228, 346
Kreolsprachen 78, 128-129, 136, 163, 187, 202, 219, 244, 268, 346

Kresh 179-180, 187
Kreye 213
Krikati 213
Krimtatarisch 63, 72, 102, 104, 114, 301, 303, 323, 329
Krimtschakisch 104
Krio 129, 146, 175
Kriol 346, 349
Krisa 363
Krishnamurti 377
Kristang 320
Kroatisch 19, 51, 71-72, 74, 86-89, 100, 111, 345, 349, 371
Krobu 143
Krongo 179
Kru 157, 300
Kru-sprachen 143
Krui 290
Krumen 143
Krung 325
Krysisch 69
Kuala 308
Kubi 168
Kubinisch 104
Kubu 290
Kudiya 284
Kudu-camo 168
Kugama 168
Kugbo 168
Kui 283, 289
Kuijau 309
Kuikúro 213
Kujarge 184
Kuka 183
Kukatja 349
Kukele 167
Kukna 283
Kuku-mangk 350
Kuku-mu 350
Kuku-muminh 349
Kuku-ugbanh 350
Kuku-uwanh 349
Kuku-yalanji 349
Kukwa 155
Kulango 143, 147
Kulere 143, 167
Kulisusu 289
Kullo 137
Kului 283

Kulun 324
Kulung 167, 313
Kumai 362
Kumak 357
Kumam 185
Kuman 361
Kumauni 17, 283
Kumbainggar 350
Kumukio 363
Kumzari 315
Kumükisch 104, 301, 323-324, 327-329
Kuna 231, 238
Kunabi 283
Kunama 137, 144
Kunbarlang 349
Kunda 164, 171, 176
Kung-ekoka 135, 165
Kung-gobabis 165
Kung-tsumkwe 135, 165
Kungarakany 350
Kunggara 350
Kunggari 350
Kuni 362
Kunimaipa 361
Kunja 363
Kunjen 349
Kunrukh 18
Kunua 362
Kunza 205, 217
Kuo 150, 183
Kuot 362
Kupia 284
Kupsabiny 185
Kupto 168
Kur 288
Kurama 167
Kuranko 147-148, 174-175
Kurdisch 68-69, 74, 86, 97, 100, 104, 291-293, 301, 303, 307, 322, 326-329
Kuria 152, 181
Kurichiya 284
Kurja 18
Kurka 18
Kurmanji 97, 291-292, 307, 322, 326-327
Kurrama 349
Kurti 362
Kurudu 286
Kurukh 18
Kurumba 283-284

Kurumfé 140
Kurux 275, 283
Kuruáya 213
Kusaal 140, 146
Kusaghe 366
Kusanda 314
Kuschitisch 137, 142, 144, 152, 177, 179, 182, 298, 330
Kushi 168
Kuskokwim 249
Kusu 154
Kutai 287
Kutang 313
Kutenai 229, 249
Kutep 150, 167
Kuthant 350
Kutu 181
Kuturmi 168
Kuuku-ya 349
Kuvi 283
Kuwaa 157
Kuwama 350
Kuwani 286
Kuy 300, 306, 325
Kuzamani 168
Kwa 150
Kwa-sprachen 138, 143, 147, 157, 182
Kwadi 135
Kwaio 366
Kwakiutl 229
Kwakum 150
Kwale 362
Kwalhioqua-tlatskanai 206
Kwamba 154, 185-186
Kwambi 165
Kwamera 369
Kwang 183
Kwanga 361
Kwangali 135, 165
Kwanja 150
Kwanka 167
Kwansu 286
Kwanyama 135, 165
Kwara 366
Kwasengen 361
Kwatay 173
Kwato 363
Kwavi 181
Kwaya 181

Kwegu 137
Kwerba 286
Kwere 181
Kwerisa 287
Kwese 154
Kwesten 286
Kwini 349
Kwinti 244
Kwoma 362
Kwomtari 363
Kxoe 135, 139, 165
Ky 267-268
Kyak 168
Kyaka 361
Kyenele 362
Kymrisch 5, 54-55, 57, 82

Laadi 155
Laal 184
Laba 288
Label 364
Labo 369
Labu 362
Labuk-kinabatangan 309
Lacandón 235
Lachao-yolotepec 235
Lachixio-z 234
Ladakhi 283
Ladinisch 47, 86
Ladino 47, 293-295, 327
Laeko-libuat 363
Lafofa 179
Lagaw 346, 349
Laghu 366
Lagwan 150, 167, 183
Laha 288, 331
Lahanan 309
Lahnda 316
Lahu 278-279, 306, 312, 325-326, 331
Lahuli 278, 284
Laiyolo 289
Laka 168, 183, 187, 278
Lakalei 289, 315
Lakisch 104, 303, 323-324, 328-329
Lakona 369
Lakota 143, 229, 248
Lala-bisa 171
Lala-roba 167
Lalana-ch 233

Lalia 154
Lalung 284
Lama 138, 182, 278
Lamaholot 289
Lamam 300
Lamang 167
Lamani 283
Lamba 171
Lambayeque-q 203, 240
Lamboya 289
Lambya 159, 181
Lame 168
Lamenu 369
Lamet 306, 325
Lametin 369
Lamkang 284
Lamma 289
Lamnso 149
Lampung 290
Lamu-lamu 350
Lan 278, 331
Lanas 309
Land-b 277, 309
Land-d 309
Landoma 148
Landsmaal 99
Langalanga 366
Langam 363
Langbashe 154, 186
Langi 181
Lango 179, 185-186
Languedokisch 78
Lanka 260, 275, 321
Lankas 322
Lanoh 308
Lantanai 363
Lao 306, 325
Lao-lum 305
Lao-soung 305
Lao-theung 305
Laotisch 272, 305-306
Lapaguía 234
Lappisch 20, 77, 108
Lapuyan 318
Laqua 279, 331
Lara 288, 309
Laragia 350
Laragiya 350
Lardil 349

Larevat 369
Lari 292
Larike-wakasihu 288
Laro 179, 363
Larrainzar 233
Laru 168
Lasalimu 289
Lashi 312
Lasi 316
Lasisch 79, 327
Laskar 174
Lassik 206
Lateinisch 46-48, 51-54, 56, 72, 95-96, 115, 169, 200, 257, 261, 264-265, 267, 310
Lati 278, 331
Latu 288
Lau 352, 366
Lau-gruppe 337
Laua 364
Lauje 289
Laurentian 229
Lavatbura-lamusong 362
Laven 306
Lavukaleve 366
Lawa 278, 325-326
Lawangan 287
Lawoi 325-326
Leco 206, 212
Ledo 289
Lega-shabunda 154
Legbo 167
Lehali 369
Lehalurup 370
Lehar 173
Leipon 363
Leko 150, 167
Lel 18
Lela 167
Lelak 309
Lele 154, 183, 362
Lelemi 147
Lematang 290
Lembak 290
Lembena 362
Lemio 364
Lemolang 289
Lemoro 168
Lenakel 369

Lenca 221, 227
Lendu 154, 185
Lengilu 288
Lengo 366
Lengua 13, 239
Leningitij 350
Lenje 171
Lenkau 363
Lepcha 276, 284, 313
Lese 154
Lesginisch 104, 301, 303, 323, 328-329
Lesing-atui 362
Letemboi 369
Leti 288
Lettisch 74, 89-91, 104, 108, 301, 303, 323
Lëtzebuergesch 91
Letzeburgisch 70, 91-92
Levantinisches Arabisch 293, 299, 305, 307, 322
Levei-ndrehet 362
Level 381
Levu 351
Lewada-dewara 363
Lewo 369
Leyigha 168
León 234
Lhamtés 208
Lhoba 278, 283
Lhomi 279, 284, 313
Li 280, 378
Liabuku 289
Liana-seti 288
Liangmai 284
Liaoning 281
Libanesisch-arabisch 244
Liberia-k 157
Liberianisches Englisch 156
Libido 137
Libinza 154
Libo 168
Libysch 157-158
Ligbi 143, 147
Ligby 147
Ligenza 154
Liguri 179
Ligurisch 86, 97
Lihir 361
Lii 278

Lijili 167
Lika 154
Likum 364
Lilau 363
Lillooet 229
Lilongwe 159
Limba 148, 174-175
Limbu 284, 313
Limbum 149, 168
Limos 318
Linda 186
Lindu 290
Lingala 153-155
Lingao 278
Lingarak 369
Lingua franca 136, 226, 249, 330, 362, 369
Lintang 290
Lio 289
Lipan 249
Lisabata-nuniali 288
Lisela 288
Lishanan 294
Lishani 294
Lisu 278-279, 312, 325
Litauisch 70, 91, 104, 301, 303, 323, 329
Litzlitz 369
Livi-bacci 378
Liwisch 90
Lo 168, 344, 378
Loanda 135
Lobala 154
Lobi 140, 143
Lobu 309
Local 374
Lodhi 284
Logba 147
Logo 154
Logol 179
Logooli 152
Lohorong 313
Loi 306, 312
Loja-q 203
Loko 167, 175, 361
Lokoro 179
Lokoya 179
Lola 288
Lolo 278, 331
Loloda 288

Lom 290
Loma 157
Lombi 154
Lombo 154
Lomwe 159, 164
Longarim 179
Longgu 366
Longto 150
Longuda 167
Loniu 363
Lonwolwol 369
Lopa 168, 313
Lorang 288
Lorediakarkar 370
Lote 362
Lotha 284
Lotsu-piri 168
Lotud 309
Lotuko 180
Lou 362
Loun 288
Lozi 165, 171-172, 176
Lü 306, 312, 325, 331
Luang 288, 306
Luangiua 366
Luba 153
Luba-kasai 153
Luba-shaba 154
Lubu 290
Lubuagan 318
Luchazi 135, 171
Lucumi 205, 232
Lufu 168
Luganda 186
Lugbara 185-186
Lugger 349
Lugungu 186
Luhu 288
Luhya 151
Lui 312
Luimbi 135
Luiseño 249
Lukep 363
Lukonjo 186
Lukpa 138
Lula 322
Lule 206
Lule-s 98, 108
Luluba 179, 185

Lumbee 249
Lumbu 145, 155
Luna 154, 234
Lunda 135, 154, 171-172
Lundayeh 277, 288, 309
Lunfardo 205, 246, 373
Lungga 366
Lungwa 172
Luo 151-152, 181
Luren 292
Luri 168, 292
Lushai 275, 278, 283, 312
Lushootseed 249
Lusi 361
Lutzu 278
Luvale 135, 171-172
Luwati 314
Luwo 179
Luyana 135, 171
Luyia 151, 185
Lwalu 154
Lyélé 140

Ma 154-155
Ma'bo 186
Ma'lula 322
Ma'ya 287
Maa 331
Maaka 168
Maalula 322
Maasai 152, 181-182
Maasina 143, 147, 160
Maay 177
Maba 183, 288
Mabaan 137, 179
Mabas 150, 168
Maca 164, 239
Macaguaje 206, 231
Macaguán 231
Machiguenga 240
Machinga 181
Macro-gê 214
Macua 164
Macuna 213, 231
Macusa 231
Macushi 213, 225, 247
Mada 150, 167
Madagassisch 153
Madak 362

Madani 299
Maden 286
Madi 179, 185
Madngele 349
Madukayang 318
Madura 320-321
Maduresisch 287
Mae 369
Maewo 369
Mafa 149, 168
Mafea 370
Mag 214
Mag-anchi 318
Mag-indi 318
Magadige 349
Magahi 283
Magar 276, 284, 313
Maghdi 168
Maghrebinisch-a 70, 161, 171
Magindanaon 318
Magori 364
Mah 309
Mahakam 288
Mahali 284
Mahas-fiadidja 179
Mahasui 284
Mahican 206
Mahri 298, 305, 314
Mahé 174
Mai 286
Maia 362
Maiani 362
Maidu 249
Maii 370
Mailu 361
Mairasi 286
Maisin 362, 364
Maithili 17, 283, 313-314
Maiwa 289, 362
Majang 137
Majera 150
Majhi 313
Majhwar 284
Makaa 149
Makaa-njem 155
Makah 249
Makanesisch 282, 307
Makarim 362
Makasai 289, 315

Makassar 289
Make 145
Makedo-rumänisch 66
Makedonisch 66, 80, 93
Makhuwa 164, 181
Makian 288
Maklew 286
Makolkol 364
Makonde 164, 181
Maku 213-214, 289, 315
Makua 164
Makurap 214-215
Makurápi 213
Makuxi 214
Mal 14, 35, 306, 325
Mala 168, 363
Malabar 174
Malabo 136
Malagassisch 153
Malagasy 158, 163
Malaiisch/malaiische Sprachen 97-98, 277, 287-290, 308-310, 320-321, 325-326
Malaiisch-kreolisch 308, 321
Malaio-polynesische Sprachen 153, 158, 277, 290, 309, 315, 319, 321, 324, 326, 331, 357, 370
Malakhel 273
Malakka 320
Malakote 152
Malalamai 363
Malang 288
Malango 366
Malankuravan 284
Malapandaram 284
Malaryan 284
Malas 363
Malasanga 363
Malavedan 284
Malawi 159, 164
Malayalam 283, 285, 320, 330, 352
Malayic 287
Malaynon 318
Malayo 231
Malba 140
Male 137, 310, 363
Malecite-passamaquoddy 229, 248
Maledivisch 284, 310
Maléku 218

Maleu-kilenge 362
Malfaxal 369
Malgana 350
Malgbe 150, 183
Mali 284, 362
Maligo 135
Malila 181
Malimba 150
Malinche-mexicano 193
Malinke 143, 147-148, 160, 173
Malis 21
Malkin 43, 378
Malmariv 369
Malo 369
Malol 362
Maltesisch 94, 345, 349
Malto 283
Malua 369
Malvi 17, 283
Mam 224-225, 233, 235
Mamaa 364
Mamanwa 318
Mamara 160
Mamasa 289
Mambai 150, 184, 289, 315
Mambila 150, 167
Mamboru 289
Mambwe-lungu 171, 181
Mames 224
Mampruli 146-147
Mamuju 289
Mamusi 361
Mamvu 154
Managalasi 362
Man Cao Lan 278
Man Met 279
Manairisu 213
Manam 361
Manama 274
Manambu 362
Manangba 313
Manchu 279, 281
Manda 21, 181, 349
Mandahuaca 213, 247
Mandailing 290
Mandan 249
Mandar 289
Mandara 362
Mandari 179

Mandarin-ch 254-255, 277-278, 281, 287, 299, 306, 308, 310-311, 319-320, 324-325, 254, 356
Mandaya 318
Mande-sprachen 141, 143, 146-148, 157, 160, 168, 173, 175, 182
Mandeali 284
Mander 287
Mandi 364
Mandingo 128, 145, 148, 157, 175
Mandinka 145-146, 148-149, 173
Mandyak 146, 148, 151, 173
Mandäisch 292
Manem 286, 363
Mang 266, 279, 326, 331
Manga 166
Manga-k 167
Mangala 349
Mangarayi 349
Mangareva 353
Mangarongaro 351
Mangas 168
Mangayat 179
Mangbetu 154, 185
Mangbutu 154
Mangerri 350
Mangga-b 362
Manggarai 289
Mangkong 306, 331
Mangole 288
Mangsing 362
Mani 271
Maninka 148, 157, 160, 175
Manipa 288
Manipuri 18, 276, 283
Manitsauá 205, 214
Manja 186
Manjuy 208
Mankanya 146, 148, 173
Manna-dora 284
Mannan 284
Mano 148, 157
Manobai 288
Manobo 318
Manouche 49
Mansaka 318
Mansisch 104
Mansoanka 149
Manta 150

Mantion 286
Manumanaw-k 312
Manusela 288
Manx-gälisch 82
Manya 157
Manyika 164, 176
Mao 283
Maonan 278
Maori 351, 358
Mape 361
Mapena 363
Mapia 287
Mapos-buang 361
Mapoyo 247
Mapudungun 208, 217
Mapun 318
Maputo 164
Maquiritari 213, 247
Mar 235
Mara 284, 349-350
Mara-chin 312
Maragus 370
Maram 284
Maramba 363
Maranao 318
Maransé 141
Maranunggu 349
Mararit 183
Marathi 162-163, 283, 285
Marau 286, 341
Marañón-q 203, 240
Marba 183
Maremgi 287
Marendje 164
Marfa 183
Marghi 167
Margos-chaulán-q 203
Mari 104-107, 301, 303, 323, 329, 363-364
Maria 283, 362-363
Maricopa 249
Maridan 349
Maridjabin 349
Marillier 265, 378
Marimanindji 349
Marind 286
Maring 284, 361
Maringarr 349
Marino 369

Marip 18
Mariri 288
Marithiel 349
Mariyedi 349
Marka 140
Marma 275
Marokkanisch-arabisch 132
Maronitisch 116
Marovo 366
Marpaharia 284
Marquesanisch 353
Marquito 236
Marshallesisch 355
Martu 349
Martuyhunira 350
Maru 312
Marudu 309
Marwari 17, 283, 316
María 224, 234-235
Marúbo 213
Masa 184
Masaba 185
Masadiit 318
Masalit 179, 183
Masana 149, 183-184
Masbate 318
Masbateño 318
Mascoia-pidgin 239
Masela 288
Maseru 156
Mashco 240
Mashi 171
Masiwang 288
Maskelynes 369
Maskoy 239
Maslam 150
Masmaje 183
Massachusetts 206
Massalat 184
Massep 287
Matâ 370
Matagalpa 206, 236
Matal 150
Matatlán 234
Matawari 244
Matbat 286
Matengo 181
Matepi 363
Matigsalug 318

Matipuhy 213
Matlatzinca 235
Mato 363
Matsés 213-214, 240
Mattole 206, 249
Matua 374
Matukar 363
Matumbi 181
Mau 143
Maung 349
Maupiti 339
Mauri 160-162, 166, 173
Mauwake 362
Maviha 164, 181
Mawa 168
Mawak 364
Mawan 363
Mawchi 284
Mawes 286
Maxakalí 213
Maxi-gbe 138, 182
Maxineri 214
May 306, 331
Maya 191-192, 200-201, 210-211, 224-225, 227, 233
Maya-sprachen 192, 211, 221, 225, 235-236
Mayaguduna 350
Maykulan 350
Mayo 203, 205, 233
Mayo-margos 240
Mayogo 154
Mayotte 77, 163
Mayoyao 318
Mayá 213
Mazahua 233
Mazanderani 292
Mazateco 233-234
Mba 154
Mbabane 180
Mbai 149, 168, 183, 186
Mbala 154
Mbama 145, 155
Mbangwe 145, 155
Mbanza 154-155
Mbara 184, 350
Mbariman-gudhinma 350
Mbati 187
Mbato 143

Mbe 167
Mbede 155
Mbelime 138
Mbembe 150, 167
Mbere 145, 155
Mbo 149, 154
Mbo-ung 361
Mbochi 155
Mboi 167
Mbole 154
Mbon 168
Mbosi 155
Mbowe 171
Mbugu 181
Mbugwe 181
Mbuko 150
Mbukushu 135, 139, 165, 171
Mbula 362
Mbula-bwazza 167
Mbum 150, 183
Mbunda 135, 171
Mbundu 135
Mbunga 181
Mburku 168
Mbwela 135
Mbyá 213, 239
Mbyá-guaraní 208
Me 137
Mea 357
Meän kieli 108
Meah 286
Mebu 363
Medebur 363
Medlpa 361
Medumba 149
Meetto 164
Megiar 363
Mehek 362
Meherrin 206
Mehináku 213
Meiteiron 18
Meithei 18, 275, 283, 312
Mekem 213
Mekeo 361
Mekmek 362
Mekongga 289
Mekwei 286
Mel-sprachen 157, 175
Melamela 362

Melanau 309-310
Melanesisch 336-337, 366, 370
Melayu 277
Mele-fila 369
Melokwo 150
Menadonesisch 289
Mendalam 288
Mendankwe 150
Mende 157, 175
Meneca 231, 240
Mengen 361
Menggu 278
Mengisa 150
Mening 185
Menka 150
Mennoniten-deutsch 211-212, 214, 229, 233, 248
Menomini 249
Menozzi 373
Mentawai 290
Menya 361
Meo 305, 331
Mer 287, 370
Merah 288
Merap 288
Merey 150
Meri 309
Meriam 349, 363
Merlav 369
Meru 152
Mesaka 150
Mescalero 248
Meschier-türkisch 104
Mesem 362
Mesme 183
Mesquakie 249
Met 279
Meta' 149
Mewari 17
Mexicano 193, 200, 202, 376
Mezquital-o 233
Mfumte 150
Miahuatlán 234-235
Miami-illinois 206
Miani 362
Mianmin 362
Miao-yao-sprachen 306, 326, 331
Mic 248
Michoacán 235

Micmac 229
Midob 179
Mien 278, 306, 325-326, 331
Migaama 183
Migabac 362
Mikarew 361
Mikasuki 249, 251
Mikea 158
Mikir 283
Mikronesisch 354-356, 360, 369
Milikin 309
Miltu 183
Mimi 183
Min 254-255, 277-278, 282, 287, 308, 318, 320, 324-325
Min-variante 281, 325
Mina 183, 283
Minangkabau 286, 290
Minanibai 363
Minaveha 362
Mindat 312
Mindiri 364
Mingrelisch 79
Minh 266
Minigir 363
Minoisch 40-41, 121
Minokok 309
Minriq 308
Mintil 308
Mir 18
Mirdha 284
Mire 184
Miriti 213
Miriwung 349
Miship 168
Misima-paneati 361
Mískito 227, 236-237
Mitchif 229
Mitei 18
Mitla-z 234
Mittu 179
Miu 363
Miwa 350
Miwok 249
Mixe 233-234
Mixteco 233-235
Mixtekisch 235
Mixtepec-z 234-235
Miya 168

Mlabri 306, 326
Mlahsö 322
Mlomp 173
Mmaala 150
Mnong 300, 331
Mo 179, 257
Moba 141, 182
Mobilian 206, 249
Mocha 137
Mocho 235
Mocoví 208
Modang 288
Modo 179
Modole 288
Moere 364
Mofu 150
Mogholi 273
Mogum 183
Mohajiren 316
Mohave 249
Mohawk 229, 249
Mohegan-montauk-narragansett 249
Moi 286
Moikodi 363
Moinba 278, 284
Mok 326
Moken 312, 325-326
Mokerang 364
Mokil 355
Moklen 325
Mokole 138
Mokpwe 150
Mokscha-Mordwinisch 104
Moksela 288
Mokulu 183
Molala 206
Molbog 309, 318
Moldau-r 94-96, 104, 114, 300, 323, 328-329, 375
Molima 362
Molo 152, 179
Molof 287
Molukkisch 288
Mom 150, 167
Moma 289
Momare 363
Mombum 287
Momuna 286
Mon 312-313, 325

Sprachenregister

Mon-burmesisch 313
Mon-khmer 75, 78, 279
Mon-khmer-sprachen 300, 306, 312, 326, 331, 357
Mondropolon 363
Mondé 213
Monegasco 97
Monégasque 97
Mongi 361
Mongo 153
Mongo-nkundu 154
Mongolisch/mongolische Sprachen 104, 273, 278-279, 281, 303, 311, 328-329, 363, 380
Mongondow 289
Mongur 273
Moni 286
Monimbo 236
Mono 150, 154, 249, 366
Monom 331
Monsang 284
Montagnais 229
Montol 167
Monumbo 363
Monzombo 154-155, 187
Moore 140-141, 143, 147, 160, 182
Moors 321
Mopa 182
Mopán 211, 225
Mor 287
Moraid 287
Morali 374
Morang 276
Moraori 287
Morawa 363
Mordwinisch 70, 104, 300, 303, 323, 328-329
More 128
Morelos-n 233
Morerebi 213-215
Moresada 364
Mori 289
Morigi 363
Morisyen 162-163
Moro 179
Morokodo 179
Moronas 369
Moronene 289
Moroni 152

Mortlock 355
Moru 143, 179-180
Moru-madi 154
Morunahua 240
Moselfränkisch 92
Mosi 150, 181, 183
Mosimo 364
Mosina 369
Mossi 140, 143
Mota 369
Motembo 154
Motilón 231, 247
Motlav 369
Motu 361, 364-365
Mouk-aria 363
Movima 212
Moyon 284
Mpade 150, 168, 183
Mpi 325-326
Mpongmpong 150
Mpoto 159, 181
Mpotovoro 369
Mpuono 154
Mpur 286
Mpyemo 150, 187
Mro 275
Mru 275, 284, 312
Mser 150, 184
Mualang 288
Muan 143
Mubi 183
Mudbura 349
Mugali 313
Muinane 231, 240
Mukah 310
Mukha-dora 284
Muko-muko 290
Mulaha 364
Mulam 278
Mulia 317
Mullukmulluk 349
Muluridyi 350
Mumeng 362
Mumuye 149, 167
Mun 306
Mün-chin 312
Muna 289
Mundang 150, 183-184
Mundani 150

Mundari 275, 283, 313
Mundart 95
Mundu 154, 179
Munduruku 213
Munga 168
Mungaka 149
Munggui 287
Muniche 240
Munit 363
Muniwara 363
Munji 273
Munkip 364
Munsee 229
Munukutuba 155
Muong 331
Múra-pirahã 213
Murchú 84, 379
Muria 284
Murik 309, 362
Murle 137, 179
Murrinh-patha 349
Mursi 137, 179
Muru 213
Murui 213, 231, 240
Murupi 363
Murut 277, 288, 309
Muruwari 350
Musak 363
Musan 364
Musar 363
Musgu 149, 183
Mushungulu 177
Musi 290
Muskogee 248-249
Musom 363
Musseques 135
Muthuvan 284
Mutum 363
Mutús 247
Muyang 150
Muyuw 362
Mvanon 168
Mvuba 154
Mwaghavul 167
Mwanga 171, 181
Mwani 164
Mwatebu 364
Mwera 181
Mwimbi-muthambi 152

Myene 145
Mykenisch-griechisch 41-42
Mzab 134
Mzieme 284

Na-dene 229, 249, 377
Naapa 314
Naawat 221
Nabak 361
Nabesna 249
Nabi 287, 363
Nadeb 213
Nadronga 352
Nafaanra 147
Nafara 143
Nafi 364
Nafri 286
Nafusi 158
Naga 283-284
Naga-pidgin 283
Nagarchal 284
Nage 289
Nago 138
Nagovisi 362
Nagumi 150
Nah 37, 70, 89, 153, 306
Nahu 361
Nahuatl 193, 200, 233-235
Nai 363
Najdi 291, 299
Najdi-arabisch 319, 322
Naka 288
Nakama 362
Nakanai 361
Nakara 349
Nake 364
Naki 150
Nali 362
Nalik 362
Nalu 148-149
Nam 373
Nama 165, 178
Namakura 369
Nambas 369
Nambikuára 213
Nambu 362
Nambya 176
Namia 362
Namonuito 355

Nan 254-255, 277-278, 282, 287, 308, 318, 320, 324-325
Nan-chinesisch 254
Nanaiisch 104, 279, 301
Nancere 183
Nandi 154
Nandu-tari 168
Nanerigé 140
Nang 263
Nanggu 366
Nangikurrunggurr 349
Nangs 267
Nankina 362
Nanticoke 206, 249
Nao 137
Napatan 381
Napo 220, 240
Napo-q 203, 220
Napolitanisch 86
Napu 289
Nara 137, 144, 361
Narak 362
Narango 369
Narom 309
Narragansett 206
Narrinyeri 350
Narungga 350
Nasarian 370
Nasioi 361
Naskapi 229
Nass-gitksian 229
Natagaimas 206, 231
Natchez 206, 249
Nateni 138
Natick 206
Nationalsprache 84, 92, 97, 109, 115, 134, 149, 152, 156-159, 175, 177, 182, 186-187, 220, 225, 227, 231-232, 235, 241, 248, 267, 290, 301, 303-304, 306, 309-312, 314, 319, 321-322, 324, 326-329, 331, 366, 368, 370
Nationalsprachen 65, 109, 131-132, 135, 137-138, 141, 143, 155, 162, 172-173, 183, 212, 239-241, 283, 285, 356
Natioro 141
Naueti 289, 315
Nauna 364
Nauruisch 356
Navaho 248-249

Navajo 190, 251
Navut 369
Nawaru 364
Nawdm 182
Nawuri 147
Naxi 278
Nchumbulu 147
Nda 150
Ndaaka 154
Ndai 150
Ndali 181
Ndam 183
Ndamba 181
Ndao 289
Ndasa 145, 155
Ndau 164, 176
Nde-nsele-nta 167
Ndebele 118, 176-178
Ndendeule 181
Ndengereko 181
Ndi 187
Nding 179
Ndjuká 222
Ndo 154, 185
Ndoe 168
Ndogo 179-180
Ndolo 154
Ndom 287
Ndonga 135, 165
Ndoola 150, 167
Nduga 286
Ndumu 145, 155
Ndunga 154
Ndut 173
Nebaj 224
Nedebang 289
Negarote 213
Negerhollands 241, 246
Negeri 308
Negidalisch 104
Negrito 262
Nehan 361
Nehesi 120
Nek 362
Nekgini 363
Neko 363
Neku 357
Nella 373
Nemadi 160, 162

Nembi 361
Nemi 357
Nengone 357
Nent 362
Nenzisch 104
Neoellenike 81
Nepali/Nepalesisch 276, 283, 285, 313-314
Nesang 284
Nete 362
Neuostaramäisch 68, 291
Newang 314
Newari 313-314
Neyo 143
Nez 249
Ngada 289
Ngadjunmaya 350
Ngaing 362
Ngaju 287
Ngala 364
Ngalakan 350
Ngalkbun 349
Ngalong 276
Ngalum 286, 361
Ngam 183
Ngambai 149, 183
Ngamini 350
Ngamo 167
Nganassanisch 104
Ngandi 350
Ngando 154, 187
Ngangam 182
Nganyaywana 350
Ngao 278
Ngarinman 349
Ngarinyin 349
Ngarla 350
Ngarluma 349
Ngarndji 350
Ngasa 181
Ngatik 355
Ngawbere 238
Ngawn-chin 312
Ngawun 350
Ngbaka 154-155, 186-187
Ngbandi 129, 154, 186-187
Ngbee 154
Ngbinda 154
Ngbundu 154

Ngemba 149
Ngeq 306
Nggwahyi 168
Nghia 377
Ngie 150
Ngile 179
Ngindo 181
Ngiri 154
Ngishe 150
Ngiti 154
Ngizim 167
Ngom 145, 155
Ngomba 150
Ngombale 150
Ngombe 154, 187
Ngong 150
Ngoni 164, 181
Ngu 267-268, 379
Ngueté 183
Ngulu 181-182
Ngumba 136, 150
Ngumbi 136
Ngundi 155
Ngura 350
Ngurimi 181
Ngurmbur 350
Nguôn 306, 331
Ngwaba 168
Ngwana 153
Ngwe 150
Ngwo 150
Ngyemboon 149
Nhang 278, 331
Nharon 139
Nhengatu 213, 231, 247
Nhuwala 350
Niamey 165
Niangolo 141
Niarafolo-niafolo 143
Nias 290
Niederdeutsch 74, 213, 215, 229, 239, 248
Niederländisch 66, 70-71, 74, 78, 97-98, 127, 208-209, 237, 244, 248, 250, 290, 345, 349, 358
Niederländisch-kreolisch 226, 241, 246
Niellim 183
Niger-kongo-sprachen 138-139, 141, 143, 145-160, 162-166, 168, 170-171,

173, 175-180, 182, 184, 186-187, 205, 232, 315
Nihali 284
Nii 361
Niia 278
Niiden 377
Nijadali 350
Nik 372, 380
Nikobarisch 284
Niksek 363
Nil-nubisch 133
Nila 288
Nilamba 181
Nilo-saharanisch 133, 137-138, 144, 152, 154, 160, 166, 168, 179, 182-183, 184-185, 187
Nilotisch 141, 152-153, 154, 179, 182, 186
Nimadi 283
Nimanbur 350
Nimboran 286
Nimi 362
Nimo 363
Nimoa 362
Ninam 213, 247
Ningera 363
Ninggerum 287, 362
Ningil 363
Ningxia 279
Ninia 286
Ninzam 167
Nipsan 286
Nisa 287
Nisga 230
Nisi 284
Nisi-kham 313
Nissi 18
Niuafo 368
Niuatoputapu 368
Niue 341, 351, 358-359, 368
Nivchisch 104
Njalgulgule 179
Njazidja 152
Njebi 144-145, 155
Njerup 168
Njua 306, 325
Nkem-nkum 167
Nkonya 147
Nkoroo 168

Nkoya 171
Nkukoli 168
Nkutu 154
Nnam 168
No 143, 214
Nobanob 362
Nobiin 133
Nocaman 205, 240
Nochixtlán 234
Nocte 284
Nocten 208
Nogaiisch 104, 301, 303, 329
Noin 379, 381
Nokopo 362
Nokuku 369
Nomaande 150
Nomane 362
Nomatsiguenga 240
Nome 307
Nomu 363
Non 59, 173
Nong 278
Nongatl 206
Nooksack 206, 249
Noone 150
Nootka 229
Nopala-ch 234
Nopuk 287
Nord-puebla 233
Nordalaska-i 229, 248
Nordarabisch 315
Nordbolivian. Quechua 203, 212
Nordfriesisch 75
Nordgermanisch 194
Norditalienisch 107
Nordost-pochutla 233
Nordostaramäisch 307, 322, 326-327
Nordwestalaska-i 248
Nordwestaramäisch 322
Nordwestkaukasisch 79
Norfolk 359
Norra 278, 312
Norwegisch 98-99, 337
Noshan 294
Notsi 362
Nottoway 206
Nouakchott 161
Nouméa 357
Nsei 150

Nsenga 164, 171, 176
Nsongo 135
Ntcham 147, 182
Ntenyi 284
Ntomba 154
Nua 306, 312
Nuan 269
Nuaulu 288
Nubaca 150
Nubi 152, 185
Nubisch 120
Nuer 137, 179-180
Nugunu 150, 350
Nuguria 364
Nui 217, 337
Nuk 362
Nuku 368
Nukuini 213
Nukumanu 364
Nukuoro 355
Numana-nunku-gwantu-numbu 167
Numanggang 362
Numbami 363
Numbiaí 213
Nume 369
Numee 357
Numidisch 121
Nun 55, 339
Nung 18, 278, 306, 331
Nungali 350
Nunggubuyu 349
Nungu 167
Nuni 140
Nupe 167
Nusa 288-289
Nusu 278
Nuuk 223
Nyabwa 143
Nyadu 288
Nyaheun 306
Nyahkur 326
Nyaja 159
Nyakyusa-ngonde 159, 181
Nyalayu 357
Nyali 154
Nyamal 349
Nyambo 181
Nyamusa-molo 179
Nyamwesi 181

Nyamwezi 181
Nyaneka 135
Nyang 185
Nyanga 154
Nyangbo 147
Nyangga 350
Nyangumarta 349
Nyanja 159, 164, 171-172, 176, 181
Nyankole 185
Nyarafolo 143
Nyaturu 181
Nyaw 325
Nyawaygi 350
Nyemba 135
Nyengo 135
Nyenkha 276
Nyeu 326
Nyigina 349
Nyiha 171, 181
Nyimang 179
Nyindrou 362
Nyising 18
Nynorsk 98-99
Nyong 150
Nyore 152, 185
Nyoro 185
Nyulnyul 350
Nyunga 350
Nyungar 334
Nyungwe 164
Nzakara 187
Nzanyi 150, 167
Nzema 143, 146-147

Oasen-berberisch 133
Oaxaca-a 234
Oaxaca-chontal 234
Obanliku 167
Obanu 95
Ober-lugbara 185
Obo 318
Obogwitai 287
Obolo 167
Ocaina 231, 240
Occitanisch 54, 56, 78, 86
Ocotepec 234
Ocotlán-z 234
Od 316
Odual 167

Odut 168
Ofo 206
Ogan 290
Ogbah 167
Ogbia 167
Ogbogolo 168
Ogea 363
Oiapoque 214
Oih 306, 331
Oiratisch 278, 281, 311
Ojhi 284
Ojibwa 229-230, 248-249, 251
Ojitlán-ch 233
Okanagan 229, 249
Okehie-offoha 379
Okiek 152
Oko-eni-osayen 168
Oko-juwoi 317
Okobo 167
Okodia 168
Okolod 288, 309
Okpamheri 167
Okpe 168
Okrika 167
Oksapmin 361
Oku 150
Olangchung 313
Olekha 276
Ollari 284
Olo 361
Olulumo-ikom 167
Oluta 235
Om 165
Omagua 213, 240
Omaha 249
Omani-arabisch 181, 314-315
Omati 363
Omejes 206, 231
Ometepec 235
Omi 154
Ömie 362-363
Omkoi 325
Omnium 14
Omotisch 137, 152
Omurano 205, 240
Ona 206, 208, 217
Onabasulu 363
Oneida 229, 249
Ong 306

Önge 284
Ongota 137
Onin 287
Onjab 364
Ono 361
Onondaga 229, 249
Ontong 366
Oorlams 178
Opa 18
Opayé 213
Orang 277, 308-309, 320
Oraon 18, 275
Orejón 240
Orhei 95
Orija 283
Oring 167
Orissa 21
Oriya 275, 283, 285
Orizaba-aztekisch 233
Orma 152
Ormu 287
Ormuri 273, 316-317
Oroha 366
Orokaiva 361
Orokisch 104, 190
Orokolo 361
Oromo 136-137, 177
Oron 167
Oroqen 278
Orotschisch 104
Orowe 357
Oruma 168
Orungu 145
Orya 286
Osage 249
Osing 287
Oso 150
Ososo 168
Ossetisch 79, 104, 301, 303, 323, 326-329
Ost-papua-sprachen 366
Ostjakisch 104, 301
Ostnilotisch 185
Ostseefinnisch 48, 59
Ostslawisch 53
Ostsudanisch 179
Otank 168
Otavalo-q 220
Oti 214
Oto 249

Otomangue 235
Otomí 233-235
Otoro 179
Ottawa 228
Otuho 179
Otuke 205, 214
Otí 205
Ou 338, 368
Ouagadougou 140
Ouma 364
Oune 362
Ovambo 165
Owenia 363
Owiniga 363
Oy 306
Oyda 137
Ozean 140
Ozolotepec 234
Ozumacín 234
Ozumatlán 235

Pa 168, 312, 325
Pááfang 355
Paama 369
Pacahuara 212
Pacaroas 240
Pacaroas-q 203
Pacoh 306, 331
Padang 289
Padaung 326
Padaung-k 312
Padoe 289
Páez-sprachen 231
Pagabete 154
Pagi 362
Pago 348
Pagu 288
Pahi 363
Pahlavani 273
Pai 168, 239
Paici 357
Painte 249
Paipai 235
Paite 284
Paite-chin 312
Paiute 249
Paiwan 324
Pajonal 240
Pak-tong 362

Pakanha 350
Pakatan 306
Pakaásnovos 213
Paku 288
Paku-k 312
Palaka 143
Palamul 287
Palantla 234
Palauisch 353, 360
Palaung 278, 312, 325
Palawano 318
Pale 278, 325
Pale-palaung 312
Palembang 290
Palenquero 231
Pali 306, 321
Palikúr 213, 222
Paliyan 284
Palor 173
Palpa 313
Palu 289
Paluan 309
Palumata 288
Paläoasiatisch/paläoasiatische Sprachen 190, 270
Paläosibirisch 296
Pama-nyunga-sprachen 350
Pambia 187
Pame 234-235
Pamona 289
Pampangan 318
Pamúes 136
Pana 141, 149, 160, 186
Panao 240
Panao-q 203
Panare 247
Panasuan 290
Pancana 289
Pande 187
Pangasinan 318
Pangtsah 324
Pangutaran 318
Pangwa 181
Panika 284
Panim 364
Paniyan 284
Panjabi 82, 272, 275, 283, 316-317, 320-321
Pankararé 205, 214

Pankararú 214
Pankhu 275
Pannei 289
Pano 214
Panoan 213
Panobo 205, 240
Panytyima 349
Pao 284
Papago-pima 248, 251
Papapana 364
Papar 309
Papasena 287
Papel 148
Papi 364
Papia 320
Papiamentu 97-98, 209, 237, 241
Papitalai 363
Papora 324
Papua-sprachen 290, 315, 364
Papuma 287
Parachi 273
Parakana 213
Paranan 318
Paranawát 205, 214
Paraujano 247
Parauk 278, 312
Parawen 363
Pardhan 284
Pardhi 284
Pare 362
Parecís 213
Parenga 18
Parengi 284
Parja 18
Parkari 316
Parkwa 150
Parya 273
Pará 213
Pasaala 147
Pasco-santa 203
Pasco-yanahuanca 240
Pasco-yanahuanca-q 203
Pasemah 290
Pashayi 273
Pashto 74, 77, 82, 98, 273-274, 292, 302, 305, 316-317, 320, 330
Pasi 363
Pastaza 220, 240
Pastaza-q 203

Pastaza-quichua 220
Patamona 225-226
Patani 288
Pataxó-hahahai 205
Pataxó-hãhãhãi 214
Patelia 284
Patla 234
Patpatar 361
Pattani 325
Patwa 219
Paulohi 288
Paumarí 213
Pauri 284
Pauserna 206, 212
Pauwi 287
Pawaia 362
Pawnee 249
Paya-pacuro 231
Paya-pucuro 238
Payanawa 214
Paynamar 364
Pazeh 324
Pazifik-yupik 249
Pear 300
Pearling 349
Peba 206
Pech 227
Peere 150, 168
Pei 277-278, 287, 308, 320, 363
Pekal 290
Pelasla 150
Pele-ata 362
Pemon 213, 225, 247
Penchal 363
Pendau 289
Penesak 290
Peng 284
Pengo 284, 372
Penrhyn 351
Pentlatch 206, 229
Pepel 173
Perai 288
Peranakan 287
Percé 249
Permjakisch 323
Pero 167
Persisch 153, 256, 259, 292
Pesisir 290
Petapa 234

Petats 362
Petén 211
Petun 206
Peul 148
Pevé 150, 183
Peñoles-m 234
Phake 284
Phalura 316
Phan 264, 380
Phende 154
Phom 284
Phon 306
Phu 306, 325, 331
Phuan 306, 325
Phunoi 306, 325
Phuong 331
Phönizisch 16, 42-43, 193, 256
Piajao 206, 231
Piamatsina 369
Piame 364
Piapoco 231, 247
Piaroa 247
Pidgin 78, 128-129, 136, 138, 150, 154, 156-157, 168-169, 179, 202, 239, 249, 349, 361, 364-366
Pidgin-französisch 331
Piemontesisch 86
Pije 357
Pijin 366
Pila 138
Pilagá 208
Pileni 366
Pilipino 317
Pima 235
Pimbwe 181
Pinai 362-363
Pingelap 355
Pini 350
Pinigura 350
Pinji 145
Pintiini 349
Pintupi-luritja 349
Pipil 221
Piratapuyo 213, 231
Piro 213, 240
Piru 288
Pisa 286
Piscataway 206
Pisin 348, 361, 364-365

Pitcairn-norfolk 360, 365
Pite-s 98, 108
Piti 168
Pitjantjatjara 346, 349
Pitta 350
Pitu 289
Piu 364
Piva 363
Piya 168
Plattdeutsch 211-212, 218
Plattdietsch 233
Plautdietsch 218
Playero 231
Plemena 380
Pnar 284
Pochuri 284
Pochuteco 206
Pochutla 235
Podzo 164
Pogadi 349
Pogolo 181
Pohnpei 355-356
Pokangá 213
Poke 154
Pokomam 224
Pokomchí 224
Pokomo 152
Pokoot/Pökoot 152, 185-186
Pol 150, 155, 187
Polci 167
Polnisch 51, 66, 69, 74, 91, 101-102, 104, 114, 204, 214, 248, 250, 293, 295, 301, 329, 345, 349
Polonombauk 369
Polynesische Sprachen 217, 336-337, 348, 351-353, 358-359, 366-370
Pom 286
Pomakisch 327
Pomo 249
Ponam 363
Ponape 355
Ponares 206, 231
Ponca 249
Pong 306, 331
Pongu 167
Ponna 18
Ponosakan 290
Popayán 206
Popoloca 234-235

Popoluca 233-235
Porohanon 318
Poroja 18
Portugiesisch 32-33, 67, 70, 74, 78, 92, 102, 109, 127-129, 131, 135, 148-149, 151, 164, 172, 202, 206, 213-215, 239, 246, 248, 262-264, 272, 307, 315-316, 339
Portugiesisch-kreolisch 97, 129, 136, 146, 148, 151, 172-173, 209, 213, 237, 241, 282, 307-308, 320-321
Potawatomi 229, 249
Potiguára 205, 214
Potosí 233, 236
Poumei 284
Pouye 363
Povolz 35
Powhatan 206, 249
Poyanáwa 213
Prasuni 273
Principensisch 172
Provenzalisch 78, 86, 97
Psikye 150, 167
Psohoh 362
P(rimär)spr(ache) 63, 74, 92, 103, 112, 132, 137, 140, 148, 151-153, 162, 164, 167, 171, 175, 178-179, 181-182, 186, 210, 272, 283-284, 286, 293-294, 305, 312, 317-318, 320, 348-349, 356, 361, 366
Ptep 362
Pu-xian 255
Puari 363
Pubian 290
Pudtol 319
Puebla 233, 235-236
Puebla-t 235
Puebla-tlaxcala 193
Puelche 208
Puget 249
Puguli 140
Puh 284
Puimei 284
Puinave 231, 247
Pukapuka 351
Puku-geeri-keri-wipsi 167
Pulaar 162, 173
Pulabu 364
Pulie-rauto 362

Puluwat 355
Puman 278
Pumi 278
Punan 288, 309
Punan-nibong 309
Puno-q 203
Punu 145, 155, 278
Puoc 306, 331
Puquina 206
Puragi 287
Purari 361
Pure 361
Puri 205, 214
Purik 278, 283
Puruborá 213
Purum 312
Putai 168
Putla 234-235
Putoh 288
Putonghua 281
Pwaamei 357
Pwapwa 357
Pwo 312, 325-326
Pwo-k 312
Pyapun 168
Pyen 312
Pyu 287, 364
Pyuma 324

Qaqet 361
Qashqa 292
Qiang 278
Qimant 137
Qom 208
Qua 59
Quapaw 206, 249
Quargla 134
Quashie 228
Quchani 292
Quecchí 210
Quechan 249
Quechua-Sprachen 9, 201, 203, 206, 208, 211-212, 220, 231, 240-241
Quetzaltepec-m 233
Quichua 203, 208, 220, 240
Quiché 224-225
Quileute 249
Quinault 249
Quioquitani-z 234

Quiotepec 234
Quoc 267-268, 379

Ra 143
Rabha 283
Rabinal 224
Rade 331
Rafael-huariaca 240
Rahambuu 289
Rajasthani 17
Rajbangsi 313
Raji 313
Rajput 283
Rajshahi 275
Rakahanga-manihiki 351, 358
Rakhine 313
Ralte 284, 312
Rama 236-237
Ramoaaina 361
Rampi 289
Rana 314
Ranau 290
Rangkas 284, 314
Rao 362
Rapa Nui 217, 337, 353, 378
Rapting 363
Rarotonganisch 351
Rasawa 287
Rastrabhasa 314
Rastriya 314
Ratagnon 319
Ratahan 289
Rätoromanisch 47, 109
Raute 314
Rawa 361
Rawang 18, 278, 283, 312
Rawas 290
Rawo 363
Razajerdi 292
Reef Islands 370
Regionalsprachen 56, 59-60, 78, 86, 88, 107, 112, 114-115, 131, 137, 141, 143, 145, 155, 159, 166, 217, 225, 237, 247, 276-277, 279, 281, 290-291, 293, 312-314, 319, 325-326, 329, 331, 354
Rejang 290, 309
Reli 317
Rema 364
Rembarunga 349

Remo 240
Remontado 318
Rempi 363
Rendille 152
Rengao 331
Rengma 284
Rennell 366
Reo 358
Repanbitip 370
Rerau 363
Rerep 369
Reshe 167
Resígaro 240
Reyesano 206, 212
Rhade 331
Riang 275, 278, 284, 312
Riantana 286
Ribun 287
Rica 217
Rif 161
Rikbaktsa 213
Riksmaal 99
Rincón 234
Ririo 366
Ritarungo 349
Riung 289
River-m 167
Roglai 331
Rohingya 312
Roinji 363
Romam 331
Romang 288
Romani 9, 49, 66, 70, 72-74, 77, 80, 88, 90, 93, 96, 98, 100-102, 104, 108, 111-115, 231, 248, 291-292, 322, 326-327, 329, 349
Romanichal 49
Romanisch/romanische Sprachen 46-47, 52-53, 65-67, 70, 78, 80, 86, 88-89, 92-93, 96-98, 102, 107, 109, 111-112, 114-115, 149, 151, 163-164, 172-174, 185, 200, 209, 212, 214, 217-223, 225-227, 229, 231-232, 235-239, 241, 246-247, 249, 264, 282, 295, 307, 315, 321, 323, 327-328, 353, 370, 375-376,
Romblomanon 318
Romkun 363
Rommani 108
Ron 167

Ronga 164, 178
Rongmei 284
Roper-bamyili 349
Roria 369
Roro 361
Roti 289
Rotokas 362
Rottland 119
Rotuna 352
Roviana 366
Ruanda 169-170
Rubasa 167
Ruc 306, 331
Rufiji 181
Rugungu 185
Ruguru 181
Rukai 324
Ruma 168
Rumai 278
Rumai-palaung 312
Rumansh 47
Rumantsch 109
Rumu 362
Rumänisch 13, 47, 66, 74, 88, 94-95, 102-104, 114, 293, 300, 323, 328-329
Runa 206, 231
Rundi 181
Rung 25, 202
Runga 183, 187
Rungi 181
Rungus 309
Rungwa 181
Runyankore 186
Runyoro 186
Rusha 181
Rusi 380
Rusinisch 114
Russinisch 88
Russisch 5, 32-33, 35, 49-50, 59-63, 66, 68-70, 74-76, 77, 90-91, 94-96, 103-107, 114, 202, 230, 232, 248, 270-271, 278-279, 293, 295, 300-301, 302-303, 311, 323-324, 327-329
Ruthenisch 88, 114
Ruto 187
Rutulisch 104, 301, 329
Ruund 135, 154
Rwanda 154, 170, 181, 185
Rwanda-rundi 141, 170

Rwo 181
Ryukyuanisch 296

Sa 288, 300, 309, 366, 369
Saa 150
Saamia 152, 185
Saamisch 20, 77, 98-99, 104, 108
Saaroa 324
Sabanes 213
Sabaot 152
Sabum 309
Sabäisch 122
Sacapulteco 224
Sach 331
Sadani 283
Sadiku 379
Sadong 287, 309
Sadri 275
Saek 306, 325
Saep 363
Safaliba 147
Safen 173
Safwa 181
Sagala 181
Sagalla 152
Saharanisch 179
Saharia 283
Saho 137, 144
Sahu 288
Sàidi-a 133
Saija 231
Saipan-c 359
Saipan-karolinisch 355
Saisiyat 324
Sajan 288
Sakaji 164
Sakam 363
Sakao 369
Sakata 154
Sala 171
Salampasu 154
Salar 278
Salas 288
Salasaca-q 203, 220
Saleman 288
Salentinisch 86
Sáliba 231, 247
Salinan 206, 249
Salish 229

Salomonen-kreolisch 366
Salomonen-pidgin 366
Salt-yui 361
Salu 289
Saluan 289-290
Saluma 213
Sama 18, 135, 309, 318
Samaná-englisch 219
Samarokena 287
Samba 150, 167
Sambal 318
Samberigi 362
Sambla 140
Samburu 152
Samo 140
Samo-kubo 362
Samoanisch 347-348, 352, 358, 367
Samoas 341
Samojedisch 104
Samosa 364
Samre 300
Sanapaná 239
Sandawe 181-182
Sanga 154, 168
Sanggau 287
Sangil 318
Sangir 289, 318
Sangke 287
Sanglechi-ishkashimi 273
Sango 129, 154-155, 186-187
Sangtam 284
Sangu 145, 181
Saniyo-hiyowe 363
Sanskrit 115, 275, 283-285
Santali 275-276, 283, 313-314
Santomesisch 172
Sanumá 213, 247
Sanye 152
Saparua 288
Sapo 157
Saponi 287
Saposa 362
Saptari-th 313
Sapuan 306
Sapé 247
Sar 183, 187
Sara 183-184, 187
Saraguro-q 220
Saraiki 316

Saramaccan 244
Sarangani 318
Sararé 213
Saraveca 206, 212
Sardisch 86
Sarikoli 278
Sarnami 97-98
Sarsi 229
Sarua 150, 184
Sarudu 289
Saruga 364
Sasak 289
Sasaru-enwan 168
Sasawa 287
Satar 314
Satawal 355
Sateré-mawé 213
Sauk 363
Sauri 287
Sause 287
Sausi 363
Savi 273
Savo 366
Sawahil 123
Sawai 288
Sawi 286
Sawos 361
Sawu 289
Saxwe 138
Saxwe-gbe 138
Saya 167
Sayula 234
Schona 139
Schorisch 104, 329
Schottisch-gälisch 5, 54-58, 82
Schwedisch 62, 77, 85, 108, 251
Schwyzertütsch 20, 64, 90, 109
Sebob 309
Sebuyau 309
Sechelt 229
Secoya 220, 240
Sedang 331
Sedoa 290
See-dayak 309
Segai 288
Seget 286
Segura 234
Sehwi 143, 146
Seimat 362

Sprachenregister

Seit-kaitetu 288
Sekani 229
Sekapan 309
Sekar 287
Sekayu 290
Seke 369
Seki 145
Seko 289-290
Sekpele 147
Sela 286
Selako 287
Selangor 309
Selaru 288
Selayar 289
Sele 147
Selepet 361
Seletar 308, 320
Selkupisch 104
Selungai 288, 309
Seluwasan 288
Sema 284
Semai 308
Semandang 287
Semang 290
Semaq 308
Sembakung 288, 309
Sembilan-m 308
Semelai 308
Semendo 290
Semitisch/semitische Sprachen 68, 75, 78, 86, 94, 96, 98, 116, 134, 137, 142, 144, 158, 160-162, 166, 171, 173, 179, 184-185, 256, 274, 291, 293, 295, 298-299, 302, 305, 307, 315, 320, 322, 327, 330
Semnani 292
Sempan 287
Sena 159, 164
Senaya 292
Sene 364
Seneca 229, 249
Sened 184
Senggi 287
Sengo 363
Sengseng 363
Senoufo/Sénoufo 140-141, 143, 160
Sénoufol 140
Sensi 205, 240
Sentani 286

Senthang-chin 312
Sentinel 317
Sepa 288, 363
Sepen 363
Sera 155, 363
Serawai 290
Serbisch 19, 51, 71-74, 87-89, 93, 98, 100, 102, 108, 111, 115, 345, 349
Serbokroatisch 19-20, 89
Sere 154, 187
Serer 173
Sérères 173
Serere-sine 146, 173
Seri 235, 277
Serili 288
Seroa 156, 178
Serrano 249
Serto 256
Seru 309
Serua 288
Serudung 309
Serui-laut 286
Ses 373
Seselwa 140, 174
Sesotho 156
Seta 364
Setaman 364
Seti 364
Setswana 139
Sewa 362
Sgaw 312
Sha 168
Shabo 137
Shagawu 167
Shama 168
Shambala 181
Shan 278, 312, 325-326
Shandia-q 220
Shanga 168
Shanxi 281
Sharanahua 213, 240
Sharchagpakha 276
Shark 369
Sharma 253, 380
Shasta 249
Shatt 179
Shau 168
Shawiya 134
Shawnee 249

She 279, 281
Sheko 137
Shenara 160
Shendu 275
Sheni 168
Sherbro 175
Sherdukpen 284
Sherpa 279, 284, 313
Sheshi-kham 313
Shi 154, 278, 312, 326
Shihu 330
Shiki 168
Shilha 161
Shilluk 179-180
Shina 284, 316
Shinabo 206, 212
Shingazidja 153
Shipibo-conibo 240
Shita 137, 179
Shom 284
Shona 124, 131, 164, 171, 175-176
Shoo-minda-nyem 168
Shoshoni 249
Shua 139
Shuar 220
Shubi 181
Shughni 273
Shumcho 284
Shuswap 229
Shuwa 149
Shuwa-a 166-167, 183
Shwai 179
Shwe-palaung 312
Siagha-yenimu 286
Sialum 363
Siamesisch 325
Siamou 140
Sian 309
Siane 361
Siang 287
Siar 362
Sibu 309
Sicité 140
Sidamo 137
Sighu 145
Sihan 363
Sihuas 240
Sihuas-q 203
Sikaiana 366

Sikami 284
Sikaritai 287
Sikiana 213, 247
Sikka 289
Sikkimesisch 284
Sikule 290
Sila 179, 183, 306, 331
Silacayoapán-m 234
Silakau 309
Sileibi 363
Silimo 286, 290
Siliput 363
Silopi 364
Silti 137
Simaa 171
Simalungun 290
Simba 145
Simbali 363
Simbari 362
Simbo 366
Simeku 362
Simeulue 290
Simog 363
Simon 14
Simte 284
Sinagen 363
Sinagoro 361
Sinasina 361
Sindang 290
Sindhi 273, 283, 316-317
Sinesip 369
Singa 185
Singgi 309
Singhalesisch 74-75, 260, 310, 320-322, 326
Sininkere 141
Sinitisch 279, 281, 321, 324
Sinkyone 206
Sinotibetisch/sinotibetische Sprachen 82, 163, 169, 218, 232, 244, 275-277, 279, 282, 296, 304, 306-307, 312, 314, 317, 321, 324, 326, 329, 331, 353, 356, 358
Sinsauru 363
Sinyar 179, 183
Sio 362
Siona 220, 231
Sioux 229, 249
Sipacapense 224
Sira 145

Siraiki 284
Siraiya 324
Siri 168
Siriano 214, 231
Sirionó 212
Siroi 363
Sisaala 146-147
Sissala 140
Sissano 362
Siuslaw 249
Siwa 133
Siwai 361
Siyin-chin 312
Sizaki 181
Sizilianisch 86
Skagit 249
Skepi 226
Sko 287
Skolt-saamisch 77
Slavey 229
Slawisch/slawische Sprachen 13, 48, 51-52, 65, 68-70, 72-75, 76, 86, 88-91, 93, 95-96, 100-102, 104, 111, 113-115, 279, 295, 301, 303, 311, 323, 328-329
Slowakisch 88, 110-111, 113
Slowenisch 86, 89, 100, 111
Snohomish 249
Sô 306
So Tri 306
Sobei 286
Sochiapan 234
Soga 185
Sok 306
Sokoro 183
Sokoto 166-167
Sola 138, 182
Soli 171
Solos 362
Som 364
Somali 74, 77, 108, 137, 142, 152, 176-177, 298, 330
Somrai 183
Somray 300
Somyewe 168
Son 291
Sondwari 284
Song 325
Songai 140, 160, 166
Songe 154

Songhai 128, 160, 166
Songhai-dyerma-gruppe 138
Songomeno 154
Songoora 154
Songum 363
Sonha 313
Sonia 363
Soninke 140, 143, 145, 149, 160, 162, 173
Sonjo 181
Sonsogon 309
Sonsorol 355, 360
Soo 185
Soqotri 298
Sora 283
Sorbisch 74-75
Sori-harengan 363
Sorogama 160
Sorsogon 318-319
Sotho 156, 177
Sotho-tswana 139
Sou 306
Soule 38-39
Sound-salish 249
Soussou 147
Sowa 370
Sowanda 286, 362
Spanisch 19, 33, 38-39, 47, 53, 66-67, 70, 74, 78, 92, 109, 112, 127, 129-130, 136, 171, 192-193, 200-202, 206, 208-213, 217-221, 224-225, 227, 230-233, 235-236, 238-242, 246-249, 263, 318, 340, 342-343, 345, 349
Spanisch-kreolisch 309
Spokane 249
Sprache(n) 5, 10, 15, 18-21, 32-33, 37, 39-41, 44-47, 51-52, 56, 58, 62, 64, 73, 77-78, 80-81, 83-85, 90, 92, 94, 98-100, 107-108, 110, 112, 115-116, 123, 133-134, 138, 147, 149, 152-153, 158, 162-164, 170, 172, 175-176, 178-179, 190, 201-202, 204-205, 207, 209, 211, 216-218, 221, 224, 226-228, 230, 232, 245, 256, 258-259, 261-262, 265, 267, 269, 272-273, 276, 279, 281, 285, 290-291, 295-296, 304, 306-307, 310, 314, 321, 345, 347, 354, 356, 358-359, 366-367, 371, 374, 376, 380
Sprache-staat-profil 35
Sprache-staat-verhältnis 34

Sprachebenen 86
Spracheinfluss 87
Spracheinstellungen 84
Sprachenalmanach 1, 3, 9-11, 16-17, 19, 28
Sprachenalmanachs 11
Sprachenatlas 296
Sprachendiagramm 18
Sprachenenzyklopädie 14
Sprachenexport 31
Sprachenfriedhöfe 205, 251
Sprachengesetz 81, 92, 99, 143
Sprachenkatalog 17
Sprachenkunde 15, 371
Sprachenlandschaft 47, 53
Sprachenlexikon 16
Sprachenlisten 13
Sprachenmuseum 346
Sprachenpluralismus 346
Sprachenpolitik 106
Sprachenproblematik 98-99, 103-104, 110
Sprachenprojekt 10
Sprachenregelung 99, 109
Sprachenregister 7
Sprachenreich 31, 66, 132, 206, 272, 348
Sprachensammlungen 14-15, 375
Sprachenstatistiken 17
Sprachensterben 205
Sprachentod 201
Sprachentwicklung 78, 85
Sprachenverhältnisse 92
Sprachenverteilung 17, 21, 34, 62, 194-196, 260
Sprachenverwirrung 13, 18
Sprachenvielfalt 17, 19, 112, 236
Sprachenwelt 7, 21, 31, 128, 205, 262, 344-345, 364, 375
Sprachenzahl 31
Spracherhaltung 10, 54-55, 83, 87, 250, 293
Sprachfamilie(n) 9, 15, 29, 66-70, 72-74, 76-80, 82-83, 85-86, 88-92, 93-94, 96, 97-102, 104, 107-109, 111-116, 133-139, 141-142, 144-148, 149-154, 155-161, 162-166, 168-174, 175-180, 182, 184-185, 187, 192, 208-212, 214, 217-223, 225-229, 231-232, 235-239, 241, 244-247, 249, 273-277, 279, 281-282,

285, 290-291, 293, 295-296, 298-312, 314-315, 317, 319-324, 326-331, 348, 350-360, 364-370, 380
Sprachform(en) 56, 81, 90, 99, 170, 193
Sprachforschung 14, 379
Sprachgebiet 39, 57, 75, 85, 192-193, 377
Sprachgebrauch 10, 63, 70, 77, 79, 90, 96, 103, 116, 170, 193, 226, 231, 241, 274, 342, 356, 370
Sprachgemeinschaft(en) 5, 17, 21, 34-36, 39, 47-48, 53-56, 58-60, 62-64, 72, 82-83, 86-87, 100, 109, 130, 141, 230, 235, 238, 241, 256, 281, 285, 298, 344, 351, 364
Sprachgrenzen 35
Sprachgruppen 190, 249
Sprachinseln 192
Sprachkommission 99
Sprachkonflikte 67, 70-73, 76-78, 80-83, 86, 88-90, 92-94, 96, 111, 134, 150, 152, 159, 169, 212, 217, 220-221, 230, 241, 251, 277, 281, 285, 291, 295, 298, 313, 322, 325, 327, 329, 351
Sprachkontakte 6, 9, 28, 47, 86, 193, 200-201, 203, 205, 261, 263, 265
Sprachkultur 94, 297
Sprachminderheiten 86-87, 230, 279
Sprachnationen 375
Sprachnest 358
Sprachplanung 95-96
Sprachpolitik 5, 16, 53, 89
Sprachprogramm 358
Sprachreform 374
Sprachregionen 109
Sprachsysteme 371
Sprachtechniken 15
Sprachtypen 15
Sprachtypologie 15
Sprachvariante(n) 67, 81, 86, 99, 108, 161, 203, 294, 371
Sprachverlust 82
Sprachverordnungen 56
Sprachverwandtschaft 15, 121
Sprachwechsel 10, 46, 54, 75, 78, 86, 104-105, 107, 128, 352
Sprachwechselprozess(e) 55, 105, 379
Sprachzone 38, 150, 192
Sprachzählungen 75
Sprachökologie 16

Sprachenregister

Sprachökologisch 9, 16-17, 19, 67-73, 75-78, 80-83, 85-86, 88-94, 96-99, 101-102, 104, 107-109, 111-116, 132-139, 141-166, 168, 170-180, 182-187, 208-212, 214, 217-221, 223, 225-229, 231-232, 235-239, 241, 244-247, 249, 273-277, 279, 282, 285, 290-291, 293, 295-296, 298-312, 314-317, 319-331, 350-358, 364, 366-370
Sprecher 9-10, 18-19, 21, 28, 32-33, 38, 49, 52, 54, 90, 127, 131, 137, 192, 201, 204, 230, 237-238, 254, 260, 279, 281, 285, 319, 344, 346, 351
Sprecheranteile 32
Sprechergeneration 211
Sprechergruppen 9, 28, 32, 63, 66-70, 72-75, 77-80, 82-83, 85-86, 88-94, 97-98, 100-103, 107-114-116, 131, 133-146, 148-149, 151, 153, 155-167, 169-177, 179-180, 182-186, 207-213, 216-225, 227-229, 231-233, 236-248, 273-278, 282-283, 286, 291-293, 296, 298-300, 302-305, 307-308, 310-317, 319-327, 329-331, 348-349, 351-361, 365-370
Sprecherzahlen 29, 32-33, 54-55, 74-75, 82, 86, 100, 108, 135, 138, 164, 176, 178, 181, 201, 203, 208, 229, 231, 244, 247, 253, 255, 273-274, 285, 292, 294-295, 302, 305, 315, 320, 330, 345-346, 352, 354, 360
Squamish 229
Sranan 97, 237, 244
Staatssprache 46, 51, 54, 59-60, 67-69, 73, 75-76, 78-79, 90-91, 93, 100-102, 104, 111, 113-114, 221, 272, 279, 297, 347, 350
Standard-malagasy 158
Standardarabisch 133-134, 142, 144, 157-158, 161-162, 170-171, 179, 183-185, 274, 291, 293, 295, 298-299, 302, 305, 307, 314-315, 319-320, 322-323, 330
Standardfranzösisch 163, 219
Standarditalienisch 86, 97
Standardportugiesisch 172
Standardsprache 19-20, 67, 86, 107, 185, 228
Status/Sprachstatus 9, 16, 35, 39, 61, 65, 68, 74, 76, 80, 83, 90, 96-99, 109, 114-115, 132, 134-135, 138, 143, 157, 159, 161, 163-164, 169, 177-178, 183-187, 201, 208, 229-230, 237, 253, 262, 272, 279, 282, 285, 308, 314, 316, 319, 321-322, 325, 327-329, 347, 351-352, 358, 370-371
Stieng 300, 331
Stoney 229
Straits-s 229
Straits-salish 249
Sua 362
Suarmin 364
Suau 361
Suba 152, 181
Subanen 318
Subanon 318
Subanun 318
Subia 139, 165, 171
Subrahmanyam 262, 381
Subtiaba 206, 236
Sucre 211
Südalaska-e 249
Sudanesisch-arabisch 133, 137, 179-180
Südarabisch 122, 298, 315
Südbolivian. Quechua 203, 208, 212
Sudest 362
Südkaukasisch 79, 104
Südslawisch 35, 53, 80
Suena 362
Suga 150
Suganga 363
Sugut 309
Sui 278
Suki 362
Suku 154, 290
Sukubatong 287
Sukuma 181
Sukur 167
Sula 288
Sulka 362
Sulod 318
Sum 372
Suma 187
Sumariup 364
Sumau 362
Sumba 289
Sumbawa 289
Sumbwa 181
Sumerisch 16, 256-257
Sumo 227, 236

Sunam 284
Sundanesisch 287
Sung 306
Sungai 309
Sungor 179, 183
Sunuwar 314
Sunwar 313
Suoy 300
Supyire 160
Surguch 327
Surinaams 244
Surinam-javan 244
Surinamesisch 97, 237, 244
Surma 137
Sursurunga 362
Surubu 168
Suruí 21, 213
Suryoyo 291, 322, 327
Susquehannock 206
Susu 148-149, 175
Susuami 364
Suva 351
Suwawa 289
Suyá 213
Swahili 123, 128, 131-132, 141, 151-154, 163-164, 170, 177-178, 181-182, 186, 315, 378
Swahili-kreolisch 152
Swanisch 79
Swati 164, 177-178, 180
Sylhetti 275
Syrisch-mesopotamisches Arabisch 291, 322, 326
Syrjänisch 104, 303, 323, 329

Ta'oih 306, 331
Taabwa 154
Tabaa-z 234
Tabaru 288
Tabasco 235
Tabasco-ch 233
Tabassaranisch 104, 303, 323, 329
Tabla 286
Tabriak 362
Tacana 212
Tacaneco 224
Tachelheit 161
Tadschikisch 104, 274, 301, 303, 323-324, 328-329

Tadyawan 318
Tadó 231
Tae 289
Tafi 147
Tagabawa 318
Tagakaulu 318
Tagal 288, 309
Tagalog 82, 248, 317-319, 353-354, 360
Tagargrent 134
Tagbanwa 318
Tagish 229
Tagoi 179
Tagwana 143
Tahitianisch 348, 352-353, 357-358
Tahltan 229
Tahoua 166
Tahulandang 289
Tai 278, 305-306, 312, 325-326, 331, 362
Tai-kadai 82
Tai-kadai-sprachen 306, 326, 331
Taiap 364
Taiarapu 338
Taikat 287
Tainae 362
Taino 206
Tairora 361
Tais 364
Taita 152
Taiwanesisch 324
Taje 290
Tajio 289
Tajuasohn 157
Tajumulco 224
Takale-kham 313
Takelma 206
Takestani 292
Takia 361
Takua 331
Takum 150, 167
Takuu 363
Tal-lao 305
Tala 168
Talai 152
Talantang 309
Talaud 289
Taliabu 288
Talinga-bwisi 154, 185
Talise 366
Talodi 179

Sprachenregister

Taloki 290
Talondo 290
Talur 288
Talyschisch 69, 104
Talysh 292
Tama 179, 183, 206, 231
Tamagario 286
Tamahaq 134, 158, 166
Tamajeq 160
Taman 288, 312
Tamang 284, 313-314
Tamaria 284
Tamaschek 168
Tamasheq 140, 160
Tamashiqt 166
Tamazight 134, 161
Tambas 168
Tamberma 182
Tambotalo 370
Tamezret 184-185
Tamil(isch) 98, 162-163, 169, 178, 262, 272, 274, 283, 285, 308-310, 320-322, 326, 330
Tampias 309
Tampuan 300
Tampulma 147
Tana 187
Tanahmerah 287
Tanaina 249
Tanana 229, 249
Tanapag 359
Tandia 287
Tanema 366
Tangale 167
Tangchangya 275
Tangga 362
Tanggu 362
Tangkhul 284
Tangkou 290
Tanglapui 289
Tangoa 369
Tanguat 363
Tanimbili 366
Tanimuca-retuara 231
Tanjong 309
Tanudan 318
Tao-suamato 363
Taokas 324
Taoujjout 184

Tapachultec 206
Tapeba 205, 214
Tapieté 208, 212, 239
Tapirapé 213
Tapshin 168
Tarahumara 233-235
Taram 150
Tarangan 288
Tarao 284
Tarapecosi 212
Tarasco 233
Taraskisch 192, 235
Tareng 306
Targumisch 293, 295
Tariano 213, 215, 231
Tarifit 134, 161
Tarma-junín-q 203
Tarof 286
Tarok 167
Taroko 324
Taron 18
Tarpia 287
Tas 334
Taschelheit 134
Tase 284
Tase-naga 312
Tasmate 369
Tataltepec 235
Tatana 309
Tatarisch 59, 69-70, 101, 103, 105, 107, 114, 273, 279, 300-301, 303, 323, 327-329
Tat(isch) 10, 21, 69, 104, 117, 120, 194, 292, 323, 329
Tatuyo 231
Tauade 361
Taulil-butam 363
Tauna 369
Taungyo 312
Taupota 362
Taura 168
Tause 287
Taushiro 240
Tausug 288, 308, 318
Tauya 363
Taveta 152, 181
Tavringer Romani 108
Tavytera 239
Tawala 361

Tawbuid 318
Tawoyan 288
Tawr-chin 312
Tay 267, 306, 331
Tay-nung 331
Tayabas 319
Taznatit 134
Tboli 318
Té 213
Teanu 366
Tebilung 309
Tecoatl 233
Tectiteco 225, 235
Teda 158, 166, 168, 183
Tedim 283
Tedim-chin 312
Téén 141, 143
Tefaro 287
Tegali 179
Tehit 286
Tehuantepec 234
Tehuelche 208
Teke 145, 154-155
Tela-masbuar 288
Telefol 362
Telugu 162-163, 272, 283, 285, 309, 320-321
Teluti 288
Tem 138, 147, 182
Temba 182
Tembo 154
Tembé 214
Teme 168
Temein 179
Temiar 308
Temne 174-175
Temoaya-o 233
Temoq 308
Tempasuk 309
Temuan 308
Tena-q 203
Tenango 234-235
Tenet 179
Tengah 290
Tengara 310
Tenggara 289
Tenggarong 287
Tengger 287
Tenharim 213

Tenino 249
Tenis 364
Teop 362
Teor 288
Teotitlán-m 235
Tepecano 206, 235
Tepehua 234-235
Tepehuan 234
Tepetotutla 235
Tepeuxila-c 233
Tepinapa 235
Tepo 143
Tera 167
Terebu 364
Terego-l 185
Terena 213-214
Teribe 218, 238
Ternate 288
Ternateño 318
Teshenawa 168
Teso 152, 185
Tetela 154
Tetelcingo 235
Tetete 220
Tetun 289, 315
Tetun-kreolisch 315
Teutila-c 233
Tewa 249, 289
Texistepec 235
Texmelucan-z 235
Tezoatlán 234
Thado 283
Thado-chin 312
Thai 82, 248, 306, 309, 320, 325-326, 331
Thak 18
Thakali 313
Thakur-th 314
Thakuri 284
Thami 313
Than 373
Thang 264
Thanh 331
Thann 79
Thao 324
Tharadari 316
Tharaka 152
Tharnggalu 350
Tharu 313-314
Thavung 306

Sprachenregister

Thayore 349
Thaypan 350
Themne 175
Then 278
Thep 325
Theung 306
Tho 278, 331
Thulung 284, 313
Thurawal 350
Thuri 179
Tiago 151
Tiang 363
Tibea 150
Tibetisch 276, 278-279, 281, 284, 311, 313
Tibeto-birmanische Sprachen 275-276, 279, 285, 306, 312, 314, 317, 326
Tichurong 313
Ticuna 213, 231, 240
Tidaa-m 235
Tidikelt 134
Tidong 287, 309
Tidore 288
Tiefland-ch 234
Tiefland-m 233
Tiefland-s 290
Tiefland-t 233-234
Tieflandquichua 220
Tiene 154
Tifal 362
Tigak 361
Tigon 150
Tigon-m 167
Tigre 136-137, 144, 179
Tigre-q 203
Tigrinya 137, 144, 293, 295
Tikar 150
Tikopia 366
Tila-chol 233
Tilapa 235
Tillamook 206, 249
Tilquiapan 234
Tima 179
Timagourt 184-185
Timbe 361
Timor-kreolisch 315
Timugon 309
Timur 315
Tina 88, 318

Tinagas 309
Tinan 278, 284
Tingal 179
Tingui-botó 205, 214
Tinputz 362
Tipai 235
Tippera 275
Tira 179
Tirahi 273
Tiri 357
Tirio 362
Tiroler-d 248
Tiruray 318
Titan 362
Tiv 150, 167
Tiwa 249, 251
Tiwi 346, 349
Tiéfo 141
Tièma 160
Tjurruru 350
Tlacoatzintepec 235
Tlacolula 234
Tlapaneco 233
Tlaxiaco 234
Tlingit 190, 229, 249
Toala 289
Toaripi 361, 364
Toba 208, 212, 239, 290
Toba-maskoy 239
Tobanga 183
Tobati 286
Tobelo 288
Tobi 360
Tobo 362
Toboso 206
Toda 284
Todrah 331
Tofalarisch 104
Tofin-gbe 138
Toga 369
Togbo 154, 187
Togo 182
Togos 183
Togoyo 179
Tojolabal 234
Tok 348, 361, 364-365
Tokano 361
Tokelau 348, 358, 367, 376
Tol 227

Tolai 361
Tolaki 289
Tolitai 287
Tolitoli 289
Tolomako 369
Tolowa 249
Toma 148
Tomadino 290
Tombonuwo 309
Tombulu 289
Tomedes 206, 231
Tomini 289
Tomoip 363
Tondano 289
Tong 306, 331
Tonga 159, 164, 171-172, 176, 308, 326, 352, 358, 368
Tonganisch 348
Tongwe 181
Tonkawa 249
Tonsawang 289
Tonsea 289
Tontemboan 289
Topoiyo 290
Toposa 137, 179
Toraja-sa 289
Toram 183
Torau 363
Torres Strait Creole 349
Torricelli 362
Tortola 216
Torwali 316
Torá 214
Toskisch 66-67, 327
Totela 171
Totonaco 233-235
Toucouleur 145, 148, 160-162, 173
Tounia 184
Toura 143
Toussian 140
Towei 287
Tremembé 205
Tri 306, 325, 331
Trieng 331
Tringus 309
Trinidadien 245
Trinitario 212
Tripura 275
Trique 234-235

Trió 213, 244
Truk 355
Trukesisch 355
Truká 205, 214
Trumai 214-215
Tsaangi 145, 155
Tsachurisch 104
Tsagu 168
Tsakonisch 80
Tsamai 137
Tsangla 276, 278
Tschad-sprachen 166, 168, 179, 184
Tschechisch 89, 100, 111, 113-114, 248
Tscheremissisch 104, 301, 303, 323, 329
Tscherkessisch 104, 329
Tschetschenisch 104, 299-301, 303, 328-329
Tschin 312
Tschuktschisch 104, 249
Tschuwaschisch 103, 301, 303, 323, 328-329
Tsetsaut 206
Tshiluba 154
Tshom-djapá 214
Tshwa 178
Tsikimba 167
Tsimané 212
Tsimshian 229, 249
Tsogo 145
Tsonga 164, 177-178, 180
Tsou 324
Tswa 164
Tswana 139, 165, 176-177
Tu 278
Tuam-mutu 362
Tuamotu 341, 353
Tuareg 158
Tubar 206, 235
Tubarao 214
Tubare 235
Tubetube 362
Tuboy 318
Tubu 288
Tubuai-rurutu 353
Tucano 213-215, 231
Tugen 152
Tugun 288
Tugutil 288
Tujia 278

Tukangbesi 289
Tuki 150
Tukudede 289, 315
Tukumanféd 214
Tula 167
Tulambatu 289
Tulehu 288
Tulishi 179
Tulu 283
Tum 306
Tumbalá-chol 233
Tumbuka 159, 171, 181
Tumleo 363
Tumma 179
Tumtum 179
Tumulung 146
Tumzabt 134
Tunebo 231, 247
Tunen 150
Tunesisch-arabisch 132, 184-185
Tung 142
Tungag 361
Tunggare 287
Tungusisch/tungusische Sprachen 104, 270, 279, 311, 329
Tunica 206
Tunjung 287
Tunni 177
Tuotomb 150
Tupari 214
Tuparí 214
Tupinambá 205, 214
Tupinikin 205, 214
Tupuri 149, 183-184
Tupí-guaraní 208, 212, 214, 222, 231, 239, 247
Turaka 364
Turi 284
Turiwára 205, 214
Turka 140
Turkana 152
Turki 279
Türkisch 6, 18, 48, 52, 65, 68-70, 72-75, 78-80, 82, 86, 88, 91, 93, 96-98, 100-102, 104, 109, 114, 116, 260-261, 273, 279, 291, 293, 300-301, 303, 311, 322, 324, 326-329
Turkmenisch 104, 273, 292-293, 301, 303, 316, 323, 327-329

Turkwam 168
Turnych 380
Turoyo 322
Turung 317
Tuscarora 229
Tusín 203
Tutchone 229
Tutelo 206
Tutoh 309
Tutong 277, 309
Tutuba 369
Tutuila 348
Tutung 277
Tututepec 235
Tuvinisch 104, 279, 303, 311
Tuwali 318
Tuwari 364
Tuxá 205, 214
Tuxináwa 205, 214
Tuyuca 213, 231
Twa 141-142, 170
Twana 206, 249
Twendi 150
Twi 82
Txikão 213
Txukahamae 214
Tyaraity 350
Tyebara 143
Tyenga 168
Tzeltal 233-235
Tzotzil 233-235
Tzutujil 224

Uamué 205, 214
Ubaghara 167
Ubangi 153
Ubychisch 327
Uda 167
Udegeiisch 104
Udinisch 104
Udisch 69, 329
Udmurtisch 104, 301, 303, 323-324, 328-329
Uduk 179
Uferte 60
Ufim 363
Ugaritisch 256
Ughele 366
Ugong 326

Uhami 168
Uigurisch 104, 273, 278-279, 300-301, 303, 311, 316, 327-329
Uisai 362
Ujir 288
Ukaan 167
Ukhwejo 187
Ukit 309
Ukpe-bayo 167
Ukrainisch 50, 63, 66, 68-69, 76, 94, 101, 103, 111, 113-114, 214, 229-230, 248, 300-301, 303, 323, 328-329
Ukue-ehuen 168
Ukuriguma 364
Ukwuani-aboh 167
Ulau-suain 362
Ulithi 355-356
Ullatan 284
Ulpanim 295
Ulugei 311
Ulukwumi 168
Ulumanda 289
Ulunna 289
Uma 289
Umanakaina 362
Umatilla 249
Umbindhamu 350
Umbu-ungu 361
Umbugarla 350
Umbundu 135
Umbuygamu 350
Ume-s 98, 108
Umeda 363
Umgangsarabisch 291-292
Umgangssprache 107, 133, 142, 171, 217, 244, 293, 299, 320
Umiray 318
Umon 168
Umotína 213
Umpila 349
Umpqua 206
Una 286
Unami 249
Une 377, 381
Uneme 168
Ung 135
Ungarisch 13, 74, 87-89, 100, 102-103, 110-111, 113-115, 293
Unserdeutsch 268, 364

Unter-lugbara 185
Unterrichtssprache(n) 56, 67-68, 80, 99, 102, 111-112, 116, 135, 142, 147, 155-156, 158-159, 162-163, 165, 173, 175, 182, 185, 208-209, 214, 223, 225-227, 230-232, 236-239, 241, 244, 275, 279, 292-293, 295, 298-300, 302, 310-311, 319-324, 326-331, 352-353, 355, 357-358, 365-366
Unua 369
Upolu 366
Ura 370
Uradhi 350
Urak 325-326
Uralisch/uralische Sprachen 33, 70, 76-77, 89-90, 99, 102, 104, 108, 111, 113, 115, 270, 284, 301, 303, 323, 328
Uramat 362
Uraon 18
Urapmin 363
Urarina 240
Urat 361
Urdu 98, 162-163, 178, 226, 244, 272, 274, 283, 285, 302, 305, 309, 316-317, 326
Urhobo 167
Uri 362
Urigina 362
Urim 362
Urimo 363
Uripiv-wala-rano-atchin 369
Urningangg 350
Uru 212
Uru-eu-uau-uau 214
Uruangnirin 287
Uruava 364
Urubú-kaapor 213
Uruewauwau 214
Urupá 213
Uruwa 362
Usakade 168
Usan 362
Usarufa 361
Usbekisch 104, 273, 278, 300, 302, 323, 327-329
Ushojo 316
Usila 234
Usino 362
Usku 287

Sprachenregister

Uspanteco 225
Usui 275
Uta 370
Utarmbung 363
Uto-aztekisch/uto-aztekische Sprachen 192, 221, 235, 249
Utsat 278
Utu 363
Utugwang 168
Uvbie 168
Uvea 357, 370
Uya 364
Uzekwe 168
Uzo 168

Va 279
Vaghri 316
Vaghua 366
Vagla 143, 147
Vai 157, 175
Vaiaku 368
Vaiphei 284
Valais 110
Vale 187
Valman 363
Valpei 369
Vamale 357
Vandalisch 130
Vangunu 366
Vanimo 286, 362
Vano 366
Vao 369
Varisi 366
Vasavi 283
Vato 369
Vatrata 369
Vaud 110
Vayu 313
Veddah 321
Vehes 364
Vejoz 208
Venda 176-178
Venezianisch 86
Vengo 150
Ventre 249
Ver 138
Vera 236
Verkehrssprache(n) 46, 128-129, 136, 141, 143, 145-148, 150, 153-157, 159, 164-165, 173, 175, 180, 183, 209-211, 218, 226-227, 237, 244, 249, 274, 276, 290-291, 295, 298, 307, 315, 317, 326-327, 348, 356-357, 364
Vidunda 181
Vietnamesisch 74-75, 78, 82, 98, 113, 204, 248, 264-268, 272, 278-279, 299-300, 306, 326, 331, 345, 349, 357
Vigué 141
Viii 285
Vila 369
Vilela 208
Vili 145, 155
Vili-kongo 155
Vin 168
Vinh 267-268
Vinmavis 369
Vinza 181
Viri 179
Vishavan 284
Viti 351
Vitu 361
Vo 278
Volta-sprachen 138, 141
Vorindoeuropäisch 5, 37, 39-41, 259
Vunapu 369
Vute 150, 168

Waale 147
Waali 147
Waama 138
Waamwang 357
Wab 364
Wabuda-k 362
Waci-gbe 138, 182
Wadaginam 363
Waddar 284
Wadiyara 316
Wadjiginy 349
Wadjigu 350
Waffa 362
Wagawaga 362
Wagaya 350
Wagdi 283
Wageman 349
Wagi 362
Wahau 288
Wahgi 361
Waigali 273

Waigeo 287
Wailaki 206, 249
Wailapa 370
Wailu 357
Waima 289
Waimaha 214, 231
Waioli 288
Waiwai 213-214, 225
Waja 167
Waka 168
Wakash 229
Wakawaka 350
Wake 363
Wakhi 273, 278, 316
Wakoná 205, 214
Wali 179
Walio 364
Walla 249
Wallisian 370
Walmajarri 349
Wamas 364
Wambaya 349
Wambon 286
Wamin 350
Wampanoag 249
Wampar 361
Wampur 363
Wamsak 362
Wan 143
Wanambre 363
Wanap 362
Wancho 284
Wanda 181
Wandala 150, 168
Wandamen 286
Wandarang 350
Wane 143
Waneci 316
Wangaaybuwan-ngiyambaa 349
Wanggamala 350
Wangganguru 350
Wanggom 287
Wangka 349
Wanji 181
Wanman 349
Wano 286
Wantoat 361
Wanukaka 289
Waorani 220

Wapau 167
Wapishana 213, 225
Wappo 249
Wara 141
Warao 226, 244, 247
Warapu 362
Waray 318, 350
Waray-waray 318
Wardaman 349
Warembori 287
Wari 287
Waris 287, 362
Wariyangga 350
Warji 167
Warkay-bipim 287
Warlmanpa 349
Warlpiri 346, 349
Warluwara 350
Warnang 179
Waropen 286
Warra 350
Warrgamay 350
Waru 290
Warumungu 349
Waruna 363
Warungu 350
Wasa 146
Wasambu 363
Wasco-wishram 249
Wasembo 363
Washo 249
Wasi 181
Waskia 361
Wasu 205, 214
Watakataui 364
Wataluma 364
Watam 363
Watjari 349
Waturela 288
Watut 363
Waumeo 231, 238
Waurá 213
Wawa 150, 229, 249
Wawonii 289
Wayampi 213-214, 222
Wayana 213, 222, 244
Wayoró 214
We 150
Wedau 362

Wedu 168
Weliki 364
Wemale 288
Weme-gbe 138
Wenro 206
Wepsisch 104
Wer 10, 19, 36, 99, 297
Were 363
Weri 362
Wes Cos 129, 136
Westalaska-eskimo 248
Westatlantisch/westatlantische Sprachen 141, 146, 148-149, 151, 160, 166, 168, 173, 232
Westnilotisch 185
Westrumelisch 88
Wetamut 370
Weyewa 289
Weyto 137
Whilkut 206
Whitesands 369
Wiaki 363
Wichita 249
Wichí 208, 212
Wiesen-k 362
Wik-epa 350
Wik-iiyanh 349
Wik-keyangan 350
Wik-me 349
Wik-mungkan 349
Wik-ngathana 349
Wikalkan 349
Wikngenchera 349
Wilawila 350
Windisch 100
Winnebago 249
Wintu 249
Wiradhuri 350
Wiraféd 205, 214
Wirangu 350
Wiru 361
Witu 287
Wiyot 249
Wobe 143
Wogamusin 363
Wogeo 362
Wogulisch 104
Woi 286
Woisika 289

Wolani 286
Wolaytta 137
Woleai 355
Wolio 289, 309
Wolof 131, 145-146, 161-162, 173
Wom 150, 168, 362
Wongo 154
Woria 287
Woriasi 286
Worimi 350
Worora 349-350
Wotu 289
Wu 278
Wu-chinesisch 254
Wudu 182
Wuliwuli 350
Wulna 350
Wumboko 150
Wumbvu 145, 155
Wunambal 349
Wushi 150
Wusi 369
Wutana 168
Wutung 363
Wuvulu-aua 362
Wuzlam 150
Wyandot 229, 249

Xakriabá 205, 214
Xalpan 235
Xam 178
Xamir 137
Xamta 137
Xanaguía 235
Xanica 235
Xaracuu 357
Xaragure 357
Xavánte 213
Xegwi 139, 165, 178
Xenacoj 224
Xerénte 213
Xetá 214
Xhosa 129, 177-178
Xiang 278
Xiang-chinesisch 254
Xibe 278-279
Xiiie 374
Xinca 225
Xinjiang 279

Xipináwa 205, 214
Xiri 178
Xlvi 265
Xokleng 213
Xun 135, 139, 165
Xvii 374
Xweda-gbe 138
Xwla-gbe 138
Xxe 374

Ya 287, 346, 349
Yaaku 152
Yabaana 205, 214
Yabarana 247
Yabem 362
Yaben 363
Yabong 363
Yafi 287
Yagallo-z 234
Yagaria 361
Yagomi 364
Yagua 240
Yagwoia 361
Yahadian 287
Yahang 362
Yahudi 291, 293
Yahudisch 294
Yahuna 206, 231
Yahup 213
Yair 286
Yaitepec 234
Yaka 135, 154
Yakamul 362
Yakan 309, 318
Yakha 313
Yakima 249
Yakoma 186
Yakpa 154, 187
Yala 167
Yalahatan 288
Yalalag 234
Yalarnnga 350
Yale 286, 363
Yali 286
Yalunka 148, 173, 175
Yamana 205, 217
Yamap 363
Yamba 150, 168
Yambes 363

Yambeta 150
Yamdena 288
Yameo 205, 240
Yami 324
Yaminahua 212-213, 240
Yana 140, 206, 249
Yanadi 283
Yandruwandha 350
Yangben 150
Yangbye 312
Yangere 187
Yangho 145
Yangman 350
Yango 154
Yangulam 364
Yankuntatjara 349
Yanomami 213-215
Yanomamö 213, 247
Yanta 362
Yanyuwa 349
Yao 159, 164, 181, 281
Yaosakor 286
Yaoundé 149
Yaouré 143
Yap 355-356
Yapesisch 355
Yapunda 364
Yaqay 286
Yaqui 234, 248
Yarawata 364
Yareba 363
Yaren 356
Yarumá 205, 214
Yaruro 247
Yasa 136, 150
Yashi 168
Yate 213
Yatzachi 235
Yau 362, 364
Yaul 363
Yaur 287
Yautepec-z 235
Yauyos 240
Yauyos-q 203
Yavitero 206, 247
Yawa 286
Yawalapeti 214
Yawalapití 213
Yawanawa 213

Yawarawarga 350
Yaweyuha 362
Yawiyo 364
Yawuru 350
Yecuatla 235
Yega 179
Yei 287, 362
Yekhee 167
Yekora 362
Yela 154
Yele 362
Yelmek 287
Yelogu 363
Yemba 149
Yemeni(tisch)-arabisch 142, 298
Yemsa 137
Yendang 167
Yepocapa 224
Yerakai 363
Yerava 284
Yeretuar 287
Yerong 279
Yerukala 284
Yerwa 149, 166, 179, 183
Yerwa-k 167
Yeskwa 168
Yessan-mayo 362
Yevani 293
Yevanitisch 294
Yeye 139
Yeyi 165
Yi 278-279, 281
Yidgha 316
Yidiny 349
Yil 362
Yimas 363
Yimchungre 285
Yimchungru 284
Yinbaw-k 312
Yinchia 312
Yindjibarndi 349
Yindjilandji 350
Yinggarda 350
Yir 349
Yis 363
Yiwom 168
Yoba 364
Yocoboué 143
Yofuaha 208

Yogad 318
Yoidik 363
Yonggom 286, 361
Yora 240
York 3, 371-377, 379-381
Yoront 349
Yoruba 82, 132, 138-139, 166-168, 205
Yos 312
Yoy 306, 325
Yu 278
Yuaga 357
Yucateco 233
Yucatán 11, 191-192, 236
Yuchi 249
Yucuañe 235
Yucuna 231
Yue-chinesisch 82, 97, 218, 238, 254-255, 277-278, 282, 307-308, 318, 320, 325, 331, 356, 358
Yugambal 350
Yugur 278
Yukatekisch 211, 235
Yuki 249
Yukpa 231, 247
Yukuben 150, 168
Yulu 154, 179, 187
Yungur 167
Yupik 248-249, 251
Yupna 361
Yuqui 212
Yuracare 212
Yurok 249
Yuruti 214, 231
Yuwana 247

Zaachila-m 234
Zabana 366
Zacatepec 235
Zaghawa 166, 179, 183-184
Zalamo 181
Zamboangueño 318
Zambos 224, 227
Zan 184
Zanaki 181
Zande 154, 179-180, 186
Zangskari 284
Zangwal 168
Zaniza 235
Zaoré 140

Záparo 220
Zapoteco 233-235
Zari 168
Zarma 166-168
Zauzou 279
Zawa 184
Zayein-k 312
Zayse 137
Zazaki 326
Zazao 366
Zefa 4
Zemba 135, 165
Zeme 284
Zenaga 162
Zentral-miahuatlán 233
Zentralsudanisch 154, 179, 185
Zenzontepec 234
Zezeru 175
Zheijang 281
Zhuang 278-279
Zia 362
Zigeunersprachen 49
Zigula 181
Zilmamu 137
Zimakani 362

Zimatlán 234-235
Zimba 154
Zimbrisch 86
Zinacanteco-t 234
Zinza 181
Zire 357
Ziriya 168
Zome 284, 312
Zoogocho-z 235
Zoque 234-235
Zotung-chin 312
Z(weit)spr(ache) 63, 74, 82, 92, 103, 112, 132, 137, 140, 146, 148-149, 151-154, 156, 162, 164, 167, 171, 175, 178-179, 181-182, 185-186, 210, 215, 272, 283, 286, 289, 293-294, 305, 307, 312, 318, 320, 348-349, 353, 356, 361, 366
Zulgwa 150
Zulia 247
Zulu 118, 127, 129, 132, 156, 159, 164, 177-178, 180, 376
Zumaya 150
Zuñi 248, 251
Zuruahá 213